KB037164

이암기
이것만 암기하면 된다

Administrative Law

이것만 암기하면 된다
이암기노트

발행일 5판2쇄 발행 2023년 07월 01일

발행처 듀오북스

지은이 양승우

펴낸이 박승희

등록일자 2018년 10월 12일 제2021-20호

주소 서울시 중랑구 용마산로96길 82, 2층(면목동)

편집부 (070)7807_3690

팩스 (050)4277_8651

웹사이트 www.duobooks.co.kr

이 책에 실린 모든 글과 일러스트 및 편집 형태에 대한 저작권은 듀오북스에 있으므로 무단 복사, 복제는 법에 저촉 받습니다.
잘못 제작된 책은 교환해 드립니다.

정가 36,000원 **ISBN** 979-11-90349-43-7 13350

안녕하세요. 반갑습니다. **양승우**입니다.

행정법은 전문과목이고 출제범위가 넓습니다. 그래서 학생분들이 제게 어떤 교안으로 정리했으면 좋겠냐고 물어보곤 할 때마다 답은 드리면서도 미안한 마음이 들었던 것이 사실입니다.

이제 하나하나 준비하여 이론, 판례, 법령까지 시험에 출제될 것들을 총정리한 교재를 출간하게 되었습니다.

판례 따로 법령 따로 볼 필요 없이 〈이암기노트〉를 중심으로 반복하여 암기해 보세요. 짧은 시간 안에 충분히 원하는 점수를 얻을 수 있을 것입니다.

최근에 특히 빈출되는 내용들은 별도로 색을 넣어서 표시하였고, 대비되는 개념들은 표로 정리하였고, OX문제들로 단원마다 검토할 수 있도록 구성하였습니다.

이 교재가 나오기까지 큰 힘이 되어주신 모든 분들께 감사드리며, 여러분의 합격을 기원합니다.

상도동 연구실에서 **양승우**

contents

Administrative Law

적중요약 정리

이것만
암기하면
된다

1

이것만 암기하면 된다

제 1 편 | 행정법통론

제1장 행정

제1절 행정의 의의

> **행정기본법**
>
> **제4조 (행정의 적극적 추진)**
> **제1항** 행정은 공공의 이익을 위하여 적극적으로 추진되어야 한다.
> **제2항** 국가와 지방자치단체는 소속 공무원이 공공의 이익을 위하여 적극적으로 직무를 수행할 수 있도록 제반 여건을 조성하고, 이와 관련된 시책 및 조치를 추진하여야 한다.
> **제3항** 제1항 및 제2항에 따른 행정의 적극적 추진 및 적극행정 활성화를 위한 시책의 구체적인 사항 등은 대통령령으로 정한다.

행정은 사회형성작용, 공익실현작용, 적극적 미래지향적 형성작용 등에 해당한다.

행정은 형식적 의미의 행정과 실질적 의미의 행정으로 구분할 수 있다.

형식적 의미의 행정이란 행정부에 속하는 기관이 주체가 되어 행하여지는 모든 국가작용을 말한다.

실질적 의미의 행정이란 어떤 성질을 가지는 국가작용인가를 기준으로 입법 및 사법과 구별되는 개념이다.

→ 형식적 의미의 행정 中

  1. 실질적 의미의 행정 : 처분 등

  2. 실질적 의미의 입법 : 법규명령 및 행정규칙의 제정, 조례·규칙의 제정 등

  3. 실질적 의미의 사법 : 통고처분. 재결 등

[형식적 의미의 행정과 실질적 의미의 행정]

형식적 행정		
실질적 행정	실질적 입법	실질적 사법
1. 각종 처분 2. 군 당국의 징발처분 3. (무허가 건물에 대한) 행정대집행 4. 양도소득세부과처분 5. 예산의 편성·집행 6. 이발소영업허가 7. 지방공무원의 임명 8. 집회의 금지통고 9. 조세체납처분 10. 취소·철회·공증 11. 토지의 수용	1. 법규명령 및 행정규칙의 제정 2. 조례·규칙의 제정	1. 행정심판위원회의 재결 (이의신청에 대한 재결) 2. 통고처분

형식적 입법		
실질적 행정	실질적 입법	실질적 사법
1. 국회사무총장의 직원임명	1. (국회의) 법률 제정 2. (국회의) 국회규칙 제정	1. 국회의원의 징계의결

형식적 사법		
실질적 행정	실질적 입법	실질적 사법
1. 일반법관 임명 2. 대법원장·법원행정처장의 법원직원 임명 3. 등기사무	1. 대법원규칙 제정 2. 법무사 시행규칙 제정	1. 법원의 재판(소송)

→ 실질적 의미의 입법에 속하는 행정입법 또는 실질적 의미의 사법에 속하는 행정심판은 행정법의 대상이지만 실질적 의미의 행정에 속하는 사법행정이나 입법행정은 행정법의 대상이 아니다.

→ 처분적 법률이란 집행행위의 매개 없이 직접 적용되는 법률이며, 형식적 의미의 법률에 해당하지만, 내용(실질)은 처분의 성격을 가진다.

[행정의 분류]

행정의 분류	
주 체	국가행정, 지방행정, 위임행정
목 적	질서행정, 급부행정, 계획행정, 유도행정, 공과행정, 조달행정
효 과	침해행정, 수익행정, 복효적 행정
기 속	기속행정, 재량행정
형 식	공법행정, 사법행정

제2절 통치행위

Ⅰ. 통치행위의 의의

통치행위란 입법·사법·행정 어느 것에도 해당되지 않고 고도의 정치성(고도의 정치적 결단) 때문에 사법심사의 대상에서 제외되는 행위를 말한다.

→ 사법심사에서 제외된다는 의미이지 정치적인 통제 등은 얼마든지 가능하다.

→ 통치행위에 해당하는 대표적인 예

1. 비상계엄 선포

2. 조약의 체결·비준

3. 긴급명령권 및 긴급재정·경제명령권의 행사

4. 사면권의 행사

5. 선전포고

→ 대통령의 <u>서훈취소</u>는 <u>통치행위</u>에 해당하지 <u>않는다</u>.

Ⅱ. 학설 및 판례

1. 통치행위 긍정설 (다수설)

① 사법부자제설 : 고도의 정치성을 가지는 행위에 대해서는 사법부가 심사를 자제하는 것이 바람직하다는 견해

② 재량행위설 : 통치행위는 최고기관의 재량에 속하는 사항이므로 사법심사의 대상에서 제외된다는 견해

③ 내재적 한계설(=권력분립설) : 고도의 정치성을 가지는 행위는 정부나 의회에 의하여 해결할 수는 있어도 사법부가 개입하는 것은 불가하다는 견해

2. 통치행위 부정설

→ 근거

1. 헌법상 국민의 포괄적인 재판청구권이 보장되고 있다.

2. 행정소송의 대상에 대해서 개괄주의가 채택되고 있다.

[사법심사의 대상여부]

사법심사O	사법심사X
1. 국무총리의 부서거부행위	1. 국가의 승인
2. 긴급명령권·긴급재정경제명령권의 행사가(국민의) 기본권침해와 직접 관련이 있는 경우	2. 국회의원의 자격심사·징계·제명
	3. 군사시설보호구역의 설정·변경·해제
3. 남북정상회담 중 대북송금행위	4. 국무총리·국무위원의 해임건의
4. 대법원장의 법관인사조치	5. 긴급명령권 및 긴급재정·경제명령권의 행사
5. 비상계엄의 선포·확대가 국헌문란의 목적으로 행해진 경우	6. 남북정상회담의 개최
	7. 법률안거부권의 행사

6. 신행정수도건설·수도이전 문제를 국민투표에 부칠지 여부에 관한 대통령의 결정이 국민의 기본권침해와 직접 관련되는 경우
7. 서훈취소
8. 유신헌법에 의한 대통령의 긴급조치
9. 지방의회의원의 징계
10. 한미 전시증원연습결정

8. 사면권의 행사
9. 지방자치단체장 선거일 공고에 대한 대통령의 부작위
10. 이라크 파병결정
11. 영전수여
12. 외교대사의 신임·접수·파견
13. 선전포고·강화

제1절 행정법의 의의

Ⅰ. 행정법의 의의

행정법은 행정의 조직과 작용과 구제에 관한 국내공법이다.

→ 행정조직법, 행정작용법, 행정구제법 등으로 규율한다.

제2절 법치행정의 원칙

행정기본법

제8조 (법치행정의 원칙)

행정작용은 **법률에 위반**되어서는 **아니** 되며, 국민의 권리를 제한하거나 의무를 부과하는 경우와 그 밖에 국민생활에 중요한 영향을 미치는 경우에는 **법률에 근거**하여야 한다.

Ⅰ. 의의

법치행정의 원칙이란 행정이 법률에 근거하여 법률에 따라 이루어지는 것을 뜻한다.

법치행정의 원칙의 주된 내용을 이루고 있는 것은 행정의 법률적합성의 원칙인데, 오토 마이어의 이론에 의하면 이 원칙은 법률의 법규창조력·법률우위의 원칙·법률유보의 원칙으로 구성된다.

→ 법률적합성의 원칙 (⊂ 법치행정의 원칙)

  1. 법률의 법규창조력

  2. 법률우위의 원칙

  3. 법률유보의 원칙

→ 법적 안정성 (⊂ 법치행정의 원칙)

→ 법률은 국민의 대표기관인 국회에서 제정한다는 점에서 의미가 있다.

Ⅱ. 내용

1. 법률의 법규창조력

법률의 법규창조력이란 법률만이 국민의 권리를 제한하거나 의무를 부과하는 법규(법규범)를 만들 수 있음을 뜻한다. 그러나 오늘날 국회가 제정한 법률 이외에도 법규명령, 관습법 등도 국민의 권리를 제한하고 있다. 결국 법률의 법규창조력은 행정의 법률적합성의 의미가 퇴색되었다.

2. 법률우위의 원칙

법률우위의 원칙이란 행정은 법률에 위반하여 행해지면 안 된다는 원칙이다.

→ 법률우위의 원칙에서의 '법률'은 광의의 의미(법원)이기 때문에 형식적 법률뿐 아니라 법규명령과 관습법 등도 포함된다. 다만, 행정조직 내부를 규율하는 행정규칙은 포함되지 않는다.

→ 행정작용이 이 원칙을 위반하게 되면, 당연히 위법하지만 법률효과가 일률적으로 나타나는 것은 아니다.

(∵ 무효인 경우 VS 취소할 수 있는 경우)

→ 법률우위의 원칙은 행정의 **모든** 영역에 적용된다. VS 법률유보의 원칙은 주로 행정작용에서**만** 적용된다.

→ 법령의 규정보다 더 침익적인 조례는 법률유보의 원칙의 위반이 아니라 법률우위의 원칙에 위반되어 위법하며 무효이다.

→ 법률우위의 원칙이란 국가의 **행정**은 합헌적 절차에 따라 제정된 **법률**에 위반되어서는 안 된다는 것을 의미한다.

3. 법률유보의 원칙

가. 의의

법률유보의 원칙이란 국민의 자유·권리를 침해 또는 제한하거나 새로운 의무를 부과하는 행정작용은 법률이 권리를 부여(법률의 수권)하는 경우에만 행하여져야 한다는 것을 뜻한다. 여기서 법률이란 국회에서 제정한 형식적 의미의 법률이며, 법률의 위임을 받은 법규명령이나 조례의 경우도 가능하다.

→ 법률유보의 원칙에서의 '법률'에는 관습법은 포함되지 않는다.

→ **법률우위원칙에서의 '법률'**에는 헌법·법률·법규명령 그리고 관습법과 같은 불문법이 포함되나, 원칙적으로 행정규칙은 포함되지 않는다. **법률유보의 원칙에서의 '법률'**에는 국회가 제정한 형식적 의미의 법률은 물론 법률의 위임을 받은 법규명령도 포함되나, 행정규칙과 불문법원인 관습법은 포함되지 않는다.

→ 법률유보의 원칙에 반하는 행정작용은 위법하다.

나. 학설

① 침해유보설 : 국민의 자유·권리를 침해 또는 제한하거나 새로운 의무를 부과하는 행정작용(침해적/부담적 행정작용)은 반드시 법률의 수권이 필요하다는 견해이다.

② 급부행정유보설 : 침해적 행정작용과 마찬가지로 급부적(수익적) 행정작용에서도 법률유보의 원칙이 적용되어야 한다는 견해이다.

③ 권력행정유보설 : 행정주체의 일방적 의사표시에 의하여 이루어진 권력적 행정작용은 법률의 수권이 필요하다는 견해이다.

④ 전부유보설 : **모든 행정작용**에 법률유보의 원칙이 적용되어야 한다는 견해이다.

→ 법률유보에 관한 학설 중에서 **가장** 의회민주주의에 충실한 견해이다.

⑤ **중요사항유보설(=본질사항유보설)** : 법률유보의 범위를 행정작용의 성질에 따라 구별할 것이 아니라 **국민에게 미치는 중요도**에 따라 유보여부가 결정된다는 견해이다.

→ 중요사항(본질사항)은 '헌법상의 법치주의원칙·민주주의원칙·기본권'과 관련된 부분이며, 이 사항은 반드시 법률의 유보가 있어야 한다.

→ 독일의 연방헌법재판소의 판례를 계기로 형성된 이론이다.

[중요사항유보설(=본질사항유보설)]

본질적인 사항O	본질적인 사항X
1. 조세의 종목과 세율	
2. 지방의회의원이 유급보좌관을 두는 것	
→ 국회가 법률로써 직접 규정	1. 국가유공자단체 대의원선출에 관한 사항
3. 병의 복무기간	2. 구「도시 및 주거환경정비법」상 경쟁입찰 세부절차
4. 텔레비전 방송수신료 금액의 결정	3. 수신료 징수업무
→ 국회가 법률로써 직접 규정	4. 입주자대표회의 구성원의 자격
5. (토지 등 소유자가 도시환경정비사업을 시행하는 경우) 토지 등 소유자의 동의요건	
6. (취득세 중과세 대상이 되는) 고급주택, 고급오락장의 기준	
7. 조세의 신고의무불이행에 따른 불이익의 내용	

→ 공공기관의 운영에 관한 법률에서 <u>입찰참가자격 제한 대상</u>을 '공정한 경쟁이나 계약의 적정한 이행을 해칠 것이 명백하다고 판단되는 사람·법인 또는 단체 등'으로 규정하면서 해당 부령에 '입찰참가자격의 제한기준 등에 관하여 필요한 사항'을 위임한 경우, 해당 부령에서 '입찰참가자격을 제한받은 자가 법인이나 단체인 경우에는 <u>그 대표자</u>'에 대하여도 입찰참가자격 제한을 할 수 있도록 규정하였다면 이는 <u>위임입법의 한계를 벗어난 것</u>이다.

→ <u>지방의회의원</u>에 대하여 <u>유급보좌인력</u>을 두는 것은 지방의회의원의 신분·지위 및 그 처우에 관한 현행 <u>법령상의 제도에 중대한 변경</u>을 초래하는 것으로서, 이는 개별 지방의회의 조례로써 규정할 사항이 아니라 <u>국회의 법률로써 규정하여야 할 입법사항</u>이다.

→ <u>오늘날 법률유보의 원칙</u>은 단순히 행정작용이 법률에 근거를 두기만 하면 충분한 것이 아니라, 국가 공동체와 그 구성원에게 기본적이고도 중요한 의미를 갖는 영역, 특히 <u>국민의 기본권 실현과 관련된 영역</u>에 있어서는 국민의 대표자인 <u>입법자</u>가 그 본질적 사항에 대해서 <u>스스로 결정</u>하여야 한다는 요구까지 내포하고 있다.

→ <u>국회가 형식적 법률로 직접 규율하여야 하는 필요성</u>은 규율대상이 기본권 및 기본적 의무와 관련된 중요성을 가질수록, 그에 관한 공개적 토론의 필요성 또는 상충하는 이익 사이의 조정 필요성이 클수록 더 <u>증대</u>된다.

→ <u>법률유보의 적용범위</u>는 행정의 복잡화와 다기화, 재량행위의 <u>확대</u>에 따라 과거에 비해 점차 확대되고 있다.

→ 헌법재판소는 법률에 근거를 두면서 헌법 제75조가 요구하는 <u>위임의 구체성과 명확성을 구비하는 경우</u>에는 <u>위임입법</u>에 의하여도 <u>기본권을 제한할 수 있다</u>고 한다.

→ <u>기본권제한의 형식</u>이 반드시 법률의 형식일 필요는 <u>없다</u>.

→ <u>법률유보의 형식</u>은 **반드시 법률에 의한 규율만**이 **아니라 법률에 근거한 규율**이면 되기 때문에 <u>기본권 제한의 형식도</u> **반드시 법률의**

∴ 법률유보는 (법률에 근거한) 법규명령(위임입법)에 의한 규율도 가능

형식일 필요는 <u>없다</u>.

∴ 기본권제한도 법규명령(위임입법) 형식 가능

→ 기본권 제한에 관한 법률유보원칙은 '법률에 근거한 규율'을 요청하는 것이므로, 그 형식이 반드시 법률일 필요는 없다 하더라도 **법률상의 근거**는 있어야 한다.

→ 헌법에서 채택하고 있는 조세법률주의의 원칙은 과세요건과 징수절차에 관한 사항을 명령·규칙 등 하위법령에 구체적·개별적으로 위임하여 규정할 수 없는 것은 아니다.

→ 법률유보의 원칙에서 요구되는 행정권 행사의 법적 근거는 작용법적 근거를 말하며 원칙적으로 개별적 근거를 의미한다.

→ 법률유보원칙에서 요구되는 법적 근거는 작용법적 근거를 의미하며, 조직법적 근거는 모든 행정권 행사에 있어서 당연히 요구된다.

→ 침익적 행정처분의 근거가 되는 행정법규는 엄격하게 해석·적용하여야 하고 행정처분의 상대방에게 불리한 방향으로 지나치게 확장해석하거나 유추해석 하여서는 아니 된다.

→ 행정상 즉시강제는 전형적인 침해행정의 일종이므로 엄격한 실정법적 근거가 필요하다.

→ 헌법재판소는 법률이 공법적 단체 등의 정관에 자치법적 사항을 위임하는 경우에도 국민의 권리·의무에 관련되는 것일 경우에는 의회유보원칙이 적용된다고 본다.

→ 여러 종류의 가산세를 함께 부과하면서, 납세고지서에 산출근거는 물론 종류조차도 따로 밝히지 않고 단지 가산세의 합계액만을 기재하고는, 납세의무자가 스스로 세법 규정을 잘 살펴보면 무슨 가산세가 부과된 것이고 산출근거가 어떻게 되는지를 알아낼 수 있다고 하는 것으로 그 기재의 흠결을 정당화할 수는 없다.

→ 개인택시운송사업자의 **운전면허가 아직 취소되지 않았다면** 운전면허 취소사유가 있더라도 행정청은 (명문 규정이 없으므로) **개인택시운송사업면허를 취소할 수 없다.**

→ **예산**은 일종의 법규범이고 법률과 마찬가지로 국회의 의결을 거쳐 제정되지만 **법률과 달리** 국가기관만을 구속할 뿐 일반국민을 구속하지 않는다.

제3절 행정법의 법원 및 일반원칙(조리)

행정법의 일반원칙은 행정법의 전 영역에 적용되는 원칙으로서 비례의 원칙·신뢰보호의 원칙·평등의 원칙(행정의 자기구속의 원칙)·부당결부금지의 원칙 등이 있다.

행정법의 일반원칙들은 기존에는 **불문법원·보충적 법원(法源)**으로서 중요한 기능을 수행하였고, **현재**는 행정기본법이 제정·시행되면서
_{행정의 일반법}
(행정기본법 조항에 포함되어) **성문법원**이 되었다.

Ⅰ. 행정법의 법원 (법의 존재형식)

1. 특징과 종류

성문법원에는 헌법, 법률(행정법의 일반원칙 포함), 국제법, 법규명령, 자치법규 등이 있다. 불문법원에는 관습법 등이 있다.

→ 대법원의 입장 : 행정조직 내부를 규율하는 행정규칙과 대법원의 판단인 판례는 법원에 해당하지 않는다.

→ **BUT** 행정규칙이 법규성을 가지는 경우에는 법원성을 인정할 수 있다.

→ 대통령의 긴급명령 및 긴급재정·경제명령은 행정법의 법원이 된다.

→ **성문법원에는 헌법도 포함**되므로, 헌법상의 (추상적인 기본권 등) 규정들은 행정법의 법원이 된다.

→ 국제법규도 행정법의 법원이지만, 사인이 제기한 취소소송에서 WTO협정과 같은 국제협정 위반을 독립된 취소사유로 주장할 수는
∵ 국제법규는 (사인이 아닌) 국가간 권리·의무를 규율

없다.

→ '관세 및 무역에 관한 일반협정(GATT)'을 위반한 조례는 무효이다.
(헌법에 의하여 체결·공포된) 국제조약

→ 국가가 국민의 생명·신체의 안전에 대한 보호의무를 다하지 않았는지 여부에 대한 심사는 (국가가 이를 보호하기 위하여 적어도 적절하고 효율적인 **최소한의 보호조치**를 취하였는가 하는) **'과소보호 금지원칙'**의 위반 여부를 기준으로 삼는다.

→ 법률조항에 대하여 헌법재판소가 헌법불합치결정을 하여 그 법률조항을 합헌적으로 개정 또는 폐지하는 임무를 입법자의 형성 재량에 맡긴 이상, 그 개선입법의 소급적용 여부와 소급적용의 범위는 원칙적으로 입법자의 재량에 달려 있다.

→ 행정소송에 관하여 「행정소송법」에 특별한 규정이 없는 사항에 대하여는 「법원조직법」과 「민사소송법」 및 「민사집행법」의 규정을
행정법의 법원우 모든 법

준용한다(행정소송법 제8조).

2. 관습법

가. 행정선례법

행정선례법은 행정기관(행정주체)가 다루어온 행정작용들이 오랜 기간 반복되어 시행되면서 국민들이 법적 확신을 갖게 된 경우를 말한다. 행정절차법과 국세기본법에서 이를 인정한 조문이 있다.

나. 민중적 관습법

민중적 관습법은 민중 사이에 오랜 기간 반복되어 법적 확신까지 갖게 된 경우를 말한다.

→ 주로 '물'과 관련된 경우로 음용용수권, 관개용수이용권, 지하수사용권 등이 있다.

→ 관습법이 성문법을 개폐하는 효력이 **없다**고 보는 보충적 효력설(다수설, 판례)과 개폐하는 효력을 **가진다**고 보는 변경적 효력설의 대립이 있다.

Ⅱ. 비례의 원칙 (⊂행정법의 일반원칙/조리)

> **행정기본법**
>
> **제10조 (비례의 원칙)**
> 행정작용은 다음 각 호의 원칙에 따라야 한다.
> 1. 행정목적을 달성하는 데 **유효하고 적절**할 것
> 2. 행정목적을 달성하는 데 필요한 **최소한도**에 그칠 것
> 3. 행정작용으로 인한 **국민의 이익 침해**가 그 행정작용이 **의도하는 공익**보다 **크지 아니할** 것

I. 의의 및 근거

비례의 원칙은 행정작용에 있어서 목적과 수단 사이에는 합리적인 비례관계가 있어야 한다는 원칙이다. 비례의 원칙은 법치국가 원리에서 당연히 파생되는 헌법상의 기본원리로서, 모든 국가작용에 적용된다. 행정기본법 제10조와 (국민의 권리와 공익과의 이익형량을 언급한) 헌법 제37조 제2항에 근거를 두고 있다.

→ 과잉금지의 원칙이라고도 한다. 특히 침해적 행정작용의 영역에서는 과잉급부금지의 원칙으로 나타난다.

→ 비례의 원칙(과잉금지의 원칙)은 행정뿐만 아니라 입법에도 적용된다.

2. 내용

비례원칙의 내용으로 검토되는 적합성·필요성·상당성의 원칙은 단계적으로 검토되어야 한다.

→ 이 3가지의 원칙 중에서 하나만 위반되어도 비례의 원칙 위반이 된다.

가. 적합성의 원칙

적합성의 원칙이란 해당 행정목적을 실현하기 위하여 사용되는 행정수단은 행정목적을 달성하기에 적합(적법)하여야함을 의미한다.

나. 필요성의 원칙, (=최소침해의 원칙)

필요성의 원칙은 적합성의 원칙에 의해 선정된 복수의 수단들 중에서 국민의 자유와 권리를 최소한으로 침해하는 수단을 선택해야 한다는 원칙이다. 최소침해의 원칙이라고도 한다.

다. 상당성의 원칙, (=협의의 비례원칙)

상당성의 원칙은 최소한으로 침해를 주는 수단을 선택한 경우에도, 침해되는 사익과 달성하고자 하는 공익 사이에서 적절한 균형(이익형량)이 이루어져야 한다는 원칙이다.

[비례의 원칙 위반 유무]

비례의 원칙 위반O	비례의 원칙 위반X
1. 가벼운 징계처분으로도 훈령의 목적을 달성할 수 있음에도 파면처분	1. 「도로교통법」 제148조의2 제1항 제1호 해석에 구「도로교통법」 제44조 제1항을 위반한 음주운전 전과 포함
2. 가스총을 사용할 때 주의의무를 위반한 경찰관	2. 승합차를 음주운전하여 제1종 대형운전면허까지 취소된 경우
3. 경찰관 범인 검거시 가스총 근접발사로 실명	3. 사법시험 제2차 시험 과락제도 적용
4. 근무지 이탈 후 상관비판 검사장 면직처분	4. 주차목적으로 짧은 거리 만취상태의 운전을 한 경우 **운전면허취소처분**
5. 근무시간 중 10분간 다방출입으로 파면처분	5. 특수경비원에게 일체의 쟁의행위를 금지하는 규정
6. 공무원이 요정을 출입해 훈령위반 1회로 인한 파면	6. 혈중알콜농도 0.18% 음주운전 택시운전사 **운전면허 취소처분**
7. 룸싸롱에 미성년자 출입위반 1회로 영업취소	7. 혈중알콜농도 0.129% 음주운전 자동차**운전면허취소 처분**
8. 미결수용자 수사·재판을 위해 구치소 밖으로 이동시 사복착용불허	8. 회분함량 기준치 0.5%초과로 수입녹용 전량폐기·반송·지시처분
9. 선거운동과정상 물품·음식품 수령시 과태료 50배	
10. 사의로 받은 30만원 소지 후 돌려준 경찰관 해임처분	
11. 선의의 양수인에게 내린 6월의 영업정지처분	
12. 자동차를 이용하여 범죄행위를 한 경우 필요적 운전면허취소규정	

13. 지입제경영을 한 경우 필요적 운송사업면허취소규정
14. 북한 고위직 탈북인사 여권발급신청거부
15. 취득한 이익의 규모를 크게 초과하는 과징금부과
16. 청소년유해매체물 대여업자 700만원 과징금부과
17. 태아성별 감지 및 고지 금지
18. 판·검사 15년 미만 근무한 자 변호사 개업지 3년간 제한
19. 18세 미만자 당구장 출입금지

→ 「도로교통법」 제148조의2 제1항 제1호의 「도로교통법」 제44조 제1항을 2회 이상 위반한' 것에 구「도로교통법」 제44조 제1항을 위반한 음주운전 전과도 포함된다고 해석하는 것이 형벌불소급의 원칙이나 일사부재리의 원칙 또는 비례의 원칙에 위배되지 않는다.

→ 사회복지사업법 제40조 제1항 제4호에 의하면 후원금의 용도 외 사용에 대하여는 개선명령 등 침익적 처분을 할 수 있고, 같은 법 제54조 제5호에 의하면 이러한 개선명령 등을 받은 자가 이를 이행하지 아니하면 형사처벌까지 받게 되므로, 용도 외 사용에 관한 규정은 엄격하게 해석하여야 하고, 상대방에게 불리한 방향으로 확장해석 하여서는 아니 된다.

→ 음주운전으로 인해 운전면허를 취소하는 경우, 이익형량을 할 때 음주운전으로 인한 교통사고를 방지할 공익상의 필요가 취소의 상대방이 입게 될 불이익보다 강조되어야 한다.

Ⅲ. 신뢰보호의 원칙 (⊂행정법의 일반원칙/조리)

> **행정기본법**
>
> ### 제12조 (신뢰보호의 원칙)
> **제1항** 행정청은 공익 또는 제3자의 이익을 현저히 해칠 우려가 있는 경우를 제외하고는 행정에 대한 국민의 **정당하고 합리적인 신뢰를 보호**하여야 한다.
> **제2항** 행정청은 권한 행사의 기회가 있음에도 불구하고 장기간 권한을 행사하지 아니하여 국민이 그 권한이 행사되지 아니할 것으로 믿을 만한 정당한 사유가 있는 경우에는 그 권한을 행사해서는 아니 된다. 다만, 공익 또는 제3자의 이익을 현저히 해칠 우려가 있는 경우는 예외로 한다.
>
> ### 제11조 (성실의무 및 권한남용금지의 원칙)
> **제1항** 행정청은 법령 등에 따른 의무를 성실히 수행하여야 한다.
> **제2항** 행정청은 행정권한을 남용하거나 그 권한의 범위를 넘어서는 아니 된다.

Ⅰ. 의의 및 근거

신뢰보호의 원칙은 행정기관의 어떤 언동이 있고 이를 토대로 국민이 신뢰를 갖고 행위를 한 경우, 그 신뢰가 보호가치가 있는 경우에는 보호해 주어야 한다는 원칙이다.

→ 법치행정의 원칙 중에서 법적 안정성에 그 근거를 두고 있다.

→ **행정기본법** 및 **행정절차법** 그리고 **국세기본법**에 해당 근거 조항이 있다.

→ 국민이 가지는 모든 기대 내지 신뢰가 권리로서 보호될 것은 아니고, 신뢰보호 여부는 기존의 제도를 신뢰한 자의 신뢰를 보호할 필요성과 새로운 제도를 통해 달성하려고 하는 공익을 비교·형량하여 판단하여야 한다.

→ 신뢰가 보호할 만한 것인가는 정당한 이익형량에 의한다. 사후에 선행조치가 변경될 것을 사인이 예상하였거나 중대한 과실로 알지 못한 경우 또는 사인의 사위나 사실은폐 등이 있는 경우에는 보호가치가 있는 신뢰라고 보기 어렵다.

2. 신뢰보호의 요건

가. 공적인 견해표명 (선행조치)

신뢰보호원칙이 적용되기 위해서는 먼저 행정청의 공적인 견해표명이 있어야 한다.

→ 단순히 법령의 해석에 대한 질의에 대하여 회신해 주는 것은 공적인 견해표명이 아니다.

→ 행정청 자신의 견해가 아닌 보조기관에 불과한 소속 공무원의 견해도 포함될 수 있다. 왜냐하면 행정조직상의 형식적인 권한분장에 구애되지 않고 실질에 의하여 판단하기 때문이다.

→ 신뢰의 대상이 되는 선행조치는 법령제정·행정계획·행정행위·확약·합의·행정지도·행정계약 등이 포함될 수 있다.

→ 선행조치는 적법행위/위법행위, 명시적/묵시적, 법률행위/사실행위 등 모든 조치를 포함하지만 무효행위는 그 자체가 무효이기 때문에 해당되지 않는다.

→ 위법한 행정관행(선행조치)에 대해서도 신뢰보호의 원칙이 적용될 수 있다.

→ 국세기본법에 따른 비과세관행의 성립요건인 공적견해나 의사의 묵시적 표시가 있다고 하기 위해서는 과세관청이 상당기간의 불과세 상태에 대하여 과세하지 않겠다는 의사표시를 한 것으로 볼 수 있는 사정이 있어야 한다.

→ 확약 또는 공적인 의사표명이 있은 후에 사실적·법률적 상태가 변경되었다면, 그와 같은 확약 또는 공적인 의사표명은 행정청의 별다른 의사표시를 기다리지 않고 실효된다.

→ 과세관청이 질의회신 등을 통하여 어떤 견해를 대외적으로 표명하였더라도 그것이 중요한 사실관계와 법적인 쟁점을 제대로 드러내지 아니한 채 질의한 데 따른 것이라면, 공적인 견해표명에 의하여 정당한 기대를 가지게 할 만한 신뢰가 부여된 경우로 볼 수 없다.

∴ 신뢰보호의 원칙 위반X

→ 상대방이 신뢰를 얻는 과정에서 귀책사유(부정행위 등)가 없어야 한다. 개인의 귀책사유의 유무는 상대방뿐만 아니라 그로부터 신청행위를 위임받은 수임인 등 관계자 모두를 기준으로 판단하여야 한다.

→ 건축주와 그로부터 건축설계를 위임받은 건축사가 관계 법령에서 정하고 있는 건축한계선의 제한이 있다는 사실을 간과한 채 건축설계를 하고 이를 토대로 건축물의 신축 및 증축허가를 받은 경우, 그 신축 및 증축허가가 정당하다고 신뢰한 데에는 귀책사유가 있다.

→ 수익적 행정처분의 하자가 당사자의 사실은폐나 기타 사위의 방법에 의한 신청행위에 기인한 것이라면, 당사자는 처분에 의한 이익을 위법하게 취득하였음을 알아 취소가능성도 예상하고 있었을 것이므로, 그 자신이 처분에 관한 신뢰이익을 원용할 수 없다.

[공적인 견해표명 (선행조치) 해당 여부]

선행조치O	선행조치X
1. 구청장의 지시에 따라 그 소속직원이 부동산 취득세 면제를 제의한 경우 2. 보건복지부장관의 비과세 견해표명 3. 삼청교육대 피해자 보상 대통령 담화 및 국방부장관 공고	1. 국토이용계획변경신청에 있어 사전에 행한 폐기물처리업 사업계획에 대한 적정통보 2. 「개발이익환수에 관한 법률」에 정한 개발사업시행 전에 행정청의 부서의견상 '저촉사항 없음'이라고 기재

4. 안산시 도시계획국·과장의 완충녹지지정 해제 의사표시
5. 종교회관 건립을 위한 토지거래계약허가를 받으면서 담당 공무원이 한 토지형질변경에 대한 견해표명
6. **4년 동안 면허세를 부과하지 않은 비과세 관행**
7. 폐기물처리업에 대한 관할관청으로부터의 적정통보
8. 행정지도
9. 행정계획

3. 단순한 과세누락
4. 무효인 행정행위
5. 전속계약금의 '기타 소득' 국세청 예규
6. 재정경제부가 보도자료 통해 「법인세 시행규칙」개정을 법제처 심의를 거쳐 공표·시행할 예정
7. 정구장 시설을 설치한다는 도시계획결정
8. 조세법령의 규정내용 그 자체
9. 추상적 질의에 대한 일반론적인 견해표명
10. **총무과 민원팀장**이 행한 민원봉사차원에서의 상담·안내
11. 행정규칙인 재량준칙의 공표
12. 행정청의 내부적 사무처리지침인 행정규칙의 공표
13. 헌법재판소의 위헌결정
　　∵ 헌법재판소는 행정청X
14. 행정청이 지구단위계획을 수립하면서 결정한 권장용도 (판매·위락·숙박시설)
15. 6.25전쟁 중 거창학살사건 보상법률에 대한 대통령 권한 대행의 거부권 행사시 국회 법률안 의결
16. 법령으로 확정되지 않은 입법예고

→ 관할관청이 **폐기물처리업 사업계획**에 대하여 **적정통보**를 한 것만으로 그 사업부지 토지에 대한 **국토이용계획변경신청을 승인**하여 주겠다는 취지의 **공적인 견해표명**을 한 것으로 볼 수 **없다**.

→ **폐기물처리업**에 대하여 관할 관청의 사전 **적정통보**를 받고 **막대한 비용**을 들여 요건을 갖춘 다음 허가신청을 한 경우, 행정청이 **청소업자의 난립으로 효율적인 청소업무의 수행에 지장**이 있다는 이유로 불허가처분을 하였다면 **신뢰보호의 원칙에 반한다**.

→ **법령으로 확정되지 않은 입법예고**만으로는 **국가의 약속·신뢰부여(선행조치)**라고 볼 수 **없다**.

→ **4년** 동안 과세관청이 면허세를 부과할 수 있음을 알면서도 수출확대라는 공익상 필요에서 한 건도 부과한 일이 없었다면 **비과세의 관행**이 이루어졌다고 보아도 무방하다.

→ 헌법재판소는 행정청이 아니므로 **헌법재판소의 위헌결정**은 **행정청의 공적인 견해표명**이 **아니다**.

→ 당초 정구장시설을 설치한다는 도시계획결정을 하였다가 정구장 대신 청소년 수련시설을 설치한다는 도시계획 변경결정 및 지적 승인을 한 경우 **당초의 도시계획결정**만으로는 **도시계획사업의 시행자 지정**을 받게 된다는 **공적 견해**를 표명했다고 할 수 **없다**.

나. 상대방의 후행행위

상대방이 행정청의 공적인 견해표명을 신뢰하고 이에 기초하여 특정한 행위를 하여야 한다. 또한 행정청의 선행조치와 상대방의 후행행위 사이에는 인과관계가 있어야 한다.

다. 상대방의 손해발생

상대방이 선행조치에 반하는 후행행위로 인해 손해가 발생하여야 한다. 다만, 공익 또는 제3자의 정당한 이익을 현저히 해할 우려가 있는 경우에는 신뢰보호원칙을 적용할 수 없다.

3. 신뢰보호원칙의 한계

신뢰보호의 요건이 충족된다고 하여 항상 상대방 또는 관계자의 신뢰가 보호되는 것은 아니다. 다음과 같은 경우에는 신뢰보호의 원칙은 한계를 가진다.

가. 사정변경

행정조치에 대해서 신뢰형성을 하게 된 요인이 사후에 변경이 되고 상대방 또는 관계인이 행정작용시에 이미 이를 인식하거나 인식할 수 있는 경우 신뢰보호는 배제가 된다.

나. 제3자의 쟁송제기

행정청의 선행조치가 제3자효 행정행위로서 제3자에 의하여 취소쟁송의 제기가 예상되는 경우에는 선행조치에 대한 개인의 신뢰는 보호되지 않는다.

다. 행정의 법률적합성의 원칙과의 관계

행정의 법률적합성의 원칙과 신뢰보호의 원칙이 서로 대립되는 경우, 행정의 법률적합성의 원칙이 우선한다는 견해도 있다(행정의 법률적합성 우선설). 그러나 판례는 양자 모두 헌법상 법치국가원리에 근거를 둔 것으로서 헌법상 동가치적인 것이기 때문에 **결국 두 원칙 중 우선하는 것은 (개별사항마다) 공익과 사익을 비교형량하여 결정해야 한다고 본다(동위설, 이익형량설).**

4. 적용영역

신뢰보호의 원칙은 행정법의 일반원칙으로 행정법의 전 분야에서 적용되는 원칙이다. 특히 위법한 수익적 행정행위에 대한 취소의 제한, 적법한 수익적 행정행위에 대한 철회의 제한, 그리고 확약, 실권의 법리 등에서 활발하게 논의되고 있다.

→ 행정청이 상대방에게 일정한 작위 또는 부작위를 약속한 확약의 경우 신뢰보호의 원칙이 적용될 수 있다.

→ **입법예고가 법령으로 확정되지 않은 경우,** 국가가 이해관계자들에게 (입법예고된) 법령안에 관련된 사항을 약속하였다고 볼 수 없으며 신뢰보호의 원칙이 적용되지 않는다.

→ **법원이 「질서위반행위규제법」에 따라서 하는 과태료 재판**은 원칙적으로 행정소송에서와 같은 **신뢰보호의 원칙 위반 여부**가 문제
<u>법원이 직권으로 개시·경정</u>
되지 **않는다.**

→ **법령 개폐에 있어서 신뢰보호원칙의 위반 여부는** 한편으로는 침해받은 신뢰이익의 보호가치, 침해의 중한 정도, 신뢰침해의 방법 등과 다른 한편으로는 새 입법을 통해 실현코자 하는 공익목적을 **종합적으로 비교형량하여 판단**하여야 한다.

→ 학생들의 교육환경과 인근 주민들의 주거환경 **보호라는 공익**이 숙박시설 건축허가신청을 반려한 처분으로 신청인이 잃게 되는 **이익의 침해**를 정당화할 수 있을 정도로 **크므로,** 해당 반려처분은 **신뢰보호의 원칙에 위배되지 않는다.**

→ **실권의 법리** : 행정청이 특정 조치의 위법상태를 장기간 묵인한 경우, 상대방이 그 존속을 신뢰하게 되었다면 행정청은 더 이상 그 조치의 위법성을 이유로 취소할 수 없다는 법리이다.

→ **행정계획의 폐지 및 변경**은 행정계획의 종합적이고 가변적인 특성상 **신뢰보호의 원칙을 적용하지 않는 것**이 판례의 원칙적인 입장이다.

→ 행정청이 공적인 견해에 반하는 행정처분을 함으로써 달성하려는 공익이 행정청의 공적 견해표명을 신뢰한 개인이 그 행정처분으로 인하여 입게 되는 이익의 침해를 정당화할 수 있을 정도로 강한 경우에는 그 행정처분은 위법하지 않다.

→ 2000. 6. 27. 「변리사법 시행령」이 개정되어 변리사시험 제1차 시험방식이 선발예정인원의 범위 안에서 합격자를 결정하는 '상대평가제'에서, 일정 점수(매과목 40점, 전과목 평균 60점) 이상을 득점한 응시자를 모두 합격시키는 '절대평가제'로 전환되었다. 이 절대평가제의 시행시기는 2002. 1. 1.부터로 정해졌다. 그런데 특허청에서는 2002. 3. 25. 변리사시험 제1차 시험방식을 다시 절대평가제에서 상대평가제로 환원하는 내용으로 「변리사법 시행령」을 개정·공포하였는데, 동 시행령에서는 부칙에 <u>유예기간을 두지 않고</u> 개정규정을 바로 시행하도록 하였다. 이에 특허청장은 2002. 5. 26. 시험을 실시하였는데, 이 시험에서 응시생 甲·乙·丙은 평균 60점 이상 득점하고도 낙방하였다. 甲·乙·丙은 변리사시험불합격처분의 취소를 구하는 한편, 국가배상청구소송을 제기하였다.

① 법령의 개정에서 입법자의 광범위한 재량이 인정되는 경우라 하더라도 <u>구 법령의 존속에 대한 당사자의 신뢰가 합리적이고도 정당하며</u> 법령의 개정으로 야기되는 당사자의 손해가 극심하여 <u>새로운 법령으로 달성하고자 하는 공익적 목적</u>이 그러한 <u>신뢰의 파괴를 정당화할 수 없다면</u> 입법자는 <u>경과규정을 두는 등</u> 당사자의 신뢰를 보호할 적절한 조치를 하여야 한다.

② 특허청장이 「변리사법 시행령」을 개정하면서 적정한 유예기간을 두지 않았다고 <u>곧바로 과실이 있다고 단정할 수는 없으므로</u>, 甲·乙·丙이 입은 손해에 대해 <u>국가는 손해배상책임을 지지 않는다.</u>

→ 국가 산하 '진실·화해를 위한 <u>과거사정리위원회</u>'가 피해자 등의 진실규명신청에 따라 진실규명신청 대상자를 희생자로 확인 또는 추정하는 <u>진실규명결정</u>을 하고 <u>피해자</u> 등이 그 결정에 기초하여 <u>상당한 기간 내에 권리행사를 한 경우</u>, 국가가 <u>소멸시효의 완성을 주장</u>하는 것은 <u>신의성실원칙에 반하는 권리남용에 해당하여 허용될 수 없다.</u>

→ (공무원 임용신청 당시 잘못 기재된 호적상 출생연월일을 생년월일로 기재하고, 임용 후 36년 동안 이의를 제기하지 않다가) <u>정년을 1년 3개월 앞두고 정정된 출생연월일을 기준으로 정년연장을 요구</u>하는 것은 <u>신의성실의 원칙에 반하지 않는다.</u>

→ 국가가 임용결격사유가 있는 자에 대하여 <u>결격사유가 있는 것을 알지 못하고 공무원으로 임용하였다가 나중에 결격사유가 있음을</u> 발견하고 그 임용행위를 취소하는 경우 <u>신의성실의 원칙을 적용할 수 없다.</u>

Ⅳ. 평등의 원칙과 행정의 자기구속의 원칙 (⊂행정법의 일반원칙/조리)

1. 평등의 원칙

> **행정기본법**
>
> **제9조 (평등의 원칙)**
> 행정청은 **합리적 이유 없이** 국민을 <u>차별</u>하여서는 <u>아니</u> 된다.

가. 의의

헌법적 원칙인 평등의 원칙은 행정작용을 함에 있어서 합리적인 사유가 없는 한, 상대방을 평등하게 대우해야 한다는 원칙을 말한다. 따라서 합리적인 이유가 있어서 다르게 취급하는 것은 평등의 원칙 위반이 아니다.

→ 평등의 원칙은 행정청의 재량권 행사의 한계를 설정하는 데 중요한 의미를 가진다.

[평등원칙 위반 여부]

평등원칙 위반O	평등원칙 위반X
1. 국가유공자 가족들에게 (공무원 시험) 10% 가산점 부여 2. 군가산점 제도 3. 당직근무 대기 중 화투놀이 공무원 4명 중 3명 견책 1명 파면 4. 사회적 신분에 따라 과태료의 액수에 차등 5. 선등록한 단체의 등록은 수리하고 후에 이루어진 등록신청은 반려 6. 외교관 자녀 대학입시 20% 가산점 부여 7. 주세법상 자도소주구입 명령제도	1. 같은 정도의 비위를 저지른 자들에게 개전의 정이 있는지 여부에 따라 그 양정을 차별적으로 취급 2. 근로기간 1년을 기준으로 퇴직급여의 가부 결정 3. 고속도로에서 이륜차의 통행을 금지 4. 인천광역시 공항고속도로 통행료지원 조례안 5. (연구단지 내 녹지구역) 　주유소는 허용하면서 LPG충전소를 금지하는 시행령

➞ 같은 정도의 비위를 저지른 자들 사이에 있어서도 그 직무의 특성 등에 비추어 개전의 정이 있는지 여부에 따라 징계 종류의 선택과

*개전(改悛) : 잘못을 뉘우치고 마음을 바르게 고쳐먹음

양정에서 차별적으로 취급하는 것은 평등원칙에 반하지 아니한다.

2. 행정의 자기구속의 원칙

가. 의의 및 근거

행정의 자기구속의 원칙이란 행정청이 재량행위의 영역에 있어서 상대방에게 어떤 행정작용을 하는 경우, 이미 제3자에게 행한 같은 사안의 일정한 선례가 있었다면, 행정청은 상대방에게도 그 제3자들에게 행한 작용과 동일한 결정을 해줘야 한다는 원칙이다.

➞ 행정의 자기구속의 원칙은 법적으로 동일한 사실관계, 즉 동종의 사안에서 적용이 문제되는 것으로 주로 재량의 통제법리와 관련

〈재량의 통제법리 = 재량권의 일탈 · 남용〉

된다.

➞ 근거 : 대법원과 헌법재판소는 평등원칙과 신뢰보호의 원칙을 (행정의 자기구속의 원칙의) 주된 근거로 제시하고 있다.

나. 적용영역 및 요건

행정의 자기구속의 원칙은 행정청의 재량행위에서만 문제가 되고 기속행위에서는 문제가 되지 않는다. 그리고 판례는 재량준칙(행정규칙)이 그 정한 바에 따라 되풀이 시행되면 행정관행이 이루어 질 것이라고 판시하여 행정 선례가 있어야 자기구속이 가능하다고 보고 있다.

➞ 재량준칙이 정한 바에 따라 되풀이 시행되어 행정관행이 이루어지게 되면 평등의 원칙이나 신뢰보호의 원칙에 따라 행정청은 상대방에 대한 관계에서 그 규칙에 따라야 할 자기구속을 받게 된다.

➞ 재량준칙이 공표된 것만으로는 행정의 자기구속의 원칙이 적용될 수 없고, 재량준칙이 되풀이 시행되어 행정관행이 성립한 경우에 행정의 자기구속의 원칙이 적용될 수 있다.

➞ 행정의 자기구속의 원칙은 동일한 행정청(처분청)을 전제로 하기 때문에 다른 행정청(제3자 행정청)에 대해서는 적용할 수 없다.

다. 자기구속의 한계

행정청이 기존의 선례와 다른 결정을 할 수 밖에 없는 특수한 사정변경이 있는 경우에는 자기구속의 원칙은 적용되지 않는다. 또한 행정청이 위법한 행정작용을 반복적으로 행하였다 할지라도 위법하기 때문에 이 경우에는 자기구속의 원칙은 발생하지 않는다.

→ 행정청이 조합설립추진위원회의 설립승인 심사에서 위법한 행정처분을 한 선례가 있다고 하여 그러한 기준을 따라야 할 의무가
자기구속의 원칙, 발생X

없다.

V. 부당결부금지의 원칙 (⊂행정법의 일반원칙/조리)

> **행정기본법**
>
> **제13조 (부당결부금지의 원칙)**
> 행정청은 행정작용을 할 때 상대방에게 해당 행정작용과 **실질적인 관련이 없는** 의무를 부과해서는 **아니** 된다.

1. 의의

부당결부금지의 원칙은 행정청이 행정작용을 함에 있어서 그것과 실질적 관련성이 없는 상대방의 반대급부를 행정작용의 조건(전제)으로 결부시켜서는 안 된다는 원칙이다.

→ (건축물에 인접한 도로의 개설을 위한) 도시계획사업시행허가를 하면서 내세운 기부채납의무를 이행하지 않았다고 건축물 준공거부
처분을 한 것은 위법하다.
∵ '건축물에 인접한 도로'와 '건축물'은 실질적, 관련성X

→ 지방자치단체장이 사업자에게 주택사업계획승인을 하면서 그 주택사업과는 **아무런 관련이 없는 토지**를 기부채납하도록 하는
부관을 붙인 경우, 그 부관은 부당결부금지의 원칙에 위반되어 **위법**하지만, 당연 무효라고 볼 수 없다.
취소사유에 해당

제4절 행정법의 효력

I. 시간적 효력

1. 효력발생시기

> **행정기본법**
>
> **제7조 (법령 등 시행일의 기간 계산)**
> 법령 등(훈령·예규·고시·지침 등을 포함한다. 이하 이 조에서 같다)의 **시행일**을 정하거나 계산할 때에는 다음 각 호의 기준에
> 따른다.
> 1. 법령 등을 공포한 날부터 시행하는 경우에는 공포한 날을 시행일로 한다.
> 2. 법령 등을 공포한 날부터 일정 기간이 경과한 날부터 시행하는 경우 법령 등을 공포한 날을 **첫날에 산입**하지 **아니**한다.
> 3. 법령 등을 공포한 날부터 일정 기간이 경과한 날부터 시행하는 경우 그 기간의 말일이 토요일 또는 공휴일인 때에는 그 말
> 일로 기간이 만료한다.

> **법령 등 공포에 관한 법률**
>
> **제11조 (공포 및 공고의 절차)**
> **제1항** 헌법개정·법률·조약·대통령령·총리령 및 부령의 공포와 헌법개정안·예산 및 예산 외국고부담계약의 공고는 관보(官報)에 게재함으로써 한다.
> **제2항** 「국회법」제98조 제3항 전단에 따라 하는 국회의장의 법률 공포는 서울특별시에서 발행되는 둘 이상의 일간신문에 게재함으로써 한다.
> **제3항** 제1항에 따른 관보는 종이로 발행되는 관보(이하 "종이관보"라 한다)와 전자적인 형태로 발행되는 관보(이하 "전자관보"라 한다)로 운영한다.
> **제4항** 관보의 내용 해석 및 적용 시기 등에 대하여 종이관보와 전자관보는 동일한 효력을 가진다.
>
> **제12조 (공포일·공고일)**
> 제11조의 **법령 등의 공포일 또는 공고일**은 해당 법령 등을 게재한 관보 또는 신문이 **발행된 날**로 한다.
>
> **제13조 (시행일)**
> 대통령령, 총리령 및 부령은 특별한 규정이 없으면 **공포한 날**부터 20일이 경과함으로써 효력을 발생한다.
>
> **제13조의2 (법령의 시행유예기간)**
> **국민의 권리 제한 또는 의무 부과와 직접 관련**되는 법률, 대통령령, 총리령 및 부령은 긴급히 시행하여야 할 특별한 사유가 있는 경우를 제외하고는 **공포일**부터 적어도 30일이 경과한 날부터 시행되도록 하여야 한다.

법령에서 시행일을 규정하지 않은 경우에는 공포한 날로부터 **20일**을 경과함으로써 효력을 발생한다(법령 등 공포에 관한 법률 제13조). 공포한 날(공포일)은 해당 법령을 게재한 '관보 또는 신문이 발행된 날'로 한다(법령 등 공포에 관한 법률 제12조).

→ 국민의 권리를 제한하거나 의무를 부과하는 것과 직접 관련되는 법령은 특별한 사유가 없는 한 **공포일**로부터 적어도 **30일**이 경과한 날로부터 시행되도록 해야 한다(법령 등 공포에 관한 법률 제13조의2).

→ 판례의 입장 : '발행된 날'은 공포일과 시행일이 다른 경우에는 '신문이 실제로 인쇄된 날'을, 공포일과 시행일이 같은 경우에는 '최초로 구독이 가능한 시점'으로 파악한다.

2. 소급효의 문제

가. 진정소급효

> **행정기본법**
>
> **제14조 (법 적용의 기준)**
> **제1항** 새로운 법령 등은 법령 등에 특별한 규정이 있는 경우를 **제외**하고는 그 법령 등의 효력 발생 전에 **완성되거나 종결된 사실관계 또는 법률관계**에 대해서는 **적용되지 아니**한다.

종료된 법률관계에 새 법령을 적용하는 것은 법치주의의 원칙(법적 안정성)에 반하므로 원칙적으로는 소급효가 인정되지 않는다.

→ 대법원의 입장 : **법령을 소급적용하더라도** 국민이 소급입법을 이미 예상할 수 있었던 경우·신뢰이익이 적은 경우, 국민의 이해에 직접 관련이 없는 경우·손실이 없거나 아주 경미한 경우·오히려 이익이 증대되는 경우·불이익이나 고통이 제거되는 경우 그리고 공익이 사익보다 심히 중대한 경우에는 예외적으로 소급적용이 허용된다.

나. 부진정소급효

과거에 시작하여 아직 종료되지 않은 법률관계에 대하여 새 법령을 적용하는 것은 원칙적으로 소급효가 인정된다.

→ 개정 법령이 기존의 사실 또는 법률관계를 적용대상으로 하면서 국민의 재산권과 관련하여 종전보다 불리한 법률효과를 규정하고 있는 경우에도 그러한 사실 또는 법률관계가 개정 법령이 시행되기 이전에 이미 완성 또는 종결된 것이 아니라면 이를 헌법상 금지되는 소급입법에 의한 재산권 침해라고 할 수는 없다.

→ 법령불소급의 원칙은 **법령의 효력발생 전에 완성된 요건 사실**에 대하여 (신)법령을 적용할 수 없다는 의미일 뿐, **계속 중인 사실**이나 **그 이후에 발생한 요건 사실**에 대한 (신)법령적용까지 제한하는 것은 아니다.

→ 수강신청 후에 징계요건을 **완화**하는 학칙개정이 이루어지고 이어 시험이 실시되어 그 개정학칙에 따라 대학이 성적불량을 이유로 학생에 대하여 징계처분을 한 경우라면 이는 이른바 **부진정소급효**에 관한 것으로서 특별한 사정이 없는 한 **위법**이라고 할 수 **없다**.

3. 적용법령

> ### 행정기본법
>
> ### 제14조 (법 적용의 기준)
> **제2항** 당사자의 신청에 따른 **처분**은 법령 등에 특별한 규정이 있거나 처분 당시의 법령 등을 적용하기 곤란한 특별한 사정이
> *당사자의 종속적인 행위*
> 있는 경우를 제외하고는 **처분 당시의 법령** 등에 따른다.
> **제3항** 법령 등을 위반한 행위의 **성립**과 이에 대한 **제재처분**은 법령 등에 특별한 규정이 있는 경우를 제외하고는 법령 등을
> *당사자의 독립적인 행위*
> 위반한 **행위 당시의 법령** 등에 따른다. 다만, 법령 등을 위반한 행위 후 법령 등의 변경에 의하여 그 행위가 법령 등을 위반한 행위에 해당하지 **아니하거나** 제재처분 기준이 **가벼워진** 경우로서 해당 법령 등에 특별한 규정이 없는 경우에는 **변경된 법령** 등을 적용한다.

→ 행정처분은 신청 후 그 근거 법령이 개정된 경우에도 경과규정에서 달리 정함이 없는 한 처분 당시 시행되는 개정 법령과 그에 정한 기준에 의하는 것이 원칙이다.

→ 건축허가기준에 관한 관계 법령 및 조례의 규정이 개정된 경우, 새로이 개정된 법령의 경과규정에서 달리 정함이 없는 한 **처분 당시**에 시행되는 개정 법령에서 정한 기준에 의하여 건축허가 여부를 결정하는 것이 **원칙**이다.

→ 허가신청 후 허가기준이 변경되었다 하더라도 그 허가관청이 허가신청을 수리하고도 정당한 이유 없이 그 처리를 늦추어 그 사이에 허가기준이 변경된 것이 아닌 이상 변경된 허가기준에 따라서 처분을 하여야 한다.

→ (법령의 개정으로) 허가나 신고 없이 개발제한구역 내 공작물 설치행위를 할 수 있게 되었더라도, 그 법령의 시행 전에 이미 범하여진 위법한 설치행위에 대한 가벌성(처분)은 소멸하지 않는다.

→ 구「유료도로법」에 따라 통행료를 징수할 수 없게 된 도로라 하더라도 신법에 따른 유료도로의 요건을 갖추었다면 그 시행 이후 그 도로를 통행하는 차량에 대하여 통행료를 부과하여도 헌법상 소급입법에 의한 재산권 침해금지 원칙에 반한다고 볼 수 없다.

→ 개정 법령의 적용과 관련하여서는 개정 전 법령의 존속에 대한 국민의 신뢰가 개정 법령의 적용에 관한 공익상 요구보다 더 보호 가치가 있다고 인정되는 경우에 그러한 국민의 신뢰를 보호하기 위하여 개정 법령의 적용이 제한될 여지가 있다.

진정소급효·부진정소급효 모두 신뢰보호의 원칙이 적용될 수 있다.

4. 효력소멸시기

법령의 유효기간을 정한 한시법의 경우 그 유효기간이 지나면 자동적으로 효력이 소멸된다.

II. 지역적 효력 및 대인적 효력

법령은 원칙적으로 그 법령을 제정한 기관의 권한이 미치는 지역에 한하여 효력을 가진다. 또한 법령은 그 지역의 모든 사람에게 적용되는 것이 원칙이다.

제1절　행정상 법률관계의 구조

I. 의의

행정상 법률관계는 행정작용법 관계(협의의 행정상 법률관계)와 행정조직법 관계로 나뉜다. 행정작용법 관계는 공법관계(행정법 관계)와 사법관계(광의의 국고관계)로 구분된다.

[행정상 법률관계]

행정조직법 관계			
행정작용법 관계	공법관계 (행정법 관계)	권력관계	항고소송
		관리관계	민사소송
	사법관계	국고관계	민사소송
		행정사법관계	민사소송

→ 행정상 법률관계와 행정법 관계는 동일한 표현은 아니고, 포함관계에 해당한다.

→ 공법과 사법의 구별기준에 대한 **주체설**은 국가나 지방자치단체 등의 행정주체가 관련되는 법률관계를 공법관계로 보고 사인 간의 법률관계는 사법관계로 본다.

→ 공법과 사법의 구별기준에 대한 **신주체설**은 공권력의 담당자인 행정주체에 대해서만 권리·권한을 부여하거나 의무를 부과하는 법은 공법이고, 모든 권리주체에 권리를 부여하고 의무를 부과하는 법은 사법으로 본다.

→ 공법과 사법의 구별기준에 대한 **판례**는 관계 법령을 1차적 기준으로 보고, **종합적**으로 법률관계의 목적과 성질 등 **여러가지 사정을 고려**하여 사안마다 개별적으로 판단하는 입장이다.

공법관계(행정법 관계)는 행정주체의 우월적 지위가 인정되는 권력관계와 행정주체와 행정객체가 대등한 지위를 갖는 관리관계로 나눌 수 있다.

사법관계(광의의 국고관계)는 협의의 국고관계와 행정사법관계로 나눌 수 있다.

→ 국고관계란 행정주체가 사법상의 재산권의 주체(국고)로 인정되는 경우에 언급되는 관계이다.

→ 관리관계와 사법관계는 행정주체의 우월적 지위가 인정되지 않는다는 점에서는 공통점이 있다. 따라서 사법관계와 관리관계를 묶어 비권력관계라고 부르기도 한다.

→ 공법과 사법은 분쟁해결시에 적용되는 법규가 다르다는 점에서 의미가 있다.

II. 공법관계

1. 권력관계 (=권력,고권적 관계)

권력관계는 행정기관이 공권력의 주체가 되어 우월한 지위에서 이루어지는 관계이다. 원칙적으로 공법규정이 적용된다.

→ 행정작용 중에는 행정행위 및 행정강제·행정벌 등이 이 관계를 구성하게 된다.

→ 국민이 공용침해를 당하는 경우에도 이 관계가 성립한다.

→ 공무수탁사인의 행위도 우월한 지위에서 행해진 경우 이 관계가 성립한다.

2. 관리관계 (=단순고권적 관계)

관리관계는 행정기관이 공기업이나 공물·영조물 등을 설치 및 관리하는 경우를 의미한다.

→ 영조물에는 학교·병원 등이 있고, 공물에는 도로·하천·가로등·가로수 등이 있다.

→ 관리가 주된 목적이기 때문에 원칙적으로 사법규정이 적용된다.

3. 빈출판례 (공법관계 유무)

→ 입찰보증금 국고귀속조치(X)

→ 국유재산의 관리청이 무단점유자에 대하여 하는 변상금부과처분(O)

→ 국립의료원 부설주차장에 관한 위탁관리용역 운영계약(O)

→ 국가나 지방자치단체에 근무하는 청원경찰의 근무관계(O)

→ 시립무용단 단원의 위촉과 해촉(O)

→ 사립대학의 학위수여(O)

III. 사법관계

1. 국고관계

국고관계란 국고 즉 행정주체가 사법상의 재산권의 주체로 인정되는 경우에 언급되는 관계이다.

→ 행정에 필요한 물품의 구매계약, 청사·도로·교량의 건설도급계약, 국유재산의 매각, 수표의 발행, 금전차입 등이 있다.

2. 행정사법관계

행정기관이 실질은 공적인 행정작용 등을 하면서 형식은 사법의 모습을 이루는 관계를 통칭한다.

→ 급부행정으로 철도사업, 시영버스사업, 전기·가스 등의 공급사업, 우편사업, 하수도관리사업, 쓰레기처리사업 등이 있고 자금지원 행정으로는 보조금의 지급, 융자 등이 있다.

→ 수도료의 납부관계는 행정사법관계가 아닌 공법관계이다.

[공법관계·사법관계에 대한 판례]

공법관계	사법관계
1. **국유재산무단점유자에 대한 변상금 부과·징수**	1. 국유재산의 매각
2. 국세환급금결정 및 그 신청에 대한 거부결정	2. **국유재산의 (대부계약에 의한) 대부료 부과**
3. 국가인권위 성희롱결정 및 시정조치 권고	3. 국유 잡종재산(일반재산)의 매각
4. 국가산업단지 입주계약해지통보	4. **국유 잡종재산(일반재산) 대부행위**
5. 국립의료원 부설주차장에 대한 위탁관리용역운영계약	5. **국유 잡종재산(일반재산)의 대부료 납부고지**
6. **국유 잡종재산(일반재산)의 대부료 징수**(공법관계O) BUT 대부료 **징수**에 관하여 국세징수법 준용한 특별구제절차O ∴ 행정소송X)	6. (대부한) 국유 잡종재산(일반재산)의 사용료 부과고지
7. 국가나 지방자치단체에 근무하는 청원경찰에 대한 징계처분	7. 국유임야를 대부하거나 매각
8. (귀속재산처리법에 의한) 귀속재산 매각	8. 국가의 철도운행사업
9. 공공하수도의 이용관계	9. (**국가계약법**에 따라)
10. 공무원연금관리공단의 급여결정	국가 또는 지자체가 당사자가 되는 **공공계약**
11. 공중보건의사 채용계약의 해지	10. (구「**정부투자기관 관리기본법**」상)
12. 농지개량조합직원에 대한 징계처분	**정부투자기관**이 일방 당사자가 되는 **계약**
13. 미지급된 공무원 퇴직연금 지급청구	11. 공익사업법상의 **협의취득** 및 **보상합의**
14. 보조사업자의 지자체에 대한 보조금반환의무	12. 공익사업법상 협의취득에 기한 손실보상금 환수통보
15. (**법무사**의 **사무원 채용**시)	13. **개발부담금부과처분취소로 인한 과오납금 부당이득반환 청구**
법무사가 지방법무사회로부터 승인받을 의무	14. 공익사업법상 환매권
16. 부가가치세 환급세액 지급청구권	15. 기부자에게 기부채납 받은 공유재산에 대해 무상으로 사용을 허용하는 행위
17. **시립합창단원의 위촉 및 해촉**	16. 서울시지하철공사 임원·직원의 근무관계
18. 수도료의 납부관계	17. 사립학교 교원에 대한 학교법인의 해임
19. 국립대학의 장에 의하여 임용된 조교의 근무관계	18. 예산특례법·지방재정법에 따른 계약
20. 사립대학의 학위수여	19. 의료보험관리공단 직원의 근무관계
21. 징발권자인 국가와 피징발자의 관계	20. **입찰보증금의 국고귀속조치**
22. 조세채무	21. 지자체장의 국유재산 대부신청 거부
23. 중학교의무교육 위탁관계	22. 주한미군 한국인직원 의료보험조합의 소속직원 징계 면직
24. 지방전문직공무원 채용계약의 의사표시	23. 종합유선방송위원회 직원의 근로관계
25. **국가·지방자치단체**가 행한 부정당업자 **입찰참가자격제한 조치**	24. 행정청이 행한 사인 간 법률관계의 공증
26. 지방소방공무원의 근무관계	25. **한국전력공사가 한 입찰참가자격제한조치**
27. 행정재산에 대한 사용료부과처분	26. 한국조폐공사 직원의 근무관계
28. 한국전력공사의 수신료부과	27. 창덕궁(고궁) 안내원 채용계약
29. **행정재산의 사용·수익에 대한 허가와 그 거부**	
30. 하천법에 규정된 손실보상청구권	
31. 사회보장급부청구권	

→ 국유재산의 관리청이 그 **무단점유자**에 대하여 하는 **변상금부과처분**은 **행정처분**이다.

→ 「**국유재산법**」상 **변상금 부과·징수권**은 민사상 부당이득반환청구권과 법적 성질을 달리하므로, 국가는 무단점유자를 상대로 **변상금 부과·징수권의 행사**와 **별도로** 국유재산의 소유자로서 민사상 부당이득반환 청구의 소를 제기할 수 있다.

→ **요청조달계약**에 적용되는 구 **국가를 당사자로 하는 계약에 관한 법률**(이하 '국가계약법'이라 한다) 조항은 국가가 사경제 주체로서 국민과 대등한 관계에 있음을 전제로 한 **사법관계에 관한 규정**에 한정되고, 고권적 지위에서 국민에게 침익적 효과를 발생시키는 행정처분에 관한 규정까지 당연히 적용된다고 할 수 없다.

→ 「**국가를 당사자로 하는 계약에 관한 법률**」에 의하여 **국가와 사인 간에 체결된 계약**은 특별한 사정이 없는 한 **사법상의 계약**으로서 그 본질적인 내용은 사인 간의 계약과 다를 바가 없다.

→ 지방자치단체가 일방 당사자가 되는 이른바 '**공공계약**'이 사경제의 추체로서 상대방과 대등한 위치에서 체결하는 **사법상 계약**에 해당하는 경우 그에 관한 법령에 특별한 정함이 있는 경우를 제외하고는 사적 자치와 계약자유의 원칙 등 사법의 원리가 그대로 적용된다.

→ 지방자치단체가 계약의 적정한 이행을 위하여 계약상대방과의 계약에 근거하여 **계약당사자 사이에 효력이 있는 계약특수조건 등을 부가**하는 것이 **금지되거나 제한된다고 할 이유는 없고**, 사적 자치와 계약자유의 원칙상 관련 법령에 이를 금지하거나 제한하는 내용이 없는데도 그러한 계약내용이나 조치의 효력을 함부로 부인할 것은 아니다.

→ 국가가 사인과 계약을 체결할 때에는 **국가계약법령**에 따른 **계약서**를 따로 **작성**하는 등 **요건과 절차를 이행**하여야 할 것이고, 설령 국가와 사인 사이에 계약이 체결되었더라도 이러한 **국가계약법령상 요건과 절차를 거치지 아니한 계약**은 **효력이 없다.**

→ 구 「**정부투자기관 관리기본법**」의 적용 대상인 **정부투자기관이 일방 당사자가 되는 계약**은 **사법상의 계약**으로서 그에 관한 법령에 특별한 정함이 있는 경우를 제외하고는 사적자치의 원칙이 그대로 적용된다.

→ 「**국유재산법**」상 **변상금 부과·징수권**이 민사상 부당이득반환청구권과 법적 성질을 달리하는 **별개의 권리인 이상** 한국자산관리공사가 변상금 부과·징수권을 행사하였다 하더라도 이로써 민사상 부당이득반환청구권의 소멸시효가 중단된다고 할 수 없다.

→ 국유 일반재산의 **대부료 등의 징수**에 관하여 국세징수법 규정을 준용한 간이하고 경제적인 **특별구제절차**가 마련되어 있으므로, 특별한 사정이 없는 한 **민사소송의 방법으로 대부료 등의 지급을 구하는 것은 허용되지 아니한다.**

→ 구 「**공익사업을 위한 토지 등의 취득 및 보상에 관한 법률**」상 환매권의 존부에 관한 확인을 구하는 소송 및 환매금액의 증감을 구하는 소송은 **민사소송**이다.

→ **입찰보증금의 국고귀속조치**는 국가가 **사법상의 재산권의 주체로서 행위**하는 것이지, 공권력을 행사하는 것이거나 공권력작용과 일체성을 가진 것이 아니라 할 것이다. (**입찰보증금의 국고귀속조치**는 **사법상 행위**이며 **사법관계**에 해당한다.)

→ **법무사가 사무원을 채용**할 때 소속 **지방법무사회로부터 승인**을 받아야 할 의무는 **공법상** 의무이다.

→ 공유재산의 관리청이 행하는 **행정재산의 사용·수익에 대한 허가**는 **강학상 특허(공법상 행위)**에 해당한다.

→ **부당이득으로서의 과오납금 반환**에 관한 법률관계는 단순한 민사관계(**사법관계**)에 불과하다.

→ 공익사업을 위한 토지 등의 취득 및 보상에 관한 법령에 의한 **협의취득**은 **사법상의 법률행위**이다.

제2절 공법관계의 당사자

Ⅰ. 종류

[행정주체·행정기관·행정청 개념]

행정주체	행정권 행사의 법적 효과가 (궁극적으로) 귀속되는 주체 ⑩ 서울시민이 납부한 주민세는 서울시장 소유X / 서울시 소유O ∴ 서울시는 행정주체
행정기관	행정주체의 행정사무담당자 ⑩ 서울시 공무원
행정청	행정기관(행정주체의 행정사무담당자) 중에서 의사결정 및 (자기의 이름으로 외부에 표시할) 권한이 있는 자 ⑩ 서울시장

[행정주체 VS 행정기관]

	행정주체	행정기관
권리·의무의 주체	O	X
손해배상의 피고	O	X
항고소송의 피고	X	행정청

[행정주체 종류]

국 가		시원적 행정주체
공공단체	지방자치단체	국가로부터 권력을 부여받은 **전래적 행정주체**
	공법상의 사단법인(공공조합)	변호사협회, (도시)재개발조합, 재건축조합, 농지개량조합, 상공회의소 등
	공법상의 재단법인(공재단)	한국학중앙연구원, 한국연구재단 등
	영조물법인(인적·물적 결합+법인격)	한국방송공사, 한국도로공사, 한국토지주택공사, 국립대학교병원, 한국은행, 서울대학교 등
공무수탁사인		경찰사무를 집행하는 선장·기장 등

공법관계에서의 당사자 중 행정권을 행사하는 행정주체에는 국가와 공공단체(지방자치단체·공공조합·공법상의 재단법인·영조물법인) 그리고 공무수탁사인(견해대립)이 있다.

→ 강원도지사는 행정기관이므로 강원도가 행정주체가 된다.

→ 서초구는 자치구이므로 지방자치단체가 되고 따라서 행정주체가 된다.

Ⅱ. 행정주체

1. 국가

국가는 행정권을 다른 데로부터 위임받는 것이 아니라 시원적(始原的)으로 갖고 있기 때문에 시원적인 행정주체라고 한다. 국가는 국가의 행정기관을 통해서 직접 국가행정을 시행한다.

2. 공공단체

행정주체로서 공공단체에는 지방자치단체, 공공조합(공법상의 사단법인), 공법상의 재단법인, 영조물법인이 있다. 이들의 행정주체로서의 지위는 국가로부터 전래되었기 때문에 이들을 전래된 행정주체라고도 한다.

가. 지방자치단체

지방자치단체는 국가의 영토의 일부를 구역으로 하여 그 구역 내에 거주하는 주민에 대하여 포괄적인 행정권을 행사하는 공공단체이다. 이러한 지방자치단체에는 광역지방자치단체(특별시, 광역시, 특별자치도, 특별자치시)와 기초지방자치단체(시, 군, 자치구)가 있다.

→ 광역시는 인천·대전·대구·광주·울산·부산 총 6개이다. 제주도는 유일한 특별자치도이며, 세종시는 유일한 특별자치시이다.

나. 공공조합(=공법상의 사단법인)

공공조합이란 특정한 행정목적을 위하여 일정한 자격을 가진 사람들(조합원)에 의하여 구성된 공법상의 사단법인이다. 이러한 공공조합의 예로는 변호사협회, (도시)재개발조합, 재건축조합 등이 있다.

다. 공법상의 재단법인

공법상의 재단법인이란 국가나 지방자치단체가 출연한 재산을 관리하기 위하여 설립된 재단법인인 공공단체이다. 이러한 공법상의 재단법인의 예로는 한국학중앙연구원, 한국연구재단 등이 있다.

라. 영조물법인

일정한 행정목적을 실현하기 위하여 설립된 인적·물적 수단의 결합체에 공법상의 법인격이 부여된 경우에 이를 영조물법인이라고 한다. 영조물법인의 예로는 한국방송공사, 한국도로공사, 한국토지주택공사, 국립대학교병원, 한국은행, 서울대학교 등이 있다.

→ 국립도서관이나 국·공립학교 등은 영조물에 불과하므로 영조물법인이 아니다.

→ 서울대학교는 과거에는 단순한 영조물에 불과하여 행정주체성이 부정되었으나, 지금은 (서울대학교의 법인화로 인하여) 영조물법인으로서 행정주체성이 인정된다.

〈서울대학교 : 행정주체O / 그 외 국·공립학교 : 행정주체X〉

마. 공무수탁사인

(1) 의의

공무수탁사인이란 공적 임무를 위탁받아 **자신의 이름**으로 처리하는 권한을 갖고 있는 행정주체인 사인을 말한다. 공무수탁사인은 행정주체가 아니라 행정기관에 불과하다고 보는 견해도 있다.

→ 공무수탁사인이란 국가 또는 지방자치단체로부터 법령에 의하여 공적 임무를 위탁받은 사인을 말하고, 여기서 사인이라 함은 자연인은 물론이고 사법인 또는 법인격이 없는 단체를 포함하는 개념이다.

→ 교정업무를 위탁받은 민영교도소, 별정우체국장, 사선의 선장, 항공기의 기장, 토지수용권을 행사하는 사인(토지수용의 사업시행자) 등이 대표적 예이다.

→ 공무수탁사인은 행정주체이면서 동시에 행정청의 지위를 갖는다.

→ 주차위반차량을 견인하는 민간사업자는 행정대행인 또는 행정보조인으로 공무수탁사인이 아니다.

→ 국가가 공무수탁사인의 공무수탁사무수행을 감독하는 경우 수탁사무수행의 합법성뿐만 아니라 합목적성까지도 감독할 수 있다.

(2) 법률관계

(가) 행정주체와 공무수탁사인과의 관계

행정주체와 공무수탁사인 간에는 특별감독관계가 있게 된다.

(나) 공무수탁사인과 국민과의 관계

행정임무의 수행을 위하여 공권을 수여받은 사인은 행정주체와 동일하게 국민에게 행할 수 있다.

→ 공무수탁사인의 행정작용으로 권익을 침해받은 자는 그 공무수탁사인을 직접 피고로 하여 행정소송을 제기할 수 있다.

Ⅲ. 행정객체

행정객체는 사인(자연인·사법인 등)이 되는 것이 일반적이나, 경우에 따라서는 공공단체도 행정객체가 되는 경우가 있다. 즉 공공단체는 사인에 대한 관계에서는 행정주체의 입장에 서는 것이나, 국가나 다른 공공단체에 대한 관계에서는 행정객체가 될 수 있다.

→ 지방자치단체 등 공공단체도 사인에 대하여는 행정주체의 지위에 있지만, 국가와 다른 공공단체에 대하여는 행정객체로서의 지위를 갖는다.

제3절 공법관계의 내용

Ⅰ. 국가적 공권

국가적 공권은 행정주체가 우월한 지위에서 행정객체에게 갖는 권리를 말한다.

Ⅱ. 개인적 공권 (=주관적 공권)

1. 의의

개인적 공권이란 개인이 자신의 이익을 위하여 행정주체에 일정한 행위(작위, 부작위, 수인)를 요구할 수 있는 공법상의 권리를 의미한다.

→ 개인적 공권은 사권처럼 자유롭게 포기할 수 없는 것이 원칙이다.

∵ 공권은 공의무·공익적 성질O ∴ 원칙적으로 자유롭게 포기X

2. 성립요건

가. 강행법규의 존재

개인적 공권이 성립하기 위해서는 행정주체에게 일정한 작위·부작위·수인의 의무를 부과하는 강행법규가 존재하여야 한다.

나. 강행법규의 사익보호성

개인적 공권이 성립하려면 해당 강행법규가 공익의 추구뿐만 아니라 개인의 이익실현도 목적으로 하고 있어야 한다. 따라서 공익추구만을 목적으로 하는 법규에 의해서 개인에게 사실상의 이익이 발생하였다고 하더라도 이는 반사적 이익에 지나지 않으며, 이러한 반사적 이익이 침해된 자는 소송을 통한 구제를 청구할 수 없다.

→ 대법원의 입장 : 사익보호목적의 존부여부에 있어서 처분의 근거법률 외에도 관련 법률까지 고려해야 한다고 보고 있다.

다. 소구가능성(訴求可能性)

현 체제에서는 국민의 헌법상 재판을 받을 권리가 보장되며 행정소송법상 행정쟁송이 개괄주의를 취하고 있기 때문에 소구가능성의 문제는 큰 의미가 없다.

[개인적 공권 해당 유무]

개인적 공권O	개인적 공권X
1. 공법상 금전청구권 2. (도로·하천 등) 공물사용권 3. (국공립대학·국공립병원 등) 영조물이용권 4. 구「수산업법」상 관행어업권 5. (사회보험법, 연금관련법 등에 따른) 사회보장급부청구권 6. 도시계획법상 토지소유자의 도시계획시설변경입안요구 신청권 7. (변호인 및 타인과의) 접견권 8. (재산권 등) 자유권 및 평등권 9. 참정권	1. 무허가건물소유자의 시영아파트 특별분양 신청권 2. 사회권적 기본권 (사회권, 복지권) 3. 청구권적 기본권 (청구권) 4. 특허처분권 5. 국세징수권 6. 공물관리권 7. 공용부담권 8. 행정대집행권

→ 공무원연금수급권은 헌법 규정만으로는 이를 실현할 수 없고 해당 수급요건, 수급권자의 범위 및 급여금액은 법률에 의하여 비로소 확정된다.

사회권이나 청구권은 법률에 의해 그 기본권의 내용 등이 구체화되어야 **비로소** 개인적 공권으로 인정O

자유권이나 평등권은 헌법상의 기본권 규정으로부터 **바로** 개인적 공권이 도출O

→ 하천점용권과 같은 공물의 특허사용권은 일종의 재산권으로서 처분청의 허가를 받아 양도할 수 있음이 원칙이다.

자유롭게 양도X ∵ 공익상의 이유로 제한 ∴ 양도는 제한O

→ 행정행위·공법상 계약 등을 통해서 개인적 공권이 성립할 수 있다.

개인적 공권은 법률의 규정뿐만 아니라 행정작용을 통해서도 성립O

→ 개인적 공권으로서의 경찰권이 주민에 의한 자치경찰제의 도입까지 의미하는 것은 아니다.

3. 개인적 공권의 확대

가. 요요소료(요요건료)의 강화

오늘날 헌법에 의하여 국민의 재판청구권을 기본권의 하나로 규정하고 있고(헌법 제27조 제1항) 행정소송제도 역시 개괄주의를 채택하고 있기 때문에, 개인적 공권의 세 번째 요건인 소구가능성은 따로 논할 실익이 없으며 강행법규가 존재하고 그 법규가 사익보호도 목적으로 한다면 당연히 개인적 공권이 존재한다고 보는 것이 다수적 견해이다.

나. 무하자재량행사청구권의 인정

종래에는 강행법규의 의미를 일정한 작위·부작위·수인의무를 부과하는 행정법규 중 기속법규의 의미로 이해하여 재량행정영역에서는 개인적 공권이 성립할 수 없다는 견해가 많았다. 그러나 오늘날에는 재량법규 역시 재량의 한계 내에서는 재량권 행사를 하여야 할 의무를 행정청에게 부과한다는 점에서 강행법규성을 인정하고 있으며, 그 결과 재량행위에서의 개인적 공권으로 무하자재량행사청구권을 인정하게 되었다.

다. 반사적 이익의 개인적 공권화 (사익보호성의 확대)

국민의 권익보호의 강화를 위한 법원의 적극적인 해석을 통하여, 종래 반사적 이익으로 여겨졌던 것들이 현재는 공권(법률상 이익)으로 인정되는 경향이 있다.

즉 기존에는 공익보호를 중심으로 법해석이 이루어졌다면 오늘날에는 가급적이면 처분의 근거법규를 해석함에 있어서 공익보호뿐만 아니라 사익보호를 목적으로 하고 있는 것으로 적극적으로 해석하고, 만약 처분의 근거법규에서 이러한 사익보호목적이 도출이 되지 않는 경우 근거법규의 전체의 취지나 관련법규까지 고려하여 사익보호목적을 도출하려는 입장이다.

→ 반사적 이익의 개인적 공권화는 제3자효 행정행위에 있어서 제3자의 취소소송의 원고적격 인정여부와 관련이 있다.

(1) 인근주민소송 (인인소송)

행정작용의 상대방이 아닌 제3자가 제기하는 소송을 말한다. 이 경우 제3자의 이익을 (어떤 경우에 한하여) 법률상 이익으로 보아 개인적 공권을 인정할 수 있는지 문제가 된다.

(2) 경업자소송

여러 영업자들이 경쟁관계에 있는 경우에 해당 영업자에 대한 처분 또는 부작위를 경쟁관계에 있는 다른 영업자가 다투는 소송을 말한다.

→ 판례의 입장 : 일반적으로 **기존업자가 특허권자인** 경우에는 그 특허로 인하여 받은 이익은 **법률상 이익**으로 보아 원고적격을 인정하지만, 기존업자가 허가를 받아 영업하는 경우에는 그 허가로 인하여 얻은 이익은 **반사적 이익 또는 사실적 이익**에 불과하여 원고적격을 부정하고 있다.

→ 다만, 기본적인 판례의 입장과는 다른 예외적인 판례도 있으므로 이러한 판례를 기억하는 것도 중요하다.

(3) 경원자소송

경원자소송은 수인의 신청을 받았지만 그 중 일부에 대해서만 허가 등 수익적 행정처분을 할 수 있는 경우에 처분을 받지 못한 자가 제기하는 소송을 말한다.

4. 특수한 개인적 공권

가. 무하자재량행사청구권

(1) 의의

무하자재량행사청구권이란 개인이 행정청에게 하자 없는 재량권 행사를 요구하는 것을 내용으로 하는 주관적 공권이다.

→ 재량행위의 영역에서 주관적 공권을 인정한다는 점에서 큰 의의가 있다.

→ 무하자재량행사청구권은 주로 수익적 행정행위를 대상으로 하는 것이지만, 부담적 행정행위에도 인정된다.

(2) 성립요건

무하자재량행사청구권도 개인적 공권의 일종에 해당하기 때문에 공권의 성립요건을 충족시켜야 한다. 따라서 행정청에게 재량의 한계 내에서 행사하여야 할 의무를 부과하는 의미에서의 강행법규가 존재하여야 하고, 해당 재량법규가 사익도 보호해야 한다.

(3) 인정여부

흠(하자) 없는 재량처분의 신청을 행정청이 거부하거나 부작위한 경우에는 거부처분취소소송과 부작위위법확인소송 그리고 의무이행심판을 제기할 수 있다.

나. 행정개입청구권

(1) 의의

(협의의) 행정개입청구권이란 자기를 위하여 행정청으로 하여금 제3자에게 행정권을 행사할 것을 요구하는 것을 내용으로 하는 주관적 공권이다.

[행정개입청구권]

(광의의) 행정개입청구권	행정행위발급청구권	개인이 자신의 이익을 위하여 **자기에게** 행정행위의 발급을 해달라고 요구하는 권리
	(협의의) 행정개입청구권	개인이 자신의 이익을 위하여 **제3자에게** 행정권의 발동을 하라고 요구하는 권리

→ 재량행위의 경우 원칙적으로 행정개입청구권은 인정되지 않지만, 재량권이 0으로 수축하는 경우 행정청은 기속행위에 가까운 처분을 해야 할 의무가 있으므로 이 경우에는 인정이 된다.

→ 재량권의 영으로의 수축이론은 개인적 공권을 확대하는 이론이다.

→ 개인의 신체, 생명 등 중요한 법익에 급박하고 현저한 침해의 우려가 있는 경우 재량권이 영으로 수축된다.

(2) 재량권이 0으로 수축하는 경우

① 생명·신체 등 중대한 개인적 법익에 대한 위해가 존재해야 한다.

② 그러한 위험이 행정권의 행사에 의해 제거될 수 있는 것이어야 한다.

③ 피해자의 개인적인 노력(자력구제나 민사상의 구제수단)으로는 권익침해의 방지가 충분하게 이루어질 수 없다고 인정되어야 한다.

(3) 성격

행정개입청구권은 특정한 행위를 요구하는 실체적 권리에 해당한다.

[무하자재량행사청구권과 행정개입청구권]

	무하자재량행사청구권	행정개입청구권
내 용	적법한 재량을 요구	특정한 처분을 요구
성 질	형식적 권리	실체적 권리
행정주체의의무	특정행위를 할 의무X	특정행위를 할 의무O
영 역	기속행위X 재량행위O	기속행위O 재량행위X (단, 재량이 0으로 수축하는 경우O)

제4절 특별권력관계이론

Ⅰ. 전통적 특별권력관계론

기존에 독일에서는 행정법 관계를 일반권력관계와 특별권력관계로 구별하였다. 일반권력관계는 국가와 일반국민 사이에 당연히 성립하는 법률관계로 보는 반면, 특별권력관계는 특별한 법률원인에 의하여 개인(**공무원·국공립학교의 학생·수형자** 등)이 행정의 내부영역에 편입됨으로써 성립하며 행정주체에게 포괄적인 지배권이 부여되고 구성원은 이에 복종하는 관계로 보았다.

→ 종래 특별권력관계는 법률유보원칙, 기본권, 사법심사 등에서 제외되었다.

Ⅱ. 특별권력관계론의 극복

오늘날 판례의 입장은 특별권력관계 내부에서의 행위라도 구성원의 권리에 개별적·구체적·직접적으로 영향을 미치면 당연히 사법심사의 대상이 된다고 보고 있다.

제5절 행정법상의 법률요건과 법률사실

Ⅰ. 의의

공법관계(행정법 관계)이든 사법관계이든 법률요건(원인)을 토대로 법률효과(결과)가 발생해야만 법률관계가 유효하게 성립될 수 있다. 법률요건이란 법률효과를 발생시킬 수 있는 법률사실을 의미한다.

[법률사실]

법률사실	사건	주소, 기간, 시효 등
	용태	외부 : 공법행위 등
		내부 : 고의·과실 등

Ⅱ. 기간 및 시효

행정기본법

제6조 (행정에 관한 기간의 계산)

제1항 행정에 관한 **기간**의 계산에 관하여는 이 법 또는 다른 법령 등에 특별한 규정이 있는 경우를 제외하고는 「**민법**」을 **준용**한다.

제2항 법령 등 또는 처분에서 국민의 **권익을 제한**하거나 **의무를 부과**하는 경우 권익이 제한되거나 의무가 지속되는 기간의 계산은 다음 각 호의 기준에 따른다. 다만, 다음 각 호의 기준에 따르는 것이 국민에게 **불리**한 경우에는 그러하지 **아니**하다.

1. 기간을 일, 주, 월 또는 연으로 정한 경우에는 기간의 **첫날을 산입**한다.
2. 기간의 말일이 토요일 또는 공휴일인 경우에도 기간은 그 날로 만료한다.

[기간의 기산점·만료점]

초일(첫날)불산입 (원칙)	1. 행정소송 제기기간 2. 행정심판 청구기간 3. 법률의 효력발생일 4. 납세처분 독촉기간 5. 공법상 금전채권의 소멸시효기간 6. 이의신청기간 7. 입법예고기간	초일(첫날)산입 (예외)	1. **국회회기 등 국회법 기간** 2. 구속기간 3. 공소시효기간 4. 민원사무처리기간 5. 오전 0시에 시작하는 경우 6. 연령 7. 출생·사망신고기간

[소멸시효]

소멸시효기간	1. 민법상 금전채권의 소멸시효기간 : 10년(원칙) 2. 공법상 금전채권의 소멸시효기간 : 5년(원칙) 3. **행정상 법률관계**(공법관계+사법관계 모두) 금전채권의 소멸시효기간 : **5년**(원칙) 4. 특별한 규정(예외) : '5년보다 **짧은** 소멸시효기간을 규정'한 경우를 의미 ← 그 규정을 따름
구체적인 소멸시효기간	1. 공무원연금청구권 : 장기급여(원칙) 5년 / 단기급여(예외) 3년 2. 공무원봉급청구권 : 3년 3. 공무원징계요구권 : 3년 (금품수수·향응·공금유용·횡령은 5년) 4. 국세·지방세·관세 징수권 : 5년 5. 국세·지방세·관세 과오납반환청구권(환급금청구권) : 5년 6. 과태료 징수권 : 5년 7. 국가배상청구권 : 손해 및 가해자를 안 날로부터 3년, 불법행위가 있는 날(종료일)로부터 5년 8. 부당이득반환청구권 : 5년

→ **행정상 법률관계**에서 **시효의 중단**이나 **정지**에 대하여 특별한 규정이 없으면 **민법규정**이 준용된다.

→ **행정재산(공물)**은 공용폐지가 되지 않는 한 취득시효 대상이 아니지만 **일반재산**은 취득시효 대상이 된다.

Ⅲ. 주소·사무관리·부당이득

[주소]

민법상 주소	공법상 주소
실질주의 (생활의 근거되는 곳이 주소)	형식주의 (주민등록지만 주소)
복수주의 (2개 이상의 주소도 인정)	단일주의 (1개의 주소만 인정)
객관주의 (정주(定住)라는 객관적 사실 필요)	의사주의 (30일 이상 거주할 목적 필요)

[공법상 사무관리]

의 의	'법률상 의무 없이' 타인의 사무를 관리 ← 공법상 사무관리는 특별한 규정이 없는 한 **민법**이 유추적용O
유 형	1. 행정주체의 공법상 사무관리 　ㄱ. **강제관리** 　　(예) 학교재단에 대한 교육위원회의 강제관리, 기업에 대한 강제관리 　ㄴ. **(재해시) 보호관리** 　　(예) 행려병사자에 대한 보호관리·유류품관리 　ㄷ. **(재해시) 재화·역무 제공** 　　(예) 빈 상점의 물건 처분, 시설의 응급복구조치 2. 사인의 공법상 사무관리 　(예) 재해시 사인에 의한 행정사무관리·조난자 구호조치·역무제공
효 과	1. 사무관리기관의 통지의무O 2. 비용상환청구권O

→ (사무처리의 긴급성으로 인하여 해양경찰의 직접적인 지휘를 받아 보조로 방제작업을 한 경우) 사인은 그 **사무를 처리**하며 지출한 **필요비 내지 유익비**의 상환을 국가에 대하여 **민사소송**으로 청구할 수 있다.

　공법상 사무관리는 특별한 규정이 없는 한 **민법**이 유추적용O

　∴ (공법상 사무관리에 근거한) 비용상환청구소송은 민사소송

[공법상 부당이득]

의 의	'법률상 원인 없이' 이득을 얻고, 이로 인하여 타인에게 손해를 가하는 것 ← 공법상 부당이득은 특별한 규정이 없는 한 <u>민법상 부당이득반환의 법리가 준용O</u> ← '**법률상 원인 없이**'란 '**무효**'를 의미
(부당이득반환청구권) 성 질	1. 공권(다수설) ∴ 분쟁시 당사자소송 2. **사권(판례)** ∴ 분쟁시 **민사소송**
(부당이득반환청구권) 소멸시효	원칙적으로 5년

→ **과세처분의 하자**가 **취소사유**에 불과할 때에는 과세관청이 이를 스스로 취소하거나 항고소송절차에 의하여 취소되지 않는 한 그로 인한 조세의 납부가 **부당이득**이 된다고 할 수 **없다.**

　부당이득은 무효를 전제

→ 법령상 이미 존재와 범위가 확정되어 있는 조세과오납부액은 납세자가 부당이득의 반환을 구하는 민사소송으로 환급을 청구할 수 있다.

→ 변상금부과처분이 당연무효인 경우, 당해 변상금부과처분에 의하여 납부한 오납금에 대한 납부자의 **부당이득반환청구권**의 **소멸시효** 는 납부 또는 징수시부터 **진행**한다.

  부당이득반환청구 가능시

Ⅳ. 사인의 공법행위

I. 의의

공법관계에서 사인이 공법적 효과의 발생을 목적으로 하는 일체의 행위를 말한다.

→ 각종 신고·신청, 투표, 조합설립, 각종 협의·동의·승낙, 각종 소송·심판의 제기, 입대지원, 사직서 제출, 국가시험 응시 등이 이에 해당한다.

→ 사인의 공법행위와 행정행위는 모두 공법적 효과를 그 목적으로 하지만, 사인의 공법행위에는 우월적 효력이 인정되지 않는다.

→ 현재 사인의 공법행위에 관한 전반적인 사항을 규율하는 일반법은 없다.

→ 사인의 공법상 행위는 명문으로 금지되거나 성질상 불가능한 경우가 아닌 한 그에 따른 행정행위가 행하여질 때까지 자유로이 철회하거나 보정할 수 있다.

2. 종류

가. 자체완성적 공법행위

사인의 일방적 행위가 그 행위 자체만으로 일정한 법적효과를 가져오는 경우 이를 자체완성적 공법행위라고 한다. 각종 신고, 투표, 조합설립 등이 이에 해당한다.

나. 행위요건적 공법행위 (=행정요건적 공법행위)

사인의 어떠한 행위가 특정한 행정행위의 전제요건을 구성하는 경우 이를 행위요건적 공법행위라고 한다. 각종 신청, 각종 협의· 동의·승낙, 각종 소송·심판의 제기, 입대지원, 국가시험 응시 등이 이에 해당한다.

→ 신청권은 행정청의 응답을 구하는 권리이지 신청한 대로의 처분을 구하는 권리는 아니다.

3. 적용에서의 문제

가. 문제점

현재 사인의 공법행위에 관한 전반적인 사항을 규율하는 일반법은 없기 때문에 개별적인 법령도 없는 경우 사인의 공법행위에 민법 의 규정이 통용될 수 있는지가 문제가 된다.

나. 의사능력과 행위능력

민법상 의사무능력자의 규정은 사인의 공법행위에도 통용된다. 따라서 의사능력이 없는 자의 행위는 무효가 된다.

민법상 행위무능력자(제한능력자)의 규정도 사인의 공법행위에 원칙적으로 적용된다. 따라서 행위능력이 없는 자의 행위는 취소사유 가 된다. 다만, 행위무능력자(제한능력자)인 사인의 공법행위를 유효하다고 보는 개별법(우편법 제10조 등)이 존재한다.

→ 사인의 공법행위에는 행위능력에 관한 민법의 규정이 원칙적으로 적용된다.

다. 대리

일신전속적인 행위의 경우 대리는 성립하지 않는 것이 원칙이다.

→ 사직서 제출, 투표, 귀화신청 등이 이에 해당한다.

다만, 일신전속적이 아닌 행위의 경우에는 대리가 가능하며 이 경우에 민법의 규정이 유추적용될 수 있다.

라. 의사표시

(1) 민법 제107조 단서

민법 제107조 제1항에서는 표의자가 진의 아님을 알고 한 것이라도 효력이 있고, 다만 상대방이 표의자의 진의 아님을 알았거나 알 수 있었을 때에 이를 무효로 하고 있다. 그러나 사인의 공법행위는 공법관계이기 때문에 법적안정성 등을 이유로 이 규정의 단서를 받아들일 수 없다. 판례도 상대방이 표의자의 진의 아님을 알았거나 알 수 있었을 경우에도 무효가 되지는 않는다고 판시하고 있다.

→ (행정법관계의 특수성에 비추어) 「민법」상 비진의 의사표시 규정은 적용되지 않고, 원칙적으로 표시주의가 인정된다.

(2) 민법 제110조

사기·강박의 경우에는 당연히 민법규정이 유추적용되는 것이 원칙이다. 다만 투표와 같이 성질상 (사기·강박이) 불가능한 사인의 공법행위도 존재할 수 있다.

마. 철회 및 부관

철회는 성질상 불가능한 경우를 제외하고는 이를 토대로 한 행정행위가 있기 전까지는 언제든지 가능하지만, 조건·기한 등의 부관은 공법관계의 신속한 확정을 위하여 붙일 수 없는 것이 원칙이다.

4. 사인의 공법행위의 하자(흠)

사인의 공법행위가 행정행위의 전제가 되는 경우에는 사인의 공법행위가 흠이 있어서 무효가 되면 해당 행정행위는 전제요건을 충족하지 못하여 당연히 무효가 되고, 사인의 공법행위의 흠이 취소사유에 불과하면 해당 행정행위는 원칙적으로 유효하다.

→ 사인의 공법행위가 행정행위의 단순한 동기에 불과한 경우에는 사인의 공법행위의 하자는 행정행위에 영향을 미치지 않으므로 행정행위는 유효하나, 그 전제조건인 경우에는 행정행위에 영향을 미친다.

V. 신고

> **행정절차법**
>
> **제40조 (신고)**
> **제1항** 법령 등에서 행정청에 일정한 사항을 통지함으로써 의무가 끝나는 신고를 규정하고 있는 경우 신고를 관장하는 행정청은 신고에 필요한 구비서류, 접수기관, 그 밖에 법령 등에 따른 신고에 필요한 사항을 게시(인터넷 등을 통한 게시를 포함한다)하거나 이에 대한 편람을 갖추어 두고 누구나 열람할 수 있도록 하여야 한다.
> **제2항** 제1항에 따른 신고가 다음 각 호의 요건을 갖춘 경우에는 신고서가 접수기관에 도달된 때에 **신고 의무가 이행**된 것으로 **본다.**

1. 신고서의 기재사항에 흠이 없을 것
2. 필요한 구비서류가 첨부되어 있을 것
3. 그 밖에 법령 등에 규정된 형식상의 요건에 적합할 것

제3항 행정청은 제2항 각 호의 요건을 갖추지 못한 신고서가 제출된 경우에는 지체 없이 상당한 기간을 정하여 신고인에게 보완을 요구하여야 한다.

제4항 행정청은 신고인이 제3항에 따른 기간 내에 보완을 하지 아니하였을 때에는 그 이유를 구체적으로 밝혀 해당 신고서를 되돌려 보내야 한다.

행정기본법

제34조 (수리 여부에 따른 신고의 효력)

법령 등으로 정하는 바에 따라 행정청에 일정한 사항을 통지하여야 하는 신고로서 **법률에 신고의 수리가 필요하다고 명시**되어 있는 경우(행정기관의 내부 업무 처리 절차로서 수리를 규정한 경우는 제외한다)에는 행정청이 **수리하여야 효력이 발생**한다.

1. 의의

신고란 사인이 행정주체에 대하여 일정한 사항을 알리는 행위를 말한다.

2. 종류

가. 자체완성적 신고 (=자기완결적 신고)

자체완성적 신고란 요건을 갖춘 신고만 하면 행정청의 수리여부와는 관계없이 접수기관에 도달함으로써 신고의 효력이 생기는 것을 말한다.

→ **행정절차법 제40조**에 해당하는 절차가 적용되는 신고는 **자체완성적 신고**이다.

나. 수리를 요하는 신고

사인이 행정청에 대하여 일정한 사항을 통지하고 행정청이 이를 수리해야만 법적효과가 발생하는 신고를 말한다.

→ 이에 해당하는 신고는 변형적 신고라고 하며, 보통 '등록'으로 표현된다.

→ 수리를 요하는 신고는 특허·인가·허가 등의 신청과 유사한 성질을 가진다.

→ **행정기본법 제34조**에 해당하는 신고는 **수리를 요하는 신고**이다.

다. 구별

(1) 의의

자체완성적 신고는 원칙적으로 처분성을 인정받지 못하지만, 수리를 요하는 신고는 행정청의 심사의무가 있기 때문에 행정청의 수리나 수리거부 그리고 이에 대한 부작위 등에는 처분성이 있다.

→ 예외적으로 대법원은 **자체완성적 신고**에 해당하는 **건축신고의 반려행위** 및 **건축물 착공신고의 반려행위** 그리고 **원격평생 교육신고의 반려행위**에 대해서 **처분성**을 **인정**하였다.

→ 수리를 요하는 신고에서의 신고필증은 수리처분이 행해졌음을 보여주는 서면이 된다.

→ **BUT** 수리를 요하는 신고에서 행정청의 수리행위에 **신고필증 교부가 반드시 필요한 것은 아니다.**

→ 수리를 요하는 신고의 경우 행정청은 형식적 심사뿐만 아니라 실질적 심사까지 하여 수리여부를 결정하여야 한다.

→ 신고의 수리는 타인의 행위를 유효한 행위로 받아들이는 행정행위를 말하며, 강학상 <u>준법률행위적 행정행위</u>에 해당한다.

준법률행위적 행정행위 : 확인, 공증, 수리, 통지

라. 효과

(1) 자체완성적 신고

① 적법한 신고는 도달하면 효력이 발생한다.

→ 수리여부는 문제되지 않는다.

② 부적법한 신고는 도달해도 효력이 발생하지 않는다.

→ 부적법한 신고는 행정제재 등이 가해질 수도 있다.

(2) 수리를 요하는 신고

① 적법한 신고는 행정청이 수리를 해야지만 효력이 발생한다.

→ 도달만 했을 경우에는 행정청이 수리의무만이 발생할 뿐이다.

② 부적법한 신고는 행정청이 그 신고에 대해 수리를 한 경우 하자있는 수리가 되어 일단 위법하다.

→ 그 위법이 중대명백한 경우 신고는 무효가 되나, 그 위법이 중대명백하지 않으면 취소사유에 불과해 권한 있는 기관에 의해 취소가 되기 전까지는 신고도 유효하다.

→ 수리대상인 사업양도·양수가 존재하지 아니하거나 <u>무효인 때에는 지위승계신고를 수리하였다</u> 하더라도 <u>그 수리는 유효한 대상이 없는 것으로서 당연히 **무효**이다.

→ <u>사업의 양도행위가 무효라고 주장하는 양도자</u>는 <u>민사쟁송으로 양도·양수행위의 무효를 구함이 **없이** **막바로** 허가관청을 상대로 하여 **행정소송**으로 신고수리처분의 무효확인을 구할 법률상 이익</u>이 있다.

마. 등록과의 구별

등록이란 행정청이 일정한 사실을 공적 장부에 등재함으로서 일정한 법적효과를 발생시키는 공증행위의 일종이다. 영업의 등록은 행정청에게 영업상황을 파악하게 하는 기능을 갖는다는 점에서 신고와 공통점을 갖지만, 등록된 사항이 공적 장부에 등재되어 일반 공중의 열람에 제공된다는 점에서 신고와 구별된다. 다만, 행정청의 의사표시에 의하여 법적효과가 발생한다는 점에서 다수의 견해는 등록과 수리를 요하는 신고를 동일한 것으로 보고 있다. 따라서 관계법령이 신고와 등록을 구분하여 규정하고 있는 경우에는 '신고'는 자체완성적 신고, '등록'은 수리를 요하는 신고 (행정요건적 신고)로 보아야 할 것이다.

3. 신고요건에 대한 심사

수리를 요하는 신고 (행정요건적 신고)는 개별법의 규정에 따라 차이가 있을 수 있으나 형식적 요건뿐만 아니라 실질적 요건의 심사가 함께 행하여지는 것이 일반적이며, 자체완성적 신고의 경우에는 원칙적으로 형식적 요건의 심사만이 행하여진다고 보는 것이 일반적이다. 따라서 신고요건으로 형식적 요건만을 요구하는 경우에는 자체완성적 신고로 볼 수 있고, 신고요건으로 형식적 요건 이외에 실질적 요건도 함께 요구하는 경우에는 수리를 요하는 신고 (행정요건적 신고)로 보아야 할 것이다.

→ 숙박업을 하고자 하는 자가 법령이 정하는 시설과 설비를 갖추고 행정청에 신고를 하면 행정청은 공중위생관리법령의 규정에 따라 원칙적으로 이를 수리하여야 하므로, 새로 숙박업을 하려는 자가 기존에 다른 사람이 숙박업 신고를 한 적이 있는 시설 등의 소유권 등 정당한 사용권한을 취득하여 법령에서 정한 요건을 갖추어 신고하였다면, 행정청으로서는 특별한 사정이 없는 한 이를 수리하여야 하고, 기존의 숙박업 신고가 외관상 남아있다는 이유로 이를 거부할 수 없다.

→ 식품위생법에 따른 식품접객업(일반음식점영업)의 영업신고의 요건을 갖춘 자라고 하더라도, 그 영업신고를 한 당해 건축물이 건축법 소정의 허가를 받지 아니한 **무허가 건물**이라면 **적법한 신고**를 할 수 **없다**.

→ 부동산 투기나 이주대책 요구 등을 방지할 목적으로 주민등록전입신고를 거부하는 것은 「주민등록법」의 입법 목적과 취지 등에 비추어 허용될 수 없다.

[자체완성적 신고 vs 수리를 요하는 신고]

자체완성적 신고 (일반적 사항)	수리를 요하는 신고 (특별한 사항)
1. 국적이탈신고	1. 사업자지위승계신고(사업양도·양수에 따른 지위승계신고)
2. 공장설립신고	2. 식품위생법상 영업자지위승계신고
3. 공중위생영업 개설신고	3. 액화석유가스영업자 지위승계신고
4. **식품위생법상 영업신고**	4. 유원시설업자·체육시설업자 지위승계신고
5. 일반적인 건축신고	5. 인·허가가 의제되는 건축신고
6. **건축물 착공신고**	6. **대규모점포의 개설 등록**
7. 골프연습장이용료 변경신고	7. 납골당설치신고
8. (사망 또는 병든) 가축의 신고	8. 볼링장영업신고
9. **의원개설신고**	9. 사회단체등록
10. 유선업 운영신고	10. 수산업법상 어업신고
11. 출생·사망신고	11. **주민등록신고**
12. **체육시설업 신고**	12. **체육시설회원 모집계획서 제출**
13. (체육시설의 설치 이용에 관한 법률상) 당구장업 신고	13. 특허·인가·허가의 신청
14. (학습비 있는) **원격평생교육신고**	14. **학교보건법상 위생정화구역 내의** 당구장업 신고
	15. 혼인신고
	16. **장기요양기관의 폐업신고 및 노인의료복지시설의 폐지신고**
	17. 건축주명의변경신고 (다른 견해도 있음)

→ 「건축법」상 인·허가의제 효과를 수반하는 건축신고는 '수리를 요하는 신고'이다.

→ 주민등록신고는 '수리를 요하는 신고'이다.

→ 체육시설의 회원을 모집하고자 하는 자의 시·도지사 등에 대한 회원모집계획서 제출은 '수리를 요하는 신고'이다.

→ 「유통산업발전법」상 대규모 점포의 개설 등록은 '수리를 요하는 신고'로서 행정처분에 해당한다.

→ 장기요양기관의 폐업신고 자체가 효력이 없음에도 행정청이 이를 수리한 경우, 그 수리행위는 당연무효이다.

→ 「의료법」에 따라 정신과의원을 개설하려는 자가 법령에 규정되어 있는 요건을 갖추어 개설신고를 한 경우 관할 시장·군수·구청장은 법령에서 정한 요건 이외의 사유를 들어 의원급 의료기관 개설신고의 수리를 거부할 수 없다.

→ 의료법시행규칙상 **의원개설 신고서**를 **수리**한 행정관청이 소정의 신고필증을 교부하도록 되어있다 하여도 그와 같은 **신고필증의 교부**가 **없더라도 개설신고의 효력**은 **인정**된다.

→ **건축주명의변경신고 수리거부행위**는 양수인의 권리의무에 직접 영향을 미치는 것으로서 취소소송의 대상이 되는 **처분**에 해당한다.

→ **(VS 위의 판례)** 허가대상 건축물의 양수인이 건축법령에 규정되어 있는 **형식적 요건**을 갖추어 행정청에 **적법하게 건축주 명의변경 신고**를 한 경우, 행정청은 **실체적인 이유**를 들어 신고의 **수리를** 거부할 수 **없다**.

→ 식품위생법 제25조 제3항에 의한 **영업양도에 따른 지위승계신고를 수리**하는 허가관청의 행위는 단순히 양도·양수인 사이에 이미 발생한 사법상의 사업양도의 법률효과에 의하여 양수인이 그 영업을 승계하였다는 사실의 신고를 접수하는 행위에 그치는 것이 아니라, **영업허가자의 변경이라는 법률효과를 발생시키는 행위**이다.

→ **사실상 영업이 양도·양수되었지만 승계신고 및 수리처분**이 있기 **전**에 양도인이 허락한 양수인의 영업 중 발생한 위반행위에 대한 **행정적 책임**은 **양도인**에게 **귀속**된다.

→ 가설건축물 존치기간을 연장하려는 건축주 등이 법령에 규정되어 있는 제반 서류와 요건을 갖추어 행정청에 연장신고를 한 경우, 행정청으로서는 **법령에서 요구하고 있지도 아니한** '대지사용승낙서' 등의 서류가 제출되지 아니하였거나, 대지소유권자의 사용승낙이 없다는 등의 사유를 들어 **가설건축물 존치기간 연장신고의 수리를 거부하여서는 안 된다**.

→ **장기요양기관의 폐업신고와 노인의료복지시설의 폐지신고**는 행정청이 그 **신고를 수리**하였다고 하더라도, **신고서 위조** 등의 사유가 있어 신고행위 자체가 **효력이 없다면**, 그 수리행위는 유효한 대상이 없는 것으로서 (수리행위 자체에 중대·명백한 하자가 있는지를 따질 것도 없이) 당연히 **무효**이다.

l. 실질절 의미의 행정에 속하는 사법행정이나 입법행정은 행정법의 대상이 된다. O X

2. 법우위의 원칙에서 법은 형식적 법률뿐 아니라 법규명령과 관습법 등을 포함하는 넓은 의미의 법이다. O X

3. 법률우위원칙에서의 '법률'에는 관습법과 같은 불문법은 포함되지 않으나, 법률유보의 원칙에서의 '법률'에는 불문법원인 관습법이 포함된다. O X

4. 지방의회의원에 대하여 유급보좌인력을 두는 것은 지방의회의원의 신분·지위 및 그 처우에 관한 현행 법령상의 제도에 중대한 변경을 초래하는 것으로서, 이는 국회의 법률로써 규정하여야 할 입법사항이다. O X

5. 오늘날 법률유보원칙은 단순히 행정작용이 법률에 근거를 두기만 하면 충분한 것이 아니라, 국가공동체와 그 구성원에게 기본적이고도 중요한 의미를 갖는 영역, 특히 국민의 기본권실현과 관련된 영역에 있어서는 국민의 대표자인 입법자가 스스로 결정하여야 한다는 요구까지 내포하고 있다. O X

6. 법률유보원칙에서 요구되는 법적 근거는 작용법적 근거를 의미하며, 조직법적 근거는 모든 행정권 행사에 있어서 당연히 요구된다. O X

7. 개인택시운송사업자의 운전면허가 아직 취소되지 않았더라도 운전면허 취소사유가 있다면 행정청은 명문 규정이 없더라도 개인택시운송사업면허를 취소할 수 있다. O X

8. 헌법재판소는 국회의 의결을 거쳐 확정되는 예산도 일종의 법규범이므로 법률과 마찬가지로 국가기관 뿐만 아니라 국민도 구속한다고 본다. O X

9. 지방자치단체가 제정한 조례가 헌법에 의하여 체결·공포된 조약에 위반되는 경우 그 조례는 효력이 없다. O X

l0. 원고가 단지 l회 훈령에 위반하여 요정출입을 하다가 적발된 정도라면, 면직처분보다 가벼운 징계처분으로서도 능히 위 훈령의 목적을 달성할 수 있다고 볼 수 있는 점에서 이 사건 파면처분은 이른바 비례의 원칙에 어긋난 것으로 위법하다고 판시하였다. O X

ll. 행정청의 공적 견해표명이 있었는지 여부를 판단하는 데 있어 반드시 행정조직상의 형식적인 권한분장에 구애될 것은 아니고 담당자의 조직상의 지위와 임무, 당해 언동을 하게 된 구체적인 경위 및 그에 대한 상대방의 신뢰가능성에 비추어 실질에 의하여 판단하여야 한다. O X

l2. 신뢰보호원칙의 적용에 있어서 귀책사유의 유무는 상대방을 기준으로 판단하여야 하며, 상대방으로부터 신청행위를 위임받은 수임인 등 관계자까지 포함시켜 판단할 것은 아니다. O X

13. 행정청이 공적인 의사표명을 하였다면 이후 사실적·법률적 상태의 변경이 있더라도 행정청이 이를 취소하지 않는 한 여전히 공적인 의사표명은 유효하다. ☐O☐X

14. 관할관청이 폐기물처리업 사업계획에 대하여 적정통보를 한 것만으로도 그 사업부지 토지에 대한 국토이용계획변경신청을 승인하여 주겠다는 취지의 공적인 견해표명을 한 것으로 볼 수 있다. ☐O☐X

15. 신뢰보호의 원칙과 행정의 법률적합성의 원칙이 충돌하는 경우 국민보호를 위해 원칙적으로 신뢰보호의 원칙이 우선한다. ☐O☐X

16. 공무원 임용신청 당시 잘못 기재된 호적상 출생연월일을 생년월일로 기재하고, 임용 후 36년 동안 이의를 제기하지 않다가, 정년을 1년 3개월 앞두고 정정된 출생연월일을 기준으로 정년연장을 요구하는 것은 신의성실의 원칙에 반한다. ☐O☐X

17. 재량준칙이 공표된 것만으로는 행정의 자기구속의 원칙이 적용될 수 없고, 재량준칙이 되풀이 시행되어 행정관행이 성립한 경우에 행정의 자기구속의 원칙이 적용될 수 있다. ☐O☐X

18. 반복적으로 행해진 행정처분이 위법하더라도 행정의 자기구속의 원칙에 따라 행정청은 선행처분에 구속된다. ☐O☐X

19. 개발제한구역의 지정 및 관리에 관한 특별조치법령의 개정으로 허가나 신고 없이 개발제한구역 내 공작물 설치행위를 할 수 있게 되었다면, 그 법령의 시행 전에 이미 범하여진 위법한 설치행위에 대한 가벌성은 소멸한다. ☐O☐X

20. 공법과 사법의 구별기준에 대한 신주체설은 국가나 지방자치단체 등의 행정주체가 관련되는 법률관계를 공법관계로 보고 사인 간의 법률관계는 사법관계로 본다. ☐O☐X

21. 구「예산회계법」에 따른 입찰보증금의 국고귀속조치는 국가가 공법상의 재산권의 주체로서 행위하는 것으로 그 행위는 공법행위에 속한다. ☐O☐X

22. 공무수탁사인은 행정주체이면서 동시에 행정청의 지위를 갖는다. ☐O☐X

23. 공무원연금수급권은 헌법 규정만으로는 이를 실현할 수 없고 그 수급요건, 수급권자의 범위 및 급여금액은 법률에 의하여 비로소 확정된다. ☐O☐X

24. 공법의 특수성으로 인해 소멸시효의 중단·정지에 관한 「민법」 규정은 적용되지 않는다. ☐O☐X

25. 변상금부과처분이 당연무효인 경우, 당해 변상금부과처분에 의하여 납부한 오납금에 대한 납부자의 부당이득반환청구권의 소멸시효는 변상금부과처분의 부과시부터 진행한다. ☐O☐X

26. 신고는 사인이 행하는 공법행위로 행정기관의 행위가 아니므로 「행정절차법」에는 신고에 관한 규정을 두고 있지 않다. ☐O☐X

27. 「행정절차법」은 '법령 등에서 행정청에 일정한 사항을 통지함으로써 의무가 끝나는 신고'에 대하여 '그 밖에 법령 등에 규정된 형식상의 요건에 적합할 것'을 그 신고의무 이행요건의 하나로 정하고 있다. ☐O☐X

28. 다른 법령에 의한 인허가가 의제되지 않는 일반적인 건축신고는 자기완결적 신고이므로 이에 대한 수리 거부행위는 항고소송의 대상이 되는 처분이 아니다. ☐O☐X

29. 숙박업을 하고자 하는 자가 법령이 정하는 시설과 설비를 갖추고 행정청에 신고를 하면 행정청은 공중위생관리법령의 규정에 따라 원칙적으로 이를 수리하여야 하므로, 새로 숙박업을 하려는 자가 기존에 다른 사람이 숙박업 신고를 한 적이 있는 시설 등의 소유권 등 정당한 사용권한을 취득하여 법령에서 정한 요건을 갖추어 신고하였다면, 행정청으로서는 특별한 사정이 없는 한 이를 수리하여야 하고, 기존의 숙박업 신고가 외관상 남아있다는 이유로 이를 거부할 수 없다. ☐O☐X

30. 「식품위생법」에 따른 식품접객업(일반음식점영업)의 영업신고의 요건을 갖춘 자라고 하더라도, 그 영업신고를 한 당해 건축물이 건축법 소정의 허가를 받지 아니한 무허가 건물이라면 적법한 신고를 할 수 없다. ☐O☐X

31. 「국토의 계획 및 이용에 관한 법률」상의 개발행위허가가 의제되는 건축신고는 특별한 사정이 없는 한 행정청이 그 실체적 요건에 관한 심사를 한 후 수리하여야 하는 이른바 '수리를 요하는 신고'로 보아야 한다. ☐O☐X

32. 「의료법」에 따라 정신과의원을 개설하려는 자가 법령에 규정되어 있는 요건을 갖추어 개설신고를 한 경우라도 관할 시장·군수·구청장은 법령에서 정한 요건 이외의 사유를 들어 의원급 의료기관 개설신고의 수리를 거부할 수 있다. ☐O☐X

33. 구「의료법 시행규칙」 제22조 제3항에 의하면 의원개설 신고서를 수리한 행정관청이 소정의 신고필증을 교부하도록 되어 있기 때문에 이와 같은 신고필증의 교부가 없으면 개설신고의 효력이 없다. ☐O☐X

34. 「식품위생법」에 의한 영업양도에 따른 지위승계신고를 수리하는 허가관청의 행위는 단순히 양도·양수인 사이에 이미 발생한 사법상의 사업양도의 법률효과에 의하여 양수인이 그 영업을 승계하였다는 사실의 신고를 접수하는 행위에 그치는 것이 아니라, 영업허가자의 변경이라는 법률효과를 발생시키는 행위이다. ☐O☐X

35. 가설건축물 존치기간을 연장하려는 건축주 등이 법령에 규정되어 있는 제반 서류와 요건을 갖추어 행정청에 연장신고를 한 경우, 행정청으로서는 법령에서 요구하고 있지도 아니한 '대지사용승낙서' 등의 서류가 제출되지 아니하였거나, 대지소유권자의 사용승낙이 없다는 등의 사유를 들어 가설건축물 존치기간 연장신고의 수리를 거부하여서는 아니 된다. ☐O☐X

• 빨간색 표시가 정답 입니다.

1. ⊙Ⓧ 실질절 의미의 행정에 속하는 사법행정이나 입법행정은 행정법의 대상이 된다.

> 옳은 지문 실질적 의미의 입법에 속하는 행정입법 또는 실질적 의미의 사법에 속하는 행정심판은 행정법의 대상이지만 실질적 의미의 행정에 속하는 사법행정이나 입법행정은 행정법의 대상이 아니다.

2. ⊙Ⓧ 법우위의 원칙에서 법은 형식적 법률뿐 아니라 법규명령과 관습법 등을 포함하는 넓은 의미의 법이다.

3. ⊙Ⓧ 법률우위원칙에서의 '법률'에는 관습법과 같은 불문법은 포함되지 않으나, 법률유보의 원칙에서의 '법률'에는 불문법원인 관습법이 포함된다.

> 옳은 지문 법률우위원칙에서의 '법률'에는 헌법·법률·법규명령 그리고 관습법과 같은 불문법이 포함되나, 원칙적으로 행정규칙은 포함되지 않는다. 법률유보의 원칙에서의 '법률'에는 국회가 제정한 형식적 의미의 법률은 물론 법률의 위임을 받은 법규명령도 포함되나, 행정규칙과 불문법원인 관습법은 포함되지 않는다.

4. ⊙Ⓧ 지방의회의원에 대하여 유급보좌인력을 두는 것은 지방의회의원의 신분·지위 및 그 처우에 관한 현행 법령상의 제도에 중대한 변경을 초래하는 것으로서, 이는 국회의 법률로써 규정하여야 할 입법사항이다.

5. ⊙Ⓧ 오늘날 법률유보원칙은 단순히 행정작용이 법률에 근거를 두기만 하면 충분한 것이 아니라, 국가공동체와 그 구성원에게 기본적이고도 중요한 의미를 갖는 영역, 특히 국민의 기본권실현과 관련된 영역에 있어서는 국민의 대표자인 입법자가 스스로 결정하여야 한다는 요구까지 내포하고 있다.

6. ⊙Ⓧ 법률유보원칙에서 요구되는 법적 근거는 작용법적 근거를 의미하며, 조직법적 근거는 모든 행정권 행사에 있어서 당연히 요구된다.

7. ⊙Ⓧ 개인택시운송사업자의 운전면허가 아직 취소되지 않았더라도 운전면허 취소사유가 있다면 행정청은 명문 규정이 없더라도 개인택시운송사업면허를 취소할 수 있다.

> 옳은 지문 개인택시운송사업자의 운전면허가 아직 취소되지 않았다면 운전면허 취소사유가 있더라도 행정청은 (명문 규정이 없으므로) 개인택시운송사업면허를 취소할 수 없다.

8. ⊙Ⓧ 헌법재판소는 국회의 의결을 거쳐 확정되는 예산도 일종의 법규범이므로 법률과 마찬가지로 국가기관 뿐만 아니라 국민도 구속한다고 본다.

> 옳은 지문 예산은 일종의 법규범이고 법률과 마찬가지로 국회의 의결을 거쳐 제정되지만 법률과 달리 국가기관만을 구속할 뿐 일반국민을 구속하지 않는다.

9. ⊙Ⓧ 지방자치단체가 제정한 조례가 헌법에 의하여 체결·공포된 조약에 위반되는 경우 그 조례는 효력이 없다.

10. O X 원고가 단지 1회 훈령에 위반하여 요정출입을 하다가 적발된 정도라면, 면직처분보다 가벼운 징계처분으로서도 능히 위 훈령의 목적을 달성할 수 있다고 볼 수 있는 점에서 이 사건 파면처분은 이른바 비례의 원칙에 어긋난 것으로 위법하다고 판시하였다.

11. O X 행정청의 공적 견해표명이 있었는지 여부를 판단하는 데 있어 반드시 행정조직상의 형식적인 권한분장에 구애될 것은 아니고 담당자의 조직상의 지위와 임무, 당해 언동을 하게 된 구체적인 경위 및 그에 대한 상대방의 신뢰가능성에 비추어 실질에 의하여 판단하여야 한다.

12. O X 신뢰보호원칙의 적용에 있어서 귀책사유의 유무는 상대방을 기준으로 판단하여야 하며, 상대방으로부터 신청행위를 위임받은 수임인 등 관계자까지 포함시켜 판단할 것은 아니다.

> **옳은 지문** (신뢰보호원칙의 적용에 있어서) 개인의 **귀책사유의** 유무는 상대방뿐만 아니라 그로부터 신청행위를 위임받은 수임인 등 **관계자 모두를 기준으로 판단**하여야 한다.

13. O X 행정청이 공적인 의사표명을 하였다면 이후 사실적·법률적 상태의 변경이 있더라도 행정청이 이를 취소하지 않는 한 여전히 공적인 의사표명은 유효하다.

> **옳은 지문** 확약 또는 공적인 의사표명이 있은 후에 **사실적·법률적 상태가 변경**되었다면, 그와 같은 확약 또는 공적인 의사표명은 **행정청의 별다른 의사표시를 기다리지 않고 실효**된다.

14. O X 관할관청이 폐기물처리업 사업계획에 대하여 적정통보를 한 것만으로도 그 사업부지 토지에 대한 국토이용계획변경 신청을 승인하여 주겠다는 취지의 공적인 견해표명을 한 것으로 볼 수 있다.

> **옳은 지문** 관할관청이 **폐기물처리업 사업계획**에 대하여 **적정통보**를 한 것만으로 그 사업부지 토지에 대한 **국토이용계획변경 신청을 승인**하여 주겠다는 취지의 **공적인 견해표명**을 한 것으로 볼 수 **없다.**

15. O X 신뢰보호의 원칙과 행정의 법률적합성의 원칙이 충돌하는 경우 국민보호를 위해 원칙적으로 신뢰보호의 원칙이 우선한다.

> **옳은 지문** **행정의 법률적합성의 원칙과 신뢰보호의 원칙이 서로 대립되는 경우**, 행정의 법률적합성의 원칙이 우선한다는 견해도 있다(행정의 법률적합성 우선설). 그러나 **판례는 양자 모두 헌법상 법치국가원리에 근거를 둔 것으로서 헌법상 동가치적인 것이기** 때문에 결국 두 원칙 중 우선하는 것은 (개별사항마다) 공익과 사익을 비교형량하여 **결정해야 한다고 본다(동위설, 이익형량설).**

16. O X 공무원 임용신청 당시 잘못 기재된 호적상 출생연월일을 생년월일로 기재하고, 임용 후 36년 동안 이의를 제기하지 않다가, 정년을 1년 3개월 앞두고 정정된 출생연월일을 기준으로 정년연장을 요구하는 것은 신의성실의 원칙에 반한다.

> **옳은 지문** (공무원 임용신청 당시 잘못 기재된 호적상 출생연월일을 생년월일로 기재하고, 임용 후 36년 동안 이의를 제기하지 않다가) 정년을 1년 3개월 앞두고 정정된 출생연월일을 기준으로 정년연장을 요구하는 것은 신의성실의 원칙에 반하지 않는다.

17. ⓞ ⓧ 재량준칙이 공표된 것만으로는 행정의 자기구속의 원칙이 적용될 수 없고, 재량준칙이 되풀이 시행되어 행정관행이 성립한 경우에 행정의 자기구속의 원칙이 적용될 수 있다.

18. ⓞ ⓧ 반복적으로 행해진 행정처분이 위법하더라도 행정의 자기구속의 원칙에 따라 행정청은 선행처분에 구속된다.

> 옳은 지문 행정청이 위법한 행정작용을 반복적으로 행하였다 할지라도 위법하기 때문에 이 경우에는 자기구속의 원칙은 발생하지 않는다.

19. ⓞ ⓧ 개발제한구역의 지정 및 관리에 관한 특별조치법령의 개정으로 허가나 신고 없이 개발제한구역 내 공작물 설치행위를 할 수 있게 되었다면, 그 법령의 시행 전에 이미 범하여진 위법한 설치행위에 대한 가벌성은 소멸한다.

> 옳은 지문 (법령의 개정으로) 허가나 신고 없이 개발제한구역 내 공작물 설치행위를 할 수 있게 되었더라도, 그 법령의 시행 전에 이미 범하여진 위법한 설치행위에 대한 가벌성(처분)은 소멸하지 않는다.

20. ⓞ ⓧ 공법과 사법의 구별기준에 대한 신주체설은 국가나 지방자치단체 등의 행정주체가 관련되는 법률관계를 공법관계로 보고 사인 간의 법률관계는 사법관계로 본다.

> 옳은 지문 공법과 사법의 구별기준에 대한 **신주체설**은 공권력의 담당자인 행정주체에 대해서만 권리·권한을 부여하거나 의무를 부과하는 법은 공법이고, 모든 권리주체에 권리를 부여하고 의무를 부과하는 법은 사법으로 본다.

> 참고 공법과 사법의 구별기준에 대한 **주체설**은 국가나 지방자치단체 등의 행정주체가 관련되는 법률관계를 공법관계로 보고 사인 간의 법률관계는 사법관계로 본다.

21. ⓞ ⓧ 구「예산회계법」에 따른 입찰보증금의 국고귀속조치는 국가가 공법상의 재산권의 주체로서 행위하는 것으로 그 행위는 공법행위에 속한다.

> 옳은 지문 **입찰보증금의 국고귀속조치**는 국가가 **사법상의 재산권의 주체로서 행위**하는 것이지, 공권력을 행사하는 것이거나 공권력작용과 일체성을 가진 것이 아니라 할 것이다. (**입찰보증금의 국고귀속조치**는 **사법상 행위**이며 **사법관계**에 해당한다.)

22. ⓞ ⓧ 공무수탁사인은 행정주체이면서 동시에 행정청의 지위를 갖는다.

23. ⓞ ⓧ 공무원연금수급권은 헌법 규정만으로는 이를 실현할 수 없고 그 수급요건, 수급권자의 범위 및 급여금액은 법률에 의하여 비로소 확정된다.

24. ⓞ ⓧ 공법의 특수성으로 인해 소멸시효의 중단·정지에 관한 「민법」규정은 적용되지 않는다.

> 옳은 지문 **행정상 법률관계**에서 **시효의 중단**이나 **정지**에 대하여 특별한 규정이 없으면 **민법**규정이 준용된다.

25. ⓞⓧ 변상금부과처분이 당연무효인 경우, 당해 변상금부과처분에 의하여 납부한 오납금에 대한 납부자의 부당이득반환 청구권의 소멸시효는 변상금부과처분의 부과시부터 진행한다.

> **옳은 지문** 변상금부과처분이 당연무효인 경우, 당해 변상금부과처분에 의하여 납부한 **오납금에 대한 납부자의 부당이득반환 청구권의 소멸시효는 납부 또는 징수시부터 진행**한다.

26. ⓞⓧ 신고는 사인이 행하는 공법행위로 행정기관의 행위가 아니므로 「행정절차법」에는 신고에 관한 규정을 두고 있지 않다.

> **옳은 지문** 신고는 사인이 행하는 공법행위로 행정기관의 행위가 아니지만 행정절차법 제40조에 신고에 관한 규정이 있다.

> **참고** 행정절차법 제40조에 해당하는 절차가 적용되는 신고는 자체완성적 신고이다.

27. ⓞⓧ 「행정절차법」은 '법령 등에서 행정청에 일정한 사항을 통지함으로써 의무가 끝나는 신고'에 대하여 '그 밖에 법령 등에 규정된 형식상의 요건에 적합할 것'을 그 신고의무 이행요건의 하나로 정하고 있다.

28. ⓞⓧ 다른 법령에 의한 인허가가 의제되지 않는 일반적인 건축신고는 자기완결적 신고이므로 이에 대한 수리 거부행위는 항고소송의 대상이 되는 처분이 아니다.

> **옳은 지문** 예외적으로 대법원은 **자체완성적 신고**에 해당하는 **건축신고의 반려행위** 및 **건축물 착공신고의 반려행위** 그리고 **원격평생교육신고의 반려행위**에 대해서 **처분성을 인정**하였다.

29. ⓞⓧ 숙박업을 하고자 하는 자가 법령이 정하는 시설과 설비를 갖추고 행정청에 신고를 하면 행정청은 공중위생관리법령의 규정에 따라 원칙적으로 이를 수리하여야 하므로, 새로 숙박업을 하려는 자가 기존에 다른 사람이 숙박업 신고를 한 적이 있는 시설 등의 소유권 등 정당한 사용권한을 취득하여 법령에서 정한 요건을 갖추어 신고하였다면, 행정청으로서는 특별한 사정이 없는 한 이를 수리하여야 하고, 기존의 숙박업 신고가 외관상 남아있다는 이유로 이를 거부할 수 없다.

30. ⓞⓧ 「식품위생법」에 따른 식품접객업(일반음식점영업)의 영업신고의 요건을 갖춘 자라고 하더라도, 그 영업신고를 한 당해 건축물이 건축법 소정의 허가를 받지 아니한 무허가 건물이라면 적법한 신고를 할 수 없다.

31. ⓞⓧ 「국토의 계획 및 이용에 관한 법률」상의 개발행위허가가 의제되는 건축신고는 특별한 사정이 없는 한 행정청이 그 실체적 요건에 관한 심사를 한 후 수리하여야 하는 이른바 '수리를 요하는 신고'로 보아야 한다.

32. ⓞⓧ 「의료법」에 따라 정신과의원을 개설하려는 자가 법령에 규정되어 있는 요건을 갖추어 개설신고를 한 경우라도 관할 시장·군수·구청장은 법령에서 정한 요건 이외의 사유를 들어 의원급 의료기관 개설신고의 수리를 거부할 수 있다.

> **옳은 지문** 「의료법」에 따라 **정신과의원을 개설**하려는 자가 **법령에 규정되어 있는 요건**을 갖추어 개설신고를 한 경우 관할 시장·군수·구청장은 **법령에서 정한 요건 이외의 사유**를 들어 의원급 의료기관 **개설신고의 수리를 거부**할 수 **없다**.

33. ☐ O ☐ X ☐ 구「의료법 시행규칙」 제22조 제3항에 의하면 의원개설 신고서를 수리한 행정관청이 소정의 신고필증을 교부하도록 되어있기 때문에 이와 같은 신고필증의 교부가 없으면 개설신고의 효력이 없다.

> 옳은 지문 │ 의료법시행규칙상 **의원개설 신고서**를 **수리**한 행정관청이 소정의 신고필증을 교부하도록 되어있다 하여도 그와 같은 **신고필증의 교부**가 **없더라도 개설신고의 효력**은 **인정**된다.

34. ☐ O ☐ X ☐ 「식품위생법」에 의한 영업양도에 따른 지위승계신고를 수리하는 허가관청의 행위는 단순히 양도·양수인 사이에 이미 발생한 사법상의 사업양도의 법률효과에 의하여 양수인이 그 영업을 승계하였다는 사실의 신고를 접수하는 행위에 그치는 것이 아니라, 영업허가자의 변경이라는 법률효과를 발생시키는 행위이다.

35. ☐ O ☐ X ☐ 가설건축물 존치기간을 연장하려는 건축주 등이 법령에 규정되어 있는 제반 서류와 요건을 갖추어 행정청에 연장신고를 한 경우, 행정청으로서는 법령에서 요구하고 있지도 아니한 '대지사용승낙서' 등의 서류가 제출되지 아니하였거나, 대지소유권자의 사용승낙이 없다는 등의 사유를 들어 가설건축물 존치기간 연장신고의 수리를 거부하여서는 아니 된다.

적중요약 정리

이것만 암기하면 된다

2

RUHE

적중요약 정리
이것만 암기하면 된다

<big>2</big>

제 **2** 편 **행정작용법**

제1장 **행정입법 (행정상 입법) ← 원칙적으로 처분성X**

제1절 개설

[행정입법의 체계]

광의의 행정입법
├ 국가행정권에 의한 입법 ┬ 법규명령
│ (협의의 행정입법)   └ 행정규칙
└ 지방자치단체에 의한 입법 – 조례, 규칙

I. 실무상 표현과 강학상 표현

I. 법규명령

가. 법률대위명령

→ 긴급명령, 긴급재정경제명령

나. 법률종속명령 (위임명령, 집행명령)

→ 대통령령(시행령), 총리령(시행규칙)·부령(시행규칙)

→ '공무원승진규정·공무원보수규정, 행정권한의 위임 및 위탁에 관한 규정' 등 '~규정'의 형식이면 대부분 대통령령(시행령)을 의미한다.

2. 행정규칙

가. 실무상 표현

→ 훈령, 예규, 지침, 고시, 통첩, ~요령

→ 규칙이라는 표현을 잘 사용하지 않는다.

나. 법령보충규칙

형식은 훈령·예규·지침·고시로써 행정규칙인데 상위법령의 수권이 있다면, 예외적으로 행정규칙이 법규적 성격을 가지게 된다. 이를 법령보충규칙이라고 한다.

→ '~에 관한 사항은 보건복지부장관고시로 정한다.' 라고 법률에 정해져 있는 경우가 대표적 예이다.

→ 공장입지기준고시도 이에 해당한다.

다. 법규명령형식의 행정규칙

시행령(대통령령)과는 달리 시행규칙(총리령·부령)에서 의무위반에 대한 제재처분의 기준(영업정지나 허가취소 등)을 정하고 있거나 의무위반에 대한 과징금 액수의 기준을 정하고 있으면 해당 시행령조항이나 시행규칙조항은 법규명령형식의 행정규칙이다.

라. 고시

추상적 사실에 관한 것이면 행정규칙이고, 구체적 사실에 관한 것이면 일반처분이다.

→ '보건복지부 고시인 약제급여·비급여 목록 및 급여상한금액표'는 구체적 사실에 대한 고시이므로 일반처분이 된다.

제2절 법규명령

Ⅰ. 의의 및 종류

1. 의의

법규명령이란 일반적으로 (국가)행정권이 정립하는 일반적·추상적 규율로서 대외적으로 일반적 구속력이 있는 법규의 성질을 가지는 것을 말한다.

→ 법규명령은 법규의 성질을 가지고 있기 때문에 국민을 구속하는 힘이 있다.

→ <u>위법한 법규명령</u>은 <u>취소사유</u>가 아니라 <u>무효</u>이다.

2. 종류

가. 형식에 따른 구분

(1) 긴급명령, 긴급재정경제명령

→ 헌법 제76조에 근거조항이 있다.

대통령의 긴급명령이나 긴급재정경제명령은 국무회의의 심의를 거쳐야 하며, 지체 없이 국회의 승인을 받아야 한다.

→ 만약 국회의 승인을 받지 못하면 그때부터 그 명령은 효력을 잃는다.

(2) 대통령령 및 총리령·부령

→ 헌법 제75조 및 제95조에 근거조항이 있다.

대통령은 위임명령(법률에서 구체적으로 범위를 정하여 위임받은 사항)이나 집행명령(법집행을 위하여 필요한 사항)을 발할 수 있다.

→ 대통령령은 보통 시행령이라고 언급한다.

국무총리나 행정각부의 장은 법령의 위임 또는 직권으로 총리령 및 부령을 발할 수 있다.

→ 총리령 및 부령은 통상 시행세칙 또는 시행규칙이라고 언급한다.

(3) 기타

중앙선관위규칙·대법원규칙·헌법재판소규칙·국회규칙은 모두 헌법상 근거조항이 있는 법규명령이다.

→ 감사원규칙은 헌법상 근거조항은 없고 감사원법에 근거조항이 있다. 그러나 헌법상 규정된 행정입법(법규명령)은 예시에 불과하기 때문에, 감사원규칙도 법규명령으로 보는 것이 타당하다. 헌법재판소도 같은 입장이다.

나. 내용에 따른 구분

(1) 법률대위명령

헌법상의 근거에 의하여 법률적 효력을 갖는 명령이다. 대통령의 긴급명령이나 긴급재정경제명령이 이에 해당한다.

(2) 법률종속명령 (위임명령, 집행명령)

법률보다 하위의 효력을 갖는 명령이다. 법률에 근거가 있어야 제정 가능한 위임명령이 있고, 법률에 근거가 없이도 법집행을 위해서 존재하는 집행명령이 있다.

[수권성(상위법령의 위임) 유무]

수권성O	(법규명령 중) 위임명령
수권성X	1. (법규명령 중) 집행명령 2. 행정규칙

→ 위임명령은 상위법령에 의한 개별적·구체적 위임이 필요하지만, 집행명령은 개별적·구체적 위임이 불필요하여 법률의 수권 없이 제정할 수 있다.

→ 위임명령은 위임의 범위 내에서는 국민의 권리에 관한 새로운 사항(법률사항)들을 새로이 정할 수 있지만, 집행명령은 법에 대한 집행을 위한 것이기 때문에 국민의 권리에 관한 새로운 사항(법률사항)들은 새로이 정할 수 없다.

→ 행정입법의 제정이 법률의 집행에 필수불가결한 경우로서 행정입법을 제정하지 아니하는 것이 곧 행정권에 의한 입법권 침해의 결과를 초래하는 경우, 행정권의 행정입법 등 법집행의무는 헌법적 의무라고 할 수 있다.

→ 하위 행정입법의 제정 없이 상위 법령의 규정만으로도 집행이 이루어질 수 있는 경우라면 하위 행정입법을 하여야 할 헌법적 작위의무는 인정되지 않는다.

→ 상위법령을 시행하기 위하여 하위법령을 제정하거나 필요한 조치를 함에 있어서는 상당한 기간을 필요로 하며 합리적인 기간 내의 지체를 위헌적인 부작위로 볼 수 없다.

→ 위임명령이 상위법령에 위반되는 경우에는 효력을 잃는다.

→ 일반적으로 법률의 위임에 따라 효력을 갖는 법규명령의 경우에 위임의 근거가 없어 무효였더라도 나중에 법 개정으로 위임의 근거가 부여되면 그때부터는 유효한 법규명령으로 볼 수 있다.

→ 법률의 위임에 의하여 효력을 갖는 법규명령이 법 개정으로 위임의 근거가 없어지게 되면 그때부터는 무효인 법규명령이 된다.

→ 법규명령이 개정된 법률에 규정된 내용을 함부로 유추·확장하는 내용의 해석규정이어서 위임의 한계를 벗어난 것으로 인정될 경우에는 법규명령은 여전히 무효이다.

　　　법규명령이 위임의 한계를 벗어난 경우, 법규명령으로서의 효력X = 대외적, 구속력X

　　　BUT 행정규칙으로서의 효력, 가능

→ 상위법령에서 세부사항 등을 시행규칙으로 정하도록 위임하였음에도 이를 고시 등 행정규칙으로 정하였다면 대외적 구속력을 가지는 법규명령으로서 효력이 인정될 수 없다.

　　　행정규칙으로서의 효력, 가능

→ 위임명령과 집행명령 모두 해당 상위법령이 폐지되면 효력을 잃지만, 집행명령의 경우 상위법령이 개정되었다고 해서 바로 효력을 잃는 것이 아니라, 개정된 상위법령에 해당하는 집행명령이 제정될 때까지는 효력을 유지한다.

Ⅱ. 위임명령의 한계

1. 포괄위임의 금지 (구체적 위임의 원칙)

헌법 제75조는 법률에 의한 위임은 구체적·개별적이어야 하고, 일반적·추상적이어서는 안 된다고 표명하고 있다.

→ 위임의 구체성은 예측가능성으로 판단하는 데, 법률에서 이미 하위법규(위임명령)에 규정될 내용 및 범위의 기본사항이 구체적으로 규정되어 일반인이라면 누구라도 당해 법률로부터 하위법규에 규정될 내용의 대강을 예측할 수 있어야 한다. 다만, 대강의 예측이면 족하고 완벽한 예측일 필요는 없다.

→ 해당 (상위)법률의 예측가능성 유무를 판단함에 있어서는 해당 법률규정뿐만 아니라 관련조항 및 수권법률 전체의 취지 그리고 입법목적 등을 고려한 유기적·체계적 해석을 통하여 종합적으로 판단하여야 한다.

→ 시행령은 법률에 의한 위임이 없는 한 법률이 규정한 개인의 권리·의무에 관한 내용을 변경·보충하거나 법률에 규정되지 아니한 새로운 내용을 규정할 수 없다.

→ 위임명령이 (위임내용을 구체화하는 단계를 벗어나) 새로운 입법을 한 것으로 평가할 수 있다면, 위임의 한계를 일탈한 것으로서 허용되지 않는다.

→ 헌법재판소의 입장 : 위임입법에 있어 위임의 구체성·명확성의 요구 정도는 그 규율대상의 종류와 성격에 따라 달라질 것이지만, 특히 처벌법규나 조세법규와 같이 국민의 기본권을 직접적으로 제한하거나 침해할 소지가 있는 법규에서는 구체성·명확성의 요구가 강화되어 그 위임의 요건과 범위가 일반적인 급부행정의 경우보다 더 엄격하게 제한적으로 규정되어야 하는 반면에, 규율대상이 지극히 다양하거나 수시로 변화하는 성질의 것일 때에는 위임의 구체성·명확성의 요건이 완화될 수도 있을 것이다.

→ 법률의 시행령이 형사처벌에 관한 사항을 규정하면서 법률의 명시적인 위임 범위를 벗어나 처벌의 대상을 확장하는 것은 죄형법정주의원칙에 어긋나는 것이므로, 그러한 시행령은 위임입법의 한계를 벗어난 것으로서 무효이다.

→ 형사처벌에 관한 위임입법의 경우, 수권법률이 구성요건의 점에서는 처벌대상인 행위가 어떠한 것인지 이를 예측할 수 있을 정도로 구체적으로 정하고, 형벌의 점에서는 형벌의 종류 및 그 상한과 폭을 명확히 규정하는 것을 전제로 한다.

→ 침익적 행정작용의 근거가 되는 행정법규는 엄격하게 해석·적용되어야 하고 그 행정작용의 상대방에게 불리한 방향으로 유추해석·확장해석은 금지되지만 목적론적 해석이 전적으로 배제되는 것은 아니다.

→ (법률의 시행령이나 시행규칙은 법률에 의한 위임이 없으면 개인의 권리·의무에 관한 내용을 변경·보충하거나 법률이 규정하지 아니한 새로운 내용을 정할 수는 없지만) 법률의 시행령이나 시행규칙의 내용이 모법의 입법 취지와 관련 조항 전체를 유기적·체계적으로 살펴보아 모법의 해석상 가능한 것을 명시한 것에 지나지 아니하거나 모법 조항의 취지에 근거하여 이를 구체화하기 위한 것인 때에는, 모법에 이에 관하여 직접 위임하는 규정을 두지 아니하였다고 하더라도 이를 무효라고 볼 수는 없다.

→ 대통령령의 경우 모법의 시행에 관한 전반적 사항을 정하는 경우에는 ○○법(법률)시행령으로, 모법의 일부규정의 시행에 필요한 개별적 사항을 정하거나 대통령령의 권한 범위 내의 사항을 정하는 경우에는 ○○규정, ○○령으로 한다.

→ 하위법령은 그 규정이 상위법령의 규정에 명백히 저촉되어 무효인 경우를 제외하고는 관련 법령의 내용과 그 입법취지, 연혁 등을 종합적으로 살펴서 그 의미를 상위법령에 합치되는 것으로 해석하여야 한다.

→ 어느 시행령의 규정이 모법에 저촉되는지가 명백하지 않은 경우에는 모법과 시행령의 다른 규정들과 그 입법 취지, 연혁 등을 종합적으로 살펴 모법에 합치된다는 해석도 가능한 경우라면 그 규정을 모법위반으로 무효라고 선언해서는 안 된다.

→ 조세나 부담금의 부과요건과 징수절차에 관한 법률 또는 그 위임에 따른 명령·규칙의 규정은 일의적이고 명확해야 한다. 그러나 법률규정은 일반성, 추상성을 가지는 것이어서 법관의 법 보충작용으로서의 해석을 통하여 의미가 구체화되고 명확해질 수 있으므로, 조세나 부담금에 관한 규정이 관련 법령의 입법 취지와 전체적 체계 및 내용 등에 비추어 그 의미가 분명해질 수 있다면 이러한 경우에도 명확성을 결여하였다고 하여 위헌이라고 할 수는 없다.

→ 조례에 대한 법률의 위임은 구체적으로 범위를 정할 필요 없이 포괄적이어도 상관없다.

→ 지방자치단체는 (법령에 위반되지 않는 범위 내에서) 자치사무에 관하여 주민의 권리를 제한하거나 의무를 부과하는 사항이 아닌 한 법률의 위임 없이 조례를 제정할 수 있다.

→ 담배자동판매기의 설치를 금지하고 설치된 판매기를 철거하도록 하는 조례는 기존 담배자동판매기업자의 직업의 자유와 재산권을 제한하는 조례(권리를 제한하는 조례)이므로 법률의 위임이 필요하다.

→ 법률이 공법적 단체 등의 정관에 자치법적 사항을 위임한 경우에는 헌법 제75조가 정하는 포괄적인 위임입법의 금지는 원칙적으로
포괄적 위임 가능
적용되지 않는다.

2. 국회전속적 입법사항의 문제

헌법은 중요한 사항에 대해서는 법률로써 정하도록 규정하고 있는데, 이러한 사항을 일정한 범위 내에서 행정입법(법규명령)에 위임이 가능한지가 문제가 된다.

→ (중요한 사항의) 본질적 내용만을 법률로 정하면 족하므로, 입법자가 법률에서 구체적으로 범위를 정하여 법규명령에 위임할 수 있다.

3. 재위임

법률에서 위임받은 사항을 전혀 규정하지 아니하고 그대로 하위의 법규명령에 재위임하는 것은 허용되지 않지만, 위임받은 사항에 관하여 대강을 정하고 그 중의 특정사항의 범위를 정하여 하위의 법규명령에 다시 위임하는 경우에만 재위임이 허용된다.

→ 법률에서 위임받은 사항을 전혀 규정하지 아니하고 그대로 재위임하는 것은 허용되지 않으며, 위임받은 사항에 관하여 대강을 정하고 그 중의 특정사항을 범위를 정하여 하위법령에 다시 위임하는 경우에만 재위임이 허용된다.

→ 수권법령에 재위임을 허용하는 규정이 없더라도 위임받은 사항에 관하여 대강을 정하고 그 중의 특정 사항을 범위를 정하여 하위법령에 재위임하는 것은 허용된다.

Ⅲ. 법규명령의 성립요건 및 효력요건

1. 의의

대통령령이 적법하게 성립하여 효력을 발생하기 위해서는 법제처의 심사와 국무회의의 심의를 거쳐야 한다.

→ 총리령 및 부령은 법제처의 심사만 거치면 된다.

대통령령 및 총리령·부령은 특별한 규정이 없으면 공포한 날로부터 20일이 경과함으로써 효력이 발생한다(법령 등 공포에 관한 법률 제13조).

2. 성립요건과 효력요건이 존재하지 않는 법규명령

성립요건과 효력요건이 존재하지 않는 법규명령은 하자(흠)가 있는 법규명령이므로 무효가 된다.

→ 해당 상위법률에 위반되거나 법률상의 근거가 있어야 됨에도 없는 경우에는 법규명령은 이 하자를 이유로 무효가 된다.

→ 법규명령의 위임근거가 되는 법률에 대하여 위헌결정이 선고되면 그 위임에 근거하여 제정된 법규명령도 원칙적으로 효력을 상실한다.

Ⅳ. 법규명령과 행정규칙의 구별

1. 실질설

법규명령과 행정규칙의 구별을 그 내용에서 찾는 입장으로, 법규명령은 국민의 권리·의무에 관한 것을 규율하는데 반하여 행정규칙은 국민의 권리·의무와 관계없는 행정기관 내부에서의 명령을 내용으로 한다고 본다.

2. 형식설

헌법이 정하고 있는 법규명령의 형식인 대통령령, 총리령, 부령 등은 그 내용에 관계없이 법규명령이며, 그 이외의 행정입법 형식은 행정규칙이라고 보는 입장이다.

3. 수권여부기준설 (=위임설)

법규명령과 행정규칙의 구별을 상위법령의 수권 여부를 기준으로 하는 입장으로, 상위법령의 수권에 의하여 제정된 행정입법은 법규명령으로, 상위법령의 수권 없이 행정의 고유한 권능에 근거하여 제정된 행정입법은 행정규칙으로 이해하는 견해이다.

4. 판례의 입장

판례는 대체로 수권여부기준설의 입장을 취하고 있다.

5. 구체적 구별방법

[행정규칙 VS 법규명령]

	행정규칙	법규명령
표 현	고시·훈령·예규·지침·지시 등	시행령·시행규칙 등
권력관계	특별권력관계	일반권력관계
법적근거	법적근거 필요X	• 위임명령 : 법적근거 필요O • 집행명령 : 법적근거 필요X
효 력	대외적 구속력X (법규성X)	대외적 구속력O (법규성O)
위 반	(행정규칙을 위반했다고) 곧바로 위법한 행정작용이 되는 것은 아님	(법규명령을 위반하면) 위법한 행정작용O
법치행정의 원리	법률우위의 원칙만 적용	법률우위·법률유보의 원칙 모두 적용

→ 행정규칙은 법규(법적인 규범)가 아니다. 따라서 행정규칙 위반은 위법이 아니다.

→ 법규명령은 법률의 근거를 요하나 행정규칙은 법률의 근거를 요하지 않는다.

→ 법규명령은 공포를 요하나 행정규칙은 공포를 요하지 않는다.

→ 법규명령은 국가와 국민 사이를 구속하지만, 행정규칙은 행정조직 내부만을 구속한다.

→ 행정규칙은 내부적 효력만이 있기 때문에 일면적(편면적) 구속력만 갖는다. 그리고 이 구속력은 징계책임을 발생시키는 사실상의 구속력으로 법적 구속력은 아니다.

→ 법규명령은 그 구속력의 기초를 일반권력관계에 두고 있는 반면, 행정규칙은 그 구속력의 기초를 특별권력관계에 두고 있다.

→ 법규명령은 법률우위의 원칙 및 법률유보의 원칙 둘 다 적용되지만, 행정규칙은 법률우위의 원칙만이 적용된다.

→ 철도소음·진동을 규제하는 행정법규에서 정하는 기준을 넘는 철도소음·진동이 있다고 하여 바로 사회통념상 일반적으로 참아내야 할 정도를 넘는 위법한 침해행위가 있어 민사책임이 성립한다고 단정할 수 없다.

제3절 행정규칙

I. 의의

행정규칙은 상급행정청이 하급행정청 또는 보조기관에게 해당 임무수행과 조직에 관하여 발하는 일반적·추상적 규율이라고 정의된다.

→ 행정규칙은 실제상 행정처리의 기준이 되며, 위반시 징계책임을 져야 하기 때문에 사실상의 구속력을 가진다.

→ 행정규칙은 원칙적으로 행정조직 내부에서만 효력을 가질 뿐, 대외적 구속력은 없다.

→ **행정규칙**이 이를 정한 행정기관의 재량에 속하는 사항에 관한 것인 때에는 규정내용이 객관적 합리성을 결여하였다는 등의 특별한 사정이 없는 한 **법원**은 이를 **존중**하는 것이 바람직하다.

→ 법령의 위임이 없음에도 법령에 규정된 처분 요건에 해당하는 사항을 부령에서 변경하여 규정한 경우에는 그 부령의 규정은 행정청 내부의 사무처리 기준 등을 정한 것으로서 행정조직 내에서 적용되는 행정명령(행정규칙)의 성격을 지닐 뿐 국민에 대한 대외적 구속력은 없다. 이 경우 처분의 적법 여부는 그러한 규칙 등에서 정한 요건에 합치하는지 여부가 **아니라** 일반 국민에 대하여 구속력을 가지는 법률 등 법규성이 있는 관계 법령의 규정을 기준으로 **판단**하여야 한다.

→ **헌법**이 인정하고 있는 위임입법의 형식은 예시적인 것이므로 (법률이) 행정규칙에 위임할 수 있다.

→ 법률이 행정규칙(고시)의 형식으로 입법위임을 할 때에는 전문적·기술적 사항이나 경미한 사항으로서 업무의 성질상 위임이 불가피한 사항으로 한정되고, 포괄위임금지의 원칙상 구체적·개별적 위임이어야 한다.

→ 법령의 규정이 특정 행정기관에게 법령 내용의 구체적 사항을 정할 수 있는 권한을 부여하면서 **권한행사의 절차나 방법을 특정하지 아니한 경우**에는 **수임 행정기관**은 **행정규칙**으로 법령 내용이 될 사항을 구체적으로 정할 수 있다.

→ 법령의 규정이 특정 행정기관에게 법령 내용의 구체적 사항을 정하도록 권한을 부여하여 특정 행정기관이 행정규칙을 정하였으나 그 행정규칙이 **상위 법령의 위임범위를 벗어났다면**, 그러한 행정규칙은 대외적 구속력을 가지는 **법규명령**으로서의 **효력**이 인정되지 **않는다**.

→ (행정관청 내부의 사무처리규정에 불과한) 전결규정에 위반하여 원래의 전결권자 아닌 보조기관 등이 처분권자인 행정관청의
　　전결규정(행정규칙) 위반은 위법X

　　이름으로 행정처분을 하였다고 하더라도 그 처분이 권한 없는 자에 의하여 행하여진 **무효의 처분**이라고는 할 수 **없다**.

→ 행정청은 법률의 근거 규정 없이도 재량권이 인정되는 영역에서 재량권 행사의 기준이 되는 지침을 제정할 수 있다.
　　　　　　　　　　　　　　　　　지침 등의 행정규칙은 법률유보의 원칙이 적용X ∵ 행정기관 내부규범

→ 행정규칙에는 공정력이 없으므로 하자 있는 행정규칙은 무효가 된다.

→ 근거규정이 행정규칙에 있더라도, 그 근거규정에 의한 조치가 행정처분에 해당할 수 있다.

Ⅱ. 행정규칙에 해당하는 예

1. 지침

공정거래위원회의 '부당한 지원행위 심사지침' / 한국감정평가업협회의 '토지보상평가지침' / 서울특별시가 정한 '개인택시운송사업 면허지침' / 교육부장관의 '내신성적 산정지침' / 서울특별시가 정한 '상수도손괴원인자부담 처리지침' / 한국수력원자력 주식회사가 정한 '공급자관리지침' / 경기도교육청의 '학교장·교사 초빙제 실시' / 건강보험심사평가원이 정한 '방광내압 및 요누출압 측정시 검사방법' 등

2. 요령

소득금액조정합계표 작성요령 / 서울특별시가 정한 '개인택시운송사업면허 업무처리요령' / 비관리청 항만공사시행허가를 위한 심사기준을 정한 업무처리요령

→ '~요령'은 행정적 편의를 위한 절차적 규정인 경우가 많기 때문에 행정규칙의 성질을 갖는다.

3. 규칙

행정규칙에서는 규칙이라는 표현을 잘 사용하지는 않지만, 판례는 '서울특별시 철거민 등에 대한 국민주택 특별공급규칙'을 행정규칙으로 판단하였다.

Ⅲ. 행정규칙에 반하는 행정처분

행정규칙은 대외적 구속력이 없기 때문에 법규(법적인 규범)이 아니다. 따라서 행정처분이 이러한 행정규칙에 반한다고 해서 위법이 되는 것은 아니다. 다만, 사실상의 구속력(내부적 구속력)에 의해 징계사유가 될 수 있으므로 해당 공무원은 행정규칙을 거부하면 안 된다.

→ 행정처분이 법규성이 없는 내부지침 등의 규정에 위배된다고 하더라도 그 이유만으로 처분이 위법하게 되는 것은 아니며, 내부지침 등에서 정한 요건에 부합한다고 하여 반드시 그 처분이 적법한 것이라고 할 수도 없다.

Ⅳ. 종류

1. 고시

행정기관이 불특정 다수의 일반인에게 일정한 사항을 알리는 것을 의미한다.

→ 일반적으로 고시가 일반적·추상적 성격을 가질 때에는 행정규칙 또는 법규명령에 해당되지만, 예외적으로 다른 집행행위의 매개 없이 그 자체로 직접 국민의 구체적인 권리·의무(법률관계)를 규율하는 성격을 가질 때에는 행정처분에 해당된다.

→ 행정규칙인 고시가 집행행위의 개입 없이도 그 자체로서 국민의 구체적인 권리·의무에 직접적인 변동을 초래하는 경우에는 항고소송의 대상이 된다.

→ 예외적으로 고시가 법령의 수권에 의하여 당해 법령의 내용을 보충하는 경우에는 수권법령과 결합하여 대외적 구속력을 갖게 된다.

→ 법률이 입법사항을 대통령령이나 부령이 아닌 고시와 같은 행정규칙의 형식으로 위임하더라도 국회입법의 원칙과 상치되지 않는다.

→ 법률이 고시와 같은 행정규칙 형식으로 위임을 하는 경우에도 포괄위임금지의 원칙상 법률의 위임은 구체적·개별적으로 행하여져야 한다.

→ 한국표준산업분류는 우리나라의 산업구조를 가장 잘 반영하고 있고, 업종의 분류에 관하여 가장 공신력있는 자료로 평가받고 있는 점 등을 고려하면, 업종의 분류에 관하여 판단자료와 전문성의 한계가 있는 대통령이나 행정각부의 장에게 위임하기보다는 통계청장이 고시하는 한국표준산업분류에 위임할 필요성이 인정된다.

→ 고시가 비록 법령에 근거를 둔 것이라고 하더라도 그 규정 내용이 법령의 위임 범위를 벗어난 것일 경우에는 법규명령으로서의 대외적 구속력을 인정할 여지는 없다.

2. 행정업무의 효율적 운영에 관한 규정

대통령령인 '행정업무의 효율적 운영에 관한 규정'에 훈령·지시·예규 등을 규정하고 있다.

→ 법규문서 이외의 문서로서 반복적 행정사무처리의 기준을 제시하는 것을 예규라고 한다.

3. 규범해석행정규칙

규범해석행정규칙이란 해당 상위법령의 요건이 불확정개념으로 되어 있는 경우, 하급행정기관의 법령해석에 통일성을 기하기 위해서 만든 행정규칙이다.

→ 규범해석행정규칙도 당연히 행정규칙이므로 대외적 구속력(법적 구속력)은 없다.

4. 재량준칙

법령이 행정청의 재량을 인정하고 있는 경우, 하급행정기관의 재량권 행사에 일반적 기준을 마련하기 위해 만드는 규칙이다.

→ 재량준칙이 정하는 바에 따라 반복 시행되어 행정관행이 이루어지면 자기구속을 받는다.(∵ 신뢰보호의 원칙)

→ 자기구속력이 발생한 행정관행(재량준칙)을 위반한 처분은 위법하다.

(vs 행정처분이 행정규칙에 위반되었다고 해서 바로 위법한 처분이 되는 것은 아니다.)

→ 대법원은 재량준칙이 되풀이 시행되어 행정관행이 성립된 경우에는 당해 재량준칙에 자기구속력을 인정한다. 그리고 당해 재량준칙에 반하는 처분은 법규범인 당해 재량준칙을 직접 위반한 것으로서 위법한 처분이 되는 것이 아니라 평등의 원칙이나 신뢰보호의 원칙을 매개로 하여 위법하게 되는 것이다.

5. 법규명령형식의 행정규칙

시행령(대통령령)과 시행규칙(총리령·부령)에서 의무위반에 대한 제재처분의 기준(영업정지나 허가취소 등)을 정하고 있거나 의무위반에 대한 과징금 액수의 기준을 정하고 있으면 해당 시행령조항이나 시행규칙조항은 법규명령형식의 행정규칙이다.

→ 법령의 위임을 받아 부령(형식)으로 정한 제재적 행정처분의 기준을 행정규칙으로 보고, 대통령령(형식)으로 정한 제재적 행정

대외적 구속력X

처분의 기준은 법규명령으로 보는 경향이 있다.

대외적 구속력O

→ 판례의 입장 : 운전면허행정처분기준은 부령의 형식으로 되어 있으나, 그 규정의 성질이나 내용이 운전면허의 취소처분 등에 관한 것이어서 행정청 내부의 사무처리준칙을 규정한 것에 지나지 아니하므로 대외적 구속력이 없다.

→ 「공공기관의 운영에 관한 법률」의 위임에 따라 입찰자격제한기준을 정하는 부령은 행정내부의 재량준칙에 불과하다.

6. 법령보충규칙 (행정규칙형식의 법규명령)

가. 의의

→ 법령보충규칙은 법령의 위임한계를 벗어나지 아니하는 한 법령과 결합하여 대외적으로 구속력이 있는 법규명령으로서 효력을 가진다.

→ 법령보충규칙은 그 자체가 직접적으로 대외적 구속력을 가지는 것은 아니고 상위법령과 결합하여야 구속력이 있다. 따라서 공무원 시험에서는 반드시 뭔가 결합된다는 문구가 등장하게 된다.

→ 고시가 법령의 수권에 의하여 당해 법령의 내용을 보충하는 경우에는 수권법령과 결합하여 대외적 구속력 있는 법규명령의 효력을 갖는다.

→ 형식은 행정규칙이므로 공포는 필요가 없다.

나. 해당하는 예

행정규칙의 형식인데 실질은 법규명령이 되므로, 그 예시들을 잘 기억하고 있어야 한다.

→ 국세청훈령인 재산세사무처리규정 / 국무총리훈령인 개별토지가격합동조사지침 / 보건복지부장관이 정한 노인복지사업지침 / 구 지방공무원보수업무 등 처리지침 / 전라남도 주유소등록요건에 관한 고시 / 수입선 다변화품목의 지정 등에 관한 상공부 고시 등

V. 행정규칙의 성립요건 및 효력요건

행정규칙은 법규가 아니므로 법적 근거는 필요가 없다. 법규명령과는 달리 꼭 조문의 형식(고유한 서식)을 따라야 하는 것은 아니고 다른 문서형식이나 구두로도 가능하다.

→ (절차적으로도) 일반적으로 따라야 하는 법정절차가 없다.

→ 행정규칙의 공표는 행정규칙의 성립요건이나 효력요건은 아니나, 「행정절차법」에서는 행정청은 필요한 처분기준을 당해 처분의 성질에 비추어 될 수 있는 한 구체적으로 공표하도록 하고 있다.

<small>* 행정절차법 제20조 제1항 「행정청은 필요한 처분기준을 해당 처분의 성질에 비추어 되도록 구체적으로 정하여 공표하여야 한다. 처분기준을 변경하는 경우에도 또한 같다.」</small>

행정규칙은 특별한 규정이 없는 한 성립요건을 갖추면 바로 효력이 발생하며 수명기관에 도달한 때부터 구속력이 생긴다고 본다.

제4절 행정입법에 대한 통제

I. 법규명령에 대한 통제

오늘날 여론이나 언론 등을 통하여 법규명령을 통제하는 것도 가능하다. 이를 국민에 의한 통제라고 한다. 의회에 의한 통제로는 법규명령의 성립·효력 발생에 동의하거나 승인하는 경우와 일단 유효하게 성립한 법규명령의 효력을 소멸시키는 권한을 의회에 부여하는 직접적인 통제가 있고, 국정감사권의 행사와 같은 방식으로 법규명령을 통제하는 간접적인 통제도 있다.

→ 현재 우리나라는 국회법에 근거한 행정입법제출 및 위법통제제도를 이유로 직접적인 통제를 하고 있다. 그러나 우리나라는 행정규칙에 대해서는 직접적인 통제방식이 없다.

→ 현재 우리나라는 국정감사·조사권과 같은 헌법상 권리를 토대로 법규명령을 간접적으로도 통제하고 있다.

1. 행정적 통제수단

행정적 통제수단으로는 상급행정청의 하급행정청에 대한 지휘·감독권과 같은 행정감독에 관한 통제와 일정한 절차를 거쳐서 법규명령을 제정하게 하는 절차적 통제도 있다.

→ 법규명령의 제정 시에는 일반적으로 입법예고를 해야 하는데 누구든지 예고된 입법안에 대해서 의견을 제출할 수 있다.

→ 국민권익위원회는 법규명령의 부패유발요인을 분석하여 당해 법규명령의 소관기관의 장에게 그 개선을 위한 필요적 권고를 할 수 있다.

→ 중앙행정심판위원회는 처분 등의 근거가 되는 법규명령이 크게 불합리하다고 인정되는 경우 관계기관에 시정조치를 요구할 수 있다.

2. 사법적 통제수단

헌법 제107조 제1항에서는 위헌법률심사권을 언급하고, 헌법 제107조 제2항에서는 명령·규칙 심사권을 제시하고 있다. 결국 원칙적으로는 해당 법률·명령·규칙이 구체적 사건에 대한 재판의 전제가 된 경우에 한해서 그 사건의 판결을 위한 선결문제로서 해당 법령의 위헌 내지는 위법 여부를 심사할 수 있는 것이다. 따라서 구체적 규범통제만을 인정하고 있다.

[구체적 규범통제 (재판을 전제로 하는 사법적 통제)]

일반법원	간접적 통제 : 명령·규칙 심사 (헌법 제107조 제2항)
	직접적 통제 : 법규명령(처분적 행정입법 / 처분법규)에 대한 항고소송
헌법재판소	법규명령에 대한 헌법소원
	행정입법부작위에 대한 헌법소원

→ 우리나라는 추상적 규범통제를 채택하고 있지 않기 때문에 일반적인 법규명령에 대해서는 규범통제를 할 수 없다.

→ 명령·규칙 심사는 원칙적으로 법원이 하는 것이기 때문에 법규명령이 재판의 선결문제로 다투어지는 **모든 법원**은 해당 법규명령의 위법여부를 판단할 수 있고 법규명령이 위법으로 판단된 경우 **당해 사건에 한해 적용이 배제**된다.

→ 다만, **대법원판결**에 의하여 명령·규칙이 헌법 또는 법률에 위반된다는 것이 확정된 경우 대법원은 지체 없이 그 사유를 행정안전부장관에게 통보하여야 하고, 통보를 받은 행정안전부장관은 지체없이 이를 관보에 게재하게 하여야 하므로(행정소송법 제6조), 관보게재(공고)에 의해 위법한 법규명령은 **일반적으로 효력이 부정**된다.

→ **법원**이 구체적 규범통제를 통해 위헌·위법으로 선언할 심판대상은, 원칙적으로 해당 규정 중 재판의 전제성이 인정되는 조항에 **한정**된다.

→ 명령·규칙 그 자체에 의하여 직접 기본권이 침해가 되었을 경우에는 그것을 대상으로 하여 헌법재판소에 헌법소원심판을 청구할 수 있다.

→ 구체적 규범통제의 대상이 되는 명령은 법규명령을 의미하고, 규칙은 대법원규칙·중앙선관위규칙 등 법규명령인 규칙을 의미한다(다수설). 그러나 판례는 이 명령·규칙에 지방자치단체의 조례도 포함된다고 보고 있다.

→ **처분적 행정입법** : 법규명령은 행정입법의 일반적·추상적 성질에 의해 항고소송의 대상이 될 수 없는 것이 원칙이다. 그러나 행정청의 별도의 집행행위 없이도 국민의 권리·의무를 직접적으로 규율하는 처분적 행정입법은 그 실질이 처분이기 때문에 예외적으로 항고소송의 대상이 될 수 있다.

→ 법규명령이 다른 집행행위 없이 **직접** 개인의 권리의무에 영향을 주는 경우 예외적으로 **처분성**이 인정 된다.

→ 의료기관의 명칭표시판에 진료과목을 함께 표시하는 경우 글자 크기를 제한하고 있는 구 의료법 시행규칙 제31조가 그 자체로서 국민의 구체적인 권리의무나 법률관계에 직접적인 변동을 초래하지 아니하므로 항고소송의 대상이 되는 행정처분이라고 할 수 없다.

Ⅱ. 행정규칙에 대한 통제

우리나라에서는 국회에 의한 통제로는 직접적 통제방식은 없지만, 국정감사권 등 간접적 통제방식을 행사할 수는 있다. 행정적 통제는 법규명령에 대한 통제와 유사하다.

I. 사법적 통제수단

행정규칙도 법규명령과 마찬가지로 일반적·추상적 규율에 해당하므로 처분성이 없고 따라서 항고소송의 대상이 될 수는 없다. 다만, 행정규칙도 직접적으로 국민의 권리·이익을 침해하는 경우에는 처분성을 인정받아서 항고소송으로 다툴 수 있다.

→ 헌법재판소는 예외적으로 일부 사례의 경우 행정규칙에 대해서도 헌법소원이 가능한 것으로 보고 있다.

→ 어떠한 처분의 근거나 법적인 효과가 행정규칙에 규정되어 있다고 하더라도, 그 처분이 상대방의 권리·의무에 직접 영향을 미치는 행위라면 항고소송의 대상이 되는 행정처분에 해당한다.

III. 행정입법부작위

행정입법부작위는 부작위위법확인소송의 대상이 되지 않는다. 그러나 요건이 갖추어진다면 헌법소원 및 국가배상청구는 가능하다.

→ 국민의 구체적인 권리의무에 직접적으로 변동을 초래하지 않는 추상적인 법령의 제정 여부 등은 부작위위법확인소송의 대상이 될 수 없다.

→ 법률에서 군법무관의 보수의 구체적 내용을 시행령에 위임했음에도 불구하고 행정부가 정당한 이유 없이 시행령을 제정하지 않은 것은 불법행위이므로 이에 대하여 국가배상청구를 할 수 있다.

1. 위법한 법규명령은 무효가 아니라 취소할 수 있다. ☐O ☐X

2. 하위 행정입법의 제정 없이 상위법령의 규정만으로 집행이 이루어질 수 있는 경우라 하더라도 상위법령에서 세부적인 사항을 하위 행정입법에 위임하고 있다면 하위 행정입법을 제정할 헌법적 작위의무가 인정된다. ☐O ☐X

3. 법규명령이 위임의 근거가 없어 무효였더라도 나중에 법개정으로 위임의 근거가 부여되면, 법규명령 제정 당시로 소급하여 유효한 법규명령이 된다. ☐O ☐X

4. 상위법령에서 세부사항 등을 시행규칙으로 정하도록 위임하였으나, 이를 고시 등 행정규칙으로 정하였더라도 이는 대외적 구속력을 가지는 법규명령으로서 효력이 인정된다. ☐O ☐X

5. 집행명령은 상위법령이 개정되더라도 개정법령과 성질상 모순·저촉되지 아니하고 개정된 상위법령의 시행에 필요한 사항을 규정하고 있는 이상, 개정법령의 시행을 위한 집행명령이 제정·발효될 때까지는 여전히 그 효력을 유지한다. ☐O ☐X

6. 법률의 시행령이나 시행규칙의 내용이 모법의 입법 취지와 관련 조항 전체를 유기적·체계적으로 살펴보아 모법의 해석상 가능한 것을 명시한 것에 지나지 아니하거나 모법 조항의 취지에 근거하여 이를 구체화하기 위한 것인 때에는, 모법에 이에 관하여 직접 위임하는 규정을 두지 아니하였다고 하더라도 이를 무효라고 볼 수는 없다. ☐O ☐X

7. 하위법령은 그 규정이 상위법령의 규정에 명백히 저촉되어 무효인 경우를 제외하고는 관련 법령의 내용과 그 입법취지, 연혁 등을 종합적으로 살펴서 그 의미를 상위법령에 합치되는 것으로 해석하여야 한다. ☐O ☐X

8. 조례에 대한 법률의 위임은 반드시 구체적으로 범위를 정하여 해야 한다. ☐O ☐X

9. 법규명령이 법률에서 위임받은 사항에 관하여 대강을 정하고 그 중의 특정사항에 대하여 범위를 정하여 하위법령에 다시 위임하는 경우에는 재위임이 허용된다. ☐O ☐X

10. 법규명령의 위임근거가 되는 법률에 대하여 위헌결정이 선고되더라도 그 위임에 근거하여 제정된 법규명령은 별도의 폐지행위가 있어야 효력을 상실한다. ☐O ☐X

11. 재산권 등의 기본권을 제한하는 작용을 하는 법률이 구체적으로 범위를 정하여 고시와 같은 형식으로 입법위임을 할 수 있는 사항은 전문적·기술적 사항이나 경미한 사항으로서 업무의 성질상 위임이 불가피한 사항에 한정된다. ☐O ☐X

12. 행정관청 내부의 사무처리규정에 불과한 전결규정에 위반하여 원래의 전결권자 아닌 보조기관 등이 처분권자인 행정관청의 이름으로 행정처분을 한 경우, 그 처분은 권한 없는 자에 의하여 행하여진 것으로 무효이다. ☐O ☐X

13. 한국표준산업분류는 우리나라의 산업구조를 가장 잘 반영하고 있고, 업종의 분류에 관하여 가장 공신력 있는 자료로 평가받고 있는 점 등을 고려하면, 업종의 분류에 관하여 판단자료와 전문성의 한계가 있는 대통령이나 행정각부의 장에게 위임하기보다는 통계청장이 고시하는 한국표준산업분류에 위임할 필요성이 인정된다. ☐O ☐X

14. 운전면허에 관한 제재적 행정처분의 기준이 「도로교통법 시행규칙」 [별표]에 규정되어 있는 경우 대외적 구속력을 인정할 수 없다. ☐O ☐X

15. 행정규칙인 고시가 법령의 수권에 의해 법령을 보충하는 사항을 정하는 경우에는 근거법령규정과 결합하여 대외적으로 구속력 있는 법규명령의 효력을 갖는다. ☐O ☐X

16. 법규명령이 재판의 선결문제로 다투어지는 모든 법원은 해당 법규명령의 위법여부를 판단할 수 있고 법규명령이 위법으로 판단된 경우 일반적으로 효력이 부정된다. ☐O ☐X

17. 국민의 구체적인 권리의무에 직접적으로 변동을 초래하지 않는 추상적인 법령의 제정 여부 등은 부작위위법확인소송의 대상이 될 수 없다. ☐O ☐X

적중문제 정답

• 빨간색 표시가 정답 입니다.

1. O X 위법한 법규명령은 무효가 아니라 취소할 수 있다.

> 옳은 지문 위법한 법규명령은 취소사유가 아니라 무효이다.

2. O X 하위 행정입법의 제정 없이 상위법령의 규정만으로 집행이 이루어질 수 있는 경우라 하더라도 상위법령에서 세부적인 사항을 하위 행정입법에 위임하고 있다면 하위 행정입법을 제정할 헌법적 작위의무가 인정된다.

> 옳은 지문 하위 행정입법의 제정 없이 상위 법령의 규정만으로도 집행이 이루어질 수 있는 경우라면 하위 행정입법을 하여야 할 헌법적 작위의무는 인정되지 않는다.

3. O X 법규명령이 위임의 근거가 없어 무효였더라도 나중에 법개정으로 위임의 근거가 부여되면, 법규명령 제정 당시로 소급하여 유효한 법규명령이 된다.

> 옳은 지문 일반적으로 법률의 위임에 따라 효력을 갖는 법규명령의 경우에 위임의 근거가 없어 무효였더라도 나중에 법 개정으로 위임의 근거가 부여되면 그때부터는 유효한 법규명령으로 볼 수 있다.

> 참고 법규명령 제정 당시로 소급하여X / 그때부터는O

4. O X 상위법령에서 세부사항 등을 시행규칙으로 정하도록 위임하였으나, 이를 고시 등 행정규칙으로 정하였더라도 이는 대외적 구속력을 가지는 법규명령으로서 효력이 인정된다.

> 옳은 지문 상위법령에서 세부사항 등을 시행규칙으로 정하도록 위임하였음에도 이를 고시 등 행정규칙으로 정하였다면 대외적 구속력을 가지는 법규명령으로서 효력이 인정될 수 없다.
> 행정규칙으로서의 효력 가능

5. O X 집행명령은 상위법령이 개정되더라도 개정법령과 성질상 모순·저촉되지 아니하고 개정된 상위법령의 시행에 필요한 사항을 규정하고 있는 이상, 개정법령의 시행을 위한 집행명령이 제정·발효될 때까지는 여전히 그 효력을 유지한다.

6. O X 법률의 시행령이나 시행규칙의 내용이 모법의 입법 취지와 관련 조항 전체를 유기적·체계적으로 살펴보아 모법의 해석상 가능한 것을 명시한 것에 지나지 아니하거나 모법 조항의 취지에 근거하여 이를 구체화하기 위한 것인 때에는, 모법에 이에 관하여 직접 위임하는 규정을 두지 아니하였다고 하더라도 이를 무효라고 볼 수는 없다.

7. O X 하위법령은 그 규정이 상위법령의 규정에 명백히 저촉되어 무효인 경우를 제외하고는 관련 법령의 내용과 그 입법취지, 연혁 등을 종합적으로 살펴서 그 의미를 상위법령에 합치되는 것으로 해석하여야 한다.

8. O X 조례에 대한 법률의 위임은 반드시 구체적으로 범위를 정하여 해야 한다.

> 옳은 지문 조례에 대한 법률의 위임은 구체적으로 범위를 정할 필요 없이 포괄적이어도 상관없다.

9. ☐O☐X☐ 법규명령이 법률에서 위임받은 사항에 관하여 대강을 정하고 그 중의 특정사항에 대하여 범위를 정하여 하위법령에 다시 위임하는 경우에는 재위임이 허용된다.

10. ☐O☐X☐ 법규명령의 위임근거가 되는 법률에 대하여 위헌결정이 선고되더라도 그 위임에 근거하여 제정된 법규명령은 별도의 폐지행위가 있어야 효력을 상실한다.

> **옳은 지문** 법규명령의 위임근거가 되는 법률에 대하여 위헌결정이 선고되면 그 위임에 근거하여 제정된 법규명령도 원칙적으로 효력을 상실한다.

> **참고** 별도의 폐지행위가 있어야X

11. ☐O☐X☐ 재산권 등의 기본권을 제한하는 작용을 하는 법률이 구체적으로 범위를 정하여 고시와 같은 형식으로 입법위임을 할 수 있는 사항은 전문적·기술적 사항이나 경미한 사항으로서 업무의 성질상 위임이 불가피한 사항에 한정된다.

12. ☐O☐X☐ 행정관청 내부의 사무처리규정에 불과한 전결규정에 위반하여 원래의 전결권자 아닌 보조기관 등이 처분권자인 행정관청의 이름으로 행정처분을 한 경우, 그 처분은 권한 없는 자에 의하여 행하여진 것으로 무효이다.

> **옳은 지문** (행정관청 내부의 사무처리규정에 불과한) 전결규정에 위반하여 원래의 전결권자 아닌 보조기관 등이 처분권자인
> 전결규정(행정규칙) 위반은 위법X
> 행정관청의 이름으로 행정처분을 하였다고 하더라도 그 처분이 권한 없는 자에 의하여 행하여진 무효의 처분이라고는 할 수 없다.

13. ☐O☐X☐ 한국표준산업분류는 우리나라의 산업구조를 가장 잘 반영하고 있고, 업종의 분류에 관하여 가장 공신력 있는 자료로 평가받고 있는 점 등을 고려하면, 업종의 분류에 관하여 판단자료와 전문성의 한계가 있는 대통령이나 행정각부의 장에게 위임하기보다는 통계청장이 고시하는 한국표준산업분류에 위임할 필요성이 인정된다.

14. ☐O☐X☐ 운전면허에 관한 제재적 행정처분의 기준이 「도로교통법 시행규칙」 [별표]에 규정되어 있는 경우 대외적 구속력을 인정할 수 없다.

15. ☐O☐X☐ 행정규칙인 고시가 법령의 수권에 의해 법령을 보충하는 사항을 정하는 경우에는 근거법령규정과 결합하여 대외적으로 구속력 있는 법규명령의 효력을 갖는다.

16. ☐O☐X☐ 법규명령이 재판의 선결문제로 다투어지는 모든 법원은 해당 법규명령의 위법여부를 판단할 수 있고 법규명령이 위법으로 판단된 경우 일반적으로 효력이 부정된다.

> **옳은 지문** 명령·규칙 심사는 원칙적으로 법원이 하는 것이기 때문에 법규명령이 재판의 선결문제로 다투어지는 **모든 법원은** 해당 법규명령의 위법여부를 판단할 수 있고 법규명령이 위법으로 판단된 경우 **당해 사건에 한해 적용**이 배제된다.

17. ☐O☐X☐ 국민의 구체적인 권리의무에 직접적으로 변동을 초래하지 않는 추상적인 법령의 제정 여부 등은 부작위위법확인소송의 대상이 될 수 없다.

적중요약 정리

이것만 암기하면 된다

3

적중요약 정리

이것만 암기하면 된다

| 제 2 장 | 행정행위 ← 원칙적으로 처분성O |

제1절 개설

행정행위란 「행정청이 구체적 사실에 대한 법집행으로서 행하는 외부에 대하여 직접적인 법적 효과를 발생시키는 공법상의 단독행위」라고 정의된다. 이러한 행정행위는 강학상의 개념으로서 실정법에서는 행정처분 또는 처분이라는 용어로 널리 사용되고 있다.

I. 실무상 표현과 강학상 표현

1. 법률효과의 발생원인에 따라 분류

가. 법률행위적 행정행위

(1) 명령적 행정행위

→ (강학상) 하명, 허가, 예외적 승인(예외적 허가), 면제

(2) 형성적 행정행위

→ (강학상) 특허, 인가, 공법상 대리

나. 준법률행위적 행정행위

→ (강학상) 확인, 공증, 통지, 수리

[하명·허가·예외적승인·면제·특허·인가·대리·확인·공증·통지·수리]

법률행위적 행정행위 (명령적 행정행위) 하 명	[작위하명] 1. 원상회복명령 2. 철거명령
	[부작위하명] 3. 영업정지처분
	[급부하명] 4. 조세부과처분 5. 이행강제금 및 과징금 부과처분
	[수인하명] 6. 전염병환자강제격리

법률행위적 행정행위 (명령적 행정행위) 허 가	1. 주류판매허가 2. 식품접객업허가 3. 대중음식점영업허가 4. 전자유기장업허가 5. 건축허가 6. 주유소설치허가 7. 사설법인묘지설치허가 8. 총포·도검·화약류 판매업허가 9. 양곡가공업허가 10. 공중목욕장허가 11. 한의사·의사·약사 면허 12. 자동차운전면허 13. 배출시설 설치허가
법률행위적 행정행위 (명령적 행정행위) 예외적 승인 예외적 허가	1. 의사의 마약사용면허 (치료목적의 마약류사용허가) 2. 개발제한구역 내의 건축허가·토지형질변경허가·용도변경허가 3. 학교보건법상 학교정화구역 내의 유해시설금지 해제조치 4. 학교환경위생정화구역의 금지행위해제 5. 사행행위영업허가
법률행위적 행정행위 (명령적 행정행위) 면 제	1. 조세감면 2. 예방접종 면제 3. 국·공립학교 수업료 면제
법률행위적 행정행위 (형성적 행정행위) 특 허	**[권리설정행위로서의 특허]** 1. 광업허가 2. 어업면허 3. (개인택시·버스·화물자동차·여객선·항공기 노선면허 등에 대한) 자동차·해상·항만·항공 등 각종운수사업면허 4. 보세구역설치경영특허 5. 이동통신사업면허·방송면허 등 특허기업특허 6. 공유수면매립면허 7. 행정재산의 사용·수익 허가 8. 도로점용허가·하천점용허가 등 공물사용권특허 9. 토지수용법상 토지수용을 위한 사업인정 10. 지역개발사업에 관한 지정권자의 실시계획승인처분 11. 주택건설사업계획승인 등 각종 사업계획승인 (허가나 인가로 보는 견해도 있다.) 12. 폐기물처리업(수집·운반업) 허가 13. 전기·가스 등의 공급사업면허 14. 대기오염물질 총량관리사업장 설치허가 **[포괄적 법률관계 설정행위로서의 특허]** 15. 공무원임명 16. 귀화허가 17. 체류자격변경허가 **[능력설정행위로서의 특허]** 18. 재건축조합설립인가 19. 재개발조합설립인가 20. (도시 및 주거환경정비법상) 토지 등 소유자들이 조합을 따로 설립하지 않고 직접 시행하는 도시환경정비사업시행인가

법률행위적 행정행위 (형성적 행정행위) 인 가	1. 버스·택시·항공기 등 특정기업의 운임·요금 인가
	2. 비영리법인(재단법인·사회복지법인) 설립허가 및 정관변경허가
	3. 자동차관리사업자단체의 조합설립인가
	4. 주택재개발조합 설립추진위원회 구성승인처분
	5. (도시 및 주거환경정비법상) 도시환경정비사업조합(재개발조합)의 사업시행계획인가
	6. 재건축조합의 관리처분계획인가
	7. 사립학교법인 임원취임승인·임원해임승인 및 사립대총장 취임임명승인
	8. 의료법인 임원취임승인
	9. 재단법인 임원취임승인
	10. 외국인 토지취득허가
	11. 토지거래허가구역 내에서의 토지거래허가
	12. (공유수면매립면허의 양도양수시 인가·개인택시면허 양도양수시 인가 등) 허가나 특허의 양도양수의 인가
	13. 특허기업의 사업양도허가
	14. 공익법인 기본재산처분허가
법률행위적 행정행위 (형성적 행정행위) 공법상 대리	1. 토지보상법상의 수용재결
	2. 공매
	3. 감독청에 의한 공법인의 정관작성
	4. 감독청에 의한 공법인의 임원임명
	5. 행려병자의 유류품 매각
준법률행위적 행정행위 확 인	1. 국가시험합격자 결정
	2. 선거당선인 결정
	3. 발명특허
	4. 행정심판의 재결
	5. 교과서 검정 (**특허**로 보는 경우도 있다.)
	6. 친일반민족행위자재산조사위원회의 친일재산 국가귀속결정
	7. 친일파재산조사결정
	8. 준공검사처분(건물사용검사처분)
	9. (소득세 부과를 위한) 소득금액확인
	10. 연구개발확인서 발급
준법률행위적 행정행위 공 증 건축물대장작성신청 반려행위와 건축물대장상의 용도변경신청 거부행위 처분성O BUT 무허가건물관리대장 삭제행위 처분성X	1. 의료유사업자 자격증 갱신발급
	2. (부동산등기부·외국인등록부와 같은) 등기부·등록부의 등기·등록
	3. (선거인명부·토지대장·가옥대장·광업원부와 같은) 각종의 명부·장부 등에의 등재
	4. 상표사용권설정등록
	5. 회의록 등에의 기재
	6. 당선증서·합격증서 등 증명서발급
	7. 영수증교부
	8. 여권발급
	9. 검인·증인의 압날
	10. 건설업 면허증의 재교부

준법률행위적 행정행위 통 지	1. 행정대집행법상 계고 2. 대집행영장의 통지 3. (재임용거부취지의) 임용기간만료통지 4. 국세징수법상 독촉 5. 특허출원의 공고
준법률행위적 행정행위 수 리	1. 사표수리 2. 어업신고수리 3. 건축주명의변경신고수리 4. 국적이탈신고수리 5. 각종 등록신청에 대한 수리

2. 상대방의 협력이 필요한가에 따른 분류

가. 쌍방적 행정행위

(1) 상대방의 신청을 요하는 행정행위

→ 강학상 허가 / 강학상 인가 / 강학상 권리설정행위로서의 특허 / 강학상 수리 / 보조금지급결정 등

(2) 상대방의 동의를 요하는 행정행위

→ 공무원임명 등

나. 일방적 행정행위

→ 강학상 하명 / 직권철회·직권취소 등

3. 효과결정에 있어서 자유의 유무에 따른 분류

가. 기속행위

→ 강학상 허가

판례 : 식품위생법상 대중음식점영업허가 / 공중위생법상 위생접객업허가 / 총포·도검·화약류 판매업허가 / 석유판매업허가 (주유소설치허가) / 배출시설 설치허가 / 건축법상 건축허가 (다만, 숙박위락시설 건축허가·개발행위허가가 의제되는 건축허가는 재량행위에 속한다.) 등

→ 강학상 수리

판례 : 구 관광진흥법상 관광사업의 지위승계신고수리 / 구 건축법상 용도변경신고수리 등

→ 그 외

판례 : (법무부장관의) 난민인정 / (약사법상) 금고 이상의 형을 받은 자에 대한 약사면허의 취소 / 국유재산무단점유자에 대한 변상금 부과·징수 / 명의신탁자에 대한 과징금 부과 / 공사중지명령 / (국가공무원법상) 육아휴직 중 복직명령 / 자동차운송알선사업등록처분 / (보충역에 해당하는 사람을) 공익근무요원으로 소집 / 음주측정거부를 이유로 운전면허취소 / 부정행위 응시자에 대한 5년간 응시제한 등

나. 재량행위

→ 강학상 특허

판례 : 귀화허가 / 체류자격 변경허가 / 개인택시운송사업면허 / 마을버스운송사업면허 / 어업면허 / 토지수용법상 토지수용을 위한 사업인정 / 공유수면매립면허 / 도로점용허가·하천점용허가 / 중소기업창업사업계획승인 / 대기오염물질 총량 관리사업장 설치허가 등

→ 강학상 인가

판례 : 비영리법인(재단법인·사회복지법인) 설립허가 및 정관변경허가 / 재단법인 임원취임승인 등

→ 강학상 허가 ← 예외적으로 재량행위

판례 : 주택건설사업계획승인(인가나 특허로 보는 견해도 있다.) / 산림법상 산림훼손허가(산림형질 변경허가) / 토지형질변경 행위를 수반하는 건축허가 / 토지형질변경허가 / 입목벌채허가 / 총포·도검·화약류 판매·소지 허가 / 프로판가스충전 업허가 / 사설봉안시설 개발행위허가

→ 그 외

판례 : 공무원에 대한 징계처분 / 국립대학생에 대한 징계처분 / 도시계획결정 / 관광지조성사업시행허가 / (자연공원사업의 시행에 있어서) 공원의 시설기본설계 및 시설변경설계 승인 / 자연공원법상 공원 내 용도변경행위허가 / 자연공원사업 시행허가 / 야생동식물보호법상 용도변경승인 / 청원경찰면직처분 / 임용기간이 만료된 대학교원의 재임용여부 / (면접전형에서) 임용신청자 능력 등을 판단 / 사립대학이 공립대학으로 설립자가 변경된 경우 공립학교교원으로의 임용 여부 / 개발제한구역 내 건축물용도변경허가 / 유기장영업허가의 철회 / 보건복지부장관의 요양급여대상 약제에 대한 상한금액 조정고시 / 보건복지부장관의 예방접종으로 인한 질병·장애·사망 인정 / 공정거래위원회의 (법위반행위자에 대한) 시정명령사실 공표 / 공유수면점용허가가 의제되는 채광계획승인 / 개발제한구역 내 자동차용 액화석유가스충전 사업허가 등

→ 판례는 요건판단에 있어서 판단여지를 재량으로 보기 때문에 판단여지를 언급한 감정평가사시험 합격기준선택, 문화재보호법상 고분발굴허가, 사법시험 문제출제행위 및 채점행위 등도 재량행위가 된다.

4. 법률효과에 따른 분류

가. 수익적 행정행위

나. 침익적 행정행위

다. 복효적 행정행위

5. 규율대상에 따른 분류

가. 대인적 행정행위

→ 국가고시합격자 결정 / 자동차운전면허 / 인간문화재 지정 / 의사·한의사·약사 면허 등

나. 대물적 행정행위

→ 건물준공검사 / 자동차검사증 교부 / 자연공원 지정 / 건축허가 등

다. 혼합적 행정행위

→ 총포제조영업허가 / 유흥주점영업허가 / 전당포업허가 / 개인택시면허 등

6. 행정행위의 효력발생에 따른 분류

가. 수령을 요하는 행정행위

나. 수령을 요하지 않는 행정행위

7. 자동화 유무에 따른 분류

> **행정기본법**
>
> **제20조 (자동적 처분)**
> 행정청은 법률로 정하는 바에 따라 완전히 **자동화된 시스템**(인공지능 기술을 적용한 시스템을 포함한다)으로 처분을 할 수 있다. 다만, 처분에 **재량**이 있는 경우는 그러하지 **아니**하다.

제2절 행정행위

I. 법률행위적 행정행위

행정행위는 법률효과의 발생원인에 따라서 법률행위적 행정행위와 준법률행위적 행정행위로 나눌 수 있다.

법률행위적 행정행위는 행정주체의 의사표시를 중요한 법률요건으로 삼고 그 의사표시에 따라 법률효과가 발생하지만, 준법률행위적 행정행위는 의사표시를 요건으로 삼지 않기 때문에 의사표시와 관계없이 법률 등이 정하는 바에 따라 법률효과가 발생한다.

[법률행위적 행정행위 VS 준법률행위적 행정행위]

법률행위적 행정행위	명령적 행정행위 : 하명, 허가, 면제
	형성적 행정행위 : 특허, 인가, 공법상 대리
준법률행위적 행정행위	확인, 공증, 수리, 통지

1. 명령적 행정행위

우월한 지위에 있는 행정주체가 상대방에게 의무를 부과하거나 이미 부과된 의무를 해제하는 것을 말한다.

➡ 명령적 행정행위는 상대방에게 새로운 권리를 발생시키는 행위가 아니다.

➡ 의무를 부과하는 하명, 부작위의무를 해제하는 허가, 작위의무·수인의무·급부의무를 해제하는 면제로 나누어진다.

가. 하 명

행정주체가 국민에게 작위의무·부작위의무·수인의무·급부의무를 부과하는 행정행위이다. 의무를 부과하고 있다는 점에서 상대방에게 불리한 법률효과를 발생시키므로 침익적(부담적) 행정행위에 속한다.

➡ 하명은 불리한 법률효과를 발생시키므로 원칙적으로는 기속행위이고 법령의 근거를 요한다. 결국 하명은 법령이 정한 요건이 모두 갖춰진 경우에 한해서 행하여질 수 있다.

➡ 급부하명은 재산권 즉 금전(돈)과 직접적으로 관련된 것으로 조세의 부과나 과징금의 부과 등이 있다.

→ 부작위하명 즉 금지는 어떠한 경우에도 금지를 해제할 수 없는 절대적 금지와 일정 요건을 갖추면 금지가 해제되는 상대적 금지로 나뉜다.

→ 법령에서 직접 언급되어지는 법규하명과 해당 법령에 근거가 있어서 이를 토대로 구체적으로 행하여지는 하명처분으로 나뉜다.

→ 법률행위에 의무를 부과할 수도 있고, 사실행위에 의무를 부과할 수도 있다. 즉 의무부과의 대상은 반드시 법률행위일 필요는 없다.

→ 하명의 대상은 주로 불법광고물의 철거와 같은 사실행위이지만 법률행위일 수도 있다.

　　VS 인가의 대상은 법률행위만

→ 하명은 조세부과처분처럼 특정인에게 구체적으로 행해지는 것이 대부분이지만, 입산금지처럼 불특정다수인에게 구체적으로 행해지는 일반처분도 있다.

→ 하명에 의해 부과된 의무를 이행하지 않은 경우 행정상 강제집행과 행정벌이 과해진다. 그러나 하명에 위반하여 행해진 행위가 법률행위이건 사실행위이건 그 행위의 사법상 효력이 무효가 되는 것은 아니다.

→ 위법한 하명에 의하여 권리·이익을 침해당한 자는 행정쟁송으로 취소소송을 제기할 수 있고, 일정한 요건이 갖춰지면 국가배상법에 의한 국가배상청구소송을 제기할 수 있다.

→ (구「산림법」에 의해 형질변경허가를 받지 아니하고 산림을 형질변경한 자가 사망한 경우) 해당 토지의 소유권을 승계한 상속인은 복구의무를 부담하므로 행정청은 상속인에게 복구명령을 할 수 있다.

나. 허가

(1) 의의

허가는 법령에 의해 일반적·예방적·상대적 금지(부작위의무)를 해제시켜 줌으로써 본래 인간이 가지는 자유를 회복시켜 주는 것을 말한다.

→ 허가는 하명과는 달리 수익적 행정행위이다.

→ 수익적 행정행위이지만 기본권의 제한에 해당할 수 있기 때문에, 허가도 법령이 정한 요건이 갖추어 졌을 때에만 행할 수 있다.

→ 판례에 의하면 허가도 명령적 행정행위이기 때문에 새로운 권리를 발생시키는 것은 아니다. 따라서 건축허가가 있었고 건축허가서에 건축주로 기재되었다는 이유로 건축물의 소유권을 반드시 취득하는 것은 아니며, 건축중인 건물의 소유자와 건축허가서상의 건축주가 일치할 필요는 없다.

→ 허가는 원칙적으로 처분 시에 시행중인 법령 및 허가기준에 따라야 한다.

→ 부분허가권은 본허가권에 포함되므로, 본허가권을 가진 행정청은 별도의 법적 근거가 없다 하더라도 부분허가를 할 수 있다.

→ 도시계획시설인 주차장에 대한 건축허가신청을 받은 행정청으로서는 건축법상 허가 요건뿐 아니라 국토의 계획 및 이용에 관한 법령이 정한 도시계획시설사업에 관한 실시계획인가 요건도 충족하는 경우에 한하여 이를 허가해야 한다.

(2) 허가와 예외적 승인(예외적 허가)

허가는 공익침해에 대한 위험예방의 목적으로 일반적·예방적·상대적으로 금지되어 있던 것을 어떤 이유로 해제해 주는 것이지만, 예외적 승인은 사회적으로 유해한 행위여서 억제적으로 법령에 의해 금지되어 있던 것을 어떤 이유로 해제해 주는 것을 말한다.

→ 허가와 예외적 승인은 그 대상이 다르지만 금지의 해제라는 점에서는 차이가 없다.

→ 원칙적으로 허가는 기속행위이지만, 예외적 승인은 재량행위이다.

→ 판례에 의하면 예외적 승인에는 학교보건법상 학교환경위생정화구역 내의 유흥주점업허가 / 개발제한구역 내의 건축허가 / 자연공원법이 적용되는 지역 내의 단란주점영업허가 등이 있다.

→ 원래 일반적으로 안 되는 것인데 어떤 이유로 특별히 해주는 경우들이 예외적 승인에 해당한다.

(3) 성질

허가는 자연적 자유를 회복시켜서 반사적으로 이를 적법하게 행사할 수 있는 법적지위를 부여해준다. 따라서 원칙적으로 허가로 얻는 이익은 반사적 이익에 그치므로 법률상 이익이라고 볼 수는 없다. 또한 허가는 원칙적으로 기속행위이지만 개별법령에 따라 재량행위가 될 수 있다.

→ 설령 명확한 규정이 없더라도 중대한 공익상의 필요에 의해 이익형량이 요구되는 경우에는 해당 허가는 재량행위로 보는 것이 타당하다. (다만, 판례는 음식점영업허가는 공익상의 필요가 있더라도 재량행위로 보지 않았다.)

→ 허가는 원칙적으로 기속행위이므로 (건축허가권자는) **중대한 공익상의 필요가 없는데도** 관계 법령에서 정하는 제한사유
  집단민원 발생 등은 중대한 공익상의 필요X
  이외의 사유를 들어 **요건을 갖춘 자**에 대한 **허가를 거부**할 수는 **없다.**

(4) 특징

허가는 직접 법령에 의하여 행해지는 경우는 없다. 그리고 일정한 형식을 요하는 것도 아니다. 또한 허가는 원칙적으로는 상대방의 신청을 전제로 하지만, 통행금지를 해제하는 것처럼 신청이 필요 없는 경우도 있다.

→ 판례는 행정청이 착오로 상대방의 신청과는 다른 내용의 허가를 해주었더라도 당연무효로 보지는 않았다.

(5) 허가의 대상에 따른 분류

대인적 허가는 (의사·한의사·약사 면허처럼) 일신전속적 성질 때문에 이전성이 부정되지만, 대물적 허가는 원칙적으로는 이전성이 인정된다.

→ **건축허가**는 **대물적 허가**에 해당하므로, 허가의 효과는 허가대상 건축물에 대한 **권리변동**에 수반하여 이전되고 **별도의 승인처분**에 의하여 이전되는 것은 **아니다.**

→ **건축허가**는 **대물적 성질**을 갖는 것이어서 행정청으로서는 허가를 할 때에 **건축주 또는 토지 소유자가 누구인지** 등의 **인적 요소**에 관하여는 **형식적 심사**만 한다.

→ 혼합적 허가로는 총포·도검·화약류 판매·소지·제조 허가 등이 있는데 이 경우에는 원칙적으로 이전에 대한 행정청의 승인 내지는 허가를 받아야만 이전이 가능하다.

(6) 허가의 효과

→ 허가의 기본적인 효과는 자연적 자유를 회복해서 일반적인 금지를 해제하는 것이다. 따라서 근본적인 효과로 배타적이거나 독점적 권리를 설정하는 것은 아니다.

→ 허가의 효과는 당해 허가행정청의 관할구역 내에서만 미치는 것이 원칙이지만 법령에 해당 규정이 있거나 허가의 성질 등을 토대로 관할구역 외에까지 그 효과가 미치는 경우도 있다.

→ 허가의 효과에 의한 영업상 이익은 원칙적으로 반사적 이익이다. 따라서 이미 허가한 영업시설과 동종의 영업허가를 해줌으로써 기존업자의 영업이익에 피해가 발생하는 경우, 기존업자는 동종의 신규영업허가의 취소소송을 제기할 수 있는 원고적격이 없다.

→ **허가를 받지 않고 행한 행위**는 행정상 강제집행이나 행정벌의 대상이 되지만, 행위자체에 대한 **사법상 효력**에는 영향을 받지 **않는다**.

→ 甲은 「폐기물관리법」에 따라 폐기물처리업의 허가를 받기 전에 행정청 乙에게 폐기물처리사업계획서를 작성하여 제출하였고, 乙은 그 사업계획서를 검토하여 적합통보를 하였다.

   ① 적합통보를 받은 甲은 폐기물처리업의 허가를 받기 전이라면 부분적으로도 폐기물처리를 적법하게 할 수는 없다.

   ② 사업계획서 적합통보가 있는 경우 폐기물처리업의 허가단계에서는 나머지 허가요건만을 심사한다.

→ 허가는 그 근거가 된 법령에 의한 금지를 해제할 뿐이고 타법에 의한 금지까지 해제하는 대세적인 효과는 가지지 않는다.

→ 국가공무원이 「식품위생법」상 영업허가를 받았다고 「국가공무원법」상의 영리업무금지까지 해제되는 것은 아니다.

     허가는 근거법상의 금지를 해제하는 효과만 있을 뿐, 타법에 의한 금지까지 해제하는 효과가 있는 것이 아니다.

     🖐 공무원은 음식점영업허가O / 국가공무원법상의 영리활동 금지의무까지 해제X

(7) 허가의 갱신

허가의 갱신은 기존 허가의 효력을 지속시키는 것에 불과하지 새로운 것은 아니다. 따라서 (허가)기한의 도래 전에 갱신이 이루어져야 하고, (갱신이 이루어지지 않은 채) 기간이 만료되면 허가의 효력은 상실된다. 기한 도래 후의 갱신신청에 따른 허가는 별개의 새로운 것이다.

다. 면제

면제는 작위의무·수인의무·급부의무를 해제해주는 행정행위를 말한다.

2. 형성적 행정행위

형성적 행정행위는 상대방에게 일정한 권리·능력·포괄적 법률관계 기타 법률상의 힘을 발생·변경·소멸시키는 행정행위를 말한다.

가. 특허

특허는 권리설정행위로서의 특허와 능력설정행위로서의 특허 그리고 포괄적 법률관계 설정행위로서의 특허로 나뉜다. 특허는 상대방의 신청·동의·출원 등의 협력을 토대로 행해지는 쌍방적 행정행위이며 수익적 행정행위이다.

→ 특허는 행정청이 상대방에게 일정한 권리 등을 설정하게 해주는 행위이기 때문에 공익적 요소가 가미되고 결국 재량행위로 파악하는 것이 타당하다. 이때 설정되는 권리는 주로 공권이지만 사권인 경우도 있다.

→ 공유수면매립면허(공유수면매립허가)가 특허의 대표적 예이다.

→ 공유수면의 점용·사용허가는 (일반적인 상대적 금지를 해제하는 처분이 아니라) 특정인에게 공유수면 이용권이라는 독점적 권리를
                                  허가X   특허O

설정하여 주는 처분이다.

→ 「출입국관리법」상 체류자격 변경허가는 설권적 처분(특허)에 해당하며, 재량행위의 성격을 가진다.

→ 「도시 및 주거환경정비법」상 조합설립인가처분은 특허의 성질을 가진다.

→ 「도시 및 주거환경정비법」에 따른 토지 등 소유자에 대한 사업시행인가처분은 사업시행계획에 대한 보충행위로서의 성질을 가지는 것이 아니라 정비사업 시행권한을 가지는 행정주체로서의 지위를 부여하는 일종의 설권적 처분의 성격을 가진다.

→ 해운법에 따른 여객선이 운항되지 않던 해역에서 <u>도선사업 면허를 받은 도선사업자가 사업을 영위하던 중</u>에 동일 항로에 관하여

도선사업은 '유선 및 도선 사업법'의 적용을 받음. 해운법의 적용을 받지 않음

해운법에 따른 <u>여객선 운항이 새롭게 개시</u>되었다면, 그 여객선 운항으로 <u>기존에 부여된 도선사업 면허의 효력</u>에까지 <u>영향을 미친</u>다고 볼 수는 <u>없지만</u>, 이후 그 항로에 관하여 <u>추가로 신규 도선사업 면허를 받을 수는 없다.</u>

[허가와 특허의 구별]

	허 가	특 허
개 념	자유로의 회복	새로운 권리의 부여
성 질	명령적 행위 / 원칙적 기속행위	형성적 행위 / 원칙적 재량행위
상대방	특정인과 불특정 다수인 모두 가능	반드시 특정인
목 적	소극적 질서유지	적극적 공공복리
감 독	소극	적극
신 청	원칙 : 신청O 예외 : 일반처분의 경우 신청X	원칙 : 신청O 예외 : 법규특허의 경우 신청X
일반처분	O	X
형 식	허가처분O / 법규허가X	특허처분O / 법규특허O
대 상	법률행위, 사실행위 모두 가능	
효 과	공법적 효과O / 사법적 효과X	공법적·사법적 효과O
법률상 이익	원칙 : 법률상 이익X 예외 : 법률상 이익O	법률상 이익O

→ 허가는 상대방이 주로 특정인이지만 일반처분의 경우 불특정다수인도 가능하다. 이에 비해 특허는 상대방이 특정인만 가능하다.

→ 허가나 특허 모두 원칙적으로는 신청을 필요로 하지만, 허가는 일반처분의 경우 신청이 필요 없고 특허는 법규에서 정한 법규특허인 경우 신청을 하지 않아도 된다.

→ 허가는 원칙적으로는 기속행위이고 중대한 공익적 고려가 필요한 경우 이익형량에 의해 재량행위가 되는 경우가 있다. 이에 비해 특허는 대체로 재량행위로만 논해진다.

→ 허가는 (종래) 통설이나 판례에 의하면 반사적 이익에 그친다고 보고 있지만 특허는 법률상 이익으로 인정하고 있다.

→ 허가는 그 요건이 확정적이지만 특허는 상대적으로 불확정적이다.

나. 인가

당사자의 법률행위를 보충하여, 그 법률적 효력을 완성시키는 행정행위를 말한다.

→ 토지거래허가구역 내에서의 토지거래허가, 재단법인의 정관변경허가 등이 인가의 대표적 예이다.

→ 인가는 형성적 행정행위이고, 더 나아가 당사자 간의 법률행위의 효력을 완성시켜 준다는 점에서 '보충적'이라는 성질을 갖는다.

→ 인가는 재량행위인 경우도 있고 기속행위인 경우도 있다.

→ 「도시 및 주거환경정비법」상 주택재개발조합 설립추진위원회의 구성을 승인하는 처분은 보충행위로서 강학상 <u>인가</u>이다.

→ 구 「도시 및 주거환경정비법」상 <u>조합설립추진위원회 구성승인처분</u>을 다투는 소송 계속 중 조합설립인가처분이 이루어진 경우 조합설립추진위원회 구성승인처분에 대하여 취소 또는 무효확인을 구할 <u>법률상 이익이 없다.</u>

→ 「도시 및 주거환경정비법」상 주택재개발조합이 수립한 사업시행계획을 인가하는 행정청의 행위는 주택재개발조합의 사업시행 계획에 대한 법률상의 효력을 완성시키는 보충행위에 해당한다.

→ 인·허가의제는 행정청의 소관사항과 관련하여 권한행사의 변경을 가져오므로 법령의 명시적인 근거를 필요로 한다.

→ A법률에서 해당 법률에 따른 주된 인·허가를 받게 되면 B법률에 따른 특정 인·허가를 받은 것으로 의제를 하고 있는 경우, 인·허가신청자가 A법률에 따라 인·허가를 받게 되면 의제되는 인·허가를 전제로한 B법률의 모든 규정들도 적용이 가능하다고 볼 수 없다.

→ 재단법인의 임원취임을 인가 또는 거부할 것인지 여부는 주무관청의 권한에 속하는 사항이라고 할 것이고, 재단법인의 임원취임승인 신청에 대하여 주무관청이 이에 기속되어 이를 당연히 승인(인가)하여야 하는 것은 아니다.

→ **공익법인의 기본재산 처분에 대한 허가**의 법률적 성질이 형성적 행정행위로서의 **인가**에 해당하므로, 조건 등의 부관의 부과가
인가는 수익적 행정행위이므로 원칙적으로 **재량행위** ∴ 부관의 부과가 허용O

허용된다.

[허가와 인가의 구별]

	허 가	인 가
개 념	자유로의 회복	기본행위를 보충하는 행위
성 질	명령적 행위 / 원칙적 기속행위	형성적 행위 / 기속행위·재량행위 모두 가능
효 과	공법적 효과O / 사법적 효과X	공법적·사법적 효과O
신 청	원칙 : 신청O 예외 : 일반처분의 경우 신청X	반드시 신청O
대 상	법률행위·사실행위 모두 가능	**법률행위O / 사실행위X**
허가·인가 없는 행위	적법요건 갖추지 못함 ∴ 위법	효력요건 갖추지 못함 ∴ 무효
상대방	특정인과 불특정 다수인 모두 가능	반드시 특정인
형 식	허가처분O / 법규허가X	인가처분O / 법규인가X

(1) 대상 및 효력

인가의 대상은 법률행위이며, 이 법률행위는 공법상 행위이든 사법상 행위이든 상관없다. 따라서 이에 따른 효과에 있어서도 공 법적인 것도 있고 사법적인 것도 있다.

→ 행정청이 인가를 해줌으로서 법률적 효력이 완성되기 때문에, 인가가 필요함에도 인가가 없는 경우 해당 법률행위는 무효가 된다. 물론, 유효요건(효력요건)에 관한 문제이므로 당해 법률행위가 적법요건을 (갖추었는지를) 이유로 한 행정청의 제재를 받지는 않는다. (이에 비해 허가는 위반시 적법요건을 위반하는 것이 되므로 강제집행 및 행정벌의 대상이 된다.)

→ 인가의 대상이 되는 기본행위는 인가를 받아야 효력이 발생하므로, 인가를 받지 않은 이상 기본행위 법률상 효력이 발생하지 않는다.

→ 공유수면매립면허의 (공동명의자 사이의 면허로 인한) 권리의무 양도약정은 면허관청의 인가를 받지 않은 이상 법률상 효력이 발생하지 않는다.

→ 개인택시 운송사업의 양도·양수에 대한 인가가 있은 후에 그 양도·양수 이전에 있었던 양도인에 대한 운송사업면허 취소사유를 들어 양수인의 사업면허를 취소할 수 있다.

(2) 성질

인가는 언제나 구체적 처분의 형식으로 이루어진다. 또한 법령에 언급이 없다면 수정하여 인가할 수도 없다. 그리고 인가는 행정청의 보충적 행위이므로 당사자의 신청을 전제로 한다.

(3) 인가와 제3자의 법률행위(기본행위)

① 기본행위가 무효인 경우 : 인가는 보충적 성질을 가지고 있기 때문에 아무리 적법한 인가라고 해도 기본행위가 무효인 경우에는 해당 인가도 무효가 된다. 결국 적법한 인가라고 하더라도 보충적 성질에 그치기 때문에 기본행위인 법률행위가 유효가 되는 것은 아니며, 하자의 치유가 이루어지지 않는다.

② 기본행위에 취소원인이 있는 경우 : 일단 인가는 유효한 것이고 추후 기본행위가 취소되면 인가도 효력을 잃는다.

→ 기본행위가 무효인 경우, 인가(보충행위)만의 무효확인이나 그 취소를 구하는 것은 특별한 사정이 없는 한 분쟁해결의 유효적절한 수단이라고 할 수는 없으므로, 이 경우 인가의 무효확인이나 그 취소를 구할 수 없다. (기본행위의 무효를 내세워 바로 그에 대한 행정청의 인가처분의 취소 또는 무효확인을 구할 수 없다.)

→ 기본행위에 하자가 있는 경우, 그에 대한 인가가 있었다 하여도 (인가로 인하여) 기본행위가 유효한 것으로 될 수는 없다.

→ 기본행위가 적법한 경우, 인가가 하자가 있어서 무효라면 당연히 기본행위는 무인가행위가 되어 무효이다.

→ 기본행위인 재단법인의 정관변경 결의가 적법 유효하고 보충행위인 인가처분 자체에만 하자가 있다면 그 인가처분의 무효나 취소를 주장할 수 있다.

다. 공법상 대리

행정청이 대신하여 행하고 그 법적 효과는 본인에게 귀속시키는 대리를 의미한다. 공법상 대리는 법률의 규정에 명시되어 있는 법정대리에 한한다.

→ 토지보상법상의 토지수용재결은 당사자 간의 협의가 불성립시 국가가 대신하여 행하는 행위이다. 따라서 당사자 간의 협의가 전제된다면 국가의 대리는 성립하지 않는다.

(1) 해당 예

감독청에 의한 공공조합·공법인의 임원임명·정관작성 등은 행정청이 감독 및 공익적 관점에서 공공단체 등을 대신하여 행하는 행위이다. 또한 행려병자나 사자의 유류품을 처분하는 행위도 행정청이 타인을 보호하는 행위로서 대리에 해당한다. 체납처분절차의 압류재산 공매처분 역시 행정청이 행정목적을 달성하기 위해서 행하는 대리에 해당한다.

→ 행려병자의 유류품처분은 준법률행위적 행정행위가 아니라 법률행위적 행정행위이다.

Ⅱ. 준법률행위적 행정행위

준법률행위적 행정행위는 행정청의 의사표시를 요건(요소)로 하지 않는다.

→ 법률효과가 행정청의 의사와는 상관없이 직접 법령에 의해 발생하는 경우를 의미한다. 그런데 행정청의 의사가 포함되어 있는지를 판단하는 것은 매우 까다로운 일이므로 학설이나 판례에 의해서 결정된 종류의 예들을 잘 기억해야 한다.

I. 종류

→ 확인, 공증, 통지, 수리 등이 있다.

가. 확인

어떤 사실이나 법률관계 등의 정부(正否)나 존부에 관하여 다툼이 있는 경우 행정청이 이를 확인해 주는 것을 말한다. 즉 다툼의 여지가 있는 일정한 사실이나 법률관계가 존재하는 것인가 아닌가 또는 정당한 것인가 아닌가를 공적으로 판단하여 확정하는 행정청의 행위를 지칭한다.

→ 행정심판의 재결은 준법률행위적 행정행위인 확인에 해당하지만, 토지수용의 재결은 법률행위적 행정행위인 공법상 대리에 해당한다.

→ 객관적 사실에 의해 결정이 되므로 행정청의 재량은 인정되지 못하고 **원칙적**으로 **기속행위**에 해당한다. 다만, 판례는 구체적·개별적 사안(교과서 검정)에 있어서 재량을 인정한 적이 있다.

→ 처분청은 특단의 사정이 없는 한 건축허가내용대로 완공된 **건축물의 준공**을 거부할 수 **없다.**

(1) 해당 예

전술한 것처럼 국가시험합격자 결정, 선거당선인 결정, 발명특허, 행정심판의 재결, 교과서 검·인정, 친일파재산조사결정, (소득세 부과를 위한) 소득금액확인 외에도 신체검사, 건물준공처분(건물사용승인), 도로구역 및 하천구역 결정, 토지경계사정, 도시의 지역·지구·구역 결정, 장애등급결정, 국가유공자결정, 연구개발확인서 발급 등이 있다.

→ 「국방전력발전업무훈령」에 따른 **연구개발확인서 발급**은 개발업체가 전력지원체계 연구개발사업을 성공적으로 수행하여 군사용 적합판정을 받고 경우에 따라 사업관리기관이 개발업체에게 수의계약의 방식으로 국방조달계약을 체결할 수 있는 지위가 있음을 인정해 주는 **확인적** 행정행위로서 **처분**에 해당한다.

나. 공증

공증은 어떤 사실 또는 법률관계의 존부를 공적으로 증명함으로써 공적인 증거력을 인정하는 행정행위를 말한다. 따라서 공증은 해당 사실에 대해서 분쟁이 없음을 전제로 논의된다. 공증은 법령에 의해 행해지는 기속행위이다.

→ 공증은 증명된 바에 대한 반증이 있을 때까지 일응 진실한 것으로 추정(사실상의 추정)되는 효력을 지닌다.

→ 공증은 일정한 형식이 요구되는 요식행위로 행하여지는 것이 보통이다.

→ 공증은 개별법령이 정하는 바에 따라 성립요건, 효력요건, 권리행사요건 등 다양한 요건으로 나타날 수 있다.

(1) 해당 예

전술한 것처럼 의료유사업자 자격증 갱신발급, (부동산등기부·외국인등록부와 같은) 등기부·등록부의 등기·등록, (선거인명부·토지대장·가옥대장·광업원부와 같은) 각종의 명부·장부 등에의 등재, 회의록 등에의 기재, 당선증서·합격증서 등 증명서발급, 영수증 교부, 여권발급, 검인·증인의 압날 등이 있다.

(2) 공증의 처분성 여부

기존 판례는 종래 각종 공부에의 등재행위에 대해서는 행정사무집행의 편의와 사실증명의 자료로 삼기 위한 것에 불과하며 등재로는 실체상의 권리관계의 변동을 가져오는 것은 아니기 때문에 처분성을 부정해왔다. 그러나 최근에 와서 판례는 지목변경신청 거부행위와 건축물대장작성신청 거부행위 그리고 건축물대장상의 용도변경신청 거부행위 등을 처분으로 보고 있다.

→ (지적공부 소관청의) 지목변경신청 거부행위, (건축물대장 소관청의) 건축물대장작성신청 거부행위, (건축물대장 소관청의) 건축물대장상의 용도변경신청 거부행위 등은 국민의 권리·의무에 영향이 있기 때문에 처분성이 인정된다.

→ 무허가건물관리대장 삭제행위는 (그것만으로는 무허가건물이 아닌 게 아니기 때문에) 무허가건물에 대한 권리변동이 없으므로 처분성이 인정되지 않는다.

다. 통지

통지란 특정인 내지는 불특정 다수인에 대하여 일정한 사항을 알리는 것을 말한다.

→ 국세징수법상 독촉, 행정대집행법상 계고, 대집행영장의 통지, 특허출원의 공고 이외에도 토지수용에 있어서 사업인정 고시 등 각종 고시 및 통지들이 이에 해당한다.

[통지의 성질 : 준법률행위적 행정행위 VS 사실행위]

준법률행위적 행정행위	사실행위
1. 구 토지수용법상 사업인정 고시 2. 국세징수법상 독촉 3. 특허출원의 공고 4. 대학교원의 임용권자가 임용기간이 만료된 조교수에 대하여 재임용을 거부하는 취지로 한 임용기간만료의 통지 5. 행정대집행상 계고와 대집행영장의 통지	1. 국가공무원법상 당연퇴직사유에 해당함을 알리는 인사발령 2. 국가공무원법상 정년에 달한 공무원에게 발하는 정년퇴직발령

라. 수리

타인의 행정청에 대한 행위를 (행정청이) 유효한 것으로 수령하는 행위를 말한다. 사표수리, 어업신고수리, 건축주명의변경신고수리, 국적이탈신고수리 등 각종 수리가 이에 해당한다.

Ⅲ. 제3자효 행정행위 (복효적 행정행위)

제3자효 행정행위라 함은 당해 처분의 직접 상대방에게 이익 또는 불이익이 되는 처분이 제3자에게는 반대로 불이익 또는 이익이 되는 것을 말한다. 복효적 행정행위는 규제행정의 분야에서 특히 많이 등장하는 데, 행정의 적극적인 조정기능의 강화현상과 맞물려 점차 확대되고 있다.

→ 복효적 행정행위의 대표적인 예로 다세대주택의 건축허가, 화장장설치허가, 공장의 건축허가, 공해 공장의 설치허가, 수용재결 등이 있다.

1. 제3자의 원고적격의 문제

과거에는 복효적 행정행위에 있어서 직접 상대방이 아닌 제3자의 이익은 반사적 이익으로 보아 항고소송의 원고적격을 부정하였다. 그러나 오늘날 제3자의 이익도 보호해 줄 필요가 증대되면서 항고소송의 원고적격을 인정하는 경우가 늘어나고 있다. 이는 반사적 이익의 개인적 공권화 경향을 토대로 한다.

→ 법률상 이익을 침해 받은 제3자가 취소소송을 제기한 경우 집행정지 요건을 갖춘다면 얼마든지 집행정지 신청을 할 수 있다.

2. 판결

행정소송이나 행정심판의 결과에 대해 이해관계가 있는 자는 당해 행정소송이나 행정심판에 참가할 수 있다(행정소송법 제16조, 행정심판법 제20조). 이 때 이해관계가 있는 자에는 제3자효 행정행위의 제3자도 포함된다.

→ 이런 참가인들은 '공동소송적 보조참가'의 지위를 갖는다고 보는 것이 일반적이다.

IV. 재량행위

행정기본법

제21조 (재량행사의 기준)
행정청은 재량이 있는 처분을 할 때에는 관련 **이익**을 정당하게 **형량**하여야 하며, 그 **재량권의 범위를 넘어서는 아니 된다.**

행정권 행사의 요건 및 효과에 대해, 법률이 행정청에 독자적인 판단권을 인정하고 있는 경우를 의미한다. 따라서 재량권의 행사는 행정의 고유영역이므로, 재량행위는 요건이 충족되어도 (공익과의 이익형량을 통하여) 법에 정해진 효과를 부여하지 않을 수 있다. 다만, 재량행사가 무한한 자유영역을 의미하는 것은 아니므로 일탈 및 남용이 없이 행하여져야 한다.

1. 재량위반의 유형 (부당/위법)

단순한 재량위반의 경우는 재량권의 일탈·남용의 한계를 넘지 않은 것이므로 '부당'에 불과하다. 따라서 행정심판의 대상이 될 수는 있어도, 행정소송의 대상이 될 수는 없다. 이에 비해 재량위반이 재량권의 일탈·남용의 한계를 넘은 경우에는 '위법'이 되므로 행정심판은 물론 행정소송의 대상도 될 수 있다.

→ 사실의 존부에 대한 판단에는 재량권이 인정될 수 없으므로 사실을 오인하여 재량권을 행사한 경우에 그 처분은 위법하다.

2. 부관의 문제

기속행위에는 부관을 붙일 수 없고, 재량행위에는 부관을 붙일 수 있다.

→ 판례는 기속행위에 부관을 붙였다면, 이는 당연무효라고 판시하였다.

3. 재량행위와 기속행위의 구별

과거에는 요건재량설과 효과재량설로 나누었지만, 오늘날에는 관련 법규정의 문언을 1차적으로 고려한 후 행정의 실질도 종합적으로 고려하여 판단하는 것이 일반적이다.

→ 판례도 관련 법규정의 문언을 1차적으로 고려한다. 그리고 법령의 목적·취지, 기본권 관련성, 공익관련성 등을 종합적으로 고려하여 재량행위와 기속행위를 구별한다. (당해 행위의 근거가 된 법규의 체재·형식과 그 문언, 당해 행위가 속하는 행정 분야의 주된 목적과 특성, 당해 행위 자체의 개별적 성질과 유형 등을 모두 고려하여 재량행위와 기속행위를 구별한다.)

→ 기속행위의 경우, 법원이 (사실인정과 관련 법규의 해석·적용을 통하여) 일정한 결론을 도출한 후 그 결론에 비추어 행정청이 한 판단의 적법 여부를 독자의 입장에서 판정한다.

가. 재량행위에 해당하는 예

→ 강학상 특허 (전술함) ← 원칙적으로 재량행위

판례 : 귀화허가 / 체류자격 변경허가 / 개인택시운송사업면허 / 마을버스운송사업면허 / 어업면허 / 토지수용법상 토지수용을 위한 사업인정 / 공유수면매립면허 / 도로점용허가·하천점용허가 / 중소기업창업사업계획승인 / 대기오염물질 총량 관리사업장 설치허가 등

→ 강학상 인가 (전술함)

판례 : 비영리법인(재단법인·사회복지법인) 설립허가 및 정관변경허가 / 재단법인 임원취임승인 등

→ 강학상 허가 (전술함) ← 예외적으로 재량행위

판례 : 주택건설사업계획승인(인가나 특허로 보는 견해도 있다.) / 산림법상 산림훼손허가(산림형질 변경허가) / 토지형질변경 행위를 수반하는 건축허가 / 토지형질변경허가 / 입목벌채허가 / 총포·도검·화약류 판매·소지 허가 / 프로판가스충전 업허가 / 사설봉안시설 개발행위허가

→ 그 외 (전술함)

판례 : 공무원에 대한 징계처분 / 국립대학생에 대한 징계처분 / 도시계획결정 / 관광지조성사업시행허가 / (자연공원사업의 시행에 있어서) 공원의 시설기본설계 및 시설변경설계 승인 / 자연공원법상 공원 내 용도변경행위허가 / 자연공원사업 시행허가 / 야생동식물보호법상 용도변경승인 / 청원경찰면직처분 / 임용기간이 만료된 대학교원의 재임용여부 / (면접전형에서) 임용신청자 능력 등을 판단 / 사립대학이 공립대학으로 설립자가 변경된 경우 공립학교교원으로의 임용여부 / 개발제한구역 내 건축물용도변경허가 / 유기장영업허가의 철회 / 보건복지부장관의 요양급여대상 약제에 대한 상한 금액 조정고시 / 보건복지부장관의 예방접종으로 인한 질병·장애·사망 인정 / 공정거래위원회의 (법위반행위자에 대한) 시정명령사실 공표 / 공유수면점용허가가 의제되는 채광계획인가 / 개발제한구역 내 자동차용 액화석유가스충전사 업허가 등

→ 판례는 요건판단에 있어서 판단여지를 재량으로 보기 때문에 판단여지를 언급한 감정평가사시험 합격기준선택, 문화재보호법상 고분발굴허가, 사법시험 문제출제행위 및 채점행위 등도 재량행위가 된다.

나. 기속행위에 해당하는 예

→ 강학상 허가 (전술함) ← 원칙적으로 기속행위

판례 : 식품위생법상 대중음식점영업허가 / 공중위생법상 위생접객업허가 / 총포·도검·화약류 판매업허가 / 석유판매업허가 (주유소설치허가) / 배출시설 설치허가 / 건축법상 건축허가 (다만, 숙박위락시설 건축허가·개발행위허가가 의제되는 건축허가는 재량행위에 속한다.) 등

→ 강학상 수리 (전술함)

판례 : 구 관광진흥법상 관광사업의 지위승계신고수리 / 구 건축법상 용도변경신고수리 등

→ 그 외 (전술함)

판례 : (법무부장관의) 난민인정 / (약사법상) 금고 이상의 형을 받은 자에 대한 약사면허의 취소 / 국유재산무단점유자에 대한 변상금 부과·징수 / 명의신탁자에 대한 과징금 부과 / 공사중지명령 / (국가공무원법상) 육아휴직 중 복직명령 / 자동 차운송알선사업등록처분 / (보충역에 해당하는 사람을) 공익근무요원으로 소집 / 음주측정거부를 이유로 운전면허취소 / 부정행위 응시자에 대한 5년간 응시제한 등

[빈출 기속행위 VS 재량행위]

기속행위	재량행위
1. 국유재산무단점유자에 대한 **변상금 부과·징수** 2. 구 관광진흥법상 관광사업의 지위승계신고수리 3. 공사중지명령 4. (국가공무원법에 따른) 육아휴직 중 복직명령 5. 명의신탁자에 대한 과징금 부과 6. **(법무부장관의) 난민인정** 7. 부정행위 응시자에 대한 5년간 응시제한 8. (일반) 음식점영업허가 9. 음주측정거부를 이유로 운전면허취소 10. 배출시설 설치허가	1. 공유수면(하천)점용허가 2. 공유수면점용허가가 의제되는 채광계획승인 3. **개인택시운송사업면허·마을버스운송사업면허** 4. 음주운전을 이유로 운전면허취소 5. 개발제한구역 내 건축물용도변경허가 6. 개발제한구역 내 자동차용 액화석유가스충전사업허가 7. 공정거래위원회의 (법위반행위자에 대한) 시정명령사실 공표 8. (면접전형에서) 임용신청자 능력 등을 판단 9. **(법무부장관의) 난민인정 취소** 10. 보건복지부장관의 예방접종으로 인한 질병·장애·사망 인정 11. 사설봉안시설 개발행위허가 12. 야생동식물보호법상 용도변경승인 13. 체류자격 변경허가 14. 자연공원사업시행허가 15. 자연공원법상 공원 내 용도변경행위허가 16. 주택건설사업계획승인 17. 토지형질변경행위를 수반하는 건축허가 18. 비영리법인(재단법인·사회복지법인) 설립허가 및 정관변경허가 19. 대기오염물질 총량관리사업장 설치허가

→ 구 「전염병예방법」 제54조의2 제2항에 따른 예방접종으로 인한 질병, 장애 또는 사망의 인정여부 결정은 보건복지부장관의 재량에 속한다.

→ 음주운전으로 인해 운전면허를 취소하는 경우의 이익형량에서 음주운전으로 인한 교통사고를 방지할 공익상의 필요가 취소의 상대방이 입게 될 불이익보다 강조되어야 한다.

→ 개발제한구역의 지정 및 관리에 관한 특별조치법 및 구 액화석유가스의 안전관리 및 사업법 등의 관련법규에 의하면, 개발제한 구역에서의 자동차용 액화석유가스충전사업허가는 그 기준 내지 요건이 불확정 개념으로 규정되어 있으므로 그 허가 여부를 판단함에 있어서 행정청에 재량권이 부여되어 있다고 보아야 한다.

→ 하천점용허가는 특허이므로 행정청의 재량으로 이해해야 한다.

→ 「국토의 계획 및 이용에 관한 법률」에 따른 토지의 형질변경허가는 그 금지요건이 불확정개념으로 규정되어 있어 그 금지요건에 해당하는지 여부를 판단함에 있어서 행정청에 재량권이 부여되어 있다고 할 것이므로, 이 법에 따른 토지의 형질변경행위를 수반하는 건축허가는 재량행위에 속한다.

→ 의제되는 인·허가가 재량행위인 경우에는 주된 인·허가가 기속행위인 경우에도 인·허가가 의제되는 한도 내에서 재량행위로 보아야 한다.

→ 국유재산의 무단점유에 대한 변상금의 징수요건은 법령에 명백히 규정되어 있으므로 변상금 징수가액 산정의 필요상 변상금을 징수할 것인지는 기속행위로 보아야 한다.

→ 복직명령은 기속행위이므로 (유아)휴직사유가 소멸하였음을 이유로 신청하는 경우 임용권자는 지체 없이 복직명령을 하여야 한다.

→ 「국토의 계획 및 이용에 관한 법률」상 건축물의 건축에 관한 개발행위허가가 의제되는 건축허가신청이 국토의 계획 및 이용에 관한 법령이 정한 개발행위허가기준에 부합하지 아니하면 건축허가권자는 이를 거부할 수 있다.

→ 마을버스운송사업면허의 허용 여부는 (운수행정을 통한 공익실현과 아울러 합목적성을 추구하기 위하여 보다 구체적 타당성에 적합한 기준에 의하여야 할 것이므로) 행정청의 재량에 속한다.

→ 구「주택건설촉진법」에 의한 주택건설사업계획의 승인은 재량행위이므로, 승인 받으려는 주택건설사업계획에 관계 법령이 정하는 제한사유가 없더라도 공익상 필요가 있으면 처분권자는 승인신청에 대하여 불허가결정을 할 수 있다.

　　법령에 있는 서류 등 요건을 다 갖추었더라도

4. 재량권의 한계

행정청의 재량에 속하는 행정행위이라도 재량권의 한계를 넘거나 그 남용이 있는 때에는 법원은 이를 취소할 수 있다(행정소송법 제27조).

→ 행정청의 재량이란 의무에 합당한 재량을 의미하며 재량권의 일탈이나 남용이 있는 때에는 사법심사의 대상이 된다.

→ 행정청은 재량을 합당하게 행사할 의무가 있으며, 재량권을 전혀 행사하지 않거나 충분히 행사하지 않는 경우에는 재량의 불행사가 되어 위법하게 된다.

→ 재량권의 일탈·남용에 대한 심사는 사실오인, 비례 및 평등의 원칙 위배, 당해 행위의 목적 위반이나 동기의 부정 유무 등을 대상으로 하여 판단한다.

→ 재량행위가 위법하다는 이유로 소송이 제기된 경우 법원은 각하할 것이 아니라 일탈 및 남용 여부를 심사하여 이에 해당하지 않으면 청구를 기각해야 한다.

→ 법이 정한 재량권의 외적 한계를 넘어선 경우를 재량권의 일탈이라고 한다. 이에 대해, 재량권의 내적 한계 즉 재량권이 부여된 내재적 목적이나 동기를 넘어선 경우는 재량권의 남용에 해당한다.

→ 재량권의 일탈이란 재량권의 외적 한계(법적·객관적 한계)를 벗어난 것을 말하고, 재량권의 남용이란 재량권의 내적 한계(재량권이 부여된 내재적 목적이나 동기)를 벗어난 것을 말한다.

→ 판례는 재량권의 일탈과 남용을 명확하게 구분하지는 않는다.

　　다수설은 재량권의 일탈과 남용을 명확히 구분O

→ 재량권의 일탈·남용에 관하여는 그 행정행위의 효력을 다투는 사람이 주장·증명책임을 부담한다.

[재량권 일탈·남용 인정여부]

일탈·남용 인정O	일탈·남용 인정X
1. 개발제한구역 내 광산개발행위 허가기간 연장신청 거부 처분	1. 교통사고로 상당한 손해를 입히고도 구호조치 없이 도주한 수사담당경찰관 해임처분
2. 교수회의 심의의결 없이 국공립대학교 학생에 대한 학장의 징계처분	2. 대학교 교비회계자금을 법인회계로 부당전출하고도 시정요구를 이행하지 않은 것에 대한 (교육부장관의) 임원취임 승인취소처분
3. 교통사고처리를 적절하게 해주었다는 사의로 30만원을 놓고 간 것을 알고 되돌려 준 경찰관 해임처분	3. 미성년자를 출입시켰다는 이유로 2회나 영업정지에 갈음한 과징금을 부과 받은 지 1개월 만에 다시 미성년자를 출입시킨 행위에 대한 영업허가취소처분
4. 당직근무대기 중 화투를 친 공무원 파면	

5. (대학교 총장이 해외근무자들의 자녀를 대상으로 한 특별전형에서 외교관, 공무원의 자녀에 대하여만 가산점을 부여하여 합격사정을 하여서) 실제 취득점수에 의하면 합격할 수 있었던 응시자들에 대한 불합격처분
6. 단원에게 지급될 급량비를 바로 지급하지 않고 모아 두었다가 지급한 시립무용단원에 대한 해촉처분
7. 명의신탁자에 대한 과징금 감경사유가 있음에도 전혀 고려하지 않고 과징금 부과
8. 면허기준의 해석상 우선순위자 면허발급신청거부
9. 미성년자 출입금지 1회 위반한 유흥업소 영업취소
10. 병을 이유로 육지근무를 청원한 낙도근무교사 파면
11. 박사논문심사를 통과한 자에 대한 정당한 이유 없이 학위수여 부결처분
12. 상급자를 비판하는 기자회견문을 발표한 검사에 대한 징계면직처분
13. 요정출입 1회 공무원 파면
14. 앞지르기 위반자를 적발하였지만 2천원 받고 가볍게 처리한 경찰관 파면
15. 조세포탈목적이 없는 부동산실명제 위반자에 대한 부동산가액의 30% 과징금 부과
16. 징계사유 있음에도 징계의결요구를 하지 않고 승진처분을 한 하급지자체장의 행위
17. 자연공원사업시행상 사실오인에 의한 공원시설 기본설계 및 변경설계 승인
18. 주유소 관리인이 부정휘발유를 구입·판매한 것을 이유로 위험물취급소 설치허가취소처분
19. 폐기물처리사업계획 부적정통보
20. 한국전력공사의 입찰참가자격 제한처분 (2차 처분)

4. 명예퇴직 합의 후 명예퇴직 예정일 사이에 허위 병가에 의한 다른 회사에 근무한 것을 사유로 한 징계해임처분
5. 법무부장관의 귀화허가거부
6. 법규위반자를 적발하고 금전 및 전달방법까지 요구한 경찰관 해임처분
7. 비관리청 항만공사 사업시행자 선정 및 항만공사시행허가
8. 사법시험 제1차 시험 입실시간 제한
9. 성수대교를 부실시공하여 붕괴사고를 초래한 건설사에 대한 면허취소처분
10. 생물학적 동등성 시험자료에 조작이 있음을 이유로 해당 의약품의 회수·폐기를 명한 처분
11. (신규교원채용서류를 이용하고, 위조한 서면에 대한 확인 조치 없이) 학교비리를 교육부에 진정한 교수 해임
12. 선도산 고분 발굴불허가처분
13. 서해관광호텔 투전기사업 불허처분
14. 의약품개봉판매금지를 위반한 약사에 대한 과징금처분
15. 집단행위금지의무를 위반한 공무원에 대한 파면처분
16. 징계사유가 있음에도 징계의결요구를 하지 않고 승진처분을 한 하급지자체장의 행위에 대한 상급지자체장의 취소
17. 택시운전경력자를 우대하는 기준에 의한 개인택시운송사업면허처분
18. 초음파 검사를 통하여 알게 된 태아의 성별을 고지한 의사에 대한 의사면허자격정지처분
19. 회분함량 기준치를 초과한 수입녹용에 대한 전량폐기 또는 반송처리 지시
20. 하자 있는 난민인정결정에 대한 법무부장관의 취소처분
21. 학과 폐지로 인한 기간임용제 사립대학교원 재임용거부
22. 학교위생정화구역 내 액화석유가스 설치금지해제신청거부

→ 행정기관의 장의 거부처분이 재량행위인 경우, 필요한 사전통지의 흠결로 민원인에게 의견진술의 기회를 주지 아니한 결과 민원조정위원회의 심의과정에서 고려대상에 마땅히 포함시켜야 할 사항을 누락하는 등 재량권의 불행사 또는 해태로 볼 수 있는 구체적 사정이 있다면, 거부처분은 재량권을 일탈·남용한 것으로서 위법하다.

→ 행정청이 제재처분 양정을 하면서 처분 상대방에게 법령에서 정한 임의적 감경사유가 있는 경우, 그 감경사유까지 고려하고도 감경하지 않은 채 개별처분기준에서 정한 상한으로 처분을 한 경우에는 재량권을 일탈·남용하였다고 단정할 수는 없다.

ㄴ. 재량권의 통제

가. 사법에 의한 통제

재량권의 일탈·남용의 한계를 넘지 않은 단순한 재량위반은 행정소송의 대상이 되지 않지만, 재량권의 일탈·남용의 한계를 넘은 경우에는 위법하게 되어 사법심사의 대상이 된다.

→ 재량권 행사의 하자로 국민의 기본권이 직접 침해된 경우에는 일정한 요건이 구비되면 헌법소원도 가능하다.

나. 행정에 의한 통제

이유부기(당사자에게 처분의 이유제시), 청문, 공청회 등 행정절차법의 규정들은 절차적 재량통제 수단이다. 그리고 직무감사, 훈령권 등은 상급기관이 하급기관에 대해 일반적으로 가지는 지휘·감독권으로 실체적 재량통제 수단이 된다. 또한 행정심판에 의한 통제도 가능한데, 행정소송과는 달리 부당한 재량위반에 그치는 경우에도 심판의 대상이 될 수 있다.

다. 입법에 의한 통제

의회는 법률의 제·개정을 통해 법규명령으로 정하는 재량기준의 구체화 등을 종용함으로서 재량권을 통제할 수 있다.

또한 국정감사 및 국정조사(헌법 제61조), 대정부질문(헌법 제62조) 등을 활성화하여 재량권을 통제할 수 있다.

V. 판단여지

법규의 법률요건에 불확정개념이 사용된 경우, 아무리 불확정개념이라고 할지라도 법률요건에 해당하기 때문에 이에 대한 해석 등은 법원이 판단할 문제이고, 사법적 심사의 대상이 된다. 그러나 예외적으로 고도의 전문적·기술적·정책적 판단이 필요한 경우 행정청에 판단여지가 인정되어 법원의 사법심사가 제한되거나 배제된다는 이론이 바로 판단여지론이다.

→ 행정법규의 요건에 사용된 불확정개념에 판단여지가 인정된다.

→ 불확정개념을 법개념으로 파악하고 있다.

I. 재량행위와의 구별

판단여지와 재량을 구분하는 견해에 의하면 재량은 법률효과의 선택의 문제를 대상으로 하고, 판단여지는 법률요건에 대한 인식의 문제를 대상으로 하므로 양자는 성질이 다른 것이라고 한다. 그러나 판례는 재량행위와 판단여지를 구별하지 않으면서 판단여지가 인정되는 것 역시 재량행위로 보고 있다.

[재량과 판단여지 구별여부]

구별 부정설 (판례)	1. 판단여지와 재량은 모두 법원에 의한 사법심사의 배제라는 측면에서 동일하다. 2. 재량을 법규의 효과부분에서만 국한하여 판단할 이유가 없다.
구별 긍정설 (다수설)	1. 재량은 법률효과의 선택의 문제를 대상으로 하고, 판단여지는 법률요건에 대한 인식의 문제를 대상으로 하므로 양자는 성질이 다른 것이다. 2. 판단여지는 (재량과는 달리) 원칙적으로 일의적인 해석만이 가능하고 일반적으로 사법심사의 대상이 된다. 3. 판단여지의 경우에는 명문의 근거가 없는 한 법 효과를 제한하는 부관을 붙일 수 없지만, 재량행위의 경우에는 법 효과를 제한하는 부관을 붙일 수 있다는 점에서 구별실익이 있다.

→ 법규정의 일체성에 의해 요건 판단과 효과 선택의 문제를 구별하기 어렵다고 보는 견해는 재량과 판단여지의 구분을 부정한다.

판례 : 판단여지 = 재량

→ 「국토의 계획 및 이용에 관한 법률」상 개발행위허가는 허가기준 및 금지요건이 **불확정개념**으로 규정된 부분이 많아 그 요건에 해당하는지 여부는 행정청의 **재량**판단의 영역에 속한다.

2. 판단여지가 가능한 영역

고도로 전문적이어서 대체가 사실상 불가능한 영역이어야 한다(비대체적 결정). 또한 행정정책적으로 형성적 결정이 이루어지는 영역도 이에 해당한다. 그리고 미래예측적 결정, 구속적 가치평가적 결정도 이에 해당한다.

→ 구속적 가치평가적 결정은 특정분야에서의 독립된 합의체 기관의 판단을 의미하며, 이러한 구속적 가치평가에 대해서는 법관이 관여할 수 없는 고도의 전문성을 가진다는 이유로 판단여지를 인정하고 있다. 대표적 예로 공정거래위원회의 불공정거래행위결정, 청소년보호위원회의 청소년유해도서물결정, 보호대상문화재의 대상여부결정, 인사평가위원회의 인사평가 등이 있다.

Ⅵ. 행정행위의 성립요건 및 효력요건

1. 성립요건

일반적으로 처분이 주체·내용·절차·형식의 요건을 모두 갖추고 외부에 표시된 경우에는 처분의 존재가 인정된다. **행정의사가 외부에 표시되어 행정청이 자유롭게 취소·철회할 수 없는 구속을 받게 되는 시점에 처분이 성립**하고, 그 성립 여부는 행정청이 행정의사를 공식적인 방법으로 외부에 표시하였는지를 기준으로 판단해야 한다.

2. 효력요건

가. 상대방이 특정인인 경우

통지를 요하는 행정행위인 경우 상대방에게 도달되어야 한다. 이를 도달주의라고 한다. **도달은 반드시 상대방이 수령할 필요는 없고, 현실적으로 상대방이 알 수 있는 상태**에 두어지면 된다.

→ 행정행위의 효력발생요건으로서의 도달이란 처분상대방이 처분서의 내용을 현실적으로 알았을 필요까지는 없고 처분상대방이 알 수 있는 상태에 놓임으로써 충분하며, 처분서가 처분상대방의 주민등록상 주소지로 송달되어 처분상대방의 사무원 등 또는 그 밖에 우편물 수령권한을 위임받은 사람이 수령하면 처분상대방이 알 수 있는 상태가 되었다고 할 것이다.

→ 상대방 있는 행정처분이 상대방에게 고지(고지서가 도달)되지 아니한 경우 상대방이 다른 경로를 통해 행정처분의 내용을 알게 되었다고 하더라도 행정처분의 효력이 발생한다고 볼 수 없다.

→ 판례 : 보통우편에 의한 경우에는 일반적으로 도달이 추정되지 않기 때문에, **처분청이 상대방에게 도달되었음을 입증해야 한다**(← ∴ 등기우편 등의 방식을 이용). 보통우편의 방식으로 발송된 경우에는 반송되지 않았다고 하더라도 상당기간 내에 도달하였다고 추정할 수는 없다. 또한 등기우편에 의한 도달의 경우라도 **수취인이 주민등록지에 실제로 거주하지 않는 경우**에는 우편물의 도달사실을 **처분청**이 **입증**해야 한다.

교부에 의한 송달은 수령확인서를 받고 문서를 교부함으로써 한다(교부시 도달). 송달하는 장소에서 송달 받을 자를 만나지 못한 경우에는 그 사무원·피용자 또는 동거인으로서 사리를 분별할 지능이 있는 사람에게 문서를 교부할 수 있다.

정보통신망을 이용한 송달은 송달받을 자가 동의하는 경우에만 한한다.

송달받을 자의 주소 등을 통상적인 방법으로 확인할 수 없는 경우 및 송달이 불가능한 경우 등에는 송달받을 자가 알기 쉽도록 관보·공보·게시판·일간신문 중 하나 이상에 공고하고 인터넷에도 공고하여야 한다(행정절차법 제14조 제4항).

행정청은 개별법에서 달리 정하지 않는 한, **제3자인 이해관계인에 대한 행정행위 통지의무**를 부담하지 **않는다**.

나. 상대방이 불특정 다수인인 경우

개인에게 개별적으로 도달할 수 없기 때문에 공고 내지는 고시의 방법을 이용한다. 명시적인 규정이 있는 경우에는 그에 따르지만, 규정이 불명확한 경우에는 고시 또는 공고 등이 있는 날로부터 5일이 경과한 때 효력이 발생한다(행정 효율과 협업 촉진에 관한 규정 제6조 제3항).

→ 정보통신윤리위원회의 **청소년유해매체물 결정**은 **불특정 다수인**을 대상으로 하는 **일반처분**이므로, **고시**하면 명시된 시점에 **효력**이 발생하고 웹사이트 운영자에게 처분이 있었음을 별도로 **통지**할 필요는 **없다**.

Ⅶ. 행정행위의 효력

1. 구속력 (← 실체적 효력)

행정행위는 그 내용에 따라 일정한 법적 효과가 발생하고 관계행정청 및 상대방과 이해관계인을 구속하는 힘을 가지는데 이를 (내용적) 구속력이라고 한다.

→ 발령기관의 표시가 없는 행위처럼 행정행위의 하자 중 무효인 경우에는 구속력은 없다.

2. 공정력 (← 절차적 효력)

> **행정기본법**
>
> **제15조 (처분의 효력)**
> 처분은 권한이 있는 기관이 취소 또는 철회하거나 기간의 경과 등으로 소멸되기 **전까지는 유효**한 것으로 통용된다. 다만, 무효인 처분은 처음부터 그 효력이 발생하지 아니한다.

공정력은 행정행위에 비록 하자가 있더라도 그 하자가 중대하고 명백하여 당연무효가 되지 않는 한 권한 있는 기관(처분청·감독청·행정심판위원회·수소법원 등)에 의해 취소되기 전까지는 상대방과 이해관계인뿐만 아니라 다른 행정청 및 법원에 대하여도 일응 유효한 것으로 인정되는 힘을 말한다.

→ 조세부과처분이 비록 위법하다 하더라도 그 하자가 중대하고 명백한 것이 아닌 한 일단 상대방은 세금을 납부해야 할 의무를 지는 것은 공정력 때문이다.

→ 행정처분이 아무리 위법하다고 하여도 그 하자가 중대하고 명백하여 당연무효라고 보아야 할 사유가 있는 경우를 제외하고는 아무도 그 하자를 이유로 무단히 그 효과를 부정하지 못한다.

가. 공정력의 근거

공정력의 이론적 근거로는 법적안정성설·국가권위설·자기확인설 등이 있다. 이 중 법적안정성설이 다수설인데, 공정력이란 행정법관계의 안정성·행정의 원활한 운영·상대방이나 제3자의 신뢰보호라는 정책적 관점에서 인정된다고 보는 견해이다(대표적 학자 : Wolff). 국가권위설은 행정행위는 국가권위의 표현으로 행정청이 우월한 지위에서 행한 국가행위이기 때문에 공정력이 인정된다고 보는 견해이다(대표적 학자 : Forsthoff). 자기확인설은 행정행위는 법원의 판결과 유사하게 행정청이 적법성을 스스로 확인하여 행하는 것이므로 당연무효가 아니라면 적법성을 추정받기 때문에 공정력이 인정된다고 보는 견해이다(대표적 학자 : O.Mayer).

→ 행정기본법 제15조는 공정력에 관한 규정이다. 그 외 간접적으로 공정력을 추정할 수 있는 경우는 상당수 존재하는데, 취소쟁송제도·직권취소제도·하자 있는 행정행위에 대한 제소기간의 제한 등이 있고 이를 통해 공정력을 간접적으로 추정할 수 있다(집행부정지의 원칙은 행정행위의 공정력과는 관계가 없다고 보는 것이 다수견해이다.).

→ 일정한 법규 위반 사실이 행정처분의 전제사실이자 형사법규의 위반 사실이 되는 경우, 법규가 예외적으로 형사소추 선행 원칙을 규정하고 있지 않은 이상 형사판결 확정에 앞서 일정한 위반사실을 들어 행정처분을 하였다고 하여 절차적 위반이 있다고 할 수 없다.

무죄추정의 원칙과 행정처분은 관련X

나. 구성요건적 효력 (← 실체적 효력)

공정력과 비교할 개념으로 구성요건적 효력이 있는데, 구성요건적 효력이란 행정행위에 비록 하자가 있더라도 그 하자가 중대하고 명백하여 당연무효가 되지 않는 한, 제3의 국가기관(처분청 및 취소소송을 제기 받은 수소법원 이외의 국가기관)은 그 행정행위의 존재 및 내용을 존중하여야 하며, 스스로의 판단의 기초 내지는 구성요건으로 삼아야 한다는 구속력을 말한다.

→ 행정행위의 구성요건적 효력은 처분청 이외의 다른 국가기관으로 하여금 당해 행위의 존재와 효과를 인정하고 그 내용에 구속될 것을 요구하는 효력을 말한다.

→ 구성요건적 효력을 직접 규정한 실정법을 찾을 수 없으나, (국가기관 상호 간의) 권한분배체계와 권한존중의 원칙에서 그 근거를 당연히 찾을 수 있다.

→ 구성요건적 효력에서도 당해 행정행위가 무효인 경우에는 그 효력이 인정되지 않는다.

다. 입증책임

공정력은 유효성이 추정되기 때문에 입증책임의 분배와는 직접적인 관련은 없다. 따라서 공정력은 취소소송에 있어서 입증책임의 소재에까지 영향을 미치는 것으로 볼 수는 없다.

라. 소송상 선결문제

소송상 선결문제란 법원이 본안판단을 함에 있어서 먼저 해결이 되어야하는 법적인 문제를 말한다.

(1) 민사소송

→ 국가배상청구소송의 경우로써 행정행위의 위법여부가 선결문제라면, 위법한 행정행위에 대한 국가배상청구소송의 수소법원(민사법원)은 당해 행정행위의 취소여부와 상관없이 그 위법여부를 심리 및 판단하여 배상을 명할 수 있다.

→ 부당이득반환청구소송의 경우로서 행정행위의 효력여부가 선결문제라면, (조세부과처분을 예로 들면) 해당 민사법원이 심리를 한 결과 조세부과처분의 위법성 정도가 중대·명백하여 당연무효인 경우 해당 민사법원이 직접 행정행위의 무효를 판단할 수 있다. ← 민사소송에서 조세부과처분이 무효임을 전제로 판결하기 위해서 행정소송에서 무효임이 반드시 선행하여 확인되어야 하는 것은 아니다.

→ 부당이득반환청구소송의 경우로써 행정행위의 효력여부가 선결문제라면, (조세부과처분을 예로 들면) 해당 조세부과처분이 취소사유에 해당하면 공정력이 발생하여 일응 유효함으로 민사법원은 독자적으로 심리·판단하여 행정행위의 효력을 부인할 수 없고 따라서 인용판결도 할 수 없다. ← 이에 대한 구제방법으로는 당해 조세부과처분에 대한 취소소송을 통해 공정력을 제거한 후 부당이득반환소송을 제기하거나 취소소송과 부당이득반환소송(행정소송법 제10조 제2항)을 병합하여 소를 제기하는 방법이 있다.

(2) 형사소송

→ 행정행위의 위법여부가 선결문제라면, 형사법원은 선결문제로서 행정행위의 위법여부를 심리할 수 있다.

→ 구「도시계획법」상 원상회복 등의 조치명령을 받고도 이를 따르지 않은 자에 대해 **형사처벌**을 하기 위해서는 **적법한 조치명령**이 **전제**되어야 하며, 이때 형사법원은 그 적법여부를 심사할 수 있다.

→ 행정행위의 효력여부가 선결문제라면, (운전면허처분을 예로 들면) 해당 형사법원이 심리를 한 결과 운전면허처분의 위법성 정도가 중대·명백하여 당연무효인 경우 해당 형사법원이 직접 행정행위의 무효를 판단할 수 있다.

→ 행정행위의 효력여부가 선결문제라면, (운전면허처분을 예로 들면) 해당 운전면허처분이 취소사유에 해당하면 공정력이 발생하여 일응 유효함으로 형사법원은 독자적으로 심리·판단하여 행정행위의 효력을 부인할 수는 없다.

→ 물품을 수입하고자 하는 자가 세관장에게 수입신고를 하여 그 면허를 받고 물품을 통관한 경우, 세관장의 **수입면허**가 중대하고도 명백한 하자가 있는 행정행위이어서 **당연무효가 아닌 한**「관세법」상 **무면허수입죄**가 성립될 수 **없다.**

3. 존속력 (=확정력)

존속력은 일정한 경우에는 하자 있는 행정행위라고 할지라도 취소할 수 없게 되는 힘을 말한다.

[존속력]

	불가쟁력 (형식적 존속력)	불가변력 (실질적 존속력)
적용범위	모든 행정행위	일정한 행정행위
취 지	행정의 능률성	신뢰보호
성 질	(제소기간 등) 절차법상 효력	(행정행위 내용 등) 실체법상 효력
효력 당사자	상대방과 이해관계자	행정청
법적 근거	O	X
직권취소	O	X
취소소송 제기	X	O

가. 불가쟁력 (형식적 존속력)

행정행위의 상대방에 대해서 발생하는 효력이다. 해당 행정행위의 쟁송제기기간이 경과되거나 쟁송절차가 끝난 때에는 행정행위에 하자가 있다고 하더라도 상대방이 이를 더 이상 다툴 수 없다는 것이 불가쟁력이다.

→ 제소기간이 이미 도과하여 **불가쟁력이 생긴 행정처분**에 대하여는 개별 법규에서 그 변경을 요구할 신청권을 규정하고 있거나 관계 법령의 해석상 그러한 신청권이 인정될 수 있는 등 특별한 사정이 없는한 **국민**에게 그 **행정처분의 변경을 구할 신청권이 없다.**

→ 그러나 불가쟁력이 발생한 행정행위도 위법이 인정되면 행정청은 이를 직권으로 취소할 수 있다. 즉 행정행위에 대한 법정의 불복기간이 지나도 행정청의 직권취소는 가능하다.

→ (예외적인 경우) 처분의 재심사에 대해서는 행정기본법 제37조에 언급되어 있다.

불가쟁력은 (불가변력과 달리) 원칙적으로 무효가 아닌 한 모든 행정행위에 인정된다.

→ 당연무효인 행정행위는 무효이기 때문에 쟁송제기기간의 영향을 받지 않으므로 불가쟁력이 발생하지 않는다. (행정행위가 취소사유인 경우에 논의의 실익이 있다.)

→ **무효인 행정행위**에는 <u>공정력과 불가쟁력이 발생하지 않는다.</u>

　　　　　무효인 행정행위 : 공정력X ∵ 무효가 유효일 수는 없음 / 불가쟁력X ∵ 무효는 언제든지 쟁당 가능

→ 취소사유에 해당하는 행정행위는 기본적으로 위법한 행정행위인데, 행정의 능률성 등을 근거로 (전술한 이유 등에 해당하면) 다툴 수 없게 만드는 힘에 불과한 것이 불가쟁력이다(권리는 있는데 권리를 행사할 수 없게 만드는 구조와 유사하다.). 따라서 불가쟁력이 발생한 행정행위(취소사유에 해당하는 행정행위)인 경우도 위법성이 치유되어 적법해지는 것은 아니고 기본적으로 위법하므로 (배상청구권이 시효로 소멸하지 않는 한) 국가배상청구를 할 수 있다.

→ **확정력(불가쟁력)**은 처분으로 인하여 법률상 이익을 침해받은 자가 처분의 효력을 더 이상 다툴 수 없다는 의미일 뿐 **판결에 있어서와 같은 기판력이 인정되는 것은 아니어서** <u>처분의 기초가 된 사실관계나 법률적 판단이 확정되고 당사자들이나 법원이 이에 기속되어 모순되는 주장이나 판단을 할 수 없게 되는 것은 아니다.</u>

나. 불가변력 (실질적, 조속력)

행정주체에 대해서 발생하는 효력이다. 위법한 행정행위는 원칙적으로는 행정청이 자유로이 취소 내지는 철회가 가능하지만, 일정한 경우에 행정청 자신도 직권으로 이를 자유로이 취소 또는 철회할 수 없는 데 이러한 힘을 불가변력이라고 한다.

→ 불가변력은 당해 행정행위에만 인정되고(∵법적 안정성) 동종의 행위라도 대상이 다르면 이를 인정하지 않는다.

→ 무효인 행정행위에서는 불가변력이 발생되지 않는다. 불가변력은 일정한 행정행위에 대해서만 발생하는데, 토지수용위원회의 재결(토지수용 재결)·행정심판의 재결 등과 같이 일정한 쟁송절차를 거쳐서 행해지는 준사법적 행정행위에 주로 발생한다.

다. 불가쟁력과 불가변력의 관계

불가쟁력과 불가변력은 서로 무관하다. 따라서 불가쟁력이 발생한 행정행위도 불가변력이 발생하지 않는 한 행정청이 이를 취소 또는 철회할 수 있다. 또한 불가변력이 발생한 행정행위도 불가쟁력이 발생하지 않는 한 상대방 및 이해관계인은 쟁송을 제기할 수 있다. ← 불가쟁력은 상대방, 불가변력은 행정주체에 대해서 발생하는 효력이므로 각자의 요건에 부합하면 그 힘이 생기는 것이지 서로 관련된 개념은 아니다.

4. 강제력

행정결정의 실효성을 확보하기 위하여 인정되는 힘이며 법원의 판결을 매개하지 않고 해당 행정결정을 강제로 실현하는 힘이다. 집행력과 제재력이 있다.

→ 상대방이 행정행위에 의해 부과된 의무를 위반한 경우 강제집행을 하거나 행정벌을 부과하는 것을 말한다. 국민의 권리와 자유를 침해할 수 있기 때문에 강제집행을 하거나 행정벌을 부과하는 경우 별도의 명시적인 법률의 근거가 있어야 한다.

VIII. 행정행위의 하자

행정행위는 유효하게 성립되어야 하는데, 이런 성립요건 및 효력요건을 갖추지 못한 경우에 하자 있는 행정행위가 된다.

→ 「국민연금법」상 <u>장애연금 지급을 위한 장애등급 결정</u>을 하는 경우에는 원칙상 <u>장애연금지급을 결정할 당시가 아니라 장애연금 지급청구권을 취득할 당시의 법령</u>을 적용한다.

　　　〈장애등급 결정 = 장애연금 지급청구권을 취득할 당시 : 처분시O〉 ∴ 해당법령 적용O

　　　〈장애연금지급 결정 : 처분시X〉 ∴ 해당법령 적용X

→ 행정처분에 있어 <u>수개의 처분사유 중 일부가 적법하지 않다고 하더라도</u>, 다른 <u>처분사유로써 그 처분의 정당성이 인정되는 경우</u>에는 그 처분을 위법하다고 할 수 없다.

→ 행정청이 거부처분을 하면서 당사자가 그 근거를 알 수 있을 정도로 이유를 제시했다면 처분의 근거와 이유를 구체적 조항 및 내용까지 명시하지 않았더라도 당해 처분이 위법한 것은 아니다.

→ 「국민연금법」상 연금 지급결정을 취소하는 처분과 그 처분에 기초하여 잘못 지급된 급여액에 해당하 금액을 환수하는 처분이 적법한지를 판단하는 경우 비교·교량할 각 사정이 다르므로, 연금 지급결정을 취소하는 처분이 적법하다고 하여 환수처분도 반드시

처분별로 비교·교량할 사정이 동일X

적법하다고 판단하여야 하는 것은 아니다.

→ 「산재보상법」상 각종 보험급여 등의 지급결정을 변경 또는 취소하는 처분과 처분에 터 잡아 잘못 지급된 보험급여액에 해당하는 금액을 징수하는 처분이 적법한지를 판단하는 경우 비교·교량할 각 사정이 동일하다고는 할 수 없으므로, 지급결정을 변경 또는 취소하는 처분이 적법하다고 하여 그에 터 잡은 징수처분도 반드시 적법하다고 판단해야 하는 것은 아니다.

행정행위의 부존재는 외형 자체도 존재하지 않는 경우로써 무효인 행정행위가 외형은 갖추고 있다는 데서 구별이 된다.

I. 행정행위의 무효와 취소의 구별

[무효인 행정행위 VS 취소사유가 있는 행정행위]

	무효인 행정행위	취소사유가 있는 행정행위
구속력, 공정력, 존속력, 강제력	X	O
하자의 치유·전환	하자의 전환	하자의 치유
하자의 승계	당연하므로 논의의 실익X	선행행위와 후행행위가 결합하여 하나의 법률효과를 완성시키면 하자의 승계O / 선행행위와 후행행위가 독립하여 별개의 법률효과를 발생시키면 하자의 승계X
선결문제	(민사·형사법원이) 심사O	(민사·형사법원이) 심사X
예외적 행정심판 전치주의	X	O
사정판결	X	O
간접강제	X	O
신뢰보호의 원칙	X	O
국가배상청구	국가배상의 요건만 갖추면 모두 가능	
집행부정지	집행부정지원칙은 무효등확인소송에도 준용되므로 모두 가능	

→ 행정심판전치주의는 취소소송에는 적용되지만 무효등확인소송에는 적용되지 않는다.

→ 무효는 처음부터 효력이 발생하지 않지만, 취소는 공정력에 의해 권한 있는 기관에 의해 취소될 때까지는 일응 유효하다. 따라서 선결문제에 있어서, 무효는 공정력이 발생 안하기 때문에 누구든지, 언제든지, 어떤 방식으로든지 무효를 주장할 수 있다(해당 민사법원도 당연히 선결문제로서 당해 행정행위의 효력을 부정할 수 있음). 그러나 선결문제에 있어서, 취소는 공정력에 의해 취소될 때까지는 일응 유효하다(해당 민사법원이 선결문제로서 당해 행정행위의 효력을 부정할 수 없음).

→ 하자의 승계에 있어서, 선행행위의 하자가 무효이면 당연히 후행행위도 무효가 된다. 그러나 선행행위의 하자가 취소사유이면 선행행위와 후행행위가 결합하여 하나의 법률효과를 발생시키는 경우에 한하여 하자승계가 인정된다. (대표적 예 : 계고와 통지)

→ 사정판결(사정재결)에 있어서, 행정행위의 하자가 무효이면 존치되는 처분이 당연히 없기 때문에 사정판결(사정재결)은 허용되지 않는다. 그러나 하자가 취소인 경우 사정판결(사정재결)을 인정할 수 있다.

→ 제소기간에 있어서, 무효는 그 성질상 제한이 없다(불가쟁력X). 그러나 취소는 불가쟁력에 의해 쟁송제기기간에 제한이 있다.

→ 하자의 전환은 무효인 행정행위가 일정한 요건을 갖추면 다른 행정행위로서의 효력을 발생시키는 것을 의미한다. 반면에 하자의 치유는 하자 있는 행정행위가 일정한 경우 치유되면 적법하게 인정하는 것으로 취소의 경우에만 가능하다.

→ 법적 안정성의 유지나 당사자의 신뢰보호를 위하여 불가피한 경우에 위헌결정의 소급효(소급해서 무효)를 제한하는 것은 오히려 법치주의의 원칙상 요청되는 것이다.

→ 헌법재판소의 위헌결정의 효력은 위헌제청을 한 당해 사건, 위헌결정이 있기 전에 헌법재판소에 위헌여부심판제청을 하였거나 법원에 위헌여부심판제청신청을 한 당해 사건, (따로 위헌제청신청은 안했지만) 당해 법률이 재판의 전제가 되어 법원에 계속 중인 사건뿐만 아니라 위헌결정 이후에 당해 법률이 재판의 전제가 되어 제소된 일반사건에도 미친다.

2. 무효와 취소의 구별기준

다수설·판례에 의하면 중대명백설에 의해 무효와 취소를 구별한다. 중대명백설은 행정행위의 하자가 내용상 중대하고 외관상 명백한 경우에만 해당 행정행위가 무효가 된다고 본다. 그리고 이 중 한 요건이라도 갖춰지지 못하면 취소사유에 불과하다고 판단한다.

→ 대법원은 무효와 취소의 구별기준에 대해서 중대명백설을 취하고 있으나, 반대의견으로 명백성보충요건설이 제시된 판례도 존재한다.

→ 하자 있는 행정행위가 당연무효이기 위해서는 그 하자가 적법요건의 중대한 위반과 일반인의 관점에서도 외관상 명백한 것을 기준으로 한다. 하자의 중대성이란, 당해 행정행위가 중요한 법규·헌법원칙·법질서의 기초인 가치관념 및 목적에 현저히 위반된 경우를 말한다. 하자의 명백성이란, 하자가 일반인의 정상적인 판단으로 고려할 때 객관적으로 명백한 것을 의미한다.

→ 법률관계나 사실관계에 대하여 그 법률의 규정을 적용할 수 없다는 법리가 명백히 밝혀지지 아니하여 그 해석에 다툼의 여지가 있는 때에는 행정관청이 이를 잘못 해석하여 행정처분을 하였더라도 이는 그 처분 요건사실을 오인한 것에 불과하여 그 하자가 명백하다고 할 수 없다.

→ VS 법령 규정의 문언만으로는 처분 요건의 의미가 분명하지 아니하여 그 해석에 다툼의 여지가 있었더라도 해당 법령 규정의 위헌여부 및 그 범위, 법령이 정한 처분 요건의 구체적 의미 등에 관하여 법원이나 헌법재판소의 분명한 판단이 있고, 행정청이 그러한 판단 내용에 따라 법령 규정을 해석·적용하는 데에 아무런 법률상 장애가 없는데도 합리적 근거 없이 사법적 판단과 어긋나게 행정처분을 하였다면 그 하자는 객관적으로 명백하다.

[구별기준]

중대·명백설 (다수설·판례)	1. 하자가 중대한 법규위반이고 외관상 명백한 경우에만 무효 (명백성은 일반인의 관점에서 판단) 2. 하자가 중대하나 명백하지 않은 경우, 명백하나 중대하지 않은 경우는 모두 취소사유
중대설	하자가 중대하면 명백하지 않더라도 무효
명백성 보충요건설	하자가 중대하면 무효. 다만, 예외적으로 제3자나 공공의 신뢰보호가 필요한 경우 보충적으로 명백성을 요구 ∴ 원칙 : 하자가 중대 – 무효 / 예외 : 하자가 중대하고 명백 – 무효

3. 하자의 승계문제

선행행위도 행정행위이고 후행행위도 행정행위이면서 그 행위들이 연속하여 단계적으로 행해지는 경우에 하자의 승계가 문제가 된다.

→ 논의의 실익은 선행행위가 위법하지만 불가쟁력이 발생하여 더 이상 다툴 수 없는 경우, 후행행위에는 하자가 없지만 선행행위의 하자를 이유로 후행행위를 다툴 수 있는지가 문제가 된다.

→ 선행행위와 후행행위가 모두 항고소송의 대상이 되는 행정행위(처분)이어야 한다.

→ 선행행위의 하자가 무효사유인 경우에는 후행행위에도 당연히 영향을 미쳐 후행행위가 무효로 된다.

→ 선행행위의 하자가 무효이면 그 무효는 당연히 후행행위로 승계되기 때문에 하자의 승계문제를 논할 실익이 없다. 따라서 선행행위는 당연무효가 아닌 취소사유여야 한다. 또한 선행행위에는 하자가 존재하나 후행행위에는 하자가 없어야 하며, 제소기간의 경과 등 선행행위에 불가쟁력이 발생하여야 한다.

가. 학설 및 판례

선행행위와 후행행위가 결합하여 하나의 법률효과를 완성시키면 하자가 승계되고, 선행행위와 후행행위가 독립하여 별개의 법률효과를 발생시키면 하자는 승계되지 않는다는 것이 다수설의 입장이다. 판례도 원칙적으로 이 다수설과 견해를 같이 하지만, 예외적으로 선행행위와 후행행위가 독립하여 별개의 법률효과를 발생시키는 경우에도 수인가능성(예측가능성)이 없으면 헌법상 권리에 의해 하자의 승계를 인정할 수 있다고 보았다.

→ 연속적으로 행하여진 선행처분과 후행처분이 서로 독립하여 별개의 법률효과를 목적으로 하고 선행처분에 불가쟁력이 생겨 그 효력을 다툴 수 없게 된 경우에는 선행처분이 당연무효가 아닌 한 원칙적으로 선행처분의 하자를 이유로 후행처분의 효력을 다툴 수 없다.

→ 선행처분과 후행처분이 서로 독립하여 별개의 효과를 목적으로 하는 경우에도 선행처분의 불가쟁력이나 구속력이 그로 인하여 불이익을 입게 되는 자에게 수인한도를 넘는 가혹함을 가져오며, 그 결과가 당사자에게 예측가능한 것이 아닌 경우에는 선행처분의 후행처분에 대한 구속력은 인정될 수 없다.

→ 선행 행정행위가 당연무효이면 양자가 서로 독립하여 별개의 효과를 목적으로 하는 경우에도 후행 행정행위는 당연무효가 된다.

나. 구체적 예

하자의 승계 인정 → 결합하여 하나의 법률효과	(대집행절차상) 계고 – 통지 – 실행 – 비용징수
	대집행계고처분 – 대집행영장발부통보처분
	대집행계고처분 – 비용납부명령
	기준지가고시처분 – 토지수용처분
	(강제징수절차상) 독촉 –압류 – 매각 – 청산
	납부독촉 – 가산금 및 중가산금 징수처분
	(귀속재산의) 임대처분 – 매각처분
	한지의사시험자격인정 – 한지의사면허처분
	안경사국가시험 합격무효처분 – 안경사면허취소처분
	암매장분묘개장명령 – 계고처분

하자의 승계 부정 → 독립하여 별개의 법률효과	택지개발계획승인처분 – 수용재결·이의재결
	택지개발예정지구지정 – 택지개발계획승인
	도시계획결정 – 수용재결
	표준지공시지가결정 – 조세부과처분
	표준지공시지가결정 – 개별공시지가결정
	조세부과처분 – 압류 등의 체납처분
	(개별공시지가결정 후 재조사청구에 따른 조정결정을 통지받았음에도 **다투지 않은 경우**) 개별공시지가결정 – <u>과세처분</u>
	(공용수용상) 사업인정 – 수용재결
	재개발사업시행인가처분 – 토지수용재결처분
	토지구획정리사업 시행인가처분 – 환지청산금부과처분
	주택재건축사업시행계획 – 관리처분계획
	공무원직위해제처분 – 직권면직처분
	당초 과세처분 – 증액경정처분
	소득금액변동통지 – 징수처분
	(신고납세방식을 채택하고 있는) 취득세 신고 – 징수처분
	액화석유가스 판매사업허가처분 – 사업개시신고 반려처분
	건물철거명령 – 대집행계고처분
	(광고물에 대한) 자진철거명령 – 대집행영장발부통보처분
	(국제항공노선) 운수권배분 실효처분 및 노선면허거부처분 – 노선면허처분
	(병역법상) 보충역편입처분 – 공익근무요원소집처분
	수강거부처분 – 수료처분
	농지전용부담금부과처분 – 압류처분
	도시·군계획시설결정 – 실시계획인가
	변상판정 – 변상명령
하자의 승계 예외적 인정 → 독립하여 별개의 법률효과 → BUT 수인가능성X 예측가능성X	1. **개별공시지가결정 – 과세처분**
	2. **표준지공시지가결정 – 수용재결·수용보상금결정**
	3. **친일반민족행위자로 결정한 친일반민족행위진상규명위원회의 최종발표** **– 독립유공자 예우에 관한 법률 적용배제자 결정**

→ 「국토의 계획 및 이용에 관한 법률」상 <u>도시·군계획시설결정</u>과 <u>실시계획인가</u>는 <u>별개의 법률효과</u>를 목적으로 하는 것이므로 <u>선행</u> 처분인 도시·군계획시설결정의 하자는 당연무효가 아닌 한 원칙적으로 후행처분인 실시계획인가에 <u>승계되지 않는다.</u>

→ 甲을 「일제강점하 반민족행위 진상규명에 관한 특별법」에 의하여 <u>친일반민족행위자로 결정한 친일반민족행위진상규명위원회의</u> <u>최종발표(선행처분)</u>에 따라 지방보훈지청장이 「<u>독립유공자예우에 관한 법률</u>」의 적용 대상자로 보상금 등의 예우를 받던 甲의 유가족 에 대하여 <u>위 법률의 적용 배제자 결정(후행처분)</u>을 한 경우, 유가족이 통지를 받지 못하여 그 존재를 알지 못한 선행처분에 대하여 위 특별법에 의한 이의신청절차를 밟거나 후행처분에 대한 것과 별개로 행정심판이나 행정소송을 제기하지 않았다고 하더라도, 이 경우 <u>선행처분의 후행처분에 대한 구속력을 인정할 수 없으므로</u> <u>선행처분의 위법을 이유로 후행처분의 효력을 다툴 수 있다.</u>

→ 계고처분의 후속절차인 대집행에 위법이 있다고 하더라도 그와 같은 <u>후속절차에 위법성이 있다는 점</u>을 들어 선행절차인 <u>계고처분</u> 이 <u>부적법하다는 사유로 삼을 수는 없다.</u>

4. 하자의 치유 및 전환

→ 행정행위에 하자가 있으나 하자가 이미 치유되었거나 다른 적법한 행위로 전환된 경우에는 취소의 대상이 되지 않는다.

가. 하자의 치유

공공복리의 특별한 사유가 존재한다든지 요건이 사후보완이 된다든지 장기간 방치에 의해 행정행위의 내용이 실현된 경우에는 하자 가 치유된다고 본다. ← 성립당시의 하자에도 불구하고 행정행위의 효력이 그대로 유지된다.

→ 이외에도 치유의 사유 중에는 공무원이 아닌 자의 행위를 사실상 공무원의 행위로 인정하는 사실상 공무원이론이 있는데 견해의 대 립이 있기는 하지만 다수설은 치유의 사유로 보고 있다.

→ 청문절차에서 사전 통지기간이 부족했지만 상대방이 출석하여 충분히 의견개진을 한 경우 치유의 사유가 된다.

→ <u>행정행위의 하자의 치유는</u> <u>무효인 행정행위에는 인정할 수 없다.</u>

판례는 하자의 치유를 제한적으로 인정한다(**예외적 허용**).

→ 절차상 하자에 대해서만 하자의 치유가 인정된다.

→ <u>하자의 치유는</u> <u>행정소송이나</u> <u>행정심판이</u> 제기되기 <u>전까지는</u> <u>치유</u>가 되어야 한다는 것이 판례의 입장이다(**취소소송 종료 전X /** **사실심변론종결시X / 쟁송제기이전시O**).

행정행위의 하자가 치유되면 해당 행정행위는 소급하여 적법한 행정행위가 된다.

→ 하자가 치유되면 그 행정행위는 취소의 대상이 되지 않는다.

[하자의 치유 인정여부]

하자의 치유 인정	하자의 치유 부정
1. 공매절차진행 중 연기신청을 한 후 다시 적법한 공고·통지를 거친 공매처분 2. 단체협약에 규정된 여유기간을 두지 않고 징계 회부사실을 통보하였으나 피징계자가 징계위원회에 출석하여 통지절차에 대한 이의 없이 충분한 소명을 한 경우 3. 청문서 도달기간을 어겼으나 영업자가 청문일에 <u>출석하여 의견진술과 변명의 기회를 가진 경우</u>	1. 주택재개발정비사업조합설립 추진위원회가 조합설립인가처분의 취소소송에 대한 1심판결 이후 정비구역 내 토지 등 소유자의 4분의 3을 초과하는 조합설립동의서를 새로 받은 경우 2. 취소소송 계속 중 보정통지한 경우 3. 충전소 설치허가 시 건물주 동의서를 위조하여 허가를 받은 후에 건물주의 동의를 받은 경우 4. 토지등급결정 내용의 통지가 없었는데, 토지소유자가 그 결정 전후에 토지등급결정 내용을 알았던 경우 5. 환지변경처분 후 이의유보 없이 청산금 교부받은 경우 6. (면허의) 취소처분의 근거와 위반사실의 적시를 빠뜨린 하자 → 피처분자가 처분 당시 그 취지를 알고 있었거나 추후 알게 된 경우

→ **행정청**이 청문서 도달기간을 다소 어겼다하더라도 **영업자**가 이에 대하여 이의하지 아니한 채 <u>스스로 청문일에 출석하여 그 의견을</u> 진술하고 변명하는 등 **방어의 기회**를 충분히 가졌다면 <u>청문서 도달기간을 준수하지 아니한 하자는 치유되었다고 본다.</u>

→ **토지소유자 등의 동의율을 충족하지 못했다는** 주택재건축정비사업 조합설립인가처분 당시의 하자는 후에 토지소유자 등의 추가 동의서가 제출되었다는 사정만으로는 <u>치유될 수 없다.</u>

사정판결은 가능

→ 납세고지서에 세액산출근거 등의 기재사항이 누락되었거나 과세표준과 세액의 계산명세서가 첨부되지 않은 <u>납세고지의 하자는</u> 납세의무자가 그 나름대로 산출근거를 알고 있다거나 사실상 이를 알고서 쟁송에 이르렀다 하더라도 <u>치유되지 않는다.</u>

→ 세액산출근거가 기재되지 아니한 납세고지서에 의한 부과처분은 그 후 부과된 세금을 <u>자진납부하였다거나</u> 또는 <u>조세채권의 소멸</u> <u>시효기간이 만료되었다</u> 하여 하자가 치유되는 것이라고는 할 수 <u>없다.</u>

나. 하자의 전환

당해 행정행위가 본래는 무효이나 다른 행정행위로서의 요건을 충족한 경우 이를 다른 행정행위로 보아 유효한 것으로 보는 것을 말한다.

→ 대표적인 예로 과오납세액을 다른 조세채무에 충당한 행위가 이에 해당한다.

→ 행정행위의 전환은 행위의 반복을 회피하는 의미가 있어야 한다.

→ 행정쟁송의 방법으로 전환의 위법성을 다툴 수 있다.

(1) 요건

본래의 하자 있는 행정행위와 전환되는 행정행위가 목적·효과 등에 있어서 실질적 공통성이 있어야 한다. 또한 전환되는 다른 행정행위는 적법요건(성립요건 및 효력요건)을 갖추어야 한다. 그리고 하자 있는 행정행위를 한 행정청의 의도에 반하지 않으면서 당사자가 그 전환을 의욕하는 것으로 인정되는 경우에 한한다.

→ 상대방과 관계자 그리고 제3자의 이익도 침해하지 않아야 전환이 이루어질 수 있다.

(2) 효과

전환에 의해 형성되는 새로운 행정행위의 효력발생을 소급적으로 보아야 한다. 즉 새로운 행정행위는 하자 있는 행정행위의 발생시점으로 소급하여 효력을 발생한다. 따라서 행정행위에 하자가 있으나 다른 적법한 행위로 전환된 경우에는 취소의 대상이 될 수 없다.

5. 무효 및 구체적 예

→ (정년퇴직·당연퇴직·면직 등) 행위당시 신분을 상실한 자의 행위

→ 대리권이 없는 자의 행위는 원칙적으로 무효이지만, 예외적으로 민법상의 표현대리 이론이 적용될 수 있다. (따라서 적법한 권한 위임이 없다고 해서 무조건 무효가 되는 것은 아니다.)

→ <u>도지사의 인사교류안 작성과 그에 따른 인사교류의 권고가 전혀 이루어지지 않은 상태</u>에서, 관할구역 내 AA의 시장이 인사교류로서 소속 지방공무원인 甲에게 BA 지방공무원으로 전출을 명한 처분은 <u>당연무효이다.</u>

→ 수원시장이 법령상 반드시 필요한 수원교육장과의 사전협의절차를 거치지 않고 학교주변에 유흥주점을 허가한 것은 무효이다.

→ 행정기관의 무권한행위는 무효이다. (음주운전을 단속한 경찰관 명의로 한 운전면허정지처분 / 영업허가취소처분의 권한이 없는 보건복지부장관의 영업허가취소)

→ 의사능력 없는 자(공무원)의 행위는 무효이다.

→ 부동산을 양도한 사실이 없음에도 세무당국이 부동산을 양도한 것으로 오인한 양도소득세 부과처분은 착오에 의한 행정처분으로서 무효이다.

→ 죽은 사람(사자)에게 면허를 주는 것은 무효이다.

→ 인신매매업 허가처분은 무효이다. (그러나 도박업 및 매춘영업 등에 대한 허가처분은 취소사유이다.)

→ 공무원임용결격자를 공무원으로 임명하는 행위

→ 구 개발이익환수에 관한 법률상 납부의무자가 아닌 조합원에 대하여 행한 개발부담금 부과처분은 무효이다.

→ 국가시험에 불합격한 자에 대한 의사면허는 무효이다.

→ 납세자가 아닌 제3자의 재산을 대상으로 한 압류처분은 당연무효이다.

→ 국세부과의 제척기간이 경과한 후에 이루어진 과세처분은 무효이다.

→ 취소판결에 저촉되는 행정처분은 무효이다.

→ 대상목적물을 특정하지 아니한 귀속재산에 대한 임대처분은 무효이다.

→ 재결서에 의하지 않은 행정심판재결은 무효이다.

→ 해당 행정청의 서명·날인을 결한 행정행위는 무효이다.

→ 행정절차법상 문서주의에 위반하여 행해진 행정처분은 무효이다.

→ 국토계획법령이 정한 도시계획시설사업의 대상 토지의 소유와 동의 요건을 갖추지 못하였음에도 도시계획시설사업의 사업시행자 지정처분을 하였다면 하자가 중대·명백하여 무효이다.

→ 정비구역이 지정·고시되기 전의 정비예정구역을 기준으로 한 토지 등 소유자 과반수의 동의를 얻어 구성된 추진위원회에 대하여 승인처분이 이루어진 후 지정된 정비구역이 정비예정구역보다 면적이 축소되었다고 하더라도 이러한 사정만으로 해당 승인처분이 당연무효라고 할 수는 없다.

→ 징계처분이 중대하고 명백한 하자 때문에 당연무효의 것이라면 징계처분을 받은 자가 이를 용인하였다하여 그 하자가 치유되는 것은 아니다.

가. 절차의 하자

다수설에 의하면, '법률상 필요한 상대방의 신청 또는 동의가 결여된 행위 / 필요한 이해관계인의 참여 또는 협의를 결여한 행위 / 필요한 공고 또는 통지를 결여한 행위'는 무효라고 본다. 그러나 판례는 이런 절차의 하자를 대체로 취소사유로 본다.

→ 경찰공무원에 대한 징계위원회의 심의과정에서 감경사유에 해당하는 공적 사항이 제시되지 아니한 경우에는 그 징계양정이 결과적으로 적정한지 여부와 관계없이 이는 관계법령이 정한 징계절차를 지키지 않은 것으로서 위법하다.

→ 절차상 하자로 인하여 무효인 행정처분이 있은 후 행정청이 관계 법령에서 정한 절차를 갖추어 다시 동일한 행정처분을 하였다면 당해 행정처분은 종전의 무효인 행정처분과 관계없이 새로운 행정처분이라고 보아야 한다.

→ (절차상 하자를 무효로 본 판례) 담당 소방공무원이 건물 소유자에게 소방시설 불량사항을 시정·보완하라는 명령을 구두로 고지한 것은 「행정절차법」에 위반한 것으로 하자가 중대·명백하여 당연무효이다.

→ (절차상 하자를 **무효**로 본 판례) 구「환경영향평가법」상 환경영향평가를 실시하여야 할 사업에 대하여 **환경영향평가를 거치지 아니하였음에도 승인** 등 처분을 한 경우, 그 처분은 **당연무효**이다.

→ (절차상 하자를 **무효**로 본 판례) 과세관청이 과세예고 통지 후 **과세전적부심사 청구**나 그에 대한 **결정**이 있기 **전**에 과세처분을 한 경우, 특별한 사정이 없는 한 그 **과세처분**은 절차상 하자가 중대·명백하여 **당연무효**이다.

→ (절차상 하자를 **무효**로 본 판례) 위법하게 구성된 폐기물처리시설 입지선정위원회가 의결을 한 경우, 그에 터잡아 이루어진 폐기물처리시설 입지결정처분의 하자는 **무효사유**로 본다.

나. 무효의 주장방법

전체적인 부분은 후술된 행정쟁송법에 언급한다.

→ 무효인 행정행위에 대해서 무효선언을 구하는 의미의 취소소송이 제기된 경우 **취소소송의 제기요건이 구비된 경우에 한해** 법원은
  _{무효선언적, 의미의 취소소송}

당해 소를 각하해서는 안 되고 무효를 선언하는 의미의 취소판결을 할 수 있다.

→ **무효인 행정행위**는 당연무효를 선언하는 의미에서 그 취소를 구하는 형식의 소를 제기할 수 있다.
  _{무효선언적, 의미의 취소소송}

6. 취소

> **행정기본법**
>
> **제18조 (위법 또는 부당한 처분의 취소)**
> **제1항** 행정청은 위법 또는 부당한 처분의 전부나 일부를 소급하여 취소할 수 있다. 다만, 당사자의 신뢰를 보호할 가치가 있는 등 정당한 사유가 있는 경우에는 장래를 향하여 취소할 수 있다.
> **제2항** 행정청은 제1항에 따라 당사자에게 권리나 이익을 부여하는 처분을 취소하려는 경우에는 취소로 인하여 당사자가 입게 될 불이익을 취소로 달성되는 공익과 비교·형량(衡量)하여야 한다. 다만, 다음 각 호의 어느 하나에 해당하는 경우에는 그러하지 아니하다.
> 1. 거짓이나 그 밖의 부정한 방법으로 처분을 받은 경우
> 2. 당사자가 처분의 위법성을 알고 있었거나 중대한 과실로 알지 못한 경우

직권취소는 일응 유효하게 성립된 행정행위를 하자가 있음을 이유로 행정청이 그 효력을 소급하여 소멸시키는 것을 말한다.

→ 행정청에 의한 직권취소는 취소의 대상이 되는 행정행위와는 구별이 되는 행정행위이다.

→ (위법한 것을 바로잡는 것은 행정청의 당연한 임무이므로) **직권취소**시 별도의 법적 근거는 필요 없다.

쟁송취소는 일응 유효하게 성립된 행정행위를 하자를 이유로 쟁송 등을 통해서 취소시키는 것을 말한다.

(직권)취소와 철회를 합하여 행정행위의 폐지라고 말하기도 한다.

행정행위의 취소는 일응 유효하게 성립된 행정행위의 효력을 소멸시키는 것이어서 처음부터 아무런 효력이 발생하지 않은 무효인 행위를 무효라고 선언 또는 확인하는 무효선언과는 구별이 된다. 또한 행정행위의 취소는 위법한 행정행위의 효력을 소급하여 소멸시킨다는 점에서 적법한 행정행위의 효력을 장래를 향하여 소멸시키는 철회와는 구별이 된다.

가. 직권취소와 쟁송취소

직권취소와 쟁송취소는 행정행위의 성립상의 하자(흠)를 이유로 그 효력을 상실시키는 형성적 행위라는 점에서 공통점이 있다. 그러나 취소기간에 있어서, 직권취소는 원칙적으로 기간상의 제한이 없지만 실권의 법리에 의한 제한이 있을 수 있다. 이에 비해 쟁송취소는 단기의 쟁송제기기간이 정해져 있다.

→ 취소의 효과에 있어서, 다수설은 직권취소는 부담적 행정행위의 경우 소급효가 원칙이지만 수익적 행정행위의 경우 행정행위의 상대방에게 귀책사유가 없는 한 소급효가 적용되지 않고 장래효가 적용된다고 본다(∵ 상대방의 신뢰보호). 그러나 판례는 부담적 행정행위이든 수익적 행정행위이든(취소되기까지는 일응 유효하므로 기득권을 인정할 수는 있지만) 취소의 효과는 소급효가 원칙이라는 입장이다.

→ 제소기간이 도과한다는 것은 당사자A가 더 이상 해당 처분에 대해서 취소소송으로 다툴 수 없다(불가쟁력)는 것을 의미하는 것이지 처분청의 직권취소와는 관련이 없다.

→ 행정행위의 위법 여부에 대하여 취소소송이 이미 진행 중이라도 처분청은 위법을 이유로 그 행정행위를 직권취소할 수 있다.

직권취소의 경우 당해 행정행위를 행한 처분청이 취소권자가 되는 것은 당연하다. (처분청은 명문의 근거가 없어도 직권취소를 할 수 있다. ← 법률적합성의 원칙)

→ 권한 없는 행정기관이 한 당연무효인 행정처분을 취소할 수 있는 권한(취소권)은 당해 행정처분을 한 처분청에게 속하고, 당해

직권취소 : 자신이 한 것을 자신이 거둬들인다!

행정처분을 할 수 있는 적법한 권한을 가지는 행정청에게 그 취소권이 귀속되는 것이 아니다.

→ 甲은 관련법령에 따라 공장등록을 하기 위하여 등록신청을 乙에게 위임하였고, 수임인 乙은 등록서류를 위조하여 공장등록을 하였으나 甲은 그 사실을 알지 못하였다. 이후 관할 행정청 A는 위조된 서류에 의한 공장등록임을 이유로 甲에 대해 공장등록을 취소하는 처분을 하였다.

　㉠ 관할 행정청 A가 甲에 대해 공장등록을 취소하는 경우 별도의 법적 근거가 필요 없다.

직권취소는 원칙적으로 별도의 법적 근거 필요X

　㉡ 관할 행정청 A는 甲에 대해 공장등록을 취소하면서 甲의 신뢰이익을 고려하지 아니할 수 있다.

∵ 甲은 과실O

→ 비영리법인의 해산을 초래하는 설립허가취소는 헌법 제10조에 내재된 일반적 행동의 자유에 대한 침해 여부와 과잉금지의 원칙 등을 고려하여 엄격하게 판단하여야 한다.

→ 수익적 행정처분의 경우 상대방의 신뢰보호와 관련하여 직권취소가 제한되나 직권취소의 필요성에 대한 입증책임은 기존 이익과 권리를 침해하는 처분을 한 행정청에 있다.

그런데 감독청도 취소권자가 될 수 있는지 여부에 대하여, 소극설은 직권취소도 행정행위이기 때문에 당연히 행정행위의 발동권한을 갖는 처분청만이 취소를 행사할 수 있고 법적 근거가 없는 한 감독청은 취소명령권만을 행사할 수 있다고 보는데 반해 적극설은 직권취소는 자율적 행정통제수단이므로 당연히 감독청도 취소할 수 있다고 본다.

→ 대통령은 국무총리와 중앙행정기관의 장의 명령이나 처분이 위법 또는 부당하다고 인정되면 이를 중지 또는 취소할 수 있다(정부조직법 제11조).

→ 위임 및 위탁기관은 수임 및 수탁기관의 수임 및 수탁사무 처리에 대하여 지휘·감독하고, 그 처리가 위법하거나 부당하다고 인정될 때에는 이를 취소하거나 정지시킬 수 있다(행정권한의 위임 및 위탁에 관한 규정 제6조).

나. 취소사유의 구체적 예

→ 상대방의 사기·강박·증뢰 등 부정행위에 의한 경우 / 부정한 수단으로 운전면허를 취득한 자에 대한 면허취소 / (사후에 근거 법령이 위헌이 된 경우) 위헌인 법령에 근거한 행정처분 / 선량한 풍속 기타 사회질서에 위반되는 행위 / 재량권의 일탈·남용 등

→ 처분 이후에 처분의 근거가 된 법률이 헌법재판소에 의해 위헌으로 결정되었다면 그 처분은 법률상 근거 없는 처분이 되지만 당연무효는 아니다.

→ 대법원은 위헌인 법률에 근거한 행정처분에 불가쟁력이 발생한 경우에는 위헌결정의 소급효(소급해서 무효)를 인정하지 않는다.

→ 위헌인 법률에 근거한 행정처분이 당연무효인지의 여부는 위헌결정의 소급효와는 별개의 문제로서 취소소송의 제기기간을 경과하여 확정력이 발생한 행정처분에는 위헌결정의 소급효가 미치지 않는다.

→ 조세 부과의 근거가 되었던 법률규정이 위헌으로 선언된 경우, 비록 그에 기한 **과세처분**이 위헌결정 전에 이루어졌고, 과세처분에 대한 제소기간이 이미 경과하여 조세채권이 확정되었고, 조세채권의 집행을 위한 **체납처분**의 근거규정 자체에 대하여는 따로 위헌결정이 내려진 바 없다고 하더라도, 위헌결정의 효력에 위배하여 이루어진 **체납처분**은 그 사유만으로 하자가 중대하고 객관적으로 명백하여 **당연무효**라고 보아야 한다.

→ 근거법률의 위헌결정 이전에 이미 **부담금 부과처분**과 압류처분 및 이에 기한 **압류등기**가 이루어지고 각 처분이 확정되었다고 하여도 (위헌결정 이후에는 별도의 행정처분인 **매각처분, 분배처분** 등 후속 체납처분 절차를 진행할 수 없는 것은 물론이고) 기존의 압류등기나 교부청구만으로는 다른 사람에 의하여 개시된 **경매절차**에서 배당을 받을 수 없다.

무효

→ 어느 행정처분에 대하여 그 행정처분의 근거가 된 법률이 위헌이라는 이유로 **무효확인청구의** 소가 제기된 경우, 다른 특별한 사정이 없는 한 법원으로서는 그 법률이 위헌인지 여부에 대하여는 판단할 필요 없이 그 **무효확인청구를** 기각하여야 한다.

∵ 취소사유

→ 헌법재판소는 위헌법률에 근거한 행정처분의 효력과 관련하여, 그 **행정처분을 무효로** 하더라도 법적 안정성을 크게 해치지 않는 반면에 그 하자가 중대하여 그 구제가 필요한 경우에 대해서는 **예외적으로 당연무효사유로** 보아야한다는 입장을 취하고 있다.

→ 행정처분 자체의 효력이 쟁송기간 경과 후에도 존속 중인 경우, (그 **행정처분이 위헌인 법률에 근거하여 내려졌고** 그 목적달성을 위해 필요한 후행 행정처분이 아직 이루어지지 않았다면) 그 하자가 중대하여 그 구제가 필요한 경우에 대하여서는 **쟁송기간 경과 후라도 무효확인을** 구할 수 있다.

→ 조례 제정권의 범위를 벗어나 국가사무를 대상으로 한 **무효인「서울특별시행정권한위임조례」**에 근거하여 영등포구청장이 **건설업 영업정지처분을** 한 경우 **해당 처분의 하자는** 중대하지만 명백하지는 않아서 **취소사유에** 불과하다.

→ 연령미달 결격자가 다른 사람 이름으로 교부받은 운전면허는 당연무효가 아니고 취소되지 않는 한 **유효**하므로 그 연령미달 결격자의 운전행위는 **무면허운전에** 해당하지 **아니한다.**

→ 민원사무를 처리하는 행정기관이 민원 1회 방문 처리제를 시행하는 절차의 일환으로 민원사항의 심의, 조정 등을 위한 **민원조정 위원회를** 개최하면서 민원인에게 회의일정 등을 사전에 통지하지 아니하였다 하더라도 **취소사유에** 이를 정도의 흠이 존재하기는 어렵다.

→ **적법한 권한 위임 없이** 세관출장소장에 의하여 행하여진 관세부과처분은 그 하자가 중대하기는 하지만 객관적으로 명백하다고 할 수 없어 **당연무효는 아니다.**
∴ 취소사유

→ 행정청이 사전에 교통영향평가를 거치지 아니한 채 '건축허가 전까지 교통영향평가 심의필증을 교부받을 것'을 부관으로 붙여서 한 '실시계획변경승인 및 공사시행변경인가 처분'은 **당연무효는 아니다.**
∴ 취소사유

→ 5급 이상의 국가정보원 직원에 대해 임면권자인 대통령이 아닌 국가정보원장이 행한 의원면직처분은 위법하더라도 하자가 중대한 것이라고 볼 수는 없으므로, (대통령의 내부결재가 있었는지에 관계없이) **당연무효는 아니다.**
∴ 취소사유

→ 행정청이 **사전환경성검토협의**를 거쳐야 할 대상사업에 관하여 법의 해석을 잘못한 나머지 세부용도지역이 지정되지 **않은** 개발사업 부지에 대하여 **사전환경성검토협의**를 할지 여부를 결정하는 절차를 **생략**한 채 승인 등의 처분을 하였다면, 그 하자가 **객관적으로 명백**하다고 할 수 **없다.**
∴ 취소사유

→ 학교환경위생정화위원회의 심의절차를 누락한 채 **학교환경위생정화구역 내**에서 **금지행위 및 시설의 해제 여부에 관한 행정처분**을 한 경우 취소사유에 해당한다.

→ 판례는 취소사유나 당연무효를 중대명백설을 기준으로 판단한다.

→ 환경영향평가를 거쳐야 할 대상사업에 대해 **환경영향평가 절차**를 거쳤으나 그 **내용이 다소 부실**한 경우, 그 부실의 정도가 환경영향평가를 하지 **아니한** 것과 같은 정도가 **아닌** 한 (그 부실로 인하여 당연히) 당해 승인 등 처분이 위법하게 되는 것은 **아니다.**

다. 취소의 제한

부담적 행정행위의 경우 원칙적으로 당해 행정청은 자유로이 취소권을 행사할 수 있다. 그러나 수익적 행정행위의 경우 수익자의 신뢰가 문제가 된다. 즉 신뢰보호의 이해관계(사익)가 공익보다 큰 경우에는 신뢰의 원칙이 적용되며, 장기간에 걸쳐 취소권의 행사가 없었던 경우에는 실권의 법리가 적용되어 취소가 제한되게 된다.

→ 물론 토지수용의 재결·행정심판에 의한 재결 등 불가변력이 있는 행정행위의 경우는 취소가 제한된다.

→ 그러나 수익자가 행정행위의 위법성을 알았거나 중대한 과실로 알지 못한 경우에는 취소가 제한되지 않는다.

→ 甲은 관련법령에 따라 공장등록을 하기 위하여 등록신청을 乙에게 위임하였고, **수임인 乙은 등록서류를 위조하여 공장등록**을 하였으나 甲은 그 사실을 알지 못하였다. 이후 관할 행정청 A는 위조된 서류에 의한 공장등록임을 이유로 甲에 대해 공장등록을 취소하는 처분을 하였다. 甲에 대한 공장등록 취소는 상대방의 귀책사유에 의한 것이라고 하더라도 관할 행정청 A는 「행정절차법」상 사전통지 및 의견제출절차를 거쳐야 한다.
∴ 甲에 대한 공장등록 취소는 침익적 행정처분

→ 수익적 행정행위의 직권취소는 권익을 제한하는 처분이므로 「행정절차법」상 사전통지 및 의견청취의 대상이 된다.

라. 취소의 취소

→ 과세관청은 부과의 취소를 다시 취소함으로써 원부과처분을 소생시킬 수는 없다.

7. 철회

행정기본법

제19조 (적법한 처분의 철회)

제1항 행정청은 적법한 처분이 다음 각 호의 어느 하나에 해당하는 경우에는 그 처분의 전부 또는 일부를 장래를 향하여 철회할 수 있다.

1. **법률**에서 정한 철회 사유에 해당하게 된 경우
2. **법령 등의 변경**이나 **사정변경**으로 처분을 더 이상 존속시킬 필요가 없게 된 경우
3. **중대한 공익**을 위하여 필요한 경우
   → 행정기본법은 당사자의 신청이 있는 경우를 철회사유로 규정X

제2항 행정청은 제1항에 따라 처분을 철회하려는 경우에는 철회로 인하여 당사자가 입게 될 불이익을 철회로 달성되는 공익과 비교·형량하여야 한다.

하자 없이 유효하게 성립된 행정행위를 사후에 발생한 사정변경에 의해 장래를 향하여 그 효력을 소멸시키는 것을 행정행위의 철회라고 한다.

→ 본래의 행정행위와는 다른 별개의 행정행위이다. 강학상 철회라고 하지만 실무에서는 취소라고도 불린다.

→ 철회의 대표적인 예로 음주운전으로 인한 운전면허취소, 불법영업으로 인한 영업취소, 중대한 공익상 필요에 따른 도로점용허가취소, 철회유보부 부관성취로 인한 주유소영업허가취소, 자금차입허가취소, 영유아보육법상 평가인증취소 등이 있다.

→ 「영유아보육법」상 어린이집 평가인증의 취소는 **철회**에 해당하므로, 평가인증의 효력을 과거로 소급하여 상실시키기 위해서는 특별한 사정이 없는 한 별도의 법적 근거가 필요하다.

→ 상대방에게 귀책사유가 없는 경우에는 철회로 인한 상대방의 재산상 손실은 보상되어야 한다.

→ 행정행위의 철회사유가 특정의 면허에 관한 것이 아니고, 다른 면허와 공통된 것이거나 운전면허를 받은 사람에 관한 것일 경우에는 여러 면허를 전부 철회할 수도 있다.

가. 성질

행정행위의 철회는 처분청만이 가능하며 반드시 후발적인 새로운 사정이 있어야만 한다. 철회시 법적 근거는 필요 없으며, 그 효력은 장래를 향해서 소멸되는 장래효이다.

→ 처분청은 원래의 처분을 존속시킬 필요가 없게 된 사정변경이 생겼거나 중대한 공익상의 필요가 생긴 경우 이를 철회할 **별도의 법적 근거가 없다** 하더라도 별개의 행정행위로 이를 철회할 수 있다.

→ 甲은 A 구청장으로부터 「식품위생법」의 관련규정에 따라 적법하게 유흥접객업 영업허가를 받아 영업을 시작하였다. 영업을 시작한 지 1년이 지난 후에 甲의 영업장을 포함한 일부지역이 새로이 적법한 절차에 따라 학교환경위생정화구역으로 설정되었다. A 구청장은 甲의 영업이 관할 학교환경위생정화위원회의 심의에 따라 금지되는 행위로 결정되었다는 이유로 청문을 거친 후에 甲의 영업허가를 취소하였다. 甲은 A 구청장의 취소처분이 위법하다고 주장하면서 영업허가취소처분에 대하여 취소소송을 제기하였다. ← A 구청장의 甲에 대한 영업허가 취소는 처분시로 소급하여 효력을 소멸시키는 것이 아니라 장래효를 갖는다.

나. 소위 새로운 사정

철회의 사유로서 새로운 사정이 있어야 한다. (기본적으로 해당 법령에 철회사유가 규정되어 있으면 철회권은 당연히 발생한다.) 새로운 사정으로는 철회권이 유보된 경우, 중요한 공익상의 필요가 요구되는 경우, 상대방의 의무위반이 있는 경우, 사실관계나 근거법령 등의 변경으로 사정변경이 있는 경우 등이 있다.

다. 철회의 제한

부담적 행정행위의 경우에는 원칙적으로 제한이 없지만, 수익적 행정행위의 경우에는 행정청이 철회원인이 있다는 것만으로는 자유로이 철회권을 행사할 수는 없다. 이와 같은 취지로 행정청은 **수익적 행정행위의 철회시** 원칙적으로 **행정절차법상의 사전통지절차나 의견제출의 기회**를 주어야 한다.

8. 행정행위의 실효

하자 없이 유효하게 성립된 행정행위가 장래에 향하여 그 효력이 당연히 소멸되는 경우를 말한다.

→ 철회는 그 자체의 독립한 별도의 행정행위에 의해 본래의 행정행위를 소멸시키는 것이지만, 실효는 사후에 발생한 일정한 사유로 인해 당연히 행정행위의 효력이 소멸한다는 점에서 구별이 된다.

→ 실효의 사유로는 (행정행위의 상대방이 사망하는 경우처럼) 행정행위의 대상이 소멸, 행정행위의 목적이 달성, (해제조건의 성취 또는 종기의 도래 등) 부관의 성취, 자진폐업 등이 있다.

9. 처분의 재심사

행정기본법

제37조 (처분의 재심사)
제1항 당사자는 처분(제재처분 및 행정상 강제는 제외한다. 이하 이 조에서 같다)이 행정심판, 행정소송 및 그 밖의 쟁송을 통하여 다툴 수 없게 된 경우(법원의 확정판결이 있는 경우는 제외한다)라도 다음 각 호의 어느 하나에 해당하는 경우에는 해당 처분을 한 행정청에 처분을 취소·철회하거나 변경하여 줄 것을 신청할 수 있다.
1. 처분의 근거가 된 사실관계 또는 법률관계가 추후에 당사자에게 유리하게 바뀐 경우
2. 당사자에게 유리한 결정을 가져다주었을 새로운 증거가 있는 경우
3. 「민사소송법」 제451조에 따른 재심사유에 준하는 사유가 발생한 경우 등 대통령령으로 정하는 경우
제2항 제1항에 따른 신청은 해당 처분의 절차, 행정심판, 행정소송 및 그 밖의 쟁송에서 당사자가 중대한 과실 없이 제1항 각 호의 사유를 주장하지 못한 경우에만 할 수 있다.
제3항 제1항에 따른 신청은 당사자가 제1항 각 호의 사유를 안 날부터 60일 이내에 하여야 한다. 다만, 처분이 있은 날부터 5년이 지나면 신청할 수 없다.
제4항 제1항에 따른 신청을 받은 행정청은 특별한 사정이 없으면 신청을 받은 날부터 90일(합의제행정기관은 180일) 이내에 처분의 재심사 결과(재심사 여부와 처분의 유지·취소·철회·변경 등에 대한 결정을 포함한다)를 신청인에게 통지하여야 한다. 다만, 부득이한 사유로 90일(합의제행정기관은 180일) 이내에 통지할 수 없는 경우에는 그 기간을 만료일 다음 날부터 기산하여 90일(합의제행정기관은 180일)의 범위에서 한 차례 연장할 수 있으며, 연장 사유를 신청인에게 통지하여야 한다.
제5항 제4항에 따른 처분의 재심사 결과 중 처분을 유지하는 결과에 대해서는 행정심판, 행정소송 및 그 밖의 쟁송수단을 통하여 불복할 수 없다.
제6항 행정청의 제18조에 따른 취소와 제19조에 따른 철회는 처분의 재심사에 의하여 영향을 받지 아니한다.

제7항 제1항부터 제6항까지에서 규정한 사항 외에 처분의 재심사의 방법 및 절차 등에 관한 사항은 대통령령으로 정한다.

제8항 다음 각 호의 어느 하나에 해당하는 사항에 관하여는 이 조를 적용하지 아니한다.

1. 공무원 인사 관계 법령에 따른 징계 등 처분에 관한 사항
2. 「노동위원회법」 제2조의2에 따라 노동위원회의 의결을 거쳐 행하는 사항
3. 형사, 행형 및 보안처분 관계 법령에 따라 행하는 사항
4. 외국인의 출입국·난민인정·귀화·국적회복에 관한 사항
5. 과태료 부과 및 징수에 관한 사항
6. 개별 법률에서 그 적용을 배제하고 있는 경우

제3절 행정행위의 부관

행정행위의 법적 효과를 제한 또는 보충하기 위해서 주된 행정행위에 부가되는 종적인 것을 부관이라고 한다.

→ 민법상의 개념을 필요에 의해 행정법에 도입한 것이다.

Ⅰ. 실무상 표현과 강학상 표현

1. 법정부관과 강학상 부관

('광업허가의 유효기간은 20년이다.'처럼) 근거법령에서 당해 조건이나 기한의 내용을 일의적으로 규정한 경우에는 법정부관이 되고, ('허가시 3년 이내의 기한을 붙일 수 있다.'처럼) 근거법령에서 당해 조건이나 기한을 규정하고 있으나 그 내용을 일의적으로 규정하지 않은 경우에는 강학상 부관이 된다.

법정부관은 법령이 직접 행정행위의 조건·기한 등을 정하고 있는 경우이다.

→ 법정부관은 법령에 의해 직접 부과되는 것이므로 행정청의 의사에 의해 부과되는 부관이 아니다. 법정부관의 예로는 인감증명 유효기간 / 운전면허 유효기간 / 자동차검사증 유효기간 / 어업면허 유효기간 / 수렵면허 유효기간 등이 있다. 법정부관에는 부관의 한계에 관한 일반원칙이 적용되지 않으며, 그 통제는 법률 및 법규명령에 대한 통제제도인 위헌법률심사 또는 명령규칙심사에 의한다.

→ 행정행위의 부관은 <u>법령이 직접 행정행위의 조건이나 기한 등을 정한 경우와 구별</u>되어야 한다.

Ⅱ. 부 관

1. 부관의 기능

예를 들어, 상대방이 건축허가신청에 필요한 중요한 요건은 갖추었으나 경미한 요건을 결한 경우 그 요건을 일정기간 내에 갖출 것을 조건으로 허가를 해주는 것이다. 이처럼 부관이 없다면 (요건을 모두 갖추지 못하였다는 이유로) 행정청이 거부할 사항을 부관에 의해 제한적인 긍정으로 바꿀 수 있다. 따라서 부관은 탄력성·유연성·신축성 있는 행정을 가능하게 한다.

→ <u>부관</u>은 <u>행정의 탄력성 및 유연성을 보장하는 기능</u>을 갖는다.

→ 부관은 형평성을 보장하고 이해관계를 조정하는 기능도 있다.

2. 부관의 종류

가. 부담

행정행위의 주된 요건(내용)에 부가하여 상대방에게 의무(작위·부작위·수인·급부)를 부과하는 부관을 말한다. 특히 <u>수익적 행정처분</u>에 있어서는 부담을 부가하기 **이전**에 상대방과 **협의**하여 부담의 내용을 협약의 형식으로 **미리** 정한 다음 행정처분을 하면서 이를 부가할 수도 있다.

→ 행정청이 <u>수익적 행정처분</u>을 하면서 협약상의 의무를 부담으로 부가하였으나 부담의 전제가 된 주된 행정처분의 **근거 법령이 개정** 됨으로써 행정청이 더 이상 **부관을 붙일 수 없게** 된 경우에도 곧바로 **협약의 효력이 소멸**하는 것은 아니다.

→ 부관도 전체 행정행위의 내용을 구성하므로 처분시의 법령을 기준으로 판단O

→ 행정처분에 부담인 부관을 붙인 경우, **부관(부담)이 무효라도 부담의 이행으로 이루어진 사법상 매매행위**가 당연히 **무효**가 되는 것은 아니다.
부담은 부담을 이행하게 된 동기·연유 ∴ 부담 ≠ 부담의 이행

→ 부담의 이행으로서 하게 된 사법상 매매 등의 법률행위는 부담을 붙인 행정처분과는 별개의 법률행위이므로, (그 부담의 불가쟁력의 문제와는 **별도로**) 법률행위가 사회질서 위반이나 강행규정에 위반되는지 여부 등을 따져보아 그 법률행위의 유효 여부를 판단하여야 한다.

(1) 대표적 예

도로·하천점용허가시 점용료 내지는 사용료 납부의무 부과 / 영업허가에 일정한 시설의무 부과 / 음식점영업허가를 하면서 일정기간 내 일정한 위생설비 설치 / 공장건축허가를 하면서 근로자의 정기건강진단의무 부과 등이 있다.

(2) 구별

부담부 행정행위는 처음부터 효력이 발생하는 데 반해 정지조건은 조건이 성취되어야 행정행위의 효력이 발생한다.

→ 정지조건은 주된 행정행위와 독립하여 소송의 대상이 되지 않으나 부담은 독립하여 소송의 대상이 될 수 있다.

부담부 행정행위는 부담을 불이행하더라도 별도로 철회를 하지 않는 한 당연히 효력이 소멸하는 것은 아니지만 해제조건은 조건이 성취되면 행정행위의 효력이 당연히 소멸한다.

부담은 실정법상 조건으로 표시되기 때문에 부담과 조건의 구별은 실제로 어렵다. 따라서 부담과 조건의 구별이 힘들 때에는 상대방에게 유리한 부담으로 해석해야 한다고 보는 것이 다수설·판례의 입장이다.

← ∵ 최소침해의 원칙

(3) 성질 및 불이행시 효과

부담은 주된 행정행위의 존재를 전제로 존재한다는 점에서 부종성을 갖는다. 즉, 주된 행정행위가 효력을 발생하지 않으면 부담으로 부과된 의무도 효력을 발생하지 않는다.

→ 그러나 부담은 주된 행정행위의 불가분적 요소는 아니어서 그 자체가 독립적 행정행위인 하명에 해당한다. 따라서 부담은 처분성이 있으므로 항고소송의 대상이 된다. 또한 부담에 의해 부과된 의무의 불이행시 부담은 독립하여 강제집행의 대상이 된다.

→ 부담에 의해 부과된 의무를 상대방이 불이행할 경우 처분청은 주된 행정행위를 철회할 수 있다.

→ 부담에 의해 부과된 의무를 상대방이 불이행할 경우 처분청은 주된 행정행위에 뒤따르는 후속 행정행위도 거부할 수 있다.

나. 조건

장래의 **불확실**한 사실의 발생에 행정행위의 효력의 발생 또는 소멸을 의존시키는 부관을 말한다.

→ 조건이 성취되어야 행정행위의 효력이 발생하는 것을 정지조건이라고 하고, (일정한 기간 안에 공사에 착수할 것을 조건으로 하는 공유수면매립면허처럼) 일단 행정행위의 효력은 발생하고 조건이 성취되면 그것을 기화로 당해 행정행위의 효력이 소멸되는 것을 해제조건이라고 한다.

다. 기한

장래의 **확실**한 사실의 발생에 행정행위의 효력의 발생 또는 소멸을 의존시키는 부관을 말한다. 기한이 도래함으로써 행정행위의 효력이 발생하는 '시기'와 기한이 도래함으로써 행정행위의 효력이 소멸하는 '종기'로 나뉜다. 또한 장래 사실의 도래시기가 확정되어 있는 '확정기한'과 도래는 확실한 데 도래시기는 확정되어 있지 않은 '불확정기한'으로 나뉜다.

→ 종기의 예로 사망시까지 지급하는 국민연금 / 특정날짜까지 도로사용허가 / 어업면허처분을 하면서 면허의 유효기간을 1년으로 정한 것 등이 있다.

→ 허가에 붙은 기한이 그 허가된 사업의 성질상 **부당**하게 **짧은** 경우에는 이를 그 허가조건의 존속기간으로 보아야 한다. (따라서 허가기간이 연장되기 위해서는 그 종기가 도래하기 전에 그 허가기간의 연장에 관한 신청이 있어야 한다.)

→ 허가에 붙은 기한이 그 허가된 사업의 성질상 **부당**하게 **짧아서** 이 기한이 허가 자체의 존속기간이 아니라 허가조건의 존속기간으로 보더라도 그 후 당초의 기한이 상당 기간 연장되어 그 기한이 **부당**하게 **짧은** 경우에 해당하지 **않게** 된 때에는 (다시 허가 자체의 존속기간으로 해석될 수 있으므로) 더 이상의 기간연장을 불허가할 수도 있다.

∵ 재량

라. 철회권의 유보

행정행위를 행함에 있어서 일정한 사실이 발생하면 행정행위를 철회할 수 있는 권한을 유보한 부관을 말한다.

→ 행정청이 종교단체에 대하여 기본재산전환인가를 함에 있어서 인가조건을 부가하고 그 불이행시 인가를 취소할 수 있도록 한 경우, 그 인가조건의 의미는 철회권유보이다.

→ 해제조건은 조건사실이 발생하면 당연히 행정행위의 효력이 소멸되지만 철회권 유보는 유보된 사실이 발생하더라도 그 효력을 소멸시키려면 행정청의 별도의 의사표시(철회)가 필요하다.

행정청이 철회사유를 정하여 철회권을 유보하였고 그 후 그와 같은 철회사유가 발생하였다 하더라도 행정청의 철회권의 행사가 언제나 자유로운 것은 아니다. 행정청이 철회권을 행사하려면 공익상의 필요 등 이익형량의 원칙(행정행위의 철회의 제한에 관한 일반원리)이 충족되어야 한다.

철회권의 유보의 경우에는 상대방이 해당 행위가 장래 철회될 수 있음을 예상할 수 있으므로 신뢰보호를 이유로 한 손실보상청구권은 발생하지 않는다고 보는 것이 다수설의 입장이다.

→ 수익적 행정행위에 대한 철회권유보의 부관은 그 유보된 사유가 발생하여 철회권이 행사된 경우 상대방이 신뢰보호원칙을 원용하는 것을 제한한다는 데 실익이 있다.

마. 수정부담

당사자가 신청한 것과 다르게 행정청이 내용을 수정하여 허가하는 것을 말한다. 실질이 부관이 아니라 독립적인 행정행위라고 보는 견해도 많아서 전통적 의미의 부관이라고 보기는 어렵다.

바. 법률효과의 일부배제

법령이 당해 행정행위에 인정한 법률효과를 행정청이 일부 배제하는 것을 말한다.

→ 택시영업허가에 격일제 운행을 부관으로 붙였다면 이는 법률효과의 일부배제에 해당한다. (다만, 이러한 영업용택시의 격일제 운행허가는 행정행위의 내용적 제한으로 부관이 아니라는 견해도 있다.)

→ 공유수면매립준공인가처분 중 매립지 일부(**일부 공유수면매립지**)에 대하여 한 국가 및 지방자치단체의 **귀속처분**도 (공유수면매립법 제14조의 효과 일부를 배제하는) 법률효과의 일부배제에 해당한다.

법률효과의 일부배제는 독립하여 행정소송의 대상으로 삼을 수는 **없다.** 또한 법률효과의 일부배제는 법령상에 규정된 효과의 일부를 배제하는 것이기 때문에 관계 법령에 명시적인 근거가 있어야 한다.

사. 부담유보

당해 행정청이 추후 부담을 설정·변경할 수 있는 권리를 미리 유보해 두는 부관을 말한다.

3. 부관의 한계

> **행정기본법**
>
> **제17조 (부관)**
> **제1항** 행정청은 처분에 **재량이 있는 경우**에는 부관(조건, 기한, 부담, 철회권의 유보 등을 말한다. 이하 이 조에서 같다)을 붙일 수 있다.
> **제2항** 행정청은 처분에 **재량이 없는 경우**에는 **법률에 근거가 있는 경우**에 부관을 붙일 수 있다.
> **제3항** 행정청은 부관을 붙일 수 있는 처분이 다음 각 호의 어느 하나에 해당하는 경우에는 그 **처분을 한 후에도 부관을 새로 붙이거나 종전의 부관을 변경**할 수 있다.
> 1. **법률에 근거가 있는 경우**
> 2. 당사자의 **동의**가 있는 경우
> 3. **사정이 변경**되어 부관을 새로 붙이거나 종전의 부관을 변경하지 아니하면 해당 처분의 목적을 달성할 수 없다고 인정되는 경우
> **제4항** 부관은 다음 각 호의 요건에 적합하여야 한다.
> 1. 해당 처분의 목적에 위배되지 아니할 것
> 2. 해당 처분과 실질적인 관련이 있을 것
> 3. 해당 처분의 목적을 달성하기 위하여 필요한 최소한의 범위일 것

법령에 명문으로 부관을 허용하는 규정이 되어 있는 경우에는 기속행위이든 재량행위이든 부관을 붙일 수 있다.

법령에 명문의 규정이 없는 경우 재량행위에는 법령에 부관에 관한 근거가 없더라도 효과제한적 부관이든 요건보충적 부관이든 상관없이 부관을 붙일 수 있다. 그러나 기속행위에는 법령이 정한 일정한 효과를 행정청이 제한하기는 힘들기 때문에 부관을 붙일 수 없다.

→ **수익적 행정처분**은 원칙적으로 재량행위이므로 **별도의 법령상의 근거규정이 없다고 하더라도** 부관을 붙일 수 있다.

법률행위적 행정행위는 원칙적으로 부관을 붙일 수 있지만 귀화허가나 임명행위와 같은 신분설정행위에는 그 성질상 부관을 붙이기가 어렵다. 준법률행위적 행정행위는 법령이 정한대로 일정한 효과가 발생해야 하기 때문에 원칙적으로 부관을 붙일 수 없다. (예외적으로 확인·공증에 종기를 붙일 수 있다.)

또한 부관은 주된 행정행위의 목적에 반하거나 본질적 효력을 해하지 않아야 하며, 행정법의 일반원칙에도 당연히 부합해야 한다.

주택건축허가를 하면서 영업목적으로만 사용할 것을 부관으로 정한 경우에, 이러한 부관은 주된 행정행위의 목적에 위배된다.

주택은 기본적으로 거주의 목적O

기선선망어업의 허가를 하면서 운반선, 등선 등 부속선을 사용할 수 없도록 제한한 부관도 그 어업허가의 목적 달성을 사실상 어렵게 하여 그 본질적 효력을 해하는 것이다.

부관의 사후변경과 관련해서는 판례는 예외적으로 가능하다고 판시하고 있다.

→ 부관의 사후변경은, **법률에 명문의 규정**이 있거나 그 **변경이 미리 유보되어 있는 경우** 또는 **상대방의 동의**가 있는 경우에 **한하여 허용**되는 것이 원칙이지만, **사정변경**으로 인하여 당초에 부담을 부가한 목적을 달성할 수 없게 된 경우에도 그 **목적달성에 필요한 범위 내에서 예외적으로 허용**된다.

4. 위법한 부관

무효인 부관이 부가된 경우 원칙적으로는 무효인 부관만이 효력을 상실하고 주된 행정행위에는 영향을 미치지 않는다.

→ 그러나 예외적으로 부관을 부가하지 않았더라면 주된 행정행위를 하지 않았을 것이라고 판단되는 경우, 즉 무효인 부관이 주된 행정행위의 본질적인 부분에 해당하는 경우에는 주된 행정행위도 무효가 된다.

→ 도로점용허가의 점용기간은 **행정행위의 본질적인 요소**에 해당한다고 볼 것이어서 **부관인 점용기간**을 정함에 있어서 위법사유가 있다면 이로써 도로점용허가 처분 **전부**가 위법하게 된다.

→ 기부채납의 부관이 **당연무효**이거나 **취소되지 않은** 상태에서 **그 부관으로 인하여** 증여계약의 중요 부분에 착오가 있음을 이유로 증여계약을 취소할 수 없다.

→ 행정처분과 **실제적 관련성이 없어** 부관으로 붙일 수 없는 부담이라면 (공무원이 공법상의 제한을 회피할 목적으로) 행정처분의 상대방에게 **사법상 계약**의 형식으로 이를 부과할 수 없다.

⇒ 처분을 하면서 처분과 관련한 소의 제기를 금지하는 내용의 **부제소특약**을 부관으로 붙이는 것은 허용되지 않는다.

부제소특약(소를 제기할 수 없다는 특별한 계약)은 헌법상 재판청구권의 침해에 해당하므로 인정X

가. 위법한 부관과 행정쟁송

(1) 독립쟁송가능성

소송요건의 문제이다. 부관 중 부담에 대해서는 독립쟁송가능성을 인정하지만, 기타 부관에 대해서는 독립쟁송가능성을 부정한다(다수설·판례). 따라서 기타 부관의 경우에는 행정행위 전체에 대해서 소를 제기해야만 한다.

→ 허가기간만의 취소를 구하는 소송에 대하여는 각하판결을 해야 한다는 것이 판례의 입장이다.

→ 행정재산에 대한 **기한부** 사용·수익허가를 받은 경우, 그 **사용·수익허가의 기간**에 대하여 **독립하여 행정소송**을 제기할 수 없다.

[독립쟁송가능성]

부담만의 독립쟁송가능성설	처분성이 있는 **부담만**이 독립쟁송가능성O
모든 부관의 독립쟁송가능성설	모든 **부관**이 독립쟁송가능성O
분리가능성설	분리가능성이 있는 **부관만**이 독립쟁송가능성O

(2) 쟁송의 형태

다수설은 부담에 대해서는 진정일부취소소송, 기타 부관에 대해서는 부진정일부취소소송을 제기할 수 있다고 본다. 이에 비해 판례는 부담에 대해서는 진정일부취소소송, 기타 부관에 대해서는 전부취소소송 내지는 거부처분취소소송을 제기할 수 있다고 본다.

[쟁송의 형태]

쟁송의 형태	소송요건(대상적격)	본안판단(독립취소가능성)
진정일부취소소송	하자 있는 부관만을 대상	부관만의 취소를 구하는 것
전부취소소송	하자 있는 부관을 포함한 **행정행위** 전체를 대상	**행정행위** 전체의 취소를 구하는 것
부진정일부취소소송	하자 있는 부관을 포함한 **행정행위** 전체를 대상	부관만의 취소를 구하는 것

→ 형식상 부관부 행정행위 전체를 소송의 대상으로 하면서 내용상 일부 즉 부관만의 취소를 구하는 소송형태를 부진정일부취소소송이라고 하고 판례는 이를 인정하지 않는다.

→ 판례에 따르면 부담 이외의 위법한 부관으로 인해 권리의 침해를 받은 자는 부관부 행정행위 전체를 취소청구(전부취소소송)하든지, 아니면 행정청에 부관이 없는 처분으로의 변경을 청구한 다음 그것이 거부된 경우에 거부처분취소소송을 제기하여야 한다.

→ 판례에 따르면 부담 이외의 부관이 위법한 경우 일부취소소송은 인정되지 않고 전부취소소송(행정행위 전부를 취소하는 소송)은 가능하다.

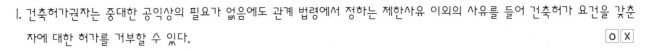

1. 건축허가권자는 중대한 공익상의 필요가 없음에도 관계 법령에서 정하는 제한사유 이외의 사유를 들어 건축허가 요건을 갖춘 자에 대한 허가를 거부할 수 있다. ☐O ☐X

2. 甲은 「폐기물관리법」에 따라 폐기물처리업의 허가를 받기 전에 행정청 乙에게 폐기물처리사업계획서를 작성하여 제출하였고, 乙은 그 사업계획서를 검토하여 적합통보를 하였다.

　① 적합통보를 받은 甲은 폐기물처리업의 허가를 받기 전이라도 부분적으로 폐기물처리를 적법하게 할 수 있다. ☐O ☐X

　② 사업계획의 적합 여부는 乙의 재량에 속하고, 사업계획 적합 여부 통보를 위하여 필요한 기준을 정하는 것도 역시 乙의 재량에 속한다. ☐O ☐X

　③ 사업계획서 적합통보가 있는 경우 폐기물처리업의 허가단계에서는 나머지 허가요건만을 심사한다. ☐O ☐X

3. 「도시 및 주거환경정비법」상 주택재건축조합 설립인가는 보충적 행위로서의 성질을 지니므로 강학상 인가에 해당할 뿐 설권적 처분으로는 볼 수 없다. ☐O ☐X

4. 「도시 및 주거환경정비법」상 주택재개발조합 설립추진위원회의 구성을 승인하는 처분은 보충행위로서 강학상 인가이다. ☐O ☐X

5. 주된 인·허가에 관한 사항을 규정하고 있는 A법률에서 주된 인·허가가 있으면 B법률에 의한 인·허가를 받은 것으로 의제한다는 규정을 둔 경우, B법률에 의하여 인·허가를 받았음을 전제로 하는 B법률의 모든 규정이 적용된다. ☐O ☐X

6. 인가처분에 하자가 없더라도 기본행위에 무효사유가 있다면 기본행위의 무효를 내세워 그에 대한 행정청의 인가처분의 취소 또는 무효확인을 구할 소의 이익이 있다. ☐O ☐X

7. 강학상 인가는 기본행위에 대한 법률상의 효력을 완성시키는 보충행위로서, 그 기본이 되는 행위에 하자가 있을 때에는 그에 대한 인가가 있었다 하여도 인가로 인하여 기본행위가 유효한 것으로 될 수 없다. ☐O ☐X

8. 지적공부 소관청의 토지대장 직권말소행위는 항고소송의 대상이 되는 행정처분에 해당한다. ☐O ☐X

9. 운전면허를 받은 사람이 음주운전을 한 경우에 운전면허의 취소 여부는 기속행위이다. ☐O ☐X

10. 음주운전으로 인해 운전면허를 취소하는 경우의 이익형량에서 음주운전으로 인한 교통사고를 방지할 공익상의 필요가 취소의 상대방이 입게 될 불이익보다 강조되어야 하는 것은 아니다. ☐O ☐X

11. 「국토의 계획 및 이용에 관한 법률」상 건축물의 건축에 관한 개발행위허가가 의제되는 건축허가신청이 국토의 계획 및 이용에 관한 법령이 정한 개발행위허가기준에 부합하지 아니하면 건축허가권자는 이를 거부할 수 있다. ☐O ☐X

12. 수입 녹용 중 일정성분이 기준치를 0.5% 초과하였다는 이유로 수입 녹용 전부에 대하여 전량 폐기 또는 반송처리를 지시한 처분은 재량권을 일탈·남용한 경우에 해당한다고 판시하였다. ☐O ☐X

13. 행정행위는 상대방에 대한 통지(도달)로서 효력이 발생하며, 행정청은 개별법에서 달리 정하지 않는 한 제3자인 이해관계인에 대한 행정행위 통지의무를 부담하지 않는다. ☐O ☐X

14. 구「청소년 보호법」에 따라 정보통신윤리위원회가 특정 웹사이트를 청소년유해매체물로 결정하고 청소년보호위원회가 효력 발생 시기를 명시하여 고시하였으나 정보통신윤리위원회와 청소년보호위원회가 웹사이트 운영자에게는 위 처분이 있었음을 통지하지 않았다면 그 효력이 발생하지 않는다. ☐O ☐X

15. 취소사유 있는 과세처분에 의하여 세금을 납부한 자는 과세처분취소소송을 제기하지 않은 채 곧바로 부당이득반환청구소송을 제기하더라도 납부한 금액을 반환받을 수 있다. ☐O ☐X

16. 행정처분에 있어 여러 개의 처분사유 중 일부가 적법하지 않으면 다른 처분사유로써 그 처분의 정당성이 인정된다고 하더라도, 그 처분은 위법하게 된다. ☐O ☐X

17. 연속적으로 행하여진 선행처분과 후행처분이 서로 독립하여 별개의 법률효과를 목적으로 하고 선행처분에 불가쟁력이 생겨 그 효력을 다툴 수 없게 된 경우에는 선행처분이 당연무효가 아닌 한 원칙적으로 선행처분의 하자를 이유로 후행처분의 효력을 다툴 수 없다. ☐O ☐X

18. 조세부과처분에 취소사유인 하자가 있는 경우 그 하자는 후행 강제징수절차인 독촉·압류·매각·청산절차에 승계된다. ☐O ☐X

19. 면허의 취소처분에는 그 근거가 되는 법령이나 취소권 유보의 부관 등을 명시하여야 함은 물론 처분을 받은 자가 어떠한 위반사실에 대하여 당해 처분이 있었는지를 알 수 있을 정도로 사실을 적시할 것을 요하지만, 이와 같은 취소처분의 근거와 위반사실의 적시를 빠뜨린 하자는 피처분자가 처분 당시 그 취지를 알고 있었거나 그 후 알게 되었다면 그 하자는 치유될 수 있다. ☐O ☐X

20. 행정청이 「식품위생법」상의 청문절차를 이행함에 있어 청문서 도달기간을 다소 어겼지만 영업자가 이의하지 아니한 채 청문일에 출석하여 의견을 진술하고 변명하는 등 방어의 기회를 충분히 가졌다면 청문서 도달기간을 준수하지 아니한 하자는 치유되었다고 본다. ☐O ☐X

21. 납세자가 아닌 제3자의 재산을 대상으로 한 압류처분은 당연무효이다. ☐O ☐X

22. 정비구역이 지정·고시되기 전의 정비예정구역을 기준으로 한 토지 등 소유자 과반수의 동의를 얻어 구성된 추진위원회에 대하여 승인처분이 이루어진 후 지정된 정비구역이 정비예정구역보다 면적이 축소되었다고 하더라도 이러한 사정만으로 해당 승인처분이 당연무효라고 할 수는 없다. ☐O ☐X

23. 무효인 행정행위는 당연무효를 선언하는 의미에서 그 취소를 구하는 형식의 소를 제기할 수 없다. ☐O ☐X

24. 비영리법인의 해산을 초래하는 설립허가취소는 헌법 제10조에 내재된 일반적 행동의 자유에 대한 침해여부와 과잉금지의 원칙 등을 고려하여 엄격하게 판단하여야 한다. ☐O ☐X

25. 근거법률의 위헌결정 이전에 이미 부담금 부과처분과 압류처분 및 이에 기한 압류등기가 이루어지고 각 처분이 확정된 경우에는 기존의 압류등기나 교부청구로도 다른 사람에 의하여 개시된 경매절차에서 배당을 받을 수 있다. ☐O ☐X

26. 무권한의 행위는 원칙적으로 무효라고 할 것이므로, 5급 이상의 국가정보원 직원에 대해 임면권자인 대통령이 아닌 국가정보원장이 행한 의원면직처분은 당연무효에 해당한다. ☐O ☐X

27. 甲은 「영유아보육법」에 따라 보건복지부장관의 평가인증을 받아 어린이집을 설치·운영하고 있다. 甲은 어린이집을 운영하면서 부정한 방법으로 보조금을 교부받아 사용하였고, 보건복지부장관은 이를 근거로 관련 법령에 따라 평가인증을 취소하였다. 이러한 경우 평가인증의 취소는 강학상 철회에 해당하며, 행정청이 평가인증취소처분을 하면서 별도의 법적 근거 없이는 평가인증의 효력을 취소사유 발생일로 소급하여 상실시킬 수 없다. ☐O ☐X

28. 처분 당시 법령을 기준으로 처분에 부가된 부담이 적법하였더라도, 처분 후 부담의 전제가 된 주된 행정처분의 근거 법령이 개정됨으로써 행정청이 더이상 부관을 붙일 수 없게 되었다면 그때부터 부담의 효력은 소멸한다. ☐O ☐X

29. 부담은 독립하여 항고소송의 대상이 될 수 있으며, 부담부 행정행위는 부담의 이행여부를 불문하고 효력이 발생한다. ☐O ☐X

30. 행정청은 처분에 재량이 없는 경우에는 법률에 근거가 있는 경우에 부관을 붙일 수 있다. ☐O ☐X

31. 행정처분과 실제적 관련성이 없어 부관으로 붙일 수 없는 부담이라고 하더라도 행정처분의 상대방에게 사법상 계약의 형식으로 이를 부과할 수 있다. ☐O ☐X

적중문제 정답

- 빨간색 표시가 정답 입니다.

1. ⭕❌ 건축허가권자는 중대한 공익상의 필요가 없음에도 관계 법령에서 정하는 제한사유 이외의 사유를 들어 건축허가 요건을 갖춘 자에 대한 허가를 거부할 수 있다.

> **옳은 지문** 허가는 원칙적으로 기속행위이므로 (건축허가권자는) **중대한 공익상의 필요가 없는데도** 관계 법령에서 정하는 제한사유 **이외의 사유**를 들어 **요건을 갖춘 자**에 대한 **허가를 거부할 수는 없다.**

2. 甲은 「폐기물관리법」에 따라 폐기물처리업의 허가를 받기 전에 행정청 乙에게 폐기물처리사업계획서를 작성하여 제출하였고, 乙은 그 사업계획서를 검토하여 적합통보를 하였다.

① ⭕❌ 적합통보를 받은 甲은 폐기물처리업의 허가를 받기 전이라도 부분적으로 폐기물처리를 적법하게 할 수 있다.

> **옳은 지문** 적합통보를 받은 甲은 폐기물처리업의 허가를 받기 **전**이라면 **부분적으로**도 폐기물처리를 적법하게 할 수는 없다.

② ⭕❌ 사업계획의 적합 여부는 乙의 재량에 속하고, 사업계획 적합 여부 통보를 위하여 필요한 기준을 정하는 것도 역시 乙의 재량에 속한다.

③ ⭕❌ 사업계획서 적합통보가 있는 경우 폐기물처리업의 허가단계에서는 나머지 허가요건만을 심사한다.

3. ⭕❌ 「도시 및 주거환경정비법」상 주택재건축조합 설립인가는 보충적 행위로서의 성질을 지니므로 강학상 인가에 해당할 뿐 설권적 처분으로는 볼 수 없다.

> **옳은 지문** 「도시 및 주거환경정비법」상 조합설립인가처분은 **특허(설권적 처분)**의 성질을 가진다.

4. ⭕❌ 「도시 및 주거환경정비법」상 주택재개발조합 설립추진위원회의 구성을 승인하는 처분은 보충행위로서 강학상 인가이다.

5. ⭕❌ 주된 인·허가에 관한 사항을 규정하고 있는 A법률에서 주된 인·허가가 있으면 B법률에 의한 인·허가를 받은 것으로 의제한다는 규정을 둔 경우, B법률에 의하여 인·허가를 받았음을 전제로 하는 B법률의 모든 규정이 적용된다.

> **옳은 지문** A법률에서 해당 법률에 따른 주된 인·허가를 받게 되면 B법률에 따른 특정 인·허가를 받은 것으로 의제를 하고 있는 경우, 인·허가신청자가 A법률에 따라 인·허가를 받게 되면 의제되는 인·허가를 전제로한 B법률의 **모든 규정들도 적용이 가능하다고 볼 수 없다.**

> **참고** B법률의 **모든 규정들**이 적용X / B법률의 **의제되는 인허가와 관련된 규정들**이 적용O

6. ⭕❌ 인가처분에 하자가 없더라도 기본행위에 무효사유가 있다면 기본행위의 무효를 내세워 그에 대한 행정청의 인가처분의 취소 또는 무효확인을 구할 소의 이익이 있다.

> **옳은 지문** **기본행위의 무효를 내세워** 바로 그에 대한 행정청의 인가처분의 취소 또는 무효확인을 구할 수 **없다.**

7. ⃞O⃞X 강학상 인가는 기본행위에 대한 법률상의 효력을 완성시키는 보충행위로서, 그 기본이 되는 행위에 하자가 있을 때에는 그에 대한 인가가 있었다 하여도 인가로 인하여 기본행위가 유효한 것으로 될 수 없다.

8. ⃞O⃞X 지적공부 소관청의 토지대장 직권말소행위는 항고소송의 대상이 되는 행정처분에 해당한다.

9. ⃞O⃞X 운전면허를 받은 사람이 음주운전을 한 경우에 운전면허의 취소 여부는 기속행위이다.

> **옳은 지문** **음주운전을 이유로 운전면허취소** : 재량행위

> **참고** **음주측정거부를 이유로 운전면허취소** : 기속행위

10. ⃞O⃞X 음주운전으로 인해 운전면허를 취소하는 경우의 이익형량에서 음주운전으로 인한 교통사고를 방지할 공익상의 필요가 취소의 상대방이 입게 될 불이익보다 강조되어야 하는 것은 아니다.

> **옳은 지문** 음주운전으로 인해 운전면허를 취소하는 경우의 **이익형량**에서 음주운전으로 인한 교통사고를 방지할 **공익상의 필요**가 취소의 **상대방**이 입게 될 불이익보다 **강조**되어야 한다.

11. ⃞O⃞X 「국토의 계획 및 이용에 관한 법률」상 건축물의 건축에 관한 개발행위허가가 의제되는 건축허가신청이 국토의 계획 및 이용에 관한 법령이 정한 개발행위허가기준에 부합하지 아니하면 건축허가권자는 이를 거부할 수 있다.

12. ⃞O⃞X 수입 녹용 중 일정성분이 기준치를 0.5% 초과하였다는 이유로 수입 녹용 전부에 대하여 전량 폐기 또는 반송처리를 지시한 처분은 재량권을 일탈·남용한 경우에 해당한다고 판시하였다.

> **옳은 지문** 회분함량 기준치를 초과한 수입녹용에 대한 전량폐기 또는 반송처리 지시 : **일탈·남용 인정X**

13. ⃞O⃞X 행정행위는 상대방에 대한 통지(도달)로서 효력이 발생하며, 행정청은 개별법에서 달리 정하지 않는 한 제3자인 이해관계인에 대한 행정행위 통지의무를 부담하지 않는다.

14. ⃞O⃞X 구「청소년 보호법」에 따라 정보통신윤리위원회가 특정 웹사이트를 청소년유해매체물로 결정하고 청소년보호위원회가 효력발생 시기를 명시하여 고시하였으나 정보통신윤리위원회와 청소년보호위원회가 웹사이트 운영자에게는 위 처분이 있었음을 통지하지 않았다면 그 효력이 발생하지 않는다.

> **옳은 지문** 정보통신윤리위원회의 **청소년유해매체물 결정**은 **불특정 다수인**을 대상으로 하는 **일반처분**이므로, **고시**하면 명시된 시점에 **효력이 발생**하고 웹사이트 운영자에게 처분이 있었음을 별도로 **통지**할 필요는 **없다**.

15. ⃞O⃞X 취소사유 있는 과세처분에 의하여 세금을 납부한 자는 과세처분취소소송을 제기하지 않은 채 곧바로 부당이득반환청구소송을 제기하더라도 납부한 금액을 반환받을 수 있다.

> **옳은 지문** 부당이득반환청구소송의 경우로써 행정행위의 효력여부가 선결문제라면, (조세부과처분을 예로 들면) 해당 조세부과처분이 취소사유에 해당하면 공정력이 발생하여 일응 유효함으로 민사법원은 독자적으로 심리·판단하여 행정행위의 효력을 부인할 수 없고 따라서 인용판결도 할 수 없다.

> **참고** 인용판결(부당이득반환판결)을 할 수 없으므로 납부한 금액을 반환받을 수 <u>없다</u>.

16. [O][X] 행정처분에 있어 여러 개의 처분사유 중 일부가 적법하지 않으면 다른 처분사유로써 그 처분의 정당성이 인정된다고 하더라도, 그 처분은 위법하게 된다.

> **옳은 지문** 행정처분에 있어 수개의 처분사유 중 일부가 적법하지 않다고 하더라도, 다른 처분사유로서 그 처분의 정당성이 인정되는 경우에는 그 처분을 위법하다고 할 수 없다.

17. [O][X] 연속적으로 행하여진 선행처분과 후행처분이 서로 독립하여 별개의 법률효과를 목적으로 하고 선행처분에 불가쟁력이 생겨 그 효력을 다툴 수 없게 된 경우에는 선행처분이 당연무효가 아닌 한 원칙적으로 선행처분의 하자를 이유로 후행처분의 효력을 다툴 수 없다.

18. [O][X] 조세부과처분에 취소사유인 하자가 있는 경우 그 하자는 후행 강제징수절차인 독촉·압류·매각·청산절차에 승계된다.

> **옳은 지문** 하자의 승계 부정 : 조세부과처분 – 압류 등의 체납처분

19. [O][X] 면허의 취소처분에는 그 근거가 되는 법령이나 취소권 유보의 부관 등을 명시하여야 함은 물론 처분을 받은 자가 어떠한 위반사실에 대하여 당해 처분이 있었는지를 알 수 있을 정도로 사실을 적시할 것을 요하지만, 이와 같은 취소처분의 근거와 위반사실의 적시를 빠뜨린 하자는 피처분자가 처분 당시 그 취지를 알고 있었거나 그 후 알게 되었다면 그 하자는 치유될 수 있다.

> **옳은 지문** (면허의) 취소처분의 근거와 위반사실의 적시를 빠뜨린 하자 ➜ 피처분자가 처분 당시 그 취지를 알고 있었거나 추후 알게 된 경우에도 하자의 치유**X**

20. [O][X] 행정청이 「식품위생법」상의 청문절차를 이행함에 있어 청문서 도달기간을 다소 어겼지만 영업자가 이의하지 아니한 채 청문일에 출석하여 의견을 진술하고 변명하는 등 방어의 기회를 충분히 가졌다면 청문서 도달기간을 준수하지 아니한 하자는 치유되었다고 본다.

21. [O][X] 납세자가 아닌 제3자의 재산을 대상으로 한 압류처분은 당연무효이다.

22. [O][X] 정비구역이 지정·고시되기 전의 정비예정구역을 기준으로 한 토지 등 소유자 과반수의 동의를 얻어 구성된 추진위원회에 대하여 승인처분이 이루어진 후 지정된 정비구역이 정비예정구역보다 면적이 축소되었다고 하더라도 이러한 사정만으로 해당 승인처분이 당연무효라고 할 수는 없다.

23. [O][X] 무효인 행정행위는 당연무효를 선언하는 의미에서 그 취소를 구하는 형식의 소를 제기할 수 없다.

> **옳은 지문** 무효인 행정행위는 당연무효를 선언하는 의미에서 그 취소를 구하는 형식의 소를 제기할 수 있다.
> 무효선언적 의미의 취소소송

24. [O][X] 비영리법인의 해산을 초래하는 설립허가취소는 헌법 제10조에 내재된 일반적 행동의 자유에 대한 침해여부와 과잉금지의 원칙 등을 고려하여 엄격하게 판단하여야 한다.

25. ☐O☐X☐ 근거법률의 위헌결정 이전에 이미 부담금 부과처분과 압류처분 및 이에 기한 압류등기가 이루어지고 각 처분이 확정된 경우에는 기존의 압류등기나 교부청구로도 다른 사람에 의하여 개시된 경매절차에서 배당을 받을 수 있다.

> **옳은 지문** 근거법률의 위헌결정 이전에 이미 **부담금 부과처분과 압류처분** 및 이에 기한 **압류등기**가 이루어지고 각 처분이 **확정되었다고 하여도** (**위헌결정 이후**에는 별도의 행정처분인 **매각처분, 분배처분 등 후속 체납처분** 절차를 진행**할 수 없는 것**은 물론이고) 기존의 압류등기나 교부청구만으로는 다른 사람에 의하여 개시된 <u>경매절차에서 배당을</u>
> _{무효}
> **받을 수 없다.**

26. ☐O☐X☐ 무권한의 행위는 원칙적으로 무효라고 할 것이므로, 5급 이상의 국가정보원 직원에 대해 임면권자인 대통령이 아닌 국가정보원장이 행한 의원면직처분은 당연무효에 해당한다.

> **옳은 지문** **5급 이상의 국가정보원 직원**에 대해 임면권자인 대통령이 아닌 **국가정보원장이 행한 의원면직처분은 위법하더**라도 하자가 중대한 것이라고 볼 수는 없으므로, (대통령의 내부결재가 있었는지에 관계없이) **당연무효는 아니다.**
> ∴ 취소사유

27. ☐O☐X☐ 甲은 「영유아보육법」에 따라 보건복지부장관의 평가인증을 받아 어린이집을 설치·운영하고 있다. 甲은 어린이집을 운영하면서 부정한 방법으로 보조금을 교부받아 사용하였고, 보건복지부장관은 이를 근거로 관련 법령에 따라 평가인증을 취소하였다. 이러한 경우 평가인증의 취소는 강학상 철회에 해당하며, 행정청이 평가인증취소처분을 하면서 별도의 법적 근거 없이는 평가인증의 효력을 취소사유 발생일로 소급하여 상실시킬 수 없다.

28. ☐O☐X☐ 처분 당시 법령을 기준으로 처분에 부가된 부담이 적법하였더라도, 처분 후 부담의 전제가 된 주된 행정처분의 근거 법령이 개정됨으로써 행정청이 더이상 부관을 붙일 수 없게 되었다면 그때부터 부담의 효력은 소멸한다.

> **옳은 지문** 행정청이 수익적 행정처분을 하면서 협약상의 의무를 부담으로 부가하였으나 부담의 전제가 된 **주된 행정처분의** **근거 법령이 개정**됨으로써 행정청이 더 이상 **부관을 붙일 수 없게** 된 경우에도 곧바로 협약의 효력이 소멸하는 것은 아니다.

29. ☐O☐X☐ 부담은 독립하여 항고소송의 대상이 될 수 있으며, 부담부 행정행위는 부담의 이행여부를 불문하고 효력이 발생한다.

30. ☐O☐X☐ 행정청은 처분에 재량이 없는 경우에는 법률에 근거가 있는 경우에 부관을 붙일 수 있다. ○

31. ☐O☐X☐ 행정처분과 실제적 관련성이 없어 부관으로 붙일 수 없는 부담이라고 하더라도 행정처분의 상대방에게 사법상 계약의 형식으로 이를 부과할 수 있다. X

> **옳은 지문** **행정처분과 실제적 관련성이 없어 부관으로 붙일 수 없는 부담**이라면 (공무원이 공법상의 제한을 회피할 목적으로) 행정처분의 상대방에게 **사법상 계약**의 형식으로 이를 부과할 수 **없다.**

적중요약 정리

이것만
암기하면
된다

4

이것만 암기하면 된다

제1절 확약 (← 원칙적으로 처분성X)

Ⅰ. 실무상 표현

→ 보통 실무에서는 상대방(국민)의 서면문의에 대한 '회신'의 형식으로 이루어진다. 그리고 그 내용은 '~등을 해주겠다'로 주로 나타난다.

Ⅱ. 의의

확약이란 행정청이 국민에 대해서 장래에 향하여 일정한 작위·부작위 등을 약속하는 의사표시이다. (← 자기구속) 확약에 관하여 행정절차법에 규정이 있다.

→ 행정절차법은 확약에 관한 명문규정을 두고 있다.
　행정절차법 제40조의2 확약 조항

→ 판례에 따르면 확약은 장래의 행정작용에 대한 약속에 불과하여 처분성이 없다고 보지만, 예비결정이나 부분허가는 그 자체가 하나의 행정행위로서 처분성이 있으므로 확약과 예비결정·부분허가는 항고소송의 대상이 될 수 있느냐 없느냐의 차이가 있다고 본다.

Ⅲ. 처분성 인정여부

판례는 확약의 처분성을 부정한다.

→ 장래 일정한 처분을 할 것을 약속하는 행정청의 확약은 처분이 아니다.

→ 확약은 처분성이 없으므로 취소소송의 대상이 될 수 없다.

→ 확약은 처분성이 없으므로 행정행위의 효력인 공정력이 적용되지 않는다.

그러나 판례는 확약의 취소의 처분성은 인정한다.

→ 자동차운송사업 양도·양수인가신청에 대하여 행정청이 내인가(확약)를 한 후 그 본인가신청이 있음에도 내인가(확약)를 취소한 경우, 다시 본인가에 대하여 별도로 인가여부의 처분을 한다는 사정이 보이지 않는다면 내인가취소(확약의 취소)는 행정처분에 해당한다.
　내인가취소(확약의 취소) = 본인가신청(행정행위 신청)에 대한 거부처분

Ⅳ. 요건 및 근거

확약의 내용이 되는 본행정행위(본처분)를 할 수 있는 행정청이 그 권한의 범위 내에서만 행해야 한다. 행정절차법은 확약은 문서로 하여야 한다고 규정하고 있다(행정절차법 제40조의2 제2항).

→ 확약이 법적인 구속력을 가지려면 상대방에게 행정청의 의사가 표시되어야 하며, 해당 상대방이 행정청의 확약을 신뢰하였고 그 신뢰에 귀책사유가 없어야 한다.

행정청이 (개별법상) 확약을 할 수 있다는 규정이 없는 경우에도 확약을 할 수 있는지 논의가 된다.

→ 이에 대해 다수설은 확약을 허용하는 명문의 규정이 없더라도 본처분 권한에 확약에 대한 권한이 포함되어 있다고 보아 별도의 명문의 규정이 없더라도 확약을 할 수 있다는 입장이다. 판례는 신뢰보호의 원칙을 이유로 명문의 규정이 없더라도 확약을 인정하고 있다.

→ 재량행위에 대해 상대방에게 확약을 하려면 별도로 확약에 대한 법적 근거가 있을 필요는 없다.

Ⅴ. 효과

확약에 따라 행정청은 (확약의 내용인) 본행정행위를 이행하여야 할 자기구속적인 의무를 지게 된다.

→ 확약을 행한 행정청은 확약의 내용인 행위를 하여야 할 자기구속적 의무를 지며, 상대방은 행정청에 그 이행을 청구할 권리를 갖게 된다.

→ 확약 위반시에는 신뢰보호원칙 위반을 원용할 수 있다.

확약이 있은 후에 유효기간 내에 신청이 없었거나 사실적·법률적 상태가 변경되었다면, 확약은 **행정청의 별다른 의사표시를 기다리지 않고 실효**된다.

행정청이 행정행위의 발령을 거부한 경우 거부처분취소소송이나 의무이행심판(또는 거부처분취소심판)을 제기할 수 있다. 행정청이 확약 후 이행하지 않아서 부작위인 경우 부작위위법확인소송이나 의무이행심판이 가능하다. 행정청의 확약의 불이행 내지는 위법한 확약으로 손해를 입은 상대방이 있다면 국가배상법에 따라 손해배상을 청구할 수 있다. 만약 확약이 공익상의 이유로 철회되거나 실효된 경우 손실보상도 제기할 수 있다.

제2절 공법상 계약 (← 원칙적으로 처분성X)

Ⅰ. 실무상 표현의 대표적 예

→ 서울특별시립무용단 단원 위촉, 전문직공무원 채용계약, 도로관리 사무위탁 등이 있다.

Ⅱ. 의의

공법상 계약이란 복수당사자 사이에 반대방향의 의사표시의 합치에 의하여 공법적 효과의 발생을 그 목적으로 하는 공법행위를 말한다. 공법상 계약은 비권력적 행위이자 법적인 행위이다. (전술한 행정입법이나 행정행위는 권력적 행위이자 법적인 행위이다.)

→ 공법상 계약이란 복수당사자 사이에 반대방향의 의사표시의 합치에 의하여 공법적 효과의 발생을 그 목적으로 하는 공법행위를
　공법상 계약은 비권력적 행위이자 법적인 행위
　말한다.

→ 공법상 계약에 대해서 민법상의 규정이 유추적용 될 수 있다.

공법상 계약은 상대방 있는 행정작용이라는 점에서 상대방의 협력을 요하는 행정행위와 유사하다. 그러나 공법상 계약은 쌍방의사의 합치에 의하여 계약의 내용이 결정되는 반면에, 상대방의 협력을 요하는 행정행위는 상대방의 신청·동의에도 불구하고 행정행위의 내용은 행정청의 일방적 의사에 의하여 결정된다는 점에서 차이가 있다.

→ 공공조합의 설립행위와 같은 공법상 합동행위는 같은 방향의 의사의 합치이고, 공법상 계약은 반대방향의 의사의 합치이기 때문에 차이가 있다.

[행정행위 VS 공법상 계약]

	행정행위	공법상 계약
성립	행정주체의 일방적 의사에 의해 결정 (일방적 행위)	쌍방(행정주체 및 국민)의사의 합치에 의해 결정 (쌍방적 행위)
처분성	O	X
위법	무효·취소 모두 가능	무효만 가능 (단, 취소는 법률의 규정이 있는 경우에 한해서 가능)
권리구제	항고소송	당사자소송
법률유보	O	X
법률우위	O	O
공정력·존속력	취소할 수 있는 행정행위인 경우 O	X
강제집행	O	X

Ⅲ. 요건

공법상 계약의 내용은 당사자 사이의 합의에 의해 정해지는 것이 원칙이다. 판례는 공법상 계약에는 행정절차법이 적용되지 않는다고 본다.

Ⅳ. 종류

계약당사자의 일방은 행정주체이어야 하며, 행정주체에는 공무수탁사인도 포함된다.

1. 행정주체와 사인 간

→ 행정사무 위탁계약(별정우체국지정) / 보조금지급계약(수출보조금 교부) / 전문직공무원 채용계약(계약직 공무원 채용계약) / 특별행정법관계의 설정합의(자원입대) / 환경보전협정(지방자치단체와 사기업 간의 공해방지협정) / 광주광역시문화예술회관장의 (합창)단원 위촉 / 서울특별시립무용단 단원 위촉 등

→ 구「중소기업기술혁신 촉진법」상 중소기업 정보화지원사업에 따른 지원금 출연을 위하여 중소기업청장이 체결하는 협약은 공법상 계약에 해당한다.

→ 국립의료원 부설 주차장에 관한 위탁관리용역운영계약의 실질은 특허이므로 행정주체와 사인 간의 공법상 계약이 아니다.

2. 행정주체 상호 간

→ 지방자치단체 간 도로·하천의 경비부담에 관한 협의 / 지방자치단체 간 비용부담협의 / 공공단체 상호간 사무(주로 교육)위탁 등

3. 사인 상호 간

공무수탁사인과 다른 사인 간에 계약이 행해지는 경우를 의미한다. 사업시행자와 양도인(토지소유자)의 협의취득(다수설은 공법상 계약으로 보지만 판례는 사법상 계약으로 본다.) 등이 있다.

V. 공법상 계약이 아닌 대표적 예

→ 사법상 계약(국고작용) : 「국가를 당사자로 하는 계약에 관한 법률」상 공공계약, 국유일반재산 매각, 도로건설·도청청사건축 등의 도급계약, 창덕궁안내원 채용계약, 사업시행자와 토지소유자 간 매매계약(사업시행자와 양도인의 협의취득), 물품매매계약, 국영기차 내 광고물부착계약, 자원회수시설 위탁운영협약 등이 있다.

→ 공법상 합동행위인 공공조합의 설립행위는 공법상 계약이 아니다.

[중요 공법상 계약O VS 공법상 계약X]

공법상 계약 O	공법상 계약 X
1. 지방전문직공무원 채용계약 2. 공중보건의사 채용계약 3. 계약직공무원 채용계약 4. 중소기업 정보화지원사업에 따른 지원금 출연을 위하여 중소기업청장이 체결하는 협약 5. 공공단체 상호간 사무위탁 6. 도로관리 사무위탁 7. 지방자치단체 간 교육사무위탁 8. 지방자치단체 간 도로·하천의 경비부담에 관한 협의 9. 지방자치단체 간 비용부담협의 10. 광주광역시문화예술회관장의 (합창)단원 위촉 11. 서울특별시립무용단 단원 위촉 12. 별정우체국지정 13. 환경보전협정 14. 수출보조금 교부 15. 사유지의 도로용지 기증 16. 자원입대 17. 지방자치단체와 사기업 간 공해방지협정	**[행정행위]** 1. 지방계약직공무원에 대한 보수삭감(= 징계처분 중 감봉처분) 2. 국립의료원 부설주차장에 관한 위탁관리용역운영계약(특허) 3. 민간투자시설(사회간접자본) 사업시행자 지정처분 4. 지방의회의 지방의원징계 5. 토지수용재결 6. 재개발조합인가 7. 행정청의 입찰참가자격제한 **[사법상 계약]** 1. 「공익사업법」상 (사업시행자와 양도인의) 협의취득 2. 「공익사업법」상 보상합의 3. 「국가를 당사자로 하는 계약에 관한 법률」상 공공계약 4. 도로건설·도청청사건축 등의 도급계약 5. 창덕궁안내원 채용계약 6. 국유일반재산 매각 7. 물품매매계약 8. 국영기차 내 광고물부착계약 9. 자원회수시설 위탁운영협약 **[사법상 이행청구]** 1. (공공사업에 필요한 토지 등의) 협의취득에 기한 손실보상금의 환수통보 **[사법상 사무관리]** 1. 행려병자보호 **[공법상 합동행위]** 1. 공공조합의 설립행위

→ 대법원은 국가나 지방자치단체가 당사자가 되는 <u>공공계약(조달계약)</u>은 상대방과 대등한 관계에서 체결하는 <u>사법상의 계약</u>으로 본다.

→ 「지방공무원법」상 <u>지방전문직공무원 채용계약</u>에서 정한 채용기간이 만료한 경우에는 <u>채용계약의 갱신이나 기간연장 여부</u>는 기본적으로 지방자치단체장의 재량이다.

→ <u>계약직공무원 채용계약해지의 의사표시</u>는 「<u>행정절차법</u>」에 의하여 근거와 이유를 제시하여야 하는 것은 <u>아니다.</u>
　<u>공법상 계약</u> 판례 사항　　　　　　　　∵ <u>행정절차법</u>에는 <u>공법상 계약X</u>

Ⅵ. 공법상 계약의 특수성

공법상 계약 중에는 행정주체가 일방적으로 내용을 정하고 상대방은 체결여부만을 선택하는 경우도 있는데, 이와 같은 성질을 부합계약성이라고 한다. 또한 공법상 계약에 있어서는 민법상의 계약해제에 관한 규정은 그대로 적용되지 아니하는데, 행정주체는 공익상의 이유로 일방적으로 계약을 해제할 수 있기 때문이다. 이 경우 상대방에게는 손실보상청구권이 인정된다.

→ 행정청이 자신과 상대방 사이의 <u>근로관계</u>를 <u>일방적인 의사표시</u>로 <u>종료</u>시켰다고 하더라도 <u>곧바로</u> <u>그 의사표시</u>가 행정청으로서 공권력을 행사하여 행하는 <u>행정처분이라고 단정할 수 없다.</u>

→ <u>공법상 근무관계</u>의 형성을 목적으로 하는 채용계약의 체결 과정에서 <u>행정청의 **일방적인** 의사표시</u>로 계약이 성립하지 아니한 경우, 관계 법령이 상대방의 법률관계에 관하여 <u>구체적으로 어떻게 규정하고 있는지에 따라 (일방적인) **의사표시**가 항고소송의 대상이 되는 **처분**에 해당하는지 아니면 **공법상 계약관계의 일방 당사자로서 대등한 지위에서 행하는 의사표시**인지를 **개별적으로 판단**</u>하여야 한다.

→ '서울특별시 시민감사옴부즈만 운영 및 주민감사청구에 관한 조례'에 따라 <u>계약직으로 구성하는 옴부즈만</u> 공개채용과정에서 <u>최종합격자로 공고된 자</u>에 대해 서울특별시장이 인사위원회의 심의결과에 따라 <u>채용하지 아니하겠다고 통보</u>한 경우, 그 불채용통보는 <u>항고소송을 통해 다툴 수 없다.</u>

→ 공법상 계약은 (처분성 없는 행정작용이므로) 공정력이 인정되지 않는다. 따라서 계약의 하자가 있는 경우 무효는 가능하지만 취소는 할 수 없다.

1. (자력)강제집행

공법상 계약에서 행정주체는 자력집행력이 인정되지 않는 것이 원칙이다. 왜냐하면 공법상 계약에서 행정주체는 상대방과 대등한 지위에 놓이기 때문이다. 결국 행정주체라도 상대방의 채무불이행시 법원에 강제집행청구를 할 수 밖에는 없다. 그러나 예외적으로 법령에 근거가 있는 경우에는 당연히 행정주체의 강제집행이 가능하다.

→ 공법상 계약에 대해서는 법원의 판결을 통해 강제집행을 하여야 하고, 특별한 규정이 없는 한 강제집행을 할 수 없다.

2. 쟁송의 문제

<u>공법상의 계약은 처분성이 없으므로 공법상의 법률관계에 관한 소송 중 **당사자소송**으로 다루어지는 것이 타당하다.</u>

→ <u>공법상 계약</u>의 일방 당사자인 행정청이 계약위반행위를 한다면 타방 당사자인 주민 또는 국민은 행정소송 중 <u>당사자소송</u>으로써 권리구제를 받을 수 있다.

→ 다만, 공법상 계약의 체결·집행상의 의무불이행 또는 불법행위로 인한 손해배상책임은 실무상 민사소송으로 해결한다.

Ⅶ. 공법상 계약의 특징

행정기본법

제27조 (공법상 계약의 체결)
제1항 행정청은 **법령 등을 위반하지 아니하는 범위**에서 행정목적을 달성하기 위하여 필요한 경우에는 공법상 법률관계에 관한 계약(이하 "**공법상 계약**"이라 한다)을 **체결**할 수 있다. 이 경우 계약의 목적 및 내용을 명확하게 적은 **계약서를 작성**하여야 한다.
제2항 행정청은 공법상 계약의 상대방을 선정하고 계약 내용을 정할 때 공법상 계약의 공공성과 제3자의 이해관계를 고려하여야 한다.

공법상 계약은 법률유보의 원칙은 적용되지 않지만 법률우위의 원칙은 적용된다.

→ 일반적으로 공법상 계약은 법규에 저촉되지 않는 한 자유로이 체결할 수 있으며 법률의 근거도 필요하지 않다.

또한 (의무)병역이나 조세 등 그 성질상 공권력에 의해서 일방적으로 규율되는 다수의 지속적인 사안들에 대해서는 공법상 계약은 인정되지 않는다.

→ 과세권자와 납세의무자 간의 공법상 계약은 원칙적으로 인정되지 않는다.

공법상 계약은 법의 흠결을 보충해주며 행정을 개별적·구체적 사정에 따라 탄력적으로 처리할 수 있게 해준다. 또한 사실관계 내지는 법률관계가 명확하지 않을 때 해결책이 될 수 있고, 법률지식이 부족한 일반인들에게도 교섭이라는 명목하에 문제를 잘 해결할 수 있는 방안이 될 수 있다. 그러나 계약이 자유롭게 체결된다보면, 추후 법치행정이라는 원칙이 무너질 수도 있다.

[공법상 계약의 장점·단점]

장 점	단 점
1. 국민이 행정주체와 동반자적 지위에서 행정작용의 수행에 참여하므로 민주주의에 부합 2. 행정의 탄력적 처리 3. 법률유보의 흠결 보충 4. 사실관계·법률관계가 불명확한 경우 해결책이 될 수 있음 5. 법률지식이 없는 사람에게도 교섭을 통하여 문제를 잘 해결할 수 있음 6. 상대방의 반대급부가 확보된 경우 행정목적을 신속히 달성	1. 계약의 자유에 의해 법치행정의 원칙이 무너질 수 있음 2. 계약임에도 불구하고 행정청의 우월한 지위를 이용하여 국민에게 부당한 구속 또는 부담을 줄 수 있음 3. (전통적인) 행정기능의 약화 4. 행정의 공익성을 망각할 위험성

Ⅷ. 처분성 문제

중앙관서의 장은 계약을 부적절하게 이행하는 등의 부정당업자에 대하여 2년 이내의 기간을 정하여 입찰참가자격을 제한한다. 또한 이러한 입찰참가자격의 제한은 다른 관서에 통보되어 통보받은 기관이 시행하는 입찰에의 참가자격도 제한되게 된다. 이러한 규정들은 「국가를 당사자로 하는 계약에 관한 법률」에 정해져 있다.

→ 동법에 따르면 계약은 상호 대등한 입장에서 당사자의 합의에 따라 체결되어야 하며, 당사자는 계약의 내용을 신의성실의 원칙에 따라 이행하여야 한다고 규정하고 있다(제5조).

→ 동법에 따르면 각 중앙관서의 장 또는 계약담당공무원은 계약을 체결하려면 일반경쟁에 부쳐야 한다. 다만, 계약의 목적·성질·규모 등을 고려하여 필요하다고 인정되면 대통령령으로 정하는 바에 따라 참가자의 자격을 제한하거나 참가자를 지명하여 경쟁에 부치거나 수의계약을 할 수 있다(제7조 제1항).

그런데 해당 법률 등에 의해 국가의 각 중앙관서의 장 또는 지방자치단체의 장이 한 부정당업자의 입찰자격제한조치의 성격에 처분성이 있는지가 문제가 된다.

→ 판례는 「국가를 당사자로 하는 계약에 관한 법률」에 의하여 국가의 각 중앙관서의 장이 한 부정당업자의 입찰참가자격제한조치는 제재적 성격의 권력적 행위로서 처분성을 인정하고 있다. 그러나 판례는 한국전력공사와 한국토지개발공사가 정부투자기관회계규정에 근거하여 한 입찰참가자격 제한조치는 (단순한) 사법상 행위로서 처분성을 부정하고 있다.

제3절 행정상 사실행위
(← 원칙적으로 권력적 사실행위에는 처분성O)
(← 원칙적으로 비권력적 사실행위에는 처분성X)

I. 실무상 표현과 대표적 예

→ 권력적 사실행위 : 행정강제의 실행 / 교도소이송조치 / 접견시 교도관참여대상자 지정 / (교도소장의) 서신검열 / 경찰관의 신체수색 / 단수조치 / 서울대학교 일본어 제외 입시요강 / 재무부장관의 국제그룹해체에 대한 지시 / 구청장의 사회복지법인에 대한 시정지시 등

→ 비권력적 사실행위 : 행정청의 추천·권유·알선 및 사실상 통지 / 수도사업자의 급수공사비 납부통지 / 납세의무자의 신고에 따른 (과세관청의) 세액수령 / 운수사업면허대상자 선정추천 / 공원관리청의 경계측량·표지설치 / 행정지도 / 경고(단, 금융기관 임원에 대한 금융감독원장의 문책경고는 행정처분에 해당) 등

→ 행정지도 : 비권력적 사실행위에 속하는 강학상 개념이다. 보통 실무에서는 권고 / 요망 / 요청 / 지도 등으로 사용된다.

II. 의의 및 종류

사실행위는 법적인 행위와는 달리 **직접적**인 법적 효과를 발생시키지 않는 행위이다. 행정상 사실행위는 해당 행위가 공권력의 행사로 행해졌는지 여부에 따라 권력적 사실행위와 비권력적 사실행위로 나뉜다.

→ 권력적 사실행위는 주로 법령 또는 행정행위를 집행하기 위하여 행해지는 것이기 때문에 집행적 사실행위에 속한다. 이에 비해 비권력적 사실행위는 행정행위와는 별개로 독립적으로 행해지는 것이므로 독립적 사실행위에 속한다.

III. 법적 근거

사실행위 중 권력적 사실행위는 개인의 권리와 이익에 직접 영향을 주기 때문에 법률유보의 원칙이 필요하지만, 비권력적 사실행위는 법률유보의 원칙이 적용되지 않는다. 그러나 사실행위는 권력적이든 비권력적이든 행정작용이기 때문에 법률우위의 원칙은 모두 적용된다. 또한 사실행위도 행정작용이므로 행정조직법상의 근거는 있어야 한다.

Ⅳ. 행정쟁송

1. 행정쟁송 및 국가배상청구

권력적 사실행위는 처분성이 있으므로 항고소송의 대상이 되지만, 예외적으로 단기간에 종료되는 경우 소의 이익이 없어서 항고소송의 대상이 될 수 없다. 비권력적 사실행위는 처분성이 없으므로 항고소송의 대상이 될 수 없다.

→ 국가배상청구에 있어서는 위법한 행정상 사실행위이면 가능하므로, 권력적 사실행위이든 비권력적 사실행위이든 (요건만 갖추면) 국가배상청구의 대상이 될 수 있다. 다만, 비권력적 사실행위 중 행정지도는 그 성질상 배상청구의 대상이 될 수 없는 경우가 많다. 따라서 행정지도는 한계가 불분명하고 행정구제수단이 불완전하다는 점에 있어서 문제가 있다.

헌법소원 역시 보충성에 대한 예외가 인정된다면 위법한 행정상 사실행위에 대한 권리구제수단이 될 수 있다.

제4절 행정지도 (← 원칙적으로 처분성X)

Ⅰ. 의의

행정지도는 행정기관이 행정목적을 실현하기 위하여 특정인에게 일정한 행위를 하거나 하지 아니하도록 지도·권고 등을 하는 행정작용을 의미한다. 행정지도는 국민의 임의적인 협력을 전제로 하는 비권력적 사실행위의 일종이다. 따라서 직접적인 법적 효과나 공정력은 인정되지 않는다.

→ 행정지도는 법적 효과의 발생을 목적으로 하는 행위가 아니라, 상대방의 임의적 협력을 전제로 하는 비권력적 사실행위이다.

→ 행정지도에 의하여 상대방에게 일정한 행위를 하거나 하지 않을 의무는 부과되지 않는다.

지식·기술·정보 등을 제공하는 행정지도가 가장 일반적인데 이를 조성적 행정지도라고 한다. 조성적 행정지도에는 영농지도·중소기업에 대한 경영지도·생활개선지도·아동의 건강상담 등이 있다.

→ 그 외 오물투기제한·공해방지규제 등 규제적 지도와 수출입품목 조정·과다경쟁방지 등 조정적 지도도 있다.

Ⅱ. 장점과 문제점

행정지도의 가장 큰 장점은 상대방의 협력에 의하여 행정목적을 쉽게 달성할 수 있다는 데 있다. 또한 행정기관이 다양한 행정수요에 신축적으로 대응할 수 있고, 행정기관과 사인 간에 발생하는 상호 이해의 결여에서 오는 분쟁을 사전에 회피할 수도 있다. 사인에게 필요한 지식이나 정보를 제공하여 행정기관이 의도하는 방향으로 유도도 가능하다.

→ 그러나 행정지도는 한계가 불분명하고 행정구제수단이 불분명하다는 데 있다. 즉 행정지도는 주로 법적 근거 없이 행해지기 때문에 그 기준이 명확하지 않고 가변적이어서 일정한 제한을 넘어서 행사될 경우 문제가 될 수 있다. 또한 상대방의 자발적 협력이 전제되었기 때문에 아무리 위법한 행정지도라도 행정지도와 손해사이의 인과관계가 부정되는 경우에는 배상청구가 불가능하다는 문제가 있다.

Ⅲ. 법적 근거

행정지도도 (행정작용이므로) 일반적인 존립에 대한 조직법상의 근거는 있어야 한다. 따라서 행정지도는 조직법적 권한의 범위 내에서만 이루어져야 한다. 그러나 비권력 사실행위에 불과하고 행정지도에 따를 것인지의 여부가 상대방의 임의적 결정에 달려 있기 때문에 법률유보의 원칙은 적용되지 않는다.

→ 행정지도도 (행정작용이므로) 법률우위의 원칙은 지켜져야 한다.

Ⅳ. 행정절차법상 행정지도의 원칙 및 방법

1. 원칙

과잉금지의 원칙(비례의 원칙)이 적용된다. 행정지도는 그 목적달성에 필요한 최소한도에 그쳐야 한다(행정절차법 제48조 제1항 전단). 또한 임의성의 원칙이 적용된다. 행정지도는 상대방의 의사에 반하여 부당하게 강요해서는 안 된다(동법 제48조 제1항 후단).

→ 불이익조치금지의 원칙도 적용된다. 행정기관은 상대방이 행정지도에 따르지 아니하였다는 것을 이유로 불이익한 조치를 해서는 안 된다(동법 제48조 제2항). 불이익한 조치를 취하면 행정지도에 강제성을 부여하는 의미가 되고 이는 임의성의 원칙에 위배되기 때문이다.

→ 행정지도는 비권력적이기는 하지만 행정작용이므로, 행정작용에 통용되는 행정법의 일반원칙의 적용을 당연히 받는다. 따라서 행정법의 일반원칙인 비례의 원칙과 평등원칙 등에 구속된다.

2. 방법

행정지도를 하는 자는 상대방에게 해당 행정지도의 취지 및 내용을 명확하게 밝혀야 한다(행정절차법 제49조 제1항). 또 행정지도를 하는 자는 상대방에게 신분을 밝혀야 한다(동법 제49조 제1항). 행정지도가 구술로 행해지는 경우, 상대방이 서면의 교부를 요구하는 때에는 행정지도를 행하는 자는 직무수행에 특별한 지장이 없는 한 이를 교부하여야 한다(동법 제49조 제2항).

→ 행정지도는 반드시 서면으로 행해질 필요는 없지만, 상대방은 문서로 해 줄 것을 요구할 수 있다.

행정지도의 상대방은 당해 행정지도의 방식·내용 등에 관하여 행정관청에 의견 제출을 할 수 있다(동법 제50조).

행정기관이 같은 행정목적을 실현하기 위하여 많은 상대방에게 행정지도를 하고자 하는 때에는 특별한 사정이 없는 한 행정지도에 공통적인 내용이 되는 사항을 공표하여야 한다(동법 제51조).

Ⅴ. 행정쟁송

기본적으로 위법한 행정지도에 따라 행한 사인의 행위는 자의가 전제되어 있기 때문에 위법한 행위(범법행위)이며 정당화될 수는 없다.

→ 행정관청이 국토이용관리법 소정의 토지거래계약 신고에 관하여 공시된 기준시가를 기준으로 매매가격을 신고하도록 행정지도를 하여 그에 따라 (상대방이) 허위신고를 한 것이라 하더라도 이와 같은 행정지도는 법에 어긋나는 것으로서 (상대방의) 범법행위가 정당화될 수 없다.

행정지도는 비권력적 사실행위이므로 처분성이 없고 행정쟁송의 대상은 되지 못한다. 또한 행정지도도 직무행위의 범위에 해당하기 때문에 위법한 행정지도의 경우 배상청구가 가능할 수는 있다. 그러나 상대방이 자유로운 판단에 따라 어느 정도 손해발생의 가능성도 인식하면서 위법한 행정지도에 응한 경우 (상황을 종합적으로 고려하는 상당인과관계설에 의하면) 행정지도와 손해사이의 인과관계가 부정되어 배상청구가 불가능하다.

→ 세무당국이 주류제조회사에 대하여 특정 업체와의 주류거래를 일정기간 중지하여 줄 것을 요청한 행위는 권고적 성격의 행위로서 행정처분이라고 볼 수 없다.

→ 위법한 행정지도로 손해가 발생한 경우 국가 등을 상대로 손해배상을 청구할 수 있으나, 이 경우 국가배상법 제2조가 정한 배상책임의 요건을 갖추어야 한다.

행정청의 행정지도를 따르지 않을 경우 불이익조치가 예정되어 있다면 이러한 행정지도는 헌법소원의 대상이 되는 공권력의 행사가 된다.

→ 교육인적자원부장관의 대학총장들에 대한 <u>학칙시정요구</u>는 법령에 따른 것으로 <u>행정지도의 일종</u>이지만, 단순한 행정지도로서의 한계를 <u>넘어 헌법소원의 대상이 되는 공권력의 행사</u>라고 볼 수 있다.

제5절 행정계획 (← 구속적 행정계획의 처분성O)

I. 실무상 표현과 대표적 예

→ 대표적 예로 각종 지구결정(택지개발지구·습지보존지구·문화재보존지구 결정 등) / 도시·군 계획시설결정 / 도시·군 관리계획 등이 있다.

II. 의의

행정계획은 행정에 관한 전문적 내지 기술적 판단을 기초로 하여 도시의 건설·정비·개량 등과 같은 특정한 행정목표를 달성하기 위하여 서로 관련된 행정수단을 종합·조정함으로써 장래의 일정한 시점에 있어서 일정한 질서를 형성하기 위한 기준으로서 설정된 행정작용을 말한다.

→ 주로 장기성·종합성을 요하는 사회국가적 복리행정 영역에서 중요한 의미를 가진다.

→ 계획수립의 권한을 가지고 있는 행정기관은 계획수립과 관련하여 광범위한 재량권을 갖고 있는데 이를 계획재량이라고 한다.

→ 행정계획은 구체화의 정도에 따라 기본계획과 실시계획으로 나눌 수 있는 데 실시계획은 기본계획의 내용을 구체화하는 것이다.

행정계획은 행정의 목표를 설정하고 예측가능성을 부여하는 기능을 한다. 또한 행정수단을 종합화·체계화하여 행정능률을 확보하는 기능도 한다. 그리고 국민의 장래활동에 대한 지침적·유도적 작용을 함으로써 행정과 국민 간의 매개적 기능도 같이 담당한다.

III. 처분성

행정계획은 일반적으로 구속력을 가지는 구속적 계획이 많다. 구속적 계획에는 (국토종합계획 같은) 행정기관에 대한 구속적 계획이 있고, (도시·군 관리계획결정 같은) 국민에 대한 구속적 계획이 있다. 구속적 계획의 경우 처분성을 대체로 인정하는 것이 판례의 태도이다. 이에 비해 행정계획은 여러 가지 형태로 정립되고 다양한 내용을 포함하고 있어서 행정계획의 성질을 일률적으로는 말할 수 없고 각각의 계획마다 개별적으로 검토하여 항고소송의 대상 여부 즉 처분성을 판단하여야 한다는 입장이 다수설의 입장이다.

→ 구체적인 계획을 입안함에 있어 <u>지침</u>이 되거나 특정 사업의 <u>기본방향</u>을 제시하는 내용의 <u>행정계획</u>은 항고소송의 대상인 <u>행정처분</u>에 해당하지 <u>않는다.</u>

[행정계획의 처분성 유무]

처분성O	처분성X
1. 도시계획결정	1. 도시기본계획
2. 도시·군 관리계획	2. 환지계획
3. 확정된 사업시행계획	3. 택지공급방법결정
4. 도시설계결정	4. 하수도정비기본계획
5. 도시·군 계획시설결정	5. 농어촌도로기본계획
6. 택지개발계획승인	6. 대학교육역량강화사업 기본계획

7. 택지개발예정지구지정	7. 국토종합계획
8. 개발제한구역 지정·고시	8. 4대강 살리기 마스터플랜
9. 관리처분계획	9. 혁신도시 최종입지선정
10. 환지예정지처분	10. 개발제한구역 제도개선방안
11. 환지처분	11. (학교교육정상화를 위한) 2008학년도 이후 대학입학제도 개선안
12. 국토이용계획	12. 행정지침 또는 행정조직 내부 효력만 있는 행정계획
13. 토지거래허가구역 지정	13. 도시계획법 제21조

→ 구「도시계획법」상 도시기본계획은 도시의 기본적인 공간구조와 장기발전방향을 제시하는 종합계획으로서 도시계획입안의 지침이 되므로 일반 국민에 대한 직접적인 구속력은 없다.

→ 국공립대학의 총장직선제 개선 여부를 재정지원 평가요소로 반영하고 이를 개선하지 않을 경우 다음 연도에 지원금을 삭감 또는 환수하도록 규정한 교육부장관의 '대학교육역량강화사업 기본계획'은 헌법소원의 대상이 아니다.

Ⅳ. 법적 근거

비구속적 행정계획은 조직법적 근거만으로 족하다. 구속적 행정계획은 행정기관이나 국민에 대하여 구속력을 가지므로 조직법적 근거뿐만 아니라 법률유보 등 작용법적 근거도 필요하다.

Ⅴ. 행정계획절차

행정계획의 특성상 행정계획의 내용에 대해서는 통제가 어렵다. 따라서 행정계획의 수립과정에서 이해관계인 등을 참석시키는 절차적 민주주의가 매우 중요하다(← 소위 절차적 통제의 개념). 행정계획의 절차적 통제에 관해서는 '행정절차법' 및 '국토의 계획 및 이용에 관한 법률' 등과 같은 개별 법령에 규정이 있다.

→ 행정계획의 절차는 「행정절차법」에 규정이 있으며 그 외 「국토의 계획 및 이용에 관한 법률」 등 일부 개별법에서도 규정하고 있다.
　　　　　　　행정절차법 제40조의4 이익형량 조항

→ 통설과 판례는 행정계획의 절차의 하자만으로도 행정계획의 위법성을 인정하고 있다.

→ 도시관리계획결정·고시와 그 도면에 특정 토지가 도시관리계획에 포함되지 않았음이 명백한데도 도시관리계획을 집행하기 위한 후속 계획이나 처분에서 그 토지가 도시관리계획에 포함된 것처럼 표시되어 있는 경우, 이것은 실질적으로 도시관리계획결정을 변경하는 것에 해당하여 도시관리계획 변경절차를 거치지 않는 한 당연무효이다.

Ⅵ. 행정계획의 집중효

행정계획은 고시하여야 효력이 생긴다.

→ 구「도시계획법」상 행정청이 정당하게 도시계획결정의 처분을 하였다고 하더라도 이를 관보에 게재하여 고시하지 아니한 이상 대외적으로는 아무런 효력이 발생하지 않는다.

행정기본법

제24조 (인허가의제의 기준)
제1항 이 절에서 **"인허가의제"**란 하나의 인허가(이하 **"주된 인허가"**라 한다)를 받으면 법률로 정하는 바에 따라 그와 관련된 여러 인허가(이하 **"관련 인허가"**라 한다)를 받은 것으로 보는 것을 말한다.

제2항 인허가의제를 받으려면 주된 인허가를 신청할 때 관련 인허가에 필요한 서류를 함께 제출하여야 한다. 다만, 불가피한 사유로 함께 제출할 수 없는 경우에는 주된 인허가 행정청이 별도로 정하는 기한까지 제출할 수 있다.

제3항 주된 인허가 행정청은 주된 인허가를 하기 전에 관련 인허가에 관하여 미리 관련 인허가 행정청과 협의하여야 한다.

제4항 관련 인허가 행정청은 제3항에 따른 협의를 요청받으면 그 요청을 받은 날부터 20일 이내(제5항 단서에 따른 절차에 걸리는 기간은 제외한다)에 의견을 제출하여야 한다. 이 경우 전단에서 정한 기간(민원 처리 관련 법령에 따라 의견을 제출하여야 하는 기간을 연장한 경우에는 그 연장한 기간을 말한다) 내에 협의 여부에 관하여 의견을 제출하지 아니하면 협의가 된 것으로 본다.

제5항 제3항에 따라 협의를 요청받은 관련 인허가 행정청은 해당 법령을 위반하여 협의에 응해서는 아니 된다. 다만, 관련 인허가에 필요한 심의, 의견 청취 등 절차에 관하여는 법률에 인허가의제 시에도 해당 절차를 거친다는 명시적인 규정이 있는 경우에만 이를 거친다.

제25조 (인허가의제의 효과)

제1항 제24조 제3항·제4항에 따라 협의가 된 사항에 대해서는 주된 인허가를 받았을 때 관련 인허가를 받은 것으로 본다.

제2항 인허가의제의 효과는 주된 인허가의 해당 법률에 규정된 관련 인허가에 한정된다.

제26조 (인허가의제의 사후관리 등)

제1항 인허가의제의 경우 관련 인허가 행정청은 관련 인허가를 직접 한 것으로 보아 관계 법령에 따른 관리·감독 등 필요한 조치를 하여야 한다.

제2항 주된 인허가가 있은 후 이를 변경하는 경우에는 제24조·제25조 및 이 조 제1항을 준용한다.

제3항 이 절에서 규정한 사항 외에 인허가의제의 방법, 그 밖에 필요한 세부 사항은 대통령령으로 정한다.

I. 의의

행정계획의 집중효란 당해 하나의 사업계획이 확정되면 그 사업을 수행하는 데 필요한 (관계 법령에 의한) 인·허가를 받은 것으로 의제하는 것을 말한다. 집중효는 대규모사업의 사업계획 승인과정에서의 의제방법이다. 절차를 간소화하고 그에 따른 해당 사업을 촉진(국민의 권익을 보호)하려는 의도이다. (인·허가의제사항 관련 법률에 따른 각각의 인·허가 요건에 관한 일체의 심사를 배제하려는 것이 아니다.)

→ 행정계획에서의 집중효의 범위는 실체집중은 인정되지 않고 절차집중만이 인정된다는 것이 다수설과 판례의 입장이다.

→ 주택건설사업계획 승인권자가 구「주택법」에 따라 도시·군관리계획 결정권자와 협의를 거쳐 관계 주택건설사업계획을 승인하면 도시·군관리계획결정이 이루어진 것으로 의제되고, 이러한 협의 절차와 별도로 「국토의 계획 및 이용에 관한 법률」 등에서 정한 도시·군관리계획 입안을 위한 주민 의견청취절차를 거칠 필요는 없다.

절차생략O ∵ 절차집중

→ 행정계획의 집중효는 사업계획의 확정이 일반법규에 규정되어 있는 승인 또는 허가 등을 대체시키는 효과를 말한다.

→ 행정기관의 권한에 변경을 가져온다.

→ (행정조직법에 관한) 법정주의에 혼란이 있을 수 있으므로 집중효는 개별 법률에 명시적으로 규정이 되어 있는 경우에만 가능하다.

→ 의제된 인·허가는 통상적인 인·허가와 동일한 효력을 가지므로 적어도 부분 인·허가 의제가 허용되는 경우에는 그 효력을 제거하기 위한 법적 수단으로 의제된 인·허가의 취소나 철회가 허용될 수 있고 이러한 직권 취소·철회가 가능한 이상 그 의제된 인·허가에 대한 쟁송취소 역시 허용된다.

→ 주택건설사업계획 승인처분에 따라 의제된 지구단위계획결정에 하자가 있음을 다투고자 하는 경우, 주택건설사업계획 승인처분이 아니라 의제된 지구단위계획결정을 항고소송의 대상으로 삼아야 한다.

→ 주택건설사업계획 승인처분에 따라 의제된 인허가가 위법함을 다투고자 하는 이해관계인은, 주택건설사업계획 승인처분의 취소를 구할 것이 아니라 의제된 인허가의 취소를 구하여야 하며, 의제된 인허가는 (주택건설사업계획 승인처분과 **별도로**) 항고소송의 대상이 되는 처분에 해당한다.

→ 인·허가와 관련 있는 행정기관 간에 협의가 모두 완료되기 전이라도 일정한 경우 인·허가에 대한 협의를 완료할 것을 조건으로 각종의 사업시행승인이나 시행인가를 할 수 있다(←선승인후협의제).

2. 거부처분의 문제

인·허가 의제시 의제되는 인·허가의 요건을 결국 충족시키지 못한 경우, 이를 이유로 주된 인·허가의 신청에 대한 거부를 할 수 있는가가 문제가 된다. 이에 대해 판례는 이러한 거부처분도 적법하다고 판시하였다.

VII. 계획재량

1. 의의

행정계획의 주체는 계획법률에 근거한 구체적인 계획을 수립 및 변경하는 과정에서 광범위한 형성의 자유를 가지는 데 이를 계획재량이라고 한다.

→ 형성의 자유가 없는 계획은 그 자체가 모순이다.

→ 도시계획의 결정·변경 등에 대한 권한행정청은 이미 도시계획이 결정·고시된 지역에 대하여도 **다른 내용**의 도시계획을 결정·고시할 수 있고, 이 때에 후행 도시계획에 선행 도시계획과 양립할 수 없는 내용이 포함되어 있다면 특별한 사정이 없는 한 선행 도시계획은 후행 도시계획과 같은 내용으로 변경된다.

→ 개발제한구역으로 지정되어 있는 부지에 **묘지공원과 화장장 시설들**을 설치하기로 하는 도시계획시설결정은 위법하지 않다.
개발제한구역의 지정 목적에 위배X

2. 형량명령

일반 행정재량과는 달리 계획재량은 형량명령이라는 특수한 하자통제이론이 존재한다는 점에서 구별된다. 형량명령이란 행정계획을 수립함에 있어서 관련된 이익을 정당하게 형량하여야 한다는 것을 말한다. 그러나 형량명령은 실정법상으로 규정이 없다.

→ 형량명령의 원칙에 의하면, 이익형량의 하자 즉 조사의 흠결(조사의무를 이행하지 않은 하자)·평가의 과오(관련된 공익 또는 사익의 가치를 잘못 평가한 경우)·형량 불비례(형량에 있어 비례성을 결한 것)·형량의 부존재·형량의 누락 등이 있는 경우가 있는 경우 당해 행정계획은 위법하게 된다. 따라서 광범위한 형성의 자유를 의미하는 계획재량도 법으로부터 자유로운 행위의 일종은 아니다.

판례는 행정주체가 행정계획을 수립(입안·결정)함에 있어서 이익형량을 전혀 하지 **않았거나** 이익형량의 고려대상에 포함시켜야 할 중요한 사항을 **누락**시킨 경우 또는 이익형량을 하였으나 정당성과 객관성이 **결여**된 경우에는 그 행정계획결정은 **형량**에 **하자**가 있어서 **위법**하다는 입장이다.

→ 행정주체가 행정계획을 입안·결정하는 데에는 광범위한 계획재량을 가지더라도, 행정계획에 관련된 자들의 이익을 공익 상호 간과 사익 상호간까지 비교·교량하여야 한다.

→ 행정계획을 결정하는 데에는 비록 광범위한 재량이 인정되지만 만일 이익형량의 고려 대상에 포함시켜야 할 중요한 사항을 누락하였다면 그 행정계획은 (형량에 하자가 있어서) 위법하다.

→ 행정주체가 행정계획을 입안·결정할 때 가지는 형성의 자유의 한계에 관한 법리는 주민의 **입안** 제안 또는 변경 신청을 받아
이익형량(비교교량)
들여 도시관리계획결정을 하거나 도시계획시설을 변경할 것인지를 결정할 때에도 **동일하게 적용**된다.

[계획재량 VS 행정재량]

	계획재량	행정재량
재량의 범주	비교적 넓음 (광범위)	비교적 좁음
구조	목적과 수단 / 목적 프로그램	요건과 효과 / 조건 프로그램
사법통제	형량명령의 원칙	재량권의 일탈·남용
권리구제	절차적·사전적 통제	실제적·절차적·사후적 구제

VIII. 계획보장청구권

행정계획은 종합성·장기성 이외에도 가변성을 특징으로 한다. 즉 사정변경 등이 추후 존재하면 행정계획은 언제든지 변경 내지는 폐지가 될 수 있다는 것이다. 그런데 상대방이 당해 행정계획의 존속을 신뢰하였음에도 행정계획의 폐지 등으로 불이익을 받게 되었다면 이를 구제해 줄 필요성이 제기될 수 있다.

→ 행정계획은 그 본질상 가변성과 (상대방)의 신뢰보호의 긴장관계에 있다. 이런 긴장관계를 해결하기 위하여 등장한 이론이 계획보장청구권이다.

→ 행정계획에는 변화가능성이 내재되어 있으므로, 국민의 계획보장청구권은 인정되지 않는 것이 원칙이다.

계획보장청구권은 크게 계획존속청구권·계획이행청구권·계획변경청구권으로 나뉜다. 계획존속청구권은 당해 행정계획의 폐지 등에 대해 맞서 계획의 존속을 주장하는 권리인데, 상대방의 신뢰보호만 중시한다는 점에서 원칙적으로 인정되지는 않는다. 계획이행청구권은 계획한 대로 이행해달라고 주장할 수 있는 권리인데 이 역시 (같은 이유로) 원칙적으로 인정되지 않는다. 계획변경청구권은 상대방이 오히려 사정변경을 이유로, 확정된 행정계획의 변경을 청구할 수 있는 권리를 말한다. 판례는 행정계획의 변경과 관련하여 상대방의 계획변경청구권을 원칙적으로 인정하지 않지만, 예외적으로 인정한 경우도 있다.

→ 도시계획이 일단 확정된 후 어떤 사정의 변동이 있다고 하여 해당 지역의 주민에게 그 계획의 변경을 청구할 권리를 인정할 수는 없다.

→ **BUT** (도시계획의 입안단계에서는) 도시계획구역 내 토지 등을 소유하고 있는 주민은 입안권자에게 도시계획입안을 요구할 수 있는 법규상 또는 조리상의 신청권이 있다.

IX. 권리구제

1. 사후적 구제

위법한 행정계획으로 불이익을 당한 자는 행정쟁송을 제기할 수 있지만 본안판단에 있어서 행정청에게 인정되는 광범위한 계획재량으로 당해 행정계획의 위법성이 인정되기는 쉽지 않다.

위법한 행정계획으로 손해를 입은 자는 국가배상청구를 할 수 있다. 그리고 적법한 행정계획으로 국민의 재산권이 제한되어 해당 손실이 특별한 희생으로 인정되는 경우 손실보상청구도 가능하다. 그러나 국가배상청구나 손실보상청구 역시 요건 충족이 어려워 실제적인 권리구제수단으로 잘 이용되지 않는다.

→ 헌법재판소는 헌법소원의 경우, **비구속적 행정계획안**이라고 하더라도 국민의 기본권에 직접 영향을 끼치고 앞으로 법령의 뒷받침에 의하여 그대로 실시될 것이 틀림없을 것으로 예상되는 경우에는 **예외적으로 헌법소원의 대상**이 될 수 있다는 입장이다.

→ **장기미집행 도시계획시설결정의 실효제도**에 의해 개인의 재산권이 보호되는 것은 입법자가 새로운 제도를 마련함에 따라 얻게 되는 **법률에 기한 권리**일 뿐 헌법상 재산권으로부터 당연히 도출되는 권리는 아니다.

→ 문화재보호구역 내에 있는 토지소유자 등으로서는 해당 보호구역의 지정해제를 요구할 수 있는 법규상 또는 조리상의 신청권이 있다.

2. 사전적 통제

행정계획에 있어서는 사전적 계획에 한계가 있기 때문에 사전적 통제가 중요시된다. 따라서 **행정절차법**에는 행정청은 행정청이 수립하는 계획 중 국민의 권리·의무에 직접 영향을 미치는 계획을 수립하거나 변경·폐지할 때에는 관련된 여러 이익을 정당하게 형량하여야 한다는 규정이 있다.

행정절차법 제40조의4 이익형량 조항

또한, 국민생활에 매우 큰 영향을 주는 사항이나 많은 국민의 이해가 상충되는 사항, 그리고 많은 국민에게 불편이나 부담을 주는 사항 등이 있는 행정계획의 경우에는 이를 예고하고 국민의 의견을 수렴하도록 하고 있다.

→ 행정계획과 관련하여 행정절차법상 아무런 규정이 없는 것은 아니다.

제 **3** 편   행정절차법

제 1 장   행정절차

제1절 행정절차의 기능

행정절차의 올바른 확립은 행정의 민주화·적정화·능률화에 기여할 수 있다. 또 행정의 통일성·공정성·객관성이 보장될 수 있다. 이는 결국 국민의 권익보호와 관련이 있게 된다.

➡ 행정절차는 주민참여기능 / 행정업무의 질적 향상 / 사전적 권리구제 / 사법적 구제수단의 보완 / 행정의 공개 / 행정의 민주적 통제 등의 구체적 기능을 하게 된다.

➡ 행정의 신속성이나 행정규제의 완화, 사후적 행정구제 등은 행정절차의 기능이 아니다.

제2절 행정절차의 법적 근거

Ⅰ. 법률

행정절차에 관한 일반법으로 행정절차법이 제정되어 시행되고 있다. 행정절차법은 행정절차에 관한 일반법이기 때문에 다른 법률에서 규정을 달리하지 않는 한 행정절차의 일반적 기준이 된다.

Ⅱ. 헌법

헌법재판소는 헌법 제12조의 적법절차의 원리를 행정절차에도 적용되는 일반원리라고 언급함으로서, 행정절차의 법적 근거가 헌법에도 있음을 명시하고 있다.

제3절 행정절차법의 구조

Ⅰ. 구조

행정절차법은 '처분 / 신고 / **확약 / 위반사실 등의 공표 / 행정계획** / 행정상 입법예고 / 행정예고 / 행정지도'의 절차를 그 대상으로 하고 있다.

➡ 행정절차법은 행정절차에 관한 일반법적인 성질을 가지기는 하지만 행정절차법이 모든 행정작용에 적용되는 것은 아니다.

행정절차법은 총칙규정으로 목적 / 신의성실 및 신뢰보호의 원칙 / 투명성원칙 / 관할 / 행정응원 / 당사자 / 송달 등을 두어서 전술한 8개의 대상을 공통적으로 규제하고 있다.

Ⅱ. 행정절차법상 규정이 안 된 내용

➡ **공법상 계약** / 행정강제 / 부당결부금지의 원칙 / 행정조사 / 절차상 하자 있는 행정행위의 일반적 효력 / 입법예고절차를 결한 법령의 효력 / 절차상 하자의 치유 / 행정집행절차 / 제3자에 대한 통지제도 / 행정지도에 대한 사전통지 / 재심제도 등이 있다.

Ⅲ. 행정절차의 하자

1. 절차상 하자의 위법

행정절차법에서 절차상 하자 있는 행정행위의 효력에 관한 별도의 규정을 두고 있지 않기 때문에 문제가 된다.

절차상의 하자를 독자적 취소의 사유로 인정하지 않는 견해(소극설)에 따르면 해당 행정행위가 취소되더라도 행정청은 다시 적법한 절차를 거쳐 동일한 행정행위를 반복할 것이므로 소송경제상 바람직하지 않다는 점을 가장 중요한 근거로 제시한다. 이에 대해 절차상의 하자를 독자적 취소의 사유로 인정하는 견해(적극설)은 적법한 절차를 거쳐 다시 취소를 하는 경우 반드시 동일한 결과가 나오는 것은 아니라는 점을 가장 중요한 근거로 제시한다.

→ 행정처분이 기속행위인지 재량행위인지를 불문하고 해당 처분이 실체법상으로는 적법하더라도 절차법상의 하자만으로 독립된 취소사유가 된다.

→ 절차상 하자의 위법성 정도가 중대명백한 지에 따라 당연무효인지 취소사유인지 구별해야 하지만, 판례는 대체로 절차상 하자의 위법을 취소사유로 보고 있다.

→ 예산의 편성에 절차적 하자가 있다는 사정만으로 그 예산을 집행하는 처분이 위법하게 되는 것은 아니다.

2. 절차상 하자의 치유

판례는 법치주의 관점에서 원칙적으로 하자의 치유를 부정하는 것이 옳다고 판단한다. 그러나 국민의 권리와 이익에 반하지 않는 범위 내에서는 절차상 하자의 치유를 예외적으로 허용될 수 있다고 보았다.

특히 하자치유가 긍정되는 경우라면, 쟁송제기이전시까지 추완이나 보완에 의해 치유될 수 있다.

Ⅳ. 행정절차의 주요 판례

→ 가산세 부과처분이라고 하여 그 종류와 세액의 산출근거 등을 전혀 밝히지 아니한 채 가산세의 합계액 만을 기재하였다면 그 부과처분은 위법하다.

→ 과세처분 시 납세고지서에 법으로 규정한 과세표준, 세율, 세액의 계산명세서 등의 기재가 누락되면 그 과세처분 자체가 위법한
  법정요건
  처분이 되어 취소대상이 된다.

→ 행정청은 처분을 할 때에는 원칙적으로 당사자에게 그 근거와 이유를 제시하여야 하며, 이유제시의 정도는 처분사유를 이해할 수 있을 정도로 구체적이어야 한다.

→ (교육부장관이 어떤 후보자를 총장 임용에 부적격하다고 판단하여 배제하고 다른 후보자를 임용제청하는 경우라면 배제한 후보자에게 연구윤리 위반, 선거부정, 그 밖의 비위행위 등과 같은 부적격사유가 있다는 점을 구체적으로 제시할 의무가 있다.) 그러나 부적격사유가 없는 후보자들 사이에서 어떤 후보자를 상대적으로 더욱 적합하다고 판단하여 임용제청하는 경우라면, (교육부장관이 어떤 후보자를 총장으로 임용제청하는 행위 자체에 그가 총장으로 더욱 적합하다는 정성적 평가 결과가 당연히 포함되어 있는 것으로) 그러한 임용제청행위 자체로서 행정절차법상 이유제시의무를 다한 것이다.

→ 용도를 무단변경한 건물의 원상복구를 명하는 시정명령 및 계고처분을 하는 경우, 사전통지 및 의견제출의 기회를 주어야 한다.

→ 「행정조사기본법」에 따른 현장조사 후 시정명령이 이루어진 경우, 현장조사과정에서 처분상대방이 이미 행정청에게 위반사실을 시인하였더라도 '의견청취가 현저히 곤란하거나 명백히 불필요하다고 인정될 만한 상당한 이유가 있는 경우'에 해당하는지는 해당 행정처분의 성질에 비추어 판단하여야 하므로 처분상대방이 이미 행정청에 위반사실을 시인하였다거나 처분의 사전통지 이전에 의견을 진술할 기회가 있었다는 사정을 고려하여 판단할 것은 아니다.

→ 고시의 방법으로 불특정 다수인을 상대로 의무를 부과하거나 권익을 제한하는 처분은 행정절차법 제22조 제3항의 의견제출절차의 대상이 되는 처분이 아니다.
  ∵ 불특정 다수인 모두에게 의견제출 기회 주는 것은 불가능

→ (「도로법」상 도로구역을 변경할 경우, 이를 고시하고 그 도면을 일반인이 열람할 수 있도록 하고 있으므로) 도로구역 변경처분은 「행정
  일반처분
  절차법」상 사전통지나 의견청취의 대상이 되는 처분이 아니다.
  ∵ 불특정 다수인 모두에게 의견제출 기회 주는 것은 불가능

→ 행정청이 (도시계획사업시행 관련) 협약을 체결하면서 청문 실시를 배제하는 조항을 두었더라도, (행정절차법상) 청문을 실시하지 않아도 되는 예외적인 경우에 해당하지 않는다.
  청문 실시O

→ 행정처분의 상대방에 대한 청문통지서가 반송되었다거나, 행정처분의 상대방이 청문일시에 불출석하였다는 이유로 청문을 실시하지 아니하고 침해적 행정처분을 하는 것은 위법하다.

→ 「국민건강보험법」상 특정한 질병군의 상대가치점수를 종전보다 인하하는 고시는 해당 질병군 관련 수술을 하는 개별 안과 의사들을 상대로 한 것이 아니라 불특정 다수의 의사 전부를 상대로 하는 것이므로 이 고시에 의한 처분의 경우 행정절차법 제22조 제3항에 따라 그 상대방에게 의견제출의 기회를 주지 않았다고 하여 위법하다고 볼 수 없다.

→ 수익적 행정행위의 신청에 대한 거부처분은 (직접 당사자의 권익을 제한하는 처분에 해당하지 않으므로) 「행정절차법」상 처분의 사전통지대상이 될 수 없다.

→ 퇴직연금의 환수결정은 당사자에게 의무를 과하는 처분이기는 하나 관련 법령에 따라 당연히 환수금액이 정해지는 것이므로, 퇴직연금의 환수결정에 앞서 당사자에게 의견진술의 기회를 주지 아니하여도 「행정절차법」에 어긋나지 아니한다.

→ 난민 인정에 관한 신청을 받은 행정청은 원칙적으로 법령이 정한 난민 요건에 해당하는지를 심사하여 난민 인정 여부를 결정할 수 있을 뿐이고, 이와 무관한 다른 사유만을 들어 난민 인정을 거부할 수는 없다.

→ 난민인정·귀화 등과 같이 성질상 행정절차를 거치기 곤란하거나 불필요하다고 인정되는 처분이나 행정절차에 준하는 절차를 거치도록 하고 있는 처분의 경우에는 「행정절차법」의 적용이 배제되는 것으로 보아야 하고, 이러한 법리는 '공무원 인사관계 법령에 의한 처분'에 해당하는 별정직 공무원에 대한 직권면직 처분의 경우에도 마찬가지로 적용된다.

→ 별정직 공무원인 대통령기록관장에 대한 직권면직 처분에는 처분의 사전통지 및 의견청취 등에 관한 「행정절차법」이 적용된다.

→ 대통령이 한국방송공사 사장을 해임하면서 사전통지절차를 거치지 않은 경우에는 그 해임처분은 위법하다.

→ 행정절차법은 공법관계에 적용되고 사법관계에는 적용되지 않는다.

→ 묘지공원과 화장장의 후보지를 선정하는 과정에서 추모공원건립추진협의회가 후보지 주민들의 의견을 청취하기 위하여 그 명의로 개최한 공청회는 (행정청이 도시계획시설결정을 하면서 개최한 공청회가 아니므로) 「행정절차법」에서 정한 절차를 준수하여야 하는 것은 아니다.

→ 행정청이 구「식품위생법」상의 영업자지위승계신고 수리처분을 하는 경우, 행정청은 종전의 영업자에 대하여 「행정절차법」 소정의 행정절차를 실시하여야 한다.

  ∵ 권익을 제한하는 처분

→ 공매를 통하여 체육시설을 인수한 자의 체육시설업자 지위승계 신고를 수리하는 경우, 종전 체육시설업자에게 사전에 통지하여 의견제출 기회를 주어야 한다.

  ∵ 권익을 제한하는 처분

→ 신청인이 신청에 앞서 행정청의 허가업무 담당자에게 한 신청서의 내용에 대한 검토요청은 다른 특별한 사정이 없는 한 명시적이고 확정적인 신청의 의사표시로 보기 어렵다.

→ 「병역법」에 따라 지방병무청장이 산업기능요원에 대하여 산업기능요원 편입취소처분을 할 때에는 「행정절차법」에 따라 처분의 사전통지를 하고 의견제출의 기회를 부여하여야 한다.

→ (행정절차법 제3조 제2항, 시행령 제2조 제6호에 의하면 공정거래위원회의 의결·결정을 거쳐 행하는 사항에는 행정절차법의 적용이 제외되게 되어 있으므로) 공정거래위원회의 시정조치 및 과징금납부명령에 행정절차법 소정의 의견청취절차 생략사유가 존재한다고 하더라도, 공정거래위원회는 행정절차법을 적용하여 의견청취절차를 생략할 수는 없다.

→ 구「광업법」에 근거하여 처분청이 광업용 토지수용을 위한 사업인정을 하면서 토지소유자 등의 의견을 들은 경우 처분청은 그 의견에 기속되는 것은 아니다.

→ 처분 당시 당사자가 어떠한 근거와 이유로 처분이 이루어진 것인지를 충분히 알 수 있어서 그에 불복하여 행정구제절차로 나아가는 데에 별다른 지장이 없었던 것으로 인정되는 경우에는 처분서에 처분의 근거와 이유가 구체적으로 명시되어 있지 않았다고 하더라도 그 말미암아 그 처분이 위법한 것으로 된다고 할 수는 없다.

  (예외적, 판례) 절차상의 하자를 이유로 다투는 경우에는 해당처분을 위법한 것으로 볼 수 있지만, 이 판례는 당사자가 처분의 내용상의 하자를 이유로 다투고 있는 경우임. 내용상의 하자를 이유로 다투고 있는 경우에는 법률상·사실상의 근거를 구체적으로 적시하지 않았다는 절차상의 이유로 위법이 되지는 않는다는 의미

V. 행정절차법 조문

제1장 총칙

제1절 목적, 정의 및 적용 범위 등

제1조 (목적)

이 법은 행정절차에 관한 공통적인 사항을 규정하여 국민의 행정 참여를 도모함으로써 행정의 공정성·투명성 및 신뢰성을 확보하고 국민의 권익을 보호함을 목적으로 한다.

제2조 (정의)

이 법에서 사용하는 용어의 뜻은 다음과 같다.

1. "행정청"이란 다음 각 목의 자를 말한다.

가. 행정에 관한 의사를 결정하여 표시하는 국가 또는 지방자치단체의 기관

나. 그 밖에 법령 또는 자치법규(이하 "법령 등"이라 한다)에 따라 행정권한을 가지고 있거나 위임 또는 위탁받은 공공단체 또는 그 기관이나 **사인**(私人)

2. "**처분**"이란 행정청이 행하는 구체적 사실에 관한 법 집행으로서의 공권력의 행사 또는 그 거부와 그 밖에 이에 준하는 행정작용(行政作用)을 말한다.

3. "**행정지도**"란 행정기관이 그 소관 사무의 범위에서 일정한 행정목적을 실현하기 위하여 특정인에게 일정한 행위를 하거나 하지 아니하도록 지도, 권고, 조언 등을 하는 행정작용을 말한다.

4. "**당사자 등**"이란 다음 각 목의 자를 말한다.

가. 행정청의 처분에 대하여 직접 그 상대가 되는 당사자

나. 행정청이 직권으로 또는 신청에 따라 행정절차에 참여하게 한 이해관계인

5. "**청문**"이란 행정청이 어떠한 처분을 하기 전에 당사자 등의 의견을 직접 듣고 증거를 조사하는 절차를 말한다.

6. "**공청회**"란 행정청이 공개적인 토론을 통하여 어떠한 행정작용에 대하여 당사자 등, 전문지식과 경험을 가진 사람, 그 밖의 일반인으로부터 의견을 널리 수렴하는 절차를 말한다.

7. "**의견제출**"이란 행정청이 어떠한 행정작용을 하기 전에 당사자 등이 의견을 제시하는 절차로서 청문이나 공청회에 해당하지 아니하는 절차를 말한다.

8. "**전자문서**"란 컴퓨터 등 정보처리능력을 가진 장치에 의하여 전자적인 형태로 작성되어 송신·수신 또는 저장된 정보를 말한다.

9. "**정보통신망**"이란 전기통신설비를 활용하거나 전기통신설비와 컴퓨터 및 컴퓨터 이용기술을 활용하여 정보를 수집·가공·저장·검색· 송신 또는 수신하는 정보통신체제를 말한다.

> **참고** **행정기본법 제2조 (정의)**
>
> 이 법에서 사용하는 용어의 뜻은 다음과 같다.
> 1. "법령 등"이란 다음 각 목의 것을 말한다.
> 가. 법령 : 다음의 어느 하나에 해당하는 것
> 1) 법률 및 대통령령·총리령·부령
> 2) 국회규칙·대법원규칙·헌법재판소규칙·중앙선거관리위원회규칙 및 감사원규칙
> 3) 1) 또는 2)의 위임을 받아 중앙행정기관('정부조직법」 및 그 밖의 법률에 따라 설치된 중앙행정기관을 말한다. 이하 같다)의 장이 정한 훈령·예규 및 고시 등 행정규칙
> 나. 자치법규 : 지방자치단체의 조례 및 규칙
> 2. "행정청"이란 다음 각 목의 자를 말한다.
> 가. 행정에 관한 의사를 결정하여 표시하는 국가 또는 지방자치단체의 기관
> 나. 그 밖에 법령 등에 따라 행정에 관한 의사를 결정하여 표시하는 권한을 가지고 있거나 그 권한을 위임 또는 위탁받은 공공단체 또는 그 기관이나 사인(私人)
> 3. "당사자"란 처분의 상대방을 말한다.
> 4. "처분"이란 행정청이 구체적 사실에 관하여 행하는 법 집행으로서 공권력의 행사 또는 그 거부와 그 밖에 이에 준하는 행정작용을 말한다.
> 5. "제재처분"이란 법령 등에 따른 의무를 위반하거나 이행하지 아니하였음을 이유로 당사자에게 의무를 부과하거나 권익을 제한하는 처분을 말한다. 다만, 제30조 제1항 각 호에 따른 행정상 강제는 제외한다.

참고 **행정심판법 제2조 (정의)**

이 법에서 사용하는 용어의 뜻은 다음과 같다.

1. "처분"이란 행정청이 행하는 구체적 사실에 관한 법집행으로서의 공권력의 행사 또는 그 거부, 그 밖에 이에 준하는 행정작용을 말한다.

2. "부작위"란 행정청이 당사자의 신청에 대하여 상당한 기간 내에 일정한 처분을 하여야 할 법률상 의무가 있는데도 처분을 하지 아니하는 것을 말한다.

3. "재결(裁決)"이란 행정심판의 청구에 대하여 제6조에 따른 행정심판위원회가 행하는 판단을 말한다.

4. "행정청"이란 행정에 관한 의사를 결정하여 표시하는 국가 또는 지방자치단체의 기관, 그 밖에 법령 또는 자치법규에 따라 행정권한을 가지고 있거나 위탁을 받은 공공단체나 그 기관 또는 사인(私人)을 말한다.

참고 **행정소송법 제2조 (정의)**

① 이 법에서 사용하는 용어의 정의는 다음과 같다.

1. "처분 등"이라 함은 행정청이 행하는 구체적 사실에 관한 법집행으로서의 공권력의 행사 또는 그 거부와 그 밖에 이에 준하는 행정작용(이하 "처분"이라 한다) 및 행정심판에 대한 재결을 말한다.

2. 부작위"라 함은 행정청이 당사자의 신청에 대하여 상당한 기간 내에 일정한 처분을 하여야 할 법률상 의무가 있음에도 불구하고 이를 하지 아니하는 것을 말한다.

→ 행정절차법, 행정심판법, 행정소송법 모두 처분의 개념을 정의O / 내용도 동일O

제3조 (적용 범위)

① 처분, 신고, 확약, 위반사실 등의 공표, 행정계획, 행정상 입법예고, 행정예고 및 행정지도의 절차(이하 "행정절차"라 한다)에 관하여 다른 법률에 특별한 규정이 있는 경우를 제외하고는 이 법에서 정하는 바에 따른다.

→ 행정절차법은 확약·행정계획·행정예고에 관한 규정은 있지만 공법상 계약 절차에 관한 규정은 없다.

→ 행정절차법은 공법상 행정절차에 관한 일반법이므로 사법관계에서는 적용X

② 이 법은 다음 각 호의 어느 하나에 해당하는 사항에 대하여는 적용하지 아니한다.

1. 국회 또는 지방의회의 의결을 거치거나 동의 또는 승인을 받아 행하는 사항

2. 법원 또는 군사법원의 재판에 의하거나 그 집행으로 행하는 사항

3. 헌법재판소의 심판을 거쳐 행하는 사항

4. 각급 선거관리위원회의 의결을 거쳐 행하는 사항

5. 감사원이 감사위원회의의 결정을 거쳐 행하는 사항

6. 형사(刑事), 행형(行刑) 및 보안처분 관계 법령에 따라 행하는 사항

7. 국가안전보장·국방·외교 또는 통일에 관한 사항 중 행정절차를 거칠 경우 국가의 중대한 이익을 현저히 해칠 우려가 있는 사항

8. 심사청구, 해양안전심판, 조세심판, 특허심판, 행정심판, 그 밖의 불복절차에 따른 사항

9. 「병역법」에 따른 징집·소집, 외국인의 출입국·난민인정·귀화, 공무원 인사 관계 법령에 따른 징계와 그 밖의 처분, 이해 조정을 목적으로 하는 법령에 따른 알선·조정·중재(仲裁)·재정(裁定) 또는 그 밖의 처분 등 해당 행정작용의 성질상 행정절차를 거치기 곤란하거나 거칠 필요가 없다고 인정되는 사항과 행정절차에 준하는 절차를 거친 사항으로서 대통령령으로 정하는 사항

→ 행정절차법의 적용이 제외되는 **공무원 인사관계 법령에 의한 처분에 관한 사항**이란 (공무원 인사관계 법령에 의한 처분에 관한 사항 중) 성질상 행정절차를 거치기 곤란하거나 불필요하다고 인정되는 처분이나 행정절차에 준하는 절차를 거치도록 하고 있는 처분에 관한 사항**만**을 말하는 것으로 보아야 한다.

→ 「국가공무원법」상 **직위해제처분**은 행정작용의 성질상 행정절차를 거치기 곤란하거나 불필요하다고 인정되는 사항 또는 행정절차에 준하는 절차를 거친 사항에 해당하므로, 처분의 사전통지 및 의견청취 등에 관한 「행정절차법」의 규정이 별도로 적용되지 않는다.

→ 행정절차법 적용O : 1. **군인사법상 진급선발취소처분** 2. 육군3사관학교 사관생도 징계처분 3. 산업기능요원 편입취소처분 4. KBS 사장 해임처분 5. 어린이집 평가인증 취소처분 6. 외국인의 사증발급신청 거부처분 7. 별정직 공무원 직권면직처분

→ 행정절차법 적용X : 1. 국가공무원법상 직위해제처분 2. 구 국적법상 귀화 3. 구 군인사법상 보직해임처분 4. 공정거래위원회의 의결·결정을 거쳐 행하는 사항

제4조 (신의성실 및 신뢰보호)

① 행정청은 직무를 수행할 때 **신의**(信義)에 따라 **성실**히 하여야 한다.

> 참고 **국세기본법 제15조 (신의·성실)**
> 납세자가 그 의무를 이행할 때에는 **신의**에 따라 **성실**하게 하여야 한다. 세무공무원이 직무를 수행할 때에도 또한 같다.

② 행정청은 법령 등의 해석 또는 행정청의 관행이 일반적으로 국민들에게 받아들여졌을 때에는 공익 또는 제3자의 정당한 이익을 현저히 해칠 우려가 있는 경우를 제외하고는 새로운 해석 또는 관행에 따라 소급하여 불리하게 처리하여서는 아니 된다.

> 참고 **국세기본법 제18조 (세법 해석의 기준 및 소급과세의 금지)**
> ③ 세법의 해석이나 국세행정의 관행이 일반적으로 납세자에게 받아들여진 후에는 그 해석이나 관행에 의한 행위 또는 계산은 정당한 것으로 보며, 새로운 해석이나 관행에 의하여 소급하여 과세되지 아니한다.

→ 행정절차법·국세기본법 모두 신뢰보호의 원칙(소급금지의 원칙) 규정O

제5조 (투명성)

① 행정청이 행하는 행정작용은 그 내용이 구체적이고 명확하여야 한다.

② 행정작용의 근거가 되는 법령등의 내용이 명확하지 아니한 경우 상대방은 해당 행정청에 그 해석을 요청할 수 있으며, 해당 행정청은 특별한 사유가 없으면 그 요청에 따라야 한다.

③ 행정청은 상대방에게 행정작용과 관련된 정보를 충분히 제공하여야 한다.

제5조의2 (행정업무 혁신)

① 행정청은 모든 국민이 균등하고 질 높은 행정서비스를 누릴 수 있도록 노력하여야 한다.

② 행정청은 정보통신기술을 활용하여 행정절차를 적극적으로 혁신하도록 노력하여야 한다. 이 경우 행정청은 국민이 경제적·사회적·지역적 여건 등으로 인하여 불이익을 받지 아니하도록 하여야 한다.

③ 행정청은 행정청이 생성하거나 취득하여 관리하고 있는 데이터(정보처리능력을 갖춘 장치를 통하여 생성 또는 처리되어 기계에 의한 판독이 가능한 형태로 존재하는 정형 또는 비정형의 정보를 말한다)를 행정과정에 활용하도록 노력하여야 한다.

④ 행정청은 행정업무 혁신 추진에 필요한 행정적·재정적·기술적 지원방안을 마련하여야 한다.

제2절 행정청의 관할 및 협조

제6조 (관할)

① 행정청이 그 관할에 속하지 아니하는 사안을 접수하였거나 이송받은 경우에는 지체 없이 이를 관할 행정청에 이송하여야 하고 그 사실을 신청인에게 통지하여야 한다. 행정청이 접수하거나 이송받은 후 관할이 변경된 경우에도 또한 같다.

② 행정청의 관할이 분명하지 아니한 경우에는 해당 행정청을 공통으로 감독하는 상급 행정청이 그 관할을 결정하며, 공통으로 감독하는 상급 행정청이 없는 경우에는 각 상급 행정청이 협의하여 그 관할을 결정한다.

제7조 (행정청 간의 협조 등)

① 행정청은 행정의 원활한 수행을 위하여 서로 협조하여야 한다.

② 행정청은 업무의 효율성을 높이고 행정서비스에 대한 국민의 만족도를 높이기 위하여 필요한 경우 행정협업(다른 행정청과 공동의 목표를 설정하고 행정청 상호 간의 기능을 연계하거나 시설·장비 및 정보 등을 공동으로 활용하는 것을 말한다. 이하 같다)의 방식으로 적극적으로 협조하여야 한다.

③ 행정청은 행정협업을 활성화하기 위한 시책을 마련하고 그 추진에 필요한 행정적·재정적 지원방안을 마련하여야 한다.

④ 행정협업의 촉진 등에 필요한 사항은 대통령령으로 정한다.

제8조 (행정응원)

① 행정청은 다음 각 호의 어느 하나에 해당하는 경우에는 다른 행정청에 행정응원(行政應援)을 요청할 수 있다.

1. 법령 등의 이유로 독자적인 직무 수행이 어려운 경우

2. 인원·장비의 부족 등 사실상의 이유로 독자적인 직무 수행이 어려운 경우

3. 다른 행정청에 소속되어 있는 전문기관의 협조가 필요한 경우

4. 다른 행정청이 관리하고 있는 문서(전자문서를 포함한다. 이하 같다)·통계 등 행정자료가 직무 수행을 위하여 필요한 경우

5. 다른 행정청의 응원을 받아 처리하는 것이 보다 능률적이고 경제적인 경우

② 제1항에 따라 행정응원을 요청받은 행정청은 다음 각 호의 어느 하나에 해당하는 경우에는 응원을 거부할 수 있다.

1. 다른 행정청이 보다 능률적이거나 경제적으로 응원할 수 있는 명백한 이유가 있는 경우

2. 행정응원으로 인하여 고유의 직무 수행이 현저히 지장받을 것으로 인정되는 명백한 이유가 있는 경우

③ 행정응원은 해당 직무를 직접 응원할 수 있는 행정청에 요청하여야 한다.

④ 행정응원을 요청받은 행정청은 응원을 거부하는 경우 그 사유를 응원을 요청한 행정청에 통지하여야 한다.

⑤ 행정응원을 위하여 파견된 직원은 응원을 요청한 행정청의 지휘·감독을 받는다. 다만, 해당 직원의 복무에 관하여 다른 법령 등에 특별한 규정이 있는 경우에는 그에 따른다.

⑥ 행정응원에 드는 비용은 응원을 요청한 행정청이 부담하며, 그 부담금액 및 부담방법은 응원을 요청한 행정청과 응원을 하는 행정청이 협의하여 결정한다.

제3절 당사자 등

제9조 (당사자 등의 자격)

다음 각 호의 어느 하나에 해당하는 자는 행정절차에서 당사자 등이 될 수 있다.

1. 자연인

2. 법인, 법인이 아닌 사단 또는 재단(이하 "법인 등"이라 한다)

3. 그 밖에 다른 법령 등에 따라 권리·의무의 주체가 될 수 있는 자

제10조 (지위의 승계)

① 당사자 등이 사망하였을 때의 상속인과 다른 법령 등에 따라 당사자 등의 권리 또는 이익을 승계한 자는 당사자 등의 지위를 승계한다.

② 당사자 등인 법인 등이 합병하였을 때에는 합병 후 존속하는 법인 등이나 합병 후 새로 설립된 법인 등이 당사자 등의 지위를 승계한다.

③ 제1항 및 제2항에 따라 당사자 등의 지위를 승계한 자는 행정청에 그 사실을 통지하여야 한다.

④ 처분에 관한 권리 또는 이익을 사실상 양수한 자는 행정청의 승인을 받아 당사자 등의 지위를 승계할 수 있다.

⑤ 제3항에 따른 통지가 있을 때까지 사망자 또는 합병 전의 법인 등에 대하여 행정청이 한 통지는 제1항 또는 제2항에 따라 당사자 등의 지위를 승계한 자에게도 효력이 있다.

제11조 (대표자)

① 다수의 당사자 등이 공동으로 행정절차에 관한 행위를 할 때에는 대표자를 선정할 수 있다.

② 행정청은 제1항에 따라 당사자 등이 대표자를 선정하지 아니하거나 대표자가 지나치게 많아 행정절차가 지연될 우려가 있는 경우에는 그 이유를 들어 상당한 기간 내에 3인 이내의 대표자를 선정할 것을 요청할 수 있다. 이 경우 당사자 등이 그 요청에 따르지 아니하였을 때에는 행정청이 직접 대표자를 선정할 수 있다.

③ 당사자 등은 대표자를 변경하거나 해임할 수 있다.

④ 대표자는 각자 그를 대표자로 선정한 당사자 등을 위하여 행정절차에 관한 모든 행위를 할 수 있다. 다만, **행정절차를 끝맺는 행위**에 대하여는 당사자 등의 **동의**를 받아야 한다.

⑤ 대표자가 있는 경우에는 당사자 등은 그 **대표자를 통하여서만** 행정절차에 관한 행위를 할 수 있다.

⑥ 다수의 대표자가 있는 경우 그 중 1인에 대한 행정청의 행위는 모든 당사자 등에게 효력이 있다. 다만, 행정청의 **통지는 대표자 모두**에게 하여야 그 효력이 있다.

제12조 (대리인)

① 당사자 등은 다음 각 호의 어느 하나에 해당하는 자를 대리인으로 선임할 수 있다.

1. 당사자 등의 배우자, 직계 존속·비속 또는 형제자매

2. 당사자 등이 법인 등인 경우 그 임원 또는 직원

3. 변호사

4. 행정청 또는 청문 주재자(청문의 경우만 해당한다)의 허가를 받은 자

5. 법령 등에 따라 해당 사안에 대하여 대리인이 될 수 있는 자

→ 징계심의대상자가 선임한 변호사가 징계위원회에 출석하여 징계심의대상자를 위하여 필요한 의견을 진술하는 것은 방어권 행사의 본질적 내용에 해당하므로, 행정청은 특별한 사정이 없는 한 이를 거부할 수 없다.

→ 징계심의대상자의 대리인이 관련된 행정절차나 소송절차에서 이미 실질적인 증거조사를 하고 의견을 진술하는 절차를 거쳐서 징계심의대상자의 방어권 행사에 실질적으로 지장이 초래되었다고 볼 수 없는 특별한 사정이 있는 경우에는, 징계권자가 징계심의대상자의 대리인에게 징계위원회에 출석하여 의견을 진술할 기회를 주지 아니하였다 하더라도 그로 인하여 징계위원회 심의에 절차적 정당성이 상실되었다고 볼 수 없으므로 징계처분을 취소할 것은 아니다.

② 대리인에 관하여는 제11조 제3항·제4항 및 제6항을 준용한다.

제13조 (대표자·대리인의 통지)

① 당사자 등이 대표자 또는 대리인을 선정하거나 선임하였을 때에는 지체 없이 그 사실을 행정청에 통지하여야 한다. 대표자 또는 대리인을 변경하거나 해임하였을 때에도 또한 같다.

② 제1항에도 불구하고 제12조 제1항 제4호에 따라 청문 주재자가 대리인의 선임을 허가한 경우에는 청문 주재자가 그 사실을 행정청에 통지하여야 한다.

제4절 송달 및 기간·기한의 특례

제14조 (송달)

① 송달은 우편, 교부 또는 정보통신망 이용 등의 방법으로 하되, 송달받을 자(대표자 또는 대리인을 포함한다. 이하 같다)의 주소·거소(居所)·영업소·사무소 또는 전자우편주소(이하 "주소 등"이라 한다)로 한다. 다만, 송달받을 자가 동의하는 경우에는 그를 만나는 장소에서 송달할 수 있다.

② 교부에 의한 송달은 수령확인서를 받고 문서를 교부함으로써 하며, 송달하는 장소에서 송달받을 자를 만나지 못한 경우에는 그 사무원·피용자 또는 동거인으로서 사리를 분별할 지능이 있는 사람(이하 이 조에서 "사무원 등"이라 한다)에게 문서를 교부할 수 있다. 다만, 문서를 송달받을 자 또는 그 사무원 등이 정당한 사유 없이 송달받기를 거부하는 때에는 그 사실을 수령확인서에 적고, 문서를 송달할 장소에 놓아둘 수 있다.

③ **정보통신망을 이용한 송달은 송달받을 자가 동의하는 경우에만 한다.** 이 경우 송달받을 자는 송달받을 전자우편주소 등을 지정하여야 한다.

④ 다음 각 호의 어느 하나에 해당하는 경우에는 송달받을 자가 알기 쉽도록 관보, 공보, 게시판, 일간신문 중 **하나 이상**에 공고하고 **인터넷**에도 공고하여야 한다.

1. 송달받을 자의 **주소** 등을 통상적인 방법으로 **확인할 수 없는 경우**

2. 송달이 **불가능한** 경우

⑤ 제4항에 따른 공고를 할 때에는 민감정보 및 고유식별정보 등 송달받을 자의 개인정보를 「개인정보 보호법」에 따라 보호하여야 한다.

⑥ 행정청은 송달하는 문서의 명칭, 송달받는 자의 성명 또는 명칭, 발송방법 및 발송 연월일을 확인할 수 있는 기록을 보존하여야 한다.

제15조 (송달의 효력 발생)

① 송달은 다른 법령등에 특별한 규정이 있는 경우를 제외하고는 해당 문서가 송달받을 자에게 도달됨으로써 그 효력이 발생한다.

② 제14조 제3항에 따라 정보통신망을 이용하여 전자문서로 송달하는 경우에는 송달받을 자가 지정한 컴퓨터 등에 입력된 때에 도달된 것으로 본다.

③ **제14조 제4항**의 경우에는 다른 법령등에 특별한 규정이 있는 경우를 제외하고는 공고일부터 **14일**이 지난 때에 그 효력이 발생한다. 다만, 긴급히 시행하여야 할 특별한 사유가 있어 효력 발생 시기를 달리 정하여 공고한 경우에는 그에 따른다.

제16조 (기간 및 기한의 특례)

① 천재지변이나 그 밖에 당사자 등에게 책임이 없는 사유로 기간 및 기한을 지킬 수 없는 경우에는 그 사유가 끝나는 날까지 기간의 진행이 정지된다.

② 외국에 거주하거나 체류하는 자에 대한 기간 및 기한은 행정청이 그 우편이나 통신에 걸리는 일수(日數)를 고려하여 정하여야 한다.

제2장 처분

제1절 통칙

제17조 (처분의 신청)

① 행정청에 처분을 구하는 **신청은 문서**로 하여야 한다. 다만, 다른 법령 등에 특별한 규정이 있는 경우와 행정청이 미리 다른 방법을 정하여 공시한 경우에는 그러하지 아니하다.

② 제1항에 따라 처분을 신청할 때 전자문서로 하는 경우에는 **행정청의 컴퓨터 등에 입력된 때**에 신청한 것으로 본다.

③ 행정청은 신청에 필요한 구비서류, 접수기관, 처리기간, 그 밖에 필요한 사항을 게시(인터넷 등을 통한 게시를 포함한다)하거나 이에 대한 편람을 갖추어 두고 누구나 열람할 수 있도록 하여야 한다.

④ 행정청은 신청을 받았을 때에는 다른 법령등에 특별한 규정이 있는 경우를 제외하고는 그 접수를 보류 또는 거부하거나 부당하게 되돌려 보내서는 아니 되며, 신청을 접수한 경우에는 신청인에게 접수증을 주어야 한다. 다만, 대통령령으로 정하는 경우에는 접수증을 주지 아니할 수 있다.

⑤ **행정청은 신청에 구비서류의 미비 등 흠이 있는 경우에는 보완에 필요한 상당한 기간을 정하여 지체 없이 신청인에게 보완을 요구하여야 한다.**

⑥ 행정청은 신청인이 제5항에 따른 기간 내에 보완을 하지 아니하였을 때에는 그 이유를 구체적으로 밝혀 접수된 신청을 되돌려 보낼 수 있다.

⑦ 행정청은 신청인의 편의를 위하여 다른 행정청에 신청을 접수하게 할 수 있다. 이 경우 행정청은 다른 행정청에 접수할 수 있는 신청의 종류를 미리 정하여 공시하여야 한다.

⑧ 신청인은 처분이 있기 전에는 그 신청의 내용을 보완·변경하거나 취하(取下)할 수 있다. 다만, 다른 법령 등에 특별한 규정이 있거나 그 신청의 성질상 보완·변경하거나 취하할 수 없는 경우에는 그러하지 아니하다.

제18조 (다수의 행정청이 관여하는 처분)

행정청은 다수의 행정청이 관여하는 처분을 구하는 신청을 접수한 경우에는 관계 행정청과의 신속한 협조를 통하여 그 처분이 지연되지 아니하도록 하여야 한다.

제19조 (처리기간의 설정·공표)

① 행정청은 **신청인의 편의**를 위하여 처분의 처리기간을 **종류별로** 미리 정하여 공표하여야 한다.

② 행정청은 **부득이한** 사유로 제1항에 따른 처리기간 내에 처분을 처리하기 곤란한 경우에는 해당 처분의 처리기간의 범위에서 **한 번만** 그 기간을 연장할 수 있다.

③ 행정청은 제2항에 따라 처리기간을 연장할 때에는 처리기간의 연장 사유와 처리 예정 기한을 지체 없이 신청인에게 통지하여야 한다.

④ 행정청이 정당한 처리기간 내에 처리하지 아니하였을 때에는 신청인은 **해당 행정청 또는 그 감독 행정청에 신속한 처리를 요청할 수 있다.**

⑤ 제1항에 따른 처리기간에 산입하지 아니하는 기간에 관하여는 대통령령으로 정한다.

제20조 (처분기준의 설정·공표)

① 행정청은 필요한 처분기준을 해당 처분의 성질에 비추어 되도록 구체적으로 정하여 공표하여야 한다. 처분기준을 변경하는 경우에도 또한 같다.

② 제1항에 따른 처분기준을 공표하는 것이 해당 처분의 성질상 현저히 곤란하거나 공공의 안전 또는 복리를 현저히 해치는 것으로 인정될 만한 상당한 이유가 있는 경우에는 처분기준을 공표하지 아니할 수 있다.

③ 당사자 등은 공표된 처분기준이 명확하지 아니한 경우 해당 행정청에 그 해석 또는 설명을 요청할 수 있다. 이 경우 해당 행정청은 특별한 사정이 없으면 그 요청에 따라야 한다.

제21조 (처분의 사전 통지)

① 행정청은 **당사자에게 의무를 부과하거나 권익을 제한하는 처분**을 하는 경우에는 미리 다음 각 호의 사항을 **당사자 등**에게 통지하여야 한다.

  1. 처분의 제목

  2. 당사자의 성명 또는 명칭과 주소

  3. 처분하려는 원인이 되는 사실과 처분의 내용 및 법적 근거

  4. 제3호에 대하여 의견을 제출할 수 있다는 뜻과 의견을 제출하지 아니하는 경우의 처리방법

  5. 의견제출기관의 명칭과 주소

  6. 의견제출기한

  7. 그 밖에 필요한 사항

→ **거부처분은 직접 당사자의 권익을 제한하는 처분X ∴ 사전통지X / 의견제출X**

→ 행정절차법 제2조 제4호 "**당사자 등**"이란 다음 각 목의 자를 말한다.

  가. 행정청의 처분에 대하여 **직접 그 상대가 되는** 당사자

  나. 행정청이 직권으로 또는 신청에 따라 행정절차에 참여하게 한 이해관계인

② 행정청은 청문을 하려면 청문이 시작되는 날부터 10일 전까지 제1항 각 호의 사항을 당사자 등에게 통지하여야 한다. 이 경우 제1항 제4호부터 제6호까지의 사항은 청문 주재자의 소속 · 직위 및 성명, 청문의 일시 및 장소, 청문에 응하지 아니하는 경우의 처리방법 등 청문에 필요한 사항으로 갈음한다.

③ 제1항 제6호에 따른 기한은 의견제출에 필요한 기간을 10일 이상으로 고려하여 정하여야 한다.

④ 다음 각 호의 어느 하나에 해당하는 경우에는 제1항에 따른 <u>통지를 하지 아니할 수 있다.</u>

1. 공공의 안전 또는 복리를 위하여 긴급히 처분을 할 필요가 있는 경우

2. 법령 등에서 요구된 자격이 없거나 없어지게 되면 반드시 일정한 처분을 하여야 하는 경우에 그 자격이 없거나 없어지게 된 사실이 법원의 재판 등에 의하여 객관적으로 증명된 경우

3. 해당 처분의 성질상 의견청취가 현저히 곤란하거나 명백히 불필요하다고 인정될 만한 상당한 이유가 있는 경우

⑤ 처분의 전제가 되는 사실이 법원의 재판 등에 의하여 객관적으로 증명된 경우 등 제4항에 따른 사전 통지를 하지 아니할 수 있는 구체적인 사항은 대통령령으로 정한다.

⑥ 제4항에 따라 사전 통지를 하지 아니하는 경우 행정청은 처분을 할 때 당사자 등에게 통지를 하지 아니한 사유를 알려야 한다. 다만, 신속한 처분이 필요한 경우에는 처분 후 그 사유를 알릴 수 있다.

⑦ 제6항에 따라 당사자 등에게 알리는 경우에는 제24조를 준용한다.

제22조 (의견청취)

① <u>행정청이 처분을 할 때 다음 각 호의 어느 하나에 해당하는 경우에는 **청문을 한다.**</u>

1. 다른 법령 등에서 청문을 하도록 규정하고 있는 경우

2. 행정청이 필요하다고 인정하는 경우

3. 다음 각 목의 처분을 하는 경우

가. 인허가 등의 취소

나. **신분·자격의 박탈**

다. 법인이나 조합 등의 설립허가의 취소

② 행정청이 처분을 할 때 다음 각 호의 어느 하나에 해당하는 경우에는 **공청회를 개최한다.**

1. 다른 법령 등에서 공청회를 개최하도록 규정하고 있는 경우

2. 해당 처분의 영향이 광범위하여 널리 의견을 수렴할 필요가 있다고 행정청이 인정하는 경우

3. 국민생활에 큰 영향을 미치는 처분으로서 대통령령으로 정하는 처분에 대하여 <u>대통령령으로 정하는 수 이상의 당사자 등이 공청회 개최를 요구하는 경우</u>

③ 행정청이 <u>당사자에게 의무를 부과하거나 권익을 제한하는 처분</u>을 할 때 제1항 또는 제2항의 경우 **외**에는 <u>당사자 등에게 의견제출의 기회를 주어야 한다.</u>

→ 행정절차법 제2조 제4호 "**당사자 등**"이란 다음 각 목의 자를 말한다.

가. 행정청의 처분에 대하여 <u>직접 그 상대가 되는</u> 당사자

나. <u>행정청이 직권으로 또는 신청에 따라 행정절차에 참여하게 한 이해관계인</u>

→ ∴ <mark>의견청취절차에 참가</mark> : 이해관계인<u>X</u> / 행정청의 직권 또는 신청에 따라 행정절차에 참여하게 한 이해관계인<u>O</u>

④ 제1항부터 제3항까지의 규정에도 불구하고 제21조 제4항 각 호의 어느 하나에 해당하는 경우와 당사자가 의견진술의 기회를 포기한다는 뜻을 명백히 표시한 경우에는 의견청취를 하지 아니할 수 있다.

⑤ 행정청은 청문·공청회 또는 의견제출을 거쳤을 때에는 신속히 처분하여 해당 처분이 지연되지 아니하도록 하여야 한다.

⑥ 행정청은 처분 후 1년 이내에 당사자 등이 요청하는 경우에는 청문·공청회 또는 의견제출을 위하여 제출받은 서류나 그 밖의 물건을 반환하여야 한다.

[청문 VS 공청회 VS 의견제출]

	청 문	공청회	의견제출
의 의	행정청이 처분 전에 당사자 등의 의견을 듣고 증거를 조사하는 절차	행정청이 공개적인 토론을 통하여 의견을 수렴하는 절차	청문과 공청회를 거치지 **못한** 경우 당사자 등에게 의견을 제출하도록 하는 절차
통 지	청문 시작 날부터 10일 전까지	공청회 개최 14일 전까지	
공개여부	비공개 원칙	공개원칙	
문서열람	O	X	O
증거조사	O	X	
의견제출 방식	서면이나 구술	구술	서면이나 구술 또는 정보통신망
정보통신망	X	온라인공청회O (단, 온라인공청회 단독개최는 원칙적으로 불가)	O

→ **청문**은 행정청이 어떠한 처분을 하기 전에 당사자 등의 의견을 직접 듣는 절차이며 증거를 조사하는 절차도 포함된다.

→ '의견제출'은 행정청이 어떤 행정작용을 하기 전에 당사자 등이 의견을 제시하는 절차로서 청문이나 공청회에 해당하지 아니하는 절차를 말한다. **청문**이나 **공청회**는 행정절차법 제22조 제1항과 제2항에서 정하고 있는 경우에만 실시하는 것으로 **의견청취의 특별절차**이며, 의견제출은 불이익처분시에 거쳐야 하는 **의견청취의 일반절차**이다.

제23조 (처분의 이유 제시)

① 행정청은 처분을 할 때에는 다음 각 호의 어느 하나에 해당하는 경우를 제외하고는 당사자에게 그 근거와 이유를 제시하여야 한다.

1. 신청 내용을 모두 그대로 인정하는 처분인 경우

2. 단순·반복적인 처분 또는 경미한 처분으로서 당사자가 그 이유를 명백히 알 수 있는 경우

3. 긴급히 처분을 할 필요가 있는 경우

② 행정청은 제1항 제2호 및 제3호의 경우에 처분 후 당사자가 요청하는 경우에는 그 근거와 이유를 제시하여야 한다.

→ ∴ 행정청은 신청 내용을 모두 그대로 인정하는 처분인 경우(제1호), 처분 후 당사자가 요청하는 경우에도 그 근거와 이유를 제시할 필요X

제24조 (처분의 방식)

① 행정청이 처분을 할 때에는 다른 법령등에 특별한 규정이 있는 경우를 제외하고는 문서로 하여야 하며, 다음 각 호의 어느 하나에 해당하는 경우에는 전자문서로 할 수 있다.

 1. 당사자 등의 동의가 있는 경우

 2. 당사자가 전자문서로 처분을 신청한 경우

② 제1항에도 불구하고 공공의 안전 또는 복리를 위하여 긴급히 처분을 할 필요가 있거나 사안이 경미한 경우에는 말, 전화, 휴대전화를 이용한 문자 전송, 팩스 또는 전자우편 등 문서가 아닌 방법으로 처분을 할 수 있다. 이 경우 당사자가 요청하면 지체 없이 처분에 관한 문서를 주어야 한다.

③ 처분을 하는 문서에는 그 처분 행정청과 담당자의 소속·성명 및 연락처(전화번호, 팩스번호, 전자우편주소 등을 말한다)를 적어야 한다.

제25조 (처분의 정정)

행정청은 처분에 오기(誤記), 오산(誤算) 또는 그 밖에 이에 준하는 명백한 잘못이 있을 때에는 직권으로 또는 신청에 따라 지체 없이 정정하고 그 사실을 당사자에게 통지하여야 한다.

제26조 (고지)

행정청이 처분을 할 때에는 당사자에게 그 처분에 관하여 행정심판 및 행정소송을 제기할 수 있는지 여부, 그 밖에 불복을 할 수 있는지 여부, 청구절차 및 청구기간, 그 밖에 필요한 사항을 알려야 한다.

제2절 의견제출 및 청문

제27조 (의견제출)

① 당사자 등은 처분 전에 그 처분의 관할 행정청에 서면이나 말로 또는 정보통신망을 이용하여 의견제출을 할 수 있다.

② 당사자 등은 제1항에 따라 의견제출을 하는 경우 그 주장을 입증하기 위한 증거자료 등을 첨부할 수 있다.

③ 행정청은 당사자 등이 말로 의견제출을 하였을 때에는 서면으로 그 진술의 요지와 진술자를 기록하여야 한다.

④ 당사자 등이 정당한 이유 없이 의견제출기한까지 의견제출을 하지 아니한 경우에는 의견이 없는 것으로 본다.

제27조의2 (제출 의견의 반영 등)

① 행정청은 처분을 할 때에 당사자 등이 제출한 의견이 상당한 이유가 있다고 인정하는 경우에는 이를 반영하여야 한다.

② 행정청은 당사자 등이 제출한 의견을 반영하지 아니하고 처분을 한 경우 당사자 등이 처분이 있음을 안 날부터 90일 이내에 그 이유의 설명을 요청하면 서면으로 그 이유를 알려야 한다. 다만, 당사자 등이 동의하면 말, 정보통신망 또는 그 밖의 방법으로 알릴 수 있다.

제28조 (청문 주재자)

① 행정청은 소속 직원 또는 대통령령으로 정하는 자격을 가진 사람 중에서 청문 주재자를 공정하게 선정하여야 한다.

② 행정청은 다음 각 호의 어느 하나에 해당하는 처분을 하려는 경우에는 청문 주재자를 2명 이상으로 선정할 수 있다. 이 경우 선정된 청문 주재자 중 1명이 청문 주재자를 대표한다.

　1. 다수 국민의 이해가 상충되는 처분

　2. 다수 국민에게 불편이나 부담을 주는 처분

　3. 그 밖에 전문적이고 공정한 청문을 위하여 행정청이 청문 주재자를 2명 이상으로 선정할 필요가 있다고 인정하는 처분

③ 행정청은 청문이 시작되는 날부터 7일 전까지 청문 주재자에게 청문과 관련한 필요한 자료를 미리 통지하여야 한다.

④ 청문 주재자는 독립하여 공정하게 직무를 수행하며, 그 직무 수행을 이유로 본인의 의사에 반하여 신분상 어떠한 불이익도 받지 아니한다.

⑤ 제1항 또는 제2항에 따라 선정된 청문 주재자는 「형법」이나 그 밖의 다른 법률에 따른 벌칙을 적용할 때에는 공무원으로 본다.

⑥ 제1항부터 제5항까지에서 규정한 사항 외에 청문 주재자의 선정 등에 필요한 사항은 대통령령으로 정한다.

제29조 (청문 주재자의 제척·기피·회피)

① 청문 주재자가 다음 각 호의 어느 하나에 해당하는 경우에는 청문을 주재할 수 없다.

　1. 자신이 당사자 등이거나 당사자 등과 「민법」 제777조 각 호의 어느 하나에 해당하는 친족관계에 있거나 있었던 경우

　2. 자신이 해당 처분과 관련하여 증언이나 감정(鑑定)을 한 경우

　3. 자신이 해당 처분의 당사자 등의 대리인으로 관여하거나 관여하였던 경우

　4. 자신이 해당 처분업무를 직접 처리하거나 처리하였던 경우

　5. 자신이 해당 처분업무를 처리하는 부서에 근무하는 경우. 이 경우 부서의 구체적인 범위는 대통령령으로 정한다.

② 청문 주재자에게 공정한 청문 진행을 할 수 없는 사정이 있는 경우 당사자 등은 행정청에 기피신청을 할 수 있다. 이 경우 행정청은 청문을 정지하고 그 신청이 이유가 있다고 인정할 때에는 해당 청문 주재자를 지체 없이 교체하여야 한다.

③ 청문 주재자는 제1항 또는 제2항의 사유에 해당하는 경우에는 행정청의 승인을 받아 스스로 청문의 주재를 회피할 수 있다.

제30조 (청문의 공개)

청문은 당사자가 공개를 신청하거나 청문 주재자가 필요하다고 인정하는 경우 공개할 수 있다. 다만, 공익 또는 제3자의 정당한 이익을 현저히 해칠 우려가 있는 경우에는 공개하여서는 아니 된다.

제31조 (청문의 진행)

① 청문 주재자가 청문을 시작할 때에는 먼저 예정된 처분의 내용, 그 원인이 되는 사실 및 법적 근거 등을 설명하여야 한다.

② 당사자 등은 의견을 진술하고 증거를 제출할 수 있으며, 참고인이나 감정인 등에게 질문할 수 있다.

③ 당사자 등이 의견서를 제출한 경우에는 그 내용을 출석하여 진술한 것으로 본다.

④ 청문 주재자는 청문의 신속한 진행과 질서유지를 위하여 필요한 조치를 할 수 있다.

⑤ 청문을 계속할 경우에는 행정청은 당사자 등에게 다음 청문의 일시 및 장소를 서면으로 통지하여야 하며, 당사자 등이 동의하는 경우에는 전자문서로 통지할 수 있다. 다만, 청문에 출석한 당사자 등에게는 그 청문일에 청문 주재자가 말로 통지할 수 있다.

제32조 (청문의 병합·분리)

행정청은 직권으로 또는 당사자의 신청에 따라 여러 개의 사안을 병합하거나 분리하여 청문을 할 수 있다.

제33조 (증거조사)

① <u>청문 주재자는 **직권**으로 또는 당사자의 **신청**에 따라 필요한 조사를 할 수 있으며, 당사자 등이 주장하지 아니한 사실에 대하여도 조사할 수 있다.</u>

② 증거조사는 다음 각 호의 어느 하나에 해당하는 방법으로 한다.

 1. 문서·장부·물건 등 증거자료의 수집

 2. 참고인·감정인 등에 대한 질문

 3. 검증 또는 감정·평가

 4. 그 밖에 필요한 조사

③ 청문 주재자는 필요하다고 인정할 때에는 관계 행정청에 필요한 문서의 제출 또는 의견의 진술을 요구할 수 있다. 이 경우 관계 행정청은 직무 수행에 특별한 지장이 없으면 그 요구에 따라야 한다.

제34조 (청문조서)

① 청문 주재자는 다음 각 호의 사항이 적힌 청문조서(聽聞調書)를 작성하여야 한다.

 1. 제목

 2. 청문 주재자의 소속, 성명 등 인적사항

 3. 당사자 등의 주소, 성명 또는 명칭 및 출석 여부

 4. 청문의 일시 및 장소

 5. 당사자 등의 진술의 요지 및 제출된 증거

 6. 청문의 공개 여부 및 공개하거나 제30조 단서에 따라 공개하지 아니한 이유

 7. 증거조사를 한 경우에는 그 요지 및 첨부된 증거

 8. 그 밖에 필요한 사항

② <u>당사자 등은 청문조서의 내용을 열람·확인할 수 있으며, 이의가 있을 때에는 그 정정을 요구할 수 있다.</u>

제34조의2 (청문 주재자의 의견서)

청문 주재자는 다음 각 호의 사항이 적힌 청문 주재자의 의견서를 작성하여야 한다.

 1. 청문의 제목

 2. 처분의 내용, 주요 사실 또는 증거

 3. 종합의견

 4. 그 밖에 필요한 사항

제35조 (청문의 종결)

① 청문 주재자는 해당 사안에 대하여 당사자 등의 의견진술, 증거조사가 충분히 이루어졌다고 인정하는 경우에는 청문을 마칠 수 있다.

② 청문 주재자는 당사자 등의 전부 또는 일부가 정당한 사유 없이 청문기일에 출석하지 아니하거나 제31조 제3항에 따른 의견서를 제출하지 아니한 경우에는 이들에게 다시 의견진술 및 증거제출의 기회를 주지 아니하고 청문을 마칠 수 있다.

③ 청문 주재자는 당사자 등의 전부 또는 일부가 정당한 사유로 청문기일에 출석하지 못하거나 제31조 제3항에 따른 의견서를 제출하지 못한 경우에는 10일 이상의 기간을 정하여 이들에게 의견진술 및 증거제출을 요구하여야 하며, 해당 기간이 지났을 때에 청문을 마칠 수 있다.

④ 청문 주재자는 청문을 마쳤을 때에는 청문조서, 청문 주재자의 의견서, 그 밖의 관계 서류 등을 행정청에 지체 없이 제출하여야 한다.

제35조의2 (청문결과의 반영)

행정청은 처분을 할 때에 제35조 제4항에 따라 받은 청문조서, 청문 주재자의 의견서, 그 밖의 관계 서류 등을 충분히 검토하고 상당한 이유가 있다고 인정하는 경우에는 청문결과를 반영하여야 한다.

제36조 (청문의 재개)

행정청은 청문을 마친 후 처분을 할 때까지 새로운 사정이 발견되어 청문을 재개(再開)할 필요가 있다고 인정할 때에는 제35조 제4항에 따라 받은 청문조서 등을 되돌려 보내고 청문의 재개를 명할 수 있다. 이 경우 제31조 제5항을 준용한다.

제37조 (문서의 열람 및 비밀유지)

① 당사자 등은 의견제출의 경우에는 처분의 사전 통지가 있는 날부터 의견제출기한까지, 청문의 경우에는 청문의 통지가 있는 날부터 청문이 끝날 때까지 행정청에 해당 사안의 조사결과에 관한 문서와 그 밖에 해당 처분과 관련되는 문서의 열람 또는 복사를 요청할 수 있다. 이 경우 행정청은 다른 법령에 따라 공개가 제한되는 경우를 제외하고는 그 요청을 거부할 수 없다.

② 행정청은 제1항의 열람 또는 복사의 요청에 따르는 경우 그 일시 및 장소를 지정할 수 있다.

③ 행정청은 제1항 후단에 따라 열람 또는 복사의 요청을 거부하는 경우에는 그 이유를 소명(疏明)하여야 한다.

④ 제1항에 따라 열람 또는 복사를 요청할 수 있는 문서의 범위는 대통령령으로 정한다.

⑤ 행정청은 제1항에 따른 복사에 드는 비용을 복사를 요청한 자에게 부담시킬 수 있다.

⑥ 누구든지 의견제출 또는 청문을 통하여 알게 된 사생활이나 경영상 또는 거래상의 비밀을 정당한 이유 없이 누설하거나 다른 목적으로 사용하여서는 아니 된다.

제3절 공청회

제38조 (공청회 개최의 알림)

행정청은 공청회를 개최하려는 경우에는 공청회 개최 14일 전까지 다음 각 호의 사항을 당사자 등에게 통지하고 관보, 공보, 인터넷 홈페이지 또는 일간신문 등에 공고하는 등의 방법으로 널리 알려야 한다. 다만, 공청회 개최를 알린 후 예정대로 개최하지 못하여 새로 일시 및 장소 등을 정한 경우에는 공청회 개최 7일 전까지 알려야 한다.

1. 제목
2. 일시 및 장소
3. 주요 내용
4. 발표자에 관한 사항
5. 발표신청 방법 및 신청기한

6. 정보통신망을 통한 의견제출

7. 그 밖에 공청회 개최에 필요한 사항

제38조의2 (온라인공청회)

① 행정청은 제38조에 따른 **공청회와 병행**하여서만 정보통신망을 이용한 공청회(이하 "**온라인공청회**"라 한다)를 **실시할 수 있다.**

② 제1항에도 불구하고 다음 각 호의 어느 하나에 해당하는 경우에는 온라인공청회를 단독으로 개최할 수 있다.

1. 국민의 생명·신체·재산의 보호 등 국민의 안전 또는 권익보호 등의 이유로 제38조에 따른 공청회를 개최하기 어려운 경우

2. 제38조에 따른 공청회가 행정청이 책임질 수 없는 사유로 개최되지 못하거나 개최는 되었으나 정상적으로 진행되지 못하고 무산된 횟수가 3회 이상인 경우

3. 행정청이 널리 의견을 수렴하기 위하여 온라인공청회를 단독으로 개최할 필요가 있다고 인정하는 경우. 다만, 제22조 제2항 제1호 또는 제3호에 따라 공청회를 실시하는 경우는 제외한다.

③ 행정청은 온라인공청회를 실시하는 경우 의견제출 및 토론 참여가 가능하도록 적절한 전자적 처리능력을 갖춘 정보통신망을 구축·운영하여야 한다.

④ 온라인공청회를 실시하는 경우에는 누구든지 정보통신망을 이용하여 의견을 제출하거나 제출된 의견 등에 대한 토론에 참여할 수 있다.

⑤ 제1항부터 제4항까지에서 규정한 사항 외에 온라인공청회의 실시 방법 및 절차에 관하여 필요한 사항은 대통령령으로 정한다.

제38조의3 (공청회의 주재자 및 발표자의 선정)

① 행정청은 해당 공청회의 사안과 관련된 분야에 전문적 지식이 있거나 그 분야에 종사한 경험이 있는 사람으로서 대통령령으로 정하는 자격을 가진 사람 중에서 공청회의 주재자를 선정한다.

② 공청회의 발표자는 발표를 신청한 사람 중에서 행정청이 선정한다. 다만, 발표를 신청한 사람이 없거나 공청회의 공정성을 확보하기 위하여 필요하다고 인정하는 경우에는 다음 각 호의 사람 중에서 지명하거나 위촉할 수 있다.

1. 해당 공청회의 사안과 관련된 당사자 등

2. 해당 공청회의 사안과 관련된 분야에 전문적 지식이 있는 사람

3. 해당 공청회의 사안과 관련된 분야에 종사한 경험이 있는 사람

③ 행정청은 공청회의 주재자 및 발표자를 지명 또는 위촉하거나 선정할 때 공정성이 확보될 수 있도록 하여야 한다.

④ 공청회의 주재자, 발표자, 그 밖에 자료를 제출한 전문가 등에게는 예산의 범위에서 수당 및 여비와 그 밖에 필요한 경비를 지급할 수 있다.

제39조 (공청회의 진행)

① 공청회의 주재자는 공청회를 공정하게 진행하여야 하며, 공청회의 원활한 진행을 위하여 발표 내용을 제한할 수 있고, 질서유지를 위하여 발언 중지 및 퇴장 명령 등 행정안전부장관이 정하는 필요한 조치를 할 수 있다.

② 발표자는 공청회의 내용과 직접 관련된 사항에 대하여만 발표하여야 한다.

③ 공청회의 주재자는 발표자의 발표가 끝난 후에는 발표자 상호간에 질의 및 답변을 할 수 있도록 하여야 하며, 방청인에게도 의견을 제시할 기회를 주어야 한다.

제39조의2 (공청회 및 온라인공청회 결과의 반영)

행정청은 처분을 할 때에 공청회, 온라인공청회 및 정보통신망 등을 통하여 제시된 사실 및 의견이 상당한 이유가 있다고 인정하는 경우에는 이를 반영하여야 한다.

제39조의3 (공청회의 재개최)

행정청은 공청회를 마친 후 처분을 할 때까지 새로운 사정이 발견되어 공청회를 다시 개최할 필요가 있다고 인정할 때에는 공청회를 다시 개최할 수 있다.

제3장 신고

제40조 (신고)

① 법령 등에서 행정청에 일정한 사항을 통지함으로써 의무가 끝나는 신고를 규정하고 있는 경우 신고를 관장하는 행정청은 신고에 필요한 구비서류, 접수기관, 그 밖에 법령 등에 따른 신고에 필요한 사항을 게시(인터넷 등을 통한 게시를 포함한다)하거나 이에 대한 편람을 갖추어 두고 누구나 열람할 수 있도록 하여야 한다.

② 제1항에 따른 신고가 다음 각 호의 요건을 갖춘 경우에는 신고서가 접수기관에 도달된 때에 신고 의무가 이행된 것으로 본다.

1. 신고서의 기재사항에 흠이 없을 것

2. 필요한 구비서류가 첨부되어 있을 것

3. 그 밖에 법령 등에 규정된 형식상의 요건에 적합할 것

③ 행정청은 제2항 각 호의 요건을 갖추지 못한 신고서가 제출된 경우에는 지체 없이 상당한 기간을 정하여 신고인에게 보완을 요구하여야 한다.

④ 행정청은 신고인이 제3항에 따른 기간 내에 보완을 하지 아니하였을 때에는 그 이유를 구체적으로 밝혀 해당 신고서를 되돌려 보내야 한다.

제40조의2 (확약)

① 법령 등에서 당사자가 신청할 수 있는 처분을 규정하고 있는 경우 행정청은 당사자의 신청에 따라 장래에 어떤 처분을 하거나 하지 아니할 것을 내용으로 하는 의사표시(이하 "확약"이라 한다)를 할 수 있다.

② 확약은 문서로 하여야 한다.

③ 행정청은 다른 행정청과의 협의 등의 절차를 거쳐야 하는 처분에 대하여 확약을 하려는 경우에는 확약을 하기 전에 그 절차를 거쳐야 한다.

④ 행정청은 다음 각 호의 어느 하나에 해당하는 경우에는 확약에 기속되지 아니한다.

1. 확약을 한 후에 확약의 내용을 이행할 수 없을 정도로 법령 등이나 사정이 변경된 경우

2. 확약이 위법한 경우

⑤ 행정청은 확약이 제4항 각 호의 어느 하나에 해당하여 확약을 이행할 수 없는 경우에는 지체 없이 당사자에게 그 사실을 통지하여야 한다.

제40조의3 (위반사실 등의 공표)

① 행정청은 법령에 따른 의무를 위반한 자의 성명·법인명, 위반사실, 의무 위반을 이유로 한 처분사실 등(이하 "위반사실 등"이라 한다)을 법률로 정하는 바에 따라 일반에게 공표할 수 있다.

② 행정청은 위반사실 등의 공표를 하기 전에 사실과 다른 공표로 인하여 당사자의 명예·신용 등이 훼손되지 아니하도록 객관적이고 타당한 증거와 근거가 있는지를 확인하여야 한다.

③ 행정청은 위반사실 등의 공표를 할 때에는 미리 당사자에게 그 사실을 통지하고 의견제출의 기회를 주어야 한다. 다만, 다음 각 호의 어느 하나에 해당하는 경우에는 그러하지 아니하다.

 1. 공공의 안전 또는 복리를 위하여 긴급히 공표를 할 필요가 있는 경우

 2. 해당 공표의 성질상 의견청취가 현저히 곤란하거나 명백히 불필요하다고 인정될 만한 타당한 이유가 있는 경우

 3. 당사자가 의견진술의 기회를 포기한다는 뜻을 명백히 밝힌 경우

④ 제3항에 따라 의견제출의 기회를 받은 당사자는 공표 전에 관할 행정청에 서면이나 말 또는 정보통신망을 이용하여 의견을 제출할 수 있다.

⑤ 제4항에 따른 의견제출의 방법과 제출 의견의 반영 등에 관하여는 제27조 및 제27조의2를 준용한다. 이 경우 "처분"은 "위반사실 등의 공표"로 본다.

⑥ 위반사실 등의 공표는 관보, 공보 또는 인터넷 홈페이지 등을 통하여 한다.

⑦ 행정청은 위반사실 등의 공표를 하기 전에 당사자가 공표와 관련된 의무의 이행, 원상회복, 손해배상 등의 조치를 마친 경우에는 위반사실 등의 공표를 하지 아니할 수 있다.

⑧ 행정청은 공표된 내용이 사실과 다른 것으로 밝혀지거나 공표에 포함된 처분이 취소된 경우에는 그 내용을 정정하여, 정정한 내용을 지체 없이 해당 공표와 같은 방법으로 공표된 기간 이상 공표하여야 한다. 다만, 당사자가 원하지 아니하면 공표하지 아니할 수 있다.

제40조의4 (행정계획)

행정청은 행정청이 수립하는 계획 중 **국민의 권리·의무에 직접 영향을 미치는 계획**을 수립하거나 변경·폐지할 때에는 관련된 여러 **이익을 정당하게 형량**하여야 한다.

제4장 행정상 입법예고

제41조 (행정상 입법예고)

① 법령 등을 제정·개정 또는 폐지(이하 "입법"이라 한다)하려는 경우에는 해당 입법안을 마련한 행정청은 이를 예고하여야 한다. 다만, 다음 각 호의 어느 하나에 해당하는 경우에는 예고를 하지 **아니할 수 있다.**

 1. 신속한 국민의 권리 보호 또는 예측 곤란한 특별한 사정의 발생 등으로 입법이 긴급을 요하는 경우

 2. **상위 법령 등의 단순한 집행을 위한 경우**

 3. 입법내용이 국민의 권리·의무 또는 일상생활과 관련이 없는 경우

 4. 단순한 표현·자구를 변경하는 경우 등 입법내용의 성질상 예고의 필요가 없거나 곤란하다고 판단되는 경우

 5. 예고함이 공공의 안전 또는 복리를 현저히 해칠 우려가 있는 경우

② 삭제

③ 법제처장은 입법예고를 하지 아니한 법령안의 심사 요청을 받은 경우에 입법예고를 하는 것이 적당하다고 판단할 때에는 해당 행정청에 입법예고를 권고하거나 직접 예고할 수 있다.

④ 입법안을 마련한 행정청은 입법예고 후 예고내용에 국민생활과 직접 관련된 내용이 추가되는 등 대통령령으로 정하는 중요한 변경이 발생하는 경우에는 해당 부분에 대한 입법예고를 다시 하여야 한다. 다만, 제1항 각 호의 어느 하나에 해당하는 경우에는 예고를 하지 아니할 수 있다.

⑤ 입법예고의 기준·절차 등에 관하여 필요한 사항은 대통령령으로 정한다.

제42조 (예고방법)

① 행정청은 **입법안**의 취지, 주요 내용 또는 전문(全文)을 다음 각 호의 구분에 따른 방법으로 공고하여야 하며, 추가로 인터넷, 신문 또는 방송 등을 통하여 공고할 수 있다.

 1. **법령의 입법안을 입법예고**하는 경우 : 관보 및 법제처장이 구축·제공하는 정보시스템을 통한 공고

 2. **자치법규의 입법안을 입법예고**하는 경우 : 공보를 통한 공고

② 행정청은 **대통령령을 입법예고**하는 경우 국회 소관 상임위원회에 이를 **제출하여야 한다.**

③ 행정청은 입법예고를 할 때에 입법안과 관련이 있다고 인정되는 중앙행정기관, 지방자치단체, 그 밖의 단체 등이 예고사항을 알 수 있도록 예고사항을 통지하거나 그 밖의 방법으로 알려야 한다.

④ 행정청은 제1항에 따라 예고된 입법안에 대하여 온라인공청회 등을 통하여 널리 의견을 수렴할 수 있다. 이 경우 제38조의2 제2항부터 제4항까지의 규정을 준용한다.

⑤ 행정청은 예고된 입법안의 전문에 대한 열람 또는 복사를 요청받았을 때에는 특별한 사유가 없으면 그 요청에 따라야 한다.

⑥ 행정청은 제5항에 따른 복사에 드는 비용을 복사를 요청한 자에게 부담시킬 수 있다.

제43조 (예고기간)

입법예고기간은 예고할 때 정하되, 특별한 사정이 없으면 40일(자치법규는 20일) 이상으로 한다.

제44조 (의견제출 및 처리)

① **누구든지** 예고된 입법안에 대하여 **의견을 제출**할 수 있다.

② 행정청은 의견접수기관, 의견제출기간, 그 밖에 필요한 사항을 해당 입법안을 예고할 때 함께 공고하여야 한다.

③ 행정청은 해당 입법안에 대한 의견이 제출된 경우 특별한 사유가 없으면 이를 존중하여 처리하여야 한다.

④ 행정청은 의견을 제출한 자에게 그 제출된 의견의 처리결과를 통지하여야 한다.

⑤ 제출된 의견의 처리방법 및 처리결과의 통지에 관하여는 대통령령으로 정한다.

제45조 (공청회)

① 행정청은 입법안에 관하여 공청회를 개최할 수 있다.

② 공청회에 관하여는 제38조, 제38조의2, 제38조의3, 제39조 및 제39조의2를 준용한다.

제5장 행정예고

제46조 (행정예고)

① 행정청은 **정책, 제도 및 계획**(이하 "정책 등"이라 한다)을 수립·시행하거나 변경하려는 경우에는 이를 **예고하여야 한다.** 다만, **다음 각 호의 어느 하나**에 해당하는 경우에는 예고를 하지 **아니할 수 있다.**

1. 신속하게 국민의 권리를 보호하여야 하거나 예측이 어려운 특별한 사정이 발생하는 등 긴급한 사유로 예고가 현저히 곤란한 경우

2. 법령 등의 단순한 집행을 위한 경우

3. 정책 등의 내용이 국민의 권리 · 의무 또는 일상생활과 관련이 없는 경우

4. 정책 등의 예고가 공공의 안전 또는 복리를 현저히 해칠 우려가 상당한 경우

② 제1항에도 불구하고 법령 등의 입법을 포함하는 행정예고는 입법예고로 갈음할 수 있다.

③ 행정예고기간은 예고 내용의 성격 등을 고려하여 정하되, 특별한 사정이 없으면 **20일 이상**으로 한다.

→ 행정예고기간을 제외하고는 준용규정(제47조)에 의해서 행정예고의 방법은 입법예고의 방법을 준용

④ 제3항에도 불구하고 행정목적을 달성하기 위하여 긴급한 필요가 있는 경우에는 행정예고기간을 단축할 수 있다. 이 경우 **단축된 행정예고기간은 10일 이상**으로 한다.

제46조의2 (행정예고 통계 작성 및 공고)

행정청은 매년 자신이 행한 행정예고의 실시 현황과 그 결과에 관한 통계를 작성하고, 이를 관보 · 공보 또는 인터넷 등의 방법으로 널리 공고하여야 한다.

제47조 (예고방법 등)

① 행정청은 정책등안(案)의 취지, 주요 내용 등을 관보·공보나 인터넷·신문·방송 등을 통하여 공고하여야 한다.

② 행정예고의 방법, 의견제출 및 처리, 공청회 및 온라인공청회에 관하여는 제38조, 제38조의2, 제38조의3, 제39조, 제39조의2, 제39조의3, 제42조(제1항·제2항 및 제4항은 제외한다), 제44조제1항부터 제3항까지 및 제45조제1항을 준용한다. 이 경우 "입법안"은 "정책등안"으로, "입법예고"는 "행정예고"로, "처분을 할 때"는 "정책등을 수립·시행하거나 변경할 때"로 본다.

제6장 행정지도

제48조 (행정지도의 원칙)

① 행정지도는 그 목적 달성에 필요한 **최소한도**에 그쳐야 하며, 행정지도의 상대방의 의사에 반하여 **부당하게 강요하여서는 아니 된다.**

→ 과잉금지의 원칙

> **참고** **행정규제기본법 제5조 (규제의 원칙)**
> ③ 규제의 대상과 수단은 규제의 목적 실현에 필요한 **최소한의 범위**에서 가장 효과적인 방법으로 객관성·투명성 및 공정성이 확보되도록 설정되어야 한다.

② 행정기관은 행정지도의 상대방이 행정지도에 따르지 아니하였다는 것을 이유로 불이익한 조치를 하여서는 아니 된다.

제49조 (행정지도의 방식)

① 행정지도를 하는 자는 그 상대방에게 그 행정지도의 취지 및 내용과 신분을 밝혀야 한다.

② 행정지도가 **말**로 이루어지는 경우에 상대방이 제1항의 사항을 적은 서면의 교부를 요구하면 그 행정지도를 하는 자는 직무 수행에 특별한 지장이 없으면 이를 교부하여야 한다.

→ 행정지도는 말로도 가능

제50조 (의견제출)

행정지도의 상대방은 해당 행정지도의 방식·내용 등에 관하여 행정기관에 의견제출을 할 수 있다.

제51조 (다수인을 대상으로 하는 행정지도)

행정기관이 **같은 행정목적**을 실현하기 위하여 **많은 상대방**에게 행정지도를 하려는 경우에는 특별한 사정이 없으면 행정지도에 **공통**적인 내용이 되는 사항을 **공표**하여야 한다.

제7장 국민참여의 확대

제52조 (국민참여 활성화)

① 행정청은 행정과정에서 국민의 의견을 적극적으로 청취하고 이를 반영하도록 노력하여야 한다.

② 행정청은 국민에게 다양한 참여방법과 협력의 기회를 제공하도록 노력하여야 하며, 구체적인 참여방법을 공표하여야 한다.

③ 행정청은 국민참여 수준을 향상시키기 위하여 노력하여야 하며 필요한 경우 국민참여 수준에 대한 자체진단을 실시하고, 그 결과를 행정안전부장관에게 제출하여야 한다.

④ 행정청은 제3항에 따라 자체진단을 실시한 경우 그 결과를 공개할 수 있다.

⑤ 행정청은 국민참여를 활성화하기 위하여 교육·홍보, 예산·인력 확보 등 필요한 조치를 할 수 있다.

⑥ 행정안전부장관은 국민참여 확대를 위하여 행정청에 교육·홍보, 포상, 예산·인력 확보 등을 지원할 수 있다.

제52조의2 (국민제안의 처리)

① 행정청(국회사무총장·법원행정처장·헌법재판소사무처장 및 중앙선거관리위원회사무총장은 제외한다)은 정부시책이나 행정제도 및 그 운영의 개선에 관한 국민의 창의적인 의견이나 고안(이하 "국민제안"이라 한다)을 접수·처리하여야 한다.

② 제1항에 따른 국민제안의 운영 및 절차 등에 필요한 사항은 대통령령으로 정한다.

제52조의3 (국민참여 창구)

행정청은 주요 정책 등에 관한 국민과 전문가의 의견을 듣거나 국민이 참여할 수 있는 온라인 또는 오프라인 창구를 설치·운영할 수 있다.

제53조 (온라인 정책토론)

① 행정청은 국민에게 영향을 미치는 주요 정책 등에 대하여 국민의 다양하고 창의적인 의견을 널리 수렴하기 위하여 정보통신망을 이용한 정책토론(이하 이 조에서 "온라인 정책토론"이라 한다)을 실시할 수 있다.

② 행정청은 효율적인 온라인 정책토론을 위하여 과제별로 한시적인 토론 패널을 구성하여 해당 토론에 참여시킬 수 있다. 이 경우 패널의 구성에 있어서는 공정성 및 객관성이 확보될 수 있도록 노력하여야 한다.

③ 행정청은 온라인 정책토론이 공정하고 중립적으로 운영되도록 하기 위하여 필요한 조치를 할 수 있다.

④ 토론 패널의 구성, 운영방법, 그 밖에 온라인 정책토론의 운영을 위하여 필요한 사항은 대통령령으로 정한다.

제8장 보칙

제54조 (비용의 부담)

행정절차에 드는 비용은 행정청이 부담한다. 다만, 당사자 등이 자기를 위하여 스스로 지출한 비용은 그러하지 아니하다.

제55조 (참고인 등에 대한 비용 지급)

① 행정청은 행정절차의 진행에 필요한 참고인이나 감정인 등에게 예산의 범위에서 여비와 일당을 지급할 수 있다.

② 제1항에 따른 비용의 지급기준 등에 관하여는 대통령령으로 정한다.

제56조 (협조 요청 등)

행정안전부장관(제4장의 경우에는 법제처장을 말한다)은 이 법의 효율적인 운영을 위하여 노력하여야 하며, 필요한 경우에는 그 운영 상황과 실태를 확인할 수 있고, 관계 행정청에 관련 자료의 제출 등 협조를 요청할 수 있다.

제2장 정보공개

제1절 정보공개제도

Ⅰ. 의의

정보공개제도는 행정주체가 가지고 있는 정보를 특정한 경우를 제외하고는 국민의 청구에 응해서 공개하도록 하는 제도를 말한다. 정보공개제도는 국민의 알권리를 충족시키면서 동시에 국정에 대한 국민의 참여의 모습이기도 하다. 또한 국정운영에 투명성을 확보함으로써 국민의 권리와 이익을 보호하는 데 중요한 역할을 한다.

→ 모든 국민에게는 정보공개청구권이 인정되며, 정보공개를 청구하는 경우에 특정한 공개방법을 지정하여 정보공개를 청구할 수 있는 법령상 신청권도 인정된다.

Ⅱ. 법적 근거

1. 헌법

정보공개청구권은 헌법상 국민의 알권리에 포함된다고 볼 수 있다. 헌법재판소는 헌법 제21조의 표현의 자유에서 알권리의 근거를 도출하고 있다.

2. 법률 및 조례

정보의 공개에 관하여는 후술하는 정보공개법이 일반법으로서 적용된다. 또한 정보공개법 제4조 제2항은 지방자치단체는 법령의 범위 안에서 정보공개에 관한 조례를 정할 수 있다고 명시함으로써 지방자치단체의 정보공개조례의 제정에 대한 법적 근거를 제시하고 있다.

Ⅲ. 정보공개의 주요 판례

→ 국민의 **알 권리**의 내용에는 **일반 국민 누구나** 국가에 대하여 (국가가) 보유·관리하고 있는 정보의 공개를 청구할 수 있는 이른바 일반적인 정보공개청구권이 포함된다.

→ 정보의 공개를 청구하는 자가 청구대상정보를 기재함에 있어서는 사회일반인의 관점에서 청구대상정보의 내용과 범위를 확정할 수 있을 정도로 특정하여야 한다.

→ 「공공기관의 정보공개에 관한 법률」상의 비공개대상정보에는 공개될 경우 인격적·정신적 내면생활에 지장을 초래하거나 자유로운 사생활을 영위할 수 없게 될 위험성이 있는 정보도 포함되므로, 불기소처분 기록이나 내사기록 중 피의자신문조서 등 조서에 기재된 피의자 등의 인적사항 이외의 진술내용 역시 비공개대상정보에 해당할 수 있다.

→ 정보공개법은 비공개대상정보에 해당하지 않는 한 공공기관이 보유·관리하는 정보는 공개 대상이 된다고 규정하고 있을 뿐(제9조 제1항) 정보공개 청구권자가 공개를 청구하는 정보와 어떤 관련성을 가질 것을 요구하거나 정보공개청구의 목적에 특별한 제한을 두고 있지 아니하므로 정보공개 청구권자의 권리구제 가능성 등은 정보의 공개 여부 결정에 아무런 영향을 미치지 못한다.

→ 정보공개법 제9조 제1항 제6호 본문의 규정에 따라 비공개대상이 되는 정보는 이름·주민등록번호 등 '개인식별정보'뿐만 아니라 '개인에 관한 사항의 공개로 개인의 내밀한 내용의 비밀 등이 알려지게 되고, 그 결과 인격적·정신적 내면생활에 지장을 초래하거나 자유로운 사생활을 영위할 수 없게 될 위험성이 있는 정보'도 포함된다.

→ 「공공기관의 정보공개에 관한 법률」에 의하면 "**다른 법률** 또는 **법률에서 위임한 명령**에 의하여 비밀 또는 비공개 사항으로 규정된 정보"는 이를 공개하지 아니할 수 있다고 규정하고 있는바, 여기에서 '**법률에 의한 명령**'은 정보의 공개에 관하여 법률의 구체적인 **위임** 아래 제정된 법규명령(위임명령)을 의미한다.

→ (검찰보존사무규칙은 비록 **법무부령**으로 되어 있으나, 그 중 불기소사건기록 등의 열람·등사에 대하여 제한하고 있는 부분은 위임 근거가 없어 행정기관 내부의 사무처리준칙으로서 **행정규칙**에 불과하므로) 검찰보존사무규칙에 의한 열람·등사의 제한을 정보

_{행정규칙}

공개법 제9조 제1항 제1호의 '**다른 법률** 또는 **법률에 의한 명령**에 의하여 **비공개 사항**으로 규정된 경우'에 해당한다고 볼 수 **없다**.

→ 공개청구의 대상이 되는 정보가 이미 다른 사람에게 공개되어 널리 알려져 있다거나 인터넷 등을 통하여 공개되어 인터넷검색 등을 통하여 쉽게 알 수 있다는 사정만으로는 비공개결정이 정당화될 수 없다.

→ 정보공개법 제9조의 비공개 제외사유로서 '공개하는 것이 개인의 권리구제를 위하여 필요하다고 인정되는 정보'에 해당하는지는 비공개에 의하여 보호되는 개인의 사생활의 비밀 등의 이익과 공개에 의하여 보호되는 개인의 권리구제 등의 이익을 비교·교량하여 구체적 사안에 따라 신중히 판단하여야 한다.

→ 정보공개법 제9조 제1항 제6호 본문의 규정에 따라 비공개대상이 되는 정보에는 이름·주민등록번호 등 '개인식별정보'뿐만 아니라 '개인에 관한 사항의 공개로 개인의 내밀한 내용의 비밀 등이 알려지게 되고, 그 결과 인격적·정신적 내면생활에 지장을 초래하거나 자유로운 사생활을 영위할 수 없게 될 위험성이 있는 정보'도 포함된다.

→ 한·일 군사정보보호협정 및 한·일 상호군수지원협정과 관련하여 각종 회의자료 및 회의록 등의 정보는 **비공개정보**에 해당하고, 공개가 가능한 부분과 공개가 불가능한 부분을 쉽게 분리하는 것이 불가능하여 부분공개도 가능하지 않다.

→ 공개를 거부한 정보에 비공개사유에 해당하는 부분과 그렇지 않은 부분이 혼합되어 있고, 공개청구의 취지에 어긋나지 않는 범위 안에서 두 부분을 분리할 수 있는 경우에는 법원은 공개가 가능한 정보에 한하여 일부 취소를 명할 수 있다.

→ 형사재판확정기록의 공개에 관하여는 「형사소송법」의 규정이 적용되므로 「공공기관의 정보공개에 관한 법률」에 의한 공개청구는 허용되지 않는다.
   정보의 공개에 관하여 다른 법률에 특별한 규정이 있는 경우, 그 규정을 적용O (정보공개법 제4조 제1항)

→ 공개청구된 정보가 **수사의견서**인 경우 (수사의 방법 및 절차 등이 **공개**되더라도) 수사기관의 직무수행을 현저히 곤란하게 하지 않는 때에는 비공개대상정보에 해당하지 않는다.

→ 정보공개를 요구받은 공공기관이 법률에서 정한 비공개사유에 해당하는지를 주장·증명하지 아니한 채 개괄적인 사유만을 들어 공개를 거부하는 것은 허용되지 않는다.

→ 외국 또는 외국 기관으로부터 **비공개를 전제**로 정보를 입수하였다는 이유**만**으로 이를 **공개**할 경우 업무의 공정한 수행에 현저한 지장을 받을 것이라고 단정할 수는 **없다.**

→ (교육공무원의 근무성적평정 결과를 공개하지 아니한다고 규정하고 있는) 「교육공무원 승진규정」을 근거로 정보공개청구를 거부
   법률이 위임한 명령X
   하는 것은 위법하다.

→ 공공기관이 공개청구의 대상이 된 정보를 공개는 하되, 청구인이 신청한 **공개방법 이외의 방법**으로 공개하기로 하는 결정을 하였다면, 이는 정보공개청구 중 정보공개방법에 관한 부분에 대하여 일부 거부처분을 한 것이고, 정보공개청구자는 그에 대하여 항고소송으로 다툴 수 있다.

→ **공개청구를 받은 공공기관**은 정보공개청구자가 선택한 공개방법에 따라 정보를 공개하여야 하므로 그 **공개방법을 선택할 재량권**이 **없다.**

→ 행정소송의 재판기록 일부의 정보공개청구에 대한 비공개결정은 전자문서로 통지할 수 있다.

→ 지방자치단체의 업무추진비 세부항목별 집행내역 및 그에 관한 증빙서류에 포함된 개인에 관한 정보는 「공공기관의 정보공개에 관한 법률」 소정의 '공개하는 것이 공익을 위하여 필요하다고 인정되는 정보'에 해당하지 않는다.
   ∴ 비공개대상정보

→ 「보안관찰법」 소정의 보안관찰 관련 통계자료는 「공공기관의 정보공개에 관한 법률」 소정의 비공개대상정보에 해당한다.

→ 사립대학교도 정보공개의무기관인 공공기관에 해당된다. (사립대학교가 국비의 지원을 받는 범위 내에서만 공공기관의 성격을 가진다고 볼 수 없다.)

→ 구 「공공기관의 정보공개에 관한 법률 시행령」 제2조 제1호가 정보공개의무기관으로 사립대학교를 들고 있는 것은 모법의 위임범위를 벗어났다고 볼 수 없다.

→ 사립학교에 대하여 「교육관련기관의 정보공개에 관한 특례법」이 적용되는 경우에도 「공공기관의 정보공개에 관한 법률」을 적용할 수 없는 것은 아니다.

→ 정보공개청구제도는 행정의 투명성과 적법성을 위한 것으로 폭넓게 허용되어야 하지만, 국민의 정보공개청구가 권리의 남용에 해당할 여지도 있다.

→ 실제로는 해당 정보를 취득 또는 활용할 의사가 전혀 없이 정보공개 제도를 이용하여 사회통념상 용인될 수 없는 부당한 이득을 얻으려 하거나, 오로지 공공기관의 담당공무원을 괴롭힐 목적으로 정보공개 청구를 하는 경우처럼 권리의 남용에 해당하는 것이 명백한 경우에는 정보공개청구에 대해 거부하여도 위법하지 않다.

→ 손해배상소송에 제출할 증거자료를 획득하기 위한 목적으로 정보공개를 청구한 경우, (오로지 상대방을 괴롭힐 목적으로 정보공개를 구하고 있다는 등의 특별한 사정이 없는 한) 권리남용에 해당하지 아니한다.

→ 「공공기관의 정보공개에 관한 법률」상 공개청구의 대상이 되는 정보란 공공기관이 직무상 작성 또는 취득하여 현재 보유·관리하고 있는 문서에 한정되는 것이기는 하나, 그 문서가 반드시 원본일 필요는 없다.

→ 정보공개청구자는 공개를 구하는 정보를 공공기관이 보유·관리하고 있을 가능성이 전혀 없지 않다는 점만 입증하면 족하고, 공공기관은 그 정보를 폐기하여 더 이상 보유·관리하고 있지 않다는 항변을 할 수 있다.

→ 정보공개를 청구하는 자가 공개를 구하는 정보를 행정기관이 보유·관리하고 있을 개연성이 있다는 점을 입증하여야 한다.

→ 정보공개청구를 거부하는 처분이 있은 후 대상정보가 폐기되었다든가 하여 공공기관이 그 정보를 보유·관리하지 아니하게 된 경우에는 특별한 사정이 없는 한 정보공개거부처분의 취소를 구할 법률상의 이익이 없다.

→ 판례에 의하면 공개를 구하는 정보를 공공기관이 한 때 보유·관리하였으나 후에 그 정보가 담긴 문서 등이 폐기되어 존재하지 않게 된 경우 해당 정보를 더 이상 보유·관리하고 있지 않다는 점에 대한 증명책임은 공공기관에게 있다.

→ 정보공개거부처분의 취소를 구하는 소송에서 공공기관이 청구정보를 증거 등으로 법원에 제출하여 법원을 통하여 그 사본이 청구인에게 교부 또는 송달되어 청구인에게 정보를 공개하는 셈이 되었더라도, 이러한 우회적인 방법에 의한 공개는 「공공기관의 정보공개에 관한 법률」에 의한 공개라고 볼 수 없다.

∴ 비공개결정의 취소를 구할 소의 이익○

Ⅳ. 정보공개법 중요 조문

제1장 총칙

제1조 (목적)

이 법은 공공기관이 보유·관리하는 정보에 대한 국민의 공개 청구 및 공공기관의 공개 의무에 관하여 필요한 사항을 정함으로써 국민의 알권리를 보장하고 국정(國政)에 대한 국민의 참여와 국정 운영의 투명성을 확보함을 목적으로 한다.

제2조 (정의)

이 법에서 사용하는 용어의 뜻은 다음과 같다.

1. "정보"란 공공기관이 직무상 작성 또는 취득하여 관리하고 있는 문서(전자문서를 포함한다. 이하 같다) 및 전자매체를 비롯한 모든 형태의 매체 등에 기록된 사항을 말한다.

2. "공개"란 공공기관이 이 법에 따라 정보를 열람하게 하거나 그 사본·복제물을 제공하는 것 또는 「전자정부법」 제2조 제10호에 따른 정보통신망(이하 "정보통신망"이라 한다)을 통하여 정보를 제공하는 것 등을 말한다.

3. "공공기관"이란 다음 각 목의 기관을 말한다.

가. 국가기관

1) 국회, 법원, 헌법재판소, 중앙선거관리위원회

2) 중앙행정기관(대통령 소속 기관과 국무총리 소속 기관을 포함한다) 및 그 소속 기관

3) 「행정기관 소속 위원회의 설치·운영에 관한 법률」에 따른 위원회

나. 지방자치단체

다. 「공공기관의 운영에 관한 법률」 제2조에 따른 공공기관

라.「지방공기업법」에 따른 지방공사 및 지방공단

마. 그 밖에 대통령령으로 정하는 기관

제3조 (정보공개의 원칙)

공공기관이 보유·관리하는 정보는 국민의 알권리 보장 등을 위하여 이 법에서 정하는 바에 따라 적극적으로 공개하여야 한다.

제4조 (적용범위)

① 정보의 공개에 관하여는 다른 법률에 특별한 규정이 있는 경우를 제외하고는 이 법에서 정하는 바에 따른다.

→ '정보공개에 관하여 다른 법률에 특별한 규정이 있는 경우'에 해당한다고 하여 정보공개법의 적용을 배제하기 위해서는, 특별한 규정이 '법률'이어야 하고, 내용이 정보공개의 대상 및 범위, 정보공개의 절차, 비공개대상정보 등에 관하여 정보공개법과 달리 규정하고 있는 것이어야 한다.

② 지방자치단체는 그 소관 사무에 관하여 법령의 범위에서 정보공개에 관한 조례를 정할 수 있다.

③ 국가안전보장에 관련되는 정보 및 보안 업무를 관장하는 기관에서 국가안전보장과 관련된 정보의 분석을 목적으로 수집하거나 작성한 정보에 대해서는 이 법을 적용하지 아니한다. 다만, 제8조 제1항에 따른 정보목록의 작성·비치 및 공개에 대해서는 그러하지 아니한다.

제2장 정보공개 청구권자와 공공기관의 의무

제5조 (정보공개 청구권자)

① 모든 국민은 정보의 공개를 청구할 권리를 가진다.

→ 모든 국민 : 자연인은 물론 법인, 권리능력 없는 사단·재단 모두 포함 (지방자치단체는 포함X)

→ 정보공개청구권은 법률상 보호되는 구체적인 권리 ∴ 청구인이 법률상 이익이 있음을 입증할 필요X

→ 정보공개청구권은 법률상 보호되는 구체적인 권리 ∴ 청구인이 공공기관에 대하여 정보공개를 청구하였다가 거부처분을 받은 것 자체가 법률상 이익의 침해 ∴ 거부처분에 대해서 취소소송 가능

② 외국인의 정보공개 청구에 관하여는 대통령령으로 정한다.

참고 **공공기관의 정보공개에 관한 법률 시행령 제3조 (외국인의 정보공개 청구)**

법 제5조 제2항에 따라 정보공개를 청구할 수 있는 외국인은 다음 각 호의 어느 하나에 해당하는 자로 한다.
1. 국내에 일정한 주소를 두고 거주하거나 학술·연구를 위하여 일시적으로 체류하는 사람
2. 국내에 사무소를 두고 있는 법인 또는 단체

참고 **행정절차법 제37조 (문서의 열람 및 비밀유지)**

① 당사자 등은 청문의 통지가 있는 날부터 청문이 끝날 때까지 행정청에 해당 사안의 조사결과에 관한 문서와 그 밖에 해당 처분과 관련되는 문서의 열람 또는 복사를 요청할 수 있다. 이 경우 행정청은 다른 법령에 따라 공개가 제한되는 경우를 제외하고는 그 요청을 거부할 수 없다.

제6조 (공공기관의 의무)

① 공공기관은 정보의 공개를 청구하는 국민의 권리가 존중될 수 있도록 이 법을 운영하고 소관 관계 법령을 정비하며, 정보를 투명하고 적극적으로 공개하는 조직문화 형성에 노력하여야 한다.

② 공공기관은 정보의 적절한 보존 및 신속한 검색과 국민에게 유용한 정보의 분석 및 공개 등이 이루어지도록 정보관리체계를 정비하고, 정보공개 업무를 주관하는 부서 및 담당하는 인력을 적정하게 두어야 하며, 정보통신망을 활용한 정보공개시스템 등을 구축하도록 노력하여야 한다.

③ 행정안전부장관은 공공기관의 정보공개에 관한 업무를 종합적·체계적·효율적으로 지원하기 위하여 통합정보공개시스템을 구축·운영하여야 한다.

④ 공공기관(국회·법원·헌법재판소·중앙선거관리위원회는 제외한다)이 제2항에 따른 정보공개시스템을 구축하지 아니한 경우에는 제3항에 따라 행정안전부장관이 구축·운영하는 통합정보공개시스템을 통하여 정보공개 청구 등을 처리하여야 한다.

⑤ 공공기관은 소속 공무원 또는 임직원 전체를 대상으로 국회규칙·대법원규칙·헌법재판소규칙·중앙선거관리위원회규칙 및 대통령령으로 정하는 바에 따라 이 법 및 정보공개 제도 운영에 관한 교육을 실시하여야 한다.

제6조의2 (정보공개 담당자의 의무)

공공기관의 정보공개 담당자(정보공개 청구 대상 정보와 관련된 업무 담당자를 포함한다)는 정보공개 업무를 성실하게 수행하여야 하며, 공개 여부의 자의적인 결정, 고의적인 처리 지연 또는 위법한 공개 거부 및 회피 등 부당한 행위를 하여서는 아니 된다.

제7조 (정보의 사전적 공개 등)

① 공공기관은 다음 각 호의 어느 하나에 해당하는 정보에 대해서는 공개의 구체적 범위, 주기, 시기 및 방법 등을 미리 정하여 정보통신망 등을 통하여 알리고, 이에 따라 정기적으로 공개하여야 한다. 다만, 제9조 제1항 각 호의 어느 하나에 해당하는 정보에 대해서는 그러하지 아니하다.

1. 국민생활에 매우 큰 영향을 미치는 정책에 관한 정보

2. 국가의 시책으로 시행하는 공사(工事) 등 대규모 예산이 투입되는 사업에 관한 정보

3. 예산집행의 내용과 사업평가 결과 등 행정감시를 위하여 필요한 정보

4. 그 밖에 공공기관의 장이 정하는 정보

② 공공기관은 제1항에 규정된 사항 외에도 국민이 알아야 할 필요가 있는 정보를 국민에게 공개하도록 적극적으로 노력하여야 한다.

제8조 (정보목록의 작성·비치 등)

① 공공기관은 그 기관이 보유·관리하는 정보에 대하여 국민이 쉽게 알 수 있도록 정보목록을 작성하여 갖추어 두고, 그 목록을 정보통신망을 활용한 정보공개시스템 등을 통하여 공개하여야 한다. 다만, 정보목록 중 제9조 제1항에 따라 공개하지 아니할 수 있는 정보가 포함되어 있는 경우에는 해당 부분을 갖추어 두지 아니하거나 공개하지 아니할 수 있다.

② 공공기관은 정보의 공개에 관한 사무를 신속하고 원활하게 수행하기 위하여 정보공개 장소를 확보하고 공개에 필요한 시설을 갖추어야 한다.

제8조의2 (공개대상 정보의 원문공개)

공공기관 중 중앙행정기관 및 대통령령으로 정하는 기관은 전자적 형태로 보유·관리하는 정보 중 공개대상으로 분류된 정보를 **국민의 정보공개 청구가 없더라도** 정보통신망을 활용한 정보공개시스템 등을 통하여 **공개하여야 한다.**

제3장 정보공개의 절차

제9조 (비공개 대상 정보)

① 공공기관이 보유·관리하는 정보는 공개 대상이 된다. 다만, 다음 각 호의 어느 하나에 해당하는 정보는 공개하지 **아니할 수 있다.**

1. 다른 법률 또는 법률에서 위임한 명령(국회규칙·대법원규칙·헌법재판소규칙·중앙선거관리위원회규칙·대통령령 및 조례로 한정한다)에 따라 비밀이나 비공개 사항으로 규정된 정보

2. **국가안전보장·국방·통일·외교관계** 등에 관한 사항으로서 공개될 경우 국가의 중대한 이익을 현저히 해칠 우려가 있다고 인정되는 정보

3. 공개될 경우 국민의 생명·신체 및 재산의 보호에 현저한 지장을 초래할 우려가 있다고 인정되는 정보

4. **진행 중인 재판에 관련된 정보**와 범죄의 예방, 수사, 공소의 제기 및 유지, 형의 집행, 교정(矯正), 보안처분에 관한 사항으로서 공개될 경우 그 직무수행을 현저히 곤란하게 하거나 형사피고인의 공정한 재판을 받을 권리를 침해한다고 인정할 만한 상당한 이유가 있는 정보

→ 진행 중인 재판에 관련된 정보 = 진행 중인 재판의 심리 또는 재판결과에 구체적으로 영향을 미칠 위험이 있는 정보

∴ 진행 중인 재판의 소송기록 자체에 포함된 내용일 필요X / 재판에 관련된 일체의 정보X

5. 감사·감독·검사·시험·규제·입찰계약·기술개발·인사관리에 관한 사항이나 의사결정 과정 또는 내부검토 과정에 있는 사항 등으로서 공개될 경우 업무의 공정한 수행이나 연구·개발에 현저한 지장을 초래한다고 인정할 만한 상당한 이유가 있는 정보. 다만, 의사결정 과정 또는 내부검토 과정을 이유로 비공개할 경우에는 의사결정 과정 및 내부검토 과정이 종료되면 제10조에 따른 청구인에게 이를 통지하여야 한다.

→ '독립유공자 서훈 공적심사위원회의 심의·의결 과정 및 그 내용을 기재한 회의록'은 공개될 경우에 업무의 공정한 수행에 현저한

　　공적 = 공로

　　지장을 초래한다고 인정할 만한 상당한 이유가 있는 정보에 해당한다.

→ 학교환경위생구역 내 금지행위(숙박시설) 해제결정에 관한 학교환경위생정화위원회의 회의록에 기재된 발언내용에 대한 해당 발언자의 인적사항 부분에 관한 정보는 비공개대상정보에 해당한다.

→ 의사결정과정에 제공된 회의관련자료나 의사결정과정이 기록된 회의록 등은 의사가 결정되거나 의사가 집행된 경우에는 더 이상 의사결정 과정에 있는 사항 그 자체라고는 할 수 없으나, 의사결정 과정에 있는 사항에 준하는 사항으로서 비공개대상정보에 포함될 수 있다.

→ 학교폭력대책자치위원회가 피해학생의 보호를 위한 조치, 가해학생에 대한 조치, 학교폭력과 관련된 분쟁의 조정 등에 관하여 심의한 결과를 기재한 회의록은 「공공기관의 정보공개에 관한 법률」 소정의 비공개대상 정보에 해당한다.

6. 해당 정보에 포함되어 있는 성명·주민등록번호 등 「개인정보 보호법」 제2조 제1호에 따른 개인정보로서 공개될 경우 사생활의 비밀 또는 자유를 침해할 우려가 있다고 인정되는 정보. 다만, 다음 각 목에 열거한 사항은 **제외한다.**

가. 법령에서 정하는 바에 따라 열람할 수 있는 정보

나. 공공기관이 공표를 목적으로 작성하거나 취득한 정보로서 사생활의 비밀 또는 자유를 부당하게 침해하지 아니하는 정보

다. 공공기관이 작성하거나 취득한 정보로서 공개하는 것이 공익이나 개인의 권리 구제를 위하여 필요하다고 인정되는 정보

라. 직무를 수행한 공무원의 성명·직위

마. 공개하는 것이 공익을 위하여 필요한 경우로서 법령에 따라 국가 또는 지방자치단체가 업무의 일부를 위탁 또는 위촉한 개인의 성명·직업

→ ∴ 가~마목은 비공개정보에서 제외되므로 공개O

7. 법인·단체 또는 개인(이하 "법인 등"이라 한다)의 경영상·영업상 비밀에 관한 사항으로서 공개될 경우 법인 등의 정당한 이익을 현저히 해칠 우려가 있다고 인정되는 정보. 다만, 다음 각 목에 열거한 정보는 제외한다.

가. 사업활동에 의하여 발생하는 위해(危害)로부터 사람의 생명·신체 또는 건강을 보호하기 위하여 공개할 필요가 있는 정보

나. 위법·부당한 사업활동으로부터 국민의 재산 또는 생활을 보호하기 위하여 공개할 필요가 있는 정보

→ 비공개대상정보로 정하고 있는 '법인 등의 경영·영업상 비밀'은 '타인에게 알려지지 아니함이 유리한 사업활동에 관한 일체의 정보' 또는 '사업활동에 관한 일체의 비밀사항'을 의미

→ 공개여부는 공개를 거부할 만한 정당한 이익이 있는지 여부에 따라 결정

8. 공개될 경우 부동산 투기, 매점매석 등으로 특정인에게 이익 또는 불이익을 줄 우려가 있다고 인정되는 정보

② 공공기관은 제1항 각 호의 어느 하나에 해당하는 정보가 기간의 경과 등으로 인하여 비공개의 필요성이 없어진 경우에는 그 정보를 공개 대상으로 하여야 한다.

③ 공공기관은 제1항 각 호의 범위에서 해당 공공기관의 업무 성격을 고려하여 비공개 대상 정보의 범위에 관한 세부 기준(이하 "비공개 세부 기준"이라 한다)을 수립하고 이를 정보통신망을 활용한 정보공개시스템 등을 통하여 공개하여야 한다.

④ 공공기관(국회·법원·헌법재판소 및 중앙선거관리위원회는 제외한다)은 제3항에 따라 수립된 비공개 세부 기준이 제1항 각 호의 비공개 요건에 부합하는지 3년마다 점검하고 필요한 경우 비공개 세부 기준을 개선하여 그 점검 및 개선 결과를 행정안전부장관에게 제출하여야 한다.

제10조 (정보공개의 청구방법)

① 정보의 공개를 청구하는 자(이하 "청구인"이라 한다)는 해당 정보를 보유하거나 관리하고 있는 공공기관에 다음 각 호의 사항을 적은 정보공개 청구서를 제출하거나 말로써 정보의 공개를 청구할 수 있다.

1. 청구인의 성명·생년월일·주소 및 연락처(전화번호·전자우편주소 등을 말한다. 이하 이 조에서 같다). 다만, 청구인이 법인 또는 단체인 경우에는 그 명칭, 대표자의 성명, 사업자등록번호 또는 이에 준하는 번호, 주된 사무소의 소재지 및 연락처를 말한다.

2. 청구인의 주민등록번호(본인임을 확인하고 공개 여부를 결정할 필요가 있는 정보를 청구하는 경우로 한정한다)

3. 공개를 청구하는 정보의 내용 및 공개방법

② 제1항에 따라 청구인이 말로써 정보의 공개를 청구할 때에는 담당 공무원 또는 담당 임직원(이하 "담당공무원등"이라 한다)의 앞에서 진술하여야 하고, 담당공무원등은 정보공개 청구조서를 작성하여 이에 청구인과 함께 기명날인하거나 서명하여야 한다.

③ 제1항과 제2항에서 규정한 사항 외에 정보공개의 청구방법 등에 관하여 필요한 사항은 국회규칙·대법원규칙·헌법재판소규칙·중앙선거관리위원회규칙 및 대통령령으로 정한다.

제11조 (정보공개 여부의 결정)

① 공공기관은 제10조에 따라 정보공개의 청구를 받으면 그 청구를 받은 날부터 **10일 이내**에 공개 여부를 결정하여야 한다.

② 공공기관은 부득이한 사유로 제1항에 따른 기간 이내에 공개 여부를 결정할 수 없을 때에는 그 기간이 끝나는 날의 **다음 날부터** 기산(起算)하여 **10일**의 범위에서 공개 여부 결정기간을 **연장할 수 있다**. 이 경우 공공기관은 연장된 사실과 연장 사유를 청구인에게 **지체 없이** 문서로 통지하여야 한다.

③ 공공기관은 공개 청구된 공개 대상 정보의 전부 또는 일부가 제3자와 관련이 있다고 인정할 때에는 그 사실을 제3자에게 **지체 없이** 통지하여야 하며, 필요한 경우에는 그의 의견을 들을 수 있다.

④ 공공기관은 다른 공공기관이 보유·관리하는 정보의 공개 청구를 받았을 때에는 지체 없이 이를 소관 기관으로 이송하여야 하며, 이송한 후에는 지체 없이 소관 기관 및 이송 사유 등을 분명히 밝혀 청구인에게 문서로 통지하여야 한다.

⑤ 공공기관은 정보공개 청구가 다음 각 호의 어느 하나에 해당하는 경우로서 「민원 처리에 관한 법률」에 따른 민원으로 처리할 수 있는 경우에는 민원으로 처리할 수 있다.

1. 공개 청구된 정보가 공공기관이 보유·관리하지 아니하는 정보인 경우

2. 공개 청구의 내용이 진정·질의 등으로 이 법에 따른 정보공개 청구로 보기 어려운 경우

제11조의2 (반복 청구 등의 처리)

① 공공기관은 제11조에도 불구하고 제10조 제1항 및 제2항에 따른 정보공개 청구가 다음 각 호의 어느 하나에 해당하는 경우에는 정보공개 청구 대상 정보의 성격, 종전 청구와의 내용적 유사성·관련성, 종전 청구와 동일한 답변을 할 수밖에 없는 사정 등을 종합적으로 고려하여 해당 청구를 종결 처리할 수 있다. 이 경우 종결 처리 사실을 청구인에게 알려야 한다.

1. 정보공개를 청구하여 정보공개 여부에 대한 결정의 통지를 받은 자가 정당한 사유 없이 해당 정보의 공개를 다시 청구하는 경우

2. 정보공개 청구가 제11조 제5항에 따라 민원으로 처리되었으나 다시 같은 청구를 하는 경우

② 공공기관은 제11조에도 불구하고 제10조 제1항 및 제2항에 따른 정보공개 청구가 다음 각 호의 어느 하나에 해당하는 경우에는 다음 각 호의 구분에 따라 안내하고, 해당 청구를 종결 처리할 수 있다.

1. 제7조 제1항에 따른 정보 등 공개를 목적으로 작성되어 이미 정보통신망 등을 통하여 공개된 정보를 청구하는 경우 : 해당 정보의 소재(所在)를 안내

2. 다른 법령이나 사회통념상 청구인의 여건 등에 비추어 수령할 수 없는 방법으로 정보공개 청구를 하는 경우 : 수령이 가능한 방법으로 청구하도록 안내

제12조 (정보공개심의회)

① 국가기관, 지방자치단체, 「공공기관의 운영에 관한 법률」 제5조에 따른 공기업 및 준정부기관, 「지방공기업법」에 따른 지방공사 및 지방공단(이하 "국가기관 등"이라 한다)은 제11조에 따른 정보공개 여부 등을 심의하기 위하여 정보공개심의회(이하 "심의회"라 한다)를 설치·운영한다. 이 경우 국가기관 등의 규모와 업무성격, 지리적 여건, 청구인의 편의 등을 고려하여 소속 상급기관(지방공사·지방공단의 경우에는 해당 지방공사·지방공단을 설립한 지방자치단체를 말한다)에서 협의를 거쳐 심의회를 통합하여 설치·운영할 수 있다.

② 심의회는 위원장 1명을 포함하여 5명 이상 7명 이하의 위원으로 구성한다.

③ 심의회의 위원은 소속 공무원, 임직원 또는 외부 전문가로 지명하거나 위촉하되, 그 중 **3분의 2**는 해당 국가기관 등의 업무 또는 정보 공개의 업무에 관한 지식을 가진 **외부 전문가**로 위촉하여야 한다. 다만, 제9조 제1항 제2호 및 제4호에 해당하는 업무를 주로 하는 국가기관은 그 국가기관의 장이 외부 전문가의 위촉 비율을 따로 정하되, 최소한 **3분의 1 이상**은 **외부 전문가**로 위촉하여야 한다.

→ 국가안전보장·국방·통일·외교관계 업무를 주로 하는 국가기관의 정보공개심의회 구성 시 3분의 1 이상 외부 전문가로 위촉

④ 심의회의 위원장은 위원 중에서 국가기관 등의 장이 지명하거나 위촉한다.

⑤ 심의회의 위원에 대해서는 제23조 제4항 및 제5항을 준용한다.

⑥ 심의회의 운영과 기능 등에 관하여 필요한 사항은 국회규칙·대법원규칙·헌법재판소규칙·중앙선거관리위원회규칙 및 대통령령으로 정한다.

제12조의2 (위원의 제척·기피·회피)

① 심의회의 위원이 다음 각 호의 어느 하나에 해당하는 경우에는 심의회의 심의에서 제척(除斥)된다.

1. 위원 또는 그 배우자나 배우자이었던 사람이 해당 심의사항의 당사자(당사자가 법인·단체 등인 경우에는 그 임원 또는 직원을 포함한다. 이하 이 호 및 제2호에서 같다)이거나 그 심의사항의 당사자와 공동권리자 또는 공동의무자인 경우

2. 위원이 해당 심의사항의 당사자와 친족이거나 친족이었던 경우

3. 위원이 해당 심의사항에 대하여 증언, 진술, 자문, 연구, 용역 또는 감정을 한 경우

4. 위원이나 위원이 속한 법인 등이 해당 심의사항의 당사자의 대리인이거나 대리인이었던 경우

② 심의회의 심의사항의 당사자는 위원에게 공정한 심의를 기대하기 어려운 사정이 있는 경우에는 심의회에 기피(忌避) 신청을 할 수 있고, 심의회는 의결로 기피 여부를 결정하여야 한다. 이 경우 기피 신청의 대상인 위원은 그 의결에 참여할 수 없다.

③ 위원은 제1항 각 호에 따른 제척 사유에 해당하는 경우에는 심의회에 그 사실을 알리고 스스로 해당 안건의 심의에서 회피(回避)하여야 한다.

④ 위원이 제1항 각 호의 어느 하나에 해당함에도 불구하고 회피신청을 하지 아니하여 심의회 심의의 공정성을 해친 경우 국가기관 등의 장은 해당 위원을 해촉하거나 해임할 수 있다.

제13조 (정보공개 여부 결정의 통지)

① 공공기관은 제11조에 따라 정보의 공개를 결정한 경우에는 공개의 일시 및 장소 등을 분명히 밝혀 청구인에게 통지하여야 한다.

② 공공기관은 청구인이 사본 또는 복제물의 교부를 원하는 경우에는 이를 교부하여야 한다.

③ 공공기관은 공개 대상 정보의 양이 너무 많아 정상적인 업무수행에 현저한 지장을 초래할 우려가 있는 경우에는 해당 정보를 **일정 기간별로 나누어 제공**하거나 사본·복제물의 교부 또는 **열람과 병행하여 제공**할 수 있다.

④ 공공기관은 제1항에 따라 정보를 공개하는 경우에 그 정보의 원본이 더럽혀지거나 파손될 우려가 있거나 그 밖에 상당한 이유가 있다고 인정할 때에는 그 정보의 사본·복제물을 공개할 수 있다.

⑤ 공공기관은 제11조에 따라 정보의 비공개 결정을 한 경우에는 그 사실을 청구인에게 지체 없이 문서로 통지하여야 한다. 이 경우 제9조 제1항 각 호 중 어느 규정에 해당하는 비공개 대상 정보인지를 포함한 비공개 이유와 불복(不服)의 방법 및 절차를 구체적으로 밝혀야 한다.

제14조 (부분 공개)

공개 청구한 정보가 제9조 제1항 각 호의 어느 하나에 해당하는 부분과 공개 가능한 부분이 혼합되어 있는 경우로서 공개 청구의 취지에 어긋나지 아니하는 범위에서 두 부분을 분리할 수 있는 경우에는 제9조제1항 각 호의 어느 하나에 해당하는 부분을 제외하고 공개하여야 한다.

제15조 (정보의 전자적 공개)

① 공공기관은 전자적 형태로 보유·관리하는 정보에 대하여 청구인이 전자적 형태로 공개하여 줄 것을 요청하는 경우에는 그 정보의 성질상 현저히 곤란한 경우를 제외하고는 청구인의 요청에 따라야 한다.

② 공공기관은 전자적 형태로 보유·관리하지 아니하는 정보에 대하여 청구인이 전자적 형태로 공개하여 줄 것을 요청한 경우에는 정상적인 업무수행에 현저한 지장을 초래하거나 그 정보의 성질이 훼손될 우려가 없으면 그 정보를 전자적 형태로 변환하여 공개할 수 있다.

③ 정보의 전자적 형태의 공개 등에 필요한 사항은 국회규칙·대법원규칙·헌법재판소규칙·중앙선거관리위원회규칙 및 대통령령으로 정한다.

제16조 (즉시 처리가 가능한 정보의 공개)

다음 각 호의 어느 하나에 해당하는 정보로서 즉시 또는 말로 처리가 가능한 정보에 대해서는 제11조에 따른 절차를 거치지 아니하고 공개하여야 한다.

1. 법령 등에 따라 공개를 목적으로 작성된 정보

2. 일반국민에게 알리기 위하여 작성된 각종 홍보자료

3. 공개하기로 결정된 정보로서 공개에 오랜 시간이 걸리지 아니하는 정보

4. 그 밖에 공공기관의 장이 정하는 정보

제17조 (비용 부담)

① 정보의 공개 및 우송 등에 드는 비용은 실비(實費)의 범위에서 **청구인**이 부담한다.

② 공개를 청구하는 정보의 사용 목적이 공공복리의 유지·증진을 위하여 필요하다고 인정되는 경우에는 제1항에 따른 비용을 감면할 수 있다.

→ 청구인에게 과중한 부담X / 공공복리의 유지·증진O

③ 제1항에 따른 비용 및 그 징수 등에 필요한 사항은 국회규칙·대법원규칙·헌법재판소규칙·중앙선거관리위원회규칙 및 대통령령으로 정한다.

제4장 불복 구제 절차

제18조 (이의신청)

① 청구인이 정보공개와 관련한 공공기관의 비공개 결정 또는 부분 공개 결정에 대하여 불복이 있거나 정보공개 청구 후 20일이 경과하도록 정보공개 결정이 없는 때에는 공공기관으로부터 정보공개 여부의 결정 통지를 받은 날 또는 정보공개 청구 후 20일이 경과한 날부터 30일 이내에 해당 공공기관에 문서로 이의신청을 할 수 있다.

② 국가기관 등은 제1항에 따른 이의신청이 있는 경우에는 심의회를 개최하여야 한다. 다만, 다음 각 호의 어느 하나에 해당하는 경우에는 심의회를 개최하지 아니할 수 있으며 개최하지 아니하는 사유를 청구인에게 문서로 통지하여야 한다.

1. 심의회의 심의를 이미 거친 사항

2. 단순·반복적인 청구

3. 법령에 따라 비밀로 규정된 정보에 대한 청구

③ 공공기관은 이의신청을 받은 날부터 7일 이내에 그 이의신청에 대하여 결정하고 그 결과를 청구인에게 지체 없이 문서로 통지하여야 한다. 다만, 부득이한 사유로 정하여진 기간 이내에 결정할 수 없을 때에는 그 기간이 끝나는 날의 다음 날부터 기산하여 7일의 범위에서 연장할 수 있으며, 연장 사유를 청구인에게 통지하여야 한다.

④ 공공기관은 이의신청을 각하(却下) 또는 기각(棄却)하는 결정을 한 경우에는 청구인에게 행정심판 또는 행정소송을 제기할 수 있다는 사실을 제3항에 따른 결과 통지와 함께 알려야 한다.

제19조 (행정심판)

① 청구인이 정보공개와 관련한 공공기관의 결정에 대하여 **불복**이 있거나 정보공개 청구 후 **20일**이 경과하도록 정보공개 결정이 **없는 때**에는 「행정심판법」에서 정하는 바에 따라 **행정심판**을 청구할 수 있다. 이 경우 국가기관 및 지방자치단체 외의 공공기관의 결정에 대한 감독행정기관은 관계 중앙행정기관의 장 또는 지방자치단체의 장으로 한다.

→ 결정에 대하여 불복 또는 정보공개 청구 후 20일이 경과하도록 결정이 없다면 이의신청O / 행정심판O

② 청구인은 제18조에 따른 이의신청 절차를 거치지 아니하고 행정심판을 청구할 수 있다.

③ 행정심판위원회의 위원 중 정보공개 여부의 결정에 관한 행정심판에 관여하는 위원은 재직 중은 물론 퇴직 후에도 그 직무상 알게 된 비밀을 누설하여서는 아니 된다.

④ 제3항의 위원은 「형법」이나 그 밖의 법률에 따른 벌칙을 적용할 때에는 공무원으로 본다.

제20조 (행정소송)

① 청구인이 정보공개와 관련한 공공기관의 결정에 대하여 불복이 있거나 정보공개 청구 후 20일이 경과하도록 정보공개 결정이 없는 때에는 「행정소송법」에서 정하는 바에 따라 행정소송을 제기할 수 있다.

② 재판장은 필요하다고 인정하면 당사자를 참여시키지 아니하고 제출된 공개 청구 정보를 비공개로 열람·심사할 수 있다.

③ 재판장은 행정소송의 대상이 제9조 제1항 제2호에 따른 정보 중 국가안전보장·국방 또는 외교관계에 관한 정보의 비공개 또는 부분 공개 결정처분인 경우에 공공기관이 그 정보에 대한 비밀 지정의 절차, 비밀의 등급·종류 및 성질과 이를 비밀로 취급하게 된 실질적인 이유 및 공개를 하지 아니하는 사유 등을 입증하면 해당 정보를 제출하지 아니하게 할 수 있다.

제21조 (제3자의 비공개 요청 등)

① 제11조 제3항에 따라 공개 청구된 사실을 통지받은 제3자는 그 통지를 받은 날부터 3일 이내에 해당 공공기관에 대하여 자신과 관련된 정보를 공개하지 아니할 것을 요청할 수 있다.

→ 제3자의 비공개 요청이 있다는 사유만으로 정보공개법상 정보의 비공개사유에 해당X

② 제1항에 따른 비공개 요청에도 불구하고 공공기관이 공개 결정을 할 때에는 공개 결정 이유와 공개 실시일을 분명히 밝혀 지체 없이 문서로 통지하여야 하며, 제3자는 해당 공공기관에 문서로 이의신청을 하거나 행정심판 또는 행정소송을 제기할 수 있다. 이 경우 이의신청은 통지를 받은 날부터 7일 이내에 하여야 한다.

③ 공공기관은 제2항에 따른 공개 결정일과 공개 실시일 사이에 최소한 30일의 간격을 두어야 한다.

제4장 정보공개위원회 등

제22조 (정보공개위원회의 설치)

다음 각 호의 사항을 심의·조정하기 위하여 국무총리 소속으로 정보공개위원회(이하 "위원회"라 한다)를 둔다.

1. 정보공개에 관한 정책 수립 및 제도 개선에 관한 사항

2. 정보공개에 관한 기준 수립에 관한 사항

3. 제12조에 따른 심의회 심의결과의 조사·분석 및 심의기준 개선 관련 의견제시에 관한 사항

4. 제24조 제2항 및 제3항에 따른 공공기관의 정보공개 운영실태 평가 및 그 결과 처리에 관한 사항

5. 정보공개와 관련된 불합리한 제도·법령 및 그 운영에 대한 조사 및 개선권고에 관한 사항

6. 그 밖에 정보공개에 관하여 대통령령으로 정하는 사항

제23조 (위원회의 구성 등)

① 위원회는 성별을 고려하여 위원장과 부위원장 각 1명을 포함한 **11명**의 위원으로 구성한다.

② 위원회의 위원은 다음 각 호의 사람이 된다. 이 경우 위원장을 포함한 7명은 공무원이 아닌 사람으로 위촉하여야 한다.

1. 대통령령으로 정하는 관계 중앙행정기관의 차관급 공무원이나 고위공무원단에 속하는 일반직공무원

2. 정보공개에 관하여 학식과 경험이 풍부한 사람으로서 국무총리가 위촉하는 사람

3. 시민단체(「비영리민간단체 지원법」제2조에 따른 비영리민간단체를 말한다)에서 추천한 사람으로서 국무총리가 위촉하는 사람

③ 위원장·부위원장 및 위원(제2항 제1호의 위원은 제외한다)의 임기는 2년으로 하며, 연임할 수 있다.

④ 위원장·부위원장 및 위원은 정보공개 업무와 관련하여 알게 된 정보를 누설하거나 그 정보를 이용하여 본인 또는 타인에게 이익 또는 불이익을 주는 행위를 하여서는 아니 된다.

⑤ 위원장·부위원장 및 위원 중 공무원이 아닌 사람은 「형법」이나 그 밖의 법률에 따른 벌칙을 적용할 때에는 공무원으로 본다.

⑥ 위원회의 구성과 의결 절차 등 위원회 운영에 필요한 사항은 대통령령으로 정한다.

제24조 (제도 총괄 등)

① 행정안전부장관은 이 법에 따른 정보공개제도의 정책 수립 및 제도 개선 사항 등에 관한 기획·총괄 업무를 관장한다.

② 행정안전부장관은 위원회가 정보공개제도의 효율적 운영을 위하여 필요하다고 요청하면 공공기관(국회·법원·헌법재판소 및 중앙선거관리위원회는 제외한다)의 정보공개제도 운영실태를 평가할 수 있다.

③ 행정안전부장관은 제2항에 따른 평가를 실시한 경우에는 그 결과를 위원회를 거쳐 국무회의에 보고한 후 공개하여야 하며, 위원회가 개선이 필요하다고 권고한 사항에 대해서는 해당 공공기관에 시정 요구 등의 조치를 하여야 한다.

④ 행정안전부장관은 정보공개에 관하여 필요할 경우에 공공기관(**국회·법원·헌법재판소 및 중앙선거관리위원회는 제외한다**)의 장에게 정보공개 처리 실태의 개선을 권고할 수 있다. 이 경우 권고를 받은 공공기관은 이를 이행하기 위하여 성실하게 노력하여야 하며, 그 조치 결과를 행정안전부장관에게 알려야 한다.

⑤ 국회·법원·헌법재판소·중앙선거관리위원회·중앙행정기관 및 지방자치단체는 그 소속 기관 및 소관 공공기관에 대하여 정보공개에 관한 의견을 제시하거나 지도·점검을 할 수 있다.

제24조 (자료의 제출 요구)

국회사무총장·법원행정처장·헌법재판소사무처장·중앙선거관리위원회사무총장 및 행정안전부장관은 필요하다고 인정하면 관계 공공기관에 정보공개에 관한 자료 제출 등의 협조를 요청할 수 있다.

제26조 (국회에의 보고)

① 행정안전부장관은 전년도의 정보공개 운영에 관한 보고서를 매년 정기국회 개회 전까지 국회에 제출하여야 한다.

② 제1항에 따른 보고서 작성에 필요한 사항은 대통령령으로 정한다.

제27조 (위임 규정)

이 법 시행에 필요한 사항은 국회규칙·대법원규칙·헌법재판소규칙·중앙선거관리위원회규칙 및 대통령령으로 정한다.

제28조 (신분보장)

누구든지 이 법에 따른 정당한 정보공개를 이유로 징계조치 등 어떠한 신분상 불이익이나 근무조건상의 차별을 받지 아니한다.

제29조 (기간의 계산)

① 이 법에 따른 기간의 계산은 「민법」에 따른다.

② 제1항에도 불구하고 다음 각 호의 기간은 "일" 단위로 계산하고 첫날을 산입하되, 공휴일과 토요일은 산입하지 아니한다.

 1. 제11조 제1항 및 제2항에 따른 정보공개 여부 결정기간

 2. 제18조 제1항, 제19조 제1항 및 제20조 제1항에 따른 정보공개 청구 후 경과한 기간

 3. 제18조 제3항에 따른 이의신청 결정기간

제 3 장　개인정보보호

제1절　개인정보보호제도

Ⅰ. 의의

개인정보보호제도는 개인에 관한 정보가 부당하게 이용되는 것을 방지하고자 등장한 프라이버시를 보호하는 제도이다.

Ⅱ. 법적 근거

헌법상의 법적 근거는 헌법 제17조의 사생활의 비밀과 자유에서 찾을 수 있다. 법률은 개인정보보호의 일반법으로서 개인정보보호법이 시행되고 있다.

→ 개인의 사생활보호의 헌법적 근거로 헌법 제10조와 제17조를 들면서, 이 헌법규정들은 개인의 사생활이 침해되는 것을 배제하는 소극적 권리를 보장하는 것과 자기정보를 자율적으로 통제할 수 있는 적극적 권리까지 보장하는 것을 모두 의미한다.

→ 헌법재판소는 개인정보자기결정권을 사생활의 비밀과 자유, 일반적 인격권 등을 이념적 기초로 하는 독자적 기본권으로서 헌법에 명시되지 않은 기본권으로 보고 있다.

→ 개인정보자기결정권의 보호대상이 되는 개인정보는 반드시 개인의 내밀한 영역에 속하는 정보에 국한되지 않고 공적 생활에서 형성되었거나 이미 공개된 개인정보까지 포함한다.

→ 개인정보자기결정권은 자신에 관한 정보가 언제 누구에게 어느 범위까지 알려지고 또 이용되도록 할 것인지를 정보주체가 스스로 결정할 수 있는 권리이고 개인정보자기결정권의 보호대상이 되는 개인정보는 개인의 신체, 신념, 사회적 지위, 신분 등과 같이 개인의 인격주체성을 특징짓는 사항으로서 개인의 동일성을 식별할 수 있게 하는 일체의 정보이다.

→ 개인의 고유성·동일성을 나타내는 지문은 그 정보주체를 타인으로부터 식별가능하게 하는 개인정보이므로, 시장·군수 또는 구청장이 개인의 지문정보를 수집하고, 경찰청장이 이를 보관·전산화하여 범죄수사목적에 이용하는 것은 모두 개인정보자기결정권을 제한하는 것이다.

→ 이미 공개된 개인정보를 정보주체의 동의가 있었다고 객관적으로 인정되는 범위 내에서 처리를 할 때는 정보주체의 별도의 동의는 불필요하다고 보아야 하고, 별도의 동의를 받지 아니하였다고 하여 「개인정보보호법」을 위반한 것으로 볼 수 없다.

→ 개인정보 처리위탁에 있어 수탁자는 (위탁자로부터 위탁사무 처리에 따른 대가를 지급받는 것 외에는 개인정보 처리에 관하여 독자적인 이익을 가지지 않고, 정보제공자의 관리·감독 아래 위탁받은 범위 내에서만 개인정보를 처리하게 되므로) 개인정보보호법 제17조와 정보통신망법 제24조의2에 정한 (정보주체의 개인정보를 별도로 제공받을 수 있는) '제3자'에 해당하지 않는다.

[정보공개청구 VS 개인정보보호]

	정보공개청구	개인정보보호
헌법상 근거	1. 표현의 자유(알권리) 2. 인간의 존엄과 가치 3. 인간다운 생활을 할 권리 4. 국민주권	1. 사생활의 비밀과 자유 2. 일반적 인격권 / 인간의 존엄과 가치 / 행복추구권 3. 국민주권
청구주체	모든 국민, 법인, 법인 아닌 사단·재단, 외국인	정보주체(사인)
제3자 청구권	O	X
객체	공공기관	공공기관, 법인, 단체, 개인
해당위원회의 소속	국무총리 소속	국무총리 소속

Ⅲ. 개인정보보호법 중요 조문

제1장 총칙

제1조 (목적)

이 법은 개인정보의 처리 및 보호에 관한 사항을 정함으로써 개인의 자유와 권리를 보호하고, 나아가 개인의 존엄과 가치를 구현함을 목적으로 한다.

제2조 (정의)

이 법에서 사용하는 용어의 뜻은 다음과 같다.

1. "개인정보"란 **살아 있는** 개인에 관한 정보로서 다음 각 목의 어느 하나에 해당하는 정보를 말한다.

가. 성명, 주민등록번호 및 영상 등을 통하여 개인을 알아볼 수 있는 정보

나. 해당 정보만으로는 특정 개인을 알아볼 수 없더라도 다른 정보와 쉽게 결합하여 알아볼 수 있는 정보. 이 경우 쉽게 결합할 수 있는지 여부는 다른 정보의 입수 가능성 등 개인을 알아보는 데 소요되는 시간, 비용, 기술 등을 합리적으로 고려하여야 한다.

다. 가목 또는 나목을 제1호의2에 따라 가명처리함으로써 원래의 상태로 복원하기 위한 추가 정보의 사용·결합 없이는 특정 개인을 알아볼 수 없는 정보(이하 "가명정보"라 한다)

→ 「개인정보보호법」상 살아 있는 개인의 정보만 보호대상O ∴ 법인의 정보는 보호대상X

→ 개인정보자기결정권의 보호대상이 되는 개인정보(「개인정보보호법」상 개인정보)는 공적 생활에서 형성되었거나 이미 공개된 개인정보까지도 포함O

1의2. "가명처리"란 개인정보의 일부를 삭제하거나 일부 또는 전부를 대체하는 등의 방법으로 추가 정보가 없이는 특정 개인을 알아볼 수 없도록 처리하는 것을 말한다.

2. "처리"란 개인정보의 수집, 생성, 연계, 연동, 기록, 저장, 보유, 가공, 편집, 검색, 출력, 정정(訂正), 복구, 이용, 제공, 공개, 파기(破棄), 그 밖에 이와 유사한 행위를 말한다.

3. "정보주체"란 처리되는 정보에 의하여 알아볼 수 있는 사람으로서 그 정보의 주체가 되는 사람을 말한다.

4. "개인정보파일"이란 개인정보를 쉽게 검색할 수 있도록 일정한 규칙에 따라 체계적으로 배열하거나 구성한 개인정보의 집합물(集合物)을 말한다.

5. "개인정보처리자"란 업무를 목적으로 개인정보파일을 운용하기 위하여 스스로 또는 다른 사람을 통하여 개인정보를 처리하는 **공공기관, 법인, 단체 및 개인** 등을 말한다.

6. "공공기관"이란 다음 각 목의 기관을 말한다.

가. 국회, 법원, 헌법재판소, 중앙선거관리위원회의 행정사무를 처리하는 기관, 중앙행정기관(대통령 소속 기관과 국무총리 소속 기관을 포함한다) 및 그 소속 기관, 지방자치단체

나. 그 밖의 국가기관 및 공공단체 중 대통령령으로 정하는 기관

7. "영상정보처리기기"란 일정한 공간에 지속적으로 설치되어 사람 또는 사물의 영상 등을 촬영하거나 이를 유·무선망을 통하여 전송하는 장치로서 대통령령으로 정하는 장치를 말한다.

8. "과학적 연구"란 기술의 개발과 실증, 기초연구, 응용연구 및 민간 투자 연구 등 과학적 방법을 적용하는 연구를 말한다.

제3조 (개인정보 보호 원칙)

① 개인정보처리자는 개인정보의 처리 목적을 명확하게 하여야 하고 그 목적에 필요한 범위에서 최소한의 개인정보만을 적법하고 정당하게 수집하여야 한다.

② 개인정보처리자는 개인정보의 처리 목적에 필요한 범위에서 적합하게 개인정보를 처리하여야 하며, 그 목적 외의 용도로 활용하여서는 아니 된다.

③ 개인정보처리자는 개인정보의 처리 목적에 필요한 범위에서 개인정보의 정확성, 완전성 및 최신성이 보장되도록 하여야 한다.

④ 개인정보처리자는 개인정보의 처리 방법 및 종류 등에 따라 정보주체의 권리가 침해받을 가능성과 그 위험 정도를 고려하여 개인정보를 안전하게 관리하여야 한다.

⑤ 개인정보처리자는 개인정보 처리방침 등 개인정보의 처리에 관한 사항을 공개하여야 하며, 열람청구권 등 정보주체의 권리를 보장하여야 한다.

⑥ 개인정보처리자는 정보주체의 사생활 침해를 최소화하는 방법으로 개인정보를 처리하여야 한다.

⑦ 개인정보처리자는 개인정보를 익명 또는 가명으로 처리하여도 개인정보 수집목적을 달성할 수 있는 경우 익명처리가 가능한 경우에는 익명에 의하여, 익명처리로 목적을 달성할 수 없는 경우에는 가명에 의하여 처리될 수 있도록 하여야 한다.

⑧ 개인정보처리자는 이 법 및 관계 법령에서 규정하고 있는 책임과 의무를 준수하고 실천함으로써 정보주체의 신뢰를 얻기 위하여 노력하여야 한다.

제4조 (정보주체의 권리)

정보주체는 자신의 개인정보 처리와 관련하여 다음 각 호의 권리를 가진다.

1. 개인정보의 처리에 관한 정보를 제공받을 권리

2. 개인정보의 처리에 관한 동의 여부, 동의 범위 등을 선택하고 결정할 권리

3. 개인정보의 처리 여부를 확인하고 개인정보에 대하여 열람(사본의 발급을 포함한다. 이하 같다)을 요구할 권리

4. 개인정보의 처리 정지, 정정·삭제 및 파기를 요구할 권리

5. 개인정보의 처리로 인하여 발생한 피해를 신속하고 공정한 절차에 따라 구제받을 권리

제5조 (국가 등의 책무)

① 국가와 지방자치단체는 개인정보의 목적 외 수집, 오용·남용 및 무분별한 감시·추적 등에 따른 폐해를 방지하여 인간의 존엄과 개인의 사생활 보호를 도모하기 위한 시책을 강구하여야 한다.

② 국가와 지방자치단체는 제4조에 따른 정보주체의 권리를 보호하기 위하여 법령의 개선 등 필요한 시책을 마련하여야 한다.

③ 국가와 지방자치단체는 개인정보의 처리에 관한 불합리한 사회적 관행을 개선하기 위하여 개인정보처리자의 자율적인 개인정보 보호활동을 존중하고 촉진·지원하여야 한다.

④ 국가와 지방자치단체는 개인정보의 처리에 관한 법령 또는 조례를 제정하거나 개정하는 경우에는 이 법의 목적에 부합되도록 하여야 한다.

제6조 (다른 법률과의 관계)

개인정보 보호에 관하여는 다른 법률에 특별한 규정이 있는 경우를 제외하고는 이 법에서 정하는 바에 따른다.

제2장 개인정보 보호정책의 수립 등

제7조 (개인정보 보호위원회)

① 개인정보 보호에 관한 사무를 독립적으로 수행하기 위하여 국무총리 소속으로 개인정보 보호위원회(이하 "보호위원회"라 한다)를 둔다.

→ 개인정보 보호위원회 : 대통령 소속X / 국무총리 소속O

② 보호위원회는 「정부조직법」 제2조에 따른 중앙행정기관으로 본다. 다만, 다음 각 호의 사항에 대하여는 「정부조직법」 제18조를 적용하지 아니한다.

  1. 제7조의8 제3호 및 제4호의 사무

  2. 제7조의9 제1항의 심의·의결 사항 중 제1호에 해당하는 사항

  ③ 삭제

  ④ 삭제

  ⑤ 삭제

  ⑥ 삭제

  ⑦ 삭제

  ⑧ 삭제

  ⑨ 삭제

제7조의2 (보호위원회의 구성 등)

  ① 보호위원회는 **상임위원 2명(위원장 1명, 부위원장 1명)**을 포함한 **9명의 위원**으로 구성한다.

  ② 보호위원회의 위원은 개인정보 보호에 관한 경력과 전문지식이 풍부한 다음 각 호의 사람 중에서 위원장과 부위원장은 **국무총리의 제청으로, 그 외 위원 중 2명**은 위원장의 제청으로, 2명은 대통령이 소속되거나 소속되었던 **정당의 교섭단체 추천**으로, 3명은 그 외의 **교섭단체 추천**으로 대통령이 임명 또는 위촉한다.

  1. 개인정보 보호 업무를 담당하는 3급 이상 공무원(고위공무원단에 속하는 공무원을 포함한다)의 직에 있거나 있었던 사람

  2. 판사·검사·변호사의 직에 10년 이상 있거나 있었던 사람

  3. 공공기관 또는 단체(개인정보처리자로 구성된 단체를 포함한다)에 3년 이상 임원으로 재직하였거나 이들 기관 또는 단체로부터 추천받은 사람으로서 개인정보 보호 업무를 3년 이상 담당하였던 사람

  4. 개인정보 관련 분야에 전문지식이 있고 「고등교육법」 제2조제1호에 따른 학교에서 부교수 이상으로 5년 이상 재직하고 있거나 재직하였던 사람

  ③ 위원장과 부위원장은 정무직 공무원으로 임명한다.

  ④ 위원장, 부위원장, 제7조의13에 따른 사무처의 장은 「정부조직법」 제10조에도 불구하고 정부위원이 된다.

제7조의3 (위원장)

  ① 위원장은 보호위원회를 대표하고, 보호위원회의 회의를 주재하며, 소관 사무를 총괄한다.

  ② 위원장이 부득이한 사유로 직무를 수행할 수 없을 때에는 부위원장이 그 직무를 대행하고, 위원장·부위원장이 모두 부득이한 사유로 직무를 수행할 수 없을 때에는 위원회가 미리 정하는 위원이 위원장의 직무를 대행한다.

  ③ 위원장은 국회에 출석하여 보호위원회의 소관 사무에 관하여 의견을 진술할 수 있으며, 국회에서 요구하면 출석하여 보고하거나 답변하여야 한다.

  ④ 위원장은 국무회의에 출석하여 발언할 수 있으며, 그 소관 사무에 관하여 국무총리에게 의안 제출을 건의할 수 있다.

제7조의4 (위원의 임기)

① 위원의 임기는 3년으로 하되, 한 차례만 연임할 수 있다.

② 위원이 결위된 때에는 지체 없이 새로운 위원을 임명 또는 위촉하여야 한다. 이 경우 후임으로 임명 또는 위촉된 위원의 임기는 새로이 개시된다.

제7조의5 (위원의 신분보장)

① 위원은 다음 각 호의 어느 하나에 해당하는 경우를 제외하고는 그 의사에 반하여 면직 또는 해촉되지 아니한다.

1. 장기간 심신장애로 인하여 직무를 수행할 수 없게 된 경우

2. 제7조의7의 결격사유에 해당하는 경우

3. 이 법 또는 그 밖의 다른 법률에 따른 직무상의 의무를 위반한 경우

② 위원은 법률과 양심에 따라 독립적으로 직무를 수행한다.

제7조의6 (겸직금지 등)

① 위원은 재직 중 다음 각 호의 직(職)을 겸하거나 직무와 관련된 영리업무에 종사하여서는 아니 된다.

1. 국회의원 또는 지방의회의원

2. 국가공무원 또는 지방공무원

3. 그 밖에 대통령령으로 정하는 직

② 제1항에 따른 영리업무에 관한 사항은 대통령령으로 정한다.

③ 위원은 정치활동에 관여할 수 없다.

제7조의7 (결격사유)

① 다음 각 호의 어느 하나에 해당하는 사람은 위원이 될 수 없다.

1. 대한민국 국민이 아닌 사람

2. 「국가공무원법」 제33조 각 호의 어느 하나에 해당하는 사람

3. 「정당법」 제22조에 따른 당원

② 위원이 제1항 각 호의 어느 하나에 해당하게 된 때에는 그 직에서 당연 퇴직한다. 다만, 「국가공무원법」 제33조 제2호는 파산선고를 받은 사람으로서 「채무자 회생 및 파산에 관한 법률」에 따라 신청기한 내에 면책신청을 하지 아니하였거나 면책불허가 결정 또는 면책 취소가 확정된 경우만 해당하고, 같은 법 제33조 제5호는 「형법」 제129조부터 제132조까지, 「성폭력범죄의 처벌 등에 관한 특례법」 제2조, 「아동·청소년의 성보호에 관한 법률」 제2조제2호 및 직무와 관련하여 「형법」 제355조 또는 제356조에 규정된 죄를 범한 사람으로서 금고 이상의 형의 선고유예를 받은 경우만 해당한다.

제7조의10 (회의)

① 보호위원회의 회의는 위원장이 필요하다고 인정하거나 재적위원 4분의 1 이상의 요구가 있는 경우에 위원장이 소집한다.

② 위원장 또는 2명 이상의 위원은 보호위원회에 의안을 제의할 수 있다.

③ 보호위원회의 회의는 재적위원 과반수의 출석으로 개의하고, 출석위원 과반수의 찬성으로 의결한다.

→ 개인정보 보호위원회는 일반정족수

제7조의11 (위원의 제척·기피·회피)

① 위원은 다음 각 호의 어느 하나에 해당하는 경우에는 심의·의결에서 제척된다.

1. 위원 또는 그 배우자나 배우자였던 자가 해당 사안의 당사자가 되거나 그 사건에 관하여 공동의 권리자 또는 의무자의 관계에 있는 경우

2. 위원이 해당 사안의 당사자와 친족이거나 친족이었던 경우

3. 위원이 해당 사안에 관하여 증언, 감정, 법률자문을 한 경우

4. 위원이 해당 사안에 관하여 당사자의 대리인으로서 관여하거나 관여하였던 경우

5. 위원이나 위원이 속한 공공기관·법인 또는 단체 등이 조언 등 지원을 하고 있는 자와 이해관계가 있는 경우

② 위원에게 심의·의결의 공정을 기대하기 어려운 사정이 있는 경우 당사자는 기피 신청을 할 수 있고, 보호위원회는 의결로 이를 결정한다.

③ 위원이 제1항 또는 제2항의 사유가 있는 경우에는 해당 사안에 대하여 회피할 수 있다.

제7조의12 (소위원회)

① 보호위원회는 효율적인 업무 수행을 위하여 개인정보 침해 정도가 경미하거나 유사·반복되는 사항 등을 심의·의결할 소위원회를 둘 수 있다.

② 소위원회는 3명의 위원으로 구성한다.

③ 소위원회가 제1항에 따라 심의·의결한 것은 보호위원회가 심의·의결한 것으로 본다.

④ 소위원회의 회의는 구성위원 전원의 출석과 출석위원 전원의 찬성으로 의결한다.

제7조의13 (사무처)

보호위원회의 사무를 처리하기 위하여 보호위원회에 사무처를 두며, 이 법에 규정된 것 외에 보호위원회의 조직에 관한 사항은 대통령령으로 정한다.

제7조의14 (운영 등)

이 법과 다른 법령에 규정된 것 외에 보호위원회의 운영 등에 필요한 사항은 보호위원회의 규칙으로 정한다.

제8조의2 (개인정보 침해요인 평가)

① **중앙행정기관의 장**은 소관 법령의 제정 또는 개정을 통하여 개인정보 처리를 수반하는 정책이나 제도를 도입·변경하는 경우에는 **보호위원회**에 개인정보 침해요인 평가를 요청하여야 한다.

② 보호위원회가 제1항에 따른 요청을 받은 때에는 해당 법령의 개인정보 침해요인을 분석·검토하여 그 법령의 소관기관의 장에게 그 개선을 위하여 필요한 사항을 권고할 수 있다.

③ 제1항에 따른 개인정보 침해요인 평가의 절차와 방법에 관하여 필요한 사항은 대통령령으로 정한다.

제9조 (기본계획)

① 보호위원회는 개인정보의 보호와 정보주체의 권익 보장을 위하여 3년마다 개인정보 보호 기본계획(이하 "기본계획"이라 한다)을 관계 중앙행정기관의 장과 협의하여 수립한다.

② 기본계획에는 다음 각 호의 사항이 포함되어야 한다.

1. 개인정보 보호의 기본목표와 추진방향

2. 개인정보 보호와 관련된 제도 및 법령의 개선

3. 개인정보 침해 방지를 위한 대책

4. 개인정보 보호 자율규제의 활성화

5. 개인정보 보호 교육·홍보의 활성화

6. 개인정보 보호를 위한 전문인력의 양성

7. 그 밖에 개인정보 보호를 위하여 필요한 사항

③ 국회, 법원, 헌법재판소, 중앙선거관리위원회는 해당 기관(그 소속 기관을 포함한다)의 개인정보 보호를 위한 기본계획을 수립·시행할 수 있다.

제10조 (시행계획)

① 중앙행정기관의 장은 기본계획에 따라 매년 개인정보 보호를 위한 시행계획을 작성하여 보호위원회에 제출하고, 보호위원회의 심의·의결을 거쳐 시행하여야 한다.

② 시행계획의 수립·시행에 필요한 사항은 대통령령으로 정한다.

제11조 (자료제출 요구 등)

① 보호위원회는 기본계획을 효율적으로 수립하기 위하여 개인정보처리자, 관계 중앙행정기관의 장, 지방자치단체의 장 및 관계 기관·단체 등에 개인정보처리자의 법규 준수 현황과 개인정보 관리 실태 등에 관한 자료의 제출이나 의견의 진술 등을 요구할 수 있다.

② 보호위원회는 개인정보 보호 정책 추진, 성과평가 등을 위하여 필요한 경우 개인정보처리자, 관계 중앙행정기관의 장, 지방자치단체의 장 및 관계 기관·단체 등을 대상으로 개인정보관리 수준 및 실태파악 등을 위한 조사를 실시할 수 있다.

③ 중앙행정기관의 장은 시행계획을 효율적으로 수립·추진하기 위하여 소관 분야의 개인정보처리자에게 제1항에 따른 자료제출 등을 요구할 수 있다.

④ 제1항부터 제3항까지에 따른 자료제출 등을 요구받은 자는 특별한 사정이 없으면 이에 따라야 한다.

⑤ 제1항부터 제3항까지에 따른 자료제출 등의 범위와 방법 등 필요한 사항은 대통령령으로 정한다.

제12조 (개인정보 보호지침)

① 보호위원회는 개인정보의 처리에 관한 기준, 개인정보 침해의 유형 및 예방조치 등에 관한 표준 개인정보 보호지침(이하 "표준지침"이라 한다)을 정하여 개인정보처리자에게 그 준수를 권장할 수 있다.

② 중앙행정기관의 장은 표준지침에 따라 소관 분야의 개인정보 처리와 관련한 개인정보 보호지침을 정하여 개인정보처리자에게 그 준수를 권장할 수 있다.

③ 국회, 법원, 헌법재판소 및 중앙선거관리위원회는 해당 기관(그 소속 기관을 포함한다)의 개인정보 보호지침을 정하여 시행할 수 있다.

제13조 (자율규제의 촉진 및 지원)

보호위원회는 개인정보처리자의 자율적인 개인정보 보호활동을 촉진하고 지원하기 위하여 다음 각 호의 필요한 시책을 마련하여야 한다.

1. 개인정보 보호에 관한 교육·홍보

2. 개인정보 보호와 관련된 기관·단체의 육성 및 지원

3. 개인정보 보호 인증마크의 도입·시행 지원

4. 개인정보처리자의 자율적인 규약의 제정·시행 지원

5. 그 밖에 개인정보처리자의 자율적 개인정보 보호활동을 지원하기 위하여 필요한 사항

제14조 (국제협력)

① 정부는 국제적 환경에서의 개인정보 보호 수준을 향상시키기 위하여 필요한 시책을 마련하여야 한다.

② 정부는 개인정보 국외 이전으로 인하여 정보주체의 권리가 침해되지 아니하도록 관련 시책을 마련하여야 한다.

제3장 개인정보의 처리

제1절 개인정보의 수집, 이용, 제공 등

제15조 (개인정보의 수집·이용)

① 개인정보처리자는 다음 각 호의 어느 하나에 해당하는 경우에는 개인정보를 수집할 수 있으며 그 수집 목적의 범위에서 이용할 수 있다.

1. 정보주체의 동의를 받은 경우

2. 법률에 특별한 규정이 있거나 법령상 의무를 준수하기 위하여 불가피한 경우

3. 공공기관이 법령 등에서 정하는 소관 업무의 수행을 위하여 불가피한 경우

4. 정보주체와의 계약의 체결 및 이행을 위하여 불가피하게 필요한 경우

5. 정보주체 또는 그 법정대리인이 의사표시를 할 수 없는 상태에 있거나 주소불명 등으로 사전 동의를 받을 수 없는 경우로서 명백히 정보주체 또는 제3자의 급박한 생명, 신체, 재산의 이익을 위하여 필요하다고 인정되는 경우

6. 개인정보처리자의 정당한 이익을 달성하기 위하여 필요한 경우로서 명백하게 정보주체의 권리보다 우선하는 경우. 이 경우 개인정보처리자의 정당한 이익과 상당한 관련이 있고 합리적인 범위를 초과하지 아니하는 경우에 한한다.

② 개인정보처리자는 제1항제1호에 따른 동의를 받을 때에는 다음 각 호의 사항을 정보주체에게 알려야 한다. 다음 각 호의 어느 하나의 사항을 변경하는 경우에도 이를 알리고 동의를 받아야 한다.

1. 개인정보의 수집·이용 목적

2. 수집하려는 개인정보의 항목

3. 개인정보의 보유 및 이용 기간

4. 동의를 거부할 권리가 있다는 사실 및 동의 거부에 따른 불이익이 있는 경우에는 그 불이익의 내용

③ 개인정보처리자는 당초 수집 목적과 합리적으로 관련된 범위에서 정보주체에게 불이익이 발생하는지 여부, 암호화 등 안전성 확보에 필요한 조치를 하였는지 여부 등을 고려하여 대통령령으로 정하는 바에 따라 정보주체의 동의 없이 개인정보를 이용할 수 있다.

제16조 (개인정보의 수집 제한)

① 개인정보처리자는 제15조 제1항 각 호의 어느 하나에 해당하여 개인정보를 수집하는 경우에는 그 목적에 필요한 **최소한의 개인정보를 수집**하여야 한다. 이 경우 최소한의 개인정보 수집이라는 **입증책임은 개인정보처리자가 부담한다.**

② 개인정보처리자는 정보주체의 동의를 받아 개인정보를 수집하는 경우 필요한 최소한의 정보 외의 개인정보 수집에는 동의하지 아니할 수 있다는 사실을 구체적으로 알리고 개인정보를 수집하여야 한다.

③ 개인정보처리자는 정보주체가 필요한 **최소한의 정보 외의 개인정보 수집에 동의하지 아니한다는** 이유로 정보주체에게 재화 또는 서비스의 제공을 거부하여서는 아니 된다.

제17조 (개인정보의 제공)

① 개인정보처리자는 다음 각 호의 어느 하나에 해당되는 경우에는 정보주체의 개인정보를 제3자에게 제공(공유를 포함한다. 이하 같다)할 수 있다.

1. 정보주체의 동의를 받은 경우

2. 제15조 제1항 제2호·제3호·제5호 및 제39조의3 제2항 제2호·제3호에 따라 개인정보를 수집한 목적 범위에서 개인정보를 제공하는 경우

② 개인정보처리자는 제1항 제1호에 따른 동의를 받을 때에는 다음 각 호의 사항을 정보주체에게 알려야 한다. 다음 각 호의 어느 하나의 사항을 변경하는 경우에도 이를 알리고 동의를 받아야 한다.

1. 개인정보를 제공받는 자

2. 개인정보를 제공받는 자의 개인정보 이용 목적

3. 제공하는 개인정보의 항목

4. 개인정보를 제공받는 자의 개인정보 보유 및 이용 기간

5. 동의를 거부할 권리가 있다는 사실 및 동의 거부에 따른 불이익이 있는 경우에는 그 불이익의 내용

③ 개인정보처리자가 개인정보를 국외의 제3자에게 제공할 때에는 제2항 각 호에 따른 사항을 정보주체에게 알리고 동의를 받아야 하며, 이 법을 위반하는 내용으로 개인정보의 국외 이전에 관한 계약을 체결하여서는 아니 된다.

④ 개인정보처리자는 당초 수집 목적과 합리적으로 관련된 범위에서 정보주체에게 불이익이 발생하는지 여부, 암호화 등 안전성 확보에 필요한 조치를 하였는지 여부 등을 고려하여 대통령령으로 정하는 바에 따라 정보주체의 동의 없이 개인정보를 제공할 수 있다.

제18조 (개인정보의 목적 외 이용·제공 제한)

① 개인정보처리자는 개인정보를 제15조 제1항 및 제39조의3 제1항 및 제2항에 따른 범위를 초과하여 이용하거나 제17조 제1항 및 제3항에 따른 범위를 초과하여 제3자에게 제공하여서는 아니 된다.

② 제1항에도 불구하고 개인정보처리자는 다음 각 호의 어느 하나에 해당하는 경우에는 정보주체 또는 제3자의 이익을 부당하게 침해할 우려가 있을 때를 제외하고는 개인정보를 목적 외의 용도로 이용하거나 이를 제3자에게 제공할 수 있다. 다만, 이용자(「정보통신망 이용촉진 및 정보보호 등에 관한 법률」 제2조 제1항 제4호에 해당하는 자를 말한다. 이하 같다)의 개인정보를 처리하는 정보통신서비스 제공자(「정보통신망 이용촉진 및 정보보호 등에 관한 법률」 제2조 제1항 제3호에 해당하는 자를 말한다. 이하 같다)의 경우 제1호·제2호의 경우로 한정하고, 제5호부터 제9호까지의 경우는 공공기관의 경우로 한정한다.

1. 정보주체로부터 별도의 동의를 받은 경우

2. 다른 법률에 특별한 규정이 있는 경우

3. 정보주체 또는 그 법정대리인이 의사표시를 할 수 없는 상태에 있거나 주소불명 등으로 사전 동의를 받을 수 없는 경우로서 명백히 정보주체 또는 제3자의 급박한 생명, 신체, 재산의 이익을 위하여 필요하다고 인정되는 경우

4. 삭제

5. 개인정보를 목적 외의 용도로 이용하거나 이를 제3자에게 제공하지 아니하면 다른 법률에서 정하는 소관 업무를 수행할 수 없는 경우로서 보호위원회의 심의·의결을 거친 경우

6. 조약, 그 밖의 국제협정의 이행을 위하여 외국정부 또는 국제기구에 제공하기 위하여 필요한 경우

7. 범죄의 수사와 공소의 제기 및 유지를 위하여 필요한 경우

8. 법원의 재판업무 수행을 위하여 필요한 경우

9. 형(刑) 및 감호, 보호처분의 집행을 위하여 필요한 경우

③ 개인정보처리자는 제2항 제1호에 따른 동의를 받을 때에는 다음 각 호의 사항을 정보주체에게 알려야 한다. 다음 각 호의 어느 하나의 사항을 변경하는 경우에도 이를 알리고 동의를 받아야 한다.

1. 개인정보를 제공받는 자

2. 개인정보의 이용 목적(제공 시에는 제공받는 자의 이용 목적을 말한다)

3. 이용 또는 제공하는 개인정보의 항목

4. 개인정보의 보유 및 이용 기간(제공 시에는 제공받는 자의 보유 및 이용 기간을 말한다)

5. 동의를 거부할 권리가 있다는 사실 및 동의 거부에 따른 불이익이 있는 경우에는 그 불이익의 내용

④ 공공기관은 제2항 제2호부터 제6호까지, 제8호 및 제9호에 따라 개인정보를 목적 외의 용도로 이용하거나 이를 제3자에게 제공하는 경우에는 그 이용 또는 제공의 법적 근거, 목적 및 범위 등에 관하여 필요한 사항을 보호위원회가 고시로 정하는 바에 따라 관보 또는 인터넷 홈페이지 등에 게재하여야 한다.

⑤ 개인정보처리자는 제2항 각 호의 어느 하나의 경우에 해당하여 개인정보를 목적 외의 용도로 제3자에게 제공하는 경우에는 개인정보를 제공받는 자에게 이용 목적, 이용 방법, 그 밖에 필요한 사항에 대하여 제한을 하거나, 개인정보의 안전성 확보를 위하여 필요한 조치를 마련하도록 요청하여야 한다. 이 경우 요청을 받은 자는 개인정보의 안전성 확보를 위하여 필요한 조치를 하여야 한다.

제19조 (개인정보를 제공받은 자의 이용·제공 제한)

개인정보처리자로부터 개인정보를 제공받은 자는 다음 각 호의 어느 하나에 해당하는 경우를 제외하고는 개인정보를 제공받은 목적 외의 용도로 이용하거나 이를 제3자에게 제공하여서는 아니 된다.

1. 정보주체로부터 별도의 동의를 받은 경우

2. 다른 법률에 특별한 규정이 있는 경우

제20조 (정보주체 이외로부터 수집한 개인정보의 수집 출처 등 고지)

① 개인정보처리자가 정보주체 이외로부터 수집한 개인정보를 처리하는 때에는 정보주체의 요구가 있으면 즉시 다음 각 호의 모든 사항을 정보주체에게 알려야 한다.

1. 개인정보의 수집 출처

2. 개인정보의 처리 목적

3. 제37조에 따른 개인정보 처리의 정지를 요구할 권리가 있다는 사실

② 제1항에도 불구하고 처리하는 개인정보의 종류·규모, 종업원 수 및 매출액 규모 등을 고려하여 대통령령으로 정하는 기준에 해당하는 개인정보처리자가 제17조 제1항 제1호에 따라 정보주체 이외로부터 개인정보를 수집하여 처리하는 때에는 제1항 각 호의 모든 사항을 정보주체에게 알려야 한다. 다만, 개인정보처리자가 수집한 정보에 연락처 등 정보주체에게 알릴 수 있는 개인정보가 포함되지 아니한 경우에는 그러하지 아니하다.

③ 제2항 본문에 따라 알리는 경우 정보주체에게 알리는 시기·방법 및 절차 등 필요한 사항은 대통령령으로 정한다.

④ 제1항과 제2항 본문은 다음 각 호의 어느 하나에 해당하는 경우에는 적용하지 아니한다. 다만, 이 법에 따른 정보주체의 권리보다 명백히 우선하는 경우에 한한다.

1. 고지를 요구하는 대상이 되는 개인정보가 제32조 제2항 각 호의 어느 하나에 해당하는 개인정보파일에 포함되어 있는 경우

2. 고지로 인하여 다른 사람의 생명·신체를 해할 우려가 있거나 다른 사람의 재산과 그 밖의 이익을 부당하게 침해할 우려가 있는 경우

제21조 (개인정보의 파기)

① 개인정보처리자는 보유기간의 경과, 개인정보의 처리 목적 달성 등 그 개인정보가 불필요하게 되었을 때에는 지체 없이 그 개인정보를 파기하여야 한다. 다만, 다른 법령에 따라 보존하여야 하는 경우에는 그러하지 아니하다.

② 개인정보처리자가 제1항에 따라 개인정보를 파기할 때에는 복구 또는 재생되지 아니하도록 조치하여야 한다.

③ 개인정보처리자가 제1항 단서에 따라 개인정보를 파기하지 아니하고 보존하여야 하는 경우에는 해당 개인정보 또는 개인정보파일을 다른 개인정보와 분리하여서 저장·관리하여야 한다.

④ 개인정보의 파기방법 및 절차 등에 필요한 사항은 대통령령으로 정한다.

제22조 (동의를 받는 방법)

① 개인정보처리자는 이 법에 따른 개인정보의 처리에 대하여 정보주체(제6항에 따른 법정대리인을 포함한다. 이하 이 조에서 같다)의 동의를 받을 때에는 각각의 동의 사항을 구분하여 정보주체가 이를 명확하게 인지할 수 있도록 알리고 각각 동의를 받아야 한다.

② 개인정보처리자는 제1항의 동의를 서면(「전자문서 및 전자거래 기본법」 제2조 제1호에 따른 전자문서를 포함한다)으로 받을 때에는 개인정보의 수집·이용 목적, 수집·이용하려는 개인정보의 항목 등 대통령령으로 정하는 중요한 내용을 보호위원회가 고시로 정하는 방법에 따라 명확히 표시하여 알아보기 쉽게 하여야 한다.

③ 개인정보처리자는 제15조 제1항 제1호, 제17조 제1항 제1호, 제23조 제1항 제1호 및 제24조 제1항 제1호에 따라 개인정보의 처리에 대하여 정보주체의 동의를 받을 때에는 정보주체와의 계약 체결 등을 위하여 정보주체의 동의 없이 처리할 수 있는 개인정보와 정보주체의 동의가 필요한 개인정보를 구분하여야 한다. 이 경우 동의 없이 처리할 수 있는 개인정보라는 **입증책임은 개인정보처리자가 부담한다.**

④ 개인정보처리자는 정보주체에게 재화나 서비스를 홍보하거나 판매를 권유하기 위하여 개인정보의 처리에 대한 동의를 받으려는 때에는 정보주체가 이를 명확하게 인지할 수 있도록 알리고 동의를 받아야 한다.

⑤ 개인정보처리자는 정보주체가 제3항에 따라 선택적으로 동의할 수 있는 사항을 동의하지 아니하거나 제4항 및 제18조 제2항 제1호에 따른 동의를 하지 아니한다는 이유로 정보주체에게 재화 또는 서비스의 제공을 거부하여서는 아니 된다.

⑥ 개인정보처리자는 만 14세 미만 아동의 개인정보를 처리하기 위하여 이 법에 따른 동의를 받아야 할 때에는 그 법정대리인의 동의를 받아야 한다. 이 경우 법정대리인의 동의를 받기 위하여 필요한 최소한의 정보는 법정대리인의 동의 없이 해당 아동으로부터 직접 수집할 수 있다.

⑦ 제1항부터 제6항까지에서 규정한 사항 외에 정보주체의 동의를 받는 세부적인 방법 및 제6항에 따른 최소한의 정보의 내용에 관하여 필요한 사항은 개인정보의 수집매체 등을 고려하여 대통령령으로 정한다.

제2절 개인정보의 처리 제한

제23조 (민감정보의 처리 제한)

① 개인정보처리자는 사상·신념, 노동조합·정당의 가입·탈퇴, 정치적 견해, 건강, 성생활 등에 관한 정보, 그 밖에 정보주체의 사생활을 현저히 침해할 우려가 있는 개인정보로서 대통령령으로 정하는 정보(이하 "민감정보"라 한다)를 처리하여서는 아니 된다. 다만, 다음 각 호의 어느 하나에 해당하는 경우에는 그러하지 아니하다.

1. 정보주체에게 제15조 제2항 각 호 또는 제17조 제2항 각 호의 사항을 알리고 다른 개인정보의 처리에 대한 동의와 별도로 동의를 받은 경우

2. 법령에서 민감정보의 처리를 요구하거나 허용하는 경우

② 개인정보처리자가 제1항 각 호에 따라 민감정보를 처리하는 경우에는 그 민감정보가 분실·도난·유출·위조·변조 또는 훼손되지 아니하도록 제29조에 따른 안전성 확보에 필요한 조치를 하여야 한다.

제24조 (고유식별정보의 처리 제한)

① 개인정보처리자는 다음 각 호의 경우를 제외하고는 법령에 따라 개인을 고유하게 구별하기 위하여 부여된 식별정보로서 대통령령으로 정하는 정보(이하 "고유식별정보"라 한다)를 처리할 수 없다.

1. 정보주체에게 제15조 제2항 각 호 또는 제17조 제2항 각 호의 사항을 알리고 다른 개인정보의 처리에 대한 동의와 별도로 동의를 받은 경우

2. 법령에서 구체적으로 고유식별정보의 처리를 요구하거나 허용하는 경우

→ 대통령령으로 정하는 정보(고유식별정보) : (시행령상) 주민등록번호, 여권번호, 운전면허번호, 외국인등록번호

② 삭제

③ 개인정보처리자가 제1항 각 호에 따라 고유식별정보를 처리하는 경우에는 그 고유식별정보가 분실·도난·유출·위조·변조 또는 훼손되지 아니하도록 대통령령으로 정하는 바에 따라 암호화 등 안전성 확보에 필요한 조치를 하여야 한다.

④ 보호위원회는 처리하는 개인정보의 종류·규모, 종업원 수 및 매출액 규모 등을 고려하여 대통령령으로 정하는 기준에 해당하는 개인정보처리자가 제3항에 따라 안전성 확보에 필요한 조치를 하였는지에 관하여 대통령령으로 정하는 바에 따라 정기적으로 조사하여야 한다.

⑤ 보호위원회는 대통령령으로 정하는 전문기관으로 하여금 제4항에 따른 조사를 수행하게 할 수 있다.

제24조의2 (주민등록번호 처리의 제한)

① 제24조 제1항에도 불구하고 개인정보처리자는 다음 각 호의 어느 하나에 해당하는 경우를 제외하고는 주민등록번호를 처리할 수 없다.

1. 법률·대통령령·국회규칙·대법원규칙·헌법재판소규칙·중앙선거관리위원회규칙 및 감사원규칙에서 구체적으로 주민등록번호의 처리를 요구하거나 허용한 경우

2. 정보주체 또는 제3자의 급박한 생명, 신체, 재산의 이익을 위하여 명백히 필요하다고 인정되는 경우

3. 제1호 및 제2호에 준하여 주민등록번호 처리가 불가피한 경우로서 보호위원회가 고시로 정하는 경우

② 개인정보처리자는 제24조 제3항에도 불구하고 주민등록번호가 분실·도난·유출·위조·변조 또는 훼손되지 아니하도록 암호화 조치를 통하여 안전하게 보관하여야 한다. 이 경우 암호화 적용 대상 및 대상별 적용 시기 등에 관하여 필요한 사항은 개인정보의 처리 규모와 유출 시 영향 등을 고려하여 대통령령으로 정한다.

③ 개인정보처리자는 제1항 각 호에 따라 주민등록번호를 처리하는 경우에도 정보주체가 인터넷 홈페이지를 통하여 회원으로 가입하는 단계에서는 주민등록번호를 사용하지 아니하고도 회원으로 가입할 수 있는 방법을 제공하여야 한다.

④ 보호위원회는 개인정보처리자가 제3항에 따른 방법을 제공할 수 있도록 관계 법령의 정비, 계획의 수립, 필요한 시설 및 시스템의 구축 등 제반 조치를 마련·지원할 수 있다.

제25조 (영상정보처리기기의 설치·운영 제한)

① 누구든지 다음 각 호의 경우를 제외하고는 공개된 장소에 영상정보처리기기를 설치·운영하여서는 아니 된다.

1. 법령에서 구체적으로 허용하고 있는 경우

2. 범죄의 예방 및 수사를 위하여 필요한 경우

3. 시설안전 및 화재 예방을 위하여 필요한 경우

4. 교통단속을 위하여 필요한 경우

5. 교통정보의 수집·분석 및 제공을 위하여 필요한 경우

② 누구든지 불특정 다수가 이용하는 목욕실, 화장실, 발한실, 탈의실 등 개인의 사생활을 현저히 침해할 우려가 있는 장소의 내부를 볼 수 있도록 영상정보처리기기를 설치·운영하여서는 아니 된다. 다만, 교도소, 정신보건시설 등 법령에 근거하여 사람을 구금하거나 보호하는 시설로서 대통령령으로 정하는 시설에 대하여는 그러하지 아니하다.

③ 제1항 각 호에 따라 영상정보처리기기를 설치·운영하려는 공공기관의 장과 제2항 단서에 따라 영상정보처리기기를 설치·운영 하려는 자는 공청회·설명회의 개최 등 대통령령으로 정하는 절차를 거쳐 관계 전문가 및 이해관계인의 의견을 수렴하여야 한다.

④ 제1항 각 호에 따라 영상정보처리기기를 설치·운영하는 자(이하 "영상정보처리기기운영자"라 한다)는 정보주체가 쉽게 인식할 수 있도록 다음 각 호의 사항이 포함된 안내판을 설치하는 등 필요한 조치를 하여야 한다. 다만, 「군사기지 및 군사시설 보호법」 제2조 제2호에 따른 군사시설, 「통합방위법」 제2조 제13호에 따른 국가중요시설, 그 밖에 대통령령으로 정하는 시설에 대하여는 그러하지 아니하다.

1. 설치 목적 및 장소

2. 촬영 범위 및 시간

3. 관리책임자 성명 및 연락처

4. 그 밖에 대통령령으로 정하는 사항

⑤ 영상정보처리기기운영자는 영상정보처리기기의 설치 목적과 다른 목적으로 영상정보처리기기를 임의로 조작하거나 다른 곳을 비춰서는 아니 되며, 녹음기능은 사용할 수 없다.

⑥ 영상정보처리기기운영자는 개인정보가 분실·도난·유출·위조·변조 또는 훼손되지 아니하도록 제29조에 따라 안전성 확보에 필요한 조치를 하여야 한다.

⑦ 영상정보처리기기운영자는 대통령령으로 정하는 바에 따라 영상정보처리기기 운영·관리 방침을 마련하여야 한다. 이 경우 제30조에 따른 개인정보 처리방침을 정하지 아니할 수 있다.

⑧ 영상정보처리기기운영자는 영상정보처리기기의 설치·운영에 관한 사무를 위탁할 수 있다. 다만, 공공기관이 영상정보처리기기 설치·운영에 관한 사무를 위탁하는 경우에는 대통령령으로 정하는 절차 및 요건에 따라야 한다.

제26조 (업무위탁에 따른 개인정보의 처리 제한)

① 개인정보처리자가 제3자에게 개인정보의 처리 업무를 위탁하는 경우에는 다음 각 호의 내용이 포함된 문서에 의하여야 한다.

1. 위탁업무 수행 목적 외 개인정보의 처리 금지에 관한 사항

2. 개인정보의 기술적·관리적 보호조치에 관한 사항

3. 그 밖에 개인정보의 안전한 관리를 위하여 대통령령으로 정한 사항

② 제1항에 따라 개인정보의 처리 업무를 위탁하는 개인정보처리자(이하 "위탁자"라 한다)는 위탁하는 업무의 내용과 개인정보 처리 업무를 위탁받아 처리하는 자(이하 "수탁자"라 한다)를 정보주체가 언제든지 쉽게 확인할 수 있도록 대통령령으로 정하는 방법에 따라 공개하여야 한다.

③ 위탁자가 재화 또는 서비스를 홍보하거나 판매를 권유하는 업무를 위탁하는 경우에는 대통령령으로 정하는 방법에 따라 위탁하는 업무의 내용과 수탁자를 정보주체에게 알려야 한다. 위탁하는 업무의 내용이나 수탁자가 변경된 경우에도 또한 같다.

④ 위탁자는 업무 위탁으로 인하여 정보주체의 개인정보가 분실·도난·유출·위조·변조 또는 훼손되지 아니하도록 수탁자를 교육하고, 처리 현황 점검 등 대통령령으로 정하는 바에 따라 수탁자가 개인정보를 안전하게 처리하는지를 감독하여야 한다.

⑤ 수탁자는 개인정보처리자로부터 위탁받은 해당 업무 범위를 초과하여 개인정보를 이용하거나 제3자에게 제공하여서는 아니 된다.

⑥ 수탁자가 위탁받은 업무와 관련하여 개인정보를 처리하는 과정에서 이 법을 위반하여 발생한 손해배상책임에 대하여는 수탁자를 개인정보처리자의 소속 직원으로 본다.

⑦ 수탁자에 관하여는 제15조부터 제25조까지, 제27조부터 제31조까지, 제33조부터 제38조까지 및 제59조를 준용한다.

제27조 (영업양도 등에 따른 개인정보의 이전 제한)

① 개인정보처리자는 영업의 전부 또는 일부의 양도·합병 등으로 개인정보를 다른 사람에게 이전하는 경우에는 미리 다음 각 호의 사항을 대통령령으로 정하는 방법에 따라 해당 정보주체에게 알려야 한다.

1. 개인정보를 이전하려는 사실

2. 개인정보를 이전받는 자(이하 "영업양수자 등"이라 한다)의 성명(법인의 경우에는 법인의 명칭을 말한다), 주소, 전화번호 및 그 밖의 연락처

3. 정보주체가 개인정보의 이전을 원하지 아니하는 경우 조치할 수 있는 방법 및 절차

② 영업양수자 등은 개인정보를 이전받았을 때에는 지체 없이 그 사실을 대통령령으로 정하는 방법에 따라 정보주체에게 알려야 한다. 다만, 개인정보처리자가 제1항에 따라 그 이전 사실을 이미 알린 경우에는 그러하지 아니하다.

③ 영업양수자 등은 영업의 양도·합병 등으로 개인정보를 이전받은 경우에는 이전 당시의 본래 목적으로만 개인정보를 이용하거나 제3자에게 제공할 수 있다. 이 경우 영업양수자 등은 개인정보처리자로 본다.

제28조 (개인정보취급자에 대한 감독)

① 개인정보처리자는 개인정보를 처리함에 있어서 개인정보가 안전하게 관리될 수 있도록 임직원, 파견근로자, 시간제근로자 등 개인정보처리자의 지휘·감독을 받아 개인정보를 처리하는 자(이하 "개인정보취급자"라 한다)에 대하여 적절한 관리·감독을 행하여야 한다.

② 개인정보처리자는 개인정보의 적정한 취급을 보장하기 위하여 개인정보취급자에게 정기적으로 필요한 교육을 실시하여야 한다.

제3절 가명정보의 처리에 관한 특례

제28조의2 (가명정보의 처리 등)

① 개인정보처리자는 통계작성, 과학적 연구, 공익적 기록보존 등을 위하여 정보주체의 동의 없이 가명정보를 처리할 수 있다.

② 개인정보처리자는 제1항에 따라 가명정보를 제3자에게 제공하는 경우에는 특정 개인을 알아보기 위하여 사용될 수 있는 정보를 포함해서는 아니 된다.

제28조의3 (가명정보의 결합 제한)

① 제28조의2에도 불구하고 통계작성, 과학적 연구, 공익적 기록보존 등을 위한 서로 다른 개인정보처리자 간의 가명정보의 결합은 보호위원회 또는 관계 중앙행정기관의 장이 지정하는 전문기관이 수행한다.

② 결합을 수행한 기관 외부로 결합된 정보를 반출하려는 개인정보처리자는 가명정보 또는 제58조의2에 해당하는 정보로 처리한 뒤 전문기관의 장의 승인을 받아야 한다.

③ 제1항에 따른 결합 절차와 방법, 전문기관의 지정과 지정 취소 기준·절차, 관리·감독, 제2항에 따른 반출 및 승인 기준·절차 등 필요한 사항은 대통령령으로 정한다.

제28조의4 (가명정보에 대한 안전조치의무 등)

① 개인정보처리자는 가명정보를 처리하는 경우에는 원래의 상태로 복원하기 위한 추가 정보를 별도로 분리하여 보관·관리하는 등 해당 정보가 분실·도난·유출·위조·변조 또는 훼손되지 않도록 대통령령으로 정하는 바에 따라 안전성 확보에 필요한 기술적·관리적 및 물리적 조치를 하여야 한다.

② 개인정보처리자는 가명정보를 처리하고자 하는 경우에는 가명정보의 처리 목적, 제3자 제공 시 제공받는 자 등 가명정보의 처리 내용을 관리하기 위하여 대통령령으로 정하는 사항에 대한 관련 기록을 작성하여 보관하여야 한다.

제28조의5 (가명정보 처리 시 금지의무 등)

① 누구든지 특정 개인을 알아보기 위한 목적으로 가명정보를 처리해서는 아니 된다.

② 개인정보처리자는 가명정보를 처리하는 과정에서 특정 개인을 알아볼 수 있는 정보가 생성된 경우에는 즉시 해당 정보의 처리를 중지하고, 지체 없이 회수·파기하여야 한다.

제28조의6 (가명정보 처리에 대한 과징금 부과 등)

① 보호위원회는 개인정보처리자가 제28조의5 제1항을 위반하여 특정 개인을 알아보기 위한 목적으로 정보를 처리한 경우 전체 매출액의 100분의 3 이하에 해당하는 금액을 과징금으로 부과할 수 있다. 다만, 매출액이 없거나 매출액의 산정이 곤란한 경우로서 대통령령으로 정하는 경우에는 4억원 또는 자본금의 100분의 3 중 큰 금액 이하로 과징금을 부과할 수 있다.

② 과징금의 부과·징수 등에 필요한 사항은 제34조의2제3항부터 제5항까지의 규정을 준용한다.

제28조의7 (적용범위)

가명정보는 제20조, 제21조, 제27조, 제34조제1항, 제35조부터 제37조까지, 제39조의3, 제39조의4, 제39조의6부터 제39조의8까지의 규정을 적용하지 아니한다.

제4장 개인정보의 안전한 관리

제29조 (안전조치의무)

개인정보처리자는 개인정보가 분실·도난·유출·위조·변조 또는 훼손되지 아니하도록 내부 관리계획 수립, 접속기록 보관 등 대통령령으로 정하는 바에 따라 안전성 확보에 필요한 기술적·관리적 및 물리적 조치를 하여야 한다.

제30조 (개인정보 처리방침의 수립 및 공개)

① 개인정보처리자는 다음 각 호의 사항이 포함된 개인정보의 처리 방침(이하 "개인정보 처리방침"이라 한다)을 정하여야 한다. 이 경우 공공기관은 제32조에 따라 등록대상이 되는 개인정보파일에 대하여 개인정보 처리방침을 정한다.

1. 개인정보의 처리 목적

2. 개인정보의 처리 및 보유 기간

3. 개인정보의 제3자 제공에 관한 사항(해당되는 경우에만 정한다)

3의2. 개인정보의 파기절차 및 파기방법(제21조 제1항 단서에 따라 개인정보를 보존하여야 하는 경우에는 그 보존근거와 보존하는 개인정보 항목을 포함한다)

4. 개인정보처리의 위탁에 관한 사항(해당되는 경우에만 정한다)

5. 정보주체와 법정대리인의 권리·의무 및 그 행사방법에 관한 사항

6. 제31조에 따른 개인정보 보호책임자의 성명 또는 개인정보 보호업무 및 관련 고충사항을 처리하는 부서의 명칭과 전화번호 등 연락처

7. 인터넷 접속정보파일 등 개인정보를 자동으로 수집하는 장치의 설치·운영 및 그 거부에 관한 사항(해당하는 경우에만 정한다)

8. 그 밖에 개인정보의 처리에 관하여 대통령령으로 정한 사항

② 개인정보처리자가 개인정보 처리방침을 수립하거나 변경하는 경우에는 정보주체가 쉽게 확인할 수 있도록 대통령령으로 정하는 방법에 따라 공개하여야 한다.

③ 개인정보 처리방침의 내용과 개인정보처리자와 정보주체 간에 체결한 계약의 내용이 다른 경우에는 정보주체에게 유리한 것을 적용한다.

④ 보호위원회는 개인정보 처리방침의 작성지침을 정하여 개인정보처리자에게 그 준수를 권장할 수 있다.

제31조 (개인정보 보호책임자의 지정)

① 개인정보처리자는 개인정보의 처리에 관한 업무를 총괄해서 책임질 개인정보 보호책임자를 지정하여야 한다.

② 개인정보 보호책임자는 다음 각 호의 업무를 수행한다.

1. 개인정보 보호 계획의 수립 및 시행

2. 개인정보 처리 실태 및 관행의 정기적인 조사 및 개선

3. 개인정보 처리와 관련한 불만의 처리 및 피해 구제

4. 개인정보 유출 및 오용·남용 방지를 위한 내부통제시스템의 구축

5. 개인정보 보호 교육 계획의 수립 및 시행

6. 개인정보파일의 보호 및 관리·감독

7. 그 밖에 개인정보의 적절한 처리를 위하여 대통령령으로 정한 업무

③ 개인정보 보호책임자는 제2항 각 호의 업무를 수행함에 있어서 필요한 경우 개인정보의 처리 현황, 처리 체계 등에 대하여 수시로 조사하거나 관계 당사자로부터 보고를 받을 수 있다.

④ 개인정보 보호책임자는 개인정보 보호와 관련하여 이 법 및 다른 관계 법령의 위반 사실을 알게 된 경우에는 즉시 개선조치를 하여야 하며, 필요하면 소속 기관 또는 단체의 장에게 개선조치를 보고하여야 한다.

⑤ 개인정보처리자는 개인정보 보호책임자가 제2항 각 호의 업무를 수행함에 있어서 정당한 이유 없이 불이익을 주거나 받게 하여서는 아니 된다.

⑥ 개인정보 보호책임자의 지정요건, 업무, 자격요건, 그 밖에 필요한 사항은 대통령령으로 정한다.

제32조 (개인정보파일의 등록 및 공개)

① 공공기관의 장이 개인정보파일을 운용하는 경우에는 다음 각 호의 사항을 보호위원회에 등록하여야 한다. 등록한 사항이 변경된 경우에도 또한 같다.

1. 개인정보파일의 명칭

2. 개인정보파일의 운영 근거 및 목적

3. 개인정보파일에 기록되는 개인정보의 항목

4. 개인정보의 처리방법

5. 개인정보의 보유기간

6. 개인정보를 통상적 또는 반복적으로 제공하는 경우에는 그 제공받는 자

7. 그 밖에 대통령령으로 정하는 사항

② 다음 각 호의 어느 하나에 해당하는 개인정보파일에 대하여는 제1항을 적용하지 아니한다.

1. 국가 안전, 외교상 비밀, 그 밖에 국가의 중대한 이익에 관한 사항을 기록한 개인정보파일

2. 범죄의 수사, 공소의 제기 및 유지, 형 및 감호의 집행, 교정처분, 보호처분, 보안관찰처분과 출입국관리에 관한 사항을 기록한 개인정보파일

3. 「조세범처벌법」에 따른 범칙행위 조사 및 「관세법」에 따른 범칙행위 조사에 관한 사항을 기록한 개인정보파일

4. 공공기관의 내부적 업무처리만을 위하여 사용되는 개인정보파일

5. 다른 법령에 따라 비밀로 분류된 개인정보파일

③ 보호위원회는 필요하면 제1항에 따른 개인정보파일의 등록사항과 그 내용을 검토하여 해당 공공기관의 장에게 개선을 권고할 수 있다.

④ 보호위원회는 제1항에 따른 개인정보파일의 등록 현황을 누구든지 쉽게 열람할 수 있도록 공개하여야 한다.

⑤ 제1항에 따른 등록과 제4항에 따른 공개의 방법, 범위 및 절차에 관하여 필요한 사항은 대통령령으로 정한다.

⑥ 국회, 법원, 헌법재판소, 중앙선거관리위원회(그 소속 기관을 포함한다)의 개인정보파일 등록 및 공개에 관하여는 국회규칙, 대법원규칙, 헌법재판소규칙 및 중앙선거관리위원회규칙으로 정한다.

제32조의2 (개인정보 보호 인증)

① 보호위원회는 개인정보처리자의 개인정보 처리 및 보호와 관련한 일련의 조치가 이 법에 부합하는지 등에 관하여 인증할 수 있다.

② 제1항에 따른 인증의 유효기간은 3년으로 한다.

③ 보호위원회는 다음 각 호의 어느 하나에 해당하는 경우에는 대통령령으로 정하는 바에 따라 제1항에 따른 인증을 취소할 수 있다. 다만, 제1호에 해당하는 경우에는 취소하여야 한다.

1. 거짓이나 그 밖의 부정한 방법으로 개인정보 보호 인증을 받은 경우

2. 제4항에 따른 사후관리를 거부 또는 방해한 경우

3. 제8항에 따른 인증기준에 미달하게 된 경우

4. 개인정보 보호 관련 법령을 위반하고 그 위반사유가 중대한 경우

④ 보호위원회는 개인정보 보호 인증의 실효성 유지를 위하여 연 1회 이상 사후관리를 실시하여야 한다.

⑤ 보호위원회는 대통령령으로 정하는 전문기관으로 하여금 제1항에 따른 인증, 제3항에 따른 인증 취소, 제4항에 따른 사후관리 및 제7항에 따른 인증 심사원 관리 업무를 수행하게 할 수 있다.

⑥ 제1항에 따른 인증을 받은 자는 대통령령으로 정하는 바에 따라 인증의 내용을 표시하거나 홍보할 수 있다.

⑦ 제1항에 따른 인증을 위하여 필요한 심사를 수행할 심사원의 자격 및 자격 취소 요건 등에 관하여는 전문성과 경력 및 그 밖에 필요한 사항을 고려하여 대통령령으로 정한다.

⑧ 그 밖에 개인정보 관리체계, 정보주체 권리보장, 안전성 확보조치가 이 법에 부합하는지 여부 등 제1항에 따른 인증의 기준·방법·절차 등 필요한 사항은 대통령령으로 정한다.

제33조 (개인정보 영향평가)

① 공공기관의 장은 대통령령으로 정하는 기준에 해당하는 개인정보파일의 운용으로 인하여 정보주체의 개인정보 침해가 우려되는 경우에는 그 위험요인의 분석과 개선 사항 도출을 위한 평가(이하 "영향평가"라 한다)를 하고 그 결과를 보호위원회에 제출하여야 한다. 이 경우 공공기관의 장은 영향평가를 보호위원회가 지정하는 기관(이하 "평가기관"이라 한다) 중에서 의뢰하여야 한다.

② 영향평가를 하는 경우에는 다음 각 호의 사항을 고려하여야 한다.

1. 처리하는 개인정보의 수

2. 개인정보의 제3자 제공 여부

3. 정보주체의 권리를 해할 가능성 및 그 위험 정도

4. 그 밖에 대통령령으로 정한 사항

③ 보호위원회는 제1항에 따라 제출받은 영향평가 결과에 대하여 의견을 제시할 수 있다.

④ 공공기관의 장은 제1항에 따라 영향평가를 한 개인정보파일을 제32조제1항에 따라 등록할 때에는 영향평가 결과를 함께 첨부하여야 한다.

⑤ 보호위원회는 영향평가의 활성화를 위하여 관계 전문가의 육성, 영향평가 기준의 개발·보급 등 필요한 조치를 마련하여야 한다.

⑥ 제1항에 따른 평가기관의 지정기준 및 지정취소, 평가기준, 영향평가의 방법·절차 등에 관하여 필요한 사항은 대통령령으로 정한다.

⑦ 국회, 법원, 헌법재판소, 중앙선거관리위원회(그 소속 기관을 포함한다)의 영향평가에 관한 사항은 국회규칙, 대법원규칙, 헌법재판소규칙 및 중앙선거관리위원회규칙으로 정하는 바에 따른다.

⑧ 공공기관 외의 개인정보처리자는 개인정보파일 운용으로 인하여 정보주체의 개인정보 침해가 우려되는 경우에는 영향평가를 하기 위하여 적극 노력하여야 한다.

제34조 (개인정보 유출 통지 등)

① 개인정보처리자는 개인정보가 유출되었음을 알게 되었을 때에는 지체 없이 해당 정보주체에게 다음 각 호의 사실을 알려야 한다.

1. 유출된 개인정보의 항목

2. 유출된 시점과 그 경위

3. 유출로 인하여 발생할 수 있는 피해를 최소화하기 위하여 정보주체가 할 수 있는 방법 등에 관한 정보

4. 개인정보처리자의 대응조치 및 피해 구제절차

5. 정보주체에게 피해가 발생한 경우 신고 등을 접수할 수 있는 담당부서 및 연락처

→ 해당 정보주체에게 통지O BUT 방송통신위원회 위원장에게 신고할 의무X

② 개인정보처리자는 개인정보가 유출된 경우 그 피해를 최소화하기 위한 대책을 마련하고 필요한 조치를 하여야 한다.

③ 개인정보처리자는 대통령령으로 정한 규모 이상의 개인정보가 유출된 경우에는 제1항에 따른 통지 및 제2항에 따른 조치 결과를 지체 없이 **보호위원회** 또는 **대통령령으로 정하는 전문기관에 신고하여야 한다.** 이 경우 보호위원회 또는 대통령령으로 정하는 전문기관은 피해 확산방지, 피해 복구 등을 위한 기술을 지원할 수 있다.

④ 제1항에 따른 통지의 시기, 방법 및 절차 등에 관하여 필요한 사항은 대통령령으로 정한다.

제34조의2 (과징금의 부과 등)

① 보호위원회는 개인정보처리자가 처리하는 주민등록번호가 분실·도난·유출·위조·변조 또는 훼손된 경우에는 5억원 이하의 과징금을 부과·징수할 수 있다. 다만, 주민등록번호가 분실·도난·유출·위조·변조 또는 훼손되지 아니하도록 개인정보처리자가 제24조 제3항에 따른 안전성 확보에 필요한 조치를 다한 경우에는 그러하지 아니하다.

② 보호위원회는 제1항에 따른 과징금을 부과하는 경우에는 다음 각 호의 사항을 고려하여야 한다.

1. 제24조 제3항에 따른 안전성 확보에 필요한 조치 이행 노력 정도

2. 분실·도난·유출·위조·변조 또는 훼손된 주민등록번호의 정도

3. 피해확산 방지를 위한 후속조치 이행 여부

③ 보호위원회는 제1항에 따른 과징금을 내야 할 자가 납부기한까지 내지 아니하면 납부기한의 다음 날부터 과징금을 낸 날의 전날까지의 기간에 대하여 내지 아니한 과징금의 연 100분의 6의 범위에서 대통령령으로 정하는 가산금을 징수한다. 이 경우 가산금을 징수하는 기간은 60개월을 초과하지 못한다.

④ 보호위원회는 제1항에 따른 과징금을 내야 할 자가 납부기한까지 내지 아니하면 기간을 정하여 독촉을 하고, 그 지정한 기간 내에 과징금 및 제2항에 따른 가산금을 내지 아니하면 국세 체납처분의 예에 따라 징수한다.

⑤ 과징금의 부과·징수에 관하여 그 밖에 필요한 사항은 대통령령으로 정한다.

제4장 정보주체의 권리 보장

제35조 (개인정보의 열람)

① 정보주체는 개인정보처리자가 처리하는 자신의 개인정보에 대한 열람을 해당 개인정보처리자에게 요구할 수 있다.

② 제1항에도 불구하고 정보주체가 자신의 개인정보에 대한 열람을 공공기관에 요구하고자 할 때에는 공공기관에 직접 열람을 요구하거나 대통령령으로 정하는 바에 따라 보호위원회를 통하여 열람을 요구할 수 있다.

③ 개인정보처리자는 제1항 및 제2항에 따른 열람을 요구받았을 때에는 대통령령으로 정하는 기간 내에 정보주체가 해당 개인정보를 열람할 수 있도록 하여야 한다. 이 경우 해당 기간 내에 열람할 수 없는 정당한 사유가 있을 때에는 정보주체에게 그 사유를 알리고 열람을 연기할 수 있으며, 그 사유가 소멸하면 지체 없이 열람하게 하여야 한다.

④ 개인정보처리자는 다음 각 호의 어느 하나에 해당하는 경우에는 정보주체에게 그 사유를 알리고 열람을 제한하거나 거절할 수 있다.

1. 법률에 따라 열람이 금지되거나 제한되는 경우

2. 다른 사람의 생명·신체를 해할 우려가 있거나 다른 사람의 재산과 그 밖의 이익을 부당하게 침해할 우려가 있는 경우

3. 공공기관이 다음 각 목의 어느 하나에 해당하는 업무를 수행할 때 중대한 지장을 초래하는 경우

가. 조세의 부과·징수 또는 환급에 관한 업무

나. 「초·중등교육법」 및 「고등교육법」에 따른 각급 학교, 「평생교육법」에 따른 평생교육시설, 그 밖의 다른 법률에 따라 설치된 고등교육기관에서의 성적 평가 또는 입학자 선발에 관한 업무

다. 학력·기능 및 채용에 관한 시험, 자격 심사에 관한 업무

라. 보상금·급부금 산정 등에 대하여 진행 중인 평가 또는 판단에 관한 업무

마. 다른 법률에 따라 진행 중인 감사 및 조사에 관한 업무

⑤ 제1항부터 제4항까지의 규정에 따른 열람 요구, 열람 제한, 통지 등의 방법 및 절차에 관하여 필요한 사항은 대통령령으로 정한다.

제36조 (개인정보의 정정·삭제)

① 제35조에 따라 자신의 개인정보를 열람한 정보주체는 개인정보처리자에게 그 개인정보의 정정 또는 삭제를 요구할 수 있다. 다만, 다른 법령에서 그 개인정보가 수집 대상으로 명시되어 있는 경우에는 그 삭제를 요구할 수 없다.

② 개인정보처리자는 제1항에 따른 정보주체의 요구를 받았을 때에는 개인정보의 정정 또는 삭제에 관하여 다른 법령에 특별한 절차가 규정되어 있는 경우를 제외하고는 지체 없이 그 개인정보를 조사하여 정보주체의 요구에 따라 정정·삭제 등 필요한 조치를 한 후 그 결과를 정보주체에게 알려야 한다.

③ 개인정보처리자가 제2항에 따라 개인정보를 삭제할 때에는 복구 또는 재생되지 아니하도록 조치하여야 한다.

④ 개인정보처리자는 정보주체의 요구가 제1항 단서에 해당될 때에는 지체 없이 그 내용을 정보주체에게 알려야 한다.

⑤ 개인정보처리자는 제2항에 따른 조사를 할 때 필요하면 해당 정보주체에게 정정·삭제 요구사항의 확인에 필요한 증거자료를 제출하게 할 수 있다.

⑥ 제1항·제2항 및 제4항에 따른 정정 또는 삭제 요구, 통지 방법 및 절차 등에 필요한 사항은 대통령령으로 정한다.

제37조 (개인정보의 처리정지 등)

① 정보주체는 개인정보처리자에 대하여 자신의 개인정보 처리의 정지를 요구할 수 있다. 이 경우 공공기관에 대하여는 제32조에 따라 등록 대상이 되는 개인정보파일 중 자신의 개인정보에 대한 처리의 정지를 요구할 수 있다.

② 개인정보처리자는 제1항에 따른 요구를 받았을 때에는 지체 없이 정보주체의 요구에 따라 개인정보 처리의 전부를 정지하거나 일부를 정지하여야 한다. 다만, 다음 각 호의 어느 하나에 해당하는 경우에는 정보주체의 처리정지 요구를 거절할 수 있다.

1. 법률에 특별한 규정이 있거나 법령상 의무를 준수하기 위하여 불가피한 경우

2. 다른 사람의 생명·신체를 해할 우려가 있거나 다른 사람의 재산과 그 밖의 이익을 부당하게 침해할 우려가 있는 경우

3. 공공기관이 개인정보를 처리하지 아니하면 다른 법률에서 정하는 소관 업무를 수행할 수 없는 경우

4. 개인정보를 처리하지 아니하면 정보주체와 약정한 서비스를 제공하지 못하는 등 계약의 이행이 곤란한 경우로서 정보주체가 그 계약의 해지 의사를 명확하게 밝히지 아니한 경우

③ 개인정보처리자는 제2항 단서에 따라 처리정지 요구를 거절하였을 때에는 정보주체에게 지체 없이 그 사유를 알려야 한다.

④ 개인정보처리자는 정보주체의 요구에 따라 처리가 정지된 개인정보에 대하여 지체 없이 해당 개인정보의 파기 등 필요한 조치를 하여야 한다.

⑤ 제1항부터 제3항까지의 규정에 따른 처리정지의 요구, 처리정지의 거절, 통지 등의 방법 및 절차에 필요한 사항은 대통령령으로 정한다.

제38조 (권리행사의 방법 및 절차)

① 정보주체는 제35조에 따른 열람, 제36조에 따른 정정·삭제, 제37조에 따른 처리정지, 제39조의7에 따른 동의 철회 등의 요구(이하 "열람 등 요구"라 한다)를 문서 등 대통령령으로 정하는 방법·절차에 따라 대리인에게 하게 할 수 있다.

② 만 14세 미만 아동의 법정대리인은 개인정보처리자에게 그 아동의 개인정보 열람 등 요구를 할 수 있다.

③ 개인정보처리자는 열람 등 요구를 하는 자에게 대통령령으로 정하는 바에 따라 수수료와 우송료(사본의 우송을 청구하는 경우에 한한다)를 청구할 수 있다.

④ 개인정보처리자는 정보주체가 열람 등 요구를 할 수 있는 구체적인 방법과 절차를 마련하고, 이를 정보주체가 알 수 있도록 공개하여야 한다.

⑤ 개인정보처리자는 정보주체가 열람 등 요구에 대한 거절 등 조치에 대하여 불복이 있는 경우 이의를 제기할 수 있도록 필요한 절차를 마련하고 안내하여야 한다.

제39조 (손해배상책임)

① 정보주체는 개인정보처리자가 이 법을 위반한 행위로 손해를 입으면 개인정보처리자에게 손해배상을 청구할 수 있다. 이 경우 그 개인정보처리자는 고의 또는 과실이 없음을 입증하지 아니하면 책임을 면할 수 없다.

→ (손해배상의 경우) 개인정보처리자가 입증책임O / 정보주체가 입증책임X

② 삭제

③ 개인정보처리자의 고의 또는 **중대한 과실**로 인하여 개인정보가 **분실·도난·유출·위조·변조** 또는 **훼손**된 경우로서 정보주체에게 손해가 발생한 때에는 법원은 그 손해액의 **3배**를 넘지 아니하는 범위에서 손해배상액을 정할 수 있다. 다만, 개인정보처리자가 고의 또는 중대한 과실이 없음을 증명한 경우에는 그러하지 아니하다.

④ 법원은 제3항의 배상액을 정할 때에는 다음 각 호의 사항을 고려하여야 한다.

1. 고의 또는 손해 발생의 우려를 인식한 정도

2. 위반행위로 인하여 입은 피해 규모

3. 위법행위로 인하여 개인정보처리자가 취득한 경제적 이익

4. 위반행위에 따른 벌금 및 과징금

5. 위반행위의 기간 · 횟수 등

6. 개인정보처리자의 재산상태

7. 개인정보처리자가 정보주체의 개인정보 분실 · 도난 · 유출 후 해당 개인정보를 회수하기 위하여 노력한 정도

8. 개인정보처리자가 정보주체의 피해구제를 위하여 노력한 정도

제39조의2 (법정손해배상의 청구)

① 제39조 제1항에도 불구하고 정보주체는 개인정보처리자의 **고의 또는 과실**로 인하여 개인정보가 **분실·도난·유출·위조·변조** 또는 **훼손**된 경우에는 **300만원** 이하의 범위에서 상당한 금액을 손해액으로 하여 배상을 청구할 수 있다. 이 경우 해당 개인정보처리자는 **고의 또는 과실이 없음을 입증하지 아니하면 책임을 면할 수 없다.**

② 법원은 제1항에 따른 청구가 있는 경우에 변론 전체의 취지와 증거조사의 결과를 고려하여 제1항의 범위에서 상당한 손해액을 인정할 수 있다.

③ 제39조에 따라 손해배상을 청구한 정보주체는 **사실심(事實審)의 변론이 종결되기 전까지 그 청구를 (제39조의2) 제1항에 따른 청구로 변경할 수 있다.**

제6장 정보통신서비스 제공자 등의 개인정보 처리 등 특례

제39조의3 (개인정보의 수집·이용 동의 등에 대한 특례)

① 정보통신서비스 제공자는 제15조 제1항에도 불구하고 이용자의 개인정보를 이용하려고 수집하는 경우에는 다음 각 호의 모든 사항을 이용자에게 알리고 동의를 받아야 한다. 다음 각 호의 어느 하나의 사항을 변경하려는 경우에도 또한 같다.

1. 개인정보의 수집·이용 목적

2. 수집하는 개인정보의 항목

3. 개인정보의 보유·이용 기간

② 정보통신서비스 제공자는 다음 각 호의 어느 하나에 해당하는 경우에는 제1항에 따른 동의 없이 이용자의 개인정보를 수집·이용할 수 있다.

1. 정보통신서비스(「정보통신망 이용촉진 및 정보보호 등에 관한 법률」 제2조제1항제2호에 따른 정보통신서비스를 말한다. 이하 같다) 의 제공에 관한 계약을 이행하기 위하여 필요한 개인정보로서 경제적·기술적인 사유로 통상적인 동의를 받는 것이 뚜렷하게 곤란한 경우

2. 정보통신서비스의 제공에 따른 요금정산을 위하여 필요한 경우

3. 다른 법률에 특별한 규정이 있는 경우

③ 정보통신서비스 제공자는 이용자가 필요한 최소한의 개인정보 이외의 개인정보를 제공하지 아니한다는 이유로 그 서비스의 제공을 거부해서는 아니 된다. 이 경우 필요한 최소한의 개인정보는 해당 서비스의 본질적 기능을 수행하기 위하여 반드시 필요한 정보를 말한다.

④ 정보통신서비스 제공자는 만 14세 미만의 아동으로부터 개인정보 수집·이용·제공 등의 동의를 받으려면 그 법정대리인의 동의를 받아야 하고, 대통령령으로 정하는 바에 따라 법정대리인이 동의하였는지를 확인하여야 한다.

⑤ 정보통신서비스 제공자는 만 14세 미만의 아동에게 개인정보 처리와 관련한 사항의 고지 등을 하는 때에는 이해하기 쉬운 양식과 명확하고 알기 쉬운 언어를 사용하여야 한다.

⑥ 보호위원회는 개인정보 처리에 따른 위험성 및 결과, 이용자의 권리 등을 명확하게 인지하지 못할 수 있는 만 14세 미만의 아동의 개인정보 보호 시책을 마련하여야 한다.

제7장 개인정보 분쟁조정위원회

제40조 (설치 및 구성)

① 개인정보에 관한 분쟁의 조정(調停)을 위하여 개인정보 분쟁조정위원회(이하 "분쟁조정위원회"라 한다)를 둔다.

② 분쟁조정위원회는 위원장 1명을 포함한 20명 이내의 위원으로 구성하며, 위원은 당연직위원과 위촉위원으로 구성한다.

③ 위촉위원은 다음 각 호의 어느 하나에 해당하는 사람 중에서 보호위원회 위원장이 위촉하고, 대통령령으로 정하는 국가기관 소속 공무원은 당연직위원이 된다.

1. 개인정보 보호업무를 관장하는 중앙행정기관의 고위공무원단에 속하는 공무원으로 재직하였던 사람 또는 이에 상당하는 공공부문 및 관련 단체의 직에 재직하고 있거나 재직하였던 사람으로서 개인정보 보호업무의 경험이 있는 사람

2. 대학이나 공인된 연구기관에서 부교수 이상 또는 이에 상당하는 직에 재직하고 있거나 재직하였던 사람

3. 판사·검사 또는 변호사로 재직하고 있거나 재직하였던 사람

4. 개인정보 보호와 관련된 시민사회단체 또는 소비자단체로부터 추천을 받은 사람

5. 개인정보처리자로 구성된 사업자단체의 임원으로 재직하고 있거나 재직하였던 사람

④ <u>위원장은 위원 중에서 공무원이 아닌 사람으로 **보호위원회 위원장이 위촉**한다.</u>

⑤ 위원장과 위촉위원의 임기는 2년으로 하되, 1차에 한하여 연임할 수 있다.

⑥ 분쟁조정위원회는 분쟁조정 업무를 효율적으로 수행하기 위하여 필요하면 대통령령으로 정하는 바에 따라 조정사건의 분야별로 5명 이내의 위원으로 구성되는 조정부를 둘 수 있다. 이 경우 조정부가 분쟁조정위원회에서 위임받아 의결한 사항은 분쟁조정위원회에서 의결한 것으로 본다.

⑦ 분쟁조정위원회 또는 조정부는 재적위원 과반수의 출석으로 개의하며 출석위원 과반수의 찬성으로 의결한다.

⑧ 보호위원회는 분쟁조정 접수, 사실 확인 등 분쟁조정에 필요한 사무를 처리할 수 있다.

⑨ 이 법에서 정한 사항 외에 분쟁조정위원회 운영에 필요한 사항은 대통령령으로 정한다.

제41조 (위원의 신분보장)

위원은 자격정지 이상의 형을 선고받거나 심신상의 장애로 직무를 수행할 수 없는 경우를 제외하고는 그의 의사에 반하여 면직되거나 해촉되지 아니한다.

제42조 (위원의 제척·기피·회피)

① 분쟁조정위원회의 위원은 다음 각 호의 어느 하나에 해당하는 경우에는 제43조 제1항에 따라 분쟁조정위원회에 신청된 분쟁조정 사건(이하 이 조에서 "사건"이라 한다)의 심의·의결에서 제척(除斥)된다.

1. 위원 또는 그 배우자나 배우자였던 자가 그 사건의 당사자가 되거나 그 사건에 관하여 공동의 권리자 또는 의무자의 관계에 있는 경우

2. 위원이 그 사건의 당사자와 친족이거나 친족이었던 경우

3. 위원이 그 사건에 관하여 증언, 감정, 법률자문을 한 경우

4. 위원이 그 사건에 관하여 당사자의 대리인으로서 관여하거나 관여하였던 경우

② 당사자는 위원에게 공정한 심의·의결을 기대하기 어려운 사정이 있으면 위원장에게 기피신청을 할 수 있다. 이 경우 위원장은 기피신청에 대하여 분쟁조정위원회의 의결을 거치지 아니하고 결정한다.

③ 위원이 제1항 또는 제2항의 사유에 해당하는 경우에는 스스로 그 사건의 심의·의결에서 회피할 수 있다.

제43조 (조정의 신청 등)

① 개인정보와 관련한 분쟁의 조정을 원하는 자는 분쟁조정위원회에 분쟁조정을 신청할 수 있다.

② 분쟁조정위원회는 당사자 일방으로부터 분쟁조정 신청을 받았을 때에는 그 신청내용을 상대방에게 알려야 한다.

③ 공공기관이 제2항에 따른 분쟁조정의 통지를 받은 경우에는 특별한 사유가 없으면 분쟁조정에 응하여야 한다.

제44조 (처리기간)

① 분쟁조정위원회는 제43조제1항에 따른 분쟁조정 신청을 받은 날부터 60일 이내에 이를 심사하여 조정안을 작성하여야 한다. 다만, 부득이한 사정이 있는 경우에는 분쟁조정위원회의 의결로 처리기간을 연장할 수 있다.

② 분쟁조정위원회는 제1항 단서에 따라 처리기간을 연장한 경우에는 기간연장의 사유와 그 밖의 기간연장에 관한 사항을 신청인에게 알려야 한다.

제45조 (자료의 요청 등)

① 분쟁조정위원회는 제43조 제1항에 따라 분쟁조정 신청을 받았을 때에는 해당 분쟁의 조정을 위하여 필요한 자료를 분쟁당사자에게 요청할 수 있다. 이 경우 분쟁당사자는 정당한 사유가 없으면 요청에 따라야 한다.

② 분쟁조정위원회는 필요하다고 인정하면 분쟁당사자나 참고인을 위원회에 출석하도록 하여 그 의견을 들을 수 있다.

제46조 (조정 전 합의 권고)

분쟁조정위원회는 제43조 제1항에 따라 분쟁조정 신청을 받았을 때에는 당사자에게 그 내용을 제시하고 조정 전 합의를 권고할 수 있다.

제47조 (분쟁의 조정)

① 분쟁조정위원회는 다음 각 호의 어느 하나의 사항을 포함하여 조정안을 작성할 수 있다.

1. 조사 대상 침해행위의 중지

2. 원상회복, 손해배상, 그 밖에 필요한 구제조치

3. 같거나 비슷한 침해의 재발을 방지하기 위하여 필요한 조치

② 분쟁조정위원회는 제1항에 따라 조정안을 작성하면 지체 없이 각 당사자에게 제시하여야 한다.

③ 제1항에 따라 조정안을 제시받은 당사자가 제시받은 날부터 15일 이내에 수락 여부를 알리지 아니하면 조정을 거부한 것으로 본다.

④ 당사자가 조정내용을 수락한 경우 분쟁조정위원회는 조정서를 작성하고, 분쟁조정위원회의 위원장과 각 당사자가 기명날인하여야 한다.

⑤ 제4항에 따른 조정의 내용은 재판상 화해와 동일한 효력을 갖는다.

제48조 (조정의 거부 및 중지)

① 분쟁조정위원회는 분쟁의 성질상 분쟁조정위원회에서 조정하는 것이 적합하지 아니하다고 인정하거나 부정한 목적으로 조정이 신청되었다고 인정하는 경우에는 그 조정을 거부할 수 있다. 이 경우 조정거부의 사유 등을 신청인에게 알려야 한다.

② 분쟁조정위원회는 신청된 조정사건에 대한 처리절차를 진행하던 중에 한 쪽 당사자가 소를 제기하면 그 조정의 처리를 중지하고 이를 당사자에게 알려야 한다.

제49조 (집단분쟁조정)

① 국가 및 지방자치단체, 개인정보 보호단체 및 기관, 정보주체, 개인정보처리자는 정보주체의 피해 또는 권리침해가 다수의 정보주체에게 같거나 비슷한 유형으로 발생하는 경우로서 대통령령으로 정하는 사건에 대하여는 분쟁조정위원회에 일괄적인 분쟁조정(이하 "집단분쟁조정"이라 한다)을 의뢰 또는 신청할 수 있다.

② 제1항에 따라 집단분쟁조정을 의뢰받거나 신청받은 분쟁조정위원회는 그 의결로써 제3항부터 제7항까지의 규정에 따른 집단분쟁조정의 절차를 개시할 수 있다. 이 경우 분쟁조정위원회는 대통령령으로 정하는 기간 동안 그 절차의 개시를 공고하여야 한다.

③ 분쟁조정위원회는 집단분쟁조정의 당사자가 아닌 정보주체 또는 개인정보처리자로부터 그 분쟁조정의 당사자에 추가로 포함될 수 있도록 하는 신청을 받을 수 있다.

④ 분쟁조정위원회는 그 의결로써 제1항 및 제3항에 따른 집단분쟁조정의 당사자 중에서 공동의 이익을 대표하기에 가장 적합한 1인 또는 수인을 대표당사자로 선임할 수 있다.

⑤ 분쟁조정위원회는 개인정보처리자가 분쟁조정위원회의 집단분쟁조정의 내용을 수락한 경우에는 집단분쟁조정의 당사자가 아닌 자로서 피해를 입은 정보주체에 대한 보상계획서를 작성하여 분쟁조정위원회에 제출하도록 권고할 수 있다.

⑥ 제48조 제2항에도 불구하고 분쟁조정위원회는 집단분쟁조정의 당사자인 다수의 정보주체 중 일부의 정보주체가 법원에 소를 제기한 경우에는 그 절차를 중지하지 아니하고, 소를 제기한 일부의 정보주체를 그 절차에서 제외한다.

⑦ 집단분쟁조정의 기간은 제2항에 따른 공고가 종료된 날의 다음 날부터 60일 이내로 한다. 다만, 부득이한 사정이 있는 경우에는 분쟁조정위원회의 의결로 처리기간을 연장할 수 있다.

⑧ 집단분쟁조정의 절차 등에 관하여 필요한 사항은 대통령령으로 정한다.

제40조 (조정절차 등)

① 제43조부터 제49조까지의 규정에서 정한 것 외에 분쟁의 조정방법, 조정절차 및 조정업무의 처리 등에 필요한 사항은 대통령령으로 정한다.

② 분쟁조정위원회의 운영 및 분쟁조정 절차에 관하여 이 법에서 규정하지 아니한 사항에 대하여는 「민사조정법」을 준용한다.

제8장 개인정보 단체소송

제51조 (단체소송의 대상 등)

다음 각 호의 어느 하나에 해당하는 단체는 개인정보처리자가 제49조에 따른 집단분쟁조정을 거부하거나 집단분쟁조정의 결과를 수락하지 아니한 경우에는 법원에 권리침해 행위의 금지·중지를 구하는 소송(이하 "단체소송"이라 한다)을 제기할 수 있다.

1. 「소비자기본법」 제29조에 따라 공정거래위원회에 등록한 소비자단체로서 다음 각 목의 요건을 모두 갖춘 단체

가. 정관에 따라 상시적으로 정보주체의 권익증진을 주된 목적으로 하는 단체일 것

나. 단체의 정회원수가 1천명 이상일 것

다. 「소비자기본법」 제29조에 따른 등록 후 3년이 경과하였을 것

2. 「비영리민간단체 지원법」 제2조에 따른 비영리민간단체로서 다음 각 목의 요건을 모두 갖춘 단체

가. 법률상 또는 사실상 동일한 침해를 입은 100명 이상의 정보주체로부터 단체소송의 제기를 요청받을 것

나. 정관에 개인정보 보호를 단체의 목적으로 명시한 후 최근 3년 이상 이를 위한 활동실적이 있을 것

다. 단체의 상시 구성원수가 5천명 이상일 것

라. 중앙행정기관에 등록되어 있을 것

← ∴ 「개인정보보호법」에는 개인정보 단체소송을 제기할 수 있는 단체에 대한 제한을 두고 있다.

제52조 (전속관할)

① 단체소송의 소는 피고의 주된 사무소 또는 영업소가 있는 곳, 주된 사무소나 영업소가 없는 경우에는 주된 업무담당자의 주소가 있는 곳의 지방법원 본원 합의부의 관할에 전속한다.

② 제1항을 외국사업자에 적용하는 경우 대한민국에 있는 이들의 주된 사무소·영업소 또는 업무담당자의 주소에 따라 정한다.

제53조 (소송대리인의 선임)

단체소송의 원고는 변호사를 소송대리인으로 선임하여야 한다.

제54조 (소송허가신청)

① 단체소송을 제기하는 단체는 소장과 함께 다음 각 호의 사항을 기재한 소송허가신청서를 법원에 제출하여야 한다.

1. 원고 및 그 소송대리인

2. 피고

3. 정보주체의 침해된 권리의 내용

② 제1항에 따른 소송허가신청서에는 다음 각 호의 자료를 첨부하여야 한다.

1. 소제기단체가 제51조 각 호의 어느 하나에 해당하는 요건을 갖추고 있음을 소명하는 자료

2. 개인정보처리자가 조정을 거부하였거나 조정결과를 수락하지 아니하였음을 증명하는 서류

제55조 (소송허가요건 등)

① 법원은 다음 각 호의 요건을 **모두** 갖춘 경우에 한하여 결정으로 **단체소송을 허가**한다.

1. 개인정보처리자가 **분쟁조정위원회의 조정을 거부하거나 조정결과를 수락하지 아니하였을 것**

2. 제54조에 따른 소송허가신청서의 기재사항에 흠결이 없을 것

② 단체소송을 허가하거나 불허가하는 결정에 대하여는 즉시항고할 수 있다.

제56조 (확정판결의 효력)

원고의 청구를 기각하는 판결이 확정된 경우 이와 동일한 사안에 관하여는 제51조에 따른 다른 단체는 단체소송을 제기할 수 없다. 다만, 다음 각 호의 어느 하나에 해당하는 경우에는 그러하지 아니하다.

1. 판결이 확정된 후 그 사안과 관련하여 국가·지방자치단체 또는 국가·지방자치단체가 설립한 기관에 의하여 새로운 증거가 나타난 경우

2. 기각판결이 원고의 고의로 인한 것임이 밝혀진 경우

제57조 (「민사소송법」의 적용 등)

① 단체소송에 관하여 이 법에 특별한 규정이 없는 경우에는 「민사소송법」을 적용한다.

② 제55조에 따른 단체소송의 허가결정이 있는 경우에는 「민사집행법」 제4편에 따른 보전처분을 할 수 있다.

③ 단체소송의 절차에 관하여 필요한 사항은 대법원규칙으로 정한다.

제9장 보칙

제59조 (금지행위)

개인정보를 처리하거나 처리하였던 자는 다음 각 호의 어느 하나에 해당하는 행위를 하여서는 **아니 된다.**

1. 거짓이나 그 밖의 부정한 수단이나 방법으로 개인정보를 취득하거나 처리에 관한 동의를 받는 행위

2. 업무상 알게 된 개인정보를 누설하거나 권한 없이 다른 사람이 이용하도록 제공하는 행위

3. 정당한 권한 없이 또는 허용된 권한을 초과하여 다른 사람의 개인정보를 훼손, 멸실, 변경, 위조 또는 유출하는 행위

제10장 벌칙

제71조 (벌칙)

다음 각 호의 어느 하나에 해당하는 자는 5년 이하의 징역 또는 5천만원 이하의 벌금에 처한다.

1. 제17조 제1항 제2호에 해당하지 아니함에도 같은 항 제1호를 위반하여 정보주체의 동의를 받지 아니하고 **개인정보를 제3자에게 제공한 자 및 그 사정을 알고 개인정보를 제공받은 자**

2. 제18조 제1항·제2항(제39조의14에 따라 준용되는 경우를 포함한다), 제19조, 제26조 제5항, 제27조 제3항 또는 제28조의2를 위반하여 **개인정보를 이용하거나 제3자에게 제공한 자 및 그 사정을 알면서도 영리 또는 부정한 목적으로 개인정보를 제공받은 자**

3. 제23조 제1항을 위반하여 민감정보를 처리한 자

4. 제24조 제1항을 위반하여 고유식별정보를 처리한 자

4의2. 제28조의3을 위반하여 가명정보를 처리하거나 제3자에게 제공한 자 및 그 사정을 알면서도 영리 또는 부정한 목적으로 가명정보를 제공받은 자

4의3. 제28조의5 제1항을 위반하여 특정 개인을 알아보기 위한 목적으로 가명정보를 처리한 자

4의4. 제36조 제2항(제27조에 따라 정보통신서비스 제공자등으로부터 개인정보를 이전받은 자와 제39조의14에 따라 준용되는 경우를 포함한다)을 위반하여 정정·삭제 등 필요한 조치(제38조 제2항에 따른 열람 등요구에 따른 필요한 조치를 포함한다)를 하지 아니하고 개인정보를 이용하거나 이를 제3자에게 제공한 정보통신서비스 제공자등

4의5. 제39조의3 제1항(제39조의14에 따라 준용되는 경우를 포함한다)을 위반하여 이용자의 동의를 받지 아니하고 개인정보를 수집한 자

4의6. 제39조의3 제4항(제39조의14에 따라 준용되는 경우를 포함한다)을 위반하여 법정대리인의 동의를 받지 아니하거나 법정대리인이 동의하였는지를 확인하지 아니하고 만 14세 미만인 아동의 개인정보를 수집한 자

5. **제59조 제2호를 위반**하여 **업무상 알게 된 개인정보를 누설하거나 권한 없이 다른 사람이 이용하도록 제공한 자 및 그 사정을 알면서도 영리 또는 부정한 목적으로 개인정보를 제공받은 자**

6. 제59조 제3호를 위반하여 다른 사람의 개인정보를 훼손, 멸실, 변경, 위조 또는 유출한 자

1. 행정청의 확약은 위법하더라도 중대명백한 하자가 있어 당연무효가 아닌 한 취소되기 전까지는 유효한 것으로 통용된다. [O] [X]

2. 계약직공무원 채용계약해지는 국가 또는 지방자치단체가 대등한 지위에서 행하는 의사표시로서 처분이 아니므로 「행정절차법」에 의하여 근거와 이유를 제시하여야 하는 것은 아니다. [O] [X]

3. 구「사회간접자본시설에 대한 민간투자법」에 근거한 서울 – 춘천 간 고속도로 민간투자시설사업의 사업시행자 지정은 공법상 계약에 해당한다. [O] [X]

4. 행정청이 자신과 상대방 사이의 법률관계를 일방적인 의사표시로 종료시켰다고 하더라도 곧바로 그 의사표시가 행정청으로서 공권력을 행사하여 행하는 행정처분이라고 단정할 수는 없고, 관계 법령이 상대방의 법률관계에 관하여 구체적으로 어떻게 규정하고 있는지에 따라 개별적으로 판단하여야 한다. [O] [X]

5. 행정지도는 작용법적 근거가 필요하지 않으므로, 비례원칙과 평등원칙에 구속되지 않는다. [O] [X]

6. 교육인적자원부장관의 대학총장들에 대한 학칙시정요구는 법령에 따른 것으로 행정지도의 일종이지만, 단순한 행정지도로서의 한계를 넘어 헌법소원의 대상이 되는 공권력의 행사라고 볼 수 있다. [O] [X]

7. 국공립대학의 총장직선제 개선 여부를 재정지원 평가요소로 반영하고 이를 개선하지 않을 경우 다음 연도에 지원금을 삭감 또는 환수하도록 규정한 교육부장관의 '대학교육역량강화사업 기본계획'은 헌법소원의 대상이 된다. [O] [X]

8. 「건축법」에서 관련 인·허가 의제 제도를 둔 취지는 인·허가 의제사항 관련 법률에 따른 각각의 인·허가 요건에 관한 일체의 심사를 배제하려는 것이 아니다. [O] [X]

9. 어떠한 허가처분에 대하여 타법상의 인·허가가 의제된 경우, 의제된 인·허가는 통상적인 인·허가와 동일한 효력을 갖는 것은 아니므로 '부분 인·허가 의제'가 허용되는 경우에도 의제된 인·허가에 대한 쟁송취소는 허용되지 않는다. [O] [X]

10. 도시계획의 결정·변경 등에 대한 권한행정청은 이미 도시계획이 결정·고시된 지역에 대하여도 다른 내용의 도시계획을 결정·고시할 수 있고, 이 때에 후행 도시계획에 선행 도시계획과 양립할 수 없는 내용이 포함되어 있다면 특별한 사정이 없는 한 선행 도시계획은 후행 도시계획과 같은 내용으로 변경된다. [O] [X]

11. 행정계획에는 변화가능성이 내재되어 있으므로, 국민의 신뢰보호를 위하여 계획보장청구권이 널리 인정된다. [O] [X]

12. 문화재보호구역 내의 토지소유자가 문화재보호구역의 지정해제를 신청하는 경우에는 그 신청인에게 법규상 또는 조리상 행정계획 변경을 신청할 권리가 인정되지 않는다. [O] [X]

13. 예산의 편성에 절차적 하자가 있으면 그 예산을 집행하는 처분은 위법하게 된다. [O] [X]

14. 고시의 방법으로 불특정 다수인을 상대로 권익을 제한하는 처분을 할 경우 당사자는 물론 제3자에게도 의견제출의 기회를 주어야 한다. ☐O ☐X

15. 의견청취절차를 배제하는 내용의 협약이 체결되었다면, 청문실시에 관한 규정의 적용이 배제되거나 청문을 실시하지 않아도 되는 예외적인 경우에 해당한다. ☐O ☐X

16. 「국민건강보험법」상 특정한 질병군의 상대가치점수를 종전보다 인하하는 고시는 해당 질병군 관련 수술을 하는 의사 일반의 권익을 제한하므로 사전통지의 대상이 된다. ☐O ☐X

17. 수익적 행정행위의 신청에 대한 거부처분은 직접 당사자의 권익을 제한하는 처분에 해당하므로, 그 거부처분은 「행정절차법」상 처분의 사전통지대상이 된다. ☐O ☐X

18. 「공무원연금법」상 퇴직연금의 환수결정은 당사자에게 의무를 과하는 처분이므로, 퇴직연금의 환수결정에 앞서 당사자에게 「행정절차법」상의 의견진술의 기회를 주지 아니한 경우 당해 처분은 「행정절차법」 위반이다. ☐O ☐X

19. 난민인정·귀화 등과 같이 성질상 행정절차를 거치기 곤란하거나 불필요하다고 인정되는 처분이나 행정절차에 준하는 절차를 거치도록 하고 있는 처분의 경우에는 「행정절차법」의 적용이 배제되는 것으로 보아야 하고, 이러한 법리는 '공무원 인사관계 법령에 의한 처분'에 해당하는 별정직 공무원에 대한 직권면직처분의 경우에도 마찬가지로 적용된다. ☐O ☐X

20. 신청인이 신청에 앞서 행정청의 허가업무 담당자에게 한 신청서의 내용에 대한 검토요청은 다른 특별한 사정이 없는 한 명시적이고 확정적인 신청의 의사표시로 보기 어렵다. ☐O ☐X

21. 국민의 알 권리의 내용에는 일반 국민 누구나 국가에 대하여 보유·관리하고 있는 정보의 공개를 청구할 수 있는 이른바 일반적인 정보공개청구권이 포함된다. ☐O ☐X

22. 「공공기관의 정보공개에 관한 법률」은 정보공개청구권자가 공개를 청구하는 정보와 어떤 관련성을 가질 것을 요구하거나 정보공개청구의 목적에 특별한 제한을 두고 있지 아니하므로 정보공개청구권자의 권리구제 가능성 등은 정보의 공개 여부 결정에 아무런 영향을 미치지 못한다. ☐O ☐X

23. 공개청구의 대상이 되는 정보가 이미 다른 사람에게 공개되어 널리 알려져 있다거나 인터넷 등을 통하여 공개되어 인터넷 검색 등을 통하여 쉽게 알 수 있다면 행정청의 정보비공개 결정이 정당화될 수 있다. ☐O ☐X

24. 공개를 거부한 정보에 비공개사유에 해당하는 부분과 그렇지 않은 부분이 혼합되어 있고, 공개청구의 취지에 어긋나지 않는 범위 안에서 두 부분을 분리할 수 있는 경우에는 법원은 공개가 가능한 정보에 한하여 일부취소를 명할 수 있다. ☐O ☐X

25. 외국 또는 외국 기관으로부터 비공개를 전제로 입수한 정보는 비공개를 전제로 하였다는 이유만으로 비공개대상정보에 해당한다. ☐O ☐X

26. 오로지 공공기관의 담당공무원을 괴롭힐 목적으로 정보공개 청구를 하는 경우에도 정보공개청구권의 행사는 허용되어야 한다. ☐O ☐X

27. 정보공개를 청구하는 자가 공개를 구하는 정보를 행정기관이 보유·관리하고 있을 상당한 개연성이 있다는 점을 입증하여야 한다. ☐O ☐X

28. 개인정보자기결정권의 보호대상이 되는 개인정보는 반드시 개인의 내밀한 영역에 속하는 정보에 국한되지 않고 공적 생활에서 형성되었거나 이미 공개된 개인정보까지 포함한다. ☐O ☐X

29. 개인의 고유성, 동일성을 나타내는 지문은 그 정보주체를 타인으로부터 식별가능하게 하는 개인정보이다. ☐O ☐X

30. 이미 공개된 개인정보를 정보주체의 동의가 있었다고 객관적으로 인정되는 범위 내에서 처리를 할 때는 정보주체의 별도의 동의는 불필요하다고 보아야 하고, 별도의 동의를 받지 아니하였다고 하여 「개인정보 보호법」을 위반한 것으로 볼 수 없다. ☐O ☐X

• 빨간색 표시가 [정답] 입니다.

1. O X 행정청의 확약은 위법하더라도 중대명백한 하자가 있어 당연무효가 아닌 한 취소되기 전까지는 유효한 것으로 통용된다.

> **옳은 지문** 확약은 처분성이 없으므로 행정행위의 효력인 공정력이 적용되지 않는다.

2. O X 계약직공무원 채용계약해지는 국가 또는 지방자치단체가 대등한 지위에서 행하는 의사표시로서 처분이 아니므로 「행정절차법」에 의하여 근거와 이유를 제시하여야 하는 것은 아니다.

> **참 고** 계약직공무원 채용계약해지는 공법상 계약 관련 사항 / 행정절차법에는 공법상 계약X

3. O X 구「사회간접자본시설에 대한 민간투자법」에 근거한 서울 – 춘천 간 고속도로 민간투자시설사업의 사업시행자 지정은 공법상 계약에 해당한다.

> **옳은 지문** 민간투자시설(사회간접자본) 사업시행자 지정처분 : 행정행위O / 공법상 계약X

4. O X 행정청이 자신과 상대방 사이의 법률관계를 일방적인 의사표시로 종료시켰다고 하더라도 곧바로 그 의사표시가 행정청으로서 공권력을 행사하여 행하는 행정처분이라고 단정할 수는 없고, 관계 법령이 상대방의 법률관계에 관하여 구체적으로 어떻게 규정하고 있는지에 따라 개별적으로 판단하여야 한다.

5. O X 행정지도는 작용법적 근거가 필요하지 않으므로, 비례원칙과 평등원칙에 구속되지 않는다.

> **옳은 지문** 행정지도는 비권력적이기는 하지만 행정작용이므로, 행정작용에 통용되는 행정법의 일반원칙의 적용을 당연히 받는다. 따라서 행정법의 일반원칙인 비례의 원칙과 평등원칙 등에 구속된다.

6. O X 교육인적자원부장관의 대학총장들에 대한 학칙시정요구는 법령에 따른 것으로 행정지도의 일종이지만, 단순한 행정지도로서의 한계를 넘어 헌법소원의 대상이 되는 공권력의 행사라고 볼 수 있다.

7. O X 국공립대학의 총장직선제 개선 여부를 재정지원 평가요소로 반영하고 이를 개선하지 않을 경우 다음 연도에 지원금을 삭감 또는 환수하도록 규정한 교육부장관의 '대학교육역량강화사업 기본계획'은 헌법소원의 대상이 된다.

> **옳은 지문** 국공립대학의 총장직선제 개선 여부를 재정지원 평가요소로 반영하고 이를 개선하지 않을 경우 다음 연도에 지원금을 삭감 또는 환수하도록 규정한 교육부장관의 '대학교육역량강화사업 기본계획'은 헌법소원의 대상이 아니다.

8. O X 「건축법」에서 관련 인·허가 의제 제도를 둔 취지는 인·허가 의제사항 관련 법률에 따른 각각의 인·허가 요건에 관한 일체의 심사를 배제하려는 것이 아니다.

9. ☐O ☐X 어떠한 허가처분에 대하여 타법상의 인·허가가 의제된 경우, 의제된 인·허가는 통상적인 인·허가와 동일한 효력을 갖는 것은 아니므로 '부분 인·허가 의제'가 허용되는 경우에도 의제된 인·허가에 대한 쟁송취소는 허용되지 않는다.

> 옳은 지문 의제된 인·허가는 통상적인 인·허가와 동일한 효력을 가지므로 적어도 부분 인·허가 의제가 허용되는 경우에는 그 효력을 제거하기 위한 법적 수단으로 의제된 인·허가의 취소나 철회가 허용될 수 있고 이러한 직권 취소·철회가 가능한 이상 그 의제된 인·허가에 대한 쟁송취소 역시 허용된다.

10. ☐O ☐X 도시계획의 결정·변경 등에 대한 권한행정청은 이미 도시계획이 결정·고시된 지역에 대하여도 다른 내용의 도시계획을 결정·고시할 수 있고, 이 때에 후행 도시계획에 선행 도시계획과 양립할 수 없는 내용이 포함되어 있다면 특별한 사정이 없는 한 선행 도시계획은 후행 도시계획과 같은 내용으로 변경된다.

11. ☐O ☐X 행정계획에는 변화가능성이 내재되어 있으므로, 국민의 신뢰보호를 위하여 계획보장청구권이 널리 인정된다.

> 옳은 지문 행정계획에는 변화가능성이 내재되어 있으므로, 국민의 계획보장청구권은 인정되지 않는 것이 원칙이다.

12. ☐O ☐X 문화재보호구역 내의 토지소유자가 문화재보호구역의 지정해제를 신청하는 경우에는 그 신청인에게 법규상 또는 조리상 행정계획 변경을 신청할 권리가 인정되지 않는다.

> 옳은 지문 문화재보호구역 내에 있는 토지소유자 등으로서는 해당 보호구역의 지정해제를 요구할 수 있는 법규상 또는 조리상의 신청권이 있다.

13. ☐O ☐X 예산의 편성에 절차적 하자가 있으면 그 예산을 집행하는 처분은 위법하게 된다.

> 옳은 지문 예산의 편성에 절차적 하자가 있다는 사정만으로 그 예산을 집행하는 처분이 위법하게 되는 것은 아니다.

14. ☐O ☐X 고시의 방법으로 불특정 다수인을 상대로 권익을 제한하는 처분을 할 경우 당사자는 물론 제3자에게도 의견제출의 기회를 주어야 한다.

> 옳은 지문 고시의 방법으로 불특정 다수인을 상대로 의무를 부과하거나 권익을 제한하는 처분은 행정절차법 제22조 제3항의 의견제출절차의 대상이 되는 처분이 아니다.
> ∵ 불특정 다수인 모두에게 의견제출 기회 주는 것은 불가능(상대방을 특정할 수 없음)

15. ☐O ☐X 의견청취절차를 배제하는 내용의 협약이 체결되었다면, 청문실시에 관한 규정의 적용이 배제되거나 청문을 실시하지 않아도 되는 예외적인 경우에 해당한다.

> 옳은 지문 행정청이 (도시계획사업시행 관련) 협약을 체결하면서 청문 실시를 배제하는 조항을 두었더라도, (행정절차법상) 청문을 실시하지 않아도 되는 예외적인 경우에 해당하지 않는다.

16. ⃞O ⃞X 「국민건강보험법」상 특정한 질병군의 상대가치점수를 종전보다 인하하는 고시는 해당 질병군 관련 수술을 하는 의사 일반의 권익을 제한하므로 사전통지의 대상이 된다.

옳은 지문 「국민건강보험법」상 특정한 질병군의 상대가치점수를 종전보다 인하하는 고시는 해당 질병군 관련 수술을 하는 개별 안과 의사들을 상대로 한 것이 아니라 불특정 다수의 의사 전부를 상대로 하는 것이므로 이 고시에 의한 처분의 경우 행정절차법 제22조 제3항에 따라 그 상대방에게 의견제출의 기회를 주지 않았다고 하여 위법하다고 볼 수 없다.

17. ⃞O ⃞X 수익적 행정행위의 신청에 대한 거부처분은 직접 당사자의 권익을 제한하는 처분에 해당하므로, 그 거부처분은 「행정절차법」상 처분의 사전통지대상이 된다.

옳은 지문 수익적 행정행위의 신청에 대한 거부처분은 (직접 당사자의 **권익을 제한하는 처분에 해당하지 않으므로**) 「행정절차법」상 처분의 사전통지대상이 될 수 없다.

18. ⃞O ⃞X 「공무원연금법」상 퇴직연금의 환수결정은 당사자에게 의무를 과하는 처분이므로, 퇴직연금의 환수결정에 앞서 당사자에게 「행정절차법」상의 의견진술의 기회를 주지 아니한 경우 당해 처분은 「행정절차법」 위반이다.

옳은 지문 퇴직연금의 환수결정은 당사자에게 의무를 과하는 처분이기는 하나 관련 법령에 따라 당연히 환수금액이 정해지는 것이므로, 퇴직연금의 환수결정에 앞서 당사자에게 의견진술의 기회를 주지 아니하여도 「행정절차법」에 어긋나지 아니한다.

19. ⃞O ⃞X 난민인정·귀화 등과 같이 성질상 행정절차를 거치기 곤란하거나 불필요하다고 인정되는 처분이나 행정절차에 준하는 절차를 거치도록 하고 있는 처분의 경우에는 「행정절차법」의 적용이 배제되는 것으로 보아야 하고, 이러한 법리는 '공무원 인사관계 법령에 의한 처분'에 해당하는 별정직 공무원에 대한 직권면직처분의 경우에도 마찬가지로 적용된다.

20. ⃞O ⃞X 신청인이 신청에 앞서 행정청의 허가업무 담당자에게 한 신청서의 내용에 대한 검토요청은 다른 특별한 사정이 없는 한 명시적이고 확정적인 신청의 의사표시로 보기 어렵다.

21. ⃞O ⃞X 국민의 알 권리의 내용에는 일반 국민 누구나 국가에 대하여 보유·관리하고 있는 정보의 공개를 청구할 수 있는 이른바 일반적인 정보공개청구권이 포함된다.

22. ⃞O ⃞X 「공공기관의 정보공개에 관한 법률」은 정보공개청구권자가 공개를 청구하는 정보와 어떤 관련성을 가질 것을 요구 하거나 정보공개청구의 목적에 특별한 제한을 두고 있지 아니하므로 정보공개청구권자의 권리구제 가능성 등은 정보의 공개 여부 결정에 아무런 영향을 미치지 못한다.

23. ⃞O ⃞X 공개청구의 대상이 되는 정보가 이미 다른 사람에게 공개되어 널리 알려져 있다거나 인터넷 등을 통하여 공개되어 인터넷 검색 등을 통하여 쉽게 알 수 있다면 행정청의 정보비공개 결정이 정당화될 수 있다.

옳은 지문 공개청구의 대상이 되는 정보가 이미 다른 사람에게 공개되어 널리 알려져 있다거나 인터넷 등을 통하여 공개되어 인터넷검색 등을 통하여 쉽게 알 수 있다는 사정**만**으로는 비공개결정이 정당화될 수 없다.

24. ○ X 공개를 거부한 정보에 비공개사유에 해당하는 부분과 그렇지 않은 부분이 혼합되어 있고, 공개청구의 취지에 어긋나지 않는 범위 안에서 두 부분을 분리할 수 있는 경우에는 법원은 공개가 가능한 정보에 한하여 일부취소를 명할 수 있다.

25. ○ X 외국 또는 외국 기관으로부터 비공개를 전제로 입수한 정보는 비공개를 전제로 하였다는 이유만으로 비공개대상정보에 해당한다.

> **옳은 지문** 외국 또는 외국 기관으로부터 **비공개를 전제**로 정보를 입수하였다는 **이유만**으로 이를 **공개할 경우** 업무의 공정한 수행에 현저한 지장을 받을 것이라고 단정할 수는 **없다**.

26. ○ X 오로지 공공기관의 담당공무원을 괴롭힐 목적으로 정보공개 청구를 하는 경우에도 정보공개청구권의 행사는 허용되어야 한다.

> **옳은 지문** 실제로는 해당 정보를 취득 또는 활용할 의사가 전혀 없이 정보공개 제도를 이용하여 사회통념상 용인될 수 없는 부당한 이득을 얻으려 하거나, 오로지 공공기관의 담당공무원을 괴롭힐 목적으로 정보공개 청구를 하는 경우처럼 권리의 남용에 해당하는 것이 명백한 경우에는 정보공개청구에 대해 거부하여도 위법하지 않다.

27. ○ X 정보공개를 청구하는 자가 공개를 구하는 정보를 행정기관이 보유·관리하고 있을 상당한 개연성이 있다는 점을 입증하여야 한다.

28. ○ X 개인정보자기결정권의 보호대상이 되는 개인정보는 반드시 개인의 내밀한 영역에 속하는 정보에 국한되지 않고 공적 생활에서 형성되었거나 이미 공개된 개인정보까지 포함한다.

29. ○ X 개인의 고유성, 동일성을 나타내는 지문은 그 정보주체를 타인으로부터 식별가능하게 하는 개인정보이다.

30. ○ X 이미 공개된 개인정보를 정보주체의 동의가 있었다고 객관적으로 인정되는 범위 내에서 처리를 할 때는 정보주체의 별도의 동의는 불필요하다고 보아야 하고, 별도의 동의를 받지 아니하였다고 하여 「개인정보 보호법」을 위반한 것으로 볼 수 없다.

Administrative Law

적중요약 정리

이것만
암기하면
된다 5

제4편 │ 행정상의 의무이행확보수단

제1장 개설

[행정상의 의무이행확보수단]

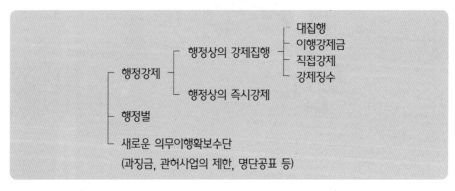

제2장 행정강제

행정강제란 "행정목적을 실현하기 위하여 개인의 신체 또는 재산에 실력을 가하여 행정상 필요한 상태를 실현하는 행정권의 사실상의 작용"이라고 정의되고 있으며 이러한 행정강제는 다시 행정상의 강제집행과 즉시강제로 구분되고 있다.

여기서 1. 행정상의 강제집행은 행정법상의 의무불이행에 대하여 행정주체가 장래를 향하여 그 의무를 이행시키거나 또는 의무이행이 있는 것과 같은 상태를 실현하는 작용을 의미하며, 2. 행정상의 즉시강제란 목전에 급박한 행정상의 장애를 제거할 필요가 있는 경우에 미리 의무를 명할 시간적 여유가 없거나 또는 성질상 의무를 명함으로써 그 목적을 달성하기 어려운 경우에, 직접 개인의 신체나 재산에 실력을 가함으로써 필요한 상태를 실현하는 작용을 의미한다.

행정상의 강제집행수단은 상대방이 불이행하는 의무의 종류에 따라 1. 대집행(대체적 작위의무 불이행시), 2. 이행강제금(대체적 작위의무ㆍ비대체적 작위의무ㆍ수인의무ㆍ부작위의무 불이행시), 3. 직접강제(대집행이나 이행강제금을 통하여 의무이행을 확보시키기 어려운 경우에 마지막 수단으로서 행하여지는 강제집행수단), 4. 강제징수(금전납부의무 불이행시)로 나누어 볼 수 있다.

행정기본법

제30조 (행정상 강제)

제1항 행정청은 행정목적을 달성하기 위하여 필요한 경우에는 법률로 정하는 바에 따라 필요한 최소한의 범위에서 다음 각 호의 어느 하나에 해당하는 조치를 할 수 있다.

1. **행정대집행** : 의무자가 행정상 의무(법령 등에서 직접 부과하거나 행정청이 법령 등에 따라 부과한 의무를 말한다. 이하 이 절에서 같다)로서 타인이 대신하여 행할 수 있는 의무를 이행하지 아니하는 경우 법률로 정하는 다른 수단으로는 그 이행을 확보하기 곤란하고 그 불이행을 방치하면 공익을 크게 해칠 것으로 인정될 때에 행정청이 의무자가 하여야 할 행위를 스스로 하거나 제3자에게 하게 하고 그 비용을 의무자로부터 징수하는 것

2. **이행강제금의 부과** : 의무자가 행정상 의무를 이행하지 아니하는 경우 행정청이 적절한 이행기간을 부여하고, 그 기한까지 행정상 의무를 이행하지 아니하면 금전급부의무를 부과하는 것

3. **직접강제** : 의무자가 행정상 의무를 이행하지 아니하는 경우 행정청이 의무자의 신체나 재산에 실력을 행사하여 그 행정상 의무의 이행이 있었던 것과 같은 상태를 실현하는 것

4. **강제징수** : 의무자가 행정상 의무 중 금전급부의무를 이행하지 아니하는 경우 행정청이 의무자의 재산에 실력을 행사하여 그 행정상 의무가 실현된 것과 같은 상태를 실현하는 것

5. **즉시강제** : 현재의 급박한 행정상의 장해를 제거하기 위한 경우로서 다음 각 목의 어느 하나에 해당하는 경우에 행정청이 곧바로 국민의 신체 또는 재산에 실력을 행사하여 행정목적을 달성하는 것

가. 행정청이 미리 행정상 의무 이행을 명할 시간적 여유가 없는 경우

나. 그 성질상 행정상 의무의 이행을 명하는 것만으로는 행정목적 달성이 곤란한 경우

제2항 행정상 강제 조치에 관하여 이 법에서 정한 사항 외에 필요한 사항은 따로 법률로 정한다.

제3항 형사(刑事), 행형(行刑) 및 보안처분 관계 법령에 따라 행하는 사항이나 외국인의 출입국·난민인정·귀화·국적회복에 관한 사항에 관하여는 이 절을 적용하지 아니한다.

제1절 행정상 강제집행

I. 개설

1. 의의

행정상 강제집행이란 행정법상의 의무불이행에 대하여 행정주체가 의무자의 신체·재산에 실력을 가하여, 장래에 향하여 그 의무를 이행시키거나 이행된 것과 동일한 상태를 실현하는 작용을 말한다.

2. 구별개념

행정상 강제집행은 '의무의 존재와 그의 불이행'을 전제로 한다는 점에서, 의무를 과하고 그것의 이행을 기다리는 시간적 여유가 없이 즉시 실력으로 강제하는 '행정상 즉시강제'와 구별된다.

→ 행정강제는 행정상 강제집행을 원칙으로 한다. 따라서 법치국가적 요청인 예측가능성과 법적 안정성에 반하고 기본권 침해의 소지가 큰 권력작용인 행정상 즉시강제는 예외적인 강제수단이다.

또한 장래에 향하여 의무의 이행을 강제하는 것을 직접적 목적으로 하는 점에서, 과거의 의무위반에 대한 제재를 직접적인 목적으로 하고, 간접적으로 (장래의) 의무이행을 강제하는 '행정벌'과 구별된다. 그리고 행정상 강제집행은 자력집행, 즉 행정주체가 법원의 판결 없이 스스로 행정상의 의무이행을 강제적으로 실현시킨다는 점에서, 법원의 판결 및 국가의 집행기관에 의한 집행을 통해서 권리를 실현시키는 '민사집행'과 구별된다.

3. 행정상 강제집행의 법적 근거

과거에 대륙법계 국가에서는 행정행위에서는 강제집행권을 스스로 내포하고 있으며 행정행위의 근거가 되는 법규는 동시에 강제집행의 근거가 된다는 이유로 행정상 강제집행을 하기 위해서는 별도의 법적 근거가 필요 없다고 하였다. 그러나 오늘날에는 의무를 명하는 행위와 의무내용을 강제적으로 실현하는 행위는 별개의 행정작용이므로 각각 별도의 법적 근거가 필요하다는 점에 이견이 없다.

→ 행정상 강제집행에서는 행정법상의 의무를 명하는 명령권의 근거규정과는 별도로 그 의무 불이행에 대한 강제집행의 근거규정도 필요하다.

행정상 강제집행의 근거법에는 대집행에 관한 일반법으로서 행정대집행법과 행정상 강제징수에 관한 일반법인 국세징수법이 있으며, 그 밖에 각종 개별법이 있다.

Ⅱ. 행정상 강제집행의 수단

행정상 강제집행의 수단으로는 일반적으로 대집행, 이행강제금(집행벌), 직접강제 및 행정상 강제징수 등이 있다.

1. 대집행

> **행정대집행법**
>
> ### 제1조 (목적)
> 행정의무의 이행확보에 관하여서는 따로 법률로써 정하는 것을 제외하고는 본법의 정하는 바에 의한다.
>
> ### 제2조 (대집행과 그 비용징수)
> 법률(법률의 위임에 의한 명령, 지방자치단체의 조례를 포함한다. 이하 같다)에 의하여 직접명령되었거나 또는 법률에 의거한 행정청의 명령에 의한 행위로서 타인이 대신하여 행할 수 있는 행위를 의무자가 이행하지 아니하는 경우 다른 수단으로써 그 이행을 확보하기 곤란하고 또한 그 불이행을 방치함이 심히 공익을 해할 것으로 인정될 때에는 당해 행정청은 스스로 의무자가 하여야 할 행위를 하거나 또는 제삼자로 하여금 이를 하게 하여 그 비용을 의무자로부터 징수할 수 있다.
> *재량행위 ∴대집행의 요건을 충족한 경우에도 행정청우 대집행을 하지 않을 수 있음*
>
> ### 제3조 (대집행의 절차)
> **제1항** 전조의 규정에 의한 처분(이하 대집행이라 한다)을 하려함에 있어서는 상당한 이행기한을 정하여 그 기한까지 이행되지 아니할 때에는 대집행을 한다는 뜻을 미리 문서로써 계고하여야 한다. 이 경우 행정청은 상당한 이행기한을 정함에 있어 의무의 성질·내용 등을 고려하여 사회통념상 해당 의무를 이행하는 데 필요한 기간이 확보되도록 하여야 한다.
> **제2항** 의무자가 전항의 계고를 받고 지정기한까지 그 의무를 이행하지 아니할 때에는 당해 행정청은 대집행영장으로써 대집행을 할 시기, 대집행을 시키기 위하여 파견하는 집행책임자의 성명과 대집행에 요하는 비용의 개산에 의한 견적액을 의무자에게 통지하여야 한다.
> **제3항** 비상시 또는 위험이 절박한 경우에 있어서 당해 행위의 급속한 실시를 요하여 전2항에 규정한 수속을 취할 여유가 없을 때에는 그 수속을 거치지 아니하고 대집행을 할 수 있다.
> *계고·통지 등을 생략하고 대집행○*

제4조 (대집행의 실행 등)

제1항 행정청(제2조에 따라 대집행을 실행하는 제3자를 포함한다. 이하 이 조에서 같다)은 해가 뜨기 전이나 해가 진 후에는 대집행을 하여서는 아니 된다. 다만, 다음 각 호의 어느 하나에 해당하는 경우에는 그러하지 **아니**하다.

1. 의무자가 동의한 경우
2. 해가 지기 전에 대집행을 착수한 경우
3. 해가 뜬 후부터 해가 지기 전까지 대집행을 하는 경우에는 대집행의 목적 달성이 불가능한 경우
4. 그 밖에 비상시 또는 위험이 절박한 경우

제2항 행정청은 대집행을 할 때 대집행 과정에서의 안전 확보를 위하여 필요하다고 인정하는 경우 현장에 긴급 의료장비나 시설을 갖추는 등 필요한 조치를 하여야 한다.

제3항 대집행을 하기 위하여 현장에 파견되는 집행책임자는 그가 집행책임자라는 것을 표시한 증표를 휴대하여 대집행시에 이해관계인에게 제시하여야 한다.

제5조 (비용납부명령서)

대집행에 요한 비용의 징수에 있어서는 실제에 요한 비용액과 그 납기일을 정하여 의무자에게 문서로써 그 납부를 명하여야 한다.

제6조 (비용징수)

제1항 대집행에 요한 비용은 국세징수법의 예에 의하여 징수할 수 있다.

제2항 대집행에 요한 비용에 대하여서는 행정청은 사무비의 소속에 따라 국세에 다음가는 순위의 선취득권을 가진다.

제3항 대집행에 요한 비용을 징수하였을 때에는 그 징수금은 사무비의 소속에 따라 국고 또는 지방자치단체의 수입으로 한다.

제7조 (행정심판)

대집행에 대하여는 행정심판을 제기할 수 있다.

제8조 (출소권리의 보장)

전조의 규정은 법원에 대한 출소의 권리를 방해하지 아니한다.

제9조(시행령)

본법시행에 관하여 필요한 사항은 대통령령으로 정한다.

가. 의의

대집행은 대체적 작위의무의 불이행시에 적용되며, 이 때 대집행의 원인이 되는 의무불이행은 **법령**에 의해 직접 부과된 의무와 **법령**에 의거한 행정청의 처분에 의해 부과된 의무를 불이행한 경우를 모두 포함한다.

→ (관계 법령상 행정대집행의 절차가 인정되어) 행정청이 행정대집행의 방법으로 건물의 철거 등 대체적 작위의무의 이행을 실현할 수 있는 경우에는 따로 **민사소송**의 방법으로 그 의무의 이행을 구할 수 **없다**.

→ 공법인(대한주택공사)이 대집행권한을 위탁받아 공무인 대집행 실시에 지출한 비용을 「행정대집행법」에 따라 강제징수할 수 있음에도 **민사소송절차**에 의하여 상환을 청구하는 것은 허용되지 **않는다**.

→ 권원 없이 국유재산에 설치한 시설물에 대하여 관리청이 행정대집행을 통해 철거를 하지 않는 경우 그 국유재산에 대하여 **사용청구권**을 가진 자는 국가를 대위하여 **민사소송**으로 그 시설물의 철거를 구할 수 **있다**.

∵ 사인은 직접 대집행을 할 수 없음

나. 주체와 법률관계

(1) 주체

대집행의 주체는 당해 행정청(처분청·하명청)이다. 단, 당해 행정청의 위임이 있으면 다른 행정청(수임청)도 대집행의 주체가 될 수 있다. 그러나 감독청·상급 행정청·위임을 받아 대집행을 실행하는 제3자·법원·집행관은 대집행의 주체가 될 수 없다. 다만 제3자는 대집행의 주체는 될 수 없지만, 위임이 있으면 대집행의 실행은 가능하다.

(2) 법률관계

대집행의 실행은 행정청이 하는 경우(자력집행)와 제3자가 하는 경우(타자집행)가 있다. 전자의 경우에는 행정청과 의무자 사이가 공법관계임은 물론이다. 후자의 경우에는 행정청과 제3자는 사법상의 도급관계로서 행정청이 제3자에게 대가를 지불하며, 의무자는 제3자에 대하여 대집행 실행을 수인할 의무가 있으며, 행정청은 의무자에게 대집행의 비용상환청구권을 가진다.

다. 요건

(1) 공법상 의무의 불이행

의무는 사법상 의무가 아니라 공법상 의무이며 이는 법령에 의해 직접 부과되기도 하지만 법령에 의거한 행정청의 명령(행정처분, 하명)에 의해 부과되는 것이 대부분이다. (취소사유가 있는 위법한 행정처분에 의해 부과된 의무도 당해 행정처분이 취소되지 않는 한 대집행의 대상이 된다.)

→ **토지협의취득에 의한 철거의무**는 공법상 의무가 아니므로 대집행의 대상이 아니다.

→ **대부계약이 해지된** 공유재산에 대한 지상물 철거에 대해서는 (지방재정법에 의하여) 대집행이 가능하다.

→ 국유재산법은 모든 국유재산에 대하여 행정대집행법을 준용할 수 있도록 규정하였으므로 모든 국유재산은 대집행이 가능하다.

(2) 대체적 작위의무의 불이행

대체적 작위의무	무허가 건축물·공작물·광고물·도로장애물 철거의무 및 시설개선의무, 불법개간산림 원상회복의무 등
비대체적 작위의무	의사의 진료·치료의무, 토지 및 주택의 인도·명도·퇴거·점유이전 의무 등

대체적 작위의무란 타인이 대신 행할 수 있는 행위를 말한다. 따라서 일신전속적·전문기술적인 비대체적 작위의무는 대상이 되지 못한다.

→ (수용대상) 토지의 인도·명도의무나 도시공원시설 매점점유자의 퇴거의무는 비대체적 작위의무이므로 대집행의 대상이 아니다.

부작위의무 위반의 경우에는 법령의 근거에 따라 위반결과의 시정을 명하는 작위의무로 전환을 한 후, 그 작위의무의 불이행에 대해 대집행을 할 수 있다. (대집행의 대상은 원칙적으로 대체적 작위의무에 한하며, **부작위의무위반의 경우 대체적 작위의무로 전환하는 규정을 두고 있지 아니하는 한** 대집행의 대상이 되지 않는다.) 따라서 부작위의무 위반의 경우에는 (그 자체로) 대집행의 대상이 될 수는 없고, 이행강제금·직접강제의 대상이 될 수 있을 뿐이다.

→ **부작위의무로부터** (그 의무를 위반함으로써 생긴 결과를 시정하기 위한) 작위의무를 당연히 끌어낼 수는 **없으며, 금지규정으로부터 작위의무 즉 위반결과의 시정을 명하는 권한**이 당연히 추론되는 것도 **아니다.**

→ 장례식장 사용중지의무는 비대체적 부작위의무이므로 대집행의 대상이 아니다.

→ 무허가증축부분으로 인하여 건물의 미관이 나아지고 증축부분을 철거하는 데 비용이 많이 소요된다고 하더라도 건물철거대집행계고처분을 할 요건에 해당된다.

→ 공유수면에 설치한 건물을 철거하여 공유수면을 원상회복하여야 할 의무는 대체적 작위의무에 해당하므로 행정대집행의 대상이 된다.

(3) 다른 수단으로는 그 이행확보가 곤란

다른 수단으로는 (불이행된 의무의) 이행을 확보하기 곤란하여야 한다. 따라서 필요성·보충성·최후수단성의 원칙이 적용된다. 즉, 대집행은 다른 수단으로는 그 이행확보가 불가능한 경우에 한해서 부득이한 수단으로서만 발동될 수 있다.

(4) 그 불이행의 방치가 심히 공익을 해할 것

불이행을 방치함이 심히 공익을 해할 것으로 인정될 때 집행의 대상이 된다. 비례의 원칙 중 상당성의 원칙이 적용된다.

→ 「행정대집행법」상 대집행은 다른 방법으로는 이행의 확보가 어렵고 불이행을 방치함이 심히 공익을 해하는 것으로 인정될 때에 한하여 허용되고 이러한 요건의 주장·입증책임은 처분 행정청에 있다.

라. 대집행의 절차

(1) 계고

(가) 의의

대집행은 상당한 이행기간을 부여해야하며 그 기한까지 이행되지 아니할 때에는 대집행을 한다는 뜻을 미리 문서로써 계고하여야 한다(행정대집행법 제3조 제1항). 계고를 함에 있어서 구체적으로 (대상이) 특정되어야 할 것이지만, 반드시 철거명령서·대집행계고서에 의해서만 특정되어야 하는 것은 아니고, 그 처분 전·후에 송달된 문서나 기타 사정을 종합하여 특정할 수 있으면 족하다(실질적 판단).

(나) 법적 성질

대집행의 절차로서 계고는 준법률행위적 행정행위 중 의사의 통지로써 항고소송의 대상이 된다는 것이 통설과 판례의 입장이다. 반복된 계고의 경우는 1차 계고가 처분성을 가지며, 2차·3차 계고는 새로운 의무를 부과한 것이 아니고 다만 대집행기한의 연기통지에 불과하므로 독립한 행정처분으로 보지 않는다. 예를 들어, 「행정대집행법」상의 건물철거의무는 제1차 철거명령 및 계고처분으로서 발생하였고, 제2차·제3차 계고처분은 새로운 철거의무를 부과한 것이 아니고 다만 대집행기한의 연기통지에 불과하여 행정처분이 아니다.

(다) 요건

대집행의 요건은 계고시에 충족되어 있어야 한다. 따라서 의무를 명하는 처분(하명)과 계고는 결합할 수 없는 것이 원칙이다. (철거명령과 계고처분을 1장의 문서로 동시에 행할 수는 있다.) 다만, 판례는 철거명령에 주어진 기간이 상당한 기간이라면 예외적으로 철거명령과 계고처분의 결합이 가능하다고 본다.

→ 계고서라는 명칭의 1장의 문서로서 일정기간 내에 위법건축물의 자진철거를 명함과 동시에 그 소정기한 내에 자진철거를 하지 아니할 때에는 대집행할 뜻을 미리 계고한 경우라도 건축법에 의한 철거명령과 행정대집행법에 의한 계고처분은 독립하여 있는 것으로서 각 그 요건이 충족되었다고 본다.

→ 계고요건의 주장·입증책임은 행정청(처분청)에게 있다.

→ 철거명령에서 주어진 일정기간이 **자진철거에 필요한 상당한 기간**이라면 (그 기간 속에는) 계고시에 필요한 '**상당한 이행 기간**'도 포함되어 있다고 보아야 한다.

(2) 대집행영장에 의한 통지

의무자가 계고를 받고도 지정된 기한까지 그 의무를 이행하지 아니할 때에는 당해 행정청은 대집행영장에 의하여 대집행할 시기, 대집행책임자의 성명 및 대집행비용의 견적액을 의무자에게 통지하여야 한다. 다만, 법률에 다른 규정이 있거나, 비상시 또는 위험이 절박해서 통지할 만한 여유가 없을 경우에는 통지를 생략할 수 있다.

(3) 대집행의 실행

(가) 의의

대집행은 대집행영장에 기재된 시기에 대집행책임자에 의하여 실행되는바, 대집행책임자는 증표를 휴대하고 이해관계인에게 제시하여야 한다. 대집행의 실행은 이른바 권력적 사실행위로서 상대방은 수인의무가 있다. 대집행의 실행에 당사자가 항거하는 경우에 실력에 의하여 그 항거를 배제하는 것이 대집행의 일부로서 인정될 것인지가 문제가 되는바, 항거의 배제를 위해 필요한 한도 내에서 실력을 행사하는 것은 대집행에 수반된 기능으로 인정해야 할 것이다.

(나) 법적 성격

대집행의 실행은 권력적 사실행위로서 처분성이 인정되며 항고소송의 대상이 된다.

(다) 의무자가 저항하는 경우에 실력으로 이를 배제할 수 있는지 여부

대집행의 실행에 있어서 당사자(의무자)가 저항하는 경우에는 필요한 한도 내에서 실력을 행사할 수 있을 뿐이므로 대집행책임자가 직접강제를 할 수는 없다. 다만, 부수적으로 점유자들에 대해 퇴거조치를 할 수 있고, 점유자들이 위력을 행사하여 방해하면 경찰의 도움을 받을 수 있다.

→ 건물의 점유자가 철거의무자일 때에는 **건물철거의무에 퇴거의무도 포함**되어 있는 것이어서, 해당 행정청에게 **별도로 퇴거를 명하는 집행권원이 필요하지 않다.**

별도의 법적, 근거X / 행정청우 (건물을 점유하고 있는 철거의무자들에게) 건물퇴거를 구하는 소송 등 별도의 소를 제기할 필요X

(4) 비용징수

제6조 (비용징수)
제1항 대집행에 요한 비용은 국세징수법의 예에 의하여 징수할 수 있다.
제2항 대집행에 요한 비용에 대하여서는 행정청은 사무비의 소속에 따라 국세에 다음가는 순위의 선취득권을 가진다.
제3항 대집행에 요한 비용을 징수하였을 때에는 그 징수금은 사무비의 소속에 따라 국고 또는 지방자치단체의 수입으로 한다.

대집행에 소요되는 비용은 문서로써 납부고시함으로써 징수한다. 의무자가 납기일까지 납부하지 않을 때에는 국세체납처분의 예에 의하여 강제징수한다.

→ 민사소송절차에 따라 민법 제750조에 기한 손해배상으로서 대집행비용의 상환을 구하는 청구는 소의 이익이 없어 부적법하다.
∵ 국세징수법상 특별구제절차O

마. 대집행에 대한 구제

(1) 대집행실행 종료 전

(가) 행정쟁송제기 가능성

대집행절차의 일부인 계고, 대집행영장에 의한 통지, 비용납부명령은 각각 행정행위로서 행정쟁송의 대상이 된다. 대집행의 실행도 권력적 사실행위로서 행정처분성이 인정되므로 이론상으로는 이에 대해 행정쟁송을 제기할 수 있다. 그러나 대집행의 실행단계에 이르면 단시간 내에 실행이 완료되어 취소소송 등을 제기할 소의 이익이 인정되지 않게 되는 것이 일반적이다. 따라서 대집행 완료 전에 집행정지제도를 활용할 필요가 있다. 실행행위가 장기간에 걸치는 극히 예외적인 경우에는 소의 이익이 있을 수 있으므로 행정쟁송의 대상이 될 수 있다. 위법한 대집행실행에 대항하는 것은 공무집행방해죄를 구성하지 않는다.

(나) 하자의 승계 여부

대집행의 전제가 되는 행위(철거명령)의 하자는 계고처분에 승계되지 않는다(하자의 승계X). 양자 사이에는 동일한 목적·효과가 인정되지 않는다는 것이 통설·판례이다. 그러나 대집행의 4단계 행위(계고, 대집행영장에 의한 통지, 대집행의 실행, 비용징수)는 각각 대집행이라는 동일한 목적을 위한 단계적인 절차의 일부를 의미하기 때문에, 선행행위의 하자는 후행행위에 승계된다(하자의 승계O).

(2) 대집행실행 종료 후

이미 대집행의 실행이 종료된 경우에는 행정쟁송으로 그의 취소·변경을 구할 수 없는 것이 원칙이다. 다만, 대집행의 실행이 종료된 후에도 그 대집행의 취소로 회복되는 법률상 이익이 있는 예외적인 경우에만 그 취소를 구하는 행정쟁송을 제기할 수 있을 뿐이다. 따라서 대집행실행 이후에는 대집행의 위법이나 과잉집행을 이유로 하는 손해배상청구 또는 원상회복청구(결과제거청구)가 가장 실효적인 권리수단이 된다.

2. 이행강제금(집행벌)

가. 의의

이행강제금이란 일반적으로 행정법상의 부작위의무 또는 비대체적 작위의무의 불이행이 있는 경우에 그 의무자에게 금전적 부담을 줌으로써 의무의 이행을 간접적으로 강제하기 위하여 과하는 금전이라고 정의한다. 그런데 건축법상의 이행강제금은 대체적 작위의무(불법건축물의 철거의무)에 대하여 규정하고 있다. 즉, 이행강제금이란 대집행이 부적절한 경우 또는 대집행의 전단계로서 대체적 작위의무의 이행을 강제하기 위한 것으로 사용되기도 한다. 따라서 기존의 개념정의는 '대체적 작위의무의 불이행이 있는 경우'도 추가하여 수정될 필요가 있다. 현재는 부작위의무나 비대체적 작위의무 뿐만 아니라 대체적 작위의무의 위반에 대하여도 이행강제금을 부과할 수 있다. 예를 들면, 「건축법」상 위법건축물에 대한 이행강제수단으로 대집행과 이행강제금이 인정되고 있는데, 행정청은 개별 사건에 있어서 위반내용, 위반자의 시정의지 등을 감안하여 **대집행과 이행강제금을 선택적으로 활용**할 수 있다.

⇒ 대집행과 이행강제금 중 어떠한 강제수단을 선택할 것인지에 대하여 행정청의 재량이 인정된다.

나. 성질

대체적 작위의무·비대체적 작위의무·수인의무·부작위의무 등 각종 **의무의 위반**인 경우 이행강제금 부과가 가능하다.

→ (건축법 규정에 따라) **국토계획법 제54조가 준용되는 용도변경 즉, 건축법상 관할 행정청의 허가를 받거나 신고하여야 하는 용도**

   국토계획법 제54조 「지구단위계획구역에서 건축물을 건축 또는 용도변경하거나 공작물을 설치하려면 그 지구단위계획에 맞게 하여야 한다.」

   변경의 경우에는 국토계획법 제54조를 위반한 행위가 곧 건축법을 위반한 행위가 되므로, 이에 대하여 건축법 제79조, 제80조에 근거하여 시정명령과 그 불이행에 따른 이행강제금 부과처분을 할 수 있다.

→ **국토계획법 제54조가 준용되지 않는 용도변경 즉, 건축법상 임의로 용도변경을 할 수 있는 경우에는 국토계획법 제54조를 위반한 행위가 건축법을 위반한 행위가 된다고 볼 수는 없으므로 '국토계획법상 지구단위계획에 맞지 아니한 용도변경'이라는 이유만으로 건축법 제79조, 제80조에 근거한 시정명령과 그 불이행에 따른 이행강제금 부과처분을 할 수 없다.**

이행강제금의 납부의무는 일신전속적이다. 따라서 이행강제금을 부과 받은 사람이 사건의 계속 중 사망한 경우 비송사건 절차는 종료한다.

다. 구별

(1) 행정벌과의 구별

이행강제금은 장래의 의무이행을 확보하기 위한 것인 데 반해, 행정벌은 과거의 위반에 대한 제재를 주된 목적으로 한다. 또한, 이행강제금은 처벌이 아니므로 1년에 2회 이내의 범위에서 그 시정명령이 이행될 때까지 반복하여 부과·징수할 수 있다. 이행강제금은 반복하여 부과·징수할 수 있다는 점에서 행정벌과 구별된다.

→ **이행강제금**은 **장래에 의무이행을 확보하기 위한 강제수단**이다.

(2) 대집행과의 구별

이행강제금이란 대집행이 부적절한 경우 또는 대집행의 전단계로서 대체적 작위의무의 이행을 강제하기 위한 것으로도 사용된다. 의무위반자가 이행강제금의 반복된 부과에도 불구하고 위반상태를 시정하지 않는 경우에는 종국적으로 대집행을 할 수 밖에 없게 된다.

→ **대집행과 이행강제금 중 어떠한 강제수단을 선택할 것인지에 대하여 행정청의 재량이 인정된다.**

라. 법적 근거

이행강제금의 부과는 침익적 행정작용에 해당하므로 법률에 근거가 있어야 한다(헌법 제37조 제2항).

이행강제금에 관하여 '행정기본법'에 규정이 있으며 그 외 '건축법', '독점규제 및 공정거래에 관한 법률', '부동산실권리자 명의등기에 관한 법률', '국토의 계획 및 이용에 관한 법률', '장사 등에 관한 법률', '옥외광고물 등 관리법' 등 일부개별법에서도 규정하고 있다.

마. 이행강제금의 부과 절차 및 형식

> **행정기본법**
>
> **제31조 (이행강제금의 부과)**
> **제1항** 이행강제금 부과의 근거가 되는 법률에는 이행강제금에 관한 다음 각 호의 사항을 명확하게 규정하여야 한다. 다만, 제4호 또는 제5호를 규정할 경우 입법목적이나 입법취지를 훼손할 우려가 크다고 인정되는 경우로서 대통령령으로 정하는 경우는 제외한다.
> 1. 부과·징수 주체
> 2. 부과 요건

3. 부과 금액

4. 부과 금액 산정기준

5. 연간 부과 횟수나 횟수의 상한

제2항 행정청은 다음 각 호의 사항을 고려하여 이행강제금의 부과 금액을 가중하거나 감경할 수 있다.

1. 의무 불이행의 동기, 목적 및 결과

2. 의무 불이행의 정도 및 상습성

3. 그 밖에 행정목적을 달성하는 데 필요하다고 인정되는 사유

제3항 행정청은 이행강제금을 부과하기 전에 미리 의무자에게 적절한 이행기간을 정하여 그 기한까지 행정상 의무를 이행하지 아니하면 이행강제금을 부과한다는 뜻을 문서로 계고(戒告)하여야 한다.

제4항 행정청은 의무자가 제3항에 따른 계고에서 정한 기한까지 행정상 의무를 이행하지 아니한 경우 이행강제금의 부과 금액·사유·시기를 문서로 명확하게 적어 의무자에게 통지하여야 한다.

제5항 행정청은 의무자가 행정상 의무를 이행할 때까지 **이행강제금을 반복하여 부과**할 수 있다. 다만, 의무자가 의무를 이행하면 새로운 이행강제금의 부과를 즉시 중지하되, 이미 부과한 이행강제금은 징수하여야 한다.

제6항 행정청은 이행강제금을 부과받은 자가 납부기한까지 이행강제금을 내지 아니하면 국세강제징수의 예 또는 「지방행정제재·부과금의 징수 등에 관한 법률」에 따라 징수한다.

건축법

제80조 (이행강제금)

제1항 허가권자는 제79조 제1항에 따라 시정명령을 받은 후 시정기간 내에 시정명령을 이행하지 아니한 건축주 등에 대하여는 그 시정명령의 이행에 필요한 상당한 이행기한을 정하여 그 기한까지 시정명령을 이행하지 아니하면 다음 각 호의 이행강제금을 부과한다. 다만, 연면적(공동주택의 경우에는 세대 면적을 기준으로 한다)이 60제곱미터 이하인 주거용 건축물과 제2호 중 주거용 건축물로서 대통령령으로 정하는 경우에는 다음 각 호의 어느 하나에 해당하는 금액의 2분의 1의 범위에서 해당 지방자치단체의 조례로 정하는 금액을 부과한다.

1. 건축물이 제55조와 제56조에 따른 건폐율이나 용적률을 초과하여 건축된 경우 또는 허가를 받지 아니하거나 신고를 하지 아니하고 건축된 경우에는 「지방세법」에 따라 해당 건축물에 적용되는 1제곱미터의 시가표준액의 100분의 50에 해당하는 금액에 위반면적을 곱한 금액 이하의 범위에서 위반 내용에 따라 대통령령으로 정하는 비율을 곱한 금액

2. 건축물이 제1호 외의 위반 건축물에 해당하는 경우에는 「지방세법」에 따라 그 건축물에 적용되는 시가표준액에 해당하는 금액의 100분의 10의 범위에서 위반내용에 따라 대통령령으로 정하는 금액

제2항 허가권자는 영리목적을 위한 위반이나 상습적 위반 등 대통령령으로 정하는 경우에 제1항에 따른 금액을 100분의 100의 범위에서 가중할 수 있다.

제3항 허가권자는 제1항 및 제2항에 따른 이행강제금을 부과하기 전에 제1항 및 제2항에 따른 이행강제금을 부과·징수한다는 뜻을 미리 문서로써 계고하여야 한다.

제4항 허가권자는 제1항 및 제2항에 따른 이행강제금을 부과하는 경우 금액, 부과 사유, 납부기한, 수납기관, 이의제기 방법 및 이의제기 기관 등을 구체적으로 밝힌 문서로 하여야 한다.

제5항 허가권자는 최초의 시정명령이 있었던 날을 기준으로 하여 1년에 2회 이내의 범위에서 해당 지방자치단체의 조례로 정하는 횟수만큼 그 시정명령이 이행될 때까지 **반복**하여 제1항 및 제2항에 따른 **이행강제금을 부과·징수**할 수 있다.

제6항 허가권자는 제79조 제1항에 따라 시정명령을 받은 자가 이를 이행하면 **새로운** 이행강제금의 **부과**를 즉시 **중지**하되, **이미 부과**된 이행강제금은 **징수**하여야 한다.

제7항 허가권자는 제4항에 따라 이행강제금 부과처분을 받은 자가 이행강제금을 납부기한까지 내지 아니하면 「지방세외수입금의 징수 등에 관한 법률」에 따라 징수한다.

이행강제금은 부과하기 전에 이행강제금을 부과·징수한다는 뜻을 미리 문서로 계고하여야 하며, 이행강제금의 금액·부과사유 등을 명시하여야 하고, 의무이행시까지 반복하여 부과·징수될 수 있으며, 해당 상한 내에서 그 금액이 증가될 수 있다. 이행강제금은 처벌이 아니므로 반복부과는 이중처벌의 문제를 가져오지 않는다. 의무를 이행하면 새로운 이행강제금의 부과를 즉시 중지하되, 이미 부과된 이행강제금은 징수한다. 납부기한까지 (이행강제금을) 납부하지 아니하면 국세 또는 지방세 체납처분의 예에 따라 징수한다.

이행강제금 납부의무는 일신전속적인 것으로서 다른 사람에게 상속되거나 승계되지 않는다. 따라서 이미 사망한 사람에게 이행강제금을 부과하는 내용의 처분이나 결정은 당연무효이다.

→ 이행강제금의 본질상 시정명령을 받은 의무자가 이행강제금이 부과되기 전에 그 의무를 이행한 경우에는 비록 시정명령에서 정한 기간을 지나서 이행한 경우라도 이행강제금을 부과할 수 없다.

→ 장기미등기자가 이행강제금 부과 전에 등기신청의무를 이행하였다면 이행강제금의 부과로써 이행을 확보하고자 하는 목적은 이미 실현된 것이므로, 부동산실명법 제6조 제2항에 규정된 기간이 지나서 등기신청의무를 이행한 경우라 하더라도 이행강제금을 부과할 수 없다.

→ 시정명령의 이행기회가 제공되지 아니한 과거의 기간에 대한 이행강제금까지 한꺼번에 부과할 수는 없고, 이를 위반하여 이루어진 이행강제금 부과처분은 중대하고도 명백한 하자가 있다.

→ 비록 건축주 등이 장기간 시정명령을 이행하지 아니하였더라도, 그 기간 중에는 시정명령의 이행 기회가 제공되지 아니하였다가 뒤늦게 시정명령의 이행 기회가 제공된 경우라면, 시정명령의 이행 기회 제공을 전제로 한 1회분의 이행강제금만을 부과할 수 있고, 시정명령의 이행 기회가 제공되지 아니한 과거의 기간에 대한 이행강제금까지 한꺼번에 부과할 수는 없다.

→ 사용자가 이행하여야 할 행정법상 의무의 내용을 초과하는 것을 '불이행 내용'으로 기재한 이행강제금 부과 예고서에 의하여 이행강제금 부과 예고를 한 다음 이를 이행하지 않았다는 이유로 이행강제금을 부과하였다면, 초과한 정도가 근소하다는 등의 특별한 사정이 없는 한 이행강제금 부과 예고는 이행강제금 제도의 취지에 반하는 것으로서 위법하고, 이에 터 잡은 이행강제금 부과처분 역시 위법하다.

바. 이행강제금에 대한 불복

이행강제금에 대하여 개별법에서 특별한 불복방법을 규정하고 있는 경우 그에 따르고, 아무런 규정을 두고 있지 아니한 경우 행정쟁송의 대상이 된다.

사. 건축법상 이행강제금

구 건축법 제83조 제6항은 이행강제금 부과처분에 불복하는 자는 비송사건절차법에 의한 과태료재판을 받도록 규정하고 있었기 때문에 이에 근거하여 과거 판례는 이행강제금 부과처분이 행정소송의 대상이 되는 처분이 아니라고 보았다. 그러나 개정된 건축법 제80조는 이행강제금에 대한 불복절차와 관련하여 과태료 불복절차의 준용규정을 삭제하였으며, 이에 따라 최근 판례는 기존 입장을 변경하여 건축법상 이행강제금 부과처분을 항고소송의 대상인 처분으로 보는 것을 전제로 본안심리를 하였다(**건축법**상 이행강제금 부과처분은 처분O).

→ **VS 농지법은** 이행강제금 부과처분에 불복하는 자는 비송사건절차법에 의한 과태료재판을 받도록 규정하고 있었기 때문에 **농지법상** 이행강제금 부과처분은 행정소송의 대상이 되는 **처분이 아니다.**

→ **농지법이 이행강제금 부과처분**에 대한 불복절차(비송사건절차법에 따른 재판절차)를 분명하게 규정하고 있으므로, **이와 다른 불복 절차(행정소송)를 허용할 수는 없다.** 따라서 관할청이 <u>농지법상의 이행강제금 부과처분</u>을 하면서 재결청에 행정심판을 청구하거나 관할 행정법원에 행정소송을 할 수 있다고 **잘못 안내한** 경우라도 (그러한 **잘못된 안내**로) 행정법원의 항고소송 재판관할이 생긴 다고 볼 수 **없다.**

→ 「농지법」에 따른 이행강제금 역시 부과할 때마다 이행강제금을 부과·징수한다는 뜻을 미리 문서로 알려야 하고, 이와 같은 절차를 거치지 아니한 채 이행강제금을 부과하는 것은 이행강제금 제도의 취지에 반하는 것으로써 위법하다.

→ 「건축법」상 이행강제금 납부의 **최초 독촉**은 <u>징수처분</u>으로서 <u>항고소송의 대상이 되는 행정처분</u>이 될 수 있다.

3. 직접강제

> **행정기본법**
>
> ### 제32조 (직접강제)
> **제1항** 직접강제는 행정대집행이나 이행강제금 부과의 방법으로는 행정상 의무이행을 확보할 수 없거나 그 실현이 불가능한 경우에 실시하여야 한다.
> **제2항** 직접강제를 실시하기 위하여 현장에 파견되는 집행책임자는 그가 집행책임자임을 표시하는 증표를 보여 주어야 한다.
> **제3항** 직접강제의 계고 및 통지에 관하여는 제31조 제3항 및 제4항을 준용한다.

가. 의의

직접강제란 의무자가 행정법상의 의무를 불이행한 경우에 직접 의무자의 신체나 재산에 실력을 가하여 의무의 이행이 있었던 것과 같은 상태를 실현하는 것으로서 대집행 이외의 것을 말한다.

나. 대집행과의 구별

직접강제는 대체적 작위의무뿐만 아니라, 비대체적 작위의무·부작위의무·수인의무 등 일체의 의무불이행에 대하여 행사할 수 있다 는 점에서 대집행과 구별된다.

다. 직접강제의 법적근거

직접강제는 매우 실효적이나 개인의 권익을 침해하는 성격이 가장 강하여 일반적 수단으로는 인정되지 아니하고, **개별법**에서 <u>강제 퇴거, 영업소폐쇄, 강제출국조치</u> 등을 규정하고 있다(즉시강제와 혼동하는 경향이 있다. 의무이행명령(퇴거, 영업소폐쇄명령, 출국)을 전제로 하는 것은 직접강제이고, 의무이행명령 없이 즉각 강제하는 것은 즉시강제이다.).

라. 한계

직접강제는 강제퇴거·강제폐쇄와 같이 마지막 수단으로 행사되는 가장 강력한 강제집행수단에 해당하므로, 그 행사는 비례의 원 칙하에 최후의 수단으로서 보충적으로만 활용되어야 한다.

→ 교육법상 폐쇄조치명령은 하명이고 식품위생법상 물건의 폐기는 즉시강제이므로, 직접강제에 해당하지 않는다.

마. 권리구제

직접강제는 의무이행명령을 하고 그것의 불이행시 하는 것이므로 의무이행명령에 대해 행정쟁송을 제기하면 된다. 직접강제가 이미 시행된 경우에는 직접강제도 권력적 사실행위로서 처분성이 인정되므로 행정쟁송의 대상이 될 수 있다(영업소 강제폐쇄조치의 취소소송 등). 그러나 시행된 이후에 취소소송 등을 통해 구제받을 실익이 없는 경우가 많다(외국인의 강제퇴거 등). 따라서 시행되기 전에 집행정지제도를 이용할 필요가 있다.

위법한 직접강제로 인해 손해를 입은 자는 국가배상법에 따라 손해배상을 청구할 수 있으며, 위법상태가 계속되면 결과제거청구권을 행사할 수도 있다.

4. 행정상의 강제징수

가. 의의

행정상의 강제징수란 사인이 국가나 지방자치단체 등에 대해 부담하고 있는 행정법상의 금전급부의무를 불이행한 경우에, 행정청이 의무자의 재산에 실력을 가하여 그 의무가 이행된 것과 같은 상태를 실현하는 작용을 말한다.

→ 행정상 강제징수는 행정상의 금전급부의무를 이행하지 않는 경우를 대상으로 한다.

나. 법적근거

행정상 강제징수에 관한 일반법으로는 「국세징수법」이 있다. 이 법은 원래 국세징수를 위한 것이지만, 지방세법 등 여러 법률이 강제징수에 있어서 이 법을 준용하고 있으므로 이 법이 행정상의 강제징수에 관한 일반법으로서의 기능을 하고 있다.

다. 행정상 강제징수의 절차

(1) 독촉

독촉은 상당한 이행기간 내에 의무가 이행되지 않는 경우에 강제징수할 뜻을 알리는 것으로서 준법률행위적 행정행위인 통지이다. 독촉은 체납처분의 전제요건을 충족함과 동시에 국세징수권의 소멸시효가 중단되는 효과가 생긴다. 국세를 그 납부기한까지 완납하지 아니한 때에는 세무서장·시장 또는 군수는 납부기한 경과 후 10일 내에 독촉장을 발부하며, 체납국세의 3%에 해당하는 가산금을 징수한다. 독촉장을 발부하는 때에는 납부기한을 발부일로부터 20일 내로 한다.

→ 독촉은 체납처분의 전제요건이며 시효중단사유가 된다.

→ 「국세징수법」에 의한 가산금과 중가산금의 납부독촉에 절차상 하자가 있는 경우 그 징수처분(독촉)에 대하여 취소소송을 제기할 수 있다.

(2) 체납처분

(가) 압류

① 의의 및 요건

압류란 의무자의 재산에 대해 법률상의 처분(매매, 교환, 증여) 및 사실상의 처분(소비, 파괴)을 금지시키고 그것을 확보하는 강제적인 보전행위이다.

납세자가 독촉장을 받고 지정된 기한까지 국세와 가산금을 완납하지 아니한 때에는 납세의무자의 재산을 압류한다.

② 압류대상재산

체납자의 소유로서 금전적 가치 있는 모든 재산(동산·부동산·무체재산권 등)은 압류의 대상이 된다. 다만, 생활상 불가결한 의복·침구·가구·주방구, 3월간 식료와 연료, 생계의지에 필요한 소액금융재산 등에 대해서는 압류가 금지된다. 급료·연금·임금·봉급·상여금·세비·퇴직연금 그 밖에 이와 비슷한 성질을 가진 급여채권에 대하여는 그 총액의 2분의 1에 해당하는 금액은 압류하지 못한다. 퇴직금 그 밖에 이와 비슷한 성질은 가진 급여채권에 대하여는 그 총액의 2분의 1에 해당하는 금액은 압류하지 못한다.

③ 압류금지재산

> **국세징수법**

제41조 (압류금지재산)

다음 각 호의 재산은 압류할 수 없다.

1. 체납자 또는 그와 생계를 같이 하는 가족(사실상 혼인관계에 있는 사람을 포함한다. 이하 이 조에서 "동거가족"이라 한다)의 생활에 없어서는 아니 될 의복, 침구, 가구, 주방기구, 그 밖의 생활필수품
2. 체납자 또는 그 동거가족에게 필요한 3개월간의 식료품 또는 연료
3. 인감도장이나 그 밖에 직업에 필요한 도장
4. 제사 또는 예배에 필요한 물건, 비석 또는 묘지
5. 체납자 또는 그 동거가족의 장례에 필요한 물건
6. 족보·일기 등 체납자 또는 그 동거가족에게 필요한 장부 또는 서류
7. 직무 수행에 필요한 제복
8. 훈장이나 그 밖의 명예의 증표
9. 체납자 또는 그 동거가족의 학업에 필요한 서적과 기구
10. 발명 또는 저작에 관한 것으로서 공표되지 아니한 것
11. 주로 자기의 노동력으로 농업을 하는 사람에게 없어서는 아니 될 기구, 가축, 사료, 종자, 비료, 그 밖에 이에 준하는 물건
12. 주로 자기의 노동력으로 어업을 하는 사람에게 없어서는 아니 될 어망, 기구, 미끼, 새끼 물고기, 그 밖에 이에 준하는 물건
13. 전문직 종사자·기술자·노무자, 그 밖에 주로 자기의 육체적 또는 정신적 노동으로 직업 또는 사업에 종사하는 사람에게 없어서는 아니 될 기구, 비품, 그 밖에 이에 준하는 물건
14. 체납자 또는 그 동거가족의 일상생활에 필요한 안경·보청기·의치·의수족·지팡이·장애보조용 바퀴의자, 그 밖에 이에 준하는 신체보조기구 및 「자동차관리법」에 따른 경형자동차
15. 재해의 방지 또는 보안을 위하여 법령에 따라 설치하여야 하는 소방설비, 경보기구, 피난시설, 그 밖에 이에 준하는 물건
16. 법령에 따라 지급되는 사망급여금 또는 상이급여금
17. 「주택임대차보호법」 제8조에 따라 우선변제를 받을 수 있는 금액
18. 체납자의 생계 유지에 필요한 소액금융재산으로서 대통령령으로 정하는 것

제42조 (급여채권의 압류 제한)

제1항 급료, 연금, 임금, 봉급, 상여금, 세비, 퇴직연금, 그 밖에 이와 비슷한 성질을 가진 급여채권에 대해서는 그 총액의 2분의 1에 해당하는 금액은 압류가 금지되는 금액으로 한다.

제2항 제1항에도 불구하고 다음 각 호의 경우 압류가 금지되는 금액은 각각 다음 각 호의 구분에 따른 금액으로 한다.

1. 제1항에 따라 계산한 급여채권 총액의 2분의 1에 해당하는 금액이 표준적인 가구의 「국민기초생활 보장법」 제2조 제7호에 따른 최저생계비를 고려하여 대통령령으로 정하는 금액에 미달하는 경우 : 같은 호에 따른 최저생계비를 고려하여 대통령령으로 정하는 금액

2. 제1항에 따라 계산한 급여채권 총액의 2분의 1에 해당하는 금액이 표준적인 가구의 생계비를 고려하여 대통령령으로 정하는 금액을 초과하는 경우 : 표준적인 가구의 생계비를 고려하여 대통령령으로 정하는 금액

제3항 퇴직금이나 그 밖에 이와 비슷한 성질을 가진 급여채권에 대해서는 그 총액의 2분의 1에 해당하는 금액은 압류하지 못한다.

제4항 제1항부터 제3항까지의 규정에 따른 총액은 「소득세법」 제20조 제1항 각 호에 해당하는 근로소득의 금액의 합계액(비과세소득의 금액은 제외한다) 또는 같은 법 제22조 제1항 각 호에 해당하는 퇴직소득의 금액의 합계액(비과세소득의 금액은 제외한다)에서 그 근로소득 또는 퇴직소득에 대한 소득세 및 소득세분 지방소득세를 뺀 금액으로 한다.

제32조 (초과압류의 금지)

관할 세무서장은 국세를 징수하기 위하여 필요한 재산 외의 재산을 압류할 수 없다. 다만, 불가분물(不可分物) 등 부득이한 경우에는 압류할 수 있다.

④ 압류의 해제

국세징수법

제57조 (압류 해제의 요건)

제1항 관할 세무서장은 다음 각 호의 어느 하나에 해당하는 경우 압류를 즉시 해제하여야 한다.

1. 압류와 관계되는 체납액의 전부가 납부 또는 충당된 경우
2. 국세 부과의 전부를 취소한 경우
3. 여러 재산을 한꺼번에 공매하는 경우로서 일부 재산의 공매대금으로 세납액 전부를 징수한 경우
4. 총 재산의 추산가액이 강제징수비를 징수하면 남을 여지가 없어 강제징수를 종료할 필요가 있는 경우.
5. 그 밖에 제1호부터 제4호까지의 규정에 준하는 사유로 압류할 필요가 없게 된 경우

제2항 관할 세무서장은 다음 각 호의 어느 하나에 해당하는 경우 압류재산의 전부 또는 일부에 대하여 압류를 해제할 수 있다.

1. 압류 후 재산가격이 변동하여 체납액 전액을 현저히 초과한 경우
2. 압류와 관계되는 체납액의 일부가 납부 또는 충당된 경우
3. 국세 부과의 일부를 취소한 경우
4. 체납자가 압류할 수 있는 다른 재산을 제공하여 그 재산을 압류한 경우

(나) 매각

압류재산은 통화를 제외하고는 매각하여 금전으로 환가하여야 한다. 매각은 입찰 또는 경매, 즉 공매에 의하는 것이 원칙이나, 예외적으로 수의계약에 의할 수도 있다. 공매는 행정처분에 해당한다. 공매할 경우에는 공매공고를 하여야 하며, 그 사실을 체납자 등에게 통지하여야 한다.

(공매 : 처분성O / 매각대상자 결정 : 처분성O / 공매결정·공매통지·공매공고 : 처분성X)

→ 공매처분을 하면서 체납자 등에게 공매통지를 하지 않았거나 공매통지를 하였더라도 그것이 적법하지 아니한 경우에는 절차상의 흠이 있어 해당 공매처분은 위법하다.

(다) 청산

세무서장은 압류금전, 체납자·제3채무자로부터 받은 금전, 매각대금, 교부청구로 받은 금전을 배분순위(체납처분비 → 국세 → 가산금의 순서)에 의해 배분하고, 그 잔여금이 있으면 체납자에게 지급한다. 국세·가산금·체납처분비는 특별한 규정이 없는 한 다른 공과금, 기타의 채권에 우선하여 징수하는 것이 원칙이다.

라. 행정상 강제징수에 대한 구제

독촉 또는 체납처분에 불복이 있는 자는 행정쟁송절차에 의하여 그 취소 또는 변경을 구할 수 있다. 다만, 국세기본법은 체납처분에 대한 쟁송절차에 관해 행정심판법이 배제되는 등 특칙을 두고 있다. 행정소송에 대해서도 특칙을 두고 있다.

강제징수절차는 독촉 및 체납처분(압류·매각·청산)으로 행하여지며, 이들은 모두가 결합하여 1개의 법률효과를 완성하는 관계에 있어 하자의 승계가 인정된다. 그러나 강제징수의 전제가 되는 조세부과처분의 하자는 독촉에 승계되지 않는다.

압류, 공매는 권력적 사실행위로서 처분성이 인정되어 그에 대한 행정쟁송제기가 가능하다.

2절 행정상 즉시강제

Ⅰ. 개설

> **행정기본법**
>
> **제33조 (즉시강제)**
> **제1항** 즉시강제는 다른 수단으로는 행정목적을 달성할 수 없는 경우에만 허용되며, 이 경우에도 **최소한**으로만 실시하여야 한다.
> **제2항** 즉시강제를 실시하기 위하여 현장에 파견되는 집행책임자는 그가 집행책임자임을 표시하는 증표를 보여 주어야 하며, 즉시강제의 이유와 내용을 고지하여야 한다.

I. 의의

가. 개념

행정상 즉시강제란 눈앞의 급박한 행정상 장해를 제거할 필요가 있으나 미리 의무를 부과할 시간적 여유가 없을 때 또는 그 성질상 의무를 명해서는 목적달성이 곤란할 경우에 직접 국민의 신체 또는 재산에 실력을 가하여 행정상 필요한 상태를 실현하는 행정작용

즉시강제는 의무의 부과가 전제X

으로서, 권력적 사실행위로서의 성질을 갖는다.

→ 다른 수단으로는 행정목적을 달성할 수 없는 경우에만 허용되며, 이 경우에도 **최소한**으로만 실시하여야 한다.

→ 대표적 예로 경찰관직무집행법상 보호조치·물건에 대한 임시영치·가택출입, 음반·비디오물 및 게임물에 관한 법률상 불법게임물의 수거·삭제·폐기, 전염병환자에 대한 강제격리·강제입원, 소방기본법상 물건의 파기, 식품위생법상 위해식품의 수거·폐기 등이 있다.

나. 구별

강제집행은 구체적인 의무의 부과와 그 불이행을 전제로 하는 실력행사이지만, 즉시강제는 사전절차 없이 즉시 행해지는 실력행사이다.

행정조사는 강제가 가해지는 경우도 있으나(불심검문, 운전자 음주측정 등) '조사'가 목적인 반면에, 즉시강제는 '필요한 상태의 실현'이 목적이다.

행정벌은 과거의 의무위반에 대하여 가해지는 제재인 반면에, 즉시강제는 장래를 향하여 행정상 필요한 상태를 실현하는 행정작용이다.

다. 법적 근거

즉시강제는 법률에 명시적으로 규정된 경우에만 인정된다. 경찰공무원의 경찰작용의 영역에서는 경찰관직무집행법이 (즉시강제의) 일반법이 된다. 개별법으로는 소방기본법, 감염병의 예방 및 관리에 관한 법률, 식품위생법, 마약류 관리에 관한 법률 등에 (즉시강제 관련) 개별조항이 있다.

Ⅱ. 행정상 즉시강제수단의 종류

1. 대인적 강제

사람의 신체에 실력을 가하여 행정상 필요한 상태를 실현하는 작용이다.

2. 대물적 강제

물건에 실력을 가하여 행정상 필요한 상태를 실현하는 작용을 말한다.

3. 대가택 강제

소유자나 점유자 혹은 관리인의 의사에 관계없이 타인의 가택 또는 영업소 등에 출입하여 행정상 필요한 상태를 실현시키는 경우를 말한다.

[행정상 즉시강제의 종류]

1. 대인적 강제

경찰관직무 집행법	1. **불심검문** (불심검문을 행정상 즉시강제로 보는 견해도 있고 행정조사로 보는 견해도 있음) 2. 보호조치 : 정신착란자, 미아, 술에 취한 자에 대한 보호조치 3. 위험발생의 방지 4. 범죄의 예방 및 제지 5. 경찰장구 및 무기의 사용(다만, 무기 등의 사용을 직접강제로 보는 견해도 있음)
개별법	1. 「감염병의 예방 및 관리에 관한 법률」상 **예방접종, 　감염병환자의 강제격리·강제입원 및 강제건강진단·치료** 2. 「소방기본법」상 화재현장에 있는 자에 대한 원조강제 3. 「마약류 관리에 관한 법률」상 마약중독자의 격리 및 (치료를 위한) 치료보호 4. 「재난 및 안전관리기본법」상 긴급수송

2. 대물적 강제

경찰관직무 집행법	1. (무기·흉기 등) **물건에 대한 임시영치** 2. (도로에 무단 방치되어 있는 장애물 제거 등) 위해방지조치
개별법	1. 「도로교통법」상 교통장애물의 제거, 불법주차위반차량의 견인 2. 「소방기본법」상 소방대상물에 대한 강제처분, 물건의 파기 등 3. 「식품위생법」상 위해식품의 수거·폐기 4. 「약사법」상 물건의 폐기 5. 「음반·비디오물 및 게임물에 관한 법률」상 불법게임물의 수거·삭제·폐기 6. 「재난 및 안전관리기본법」상 응급조치 7. 「청소년보호법」상 유해약물 등의 수거 및 폐기 8. 「형의 집행 및 수용자의 처우에 관한 법률」상 물건의 영치

3. 대가택 강제

경찰관직무 집행법	가택출입 및 수색
개별법	「조세범처벌절차법」상 가택출입 및 수색

Ⅲ. 한계

1. 실체법상의 한계

즉시강제는 위해가 현존하거나 목전에 급박하여 발생가능성이 확실한 경우에 허용되는 것이지, 단순한 위해발생의 가능성만으로는 인정되지 않는다. (위해의 현존성과 급박성)

다른 수단으로는 당해 목적을 달성할 수 없거나 다른 위해발생방지조치를 취할 시간적 여유가 없는 경우에만 인정된다. (보충성)

비례의 원칙, 즉 적합성의 원칙·필요성의 원칙(최소침해의 원칙)·상당성의 원칙(협의의 비례의 원칙)을 준수하여야 한다.

→ 즉시강제로써 행정상 장해를 제거하여 보호하고자 하는 공익과 즉시강제에 따른 **권익침해** 사이에는 비례관계가 있어야 한다.

위해의 제거·예방이라는 경찰상의 소극목적을 위한 것이지, 복지행정과 같은 적극적인 행정목적(적극목적)을 달성하기 위해서 발동되어서는 안 된다. (소극목적)

2. 절차법상의 한계

행정상 즉시강제는 사람의 신체·재산에 대한 침해를 가져오기도 하기 때문에 헌법상의 영장주의가 적용되는지가 문제이다. 이에 관해서는 영장필요성과 영장불필요설도 있으나 절충설이 통설·판례이다. 즉, 헌법상의 영장주의는 형사사법권의 행사뿐만 아니라 행정권의 행사에도 동일하게 적용되어야 할 것이나, 행정상 즉시강제는 시간적 여유가 없다는 특수성으로 보아 행정목적의 달성을 위하여 불가피하다고 인정할 만한 합리적인 이유가 있는 경우에는 영장주의에 대한 예외를 인정하고자 하는 견해이다.

절충설을 따른다고 하더라도 즉시강제가 형사사법의 목적을 겸하고 있거나, 침해가 계속되거나 개인의 신체·재산·가택에 중대한 침해를 가하는 경우에는 반드시 사후에라도 영장이 필요하다고 할 것이다.

Ⅳ. 행정상 즉시강제에 대한 구제

1. 적법한 즉시강제에 대한 구제

행정상 장해의 발생에 책임이 있는 자는 즉시강제로 손실을 입어도 손실보상을 청구할 수 없다. 또한 강제입원과 같이 상대방의 권익을 보호하는 즉시강제에 있어서도 손실보상은 주어질 필요가 없다.

그러나 행정상 장해의 발생에 책임이 없는 제3자에 대하여 즉시강제가 행하여짐으로써 특별한 희생이 발생한 경우에는 공적부담 앞의 평등의 원칙상 손실보상이 주어져야 한다.

2. 위법한 즉시강제에 대한 구제

가. 행정쟁송

즉시강제는 권력적 사실행위로서 처분성이 인정되지만 단기간의 침해로 행위가 종료되는 것이 보통이므로 행정쟁송의 이익이 없는 경우가 많다. 그러나 침해행위가 지속되는 경우이거나(물건의 영치, 강제격리 등), 즉시강제가 종료된 때에도 그 취소로 회복할 법률상 이익이 있는 경우에는 행정쟁송을 제기할 수 있다.

→ 행정상 즉시강제가 단시간에 종료되는 경우 소의 이익(권리보호의 필요)이 없기 때문에 행정쟁송의 제기가 불가능하다.

이 경우에는 손해배상을 통하여 권리구제를 받을 수 있음

나. 행정상 손해배상

위법한 즉시강제로 인하여 손해를 입은 자는 국가·지방자치단체를 상대로 국가배상법에 따라 손해배상을 청구할 수 있다. 사실상 가장 효과적인 권리구제수단이 된다.

다. 인신보호법상에 의한 구제

위법한 즉시강제에 의하여 개인이 국가, 지방자치단체, 공법인 또는 개인, 민간단체 등이 운영하는 의료시설·복지시설·수용시설· 보호시설에 수용·보호 또는 감금된 경우에는 인신보호법에 의한 절차에 따라 구제받을 수 있다(인신보호법 제3조).

| 제 3 장 | 행정조사 |

제1절 개설

Ⅰ. 행정조사의 개념

행정조사란 행정기관이 정책을 결정하거나 직무를 수행하는 데 필요한 정보나 자료를 수집하기 위하여 현장조사.문서열람.시료채취 등을 하거나 조사대상자에게 보고요구.자료제출요구 및 출석.진술요구를 행하는 활동을 말한다.

Ⅱ. 행정조사의 법적 성질

일반적으로 행정조사는 직접적으로 법적 효과가 발생하지 않는 사실행위이다. 따라서 법적 행위인 행정행위와 구별된다.

→ 행정조사에는 보고서요구명령, 정부서류제출명령, 출두명령 등 행정행위의 형식을 취하는 것이 있지만, 주로 질문, 출입검사, 실시 조사, 진찰, 검진 등 사실행위의 형식을 취한다.

행정조사는 행정의 실효성 확보수단 중의 하나로 볼 수 있다. 행정조사는 행정상 필요한 자료나 정보를 얻기 위한 준비적·보조적 수단 이다.

Ⅲ. 행정조사의 종류

1. 강제조사

강제조사는 권력적 행정조사라고도 하며 국민의 신체나 재산에 강제력을 가하여 조사하는 것으로서 권력적 사실행위이다. 주로 강제 조사는 불시에 행해지는 것이므로 종래에는 이를 즉시강제로 파악하는 경향이었으나 강제조사와 즉시강제는 분명 다르다. 불심검문결과 범죄에 사용될 우려가 있는 물건을 압수한다면 불심검문은 행정조사이고 물건의 압수는 즉시강제에 속하는 것이다. 강제조사에 속하는 것으로는 불심검문, 운전자에 대한 음주측정, 체납처분시 질문·검사, 식품위생법상 출입.검사, 영업소에 들어가 강제로 장부.서류.미성 년자출입 여부 등을 조사하는 경우 등이 있다.

2. 임의조사

임의조사는 비권력적 행정조사라고도 하며, 상대방의 임의적인 협력에 의해 행해지거나 행정청 단독으로 행하는 행정조사로서 조사 자체가 법적 효과를 가져 오는 것이 아닌 비권력적 사실행위이다. 여론조사, 통계조사 등이 이에 속한다.

IV. 법적 근거

행정기관은 법령 등에서 행정조사를 규정하고 있는 경우에 한하여 행정조사를 실시할 수 있다. 다만, 조사대상자의 자발적인 협조를 얻어 실시하는 행정조사의 경우에는 그러하지 않다.

→ 행정조사가 사인에게 미치는 **중요한 사항인 경우**에는 설령 비권력적 행정조사(임의조사)라고 하더라도 **중요사항유보설**에 의하면 **법률의 근거**를 필요로 한다.

행정조사에 관한 일반법으로는 행정조사기본법이 있고, 개별법으로는 경찰관직무집행법, 소방법, 식품위생법 등을 들 수 있다.

V. 행정조사의 한계 및 구제

1. 행정조사의 한계

가. 실체법적 한계

행정조사는 조사목적을 달성하는데 필요한 최소한의 범위 안에서 실시하여야 하며, 다른 목적 등을 위하여 조사권을 남용하여서는 아니 된다. 행정기관은 조사목적에 적합하도록 조사대상자를 선정하여 행정조사를 실시하여야 하며, 유사하거나 동일한 사안에 대하여는 공동조사 등을 실시함으로써 행정조사가 중복되지 아니하도록 하여야 한다. 행정조사는 법령 등의 위반에 대한 처벌보다는 법령 등을 준수하도록 유도하는 데 중점을 두어야 한다. 다른 법률에 특별한 규정이 없는 한, 행정조사의 대상자 또는 행정조사의 내용을 공표하거나 직무상 알게 된 비밀을 누설하여서는 아니 되며, 행정조사를 통하여 알게 된 정보를 원래의 조사목적 이외의 용도로 이용하거나 타인에게 제공하여서는 아니 된다.

나. 절차법적 한계

→ 헌법 제12조 제1항에서 규정하고 있는 **적법절차의 원칙**은 **형사소송절차에 국한되지 않고 모든 국가작용 전반에 대하여 적용되는 원칙**이므로 **세무공무원의 세무조사권의 행사**에서도 적법절차의 원칙은 준수되어야 한다.

→ 「**행정절차법**」은 **행정조사**에 관한 명문의 규정을 두고 있지 **않다.**

(1) 영장주의

헌법상의 영장주의가 강제조사의 경우에도 적용될 것인지가 문제이다. 행정상 즉시강제의 경우처럼 영장필요설, 영장불필요설, 절충설이 있는데 절충설이 통설·판례이다. 행정조사도 상대방의 신체·재산에 직접 강제력을 가하는 것이기는 하지만 그것이 형사소추를 위한 수색에 이를 정도의 것이 아니라 단시간 동안 간단히 이루어지는 경우에는 영장주의가 적용되지 않고 공무원의 증표제시로 족하다고 할 것이다(불심검문, 식품위생법상 출입·검사 등). 그러나 행정조사가 사실상 수색에 해당되고 형사상의 소추 목적을 동시에 추구하는 경우에는 사전영장주의가 적용되는 것이 원칙이다. 다만, 긴급을 요하는 경우나 행정목적의 달성을 위하여 불가피하다고 인정할 만한 합리적인 이유가 있는 경우에는 예외가 인정되지만 이 경우에도 사후영장이 있어야 한다.

→ 우편물 통관검사절차에서 이루어지는 **우편물 개봉 등의 검사**는 **행정조사**의 성격을 가지는 것으로서 **수사기관의 강제처분**이라고 할 수 없으므로, **압수·수색영장 없이 검사가 진행되었다** 하더라도 특별한 사정이 없는 한 **위법하다고 볼 수 없다.**

(2) 증표의 제시

권력적 행정조사의 경우 공무원이 조사의 권한이 있음을 명백히 하고, 조사권의 남용을 방지하며, 국민의 권리구제에 도움이 되도록 하기 위해 공무원에게 증표의 휴대와 제시를 의무사항으로 하는 실정법의 예가 많다.

(3) 실력행사

권력적 행정조사를 상대방이 거부하는 경우에는 실력을 행사하여 강행할 수 있는지가 문제이다. 긍정설·부정설·절충설이 있는데 절충설이 통설이다. 절충설에 의하면, 행정조사를 거부한 경우 이에 대한 벌칙 또는 불이익처분 등 행정상 제재를 위한 근거규정이 있는 경우에는 그 규정에 따르면 되므로 실력행사는 허용되지 않는다고 할 것이지만, 행정제재 규정이 없는 데 위법행위가 확실하게 행해지고 있어서 해당 장소나 물건을 긴급하게 조사해야 할 경우, 증거인멸의 우려가 있는 경우 등에는 실력행사를 통해 조사를 강행할 수 있다고 본다.

→ **행정조사기본법**상 실력행사에 관한 규정은 존재하지 **않으며**, 조사대상자가 **행정조사의 실시를 거부하거나 방해하는 경우**에는 **공무집행방해죄**로 해결을 하여야 한다.

(4) 상대방의 진술거부

헌법상의 진술거부권이 행정조사의 경우에도 적용되는지에 관해서는 견해가 갈린다. 진술거부권은 형사절차상의 것이므로 행정조사에는 적용되지 않는다는 견해가 다수설이다. 다만, 행정조사가 형사상의 소추목적을 동시에 추구하는 경우에는 진술거부권이 인정된다고 할 것이다.

2. 위법조사의 효과 (위법한 행정조사와 행정행위의 효력)

위법한 행정조사(권력남용에 의한 조사 등)가 있는 경우 그 행정조사에 따른 행정행위가 위법한지가 문제이다. 이에 관해서는 적극설·소극설·절충설이 있는데 다수설은 절충설, 판례는 적극설의 입장이다.

→ 다수설(절충설)에 의하면 원칙적으로 행정조사는 행정행위와 별개의 것이고 행정행위에 필수적으로 요구되는 사전 절차가 아니며 단지 예비적·보조적 수단에 불과하므로 행정조사가 위법하다고 하여 행정행위가 당연히 위법하게 되는 것은 아니라고 본다.

→ 그러나 판례(적극설)는 위법한 행정조사에 기초하여 한 행정행위는 위법하다고 본다. 왜냐하면 조사 자체가 위법한 경우에도 절차상의 위법이 인정되므로 그에 따른 행정행위 역시 위법한 것이 된다는 것이다. 따라서 음주운전 여부에 대한 조사 과정에서 운전자 본인의 동의를 받지 아니하고 법원의 영장도 없이 채혈조사가 행해졌다면, 그 조사 결과를 근거로 한 운전면허취소처분은 특별한 사정이 없는 한 위법하다.

→ **부가가치세부과처분**이 종전의 부가가치세 경정조사와 같은 세목 및 같은 과세기간에 대하여 중복하여 실시한 **위법한 세무조사에 기초하여 이루어진 경우 그 과세처분은 위법**하다.

→ 세무조사가 과세자료의 수집 등의 본연의 목적이 아니라 **부정한 목적**을 위하여 행하여진 것이라면 세무조사에 중대한 위법사유가 있는 경우에 해당하고, 이러한 **위법한 세무조사**에 의하여 수집된 과세자료를 **기초로 한 과세처분** 역시 **위법**하다.

(위의 논의와는 별도로) 조사결과 자체가 잘못된 경우에는 그에 근거한 행정행위는 (당연히) 위법하다.

3. 행정조사에 대한 구제

가. 적법한 행정조사에 대한 구제

행정조사가 적법한 경우에도 그로 인하여 수인의 정도를 넘는 '특별한 희생을 입은 자'에게는 헌법과 개별법의 규정에 의하여 손실보상청구가 인정된다. 예컨대, 토지수용을 위한 출입조사에 대한 보상이나 시료채취로 인한 손실에 대한 보상 등이 있다.

나. 위법한 행정조사에 대한 구제

강제조사는 권력적 사실행위로서 처분성이 인정되므로 행정쟁송의 대상이 된다. 그러나 조사가 단기간의 침해로 행위가 종료되는 것이 보통이므로 행정쟁송을 제기하여 그 취소나 변경을 구할 쟁송의 이익이 없는 경우가 많다. 다만, 강제조사가 종료된 때에도 그 취소로 회복할 법률상 이익이 있는 경우에는 행정쟁송을 제기할 수 있다.

위법한 행정조사로 인하여 손해를 입은 자는 국가나 지방자치단체를 상대로 국가배상법이 정하는 바에 따라 손해배상을 청구할 수 있다. 사실상 가장 효과적인 권리구제수단이 된다. 위법한 강제조사에 대하여 형법상의 정당방위의 법리에 의한 항거가 가능하고, 따라서 공무집행방해죄가 성립되지 않는다.

다. 손해배상

위법한 행정조사로 손해를 입은 자는 국가나 지방자치단체를 상대로 국가배상법에 따라 손해배상을 청구할 수 있다. 상술한 바와 같이 행정쟁송이 효과적인 권리구제의 기능을 발휘하지 못할 때에는 손해배상청구는 특별한 의미가 있다.

VI. 행정조사기본법 조문

제1장 총칙

제1조 (목적)

이 법은 행정조사에 관한 기본원칙·행정조사의 방법 및 절차 등에 관한 공통적인 사항을 규정함으로써 행정의 공정성·투명성 및 효율성을 높이고, 국민의 권익을 보호함을 목적으로 한다.

제2조 (정의)

이 법에서 사용하는 용어의 정의는 다음과 같다.

1. "행정조사"란 행정기관이 정책을 결정하거나 직무를 수행하는 데 필요한 정보나 자료를 수집하기 위하여 현장조사·문서열람·시료채취 등을 하거나 조사대상자에게 보고요구·자료제출요구 및 출석·진술요구를 행하는 활동을 말한다.

2. "행정기관"이란 법령 및 조례·규칙(이하 "법령 등"이라 한다)에 따라 행정권한이 있는 기관과 그 권한을 위임 또는 위탁받은 법인·단체 또는 그 기관이나 개인을 말한다.

   → 행정조사법상 행정기관은 (권한을) 위임·위탁받은 법인·단체·기관·개인을 포함O

3. "조사원"이란 행정조사업무를 수행하는 행정기관의 공무원·직원 또는 개인을 말한다.

4. "조사대상자"란 행정조사의 대상이 되는 법인·단체 또는 그 기관이나 개인을 말한다.

제3조 (적용범위)

① 행정조사에 관하여 다른 법률에 특별한 규정이 있는 경우를 제외하고는 이 법으로 정하는 바에 따른다.

② 다음 각 호의 어느 하나에 해당하는 사항에 대하여는 이 법을 적용하지 아니한다.

1. 행정조사를 한다는 사실이나 조사내용이 공개될 경우 국가의 존립을 위태롭게 하거나 국가의 중대한 이익을 현저히 해칠 우려가 있는 국가안전보장·통일 및 외교에 관한 사항

2. 국방 및 안전에 관한 사항 중 다음 각 목의 어느 하나에 해당하는 사항

    가. 군사시설·군사기밀보호 또는 방위사업에 관한 사항

    나. 「병역법」·「예비군법」·「민방위기본법」·「비상대비자원 관리법」에 따른 징집·소집·동원 및 훈련에 관한 사항

3. 「공공기관의 정보공개에 관한 법률」 제4조 제3항의 정보에 관한 사항

4. 「근로기준법」 제101조에 따른 근로감독관의 직무에 관한 사항

5. 조세·형사·행형 및 보안처분에 관한 사항

6. 금융감독기관의 감독·검사·조사 및 감리에 관한 사항

7. 「독점규제 및 공정거래에 관한 법률」, 「표시·광고의 공정화에 관한 법률」, 「하도급거래 공정화에 관한 법률」, 「가맹사업거래의 공정화에 관한 법률」, 「방문판매 등에 관한 법률」, 「전자상거래 등에서의 소비자보호에 관한 법률」, 「약관의 규제에 관한 법률」 및 「할부거래에 관한 법률」에 따른 공정거래위원회의 법률위반행위 조사에 관한 사항

③ 제2항에도 불구하고 제4조(행정조사의 기본원칙), 제5조(행정조사의 근거) 및 제28조(정보통신수단을 통한 행정조사)는 제2항 각 호의 사항에 대하여 적용한다.

제4조 (행정조사의 기본원칙)

① 행정조사는 조사목적을 달성하는데 필요한 최소한의 범위 안에서 실시하여야 하며, 다른 목적 등을 위하여 조사권을 남용하여서는 아니 된다.

② 행정기관은 조사목적에 적합하도록 조사대상자를 선정하여 행정조사를 실시하여야 한다.

③ 행정기관은 유사하거나 동일한 사안에 대하여는 공동조사 등을 실시함으로써 행정조사가 중복되지 아니하도록 하여야 한다.

④ **행정조사는 법령 등의 위반에 대한 처벌보다는 법령 등을 준수하도록 유도하는 데 중점**을 두어야 한다.

⑤ 다른 법률에 따르지 아니하고는 행정조사의 대상자 또는 행정조사의 내용을 공표하거나 직무상 알게 된 비밀을 누설하여서는 아니 된다.

⑥ 행정기관은 행정조사를 통하여 알게 된 정보를 **다른 법률**에 따라 내부에서 이용하거나 다른 기관에 제공하는 **경우를 제외하고는** 원래의 조사목적 이외의 용도로 이용하거나 타인에게 제공하여서는 아니 된다.

제5조 (행정조사의 근거)

행정기관은 **법령 등에서 행정조사를 규정하고 있는 경우에 한하여** 행정조사를 실시할 수 있다. 다만, 조사대상자의 **자발적인 협조를 얻어 실시하는 행정조사**의 경우에는 그러하지 **아니하다.**

→ 행정조사 실시는 개별법상 법적 근거O

→ 자발적 협조에 의한 행정조사는 법적 근거X

제2장 조사계획의 수립 및 조사대상의 선정

제6조 (연도별 행정조사운영계획의 수립 및 제출)

① 행정기관의 장은 매년 12월말까지 다음 연도의 행정조사운영계획을 수립하여 **국무조정실장에게 제출**하여야 한다. 다만, 행정조사운영계획을 제출해야 하는 행정기관의 구체적인 범위는 **대통령령**으로 정한다.

② 행정기관의 장이 행정조사운영계획을 수립하는 때에는 제4조에 따른 행정조사의 기본원칙에 따라야 한다.

③ 제1항에 따른 행정조사운영계획에는 조사의 종류·조사방법·공동조사 실시계획·중복조사 방지계획, 그 밖에 대통령령으로 정하는 사항이 포함되어야 한다.

④ 국무조정실장은 행정기관의 장이 제출한 행정조사운영계획을 검토한 후 그에 대한 보완을 요청할 수 있다. 이 경우 행정기관의 장은 특별한 사정이 없는 한 이에 응하여야 한다.

제7조 (조사의 주기)

행정조사는 법령 등 또는 행정조사운영계획으로 정하는 바에 따라 **정기적으로 실시함을 원칙**으로 한다. 다만, 다음 각 호 중 어느 하나에 해당하는 경우에는 **수시조사**를 할 수 있다.

1. 법률에서 수시조사를 규정하고 있는 경우

2. 법령 등의 위반에 대하여 혐의가 있는 경우

3. 다른 행정기관으로부터 법령 등의 위반에 관한 혐의를 통보 또는 이첩 받은 경우

4. 법령 등의 위반에 대한 신고를 받거나 민원이 접수된 경우

5. 그 밖에 행정조사의 필요성이 인정되는 사항으로서 대통령령으로 정하는 경우

제8조 (조사대상의 선정)

① 행정기관의 장은 행정조사의 목적, 법령준수의 실적, 자율적인 준수를 위한 노력, 규모와 업종 등을 고려하여 명백하고 객관적인 기준에 따라 행정조사의 대상을 선정하여야 한다.

② 조사대상자는 **조사대상 선정기준에 대한 열람**을 행정기관의 장에게 신청할 수 있다.

③ 행정기관의 장이 제2항에 따라 **열람신청**을 받은 때에는 다음 각 호의 어느 하나에 해당하는 경우를 **제외**하고 신청인이 조사대상 선정기준을 열람할 수 있도록 하여야 한다.

1. 행정기관이 당해 행정조사업무를 수행할 수 없을 정도로 조사활동에 지장을 초래하는 경우

   → (업무수행을 할 수 없을 정도로) 조사활동에 지장을 초래하면 열람신청 거부O

2. 내부고발자 등 제3자에 대한 보호가 필요한 경우

④ 제2항 및 제3항에 따른 행정조사 대상 선정기준의 열람방법이나 그 밖에 행정조사 대상 선정기준의 열람에 관하여 필요한 사항은 대통령령으로 정한다.

제3장 조사방법

제9조 (출석·진술 요구)

① 행정기관의 장이 조사대상자의 출석·진술을 요구하는 때에는 다음 각 호의 사항이 기재된 출석요구서를 발송하여야 한다.

1. 일시와 장소

2. 출석요구의 취지

3. 출석하여 진술하여야 하는 내용

4. 제출자료

5. 출석거부에 대한 제재(근거 법령 및 조항 포함)

6. 그 밖에 당해 행정조사와 관련하여 필요한 사항

② 조사대상자는 지정된 출석일시에 출석하는 경우 업무 또는 생활에 지장이 있는 때에는 행정기관의 장에게 출석일시를 변경하여 줄 것을 신청할 수 있으며, 변경신청을 받은 행정기관의 장은 행정조사의 목적을 달성할 수 있는 범위 안에서 출석일시를 변경할 수 있다.

③ 출석한 조사대상자가 제1항에 따른 출석요구서에 기재된 내용을 이행하지 아니하여 행정조사의 목적을 달성할 수 없는 경우를 제외하고는 조사원은 조사대상자의 1회 출석으로 당해 조사를 종결하여야 한다.

제10조 (보고요구와 자료제출의 요구)

① 행정기관의 장은 조사대상자에게 조사사항에 대하여 **보고를 요구**하는 때에는 다음 각 호의 사항이 포함된 보고요구서를 발송하여야 한다.

1. 일시와 장소

2. 조사의 목적과 범위

3. 보고하여야 하는 내용

4. 보고거부에 대한 제재(근거법령 및 조항 포함)

5. 그 밖에 당해 행정조사와 관련하여 필요한 사항

② 행정기관의 장은 조사대상자에게 장부·서류나 그 밖의 자료를 제출하도록 요구하는 때에는 다음 각 호의 사항이 기재된 자료제출요구서를 발송하여야 한다.

1. 제출기간

2. 제출요청사유

3. 제출서류

4. 제출서류의 반환 여부

5. 제출거부에 대한 제재(근거 법령 및 조항 포함)

6. 그 밖에 당해 행정조사와 관련하여 필요한 사항

제11조 (현장조사)

① 조사원이 가택·사무실 또는 사업장 등에 출입하여 현장조사를 실시하는 경우에는 행정기관의 장은 다음 각 호의 사항이 기재된 현장출입조사서 또는 법령 등에서 현장조사시 제시하도록 규정하고 있는 문서를 조사대상자에게 발송하여야 한다.

　1. 조사목적

　2. 조사기간과 장소

　3. 조사원의 성명과 직위

　4. 조사범위와 내용

　5. 제출자료

　6. 조사거부에 대한 제재(근거 법령 및 조항 포함)

　7. 그 밖에 당해 행정조사와 관련하여 필요한 사항

② 제1항에 따른 **현장조사**는 해가 뜨기 전이나 해가 진 뒤에는 할 수 없다. 다만, 다음 각 호의 어느 하나에 해당하는 경우에는 그러하지 **아니**하다.

　1. 조사대상자(대리인 및 관리책임이 있는 자를 포함한다)가 **동의한 경우**

　2. 사무실 또는 사업장 등의 업무시간에 행정조사를 실시하는 경우

　3. 해가 뜬 후부터 해가 지기 전까지 행정조사를 실시하는 경우에는 조사목적의 달성이 불가능하거나 증거인멸로 인하여 조사대상자의 법령 등의 위반 여부를 확인할 수 없는 경우

③ 제1항 및 제2항에 따라 현장조사를 하는 조사원은 그 권한을 나타내는 증표를 지니고 이를 조사대상자에게 내보여야 한다.

제12조 (시료채취)

① 조사원이 조사목적의 달성을 위하여 시료채취를 하는 경우에는 그 시료의 소유자 및 관리자의 정상적인 경제활동을 방해하지 아니하는 범위 안에서 **최소한도로** 하여야 한다.

② 행정기관의 장은 제1항에 따른 **시료채취**로 조사대상자에게 손실을 입힌 때에는 대통령령으로 정하는 절차와 방법에 따라 그 손실을 보상하여야 한다.

제13조 (자료 등의 영치)

① 조사원이 현장조사 중에 자료·서류·물건 등(이하 이 조에서 "자료 등"이라 한다)을 영치하는 때에는 조사대상자 또는 그 대리인을 입회시켜야 한다.

② 조사원이 제1항에 따라 자료 등을 영치하는 경우에 조사대상자의 생활이나 영업이 사실상 불가능하게 될 우려가 있는 때에는 조사원은 자료 등을 **사진으로** 촬영하거나 **사본을 작성**하는 등의 방법으로 **영치에 갈음**할 수 있다. 다만, **증거인멸**의 우려가 있는 자료 등을 영치하는 경우에는 그러하지 **아니**하다.

③ 조사원이 영치를 완료한 때에는 영치조서 2부를 작성하여 입회인과 함께 서명날인하고 그중 1부를 입회인에게 교부하여야 한다.

④ 행정기관의 장은 영치한 자료 등이 다음 각 호의 어느 하나에 해당하는 경우에는 이를 즉시 반환하여야 한다.

　1. 영치한 자료 등을 검토한 결과 당해 행정조사와 관련이 없다고 인정되는 경우

　2. 당해 행정조사의 목적의 달성 등으로 자료등에 대한 영치의 필요성이 없게 된 경우

제14조 (공동조사)

① 행정기관의 장은 다음 각 호의 어느 하나에 해당하는 행정조사를 하는 경우에는 **공동조사를 하여야 한다.**

1. 당해 행정기관 내의 2 이상의 부서가 동일하거나 유사한 업무분야에 대하여 동일한 조사대상자에게 행정조사를 실시하는 경우

2. 서로 다른 행정기관이 대통령령으로 정하는 분야에 대하여 동일한 조사대상자에게 행정조사를 실시하는 경우

② 제1항 각 호에 따른 사항에 대하여 행정조사의 사전통지를 받은 조사대상자는 관계 행정기관의 장에게 공동조사를 실시하여 줄 것을 신청할 수 있다. 이 경우 조사대상자는 신청인의 성명·조사일시·신청이유 등이 기재된 공동조사신청서를 관계 행정기관의 장에게 제출하여야 한다.

③ 제2항에 따라 공동조사를 요청받은 행정기관의 장은 이에 응하여야 한다.

④ 국무조정실장은 행정기관의 장이 제6조에 따라 제출한 행정조사운영계획의 내용을 검토한 후 관계 부처의 장에게 공동조사의 실시를 요청할 수 있다.

⑤ 그 밖에 공동조사에 관하여 필요한 사항은 대통령령으로 정한다.

제15조 (중복조사의 제한)

① 제7조에 따라 정기조사 또는 수시조사를 실시한 행정기관의 장은 **동일한 사안에 대하여 동일한 조사대상자를 재조사** 하여서는 **아니된다**. 다만, 당해 행정기관이 이미 조사를 받은 조사대상자에 대하여 위법행위가 의심되는 **새로운 증거**를 확보한 경우에는 그러하지 **아니하다**.

② 행정조사를 실시할 행정기관의 장은 행정조사를 실시하기 전에 다른 행정기관에서 동일한 조사대상자에게 동일하거나 유사한 사안에 대하여 행정조사를 실시하였는지 여부를 확인할 수 있다.

③ 행정조사를 실시할 행정기관의 장이 제2항에 따른 사실을 확인하기 위하여 행정조사의 결과에 대한 자료를 요청하는 경우 요청 받은 행정기관의 장은 특별한 사유가 없는 한 관련 자료를 제공하여야 한다.

제4장 조사실시

제16조 (개별조사계획의 수립)

① 행정조사를 실시하고자 하는 행정기관의 장은 제17조에 따른 사전통지를 하기 전에 개별조사계획을 수립하여야 한다. 다만, 행정 조사의 시급성으로 행정조사계획을 수립할 수 없는 경우에는 행정조사에 대한 결과보고서로 개별조사계획을 갈음할 수 있다.

② 제1항에 따른 개별조사계획에는 조사의 목적·종류·대상·방법 및 기간, 그 밖에 대통령령으로 정하는 사항이 포함되어야 한다.

제17조 (조사의 사전통지)

① 행정조사를 실시하고자 하는 행정기관의 장은 제9조에 따른 **출석요구서**, 제10조에 따른 **보고요구서·자료제출요구서** 및 제11조에 따른 **현장출입조사서**(이하 **"출석요구서 등"**이라 한다)를 **조사개시 7일 전**까지 조사대상자에게 **서면**으로 통지하여야 한다. 다만, 다음 각 호의 어느 하나에 **해당**하는 경우에는 **행정조사의 개시와 동시**에 출석요구서 등을 조사대상자에게 제시하거나 행정조사의 목적 등을 조사대상자에게 **구두로 통지**할 수 있다.

1. 행정조사를 실시하기 전에 관련 사항을 미리 통지하는 때에는 증거인멸 등으로 행정조사의 목적을 달성할 수 없다고 판단되는 경우

2. 「통계법」 제3조 제2호에 따른 지정통계의 작성을 위하여 조사하는 경우

3. 제5조 단서에 따라 조사대상자의 **자발적인 협조**를 얻어 실시하는 행정조사의 경우

② 행정기관의 장이 출석요구서 등을 조사대상자에게 발송하는 경우 출석요구서 등의 내용이 외부에 공개되지 아니하도록 필요한 조치를 하여야 한다.

제18조 (조사의 연기신청)

① 출석요구서등을 통지받은 자가 천재지변이나 그 밖에 대통령령으로 정하는 사유로 인하여 행정조사를 받을 수 없는 때에는 당해 행정조사를 연기하여 줄 것을 행정기관의 장에게 요청할 수 있다.

② 제1항에 따라 연기요청을 하고자 하는 자는 연기하고자 하는 기간과 사유가 포함된 연기신청서를 행정기관의 장에게 제출하여야 한다.

③ 행정기관의 장은 제2항에 따라 행정조사의 연기요청을 받은 때에는 연기요청을 받은 날부터 7일 이내에 조사의 연기 여부를 결정하여 조사대상자에게 통지하여야 한다.

제19조 (제3자에 대한 보충조사)

① 행정기관의 장은 조사대상자에 대한 조사만으로는 당해 행정조사의 목적을 달성할 수 없거나 조사대상이 되는 행위에 대한 사실 여부 등을 입증하는 데 과도한 비용 등이 소요되는 경우로서 다음 각 호의 어느 하나에 해당하는 경우에는 제3자에 대하여 보충조사를 할 수 있다.

 1. 다른 법률에서 제3자에 대한 조사를 허용하고 있는 경우

 2. 제3자의 동의가 있는 경우

② 행정기관의 장은 제1항에 따라 제3자에 대한 보충조사를 실시하는 경우에는 조사개시 7일 전까지 보충조사의 일시·장소 및 보충조사의 취지 등을 제3자에게 서면으로 통지하여야 한다.

③ 행정기관의 장은 제3자에 대한 보충조사를 하기 전에 그 사실을 원래의 조사대상자에게 통지하여야 한다. 다만, 제3자에 대한 보충조사를 사전에 통지하여서는 조사목적을 달성할 수 없거나 조사목적의 달성이 현저히 곤란한 경우에는 제3자에 대한 조사결과를 확정하기 전에 그 사실을 통지하여야 한다.

④ 원래의 조사대상자는 제3항에 따른 통지에 대하여 의견을 제출할 수 있다.

제20조 (자발적인 협조에 따라 실시하는 행정조사)

① 행정기관의 장이 제5조 단서에 따라 조사대상자의 자발적인 협조를 얻어 행정조사를 실시하고자 하는 경우 조사대상자는 문서·전화·구두 등의 방법으로 당해 행정조사를 거부할 수 있다.

② 제1항에 따른 행정조사에 대하여 조사대상자가 조사에 응할 것인지에 대한 응답을 하지 아니하는 경우에는 법령 등에 특별한 규정이 없는 한 그 조사를 거부한 것으로 본다.

→ 자발적 협조에 의한 행정조사 : (조사대상자의) 미응답은 조사거부로 간주

③ 행정기관의 장은 제1항 및 제2항에 따른 조사거부자의 인적 사항 등에 관한 기초자료는 특정 개인을 식별할 수 없는 형태로 통계를 작성하는 경우에 한하여 이를 이용할 수 있다.

제21조 (의견제출)

① 조사대상자는 제17조에 따른 사전통지의 내용에 대하여 행정기관의 장에게 의견을 제출할 수 있다.

② 행정기관의 장은 제1항에 따라 조사대상자가 제출한 의견이 상당한 이유가 있다고 인정하는 경우에는 이를 행정조사에 반영하여야 한다.

제22조 (조사원 교체신청)

① 조사대상자는 조사원에게 공정한 행정조사를 기대하기 어려운 사정이 있다고 판단되는 경우에는 행정기관의 장에게 당해 조사원의 교체를 신청할 수 있다.

② 제1항에 따른 교체신청은 그 이유를 명시한 서면으로 행정기관의 장에게 하여야 한다.

③ 제1항에 따른 교체신청을 받은 행정기관의 장은 즉시 이를 심사하여야 한다.

④ 행정기관의 장은 제1항에 따른 교체신청이 타당하다고 인정되는 경우에는 다른 조사원으로 하여금 행정조사를 하게 하여야 한다.

⑤ 행정기관의 장은 제1항에 따른 교체신청이 조사를 지연할 목적으로 한 것이거나 그 밖에 교체신청에 타당한 이유가 없다고 인정되는 때에는 그 신청을 기각하고 그 취지를 신청인에게 통지하여야 한다.

제23조 (조사권 행사의 제한)

① 조사원은 제9조부터 제11조까지에 따라 사전에 발송된 사항에 한하여 조사대상자를 조사하되, 사전통지한 사항과 관련된 추가적인 행정조사가 필요할 경우에는 조사대상자에게 추가조사의 필요성과 조사내용 등에 관한 사항을 서면이나 구두로 통보한 후 추가 조사를 실시할 수 있다.

② 조사대상자는 법률·회계 등에 대하여 전문지식이 있는 관계 전문가로 하여금 행정조사를 받는 과정에 입회하게 하거나 의견을 진술하게 할 수 있다.

③ 조사대상자와 조사원은 조사과정을 방해하지 아니하는 범위 안에서 행정조사의 과정을 녹음하거나 녹화할 수 있다. 이 경우 녹음·녹화의 범위 등은 상호 협의하여 정하여야 한다.

④ 조사대상자와 조사원이 제3항에 따라 녹음이나 녹화를 하는 경우에는 사전에 이를 당해 행정기관의 장에게 통지하여야 한다.

제24조 (조사결과의 통지)

<u>행정기관의 장은 법령 등에 특별한 규정이 있는 경우를 제외하고는 **행정조사의 결과를 확정한 날부터 7일** 이내에 그 결과를 조사대상자에게 통지하여야 한다.</u>

제6장 자율관리체제의 구축 등

제25조 (자율신고제도)

① <u>행정기관의 장은 법령 등에서 규정하고 있는 조사사항을 조사대상자로 하여금 스스로 신고하도록 하는 제도를 운영할 수 있다.</u>

→ (행정기관의 장은) 자율신고제도를 <u>운영할 수 있음O</u> / 자율신고제도를 <u>운영할 의무X</u>

② 행정기관의 장은 조사대상자가 제1항에 따라 신고한 내용이 거짓의 신고라고 인정할 만한 근거가 있거나 신고내용을 신뢰할 수 없는 경우를 제외하고는 그 신고내용을 행정조사에 갈음할 수 있다.

제26조 (자율관리체제의 구축)

① 행정기관의 장은 조사대상자가 자율적으로 행정조사사항을 신고·관리하고, 스스로 법령준수사항을 통제하도록 하는 체제(이하 "자율관리체제"라 한다)의 기준을 마련하여 고시할 수 있다.

② 다음 각 호의 어느 하나에 해당하는 자는 제1항에 따른 기준에 따라 자율관리체제를 구축하여 대통령령으로 정하는 절차와 방법에 따라 행정기관의 장에게 신고할 수 있다.

1. 조사대상자

2. 조사대상자가 법령 등에 따라 설립하거나 자율적으로 설립한 단체 또는 협회

③ 국가와 지방자치단체는 행정사무의 효율적인 집행과 법령 등의 준수를 위하여 조사대상자의 자율관리체제 구축을 지원하여야 한다.

제27조 (자율관리에 대한 혜택의 부여)

행정기관의 장은 제25조에 따라 자율신고를 하는 자와 제26조에 따라 자율관리체제를 구축하고 자율관리체제의 기준을 준수한 자에 대하여는 법령 등으로 규정한 바에 따라 행정조사의 감면 또는 행정·세제상의 지원을 하는 등 필요한 혜택을 부여할 수 있다.

제6장 보칙

제28조 (정보통신수단을 통한 행정조사)

① 행정기관의 장은 인터넷 등 정보통신망을 통하여 조사대상자로 하여금 자료의 제출 등을 하게 할 수 있다.

② 행정기관의 장은 정보통신망을 통하여 자료의 제출 등을 받은 경우에는 조사대상자의 신상이나 사업비밀 등이 유출되지 아니하도록 제도적·기술적 보안조치를 강구하여야 한다.

제29조 (행정조사의 점검과 평가)

① 국무조정실장은 행정조사의 효율성·투명성 및 예측가능성을 제고하기 위하여 각급 행정기관의 행정조사 실태, 공동조사 실시현황 및 중복조사 실시 여부 등을 확인·점검하여야 한다.

② 국무조정실장은 제1항에 따른 확인·점검결과를 평가하여 대통령령으로 정하는 절차와 방법에 따라 국무회의와 대통령에게 보고하여야 한다.

③ 국무조정실장은 제1항에 따른 확인·점검을 위하여 각급 행정기관의 장에게 행정조사의 결과 및 공동조사의 현황 등에 관한 자료의 제출을 요구할 수 있다.

④ 행정조사의 확인·점검 대상 행정기관과 행정조사의 확인·점검 및 평가절차에 관한 사항은 대통령령으로 정한다.

제4장　행정벌

제1절　개설

Ⅰ. 의의

행정벌이란 행정법상의 의무위반에 대한 제재로서 일반통치권에 의거하여 부과하는 처벌을 말한다. 행정벌이 과해지는 비행(범죄)을 행정범이라고 한다. 행정벌은 직접적으로는 과거의 의무위반에 대한 제재로서의 의미를 갖지만, 간접적으로는 의무자에게 심리적 압박을 가함으로써 (장래의) 행정법상 의무이행을 확보하는 수단이 된다.

Ⅱ. 행정벌의 성질

1. 징계벌과의 구별

행정벌은 행정법규의 실효성을 확보하기 위하여 '일반통치권'(일반 국민에 대한 통치권)에 의거하여 의무위반자에게 과하는 제재인데 대하여, 징계벌(파면·해임·강등·정직·감봉·견책)은 특별권력관계 내부질서를 유지하기 위하여 질서문란자에게 과하는 신분상 불이익이다.

2. 이행강제금(집행벌)과의 구별

행정벌은 과거의 위반에 대한 제재를 주된 목적으로 하는 데 반해, 이행강제금은 장래의 의무이행을 확보하기 위한 것이다.

3. 형사벌과의 구별

행정벌은 행정형벌과 행정질서벌로 구분된다. 행정형벌과 형사벌은 형법상의 형벌이 부과된다는 점에서 동일하다. 그러나 형사벌은 국가의 명령이나 금지 이전에 인간으로서 당연히 지켜야할 것을 위반한 반도덕적·반사회적 행위로서 자연범(절도범, 살인범 등)에 과해지는 것이지만, 행정벌은 행정목적을 달성하기 위해 국가가 행정법규에서 정한 명령·금지를 위반한 것으로서 법정범(환경법규위반범·도로교통법규위반범 등)에 과해지는 것이다. 그러나 이러한 구별은 상대적·유동적이다(예컨대, 음주운전의 경우 독일은 형법에서 규율하여 형사벌으로서 취급하지만, 우리나라에서는 도로교통법에 규율하여 행정벌으로 취급하고 있는 것이다).

4. 구별표

구 분	집행벌(이행강제금)	행정벌	징계벌
권력의 기초	일반권력(일반통치권)	일반권력(일반통치권)	특별권력
상대방	일반국민	일반국민	행정조직의 내부구성원 (공무원)
목 적	장래에 대한 의무이행 확보	일반 사회 질서유지 과거 의무위반에 대한 제재	공무원 관계 내부 질서유지
성 질	간접적 의무이행 확보수단	간접적 의무이행 확보수단	-
대 상	각종 의무 불이행	행정범	공무원법상 의무위반
법적근거	반드시 필요	반드시 필요	반드시 필요
내 용	의무 불이행시 이행강제를 위해 부과하는 금전 부담	생명, 자유, 재산 등을 제한 및 박탈	파면, 해임, 강등, 정직, 감봉, 견책
고의·과실	불요	원칙적 필요	불요
부과권자	행정청	법원	특별권력주체
반복부과	가능	불가	불가

III. 행정벌의 근거

1. 법률과 법규명령

행정벌은 법률의 근거가 있어야 하며 법률의 규정은 범죄의 구성요건과 형벌의 종류 및 최고한도를 명확하게 규정하여야 한다. 헌법 상의 죄형법정주의로 인해 원칙적으로는 벌칙을 법규명령으로 규정하는 위임을 할 수는 없다. 벌칙(처벌법규)의 명령에의 위임은 특히 긴급한 필요가 있거나 미리 법률로써 자세히 정할 수 없는 부득이한 사정이 있는 경우에 한정되어야 하고, 이런 경우에도 법률에서 범 죄의 구성요건은 처벌대상인 행위가 어떠한 것이라고 예측할 수 있을 정도로 구체적으로 정하고 형벌의 종류 및 상한과 폭을 명백히 규정하여야 한다.

2. 조례

조례로써는 행정형벌은 규정할 수 없고 행정질서벌은 규정할 수 있다. 지방자치단체는 조례로써 조례위반행위에 대하여 1천만 이하 의 과태료를 정할 수 있다. 또한 사기나 그 밖의 부정한 방법으로 사용료.수수료 또는 분담금의 징수를 면한 자에 대하여는 금액의 5배 이내의 과태료를 공공시설을 부정사용한 자에 대하여는 50만원 이하의 과태료를 부과하는 규정을 조례로 정할 수 있다.

IV. 행정벌의 종류 및 본질

1. 행정형벌

행정형벌이란 형법에 규정되어 있는 형벌이 과해지는 행정벌을 말한다. 행정형벌은 특별한 규정이 없는 한 형법총칙과 형사소송법 이 적용된다. 행정형벌은 행정목적을 직접적·현실적으로 침해한 경우가 일반적이다.

→ 죄형법정주의 원칙 등 형벌법규의 해석 원리는 행정형벌에 관한 규정을 해석할 때에도 적용되어야 한다.

→ 무효인 명령의 경우에는 명령에 따른 의무위반이 생기지 아니하므로, 명령 위반을 이유로 행정형벌을 부과할 수 없다.

2. 행정질서벌

행정질서벌이란 형법에 규정되어 있지 않은 과태료가 가해지는 행정벌을 말한다. 행정질서벌은 형법총칙이 적용되지 않으며, 질서 위반행위규제법이 적용된다. 행정질서벌은 행정목적을 간접적으로 침해한 경우 또는 행정목적을 침해할 우려가 있는 경우 부과함이 일반적이다.

제2절 행정형벌

I. 행정형벌의 특수성

1. 행정처분과의 병과 가능성

행정처분(이행강제금·과징금·운전면허취소 등)과 행정형벌은 병과가 가능하다.

2. 구체적 검토

가. 고의 또는 과실

형사범의 경우 원칙적으로 고의범만을 처벌하고, 과실에 의한 행위는 예외적으로 법률에 특별한 규정이 있는 경우에 한하여 처벌한다. 이것은 행정범의 경우에도 원칙적으로 동일하게 적용된다. 고의란 어떠한 위법행위의 발생가능성을 인식하고 그 결과를 용인하는 것을 뜻하므로, 위법인식가능성이 없는 경우에는 고의가 성립되지 않아서 처벌해서는 안 된다는 견해가 다수설·판례의 입장이다.

과실에 의한 행정범은 법률에 명시적인 규정이 있는 경우나 당해 법규의 해석상 과실범도 처벌할 뜻이 명백히 인정되는 경우만 처벌할 수 있다.

→ (행정범의 경우) 과실범을 처벌한다는 명문의 규정이 없더라도 행정형벌법규의 해석에 의하여 과실행위도 처벌한다는 뜻이 도출되는 경우에는 과실범도 처벌될 수 있다.

나. 책임능력

형법은 형사미성년자(14세 미만자)의 행위는 벌하지 아니하고, 심신장애자 및 농아자의 행위는 벌하지 아니하거나 그 형을 감경한다. 그러나 행정형벌의 경우는 이의 적용을 배제하는 규정을 두는 경우가 있다.

다. 법인의 책임

형사범에 있어서는 법인은 범죄능력이 없다고 보는 것이 일반적 견해이나, 행정범에 있어서는 행정법규의 실효성을 확보하기 위하여 행위자와 (주의·감독의무를 게을리 한) 법인을 모두 처벌하는 양벌규정을 두는 경우가 많다. 지방자치단체 소속 공무원이 지방자치단체 고유의 자치사무를 수행하던 중 「도로법」 규정에 의한 위반행위를 한 경우 지방자치단체는 「도로법」의 양벌규정에 따라 처벌대상이 되는 법인에 해당한다.

→ 법인 대표자의 법규위반행위에 대한 법인의 책임은 법인 자신의 법규위반행위로 평가될 수 있는 행위에 대한 법인의 직접책임이다.

→ 양벌규정에 의한 법인의 처벌은 형벌의 일종으로서 행정적 제재처분이나 민사상 불법행위책임과는 성격이 다르다.

라. 타인의 행위(비행)에 대한 책임

형사범에 있어서는 범죄행위자 이외의 자를 처벌하는 일이 없으나, 행정범에 있어서는 행위자 이외의 자, 즉 법령상의 책임자에 대하여 행정벌을 과하는 경우가 적지 않다. 즉, 미성년자·금치산자의 위반행위에 대하여 (주의·감독의무를 게을리 한) 법정대리인을 처벌하거나, 양벌규정을 두어 종업원의 위반행위에 대하여 행위자 이외에 (주의·감독의무를 게을리 한) 사업주도 처벌하는 것 등이 그 예에 속한다. ← 해당 법정대리인 및 사업주의 책임은 주의·감독의무를 게을리 한 자기책임O / 과실책임O

→ 법인의 독자적인 책임에 관한 규정이 없이 단순히 종업원이 업무에 관한 범죄행위를 하였다는 이유만으로 법인에게 형사처벌을 과하는 것은 책임주의 원칙에 반한다.

→ 양벌규정에 의한 영업주의 처벌은 (금지위반행위자인 종업원의 처벌에 종속하는 것이 아니라 독립하여 영업주 자신의 종업원에 대한 선임감독상의 과실로 인하여 처벌되는 것이므로) 종업원의 범죄성립이나 처벌이 영업주 처벌의 전제조건이 될 필요는 없다.

마. 헌법재판소

양벌규정은 행위자에 대한 **처벌규정**임과 동시에 그 **위반행위의 이익귀속주체인 영업주**에 대한 **처벌규정**이다. 최근 헌법재판소는 일련의 사건에서 종업원 등의 범죄행위와 관련하여 선임·감독상의 주의의무를 다하여 아무런 잘못이 없는 영업주도 처벌하도록 규정하고 있는 양벌규정을 법치국가의 원리 및 죄형법정주의로부터 도출되는 형벌에 관한 책임원칙에 반하므로 위헌이라고 판시하였다. 이러한 결정 후 입법자는 영업주가 종업원 등의 위반행위를 방지하기 위하여 관리·감독의무를 해태하지 아니한 때에는 영업주의 형사책임을 면제하는 규정을 두는 것으로 개정하고 있다.

Ⅱ. 행정형벌의 과벌절차

1. 일반 절차

행정형벌은 형사소송법이 정하는 절차에 따라 형사법원이 과벌하는 것이 원칙이다.

2. 특별 절차

가. 통고처분

(1) 의의

통고처분이란 정식재판에 갈음하여 간편하고 신속한 해결을 위하여 상대방의 동의를 조건으로 행정청이 벌금 또는 과료에 상당하는 금액(**범칙금**)의 납부를 명하는 준사법적 행위를 말한다. 조세범, 교통사범, 출입국관리사범, 경범죄 등을 처벌하는 데 인정되고 있다. 이들 법위반행위를 '범칙행위'라고 하는데 이는 중대범죄가 아니고, 증거가 확실하여 거의 다툼이 없으며, 빈번히 발생하는 행위이기 때문에 범칙행위를 한 자(범칙자)에 대한 과벌절차를 간단·신속하게 하기 위한 절차이다. 속칭 '딱지발부' 또는 '스티커발부'라고 한다.

(2) 적용범위

통고처분은 모든 행정상 의무불이행에 대해 취할 수 있는 제재조치가 아니고, 특정한 행정처분에 한하는 제재조치이다.

(3) 효과

통고처분을 받은 자가 그 통고된 내용대로 이행한 때에는 확정판결과 동일한 효력이 발생하게 되어 다시 형사소추가 불가능하며 (일사부재리의 원칙), 또한 통고권자는 이미 통고된 내용을 변경하지 못한다. 범칙금은 벌금이 아니므로 그 납부자는 전과자가 아니다.

→ 통고처분에 따른 **범칙금을 납부한 후**에 동일한 사건에 대하여 **다시 형사처벌**을 하는 것이 <u>일사부재리의 원칙에 **반하는 것**</u>이다.

→ 경찰서장이 범칙행위에 대하여 **통고처분**을 한 이상, 통고처분에서 정한 **범칙금 납부 기간**까지는 원칙적으로 <u>경찰서장은 즉결심판</u>을 청구할 수 없고, 검사도 동일한 범칙행위에 대하여 <u>공소를 제기할 수 없다</u>.

통고처분을 받은 자가 법정기간 내(조세범처벌절차법의 경우는 15일, 도로교통법의 경우는 10일)에 이행하지 않으면 통고처분은 당연히 효력을 상실하고 통고권자(경찰서장·세무서장)는 검찰에 고발하여야 하는데, 검찰은 통고권자의 고발 없이는 기소할 수 없다. 경미한 사안인 경우에는 경찰서장이 직접 즉결심판에 회부한다.

→ 통고처분은 상대방의 <u>임의의 승복</u>을 효력발생요건으로 하는 것으로서 (상대방의) <u>재판받을 권리를 침해하는 것은 **아니다**</u>.

∴ 국민의 권리·의무에 영향X

(4) 법적 성질

통고처분은 불복절차와 법적 구속력이 보통의 행정처분과는 다르므로 행정쟁송의 대상이 되는 행정처분에 해당하지 않으며 일종의 과벌절차이다. 통고처분을 받은 자가 법정 기간 내에 이행하지 않으면 통고처분의 효력은 자동으로 소멸되고, 당해 행정청이 고발하거나 즉결심판에 회부하면 형사소송절차로 이행되므로 행정쟁송을 제기할 수 없다. 통고처분은 공소시효를 중단시킨다. 통고처분을 할 것인지의 여부는 권한행정청의 재량에 속한다.

→ 지방국세청장이 통고처분을 거치지 아니하고 즉시 고발하였다면 이로써 조세범칙사건에 대한 조사 및 처분 절차는 종료되고 형사사건 절차로 이행되어 지방국세청장은 동일한 조세범칙행위에 대하여 더 이상 통고처분을 할 권한이 없다. 따라서 <u>지방국세청장이 조세범칙행위에 대하여 고발을 한 후에 동일한 조세범칙행위에 대하여 통고처분을 하였더라도</u>, 이는 법적 권한 소멸 후에 이루어진 것으로서 효력이 없고, <u>조세범칙행위자가 이러한 통고처분을 이행하였더라도 일사부재리의 원칙이 적용될 수 없다.</u>

∴ 형사사건 절차 계속 진행O

나. 즉결심판

20만원 이하의 벌금(5만원 이상)·구류(1일-29일) 또는 과료(2천원 이상 5만원미만. 과태료와는 다름)의 행정형벌은 「즉결심판에 관한 절차법」에 따라, 경찰서장의 청구에 의하여(검사의 기소독점주의의 예외) 지방법원, 지원 또는 시·군법원의 판사에 의하여 과하여진다. 피고인이 출석하지 않으면 개정할 수 없는 것이 원칙이나, 벌금 또는 과료를 선고하는 경우에는 피고인의 진술을 듣지 않고 형의 선고를 할 수 있다. 즉결심판에 불복한 자는 7일 이내에 정식재판을 청구할 수 있고, 정식재판의 판결이 있을 때에는 (즉결심판은) 그 효력을 잃는다. 즉결심판의 형의 집행은 경찰서장이 한다.

즉결심판은 행정범 또는 형사범으로서 경미한 범죄사건에 대한 특수한 절차이며 행정형벌만의 과벌절차는 아니다. 현재 즉결심판은 도로교통법 위반과 경범죄처벌법 위반이 대부분이다. 경범죄처벌법과 도로교통법에서는 즉결심판에 회부하기 전의 단계로서 경찰서장이 범칙자로 인정되는 사람에게 서면으로 범칙금을 국고에 납입하도록 통고한다(통고처분). 통고를 받은 사람은 10일 이내에 범칙금을 납부하여야 하며, 그 때까지 납부하지 못한 사람은 그 후 20일 이내에 범칙금의 100분의 20을 더하여 납부하여야 한다. 이 통고처분을 이행하지 않을 경우에는 경찰서장은 즉결심판에 회부하여야 한다. 그러나 즉결심판이 청구되기 전까지 통고받은 범칙금액의 100분의 50을 더한 금액을 납부한 사람에 대하여는 즉결심판에 회부할 수 없다.

제3절 행정질서벌

Ⅰ. 행정형벌과 행정질서벌의 병과 가능성

1. 학설

행정질서벌과 행정형벌은 과벌절차는 다르지만 다 같은 행정벌이므로 동일한 행정범에 대하여 일사부재리의 원칙 내지 이중처벌금지의 원칙에 따라 양자를 병과할 수 없다는 것이 다수설이다.

2. 대법원

대법원은 행정법상의 질서벌인 과태료 부과처분과 형사처벌은 그 성질이나 목적을 달리하는 별개의 것이므로 행정법상의 질서벌인 과태료를 납부한 후에 형사처벌을 한다고 하여 이를 일사부재리의 원칙에 반하는 것이라고 할 수는 없다는 입장이다.

3. 헌법재판소

헌법재판소는 양자(행정형벌과 행정질서벌)는 목적·기능이 중복되는 면이 있어 동일한 행위를 대상으로 하여 병과하는 경우 이중처벌금지의 기본정신에 배치될 여지가 있다는 입장이다. 그러나 기본적인 사실관계를 달리하는 경우는 행정질서벌인 과태료와 행정형벌을 부과하더라도 이중처벌에 해당하지 않는다고 본다.

Ⅱ. 행정질서벌과 죄형법정주의

행정형벌은 죄형법정주의가 적용된다. 문제는 행정질서벌도 죄형법정주의가 적용되는가에 있다. **판례는** 행정질서벌은 (범죄를 전제로 하는 형벌이 아니라는 점에서) 죄형법정주의가 적용되지 **않는다**(**부정설**)는 입장이다.

Ⅲ. 행정질서벌의 법적 성질

대법원은 과태료 부과처분은 행정소송의 대상이 되는 행정처분으로 볼 수 없다고 판시하였다.

Ⅳ. 법 적용의 시간적 범위 및 장소적 범위

질서위반행위규제법

제3조 (법 적용의 시간적 범위)
제1항 질서위반행위의 성립과 과태료 처분은 행위 시의 법률에 따른다.
제2항 질서위반행위 후 법률이 변경되어 그 행위가 질서위반행위에 해당하지 아니하게 되거나 과태료가 변경되기 전의 법률보다 가볍게 된 때에는 법률에 특별한 규정이 없는 한 변경된 법률을 적용한다.
제3항 행정청의 과태료 처분이나 법원의 과태료 재판이 확정된 후 법률이 변경되어 그 행위가 질서위반행위에 해당하지 아니하게 된 때에는 변경된 법률에 특별한 규정이 없는 한 과태료의 징수 또는 집행을 면제한다.

제4조 (법 적용의 장소적 범위)
제1항 이 법은 대한민국 영역 안에서 질서위반행위를 한 자에게 적용한다.
제2항 이 법은 대한민국 영역 밖에서 질서위반행위를 한 대한민국의 국민에게 적용한다.
제3항 이 법은 대한민국 영역 밖에 있는 대한민국의 선박 또는 항공기 안에서 질서위반행위를 한 외국인에게 적용한다.

→ 질서위반행위에 대하여 과태료를 부과하는 근거 법령이 개정되어 행위 시의 법률에 의하면 과태료 부과대상이었지만 재판 시의 법률에 의하면 부과대상이 아니게 된 때에는 개정 법률의 부칙 등에서 행위시의 법률을 적용하도록 명시하는 등 특별한 사정이 없는 한 재판시의 법률을 적용하여야 한다.

Ⅴ. 질서위반행위규제법 조문

제1장 총칙

제1조 (목적)

이 법은 법률상 의무의 효율적인 이행을 확보하고 국민의 권리와 이익을 보호하기 위하여 질서위반행위의 성립요건과 과태료의 부과·징수 및 재판 등에 관한 사항을 규정하는 것을 목적으로 한다.

제2조 (정의)

이 법에서 사용하는 용어의 뜻은 다음과 같다.

1. "질서위반행위"란 법률(지방자치단체의 조례를 포함한다. 이하 같다)상의 의무를 위반하여 **과태료를 부과**하는 행위를 말한다. 다만, 다음 각 목의 어느 하나에 해당하는 행위를 **제외**한다.

가. 대통령령으로 정하는 **사법(私法)상·소송법**상 의무를 위반하여 과태료를 부과하는 행위

나. 대통령령으로 정하는 법률에 따른 징계사유에 해당하여 과태료를 부과하는 행위

2. "행정청"이란 행정에 관한 의사를 결정하여 표시하는 국가 또는 지방자치단체의 기관, 그 밖의 법령 또는 자치법규에 따라 행정권한을 가지고 있거나 위임 또는 위탁받은 공공단체나 그 기관 또는 사인(私人)을 말한다.

3. "당사자"란 질서위반행위를 한 자연인 또는 법인(법인이 아닌 사단 또는 재단으로서 대표자 또는 관리인이 있는 것을 포함한다. 이하 같다)을 말한다.

> **참고** **질서위반행위규제법 시행령 제2조 (질서위반행위에서 제외되는 행위)**
>
> ① 「질서위반행위규제법」 제2조 제1호 가목에서 "대통령령으로 정하는 **사법(私法)상·소송법**상 의무를 위반하여 과태료를 부과하는 행위"란 「**민법**」, 「**상법**」 등 사인(私人) 간의 법률관계를 규율하는 법 또는 「민사소송법」, 「가사소송법」, 「민사집행법」, 「형사소송법」, 「민사조정법」 등 분쟁 해결에 관한 절차를 규율하는 법률상의 의무를 위반하여 과태료를 부과하는 행위를 말한다.

제3조 (법 적용의 시간적 범위)

① 질서위반행위의 성립과 과태료 처분은 **행위 시의 법률**에 따른다.

→ 처분 시의 법률X / 재판 시의 법률X / 행위 시의 법률O

② **질서위반행위 후 법률**이 변경되어 그 행위가 **질서위반행위에 해당하지 아니하게 되거나 과태료가 변경되기 전의 법률보다 가볍게 된 때**에는 법률에 특별한 규정이 없는 한 **변경된 법률을 적용**한다.

→ 변경되기 전 법률을 적용X / 변경된 법률을 적용O

③ **행정청의 과태료 처분이나 법원의 과태료 재판이 확정된 후 법률이 변경**되어 그 행위가 **질서위반행위에 해당하지 아니하게 된 때**에는 변경된 법률에 특별한 규정이 없는 한 **과태료의 징수 또는 집행을 면제**한다.

제4조 (법 적용의 장소적 범위)

① 이 법은 대한민국 영역 안에서 질서위반행위를 한 자에게 적용한다.

② 이 법은 대한민국 영역 밖에서 질서위반행위를 한 대한민국의 국민에게 적용한다.

③ 이 법은 대한민국 영역 밖에 있는 대한민국의 선박 또는 항공기 안에서 질서위반행위를 한 외국인에게 적용한다.

제5조 (다른 법률과의 관계)

과태료의 부과·징수, 재판 및 집행 등의 절차에 관한 **다른 법률의 규정 중 이 법의 규정에 저촉되는 것은 이 법으로 정하는 바에 따른다.**

제2장 질서위반행위의 성립 등

제6조 (질서위반행위 법정주의)

법률에 따르지 아니하고는 어떤 행위도 질서위반행위로 과태료를 부과하지 아니한다.

제7조 (고의 또는 과실)

고의 또는 과실이 없는 질서위반행위는 과태료를 부과하지 아니한다.

→ 고의·과실은 과태료 부과요건

제8조 (위법성의 착오)

자신의 행위가 위법하지 아니한 것으로 **오인**하고 행한 질서위반행위는 그 오인에 **정당한 이유**가 있는 때에 **한하여** 과태료를 부과하지 아니한다.

제9조 (책임연령)

14세가 되지 아니한 자의 질서위반행위는 **과태료를 부과**하지 **아니한다.** 다만, 다른 법률에 특별한 규정이 있는 경우에는 그러하지 아니하다.

제10조 (심신장애)

① 심신(心神)장애로 인하여 행위의 옳고 그름을 판단할 능력이 없거나 그 판단에 따른 행위를 할 능력이 없는 자의 질서위반행위는 과태료를 부과하지 아니한다.

② 심신장애로 인하여 제1항에 따른 능력이 미약한 자의 질서위반행위는 과태료를 감경한다.

③ 스스로 심신장애 상태를 일으켜 질서위반행위를 한 자에 대하여는 제1항 및 제2항을 적용하지 아니한다.

→ ∴ 스스로 심신장애 상태를 일으켜 질서위반행위를 한 자에 대하여는 (그대로) 과태료 부과

제11조 (법인의 처리 등)

① 법인의 대표자, 법인 또는 개인의 대리인·사용인 및 그 밖의 종업원이 업무에 관하여 법인 또는 그 개인에게 부과된 법률상의 의무를 위반한 때에는 법인 또는 그 개인에게 과태료를 부과한다.

② 제7조부터 제10조까지의 규정은 「도로교통법」 제56조 제1항에 따른 고용주등을 같은 법 제160조 제3항에 따라 과태료를 부과하는 경우에는 적용하지 아니한다.

제12조 (다수인의 질서위반행위 가담)

① **2인 이상**이 질서위반행위에 가담한 때에는 **각자가 질서위반행위**를 한 것으로 **본다.**

② 신분에 의하여 성립하는 질서위반행위에 신분이 없는 자가 가담한 때에는 **신분이 없는 자**에 대하여도 **질서위반행위가 성립**한다.

③ 신분에 의하여 과태료를 감경 또는 가중하거나 과태료를 부과하지 아니하는 때에는 그 **신분의 효과는 신분이 없는** 자에게는 미치지 **아니한다.**

제13조 (수개의 질서위반행위의 처리)

① 하나의 행위가 2 이상의 질서위반행위에 해당하는 경우에는 각 질서위반행위에 대하여 정한 과태료 중 **가장 중한 과태료를 부과한다.**

→ 하나의 행위가 2 이상의 질서위반행위에 해당 : 과태료 합산X / 가장 중한 과태료O

② 제1항의 경우를 제외하고 2 이상의 질서위반행위가 **경합**하는 경우에는 각 질서위반행위에 대하여 정한 과태료를 **각각 부과한다.** 다만, 다른 법령(지방자치단체의 조례를 포함한다. 이하 같다)에 특별한 규정이 있는 경우에는 그 법령으로 정하는 바에 따른다.

제14조 (과태료의 산정)

행정청 및 법원은 과태료를 정함에 있어서 다음 각 호의 사항을 고려하여야 한다.

1. 질서위반행위의 동기·목적·방법·결과

2. 질서위반행위 이후의 당사자의 태도와 정황

3. 질서위반행위자의 연령·재산상태·환경

4. 그 밖에 과태료의 산정에 필요하다고 인정되는 사유

제15조 (과태료의 시효)

① 과태료는 행정청의 과태료 부과처분이나 법원의 과태료 재판이 확정된 후 **5년간** 징수하지 아니하거나 집행하지 아니하면 **시효로** 인하여 **소멸**한다.

② 제1항에 따른 소멸시효의 중단·정지 등에 관하여는 「국세기본법」 제28조를 준용한다.

제3장 행정청의 과태료 부과 및 징수

제16조 (사전통지 및 의견 제출 등)

① 행정청이 질서위반행위에 대하여 과태료를 부과하고자 하는 때에는 **미리** 당사자(제11조 제2항에 따른 고용주 등을 포함한다. 이하 같다)에게 대통령령으로 정하는 사항을 **통지**하고, **10일 이상의 기간**을 정하여 **의견을 제출할** 기회를 주어야 한다. 이 경우 지정된 기일까지 의견 제출이 **없는** 경우에는 의견이 **없는** 것으로 **본다.**

② 당사자는 의견 제출 기한 이내에 대통령령으로 정하는 방법에 따라 행정청에 의견을 진술하거나 필요한 자료를 제출할 수 있다.

③ 행정청은 제2항에 따라 당사자가 제출한 의견에 상당한 이유가 있는 경우에는 과태료를 부과하지 아니하거나 통지한 내용을 변경할 수 있다.

제17조 (과태료의 부과)

① 행정청은 제16조의 의견 제출 절차를 마친 후에 **서면**(당사자가 **동의**하는 경우에는 **전자문서를 포함**한다. 이하 이 조에서 같다)으로 **과태료를 부과하여야** 한다.

② 제1항에 따른 서면에는 질서위반행위, 과태료 금액, 그 밖에 대통령령으로 정하는 사항을 명시하여야 한다.

제17조의2 (신용카드 등에 의한 과태료의 납부)

① 당사자는 과태료, 제24조에 따른 가산금, 중가산금 및 체납처분비를 대통령령으로 정하는 과태료 납부대행기관을 통하여 신용카드, 직불카드 등(이하 "신용카드 등"이라 한다)으로 낼 수 있다.

② 제1항에 따라 신용카드 등으로 내는 경우에는 과태료 납부대행기관의 승인일을 납부일로 본다.

③ 과태료 납부대행기관은 납부자로부터 신용카드 등에 의한 과태료 납부대행 용역의 대가로 납부대행 수수료를 받을 수 있다.

④ 과태료 납부대행기관의 지정 및 운영, 납부대행 수수료에 관한 사항은 대통령령으로 정한다.

제18조 (자진납부자에 대한 과태료 감경)

① 행정청은 당사자가 제16조에 따른 의견 제출 기한 이내에 과태료를 자진하여 납부하고자 하는 경우에는 대통령령으로 정하는 바에 따라 과태료를 감경할 수 있다.

② 당사자가 제1항에 따라 감경된 과태료를 납부한 경우에는 해당 질서위반행위에 대한 과태료 부과 및 징수절차는 종료한다.

제19조 (과태료 부과의 제척기간)

① 행정청은 질서위반행위가 종료된 날(다수인이 질서위반행위에 가담한 경우에는 최종행위가 종료된 날을 말한다)부터 5년이 경과한 경우에는 해당 질서위반행위에 대하여 과태료를 부과할 수 없다.

② 제1항에도 불구하고 행정청은 제36조 또는 제44조에 따른 법원의 결정이 있는 경우에는 그 결정이 확정된 날부터 1년이 경과하기 전까지는 과태료를 정정부과 하는 등 해당 결정에 따라 필요한 처분을 할 수 있다.

제20조 (이의제기)

① 행정청의 과태료 부과에 불복하는 당사자는 제17조 제1항에 따른 과태료 부과 통지를 받은 날부터 60일 이내에 해당 행정청에 서면으로 이의제기를 할 수 있다.

② 제1항에 따른 이의제기가 있는 경우에는 행정청의 과태료 부과처분은 그 효력을 상실한다.

→ ∴ 과태료 부과처분은 처분성X ∵ 국민의 권리·의무에 확정적으로 영향X

③ 당사자는 행정청으로부터 제21조 제3항에 따른 통지를 받기 전까지는 행정청에 대하여 서면으로 이의제기를 철회할 수 있다.

제21조 (법원에의 통보)

① 제20조 제1항에 따른 이의제기를 받은 행정청은 이의제기를 받은 날부터 14일 이내에 이에 대한 의견 및 증빙서류를 첨부하여 관할 법원에 통보하여야 한다. 다만, 다음 각 호의 어느 하나에 해당하는 경우에는 그러하지 아니하다.

 1. 당사자가 이의제기를 철회한 경우

 2. 당사자의 이의제기에 이유가 있어 과태료를 부과할 필요가 없는 것으로 인정되는 경우

② 행정청은 사실상 또는 법률상 같은 원인으로 말미암아 다수인에게 과태료를 부과할 필요가 있는 경우에는 다수인 가운데 1인에 대한 관할권이 있는 법원에 제1항에 따른 이의제기 사실을 통보할 수 있다.

③ 행정청이 제1항 및 제2항에 따라 관할 법원에 통보를 하거나 통보하지 아니하는 경우에는 그 사실을 즉시 당사자에게 통지하여야 한다.

제22조 (질서위반행위의 조사)

① 행정청은 질서위반행위가 발생하였다는 합리적 의심이 있어 그에 대한 조사가 필요하다고 인정할 때에는 대통령령으로 정하는 바에 따라 다음 각 호의 조치를 할 수 있다. ← 법정조사권 행사

1. 당사자 또는 참고인의 출석 요구 및 진술의 청취

2. 당사자에 대한 보고 명령 또는 자료 제출의 명령

② 행정청은 질서위반행위가 발생하였다는 합리적 의심이 있어 그에 대한 조사가 필요하다고 인정할 때에는 그 소속 직원으로 하여금 당사자의 사무소 또는 영업소에 출입하여 장부·서류 또는 그 밖의 물건을 검사하게 할 수 있다.

③ 제2항에 따른 검사를 하고자 하는 행정청 소속 직원은 당사자에게 검사 개시 7일 전까지 검사 대상 및 검사 이유, 그 밖에 대통령령으로 정하는 사항을 통지하여야 한다. 다만, 긴급을 요하거나 사전통지의 경우 증거인멸 등으로 검사목적을 달성할 수 없다고 인정되는 때에는 그러하지 아니하다.

④ 제2항에 따라 검사를 하는 직원은 그 권한을 표시하는 증표를 지니고 이를 관계인에게 내보여야 한다.

⑤ 제1항 및 제2항에 따른 조치 또는 검사는 그 목적 달성에 필요한 최소한에 그쳐야 한다.

제23조 (자료제공의 요청)

행정청은 과태료의 부과·징수를 위하여 필요한 때에는 관계 행정기관, 지방자치단체, 그 밖에 대통령령으로 정하는 공공기관(이하 "공공기관 등"이라 한다)의 장에게 그 필요성을 소명하여 자료 또는 정보의 제공을 요청할 수 있으며, 그 요청을 받은 공공기관 등의 장은 특별한 사정이 없는 한 이에 응하여야 한다.

제24조 (가산금 징수 및 체납처분 등)

① 행정청은 당사자가 납부기한까지 과태료를 납부하지 아니한 때에는 납부기한을 경과한 날부터 체납된 과태료에 대하여 **100분의 3**에 상당하는 **가산금을 징수한다.**

→ 과태료 체납의 경우 3% 가산금 징수

② 체납된 과태료를 납부하지 아니한 때에는 납부기한이 경과한 날부터 매 1개월이 경과할 때마다 체납된 과태료의 1천분의 12에 상당하는 가산금(이하 이 조에서 "중가산금"이라 한다)을 제1항에 따른 가산금에 가산하여 징수한다. 이 경우 중가산금을 가산하여 징수하는 기간은 60개월을 초과하지 못한다.

③ 행정청은 당사자가 제20조 제1항에 따른 기한 이내에 **이의를 제기하지 아니하고** 제1항에 따른 **가산금을 납부하지 아니한 때에는 국세 또는 지방세 체납처분의 예에 따라 징수한다.**

→ 강제징수 O

제24조의2 (상속재산 등에 대한 집행)

① 과태료는 당사자가 과태료 부과처분에 대하여 이의를 제기하지 아니한 채 제20조 제1항에 따른 기한이 종료한 후 사망한 경우에는 그 상속재산에 대하여 집행할 수 있다.

② 법인에 대한 과태료는 법인이 과태료 부과처분에 대하여 이의를 제기하지 아니한 채 제20조 제1항에 따른 기한이 종료한 후 합병에 의하여 소멸한 경우에는 합병 후 존속한 법인 또는 합병에 의하여 설립된 법인에 대하여 집행할 수 있다.

제24조의3 (과태료의 징수유예 등)

① 행정청은 당사자가 다음 각 호의 어느 하나에 해당하여 과태료(체납된 과태료와 가산금, 중가산금 및 체납처분비를 포함한다. 이하 이 조에서 같다)를 납부하기가 곤란하다고 인정되면 1년의 범위에서 대통령령으로 정하는 바에 따라 과태료의 분할납부나 납부기일의 연기(이하 "징수유예 등"이라 한다)를 결정할 수 있다.

1. 「국민기초생활 보장법」에 따른 수급권자

2. 「국민기초생활 보장법」에 따른 차상위계층 중 다음 각 목의 대상자

　　가. 「의료급여법」에 따른 수급권자

　　나. 「한부모가족지원법」에 따른 지원대상자

　　다. 자활사업 참여자

3. 「장애인복지법」 제2조 제2항에 따른 장애인

4. 본인 외에는 가족을 부양할 사람이 없는 사람

5. 불의의 재난으로 피해를 당한 사람

6. 납부의무자 또는 그 동거 가족이 질병이나 중상해로 1개월 이상의 장기 치료를 받아야 하는 경우

7. 「채무자 회생 및 파산에 관한 법률」에 따른 개인회생절차개시결정자

8. 「고용보험법」에 따른 실업급여수급자

9. 그 밖에 제1호부터 제8호까지에 준하는 것으로서 대통령령으로 정하는 부득이한 사유가 있는 경우

② 제1항에 따라 징수유예 등을 받으려는 당사자는 대통령령으로 정하는 바에 따라 이를 행정청에 신청할 수 있다.

③ 행정청은 제1항에 따라 징수유예 등을 하는 경우 그 유예하는 금액에 상당하는 담보의 제공이나 제공된 담보의 변경을 요구할 수 있고, 그 밖에 담보보전에 필요한 명령을 할 수 있다.

④ 행정청은 제1항에 따른 징수유예 등의 기간 중에는 그 유예한 과태료 징수금에 대하여 가산금, 중가산금의 징수 또는 체납처분(교부청구는 제외한다)을 할 수 없다.

⑤ 행정청은 다음 각 호의 어느 하나에 해당하는 경우 그 징수유예 등을 취소하고, 유예된 과태료 징수금을 한꺼번에 징수할 수 있다. 이 경우 그 사실을 당사자에게 통지하여야 한다.

1. 과태료 징수금을 지정된 기한까지 납부하지 아니하였을 때

2. 담보의 제공이나 변경, 그 밖에 담보보전에 필요한 행정청의 명령에 따르지 아니하였을 때

3. 재산상황이나 그 밖의 사정의 변화로 유예할 필요가 없다고 인정될 때

4. 제1호부터 제3호까지에 준하는 대통령령으로 정하는 사유에 해당되어 유예한 기한까지 과태료 징수금의 전액을 징수할 수 없다고 인정될 때

⑥ 과태료 징수유예 등의 방식과 절차, 그 밖에 징수유예 등에 관하여 필요한 사항은 대통령령으로 정한다.

제24조의4 (결손처분)

① 행정청은 당사자에게 다음 각 호의 어느 하나에 해당하는 사유가 있을 경우에는 결손처분을 할 수 있다.

1. 제15조 제1항에 따라 과태료의 소멸시효가 완성된 경우

2. 체납자의 행방이 분명하지 아니하거나 재산이 없는 등 징수할 수 없다고 인정되는 경우로서 대통령령으로 정하는 경우

② 행정청은 제1항 제2호에 따라 결손처분을 한 후 압류할 수 있는 다른 재산을 발견하였을 때에는 지체 없이 그 처분을 취소하고 체납처분을 하여야 한다.

제4장 질서위반행위의 재판 및 집행

제25조 (관할 법원)

과태료 사건은 다른 법령에 특별한 규정이 있는 경우를 제외하고는 당사자의 **주소지의 지방법원 또는 그 지원**의 관할로 한다.

제26조 (관할의 표준이 되는 시기)

법원의 관할은 행정청이 제21조 제1항 및 제2항에 따라 이의제기 사실을 통보한 때를 표준으로 정한다.

제27조 (관할위반에 따른 이송)

① 법원은 과태료 사건의 전부 또는 일부에 대하여 관할권이 없다고 인정하는 경우에는 결정으로 이를 관할 법원으로 이송한다.

② 당사자 또는 검사는 이송결정에 대하여 즉시항고를 할 수 있다.

제28조 (준용 규정)

「비송사건절차법」 제2조부터 제4조까지, 제6조, 제7조, 제10조(인증과 감정을 제외한다) 및 제24조부터 제26조까지의 **규정**은 이 법에 따른 **과태료 재판**(이하 "과태료 재판"이라 한다)에 준용한다.

→ 비송사건절차법 규정들은 과태료 재판에 준용O

→ ∴ 과태료 부과처분에 대해 불복이 있을 때에는 항고소송X / 비송사건절차법에 따른 과태료 재판O

제29조 (법원직원의 제척 등)

법원직원의 제척·기피 및 회피에 관한 「민사소송법」의 규정은 과태료 재판에 준용한다.

제30조 (행정청 통보사실의 통지)

법원은 제21조제1항 및 제2항에 따른 행정청의 통보가 있는 경우 이를 즉시 검사에게 통지하여야 한다.

제31조 (심문 등)

① 법원은 심문기일을 열어 당사자의 진술을 들어야 한다.

② 법원은 검사의 의견을 구하여야 하고, 검사는 심문에 참여하여 의견을 진술하거나 서면으로 의견을 제출하여야 한다.

③ 법원은 당사자 및 검사에게 제1항에 따른 심문기일을 통지하여야 한다.

제32조 (행정청에 대한 출석 요구 등)

① 법원은 행정청의 참여가 필요하다고 인정하는 때에는 행정청으로 하여금 심문기일에 출석하여 의견을 진술하게 할 수 있다.

② 행정청은 법원의 허가를 받아 소속 공무원으로 하여금 심문기일에 출석하여 의견을 진술하게 할 수 있다.

제33조 (직권에 의한 사실탐지와 증거조사)

① 법원은 직권으로 사실의 탐지와 필요하다고 인정하는 증거의 조사를 하여야 한다.

② 제1항의 증거조사에 관하여는 「민사소송법」에 따른다.

제34조 (촉탁할 수 있는 사항)

사실탐지·소환 및 고지에 관한 행위는 촉탁할 수 있다.

제35조 (조서의 작성)

법원서기관·법원사무관·법원주사 또는 법원주사보(이하 "법원사무관 등"이라 한다)는 증인 또는 감정인의 심문에 관하여는 조서를 작성하고, 그 밖의 심문에 관하여는 필요하다고 인정하는 경우에 한하여 조서를 작성한다.

제36조 (재판)

① 과태료 재판은 이유를 붙인 결정으로써 한다.

② 결정서의 원본에는 판사가 서명날인하여야 한다. 다만, 제20조 제1항에 따른 이의제기서 또는 조서에 재판에 관한 사항을 기재하고 판사가 이에 서명날인함으로써 원본에 갈음할 수 있다.

③ 결정서의 정본과 등본에는 법원사무관등이 기명날인하고, 정본에는 법원인을 찍어야 한다.

④ 제2항의 서명날인은 기명날인으로 갈음할 수 있다.

제37조 (결정의 고지)

① 결정은 당사자와 검사에게 고지함으로써 효력이 생긴다.

② 결정의 고지는 법원이 적당하다고 인정하는 방법으로 한다. 다만, 공시송달을 하는 경우에는 「민사소송법」에 따라야 한다.

③ 법원사무관 등은 고지의 방법·장소와 연월일을 결정서의 원본에 부기하고 이에 날인하여야 한다.

제38조 (항고)

① 당사자와 검사는 과태료 재판에 대하여 즉시항고를 할 수 있다. 이 경우 항고는 집행정지의 효력이 있다.

② 검사는 필요한 경우에는 제1항에 따른 즉시항고 여부에 대한 행정청의 의견을 청취할 수 있다.

제39조 (항고법원의 재판)

항고법원의 과태료 재판에는 이유를 적어야 한다.

제40조 (항고의 절차)

「민사소송법」의 항고에 관한 규정은 특별한 규정이 있는 경우를 제외하고는 이 법에 따른 항고에 준용한다.

제41조 (재판비용)

① 과태료 재판절차의 비용은 과태료에 처하는 선고가 있는 경우에는 그 선고를 받은 자의 부담으로 하고, 그 외의 경우에는 국고의 부담으로 한다.

② 항고법원이 당사자의 신청을 인정하는 과태료 재판을 한 때에는 항고절차의 비용과 전심에서 당사자의 부담이 된 비용은 국고의 부담으로 한다.

제42조 (과태료 재판의 집행)

① 과태료 재판은 검사의 명령으로써 집행한다. 이 경우 그 명령은 집행력 있는 집행권원과 동일한 효력이 있다.

② 과태료 재판의 집행절차는 「민사집행법」에 따르거나 국세 또는 지방세 체납처분의 예에 따른다. 다만, 「민사집행법」에 따를 경우에는 집행을 하기 전에 과태료 재판의 송달은 하지 아니한다.

③ 과태료 재판의 집행에 대하여는 제24조 및 제24조의2를 준용한다. 이 경우 제24조의2 제1항 및 제2항 중 "과태료 부과처분에 대하여 이의를 제기하지 아니한 채 제20조 제1항에 따른 기한이 종료한 후"는 "과태료 재판이 확정된 후"로 본다.

④ 검사는 제1항부터 제3항까지의 규정에 따른 과태료 재판을 집행한 경우 그 결과를 해당 행정청에 통보하여야 한다.

제43조 (과태료 재판 집행의 위탁)

① 검사는 과태료를 최초 부과한 행정청에 대하여 과태료 재판의 집행을 위탁할 수 있고, 위탁을 받은 행정청은 국세 또는 지방세 체납처분의 예에 따라 집행한다.

② 지방자치단체의 장이 제1항에 따라 집행을 위탁받은 경우에는 그 집행한 금원(金員)은 당해 지방자치단체의 수입으로 한다.

제44조 (약식재판)

법원은 상당하다고 인정하는 때에는 제31조 제1항에 따른 심문 없이 과태료 재판을 할 수 있다.

제45조 (이의신청)

① 당사자와 검사는 제44조에 따른 **약식재판**의 고지를 받은 날부터 **7일** 이내에 **이의신청**을 할 수 있다.

② 검사는 필요한 경우에는 제1항에 따른 이의신청 여부에 대하여 행정청의 의견을 청취할 수 있다.

③ 제1항의 기간은 불변기간으로 한다.

④ 당사자와 검사가 책임질 수 없는 사유로 제1항의 기간을 지킬 수 없었던 경우에는 그 사유가 없어진 날부터 14일 이내에 이의신청을 할 수 있다. 다만, 그 사유가 없어질 당시 외국에 있던 당사자에 대하여는 그 기간을 30일로 한다.

제46조 (이의신청 방식)

① 이의신청은 대통령령으로 정하는 이의신청서를 제44조에 따른 약식재판을 한 법원에 제출함으로써 한다.

② 법원은 제1항에 따른 이의신청이 있은 때에는 이의신청의 상대방에게 이의신청서 부본을 송달하여야 한다.

제47조 (이의신청 취하)

① 이의신청을 한 당사자 또는 검사는 정식재판 절차에 따른 결정을 고지받기 전까지 이의신청을 취하할 수 있다.

② 이의신청의 취하는 대통령령으로 정하는 이의신청취하서를 제46조 제1항에 따른 법원에 제출함으로써 한다. 다만, 심문기일에는 말로 할 수 있다.

③ 법원은 제46조 제2항에 따라 이의신청서 부본을 송달한 뒤에 제1항에 따른 이의신청의 취하가 있은 때에는 그 상대방에게 이의신청취하서 부본을 송달하여야 한다.

제48조 (이의신청 각하)

① 법원은 이의신청이 법령상 방식에 어긋나거나 이의신청권이 소멸된 뒤의 것임이 명백한 경우에는 결정으로 이를 각하하여야 한다. 다만, 그 흠을 보정할 수 있는 경우에는 그러하지 아니하다.

② 제1항의 결정에 대하여는 즉시항고를 할 수 있다.

제49조 (약식재판의 확정)

약식재판은 다음 각 호의 어느 하나에 해당하는 때에 확정된다.

1. 제45조에 따른 기간 이내에 이의신청이 없는 때

2. 이의신청에 대한 각하결정이 확정된 때

3. 당사자 또는 검사가 이의신청을 취하한 때

제50조 (이의신청에 따른 정식재판절차로의 이행)

① 법원이 이의신청이 적법하다고 인정하는 때에는 약식재판은 그 효력을 잃는다.

② 제1항의 경우 법원은 제31조 제1항에 따른 심문을 거쳐 다시 재판하여야 한다.

제5장 보칙

제51조 (자료제출 요구)

법무부장관은 과태료 징수 관련 통계 작성 등 이 법의 운용과 관련하여 필요한 경우에는 중앙행정기관의 장이나 그 밖의 관계 기관의 장에게 과태료 징수 현황 등에 관한 자료의 제출을 요구할 수 있다.

제52조 (관허사업의 제한)

① 행정청은 허가·인가·면허·등록 및 갱신(이하 "허가등"이라 한다)을 요하는 사업을 경영하는 자로서 다음 각 호의 사유에 모두 해당하는 체납자에 대하여는 사업의 정지 또는 허가 등의 취소를 할 수 있다.

1. 해당 사업과 관련된 질서위반행위로 부과받은 과태료를 3회 이상 체납하고 있고, 체납발생일부터 각 1년이 경과하였으며, 체납금액의 합계가 500만원 이상인 체납자 중 대통령령으로 정하는 횟수와 금액 이상을 체납한 자

2. 천재지변이나 그 밖의 중대한 재난 등 대통령령으로 정하는 특별한 사유 없이 과태료를 체납한 자

② 허가 등을 요하는 사업의 주무관청이 따로 있는 경우에는 행정청은 당해 주무관청에 대하여 사업의 정지 또는 허가 등의 취소를 요구할 수 있다.

③ 행정청은 제1항 또는 제2항에 따라 사업의 정지 또는 허가 등을 취소하거나 주무관청에 대하여 그 요구를 한 후 당해 과태료를 징수한 때에는 지체 없이 사업의 정지 또는 허가 등의 취소나 그 요구를 철회하여야 한다.

④ 제2항에 따른 행정청의 요구가 있는 때에는 당해 주무관청은 정당한 사유가 없는 한 이에 응하여야 한다.

제53조 (신용정보의 제공 등)

① 행정청은 과태료 징수 또는 공익목적을 위하여 필요한 경우 「국세징수법」 제7조의2를 준용하여 「신용정보의 이용 및 보호에 관한 법률」 제25조 제2항 제1호에 따른 종합신용정보집중기관의 요청에 따라 체납 또는 결손처분자료를 제공할 수 있다. 이 경우 「국세징수법」 제7조의2를 준용할 때 "체납자"는 "체납자 또는 결손처분자"로, "체납자료"는 "체납 또는 결손처분 자료"로 본다.

② 행정청은 당사자에게 과태료를 납부하지 아니할 경우에는 체납 또는 결손처분자료를 제1항의 신용정보집중기관에게 제공할 수 있음을 미리 알려야 한다.

③ 행정청은 제1항에 따라 체납 또는 결손처분자료를 제공한 경우에는 대통령령으로 정하는 바에 따라 해당 체납자에게 그 제공사실을 통보하여야 한다.

제54조 (고액·상습체납자에 대한 제재)

① 법원은 검사의 청구에 따라 결정으로 30일의 범위 이내에서 과태료의 납부가 있을 때까지 다음 각 호의 사유에 모두 해당하는 경우 체납자(법인인 경우에는 대표자를 말한다. 이하 이 조에서 같다)를 감치(監置)에 처할 수 있다.

1. 과태료를 3회 이상 체납하고 있고, 체납발생일부터 각 1년이 경과하였으며, 체납금액의 합계가 1천만원 이상인 체납자 중 대통령령으로 정하는 횟수와 금액 이상을 체납한 경우

2. 과태료 납부능력이 있음에도 불구하고 정당한 사유 없이 체납한 경우

② 행정청은 과태료 체납자가 제1항 각 호의 사유에 모두 해당하는 경우에는 관할 지방검찰청 또는 지청의 검사에게 체납자의 감치를 신청할 수 있다.

③ 제1항의 결정에 대하여는 즉시항고를 할 수 있다.

④ 제1항에 따라 감치에 처하여진 과태료 체납자는 동일한 체납사실로 인하여 재차 감치되지 아니한다.

⑤ 제1항에 따른 감치에 처하는 재판 절차 및 그 집행, 그 밖에 필요한 사항은 대법원규칙으로 정한다.

제55조 (자동차 관련 과태료 체납자에 대한 자동차 등록번호판의 영치)

① 행정청은 「자동차관리법」 제2조 제1호에 따른 자동차의 운행·관리 등에 관한 질서위반행위 중 대통령령으로 정하는 질서위반행위로 부과받은 과태료(이하 "자동차 관련 과태료"라 한다)를 납부하지 아니한 자에 대하여 체납된 자동차 관련 과태료와 관계된 그 소유의 자동차의 등록번호판을 영치할 수 있다.

② 자동차 등록업무를 담당하는 주무관청이 아닌 행정청이 제1항에 따라 등록번호판을 영치한 경우에는 지체 없이 주무관청에 등록번호판을 영치한 사실을 통지하여야 한다.

③ 자동차 관련 과태료를 납부하지 아니한 자가 체납된 자동차 관련 과태료를 납부한 경우 행정청은 영치한 자동차 등록번호판을 즉시 내주어야 한다.

④ 행정청은 제1항에 따라 자동차의 등록번호판이 영치된 당사자가 해당 자동차를 직접적인 생계유지 목적으로 사용하고 있어 자동차 등록번호판을 영치할 경우 생계유지가 곤란하다고 인정되는 경우 자동차 등록번호판을 내주고 영치를 일시 해제할 수 있다. 다만, 그 밖의 다른 과태료를 체납하고 있는 당사자에 대하여는 그러하지 아니하다.

⑤ 제1항부터 제4항까지에서 규정한 사항 외에 자동차 등록번호판 영치의 요건·방법·절차, 영치 해제의 요건·방법·절차 및 영치 일시 해제의 기간·요건·방법·절차에 관하여 필요한 사항은 대통령령으로 정한다.

제46조 (자동차 관련 과태료 납부증명서의 제출)

자동차 관련 과태료와 관계된 자동차가 그 자동차 관련 과태료의 체납으로 인하여 압류등록된 경우 그 자동차에 대하여 소유권 이전 등록을 하려는 자는 압류등록의 원인이 된 자동차 관련 과태료(제24조에 따른 가산금 및 중가산금을 포함한다)를 납부한 증명서를 제출하여야 한다. 다만, 「전자정부법」 제36조 제1항에 따른 행정정보의 공동이용을 통하여 납부사실을 확인할 수 있는 경우에는 그러하지 아니하다.

제47조 (과태료)

① 제22조 제2항에 따른 검사를 거부·방해 또는 기피한 자에게는 500만원 이하의 과태료를 부과한다.

② 제1항에 따른 과태료는 제22조에 따른 행정청이 부과·징수한다.

제 5 장   새로운 실효성 확보수단

제1절   금전상의 제재

I. 과징금

행정기본법

제28조 (과징금의 기준)
제1항 행정청은 법령 등에 따른 의무를 위반한 자에 대하여 법률로 정하는 바에 따라 그 위반행위에 대한 제재로서 과징금을 부과할 수 있다.
제2항 과징금의 근거가 되는 법률에는 과징금에 관한 다음 각 호의 사항을 명확하게 규정하여야 한다.
1. 부과·징수 주체
2. 부과 사유
3. 상한액
4. 가산금을 징수하려는 경우 그 사항
5. 과징금 또는 가산금 체납 시 강제징수를 하려는 경우 그 사항

제29조 (과징금의 납부기한 연기 및 분할 납부)
과징금은 한꺼번에 납부하는 것을 원칙으로 한다. 다만, 행정청은 과징금을 부과받은 자가 다음 각 호의 어느 하나에 해당하는 사유로 과징금 전액을 한꺼번에 내기 어렵다고 인정될 때에는 그 납부기한을 연기하거나 분할 납부하게 할 수 있으며, 이 경우 필요하다고 인정하면 담보를 제공하게 할 수 있다.
1. 재해 등으로 재산에 현저한 손실을 입은 경우
2. 사업 여건의 악화로 사업이 중대한 위기에 처한 경우
3. 과징금을 한꺼번에 내면 자금 사정에 현저한 어려움이 예상되는 경우
4. 그 밖에 제1호부터 제3호까지에 준하는 경우로서 대통령령으로 정하는 사유가 있는 경우

l. 의의

과징금이란 일정한 행정법상의 의무를 위반하거나 이행하지 않음으로써 얻은 경제적 이익을 제거하고자 하는 금전적 부담이다. 우리나라의 과징금은 1980년 말 「독점규제 및 공정거래에 관한 법률」을 통해 처음으로 도입되었다.

→ 구「독점규제 및 공정거래에 관한 법률」상의 부당내부거래에 대한 과징금에는 행정상의 제재금으로서의 기본적 성격에 부당이득 환수적 요소도 부가되어 있다.

→ 사업자들이 폐수배수시설로부터 배출되는 수질오염물질의 공동처리를 위하여 공동방지시설을 설치하였고, 사업장별 폐수배출량 및 수질오염물질 농도를 측정할 수 없는 경우, 행정청이 사업자들이 제출한 '공동방지시설의 운영에 관한 규약'에서 정해진 '사업장별 배출부과금 부담비율'에 근거하여 각 사업자들에게 배출부과금을 부과하였다면, 그 규약에서 정한 분담기준이 현저히 불합리하다는 등 특별한 사정이 없는 이상, 이러한 배출부과금 부과처분이 위법하다고 볼 수는 없다.

2. 종류

본래의 과징금은 일정한 경제법상의 의무를 위반함으로써 생기는 경제적 이익을 박탈하는 것을 말한다. 이와 같이 과징금은 위반행위로 인한 경제적 이익의 환수라는 점에서 벌금이나 과태료와 구별된다.

변형된 과징금이란 의무위반행위에 대한 인·허가의 철회.정지에 갈음하여 부과되는 과징금을 말한다. 과징금을 부과할 것인지 영업정지처분을 내릴 것인지는 통상 행정청의 재량에 속하는 것으로 본다.

3. 벌금·과태료·범칙금과의 구별

과징금은 경제적 이익의 환수에 초점이 있고, 형식상 행정벌에 속하지 않는 점에서 행정벌인 벌금이나 과태료와 구별된다. 징수절차에 있어서도 과징금은 행정청이 행정처분의 형식(급부하명)으로 부과되며 이에 대한 권리구제는 행정소송(취소소송·무효확인소송)에 의한다는 점에서도 벌금·과태료와 구분된다.

과징금은 경제적 이익을 박탈하기 위한 것이나 범칙금은 형벌(벌금, 과료)을 과해야 할 범죄행위에 대하여 그 형벌을 유보한 채 금적적 제재를 과하는 것이라는 점에서 서로 다르다.

4. 법적 성질

과징금부과행위의 법적 성질은 행정행위로서 급부하명이다. 따라서 원칙적으로 행정절차법이 적용된다. 과징금은 범죄에 대한 국가의 형벌권의 실행으로서의 과벌(형벌)이 아니다. 즉 의무위반에 대한 제재이긴 하나, 행정벌은 아니다. 따라서 동일한 위반행위에 대하여 행정벌(형사처벌·벌금·과태료)과 과징금의 병과는 가능하며, 제재대상이 되는 기본적 사실관계, 보호법익, 목적 및 처분대상을 달리하고 있다면 행정처분과도 (과징금의) 병과가 가능하다.

과징금부과처분은 제재적 처분으로서 일반적으로 재량행위로 규정되어 있으나, 기속행위로 규정된 경우도 있다. (「부동산 실권리자명의 등기에 관한 법률」상 명의신탁자에 대한 과징금의 부과 여부는 기속행위에 해당한다.)

→ 과징금은 행정목적의 달성을 위하여 행정법규 위반이라는 객관적 사실에 착안하여 가하는 제재이므로 반드시 현실적인 행위자가 아니라도 법령상 책임자로 규정된 자에게 부과된다.

→ 과징금은 위반자의 고의·과실을 요하지 아니하나, 위반자의 의무 해태를 탓할 수 없는 정당한 사유가 있는 등의 특별한 사정이 있는 경우에는 이를 부과할 수 없다.

5. 과징금 수액의 의미

법률의 위임을 받아 법규명령으로 과징금부과기준을 정한 경우, 당해 과징금의 수액의 의미에 대해서 정액설(과징금부과처분을 기속행위로 보게 됨)과 최고한도액설(과징금 부과의 탄력적 운영이 가능한 재량행위로 보게 됨)이 대립하고 있다. 판례는 최고한도액설의 입장이다.

→ 과징금부과처분의 기준을 규정하고 있는 구 「청소년보호법 시행령」 제40조 [별표 6]은 법규명령(대통령령)의 성질을 갖는다.
   제재/기준

6. 법적 근거

과징금은 법률의 명시적 근거가 있는 경우에만 부과할 수 있다. 현재 「행정기본법」을 포함하여 「독점규제 및 공정거래에 관한 법률」, 「식품위생법」, 「석유 및 석유대체연료 사업법」, 「여객자동차운수사업법」 등 많은 법률에서 과징금에 관한 규정을 두고 있다.

7. 권리구제

과징금 부과는 행정처분에 해당하므로 공정력과 집행력이 인정되어 불이행시 국세징수법에 따라 강제징수한다. 따라서 과징금의 부과·징수에 하자가 있는 경우에는 행정쟁송을 통하여 다툴 수 있다. 또한 위법한 과징금부과로 인해 손해를 입은 자는 국가배상법에 따라 손해배상을 청구할 수 있다.

8. 과징금 부과 및 징수절차

과징금 부과는 행정청이 직접 부과한다. 과징금부과처분을 받은 자는 소정의 기한 내에 납부하여야 한다.

부과관청이 과징금을 부과하면서 추후에 부과금 산정 기준이 되는 새로운 자료가 나올 경우에는 과징금액이 변경될 수도 있다고 유보한다든지, 실제로 추후에 새로운 자료가 나왔다고 하여 새로운 부과처분을 할 수는 없다. (「독점규제 및 공정거래에 관한 법률」상의 과징금은 법이 규정한 범위 내에서 그 부과처분 당시까지 부과관청이 확인한 사실을 기초로 일의적으로 확정되어야 할 것이지, 추후에 부과금 산정기준이 되는 새로운 자료가 나왔다고 하여 새로운 부과처분을 할 수 있는 것은 아니다.)

납부의무 불이행시는 국세 또는 지방세 체납처분의 절차에 따라 강제징수할 수 있다. 과징금을 행정청이 직접 부과한다 하더라도 권력분립의 원칙에 위반된다고 볼 수 없다.

II. 가산금

세금 등을 납부기한까지 완납하지 아니한 때에 그 납부기한이 경과한 날로부터 체납된 세금 등에 대하여 일정한 금액을 추가부담시키는 금전으로서 미납분에 대한 지연이자의 의미로 부과되는 것을 말한다. 일종의 연체금이다. (세금 중 국세에 대한 가산금 제도는 폐지되었다.) 세금만이 아니라 각종 금전납부의무, 예컨대, 과태료, 배출부과금 등의 연체시에도 가산금이 부과된다.

→ 가산금은 행정법상의 금전급부의무의 불이행에 대한 제재로서 가해지는 금전부담으로, 금전채무의 이행에 대한 간접강제의 효과를 갖는다.

→ 구 「국세징수법」상 가산금은 세금을 납부기한까지 납부하지 아니하면 (과세청의 확정절차 없이도) 법률에 의하여 당연히 발생하는 것이므로 가산금의 고지는 항고소송의 대상이 되는 처분이 아니다.
   사실상의 통지

Ⅲ. 가산세

가산세라 함은 '세법에 규정하는 의무의 성실한 이행을 확보하기 위하여, 세법상의 산출세액에 가산하여 징수하는 금액'으로서 본래의 조세채무와는 별개로 과하여지는 조세를 말한다. 세법상 가산세를 부과할 때 납세자에게 조세납부를 거부 또는 지연하는데 고의 또는 과실이 있었는지는 원칙적으로 고려하지 않지만, 납세의무자의 의무해태를 탓할 수 없는 정당한 사유가 있는 경우에는 가산세를 부과할 수 없다. (납세자의 고의·과실의 여부와 관계없이 부과되며, 법령의 무지 또는 오인의 경우에도 부과된다.) 납세자가 정당한 이유 없이 세법상 법정신고기간 내에 신고하지 아니하였거나 과소신고를 하였을 경우 일정비율의 가산세를 부과하는 것이 그 대표적 예이다. 가산세 부과에도 법적 근거가 요구됨은 당연하다. 문자 그대로 세금이므로 행정벌(벌금 등)과 병과될 수 있다.

→ 세법상 가산세는 과세권 행사 및 조세채권 실현을 용이하게 하기 위하여 납세자가 **정당한 이유 없이** 법에 규정된 신고·납세 등의 의무를 위반한 경우에 개별세법에 따라 부과하는 행정상 제재로서, 납세자의 고의·과실은 고려되지 아니하고 법령의 부지·착오 등은 그 의무위반을 탓할 수 없는 정당한 사유에 해당하지 아니한다.

→ 가산세는 형벌이 아니므로 행위자의 고의 또는 과실·책임능력·책임조건 등을 고려하지 아니하며, 조세의 부과절차에 따라 과징할 수 있다.

제2절 공급거부

공급거부란 행정법상의 의무를 위반한 자 등에 대하여 물·전기·가스 등 일정한 재화나 역무를 거부하는 행정조치를 말하며, 의무위반자·불이행자에게 사업이나 생활상의 어려움을 주어 간접적으로 의무이행의 확보를 도모하는 제도이다. 공급거부에는 행정법상의 의무와 거부될 급부 간에 상당한 실질적 관련이 있어야 하는바, 당해 법률이 추구하는 목적이 아닌 다른 목적을 위하여 공급거부를 행하는 것은 배제되어야 한다. 공급거부·중단이 행정처분에 해당하면 항고소송을 제기할 수 있다. 공급거부가 공법상 계약의 해지적 성격을 띤 경우에는 당사자소송으로서 다투면 된다. 판례는 단수처분에 관하여 항고소송의 대상이 되는 행정처분으로 보았다. 공급거부는 국민생활에 중대한 영향을 미치는 침해적 행위이므로 법적 근거가 있어야 한다.

제3절 행정상 공표(위반사실의 공표)

Ⅰ. 개설

1. 의의

공표란 행정법상의 의무위반 또는 의무불이행이 있는 경우에 그 위반사항이나 위반자의 성명을 일반인에게 널리 알리도록 함으로써 그 위반자의 명예 또는 신용의 침해를 위협함으로써 행정법상의 의무이행을 간접적으로 강제하는 수단이다. 고액조세체납자나 환경오염물질 배출업소의 명단공개, 아동·청소년 성매수자의 신상공개 등이 대표적 예이다.

2. 법적 근거

공표는 그 자체로는 아무런 법적 효과(관계인의 권리변동)를 발생하지 않는 사실행위에 해당하지만, 경우에 따라서는 상대방에게 심각한 경제적 손실 내지 인격권 등을 침해한다는 점에서 원칙적으로 법적 근거를 요한다고 본다.

현행법 중에는 명단의 공표에 관하여 행정절차법 및 몇몇 개별법에서 그 예를 찾아볼 수 있다. 예컨대, 공직자가 허위로 재산을 등록한 경우 일간신문광고란을 통해 이를 공표할 수 있게 한 규정, 청소년의 성매매 등의 범죄를 범한 자의 성명·연령·직업 등의 신상과 범죄사실의 요지를 그 형이 확정한 후 이를 게재하여 공개할 수 있게 한 규정, 고액·상습체납자의 명단을 공개할 수 있도록 한 규정, 위해식품관련 식품사업자를 공표할 수 있게 한 규정 등이 있다.

→ 현행법상 **행정상** 공표에 관하여 **행정절차법 등**에서 규정하고 있다.
행정절차법 및 몇몇의 개별법률에서 규정○ ⓔⓧ 아동·청소년의 성보호에 관한 법률, 식품위생법, 공직자윤리법 등

3. 법적 성질

공표는 일정한 사실을 국민에게 알리는 사실행위이고, 그 자체로서는 아무런 법적 효과가 발생하지 않는다. 그러나 오늘날 정보화사회·신용사회에 있어서는 의무위반자의 명단공개는 그들의 명예뿐만 아니라 신용을 추락시키고 그에 의해 유형, 무형의 불이익을 가져다줌으로써 상당히 실효성 있는 의무이행확보수단으로 기능할 수 있을 것이다.

Ⅱ. 한계

명단공표는 상대방의 인격권·프라이버시권 등을 침해한다는 점에서 명단공표의 필요성과 프라이버시권 등 여러 이익을 비교형량하여 결정하여야 한다. 따라서 공표는 법에 적합하게 행사하여야 함은 물론이고 비례의 원칙, 부당결부금지원칙, 무죄추정의 원칙에 의한 한계가 있다.

Ⅲ. 구제

위법한 공표로 인하여 명예를 훼손당하거나 경제적 손해를 받은 자에 대한 권리구제 수단이 필요하다. 위법한 공표로 인하여 손해를 받은 자는 국가배상을 청구할 수 있다. 위법한 공표에 대하여는 결과제거청구권의 법리에 의하여 그의 제거를 공법상 당사자소송으로 제기한다.

공표에 대한 취소소송은 공표행위가 공권력의 행사에 해당하느냐에 따라 판단한다. 이에 대해 처분성을 인정하자는 견해와 공표는 그 자체로서 아무런 법적 효과를 발생하지 않는 것이므로 그 처분성을 인정하기 어렵다는 견해가 대립한다.

제4절 관허사업의 제한

Ⅰ. 개설

> **행정기본법**
>
> **제22조 (제재처분의 기준)**
> **제1항** 제재처분의 근거가 되는 법률에는 제재처분의 주체, 사유, 유형 및 상한을 명확하게 규정하여야 한다. 이 경우 제재처분의 유형 및 상한을 정할 때에는 해당 위반행위의 특수성 및 유사한 위반행위와의 형평성 등을 종합적으로 고려하여야 한다.
> **제2항** 행정청은 재량이 있는 제재처분을 할 때에는 다음 각 호의 사항을 고려하여야 한다.
> 1. 위반행위의 동기, 목적 및 방법
> 2. 위반행위의 결과

3. 위반행위의 횟수

4. 그 밖에 제1호부터 제3호까지에 준하는 사항으로서 대통령령으로 정하는 사항

제23조 (제재처분의 제척기간)

제1항 행정청은 법령 등의 위반행위가 종료된 날부터 **5년**이 지나면 해당 위반행위에 대하여 **제재처분**(인허가의 정지·취소·철회, 등록 말소, 영업소 폐쇄와 정지를 갈음하는 과징금 부과를 말한다. 이하 이 조에서 같다)을 할 수 **없다**.

제2항 다음 각 호의 어느 하나에 해당하는 경우에는 **제1항**을 적용하지 **아니한다**.

1. 거짓이나 그 밖의 부정한 방법으로 인허가를 받거나 신고를 한 경우

2. 당사자가 인허가나 신고의 위법성을 알고 있었거나 중대한 과실로 알지 못한 경우

3. 정당한 사유 없이 행정청의 조사·출입·검사를 기피·방해·거부하여 제척기간이 지난 경우

4. 제재처분을 하지 아니하면 국민의 안전·생명 또는 환경을 심각하게 해치거나 해칠 우려가 있는 경우

③ 행정청은 제1항에도 불구하고 행정심판의 재결이나 법원의 판결에 따라 제재처분이 취소·철회된 경우에는 재결이나 판결이 확정된 날부터 1년(합의제행정기관은 2년)이 지나기 전까지는 그 취지에 따른 새로운 제재처분을 할 수 있다.

④ 다른 법률에서 제1항 및 제3항의 기간보다 짧거나 긴 기간을 규정하고 있으면 그 법률에서 정하는 바에 따른다.

I. 의의

관허사업의 제한이란 행정법상 의무를 위반하거나 불이행한 자에 대하여 각종 인·허가 등을 거부하거나 정지·철회함으로써 간접적으로 행정의 실효성을 확보하려는 수단을 말한다. 관허사업의 제한은 행정법상 의무위반을 발생시킨 당해 사업에 대해서만 할 수 있는 것은 아니다.

→ 양도인이 위법행위를 한 후 제재를 피하기 위하여 영업을 양도한 경우 그 제재사유의 승계에 관하여 명문의 규정이 없는 경우, 위법행위로 인한 제재사유는 항상 인적 사유이고 경찰책임 중 행위책임(행위자 책임)의 문제라는 논거는 승계부정설의 논거이다.

→ 그러나 판례에 의하면 양도인의 위법행위로 양도인에게 이미 제재처분이 내려진 경우에 영업정지 등 그 제재처분의 효력은 양수인에게 당연히 이전된다고 본다.

→ 구 「공중위생관리법」상 공중위생영업에 대하여 영업을 정지할 위법사유가 있다면, 관할 행정청은 (그 영업이 양도·양수되었다 하더라도) 양수인에 대하여 영업정지처분을 할 수 있다.
  대물적 처분

→ 제재적 처분기준이 부령의 형식으로 규정되어 있는 경우, 그 처분기준에 따른 제재적 행정처분이 현저히 부당하다고 인정할 만한 합리적인 이유가 없는 한 섣불리 그 처분이 재량권의 범위를 일탈하였거나 재량권을 남용한 것이라고 판단해서는 안 된다.

→ 제재적 처분기준이 부령의 형식으로 규정되어 있는 경우, 그러한 처분기준에 적합하다 하여 **곧바로** 당해 처분이 **적법한** 것이라고 할 수는 **없다**.

2. 종류

> **국세징수법**
>
> **제7조 (관허사업의 제한)**
>
> **제1항** 세무서장(지방국세청장을 포함한다.)은 납세자가 대통령령으로 정하는 사유 없이 국세를 체납하였을 때에는 허가·인가·면허 및 등록과 그 갱신(이하 "허가 등"이라 한다)이 필요한 사업의 주무관서에 그 납세자에 대하여 그 허가 등을 하지 아니할 것을 요구할 수 있다.
>
> **제2항** 세무서장은 허가 등을 받아 사업을 경영하는 자가 국세를 3회 이상 체납한 경우로서 그 체납액이 500만원 이상일 때에는 대통령령으로 정하는 경우를 제외하고 그 주무관서에 사업의 정지 또는 허가 등의 취소를 요구할 수 있다.
>
> **제3항** 세무서장은 제1항 또는 제2항의 요구를 한 후 해당 국세를 징수하였을 때에는 지체 없이 그 요구를 철회하여야 한다.
>
> **제4항** 제1항 또는 제2항에 따른 세무서장의 요구가 있을 때에는 해당 주무관서는 정당한 사유가 없으면 요구에 따라야 하며, 그 조치결과를 즉시 해당 세무서장에게 알려야 한다.

Ⅱ. 한계 및 문제점

의무불이행과 관련이 없는 관허사업의 제한은 이행을 확보하고자 하는 의무와 취소·정지되는 영업 간에 직접적인 실체적 관련성이 없다는 점에서 '부당결부금지의 원칙'에 위반될 가능성이 크다는 의문이 제기되고 있다. 그러나 관허사업제한이 부당결부에 해당하는지에 대한 명시적 판례는 없다.

1. 행정상 즉시강제는 직접강제와는 달리 행정상 강제집행에 해당하지 않는다. ☐ O ☐ X

2. 행정법관계에서는 강제력의 특질이 인정되므로 행정법상의 의무를 명하는 명령권의 근거규정은 동시에 그 의무 불이행에 대한 행정상 강제집행의 근거가 될 수 있다. ☐ O ☐ X

3. 관계 법령상 행정대집행의 절차가 인정되어 행정청이 행정대집행의 방법으로 건물의 철거 등 대체적 작위의무의 이행을 실현할 수 있는 경우에도 따로 민사소송의 방법으로 그 의무의 이행을 구할 수 있다. ☐ O ☐ X

4. 대집행의 대상은 원칙적으로 대체적 작위의무에 한하며, 부작위의무위반의 경우 대체적 작위의무로 전환하는 규정을 두고 있지 아니하는 한 대집행의 대상이 되지 않는다. ☐ O ☐ X

5. 철거대상건물의 점유자들이 적법한 행정대집행을 위력을 행사하여 방해하는 경우, 행정청은 필요하다면 「경찰관 직무집행법」에 근거한 위험발생 방지조치 차원에서 경찰의 도움을 받을 수 있다. ☐ O ☐ X

6. 이행강제금은 심리적 압박을 통하여 간접적으로 의무이행을 확보하는 수단인 행정벌과는 달리 의무이행의 강제를 직접적인 목적으로 하므로, 강학상 직접강제에 해당한다. ☐ O ☐ X

7. 이행강제금 납부의무는 상속인 기타의 사람에게 승계될 수 없는 일신전속적인 성질의 것이므로 이미 사망한 사람에게 이행강제금을 부과하는 내용의 처분이나 결정은 당연무효이다. ☐ O ☐ X

8. 「부동산 실권리자명의 등기에 관한 법률」상 장기미등기자가 이행강제금 부과 전에 등기신청의무를 이행하였더라도 동법에 규정된 기간이 지나서 등기신청의무를 이행하였다면 이행강제금을 부과할 수 있다. ☐ O ☐ X

9. 사용자가 이행하여야 할 행정법상 의무의 내용을 초과하는 것을 '불이행 내용'으로 기재한 이행강제금 부과 예고서에 의하여 이행강제금 부과 예고를 한 다음 이를 이행하지 않았다는 이유로 이행강제금을 부과하였다면, 초과한 정도가 근소하다는 등의 특별한 사정이 없는 한 이행강제금 부과 예고는 위법하며, 이에 터 잡은 이행강제금 부과처분 역시 위법하다. ☐ O ☐ X

10. 「농지법」상 이행강제금 부과처분은 항고소송의 대상이 되는 처분에 해당하므로 이에 불복하는 경우 항고소송을 제기할 수 있다. ☐ O ☐ X

11. 「국세징수법」상의 공매통지 자체는 그 상대방인 체납자 등의 법적 지위나 권리·의무에 직접적인 영향을 주는 행정처분에 해당한다고 할 것이므로 공매통지 자체를 항고소송의 대상으로 삼아 그 취소 등을 구할 수 있다. ☐ O ☐ X

12. '입원 또는 격리'가 항고소송의 대상이 된다고 하더라도 입원 또는 격리가 이미 종료된 경우에는 권리보호의 필요성이 부정될 수 있다. ☐ O ☐ X

13. 형사처벌과 이행강제금은 병과될 수 있다. ☐O ☐X

14. 과실범을 처벌한다는 명문의 규정이 없더라도 행정형벌법규의 해석에 의하여 과실행위도 처벌한다는 뜻이 도출되는 경우에는 과실범도 처벌될 수 있다. ☐O ☐X

15. 지방자치단체 소속 공무원이 자치사무를 수행하던 중 법 위반행위를 한 경우 지방자치단체는 같은 법의 양벌규정에 따라 처벌되는 법인에 해당한다. ☐O ☐X

16. 양벌규정에 의해 영업주가 처벌되기 위해서는 종업원의 범죄가 성립하거나 처벌이 이루어져야 함이 전제조건이 되어야 한다. ☐O ☐X

17. 지방국세청장이 조세범칙행위에 대하여 고발을 한 후에 동일한 조세범칙행위에 대하여 통고처분을 하여 조세범칙행위자가 이를 이행하였다면 고발에 따른 형사절차의 이행은 일사부재리의 원칙에 반하여 위법하다. ☐O ☐X

18. 과징금은 어떤 경우에도 영업정지에 갈음하여 부과할 수 없다. ☐O ☐X

19. 「여객자동차 운수사업법」상 과징금부과처분은 원칙적으로 위반자의 고의·과실을 요하지 않는다. ☐O ☐X

20. 과징금부과처분의 기준을 규정하고 있는 구「청소년보호법 시행령」제40조 [별표 6]은 행정규칙의 성질을 갖는다. ☐O ☐X

21. 구「공중위생관리법」상 공중위생영업에 대하여 영업을 정지할 위법사유가 있다면, 관할 행정청은 그 영업이 양도·양수되었다 하더라도 양수인에 대하여 영업정지처분을 할 수 있다. ☐O ☐X

22. 세무서장 등은 납세자가 허가·인가·면허 및 등록을 받은 사업과 관련된 소득세, 법인세 및 부가가치세를 대통령령으로 정하는 사유 없이 체납하였을 때에는 해당 사업의 주무관서에 그 납세자에 대하여 허가 등의 갱신과 그 허가 등의 근거 법률에 따른 신규 허가 등을 하지 아니할 것을 요구할 수 있다. ☐O ☐X

• 빨간색 표시가 정답 입니다.

1. O X 행정상 즉시강제는 직접강제와는 달리 행정상 강제집행에 해당하지 않는다.

2. O X 행정법관계에서는 강제력의 특질이 인정되므로 행정법상의 의무를 명하는 명령권의 근거규정은 동시에 그 의무 불이행에 대한 행정상 강제집행의 근거가 될 수 있다.

> 옳은 지문 행정상 강제집행에서는 행정법상의 의무를 명하는 명령권의 근거규정과는 별도로 그 의무 불이행에 대한 강제집행의 근거규정도 필요하다.

3. O X 관계 법령상 행정대집행의 절차가 인정되어 행정청이 행정대집행의 방법으로 건물의 철거 등 대체적 작위의무의 이행을 실현할 수 있는 경우에도 따로 민사소송의 방법으로 그 의무의 이행을 구할 수 있다.

> 옳은 지문 (관계 법령상 행정대집행의 절차가 인정되어) 행정청이 행정대집행의 방법으로 건물의 철거 등 대체적 작위의무의 이행을 실현할 수 있는 경우에는 따로 민사소송의 방법으로 그 의무의 이행을 구할 수 없다.

4. O X 대집행의 대상은 원칙적으로 대체적 작위의무에 한하며, 부작위의무위반의 경우 대체적 작위의무로 전환하는 규정을 두고 있지 아니하는 한 대집행의 대상이 되지 않는다.

5. O X 철거대상건물의 점유자들이 적법한 행정대집행을 위력을 행사하여 방해하는 경우, 행정청은 필요하다면 「경찰관 직무집행법」에 근거한 위험발생 방지조치 차원에서 경찰의 도움을 받을 수 있다.

6. O X 이행강제금은 심리적 압박을 통하여 간접적으로 의무이행을 확보하는 수단인 행정벌과는 달리 의무이행의 강제를 직접적인 목적으로 하므로, 강학상 직접강제에 해당한다.

> 옳은 지문 이행강제금이란 일반적으로 행정법상의 의무의 불이행이 있는 경우에 그 의무자에게 금전적 부담을 줌으로써 의무의 이행을 간접적으로 강제하기 위하여 과하는 금전이라고 정의한다.

> 참고 (이행강제금과 행정벌 모두 간접강제이지만) 이행강제금은 장래의 의무이행을 확보하기 위한 것인 데 반해, 행정벌은 과거의 위반에 대한 제재를 주된 목적으로 한다.

7. O X 이행강제금 납부의무는 상속인 기타의 사람에게 승계될 수 없는 일신전속적인 성질의 것이므로 이미 사망한 사람에게 이행강제금을 부과하는 내용의 처분이나 결정은 당연무효이다.

8. ☐O ☐X 「부동산 실권리자명의 등기에 관한 법률」상 장기미등기자가 이행강제금 부과 전에 등기신청의무를 이행하였더라도 동법에 규정된 기간이 지나서 등기신청의무를 이행하였다면 이행강제금을 부과할 수 있다.

> 옳은 지문 장기미등기자가 이행강제금 부과 전에 등기신청의무를 이행하였다면 이행강제금의 부과로써 이행을 확보하고자 하는 목적은 이미 실현된 것이므로, 부동산실명법 제6조 제2항에 규정된 기간이 지나서 등기신청의무를 이행한 경우라 하더라도 이행강제금을 부과할 수 없다.

9. ☐O ☐X 사용자가 이행하여야 할 행정법상 의무의 내용을 초과하는 것을 '불이행 내용'으로 기재한 이행강제금 부과 예고서에 의하여 이행강제금 부과 예고를 한 다음 이를 이행하지 않았다는 이유로 이행강제금을 부과하였다면, 초과한 정도가 근소하다는 등의 특별한 사정이 없는 한 이행강제금 부과 예고는 위법하며, 이에 터 잡은 이행강제금 부과처분 역시 위법하다.

10. ☐O ☐X 「농지법」상 이행강제금 부과처분은 항고소송의 대상이 되는 처분에 해당하므로 이에 불복하는 경우 항고소송을 제기할 수 있다.

> 옳은 지문 농지법은 이행강제금 부과처분에 불복하는 자는 비송사건절차법에 의한 과태료재판을 받도록 규정하고 있었기 때문에 농지법상 이행강제금 부과처분은 행정소송의 대상이 되는 처분이 아니다.

11. ☐O ☐X 「국세징수법」상의 공매통지 자체는 그 상대방인 체납자 등의 법적 지위나 권리·의무에 직접적인 영향을 주는 행정처분에 해당한다고 할 것이므로 공매통지 자체를 항고소송의 대상으로 삼아 그 취소 등을 구할 수 있다.

> 옳은 지문 공매 : 처분성O / 매각대상자 결정 : 처분성O / 공매결정·공매통지·공매공고 : 처분성X

12. ☐O ☐X '입원 또는 격리'가 항고소송의 대상이 된다고 하더라도 입원 또는 격리가 이미 종료된 경우에는 권리보호의 필요성이 부정될 수 있다.

13. ☐O ☐X 형사처벌과 이행강제금은 병과될 수 있다.

14. ☐O ☐X 과실범을 처벌한다는 명문의 규정이 없더라도 행정형벌법규의 해석에 의하여 과실행위도 처벌한다는 뜻이 도출되는 경우에는 과실범도 처벌될 수 있다.

15. ☐O ☐X 지방자치단체 소속 공무원이 자치사무를 수행하던 중 법 위반행위를 한 경우 지방자치단체는 같은 법의 양벌규정에 따라 처벌되는 법인에 해당한다.

16. ☐O ☐X 양벌규정에 의해 영업주가 처벌되기 위해서는 종업원의 범죄가 성립하거나 처벌이 이루어져야 함이 전제조건이 되어야 한다.

> 옳은 지문 양벌규정에 의한 영업주의 처벌은 (금지위반행위자인 종업원의 처벌에 종속하는 것이 아니라 독립하여 영업주 자신의 종업원에 대한 선임감독상의 과실로 인하여 처벌되는 것이므로) 종업원의 범죄성립이나 처벌이 영업주 처벌의 전제조건이 될 필요는 없다.

17. ⊙ⓧ 지방국세청장이 조세범칙행위에 대하여 고발을 한 후에 동일한 조세범칙행위에 대하여 통고처분을 하여 조세범칙 행위자가 이를 이행하였다면 고발에 따른 형사절차의 이행은 일사부재리의 원칙에 반하여 위법하다.

> 옳은지문 지방국세청장이 조세범칙행위에 대하여 고발을 한 후에 동일한 조세범칙행위에 대하여 통고처분을 하였더라도,
> 이는 법적 권한 소멸 후에 이루어진 것으로서 효력이 없고, 조세범칙행위자가 이러한 통고처분을 이행하였더라도
> 일사부재리의 원칙이 적용될 수 없다.
> ∴ 형사사건 절차 계속 진행O

18. ⊙ⓧ 과징금은 어떤 경우에도 영업정지에 갈음하여 부과할 수 없다.

> 옳은지문 변형된 과징금이란 의무위반행위에 대한 인·허가의 철회.정지에 갈음하여 부과되는 과징금을 말한다. 과징금을
> 부과할 것인지 영업정지처분을 내릴 것인지는 통상 행정청의 재량에 속하는 것으로 본다.

19. ⊙ⓧ 「여객자동차 운수사업법」상 과징금부과처분은 원칙적으로 위반자의 고의·과실을 요하지 않는다.

20. ⊙ⓧ 과징금부과처분의 기준을 규정하고 있는 구 「청소년보호법 시행령」 제40조 [별표 6]은 행정규칙의 성질을 갖는다.

> 옳은지문 과징금부과처분의 기준을 규정하고 있는 구 「청소년보호법 시행령」 제40조 [별표 6]은 법규명령(대통령령)의 성질
> 제재/기준
> 을 갖는다.

21. ⊙ⓧ 구 「공중위생관리법」상 공중위생영업에 대하여 영업을 정지할 위법사유가 있다면, 관할 행정청은 그 영업이 양도·양수 되었다 하더라도 양수인에 대하여 영업정지처분을 할 수 있다.

22. ⊙ⓧ 세무서장 등은 납세자가 허가·인가·면허 및 등록을 받은 사업과 관련된 소득세, 법인세 및 부가가치세를 대통령령으로 정하는 사유 없이 체납하였을 때에는 해당 사업의 주무관서에 그 납세자에 대하여 허가 등의 갱신과 그 허가 등의 근거 법률에 따른 신규 허가 등을 하지 아니할 것을 요구할 수 있다.

적중요약 정리

이것만
암기하면
된다 6

제 5 편 행정구제법

[행정상 손해전보]

	국가배상	손실보상
의 의	위법한 행정작용에 대한 손해전보	적법한 행정작용에 대한 손실전보
법적근거	1. 헌법 제29조 2. 국가배상법	1. 헌법 제23조 제3항 2. 개별법에 규정
이념적 기초	1. 개인주의 2. 도의적 책임	1. 단체주의 2. 사회적 공평부담의 견지
대 상	재산·비재산적 손해	재산적 손실
책 임	1. 국가배상법 제2조 책임 → 과실책임 2. 국가배상법 제5조 책임 → 무과실책임	무과실책임
책임자	국가·지방자치단체	사업시행자

→ **손실보상**과 **손해배상**은 **근거규정 및 요건·효과를 달리**하지만 **손실보상청구권**에 '**손해전보**'라는 요소가 **포함되어 있어** 실질적으로
    같은 내용의 손해에 관하여 **양자의 청구권이 동시에 성립**한다면 청구권자는 어느 하나만을 **선택적으로 행사**할 수 있을 뿐이고,
    양자의 청구권을 동시에 행사할 수는 없다.

제1장 행정상 손해전보

제1절 행정상 손해배상

I. 국가배상의 의의

행정상 손해배상은 공무원의 직무집행 또는 영조물의 하자로 인하여 사인이 손해를 입은 경우에 행정주체가 그 손해를 배상(전보)해 주는
제도이다. 우리 헌법 제29조와 국가배상법에서는 공법상 손해배상제도로서 (불법행위로 인한) 국가배상책임을 규정하고 있다.

Ⅱ. 국가배상법의 법적 근거

1. 국가배상의 헌법상 근거

헌법 제29조는 "① 공무원의 직무상 불법행위로 손해를 받은 국민은 법률이 정하는 바에 의하여 국가 또는 공공단체에 정당한 배상을 청구할 수 있다. 이 경우 공무원의 자신의 책임은 면제되지 아니한다. ② 군인·군무원·경찰공무원 기타 법률이 정하는 자가 전투·훈련 등 직무집행과 관련하여 받은 손해에 대하여는 법률이 정하는 보상 외에 국가 또는 공공단체에 공무원의 직무상 불법행위로 인한 배상은 청구할 수 없다"고 규정하고 있으며, 헌법 제29조의 규정을 국가배상제도의 직접효력규정으로 본다.

2. 국가배상법

가. 지위

행정상 손해배상에 관하여는 국가배상법이 일반법적 지위를 갖는다.

나. 성격

(1) 사법설 (판례)

사법설에 의하면, 국가배상책임은 민법상 불법행위책임과 같은 성격을 가지므로 「국가배상법」을 손해배상에 관한 「민법」의 특별법으로 보고 있다. 우리 헌법은 국가가 (공권력의 주체로서 종래 누리던) 주권면책특권을 방기(포기)하고 국가를 사인과 동일한 지위에 두어 그 배상책임을 인정하고 있으므로, 국가배상책임은 불법행위책임의 한 유형에 불과한 것으로 보고 있다. 「행정소송법」 제10조 제1항은 "당해 처분 등과 관련되는 손해배상…등 청구소송"을 행정소송에 병합할 수 있도록 규정하고 있다. 이것은 위법한 행정작용으로 인한 손해배상의 청구는 원칙적으로 민사소송절차에 의하는 것임을 전제로 하여, 그와 같은 민사상 청구를 이질적인 행정소송에 병합할 수 있도록 한 것이다. 「국가배상법」 제8조가 "…이 법에 규정된 사항 외에는 「민법」에 따른다."고 규정한 것 역시 「국가배상법」은 같은 성격의 법인 민법의 특별법에 불과하다는 것을 언급하고 있는 것이다.

(2) 공법설 (다수설)

공법설에 의하면, 국가배상은 민법상의 불법행위에 대한 배상과는 차별화된 공법 고유의 공적 국가책임제도이므로, 이를 규정한 「국가배상법」은 사법(민법)의 특별법이 아닌 고유한 공법 영역에 속하는 것으로 이해하고 있다.

국가배상법 제9조에서 배상청구소송의 제기에 앞서 배상심의회의 결정절차(사전심의제)를 거치도록 규정하고 있는 것은 사전심의제가 없는 사법상의 불법행위에 대한 배상과는 그 실질을 달리하는 것으로서 국가배상법은 공법에 속한다는 것을 나타낸다. 또한 우리나라 실정법상 공법과 사법의 이원적 체계를 인정하고 있기 때문에 공법적 원인에 의하여 발생한 손해에 대한 국가책임에는 사법(민법)이 그대로 적용될 수는 없고, 따라서 공법상 책임에 관한 법인 국가배상법은 (민법과 성질을 달리하는) 공법으로 이해해야 한다.

다. 국가배상법 조문

제1조(목적)

이 법은 국가나 지방자치단체의 손해배상의 책임과 배상절차를 규정함을 목적으로 한다.

제2조 (배상책임)

제1항 국가나 지방자치단체는 공무원 또는 공무를 위탁받은 사인(이하 "공무원"이라 한다)이 직무를 집행하면서 고의 또는 과실로 법령을 위반하여 타인에게 손해를 입히거나,「자동차손해배상 보장법」에 따라 손해배상의 책임이 있을 때에는 이 법에 따라 그 손해를 배상하여야 한다. 다만, 군인·군무원·경찰공무원 또는 예비군대원이 전투·훈련 등 직무 집행과 관련하여 전사·순직하거나 공상을 입은 경우에 본인이나 그 유족이 다른 법령에 따라 재해보상금·유족연금·상이연금 등의 보상을 지급받을 수 있을 때에는 이 법 및 「민법」에 따른 손해배상을 청구할 수 없다.

제2항 제1항 본문의 경우에 공무원에게 고의 또는 중대한 과실이 있으면 국가나 지방자치단체는 그 공무원에게 구상(求償)할 수 있다.

제3조(배상기준)

제1항 제2조 제1항을 적용할 때 타인을 사망하게 한 경우(타인의 신체에 해를 입혀 그로 인하여 사망하게 한 경우를 포함한다) 피해자의 상속인(이하 "유족"이라 한다)에게 다음 각 호의 기준에 따라 배상한다.

1. 사망 당시(신체에 해를 입고 그로 인하여 사망한 경우에는 신체에 해를 입은 당시를 말한다)의 월급액이나 월실수입액(月實收入額) 또는 평균임금에 장래의 취업가능기간을 곱한 금액의 유족배상

2. 대통령령으로 정하는 장례비

제2항 제2조 제1항을 적용할 때 타인의 신체에 해를 입힌 경우에는 피해자에게 다음 각 호의 기준에 따라 배상한다.

1. 필요한 요양을 하거나 이를 대신할 요양비

2. 제1호의 요양으로 인하여 월급액이나 월실수입액 또는 평균임금의 수입에 손실이 있는 경우에는 요양기간 중 그 손실액의 휴업배상

3. 피해자가 완치 후 신체에 장해가 있는 경우에는 그 장해로 인한 노동력 상실 정도에 따라 피해를 입은 당시의 월급액이나 월실수입액 또는 평균임금에 장래의 취업가능기간을 곱한 금액의 장해배상

제3항 제2조 제1항을 적용할 때 타인의 물건을 멸실·훼손한 경우에는 피해자에게 다음 각 호의 기준에 따라 배상한다.

1. 피해를 입은 당시의 그 물건의 교환가액 또는 필요한 수리를 하거나 이를 대신할 수리비

2. 제1호의 수리로 인하여 수입에 손실이 있는 경우에는 수리기간 중 그 손실액의 휴업배상

제4항 생명·신체에 대한 침해와 물건의 멸실·훼손으로 인한 손해 외의 손해는 불법행위와 상당한 인과관계가 있는 범위에서 배상한다.

제5항 사망하거나 신체의 해를 입은 피해자의 직계존속·직계비속 및 배우자, 신체의 해나 그 밖의 해를 입은 피해자에게는 대통령령으로 정하는 기준 내에서 피해자의 사회적 지위, 과실의 정도, 생계 상태, 손해배상액 등을 고려하여 그 정신적 고통에 대한 위자료를 배상하여야 한다.

제6항 제1항 제1호 및 제2항 제3호에 따른 취업가능기간과 장해의 등급 및 노동력 상실률은 대통령령으로 정한다.

제7항 제1항부터 제3항까지의 규정에 따른 월급액이나 월실수입액 또는 평균임금 등은 피해자의 주소지를 관할하는 세무서장 또는 시장·군수·구청장(자치구의 구청장을 말한다)과 피해자의 근무처의 장의 증명이나 그 밖의 공신력 있는 증명에 의하고, 이를 증명할 수 없을 때에는 대통령령으로 정하는 바에 따른다.

제3조의2 (공제액)

제1항 제2조 제1항을 적용할 때 피해자가 손해를 입은 동시에 이익을 얻은 경우에는 손해배상액에서 그 이익에 상당하는 금액을 빼야 한다.

제2항 제3조 제1항의 유족배상과 같은 조 제2항의 장해배상 및 장래에 필요한 요양비 등을 한꺼번에 신청하는 경우에는 중간이자를 빼야 한다.

제3항 제2항의 중간이자를 빼는 방식은 대통령령으로 정한다.

제4조 (양도 등 금지)

생명·신체의 침해로 인한 국가배상을 받을 권리는 양도하거나 압류하지 못한다.

제5조 (공공시설 등의 하자로 인한 책임)

제1항 도로·하천, 그 밖의 공공의 영조물(營造物)의 설치나 관리에 하자가 있기 때문에 타인에게 손해를 발생하게 하였을 때에는 국가나 지방자치단체는 그 손해를 배상하여야 한다. 이 경우 제2조 제1항 단서, 제3조 및 제3조의2를 준용한다.

제2항 제1항을 적용할 때 손해의 원인에 대하여 책임을 질 자가 따로 있으면 국가나 지방자치단체는 그 자에게 구상할 수 있다.

제6조 (비용부담자 등의 책임)

제1항 제2조·제3조 및 제5조에 따라 국가나 지방자치단체가 손해를 배상할 책임이 있는 경우에 공무원의 선임·감독 또는 영조물의 설치·관리를 맡은 자와 공무원의 봉급·급여, 그 밖의 비용 또는 영조물의 설치·관리 비용을 부담하는 자가 동일하지 아니하면 그 비용을 부담하는 자도 손해를 배상하여야 한다.

제2항 제1항의 경우에 손해를 배상한 자는 내부관계에서 그 손해를 배상할 책임이 있는 자에게 구상할 수 있다.

제7조 (외국인에 대한 책임)

이 법은 외국인이 피해자인 경우에는 해당 국가와 상호 보증이 있을 때에만 적용한다.

⇒ 일본 「국가배상법」이 국가배상청구권의 발생요건 및 상호보증에 관하여 우리나라 「국가배상법」과 동일한 내용을 규정하고 있는 점 등에 비추어 우리나라와 일본 사이에 우리나라 「국가배상법」 제7조가 정하는 상호보증이 있다.

제8조 (다른 법률과의 관계)

국가나 지방자치단체의 손해배상 책임에 관하여는 이 법에 규정된 사항 외에는 「민법」에 따른다. 다만, 「민법」 외의 법률에 다른 규정이 있을 때에는 그 규정에 따른다.

제9조 (소송과 배상신청의 관계)

이 법에 따른 손해배상의 소송은 배상심의회(이하 "심의회"라 한다)에 배상신청을 하지 아니하고도 제기할 수 있다.

제10조 (배상심의회)

제1항 국가나 지방자치단체에 대한 배상신청사건을 심의하기 위하여 법무부에 본부심의회를 둔다. 다만, 군인이나 군무원이 타인에게 입힌 손해에 대한 배상신청사건을 심의하기 위하여 국방부에 특별심의회를 둔다.

제2항 본부심의회와 특별심의회는 대통령령으로 정하는 바에 따라 지구심의회를 둔다.

제3항 본부심의회와 특별심의회와 지구심의회는 법무부장관의 지휘를 받아야 한다.

제4항 각 심의회에는 위원장을 두며, 위원장은 심의회의 업무를 총괄하고 심의회를 대표한다.

제5항 각 심의회의 위원 중 공무원이 아닌 위원은 「형법」 제127조 및 제129조부터 제132조까지의 규정을 적용할 때에는 공무원으로 본다.

제6항 각 심의회의 관할·구성·운영과 그 밖에 필요한 사항은 대통령령으로 정한다.

제11조 (각급 심의회의 권한)

제1항 본부심의회와 특별심의회는 다음 각 호의 사항을 심의·처리한다.

1. 제13조 제6항에 따라 지구심의회로부터 송부받은 사건

2. 제15조의2에 따른 재심신청사건

3. 그 밖에 법령에 따라 그 소관에 속하는 사항

제2항 각 지구심의회는 그 관할에 속하는 국가나 지방자치단체에 대한 배상신청사건을 심의·처리한다.

제12조 (배상신청)

제1항 이 법에 따라 배상금을 지급받으려는 자는 그 주소지·소재지 또는 배상원인 발생지를 관할하는 지구심의회에 배상신청을 하여야 한다.

제2항 손해배상의 원인을 발생하게 한 공무원의 소속 기관의 장은 피해자나 유족을 위하여 제1항의 신청을 권장하여야 한다.

제3항 심의회의 위원장은 배상신청이 부적법하지만 보정(補正)할 수 있다고 인정하는 경우에는 상당한 기간을 정하여 보정을 요구하여야 한다.

제4항 제3항에 따른 보정을 하였을 때에는 처음부터 적법하게 배상신청을 한 것으로 본다.

제5항 제3항에 따른 보정기간은 제13조 제1항에 따른 배상결정 기간에 산입하지 아니한다.

제13조 (심의와 결정)

제1항 지구심의회는 배상신청을 받으면 지체 없이 증인신문·감정·검증 등 증거조사를 한 후 그 심의를 거쳐 4주일 이내에 배상금 지급결정, 기각결정 또는 각하결정(이하 "배상결정"이라 한다)을 하여야 한다.

제2항 지구심의회는 긴급한 사유가 있다고 인정할 때에는 제3조 제1항 제2호, 같은 조 제2항 제1호 및 같은 조 제3항 제1호에 따른 장례비·요양비 및 수리비의 일부를 사전에 지급하도록 결정할 수 있다. 사전에 지급을 한 경우에는 배상결정 후 배상금을 지급할 때에 그 금액을 빼야 한다.

제3항 제2항 전단에 따른 사전 지급의 기준·방법 및 절차 등에 관하여 필요한 사항은 대통령령으로 정한다.

제4항 제2항에도 불구하고 지구심의회의 회의를 소집할 시간적 여유가 없거나 그 밖의 부득이한 사유가 있으면 지구심의회의 위원장은 직권으로 사전 지급을 결정할 수 있다. 이 경우 위원장은 지구심의회에 그 사실을 보고하고 추인(追認)을 받아야 하며, 지구심의회의 추인을 받지 못하면 그 결정은 효력을 잃는다.

제5항 심의회는 제3조와 제3조의2의 기준에 따라 배상금 지급을 심의·결정하여야 한다.

제6항 지구심의회는 배상신청사건을 심의한 결과 그 사건이 다음 각 호의 어느 하나에 해당한다고 인정되면 지체 없이 사건기록에 심의 결과를 첨부하여 본부심의회나 특별심의회에 송부하여야 한다.

1. 배상금의 개산액(槪算額)이 대통령령으로 정하는 금액 이상인 사건

2. 그 밖에 대통령령으로 본부심의회나 특별심의회에서 심의·결정하도록 한 사건

제7항 본부심의회나 특별심의회는 제6항에 따라 사건기록을 송부받으면 4주일 이내에 배상결정을 하여야 한다.

제8항 심의회는 다음 각 호의 어느 하나에 해당하면 배상신청을 각하(却下)한다.

1. 신청인이 이전에 동일한 신청원인으로 배상신청을 하여 배상금 지급(배상금 지급) 또는 기각(棄却)의 결정을 받은 경우. 다만, 기각결정을 받은 신청인이 중요한 증거가 새로 발견되었음을 소명(疏明)하는 경우에는 그러하지 아니하다.

2. 신청인이 이전에 동일한 청구원인으로 이 법에 따른 손해배상의 소송을 제기하여 배상금지급 또는 기각의 확정판결을 받은 경우

3. 그 밖에 배상신청이 부적법하고 그 잘못된 부분을 보정할 수 없거나 제12조제3항에 따른 보정 요구에 응하지 아니한 경우

제14조 (결정서의 송달)

제1항 심의회는 배상결정을 하면 그 결정을 한 날부터 1주일 이내에 그 결정정본을 신청인에게 송달하여야 한다.

제2항 제1항의 송달에 관하여는 「민사소송법」의 송달에 관한 규정을 준용한다.

제15조 (신청인의 동의와 배상금 지급)

제1항 배상결정을 받은 신청인은 지체 없이 그 결정에 대한 동의서를 첨부하여 국가나 지방자치단체에 배상금 지급을 청구하여야 한다.

제2항 배상금 지급에 관한 절차, 지급기관, 지급시기, 그 밖에 필요한 사항은 대통령령으로 정한다.

제3항 배상결정을 받은 **신청인**이 배상금 지급을 청구하지 아니하거나 **지방자치단체**가 대통령령으로 정하는 기간 내에 배상금을 지급하지 아니하면 그 결정에 **동의**하지 **아니한 것으로 본다.**

→ 배상 신청인과 상대방 모두 배상심의회의 결정에 동의하지 않을 수 있으므로 그 결정에 항상 구속되는 것은 아니다.

제15조의2 (재심신청)

제1항 지구심의회에서 배상신청이 기각(일부기각된 경우를 포함한다) 또는 각하된 신청인은 결정정본이 송달된 날부터 2주일 이내에 그 심의회를 거쳐 본부심의회나 특별심의회에 재심(再審)을 신청할 수 있다.

제2항 재심신청을 받은 지구심의회는 1주일 이내에 배상신청기록 일체를 본부심의회나 특별심의회에 송부하여야 한다.

제3항 본부심의회나 특별심의회는 제1항의 신청에 대하여 심의를 거쳐 4주일 이내에 다시 배상결정을 하여야 한다.

제4항 본부심의회나 특별심의회는 배상신청을 각하한 지구심의회의 결정이 법령에 위반되면 사건을 그 지구심의회에 환송(還送)할 수 있다.

제5항 본부심의회나 특별심의회는 배상신청이 각하된 신청인이 잘못된 부분을 보정하여 재심신청을 하면 사건을 해당 지구심의회에 환송할 수 있다.

제6항 재심신청사건에 대한 본부심의회나 특별심의회의 배상결정에는 제14조와 제15조를 준용한다.

Ⅲ. 공무원의 위법한 직무행위로 인한 손해배상

국가배상법

제2조 (배상책임)

제1항 국가나 지방자치단체는 공무원 또는 공무를 위탁받은 사인(이하 "공무원"이라 한다)이 직무를 집행하면서 고의 또는 과실로 법령을 위반하여 타인에게 손해를 입히거나,「자동차손해배상 보장법」에 따라 손해배상의 책임이 있을 때에는 이 법에 따라 그 손해를 배상하여야 한다. 다만, 군인·군무원·경찰공무원 또는 예비군대원이 전투·훈련 등 직무 집행과 관련하여 전사·순직하거나 공상을 입은 경우에 본인이나 그 유족이 다른 법령에 따라 재해보상금·유족연금·상이연금 등의 보상을 지급받을 수 있을 때에는 이 법 및 「민법」에 따른 손해배상을 청구할 수 없다.

제2항 제1항 본문의 경우에 공무원에게 고의 또는 중대한 과실이 있으면 국가나 지방자치단체는 그 공무원에게 구상(求償)할 수 있다.

→ 공무원에게 경과실이 있을 뿐인 경우에는 공무원 개인은 손해배상책임을 부담하지 아니한다.

→ 경과실이 있는 공무원이 피해자에게 직접 손해를 배상하였다면 그것은 채무자 아닌 사람이 타인의 채무를 변제한 경우에 해당한다.

→ 피해자에게 손해를 직접 배상한 경과실이 있는 공무원은 특별한 사정이 없는 한 국가에 대하여 국가의 피해자에 대한 손해배상책임의 범위 내에서 공무원이 변제한 금액에 관하여 구상권을 취득한다.

∵ 피해자는 공무원에게 해당 배상금을 반환할 의무X

→ 공무원의 불법행위에 고의 또는 중과실이 있는 경우 피해자는 국가·지방자치단체나 가해공무원 어느 쪽이든 선택적 청구가 가능하다.

→ 국가배상청구권의 소멸시효기간이 지났으나, 국가가 소멸시효완성을 주장하는 것이 신의성실의 원칙에 반하는 권리남용으로 허용될 수 없어 배상책임을 이행한 경우에는, 그 소멸시효 완성 주장이 권리 남용에 해당하게 된 원인행위와 관련하여 해당 공무원이 그 원인이 되는 행위를 적극적으로 주도하였다는 등의 특별한 사정이 없는 한, 국가의 해당 공무원에 대한 구상권 행사는 신의칙상 허용되지 않는다.

→ (제반사정을 참작하여 손해의 공평한 분담이라는 견지에서) 신의칙상 상당하다고 인정되는 한도 내에서만 당해 공무원에 대하여 구상권을 행사할 수 있다.

∴ 배상액 일부만 구상권 행사 가능

→ 공무원의 직무수행 중 불법행위로 인한 배상과 관련하여, 피해자가 공무원에 대해 직접적으로 손해배상을 청구할 수 있는지 여부에 대한 명시적 규정은 국가배상법상으로 존재하지 않는다.

I. 국가배상책임의 요건

가. 공무원

국가 등의 배상책임이 성립하기 위해서는 '공무원'이 손해를 가했어야 한다. 여기에서의 공무원은 「국가공무원법」 및 「지방공무원법」상의 공무원뿐만 아니라, 공무수탁사인 등 널리 공무를 위탁받아 실질적으로 그에 종사하는 모든 자를 포함한다. 종전에는 공무를 위탁받은 사인의 위법행위로 인한 손해에 대해 해석상 국가나 지방자치단체의 배상책임을 인정하였으나, 국가배상법 제2조 제1항의 '공무원'을 '공무원 또는 공무를 위탁받은 사인'으로 개정함으로써 공무를 위탁받은 사인의 위법행위로 인한 손해도 (국가배상법에 따라) 국가나 지방자치단체가 배상하여야 한다는 것이 명시적으로 규정되었다.

[국가배상법상 공무원 해당 여부]

국가배상법상 공무원O	국가배상법상 공무원X
1. 국가나 지방자치단체에 근무하는 청원경찰	1. 대등한 사경제의 주체
2. (강제집행하는) 집행관	2. 시영버스 운전수
3. 군무수행을 위하여 채용된 민간인	3. 의용소방대원
4. 교통할아버지	4. (법령의 위탁에 의해 지방자치단체로부터 대집행을 수권받은) 한국토지공사
5. 법관과 헌법재판관	행정주체O / 행정기관(공무원)X
6. 시 청소차 운전수	

7. 소방원
8. 소집 중인 향토예비군
9. 집달리
10. 주한미군·카투사
11. 철도차장
12. 통장

→ 헌법재판소 재판관이 청구기간 내에 제기된 헌법소원 심판청구 사건에서 <u>청구기간을 오인하여 각하결정을 한 경우</u>, (이에 대한 불복절차 내지 시정절차가 없는 때에는) <u>국가배상책임(위법성)</u>을 인정할 수 있다.

나. 직무행위

(1) 직무의 범위

협의설은 국가배상법 제2조 제1항의 '직무'는 권력작용만을 의미한다고 보는 견해이다. 국가배상책임의 연혁적 전개과정에 초점을 맞추자면, 종래 권력작용에 대해서는 국가책임이 부인되었기 때문에 (문제가 되는 경우도 많아서) 국가배상법 제2조에서는 특별히 권력작용으로 인한 손해에 대한 국가배상책임을 명시한 것이다.

광의설(통설·판례)은 <u>권력작용</u> 이외에 비권력적 공행정작용, 즉 <u>관리작용</u>도 포함된다는 견해이다. (다만, 영조물의 설치·관리작용은 국가배상법 제5조에 별도로 규정되어 있으므로 제외된다.) 이 견해에 따르면 국가배상법이 국가의 배상책임에 관하여 민법과는 별도로 규정되어 있으므로, 사인 간의 행위와는 다른 공행정작용이면 권력작용이든 관리작용이든 모두 같은 분류의 직무에 포함된다고 본다. 반면에 (권력작용·관리작용이 아닌) 국가가 사인과 동일한 입장에서 행하는 **사경제작용**은 동일한 관계에는 동일한 법이 적용되어야 한다는 원리에 따라 「민법」의 적용대상이 되어야 한다고 이해하므로 **국가배상법상 '직무'가 아니다.**

→ <u>국가의 철도운행사업과 관련하여 발생한 사고</u>로 인한 <u>손해배상청구</u>의 경우 그 사고에 공무원이 간여하였다고 하더라도 「**국가배상법**」이 아니라 「**민법**」이 적용되어야 하지만, <u>철도시설물의 설치 또는 관리의 하자</u>로 인한 <u>손해배상청구</u>의 경우에는

공무원의 불법행위를 원인 : <u>민법</u> 적용 (∵ 사경제적 작용은 직무행위X)

「**국가배상법**」이 적용된다.

영조물의 설치·관리상의 하자를 원인 : <u>국가배상법</u> 적용

최광의설은 공법작용(권력작용 및 관리작용)뿐만 아니라 사경제작용까지 직무에 포함된다고 보는 견해이다. 헌법 제29조에서는 행정작용의 성질을 불문하고 국가의 배상책임을 인정하고 있다. 그러므로 사경제작용을 직무행위에서 제외하여 민법의 적용대상으로 한다면 국가는 공무원의 선임·감독상의 주의의무의 이행을 입증하여 면책되게 되는데, 이는 (제1차적 배상책임 및 대위책임이 국가에게 있다는) 국가배상책임의 본질에서 벗어난다고 본다.

(2) 직무의 내용

직무행위는 주로 행정작용이 되지만, 입법·사법작용도 여기에 포함된다. 법적행위·사실행위, 작위·부작위 등도 모두 된다. 통치행위도 (예외적으로) 사법심사가 가능한 경우에 한해서는 손해배상이 인정될 수 있다. 입법작용과 사법작용도 직무행위에 속함은 당연하지만 이들의 고의·과실로 인한 위법성이 인정되기 어려우므로(국가배상 요건을 갖추기가 어려우므로) 그로 인한 손해배상이 인정되는 경우는 별로 없다.

→ 공무원이 준수하여야 할 직무상 의무가 오로지 공공 일반의 전체적인 이익을 도모하기 위한 것이라면 그 의무를 위반하여 국민에게 손해를 가하여도 국가배상책임은 성립하지 아니한다.

→ 산업기술혁신 촉진법령에 따른 중앙행정기관과 지방자치단체 등의 인증신제품 구매의무는 공공 일반의 전체적인 이익을 도모하기 위한 것으로 봄이 타당하고, 신제품 인증을 받은 자의 재산상 이익은 법령이 보호하고자하는 이익으로 보기는 어려우므로, 지방자치단체가 위 법령에서 정한 인증신제품 구매의무를 위반하였다고 하더라도, 이를 이유로 신제품 인증을 받은 자에 대하여 국가배상책임을 지는 것은 아니다.

→ 국민이 법령에 정하여진 수질기준에 미달한 상수원수로 생산된 수돗물을 마심으로써 건강상의 위해 발생에 대한 염려 등에 공공 일반의 전체적인 이익의 침해 따른 정신적 고통을 받았다고 하더라도, 이러한 사정만으로는 국가 또는 지방자치단체가 국민에게 손해배상책임을 부담하지 아니한다.

→ 「금융위원회의 설치 등에 관한 법률」의 입법 취지에 비추어 볼 때, 금융감독원에 금융기관에 대한 검사·감독의무를 부과한 공공 일반의 전체적인 이익 법령의 목적이 금융상품에 투자한 투자자 **개인의 이익**을 직접 보호하기 위한 것이라고 할 수 **없으므로**, 피고 금융감독원 및 그 직원들의 **위법한 직무집행**과 해당 저축은행의 후순위사채에 투자한 원고들이 입은 **손해** 사이에 **상당인과관계**가 있다고 보기 **어렵다.**

→ 공무원에게 부과된 직무상 의무는 전적으로 또는 부수적으로 사회구성원 개인의 안전과 이익을 보호하기 위해 설정된 것이어야 국가배상책임이 인정된다.

→ 「공직선거법」이 후보자가 되고자 하는 자와 그 소속 정당에게 전과기록을 조회할 권리를 부여하고 수사기관에 회보의무를 부과한 것은 공공의 이익만을 위한 것이 아니라 후보자가 되고자 하는 자나 그 소속 정당의 개별적 이익도 보호하기 위한 것이다.

→ 공무원이 직무를 수행하면서 그 근거가 되는 법령의 규정에 따라 구체적으로 의무를 부여받았어도 그것이 **국민의 이익**과 **관계없이** 순전히 행정기관 내부의 질서를 유지하기 위한 것이라면 그 의무에 위반하여 국민에게 손해를 가하여도 국가 등은 배상책임을 부담하지 **않는다.**

다. 직무관련성

국가배상법 제2조 제1항의 '직무행위를 집행하면서'에서 직무행위는 (실제 직무행위) 그 자체는 물론 객관적으로 직무의 범위에 속한다고 판단되는 행위 및 직무와 밀접히 관련된 행위까지를 모두 포함한다.

[국가배상법상 직무행위 인정 여부]

직무행위O	직무행위X
1. 입법작용	1. 대통령의 긴급조치권 행사 (통치행위)
2. 사법작용	2. 국가의 철도운행사업
3. 행정지도	3. 공공사업용지의 협의취득
4. 교도소 의무관의 치료·조치	4. 구청 세무공무원의 시영아파트 입주권 매매

5. 경찰서 대용감방에 배치된 경찰관의 (수감자들의) 폭력행위 제지X
6. 등기공무원이 등기신청서류가 위조된 지 모르고 등기해 준 행위
7. 미군부대 소속 하사관이 출장을 위해 개인소유차량을 빌려 운행하고 퇴근 중 교통사고
8. 수사경찰관이 피해자의 인적사항 등을 공개·누설한 행위
9. 인감증명발급
10. 인사업무 담당공무원의 공무원증 위조행위
11. 운전병이 아닌 군인의 군용차량 운전
12. (양곡대금과 관련한) 군수의 지시 또는 군청직원의 수금행위
13. 전입신병 보호조인 상급자의 전입신병에 대한 교육·훈계·폭행행위
14. 학군단 소속차량의 학교교수의 장례식 운행 중 사고

5. 결혼식 참석을 위한 군공무원의 군용차량 운행
6. 시위자들이 던진 화염병에 의한 화재
7. 육군하사의 순찰 빙자한 이탈 후 민간인 사살
8. 출근을 위한 공무원의 자차 운행
9. 친구와 술을 마시기 위한 군인의 군용차량 운행

라. 고의 또는 과실

국가배상법 2조의 손해배상은 원칙적으로 과실책임주의에 입각하고 있다. 고의·과실은 기존에는 공무원의 주관적 인식유무를 기준으로 판단하였다. 그러나 (이러한) 주관적 과실 개념을 (국민의) 권리구제 측면에서 객관화하려는 경향이 나타나고 있다. 과실의 객관화는 과실을 (공무원 각각의) 주관적인 심리상태로서 이해하기보다는 객관적인 주의의무 위반으로 파악하여 주의의무의 내용을 고도화(정형화)하는 것을 의미한다. 따라서 **가해공무원의 특정**이 반드시 필요한 것이 **아니며**, 누구의 행위인지가 판명되지 않더라도 (주의의무 위반이) 공무원의 행위에 의한 것인 이상 국가는 배상책임을 지게 된다. 가해공무원의 특정의 문제는 (구상권과 관련하여) 국가의 배상책임을 자기책임으로 볼 지 아니면 대위책임으로 볼 지와 밀접한 관계가 있다.

→ 담당공무원이 (보통 일반의 공무원을 표준으로 하여 볼 때) 객관적 주의의무를 결하여 그 행정처분이 객관적 정당성을 상실하였다고 인정될 정도에 이른 경우에 「국가배상법」 제2조의 요건을 충족하였다고 볼 수 있다.

→ 어떠한 행정처분이 후에 항고소송에서 취소되었다고 할지라도 당해 행정처분이 곧바로 공무원의 고의 또는 과실로 인한 것으로서 불법행위를 구성한다고 단정할 수는 없다.

→ 형벌에 관한 법령이 헌법재판소의 위헌결정으로 소급하여 효력을 상실한 경우, 위헌 선언 전 그 법령에 기초하여 수사가 개시되어 공소가 제기되고 유죄판결이 선고되었더라도, 그러한 사정만으로 국가의 손해배상책임이 발생한다고 볼 수 없다.
∵ 공무원의 고의·과실X

고의·과실의 입증책임은 원고인 피해자에게 있다고 하는 것이 일반적이다. 다만, 과실의 객관화 추세에 맞추어 민법상 일응추정의 법리를 원용함으로써 피해자 입증책임을 완화시키는 것이 판례와 다수설의 입장이다.

→ 국가배상법 제2조 제1항에서 규정한 공무원의 과실의 입증책임은 국가에 대하여 공무원의 불법행위로 인한 손해배상을 청구하는 당사자(원고)에게 있다.

[공무원의 과실 인정 여부]

과실O	과실X
1. 공무원이 관계법규를 알지 못하여 법규의 해석을 그르쳐 한 위법한 행정처분	1. 공무원이 행정입법에 관하여 나름의 합리적 근거를 찾아 판단을 내린 경우
2. 경찰관이 범인 검거를 위해 가스총을 발사할 때 거리 미확보로 인해 상대방이 실명	2. 공무원이 신청에 대해 처분 여부 결정을 상당기간 지체한 경우
3. 경찰관이 피의자 제압시 총기사용 후 119구급대 도착 전까지 응급처치를 하지 않은 경우	3. 관계법령의 해석이 확립되기 전에 한 처분이 항고소송에서 취소된 경우
4. 교도관의 부주의로 급성정신착란증 있는 수용자가 계구 해제 후 자살	4. 법령에 대한 해석이 객관적으로 명백하지 않고 그에 대한 선례·학설·판례도 통일되지 않은 경우
5. 경매담당공무원이 매각물건명세서를 잘못 기재해 가격결정을 잘못한 경우	5. 수사검사가 합리적인 판단 하에 구속피의자 심문시 변호인의 참여를 불허한 경우
6. 대법원에 의해 확립된 법령의 해석에 어긋나는 견해를 고집하여 한 행정처분	6. 위헌결정이 있기 전에 해당 법률을 적용한 경우 (∵법률이 헌법에 위반되는지 여부는 헌법재판소의 위헌결정이 있기 전까지는 명백하지 않으므로)
7. 대법원예규에 의해 해석이 분명해졌음에도 다른 해석을 들어 공탁사무를 처리	7. 처분당시 시행규칙에 정해진 제재적 처분기준(재량준칙)에 따라 한 행정처분
8. 위병소근무자의 의무해태와 지휘관의 병력관리 소홀로 문제사병이 탈영해 총기난사	

→ 일반적으로 공무원이 **필요한 지식**을 갖추지 **못하고** 법규의 해석을 그르쳐 행정처분을 하였다면 그가 **법률전문가가 아닌 행정직 공무원**이라고 하여 과실이 없다고는 할 수 없다.

→ 공무원이 관계 법령의 해석이 확립되기 **전**에 어느 한 설을 취하여 업무를 처리한 것이 결과적으로 위법하더라도 처분 당시 그 이상의 업무처리를 성실한 평균적 공무원에게 기대하기 어려웠던 경우라면 원칙적으로 공무원의 과실을 인정할 수 **없다.**

→ 법률이 헌법에 위반되는지 여부를 심사할 권한이 없는 공무원으로서는 행위 당시의 법률에 따를 수밖에 없으므로, 행위의 근거가 된 법률조항에 대하여 위헌결정이 선고되더라도 위 법률조항에 따라 행위한 당해 공무원에게는 고의 또는 과실이 있다 할 수 없어 국가배상책임은 성립되지 아니한다.

→ 영업허가취소처분이 나중에 행정심판에 의하여 재량권을 일탈한 위법한 처분이 되었더라도 그 처분이 당시 시행되던 「**공중위생법 시행규칙**」에 정하여진 행정처분의 기준에 따른 것이라면 그 영업허가취소처분을 한 공무원에게 그와 같은 위법한 처분을 한 데 있어 직무집행상의 **과실**이 있다고 할 수 **없다.**

마. 법령의 위반

법령이란 성문법과 불문법을 포함한 모든 법규를 의미하며, 법령위반이란 위법과 같은 의미이다. 따라서 공무원의 직무행위가 법령에 위반하였다면 위법이다. 법령에 명문규정이 없는 경우에도 일정한 경우 공무원의 손해방지의무 위반으로 국가배상책임이 인정된다. 부당으로서의 재량위반은 포함되지 않으며, 위법으로서의 재량위반(재량의 유월·남용·흠결 등)만이 여기에 포함된다. 행정규칙은 직접 대외적 효력을 가지는 법규범이 아니므로 행정규칙위반은 여기에서의 법령위반에 해당하지 않는다. 다만 행정규칙(특히 재량규칙)의 위반이 간접적으로 위법으로 되는 경우가 있는 데, 이 경우에는 재량규칙을 위반한 공무원에게 과실이 인정되어 국가배상책임이 있게 된다.

공무원의 직무행위의 위법성에 대한 입증책임도 원칙적으로 원고(피해자)측에 있다고 보아야 한다.

[법령의 위반]

학설	결과불법설	가해행위의 결과인 손해의 불법을 의미
	협의의 행위위법설	(항고소송의 위법개념과 동일하게 그 결과와 상관없이) 가해행위가 당시 법규범에 근거하였는가 여부에 따라 판단
	광의의 행위위법설	「국가배상법」상 "법령위반"은 엄격한 의미의 법령 위반뿐 아니라 조리상 인정되는 공무원의 **직무상 손해방지의무 위반도 포함**
	상대적 위법성설	「국가배상법」상 "법령위반"은 피침해이익의 성격과 침해의 정도, 가해행위의 태양 등을 종합적으로 고려하여 객관적으로 정당성을 상실한 경우를 의미
판례		(대체로) 광의의 행위위법설 + 상대적 위법성설

→ 직무수행에 재량이 인정되는 경우라도 그 권한을 부여한 취지와 목적에 비추어 볼 때 구체적 사정에 따라 그 권한을 행사하여 필요한 조치를 취하지 아니하는 것이 현저하게 불합리하다고 인정되는 때에는 그러한 권한의 불행사는 직무상의 의무를 위반한 것이 되어 위법하게 된다.

→ 「경찰관직무집행법」 등 관련법률이 경찰관에게 권한을 부여한 취지와 목적을 비추어 볼 때 구체적인 사정에 따라 경찰관이 권한을 행사하여 필요한 조치를 하지 아니하는 것이 현저하게 불합리하다고 인정되는 경우에는 권한의 불행사는 직무상 의무를 위반한 것이 되어 위법하게 된다.

→ 국가배상책임에 있어서 공무원의 행위는 법령에 위반한 것이어야 하고, 법령위반이라 함은 엄격한 의미의 법령 위반뿐만 아니라 인권존중, 권력남용금지, 신의성실 등의 위반도 포함하여 그 행위가 객관적인 정당성을 결여하고 있음을 의미한다.

→ **물품세 과세대상이 아닌 것을** 세무공무원이 직무상 과실로 과세대상으로 오인하여 **과세처분을** 행함으로 인하여 손해가 발생된 경우, 해당 **과세처분이 취소되지 아니하였다 하더라도**, 국가는 **손해배상책임**이 있다.

→ 행정처분이 위법임을 이유로 국가배상을 청구하기 위한 전제로서 그 처분이 취소되어야만 하는 것은 아니다.

→ 재판에 대하여 불복절차 내지 시정절차 자체가 없는 경우, 부당한 재판으로 인하여 불이익 내지 손해를 입은 사람에게는 배상책임의 요건이 충족되는 한 국가배상이 인정될 수 있다.

→ 공무원의 부작위로 인한 국가배상책임을 인정할 것인지 여부가 문제되는 때에 관련 공무원에 대하여 작위의무를 명하는 법령의 규정이 없다면 공무원의 부작위로 인하여 침해된 국민의 법익 또는 국민에게 발생한 손해가 어느 정도 심각하고 절박한 것인지, 관련 공무원이 그와 같은 결과를 예견하여 그 결과를 회피하기 위한 조치를 취할 수 있는 가능성이 있는지 등을 종합적으로 고려하여 판단하여야 한다.

→ 군교도소 수용자들이 탈주하여 일반 국민에게 **손해**를 입혔다면 **국가**는 그로 인하여 피해자들이 입은 **손해를 배상할 책임**이 있다.
공무원의 직무상 의무위반O ∴ 위법

→ (성폭력범죄의 수사를 담당하거나 수사에 관여하는) 경찰관이 피해자의 인적사항 등을 공개 또는 누설함으로써 피해자가 **손해**를
공무원의 직무상 의무위반O ∴ 위법
입은 경우, **국가의 배상책임**이 인정된다.

→ 음주운전으로 적발된 주취운전자가 도로 밖으로 차량을 이동하겠다며 단속 경찰관으로부터 보관 중이던 차량열쇠를 반환받아 몰래 차량을 운전하여 가던 중 사고를 일으킨 경우, **국가배상책임**이 인정된다.
공무원의 직무상 의무위반O ∴ 위법

→ 행정지도가 강제성을 띠지 않은 비권력적 작용으로서 행정지도의 한계를 일탈하지 아니하였다면, 그로 인하여 상대방에게 어떤 위법X

손해가 발생하였다 하더라도 행정기관은 손해배상책임이 **없다**.

[항고소송의 기판력이 국가배상청구소송에 미치는지 여부]

긍정설	취소소송의 위법과 국가배상청구소송의 위법은 동일한 개념이므로 전소의 인용판결·기각판결의 기판력이 모두 후소인 국가배상청구소송에 미친다고 보는 견해 (협의의 행위위법설)
부정설	취소소송의 위법과 국가배상청구소송의 위법은 다른 개념이므로 전소의 인용판결·기각판결의 기판력 모두 후소인 국가배상청구소송에 미치지 않는다고 보는 견해 (상대적 위법성설 또는 결과 위법설)
제한적 긍정설 (다수설)	(국가배상청구소송의 위법개념을 취소소송의 위법개념보다 넓은 개념으로 보아) 전소의 인용판결의 기판력은 후소인 국가배상청구소송에 미치나, 전소의 기각판결의 기판력은 후소인 국가배상청구소송에 미치지 않는다는 견해 (광의의 행위위법설) 1. 인용판결의 기판력 – 국가배상청구소송에 영향O 2. 기각판결의 기판력 – 국가배상청구소송에 영향X

(1) 입법작용

입법작용으로 인한 손해는 1. 법률제정의 위법성을 이유로 국가에 대하여 배상책임을 지우는 것, 즉 (입법부의 구성원인) 국회의원의 법령위반, 고의·과실, 법규의 일반·추상성 등의 요건 충족에 대한 장애에 해당하는 경우와 2. 위헌으로 판정된 법률에 의하여 개인의 권익이 침해된 경우로 나누어 살펴볼 수 있다.

법률에 근거한 구체적 처분에 의하여 개인의 권익이 침해된 경우에는 당해 처분을 중심으로 손해배상요건의 충족여부를 판단하고, 처분의 근거법이 위헌무효의 판정을 받았다면 당해 처분은 법률상의 근거가 없는 것이기 때문에 그 위법성을 인정하는 데에는 어려움이 없다. 그러나 공무원에게는 법률의 위헌여부를 심사할 권한이 없으므로 그러한 법률을 적용한 데에 공무원의 과실은 없다고 보아야 한다. (위법성 인정O / 과실 인정X) 또한 법률에 의하여 직접적으로 개인의 권익이 침해된 경우에 당해 처분법규(처분적 법률)는 위헌이므로 위법성은 쉽게 인정될 수 있으나 처분법규의 입법과정상의 과실을 인정하는 데는 어려움이 있다.

국가가 일정한 사항에 관하여 헌법에 의하여 부과되는 구체적인 입법의무를 부담하고 있음에도 불구하고 그 입법에 필요한 상당한 기간이 경과하도록 고의·과실로 입법의무를 이행하지 아니하는 경우, 국가배상책임이 인정될 수 있다.

(2) 사법작용

법관이 판결을 함에 있어서 고의 또는 과실로 법령에 위반하여 타인에게 손해를 가했다면 국가의 배상책임이 인정된다. 그러나 판결의 위법을 이유로 배상책임을 인정하는 데에는 어려움이 많다. 재판에 패소한 자가 그 재판의 위법을 이유로 손해배상청구소송을 제기하여 승소한다면 이는 선행판결의 무위를 가져오게 되며, 결과적으로 판결의 확정력은 의미를 상실하게 된다. 그러나 위법한 판결로 인해 타인이 손해를 받는 경우 (공정한 재판을 위해서라도) 배상책임을 완전히 배제할 수는 없다는 것이 판례의 입장이다.

→ 재판행위로 인한 국가배상에 있어서 위법은 판결 자체의 위법이 아니라 법관의 공정한 재판을 위한 직무수행상 의무의 위반으로서 위법하다.

바. 타인에게 손해를 가할 것

'타인'은 가해자인 공무원과 그의 위법한 직무행위에 가담한 자 이외의 모든 사람을 의미한다. 따라서 공무원이 다른 공무원의 가해
행위로 인하여 손해가 발생한 경우에는 여기서의 타인에 해당한다. '손해'란 법익침해(법률상 이익의 침해)에 대한 불이익을 말한
다. 그러므로 반사적 이익의 침해에 의한 불이익은 여기에 포함되지 않는다. 손해로는 재산적 손해, 정신적 손해, 적극적 손해, 소극적
손해(정당한 예기이익의 상실)를 들 수 있다. 또한 공무원의 가해행위와 손해의 발생 간에 '상당인과관계'가 있어야 한다. 상당인과
관계란, 가해행위와 손해의 발생 간에 연속되는 인과관계 속에서 상당성 있는 인과관계만이 법적 인과관계에 해당한다는 것을 의
미한다. 인과관계에 상당성이 있는지는 (해당 상황을) 종합적으로 고려하여 판단한다.

→ 공무원이 고의 또는 과실로 그에게 부과된 직무상 의무를 위반하였을 경우라고 하더라도 국가는 그러한 **직무상의 의무 위반**과 **피해자
가 입은 손해** 사이에 **상당인과관계**가 인정되는 범위 내에서만 **배상책임**을 진다.

→ <u>소방공무원들이</u> 다중이용업소인 주점의 비상구와 피난시설 등에 대한 **점검을 소홀**히 함으로써 <u>주점의 피난통로 등에 중대한 피난
장애요인이 있음을 발견하지 못하여 업주들에 대한 적절한 지도 · 감독을 하지 아니한 경우</u> **직무상 의무 위반과 주점 손님들의
사망** 사이에 <u>상당인과관계가</u> 인정된다.

2. 배상책임

가. 대위책임설

공무원의 위법한 직무행위로 인한 손해배상책임은 원칙적으로 공무원에게 있으나, 국가 등이 가해자인 공무원을 대신하여 배상책임을
지는 데 불과하다고 보는 견해이다. 1. 공무원의 위법한 직무행위는 (국가의 행위로 볼 수 없는) 공무원 자신의 행위이기 때문에 그러한
행위의 효과는 국가에 귀속시킬 수 없다는 점, 2. 배상능력이 충분한 국가 등을 배상책임자로 하는 것이 피해자에게도 유리하다는 점,
3. 행정의 원활한 수행에 대한 배려와 4. 공무원에 대한 경고 및 응징기능 등이 논거에 해당한다.

나. 자기책임설

국가 등이 지는 배상책임은 공무원의 책임을 대신하여 지는 것이 아니고, 그의 기관인 공무원의 행위라는 형식을 통하여 직접 자기의
책임으로 부담하는 것이라고 보는 견해이다. 1. 국가가 그의 기관인 공무원을 통하여 행위하기 때문에 공무원의 직무행위는 그 위법
여부와 관계없이 국가에 그 효과가 지속되어야 하고, 2. 구상권은 정책적 측면에서 인정되는 것이므로 이를 기준으로 배상책임의
성질을 논하는 것은 옳지 않다는 점 등을 근거로 든다.

따라서 위법하게 행사될 위험성이 있는 행정권을 공무원에게 수권한 국가는 위법하게 행사하여 발생한 손해에 대해 위험책임으로
서 자기책임을 진다.

다. 중간설 (다수설, 판례)

<u>공무원의 고의 · 중과실에 대한 국가의 배상책임은 대위책임이나, 경과실에 대한 국가의 배상책임은 자기책임의 성질을 가진다고
보는 견해이다.</u> 이 견해는 1. 공무원의 경과실의 직무행위는 기관행위로서 국가 등에 귀속시킬 수 있으나, 고의나 중과실의 직무행위는
기관행위로서 볼 수 없다는 점, 2. 국가배상법 제2조 제2항은 경과실의 경우에는 국가의 공무원에 대한 구상권을 인정하지 않는다는
점 등을 논거로 한다.

[배상책임의 성질]

대위책임설 **(간접책임설)**	국가배상책임은 국가가 공무원을 대신하여 지는 책임 (구상권O)
자기책임설 **(직접책임설)**	국가배상책임은 국가가 공무원을 대신하여 지는 책임이 아니고 (구상권X) 비록 형식적으로는 (국가의 기관인) 공무원의 행위이기는 하나 실질적으로는 국가 자신의 행위이므로 국가의 자기책임
중간설	경과실인 공무원의 직무행위는 기관행위의 품격을 갖기 때문에 국가의 자기책임이며, 고의·중과실인 경우에는 기관행위의 품격을 상실하여 공무원 개인의 책임(국가의 대위책임) **공무원의 고의·중과실에 대한 국가배상책임은 대위책임이나 공무원의 경과실에 대한 국가배상책임은 자기책임**
절충설	경과실인 공무원의 직무행위는 기관행위의 품격을 갖기 때문에 국가의 자기책임이며, 고의·중과실인 경우에는 기관행위의 품격을 상실하여 공무원 개인의 책임(국가의 대위책임)이라는 점에서는 중간설과 동일하다. 다만, 고의·중과실의 경우에도 공무원의 행위가 직무행위로서 외형을 갖춘 경우 국가배상책임은 국가의 자기책임이라고 본다.

→ 국가배상책임에 대한 <u>자기책임설</u>에서는 <u>공무원의 피해자에 대한 책임을 인정</u>하고 <u>대위책임설</u>에서는 <u>공무원의 피해자에 대한 책임을 부인</u>한다.

3. 배상책임자

배상책임자는 원칙적으로 국가나 지방자치단체(국가배상법 제2조 제1항)이다. 다만, 공무원의 선임·감독 또는 영조물의 설치·관리를 맡은 자와 공무원의 봉급·급여, 그 밖의 비용 또는 영조물의 설치·관리 비용을 부담하는 자가 동일하지 아니하면 그 비용을 부담하는 자도 손해를 배상하여야 한다(국가배상법 제6조 제1항 비용부담자 책임). 따라서 피해자는 양자에 대해 선택적으로 배상을 청구할 수 있다. (이렇게 선택적 청구를 인정한 것은 소위 기관위임사무 등의 집행에 있어 그 사무에 대한 권한자와 집행자가 달라 배상책임자가 누구인지 혼동을 가질 수 있으므로, 이러한 경우에 실질적 권리구제의 절차를 확대하기 위한 입법정책적 목적을 실현하기 위한 것이라고 할 수 있다.) 비용부담자 책임에 의해 손해를 배상한 자는 내부관계에서 그 손해를 배상할 책임이 있는 자에게 구상할 수 있다(국가배상법 제6조 제2항). 여기서 '내부관계에서 손해를 배상할 책임이 있는 자'는 **공무원의 선임·감독자**를 의미한다. 그런데 헌법에서는 배상책임자를 국가 또는 공공단체로 규정하고 있고, 국가배상법에서는 국가나 지방자치단체만을 배상책임자로 규정하고 있으며, 민법에서는 그 밖의 공공단체(공공조합이나 영조물법인 등)의 배상책임을 규정하고 있다. 따라서 ('내부관계에서 손해를 배상할 책임이 있는 자'는 **공무원의 선임·감독자**를 의미한다는 것이) 헌법의 취지에 어긋난다는 견해와 국가·지방자치단체뿐만 아니라 기타 공공조합 영조물법인 등의 공공단체가 포함되는 예시적 의미로 확대해석해야 한다는 견해, 헌법의 취지는 모든 공공단체에 대하여 동일 법률에 따라 배상하여야 한다는 것을 정한 것은 아니므로 헌법상 문제가 없다는 견해 등이 대립된다. 최근에는 헌법상의 공공단체의 개념을 국가배상법과의 관계에서는 지방자치단체만으로 한정하고 그 외의 공공단체는 민법에 의하여 해결하자는 논의도 있다.

국가나 지방자치단체가 공무원의 직무상 불법행위에 대해 배상책임을 지는 경우에, 그 공무원의 선임·감독에 있어서 (국가나 지방자치단체의) <u>과실의 유무는 불문한다</u>. 즉 국가나 지방자치단체는 공무원이 직무를 집행하면서 고의 또는 과실로 위법하게 타인에게 손해를 가한 때에 「국가배상법」상 배상책임을 지고, 공무원의 선임 및 감독에 상당한 주의를 한 경우에도 그 배상책임을 면할 수 없다.

→ 「국가배상법」 제6조 제1항에 의하면 <u>지방자치단체장이 설치하여</u> 관할 지방경찰청장에게 관리권한이 위임된 교통신호기의 고장

국가 소속

으로 인하여 교통사고가 발생한 경우, 지방자치단체뿐만 아니라 **국가**도 손해배상책임을 진다.

비용부담자 책임O

→ 지방자치단체의 장이 기관위임 된 국가사무를 처리하는 경우 그에 소요되는 경비의 실질적·궁극적 부담자는 국가라고 하더라도 당해 지방자치단체는 국가로부터 내부적으로 교부된 금원으로 그 사무에 필요한 경비를 대외적으로 지출하는 자이므로, 이러한 경우 지방자치단체는 국가배상법 제6조 제1항 소정의 비용부담자로서 공무원의 불법행위로 인한 손해를 배상할 책임이 있다.

→ 농수산부장관으로부터 도지사를 거쳐 군수에게 재위임된 국가사무(기관위임사무)인 개간허가 및 그 취소사무를 처리함에 있어 고의 또는 과실로 타인에게 손해를 가한 경우, 「국가배상법」 제6조에 의하여 지방자치단체인 군이 비용을 부담한다고 볼 수 있는 경우에 한하여 국가와 함께 손해배상책임을 부담한다.

→ 「자동차손해배상 보장법」은 배상책임의 성립요건에 관하여는 「국가배상법」에 우선하여 적용된다.

4. 배상책임의 내용

국가배상법

제3조 (배상기준)

제1항 제2조 제1항을 적용할 때 타인을 사망하게 한 경우(타인의 신체에 해를 입혀 그로 인하여 사망하게 한 경우를 포함한다) 피해자의 상속인(이하 "유족"이라 한다)에게 다음 각 호의 기준에 따라 배상한다.

1. 사망 당시(신체에 해를 입고 그로 인하여 사망한 경우에는 신체에 해를 입은 당시를 말한다)의 월급액이나 월실수입액(月實收入額) 또는 평균임금에 장래의 취업가능기간을 곱한 금액의 유족배상

2. 대통령령으로 정하는 장례비

제2항 제2조 제1항을 적용할 때 타인의 신체에 해를 입힌 경우에는 피해자에게 다음 각 호의 기준에 따라 배상한다.

1. 필요한 요양을 하거나 이를 대신할 요양비

2. 제1호의 요양으로 인하여 월급액이나 월실수입액 또는 평균임금의 수입에 손실이 있는 경우에는 요양기간 중 그 손실액의 휴업배상

3. 피해자가 완치 후 신체에 장해가 있는 경우에는 그 장해로 인한 노동력 상실 정도에 따라 피해를 입은 당시의 월급액이나 월실수입액 또는 평균임금에 장래의 취업가능기간을 곱한 금액의 장해배상

제3항 제2조 제1항을 적용할 때 타인의 물건을 멸실·훼손한 경우에는 피해자에게 다음 각 호의 기준에 따라 배상한다.

1. 피해를 입은 당시의 그 물건의 교환가액 또는 필요한 수리를 하거나 이를 대신할 수리비

2. 제1호의 수리로 인하여 수입에 손실이 있는 경우에는 수리기간 중 그 손실액의 휴업배상

제4항 생명·신체에 대한 침해와 물건의 멸실·훼손으로 인한 손해 외의 손해는 불법행위와 상당한 인과관계가 있는 범위에서 배상한다.

제5항 사망하거나 신체의 해를 입은 피해자의 직계존속·직계비속 및 배우자, 신체의 해나 그 밖의 해를 입은 피해자에게는 대통령령으로 정하는 기준 내에서 피해자의 사회적 지위, 과실의 정도, 생계 상태, 손해배상액 등을 고려하여 그 정신적 고통에 대한 위자료를 배상하여야 한다.

→ 국가배상법 제5조의 영조물의 설치·관리상의 하자로 인한 손해가 발생한 경우 (동법 제3조 제1항·제5항의 해석상) 피해자의 위자료 청구권이 반드시 배제되는 것은 아니다.

제6항 제1항 제1호 및 제2항 제3호에 따른 취업가능기간과 장해의 등급 및 노동력 상실률은 대통령령으로 정한다.

제7항 제1항부터 제3항까지의 규정에 따른 월급액이나 월실수입액 또는 평균임금 등은 피해자의 주소지를 관할하는 세무서장 또는 시장·군수·구청장(자치구의 구청장을 말한다)과 피해자의 근무처의 장의 증명이나 그 밖의 공신력 있는 증명에 의하고, 이를 증명할 수 없을 때에는 대통령령으로 정하는 바에 따른다.

제3조의2 (공제액)

제1항 제2조 제1항을 적용할 때 피해자가 손해를 입은 동시에 이익을 얻은 경우에는 손해배상액에서 그 이익에 상당하는 금액을 빼야 한다.

제2항 제3조 제1항의 유족배상과 같은 조 제2항의 장해배상 및 장래에 필요한 요양비 등을 한꺼번에 신청하는 경우에는 중간이자를 빼야 한다.

제3항 제2항의 중간이자를 빼는 방식은 대통령령으로 정한다.

헌법 제29조 제1항에 의하면 국가 또는 공공단체는 '정당한 배상', 즉 가해행위와 상당인과관계에 있는 모든 손해를 배상해야 한다. 국가배상법 제3조와 제3조의2에 생명·신체에 대한 침해와 물건의 멸실·훼손으로 인한 손해에 대한 배상금액의 기준을 규정하고 있다. 특히, 생명·신체에 대한 침해에 대해서는 배상액의 기준에 특례가 있다.

가. 기준액설

국가배상법 제3조의 배상기준은 단순한 기준에 불과하고 구체적 사안에 따라서는 배상액을 증감하는 것도 가능하다고 보는 견해로 다수설 및 판례의 견해이다.

→ (공무원의) 불법행위로 영업을 중단한 자가 <u>영업중단에 따른 손해배상</u>을 구하는 경우, <u>영업을 중단하지 않았으면 얻었을 순이익</u>과 이와 별도로 영업중단과 상관없이 불가피하게 지출해야 하는 <u>비용도 손해배상의 범위에 포함될 수 있다.</u>

나. 한정액설

국가배상법 제3조의 배상기준규정을 손해배상액의 상한을 규정한 제한규정으로 보는 견해이다.

[배상책임의 내용]

배상기준	1. 헌법 제29조 제1항은 정당한 보상을 지급하도록 규정 → 정당한 배상이란 가해행위와 상당인과관계가 인정되는 일체의 손해에 대한 완전한 배상 2. 국가배상법 제3조는 별도로 배상기준을 정하고 있는데, 그 기준을 한정액으로 보는 견해(한정액설)와 기준액으로 보는 견해(기준액설)가 대립 3. **다수설·판례**는 기준액설의 입장으로 국가배상법 제3조의 기준에 구애되지 않는다고 한다.
배상청구권의 양도·압류 금지	생명·신체의 침해로 인한 국가배상을 받을 권리는 양도하거나 압류하지 못한다(국가배상법 제4조).
배상청구권의 소멸시효	1. 국가배상법에 규정X 2. 피해자나 법정대리인이 손해 및 가해자를 안 경우 → 「민법」이 적용되어 안 날로부터 3년의 소멸시효 3. 피해자나 법정대리인이 손해 및 가해자를 알지 못한 경우 → 「국가재정법」이 적용되어 5년의 소멸시효

ㄴ. 배상청구권의 주체

국가배상법

제2조 (배상책임)

제1항 국가나 지방자치단체는 공무원 또는 공무를 위탁받은 사인(이하 "공무원"이라 한다)이 직무를 집행하면서 고의 또는 과실로 법령을 위반하여 타인에게 손해를 입히거나,「자동차손해배상 보장법」에 따라 손해배상의 책임이 있을 때에는 이 법에 따라 그 손해를 배상하여야 한다. 다만, 군인·군무원·경찰공무원 또는 예비군대원이 전투·훈련 등 직무 집행과 관련하여 전사·순직하거나 공상을 입은 경우에 본인이나 그 유족이 다른 법령에 따라 재해보상금·유족연금·상이연금 등의 보상을 지급받을 수 있을 때에는 이 법 및 「민법」에 따른 손해배상을 청구할 수 없다.

제2항 제1항 본문의 경우에 공무원에게 고의 또는 중대한 과실이 있으면 국가나 지방자치단체는 그 공무원에게 구상(求償)할 수 있다.

> 헌법

제29조

제2항 군인·군무원·경찰공무원 기타 법률이 정하는 자가 전투·훈련 등 직무집행과 관련하여 받은 손해에 대하여는 법률이 정하는 보상 외에 국가 또는 공공단체에 공무원의 직무상 불법행위로 인한 배상은 청구할 수 없다.

가. 원칙 (배상청구권자)

공무원의 직무상 불법행위로 인해 손해를 입은 자는 누구든지 배상금청구권이 있다. 특히 생명 또는 신체의 해를 입은 피해자의 직계존속·직계비속 및 배우자도 대통령령으로 정하는 기준 내에서 피해자의 사회적 지위, 과실정도, 생계상태, 손해배상액 등을 고려하여 그 정신적 고통에 대한 위자료를 청구할 권리가 있다.

나. 예외 (이중배상금지의 원칙)

(1) 의의

헌법은 "군인·군무원·경찰공무원 기타 법률이 정하는 자가 전투·훈련 등 직무집행과 관련하여 받은 손해에 대하여는 법률이 정하는 보상 외에 국가 또는 공공단체에 공무원의 직무상 불법행위로 인한 배상은 청구할 수 없다."고 규정하고 있다. 그리고 국가배상법은 "군인·군무원·경찰공무원 또는 향토예비군대원이 전투·훈련 등 직무집행과 관련하여 전사·순직 또는 공상을 입은 경우에 본인 또는 그 유족이 다른 법령에 따라 재해보상금·유족연금·상이연금 등의 보상을 지급받을 수 있을 때에는 이 법 및 민법의 규정에 의한 손해배상을 청구할 수 없다."고 규정하고 있다. 즉, (해당 경우에는) 별도의 법령에 의한 보상금청구권은 인정하지만 국가배상법에 의한 배상청구는 금지하고 있다.

(2) 적용요건

(가) 직무집행과의 관련성

군인 등이 받은 손해에 대하여 국가배상이 모두 배제되는 것은 아니다. 전투·훈련 등 직무집행과 관련하여 전사·순직 또는 공상을 입은 경우만 배제된다. 즉, 직무집행과 관련이 없거나, 전사·순직 또는 공상이 아닌 물질적인 손해에 대해서는 배상청구가 가능하다. 과거에는 직무와 관련이 없더라도 "국방 또는 치안유지의 목적상 사용하는 시설 및 자동차·함선·항공기 기타 운반기구 안에서 발생한 피해"에 대해서는 배상청구가 금지되었으나, 현재는 법이 개정되어 장소불문하고 직무집행과 관련된 피해로 제한하였다. 직무집행은 전투·훈련 또는 이에 준하는 직무집행 뿐만 아니라 일반 직무집행도 포함한다.

(나) 보상금 지급

본인 또는 그 유족이 다른 법령의 규정에 의하여 재해보상금·유족연금·상이연금 등의 보상을 지급받을 수 있어야 한다. 그렇지 못한 경우에는 배상을 청구할 수 있다. 보상금청구권이 발생한 이상 그 권리를 행사하지 않아서 보상금청구권이 시효로 소멸된 경우에는 손해배상을 청구할 수 없다.

→ (직무집행과 관련하여 공상을 입은 군인 등이 **먼저** 「국가배상법」에 따라 손해배상금을 지급받은 다음, 구 「국가유공자 등 예우 및 지원에 관한 법률」이 정한 보상금 등 보훈급여금의 지급을 청구하는 경우, 「국가배상법」에 따라 손해배상을 받았다는 이유로 그 지급을 거부할 수 없다.

(일반적으로 보훈급여금이 국가배상금보다 액수가 많기 때문에) 그 차액만큼 보훈급여금을 지급받을 수 있다.

(다) 공동불법행위자의 구상권 문제

민간인과 직무집행중인 군인 등의 공동불법행위로 인하여 직무집행중인 다른 군인 등이 피해를 입은 경우, 민간인이 피해 군인 등에게 자신의 귀책부분을 넘어서 배상한 경우 민간인이 국가 등에게 구상권을 행사할 수 있는지 여부가 문제된다.

① 헌법재판소의 견해

대법원의 견해에 대하여 헌법재판소는 "...일반국민이... 그 피해자에게 공동의 불법행위로 인한 손해를 배상한 다음, 공동불법행위자 중 일반국민의 (가해 군인의 부담에 관한 부분에 대하여) 국가에게 구상권을 행사하는 것을 허용하지 않는다고 해석한다면, 이는 합리적인 이유 없이 일반국민을 지나치게 차별하는 경우에 해당하므로 헌법 제11조, 제29조에 위반되며..., 또한...헌법 제23조 제1항 및 제37조 제2항에도 위반된다."고 함으로써 한정위헌을 선고하였다.

② 대법원의 견해

대법원은 민간인은 공동불법행위의 일반적인 경우와 달리 모든 손해에 대한 것이 아니라 귀책비율에 따른 부분만 손해배상을 하면 되고, 그 이상을 부담할 필요가 없으며 그 이상을 부담하더라도 그에 대하여는 국가에 구상을 청구할 수 없다고 한다. 이를 허용하면, 이러한 우회적인 경로를 통하여 군인 등의 국가에 대한 손해배상청구를 배제한 헌법의 취지가 몰각될 것이기 때문이다.

6. 배상청구권의 시효

국가배상법

제8조 (다른 법률과의 관계)
국가나 지방자치단체의 손해배상 책임에 관하여는 이 법에 규정된 사항 외에는 「민법」에 따른다. 다만, 「민법」 외의 법률에 다른 규정이 있을 때에는 그 규정에 따른다.

민법

제766조 (손해배상청구권의 소멸시효)
제1항 불법행위로 인한 손해배상의 청구권은 피해자나 그 법정대리인이 그 손해 및 가해자를 안 날로부터 3년간 이를 행사하지 아니하면 시효로 인하여 소멸한다.
제2항 불법행위를 한 날로부터 10년을 경과한 때에도 전항과 같다.

IV. 영조물의 설치·관리의 하자로 인한 손해배상

1. 의의

국가배상법

제5조 (공공시설 등의 하자로 인한 책임)
제1항 도로·하천, 그 밖의 공공의 영조물(營造物)의 설치나 관리에 하자가 있기 때문에 타인에게 손해를 발생하게 하였을 때에는 국가나 지방자치단체는 그 손해를 배상하여야 한다. 이 경우 제2조 제1항 단서, 제3조 및 제3조의2를 준용한다.
제2항 제1항을 적용할 때 손해의 원인에 대하여 책임을 질 자가 따로 있으면 국가나 지방자치단체는 그 자에게 구상할 수 있다.

2. 배상책임의 성립요건

가. 도로·하천 기타 공공의 영조물

일반적으로 "영조물"이란 '공적 목적을 달성하기 위한 인적·물적 시설의 종합체'를 의미한다. 따라서 도로·하천은 인적 요소가 없으므로 영조물에 해당되지 않는다. 결국 국가배상법 제5조에서의 "영조물"은 학문적 의미의 영조물이 아니라 그보다 넓은 개념인 "공물"에 해당한다고 보아야 한다. 즉, 행정주체가 직접적으로 공적 목적을 달성하기 위하여 제공한 유체물인 공물을 의미한다. 공물에는 인공공물(도로·수도·하수도 등), 자연공물(하천·호수 등), 동산(관용자동차·관용컴퓨터·경찰견 등), 부동산(국·공립공원 등)이 있다. 공물은 민법 제758조의 공작물(건물·교량·터널 등)보다 넓은 개념이며, (민법과 달리) 국가배상법은 점유자가 손해의 방지에 필요한 주의를 해태하지 아니한 때에도 점유자의 면책사유를 인정하지 않는다.

그런데 국유재산과 공유재산(지방자치단체의 재산)이 모두 공물인 것은 아니라. 국·공유재산은 행정재산(행정목적O, 사법상 매매 불가)과 일반재산(행정목적X, 사법상 매매 가능)으로 구분되는데 행정재산만이 공물에 해당되고 일반재산은 직접 공적 목적에 제공된 것이 아니므로 공물이 아니다(일반재산의 하자로 인한 손해는 민법 제758조가 적용됨). 반면 사인의 소유라도 그것이 공적 목적에 제공된 것이면(사유의 토지가 도로로 지정된 경우 등) 공물이 된다. 그리고 **공물**에는 공공용물(일반공중이 사용)과 공용물(행정주체 자신이 사용) 모두 포함되며, **국가 등이** 소유권·임차권 그 밖의 권한에 기하여 관리하고 있는 것만이 아니라 **사실상 관리**하고 있는 것도 **포함**된다.

[국가배상법상 영조물 인정 여부]

	국가배상법상 영조물O	국가배상법상 영조물X
자연공물	하천, 호수	1. 공용개시 없이 사실상 군민의 통행에 제공되고 있던 도로 2. 시 명의의 종합운동장 예정부지나 그 지상의 자동차경주를 위한 방호벽 3. 일반재산 (국유림·국유임야·공용폐지된 도로 등) 4. 아직 완성되지 아니하여 일반 공중의 이용에 제공되지 않은 옹벽
인공공물	1. 김포공항 2. 공중화장실 3. 공군사격장 4. 교통신호기 5. 도로 6. 맨홀 7. 여의도광장 8. 저수지·제방 및 하천부지 9. 철도건널목 자동경보기 10. 철도시설물	
동 산	(경찰관의) 권총	
부동산	행정재산	
동 물	1. 경찰견, 경찰마 2. 군견	

나. 설치 또는 관리의 하자

설치란 일정 시설물의 설계·건조를 의미하며, 관리는 당해 공물을 그 목적에 적합하게 유지·운용하는 행위이다.

'영조물의 설치·관리상 하자'란 영조물이 통상적으로 갖추어야 할 안전성을 결여한 것이다.

→ '영조물의 설치 또는 관리의 하자'란 공공의 목적에 제공된 영조물이 그 용도에 따라 통상 갖추어야 할 안정성을 갖추지 못한 상태에 있음을 말한다.

→ '공공의 영조물의 설치·관리의 하자'에는 영조물이 공공의 목적에 이용됨에 있어 그 이용 상태 및 정도가 일정한 한도를 초과하여 제3자에게 사회통념상 참을 수 없는 피해를 입히고 있는 경우가 포함된다.

→ 공군비행장을 구성하는 물적 시설 자체에 있는 물리적·외형적 흠결이나 불비로 인하여 그 이용자에게 위해를 끼칠 위험성이 없더라도 그 비행장에게 발생하는 소음이 일정한 한도를 초과하여 제3자에게 수인한도를 넘는 피해를 입히는 경우에는 '영조물의 설치나 관리의 하자'가 있다.

→ 영조물의 설치 및 관리에 있어서 항상 완전무결한 상태를 유지할 정도의 고도의 안정성을 갖추지 아니 하였다고 하여 영조물의 설치 또는 관리에 하자가 있다고 단정할 수 없다.

→ 이미 존재하는 하천의 제방이 계획홍수위를 넘고 있다면 그 하천은 용도에 따라 통상 갖추어야 할 안전성을 갖추고 있다고 보아야 한다. 따라서 '하천시설기준'이 정한 여유고를 확보하지 못하고 있다는 사정만으로 바로 안전성이 결여된 하자가 있다고 볼 수는 없다.

→ (좌로 굽은 도로에서 운전자가 무리하게 앞지르기를 시도하여 중앙선을 침범하여 반대편 도로로 미끄러질 경우까지 대비하여) 도로 관리자인 지방자치단체가 차량용 방호울타리를 설치하지 않았다고 하여 도로에 통상 갖추어야 할 안전성이 결여된 설치·관리상의 하자가 있다고 보기 어렵다.

→ (강설의 특성, 기상적 요인과 지리적 요인, 이에 따른 도로의 상대적 안전성을 고려하면) 겨울철 산간지역에 위치한 도로에 강설로 생긴 빙판을 그대로 방치하고 도로상황에 대한 경고나 위험표지판을 설치하지 않았다는 사정만으로 도로관리상의 하자가 있다고 볼 수 없다.

설치·관리상의 하자가 무엇을 의미하는지에 대한 물음은 통상적으로 갖추어야 할 안전성을 결여하였는지를 판단함에 있어서 설치·관리자의 귀책사유(고의·과실)가 고려되어야 하는지의 여부로 판단할 수 있다.

(1) 객관설 (통설)

하자를 '객관적으로 보아 영조물이 통상 갖추고 있어야 할 안전성을 흠결하여 타인에게 위해를 발생할 가능성이 있는 상태', 즉, '영조물 자체의 하자'로 이해한다. 관리자의 과실은 필요하지 않은 것으로 본다(국가 등의 **무과실책임**). 이 견해는 제5조의 책임은 행위책임이 아니라 상태책임이며, 피해자의 구제에 유리하다는 것을 논거로 주장한다.

(2) 주관설 (의무위반설)

하자를 '영조물의 설치·관리자가 영조물을 안전하고 양호한 상태로 설치·보전해야 할 의무를 위반(안전관리의무위반)한 것'으로 보는 견해이다. 법규정상 '설치·관리'의 하자이므로 공물주체가 설치·관리상의 의무를 게을리 한 잘못이 있어야 한다는 견해이다.

(3) 절충설

영조물 자체의 객관적 하자뿐만 아니라 관리자의 안전관리의무위반이라는 주관적 요소도 모두 고려하여 판단하여야 한다는 입장이다.

→ 주관적 요소를 고려하는 최근의 판례에 따르면 영조물의 결함이 영조물의 설치관리자의 관리행위가 미칠 수 없는 상황 아래에

회피가능성X

있는 것이 입증되는 경우 영조물의 설치·관리상의 하자가 인정되지 않는다.

→ 가변차로에 설치된 두 개의 신호기에서 서로 모순되는 신호가 들어오는 고장으로 인하여 사고가 발생한 경우, (그 고장이 현재의 기술수준상 부득이한 것이라고 가정하더라도) 손해발생의 예견가능성이나 회피가능성이 있어 영조물의 하자를 인정할 수 있다.

다. 타인에게 손해가 발생할 것

영조물의 설치·관리의 하자로 인하여 타인에게 손해가 발생하고, 그 하자와 손해 사이에 상당인과관계가 있어야 한다. 손해는 재산적 손해·정신적 손해·적극적 손해·소극적 손해를 모두 포함한다.

상당인과관계의 입증책임은 원고(피해자)에게 있는 것이 원칙이다. 그러나 경우에 따라서는 (영조물(쓰레기 소각장, 사격장, 도로공사장 등)에서 발생한 공해물질·소음 등으로 인해 환경피해가 발생한 경우) 피해자에게 사실적 인과관계의 존재에 관하여 과학적으로 엄밀한 증명을 요구한다는 것은 사법적 구제를 사실상 거부하는 결과가 되는 경우가 있다. 이 경우에는 일응추정의 원리 내지 개연성 이론을 적용하여 피해자는 인과관계의 존재의 개연성만을 증명하면 족하고 피고(영조물주체)는 반증으로서 인과관계가 존재하지 않음을 증명하지 못하는 한 책임을 면할 수 없다고 본다.

→ 영조물의 설치 또는 관리상의 하자로 인한 사고는 영조물의 설치 또는 관리상의 하자만이 손해발생의 원인이 되는 경우만을 말하는 것이 아니고, 다른 자연적 사실이나 제3자의 행위 또는 피해자의 행위와 경합하여 손해가 발생하더라도 영조물의 설치 또는 관리상의 하자가 공동원인의 하나가 되는 이상 그 손해는 영조물의 설치 또는 관리상의 하자에 의하여 발생한 것이라고 해석해야 한다.

라. 면책사유

공공의 영조물이 통상 갖추어야 할 안전성을 갖추어 설치·관리상의 하자가 없음에도 불구하고 인력으로 막아낼 수 없는, 즉 과학적으로 예상할 수 없는 자연재해 등이 발생한 경우에는 불가항력으로서 국가는 배상책임을 부담하지 않는다. 예산부족의 경우 국가의 책임이 없는 불가항력에 의한 피해가 아니다.

→ 소음 등을 포함한 공해 등의 위험지역으로 이주하여 거주하는 것이 피해자가 위험의 존재를 인식하고 그로 인한 피해를 용인하면서 접근한 것이라고 볼 수 있는 경우 가해자의 면책이 인정될 수 있다.

마. 국가배상법 제2조와 제5조의 경합

공무원의 직무상 위법행위로 인한 손해배상과 영조물의 설치·관리의 하자로 인한 손해배상은 선택적으로 배상청구를 할 수 있다. 불가항력 등 영조물책임의 감면사유가 있는 경우에도 공무원의 과실로 피해가 확대된 경우에는 그 한도 내에서 국가배상법 제2조의 배상책임이 인정된다.

제2절 행정상 손실보상

Ⅰ. 개설

1. 의의

행정상 손실보상은 공공필요에 따른 적법한 공권력행사에 의하여 개인의 재산에 가하여진 특별한 희생에 대하여 사유재산권의 보장과 공평부담의 견지에서 행정주체가 행하는 조절적인 재산적 전보를 말한다. 손실보상은 재산권에 대한 공용침해로 발생된 특별희생의 전보를 목적으로 한다. 손실보상은 공익적 견지에서 법률이 개인의 재산권에 대한 침해(수용·사용·제한)를 허용하고 있는 경우에, 그로 인한 특별한 손실을 보전하여 주는 제도이다. 따라서 손실보상은 위법행위로 인한 손해배상과는 구별된다. 손실보상은 공권력의 행사에 의한 것인 점에서 비권력적 작용, 예컨대 「(구)공공용지의 취득 및 손실보상에 관한 특례법」상의 임의매수에 수반된

보상과 구별된다. 다만 광의로는 후자까지 포함시켜 손실보상이라고 하는데, 그(임의매수) 배후에는 공권력 행사인 수용권이 있으므로 사회적 기능에 있어서는 양자 사이에 차이가 없기 때문이다. 손실보상은 공공필요에 의한 국민의 재산권에 대한 공권적 침해에 대한 손실을 전보하는 것으로, 재산권에는 모든 재산적 가치 있는 권리가 포함되지만 사람의 생명 또는 신체에 대한 침해의 보상은 포함되지 않는다. 손실보상은 특별한 희생에 대한 조절적인 보상인 점에서 일반적인 부담 또는 재산권 자체에 내재하는 사회적 제약과 구별된다.

→ 손실보상은 공공사업의 시행과 같이 적법한 공권력의 행사로 가하여진 재산상의 특별한 희생에 대하여 전체적인 공평부담의 견지에서 인정되는 것이므로, 공공사업의 시행으로 손해를 입었다고 주장하는 자가 보상을 받을 권리를 가졌는지는 해당 공공사업의 시행 당시를 기준으로 판단하여야 한다.

2. 헌법상 근거

> **헌법**
>
> **제23조**
> **제1항** 모든 국민의 재산권은 보장된다. 그 내용과 한계는 법률로써 정한다.
> **제2항** 재산권의 행사는 공공복리에 적합하도록 하여야 한다.
> **제3항** 공공필요에 의한 재산권의 수용·사용 또는 제한 및 그에 대한 보상은 법률로써 하되, 정당한 보상을 지급하여야 한다.

1987년의 9차 개헌에 의해 헌법 제23조 제3항은 공공필요에 의한 재산권의 수용·사용 또는 제한 및 그에 대한 보상은 법률로써 하되, 정당한 보상을 지급하여야한다고 개정되었다.

공익사업을 목적으로 하는 토지 등의 수용 및 사용과 그 손실보상에 관한 일반법으로서 「공익사업을 위한 토지 등의 취득 및 보상에 관한 법률」(이하 「토지보상법」이라 한다)이 있다. 「토지보상법」은 공용침해 중 공용제한에 대하서는 그 보상규정을 특별히 규정하고 있지는 않다. 그리고 「토지보상법」에서의 토지 등은 토지(소유권) 및 이에 관한 소유권 외의 권리, 토지와 함께 공익사업을 위하여 필요로 하는 입목, 건물 기타 토지에 정착한 물건(소유권) 및 이에 관한 소유권 외의 권리, 토지에 속한 흙·돌·모래 또는 자갈에 관한 권리, 광업권·어업권 또는 물의 사용에 관한 권리에 해당하는 토지·물건 그리고 권리를 말한다.

3. 헌법 제23조 제3항의 효력 (보상규정이 없는 경우의 권리구제)

행정상의 손실보상에 관하여는 일반법이 제정되어 있지 않고, 각 개별법(「공익사업을 위한 토지 등의 취득 및 보상에 관한 법률」, 「도시계획법」, 「국토의 계획 및 이용에 관한 법률」 등)에서 규정되어 있다. 공용침해(특히 공용수용)의 특별한 희생에 대하여 법률이 손실보상을 규정하여야 함에도 불구하고 그렇지 아니한 경우, 재산권을 침해당한 자가 손실보상을 청구할 수 있는 법적 근거가 문제된다.

가. 방침규정설

헌법 제23조 제3항은 입법자에 대한 방침규정에 불과하므로 손실보상에 관해 법률에 규정이 없으면 손실보상청구권은 성립하지 않으며, 이는 위헌이 아니라는 견해이다. 이 견해는 헌법의 규범적 성격을 단순한 목적론적 해석논리로 몰각시키며 그 실효성을 제거하는 이론으로서 그 타당성에 의문이 있다.

나. 직접효력설

손실보상규정을 흠결한 재산권 제약을 입법의 불비(不備)로 보면서, 헌법 제23조 제3항을 직접적인 효력을 가지는 실효적 규범으로 이해하여 보상청구가 가능하다는 견해이다. 즉, 손실보상의 규정이 없더라도 직접 헌법규정을 근거로 손실보상을 청구할 수 있다는 입장이다.

다. 위헌무효설 (입법자에 대한 직접효력설)

헌법 제23조 제3항의 규범성은 인정하면서도 (법률로써 한다는) 그 규정방식으로 인하여 보상규정을 두지 않은 법률은 헌법규정에 위반한 위헌무효규정이 된다. 따라서 수소법원의 위헌법률심판청구로 위헌이 결정되면 이에 의한 재산권 침해행위는 위법한 행정작용이 되므로, 위법에 기한 침해제거청구권이나 손해배상청구권 또는 희생보상청구권이 인정된다는 견해이다.

→ **헌법재판소는** 공용침해로 인한 특별한 손해에 대한 보상규정이 없는 경우, 위헌으로 보고 **보상입법 후 보상청구**가 가능하다는 입장이다(위헌무효설).

→ 이에 비해 **대법원은** 공용침해로 인한 특별한 손해에 대한 보상규정이 없는 경우, **관련 보상규정을 유추 적용**하여 보상하려는 경향이 있다(유추적용설).

라. 간접적용설 (유추적용설)

헌법 제23조 제1항(재산권보장)과 제11조(평등원칙)를 근거로 하는 동시에 헌법 제23조 제3항 및 다른 법률의 관계규정을 유추적용하여 손실보상이 가능하다고 주장하는 견해이다. 이 견해는 독일의 '수용유사침해'의 법리를 받아들여 '위법·무책'한 공용침해에 대한 손실보상을 '위법·유책'을 요건으로 하는 손해배상과 구별하여 이해하고 있다. 이 견해는 보상의 직접청구를 인정한다는 점에서 직접효력설과 유사한 계통의 견해로 볼 수 있으나, '유추적용설'이란 명칭과 관련하여 '유추적용'의 가능성 및 범위에 관해 견해가 다양하다는 점에 있어서 직접청구의 근거 중 '간접적용설'로 주로 파악된다.

→ 보상규정이 없다고 하여 당연히 보상이 이루어질 수 없는 것이 아니라 헌법해석론에 따라서는 **특별한 희생에 해당하는 재산권 제약**에 대해서는 **손실보상**이 이루어질 수도 있다.

[헌법 제23조 제3항에 의한 불가분조항 인정 여부]

→ **불가분조항이란 하나의 법률 안에 재산권의 제한과 보상의 방법이 함께 규정되어 있어야 한다는 것을 의미한다.**

긍정설	불가분조항은 1. 자의적 공권력의 행사를 저지하고 2. 개인의 재산권을 보장함과 동시에 3. 입법자에게 재정부담을 경각시키는 기능을 한다.
부정설	1. 불가분조항을 인정하면, 보상규정이 없는 재산권 제한은 위헌무효로 소급하여 그 효력이 상실되게 되므로 법적 혼란이 생기게 된다. 2. 위헌적인 부분인 보상규정의 흠결은 추가적인 입법으로 해결될 수 있다. 3. 독일기본법 제14조 제3항은 공용수용에 반드시 보상규정이 있어야 한다고 해석해야 하지만 우리 헌법 제23조 제3항은 그렇지 않다.

4. 경계이론과 분리이론

(손실보상에 있어서) 타인의 재산권에 대한 공권적 침해로 인하여 '특별한 희생'이 발생하여야 한다. 특별한 희생은 '사회적 제약을 넘어서는 손실'이다. 그러므로 구체적으로 특별한 희생과 사회적 제약을 어떠한 기준에 의해 구별하는지에 대해 견해가 대립하고 있다. 재산권의 사회적 제약(공용제약)과 특별한 희생(공용침해)의 구분은 헌법상의 '수인가능한 공용제약'와 '보상부 공용침해'을 구분하는 것이다. 따라서 양자의 구별은 결국 보상의 가부(可否)에는 관한 문제이며, 실체법적으로는 헌법 제23조 제1항과 제2항의 적용영역인지 헌법 제23조 제3항의 적용영역인지에 관한 문제이다.

→ **분리이론과 경계이론은** 재산권의 내용·한계설정과 공용침해를 보다 **합리적으로 구분**하려는 이론이다.

가. 경계이론

재산권의 사회적 제약의 범주와 공용침해의 범주는 양자 간에 정도의 차이가 있을 뿐이고, 사회적 제약의 범주를 넘어선 특별희생의 영역(공용침해의 범주)에서의 재산권 침해는 보상을 요하는 공용침해에 해당한다는 견해이다.

→ 재산권의 사회적 제약에 해당하는 공용제한에 대해서는 보상규정을 두지 않아도 된다.

→ 정비기반시설과 그 부지의 소유·관리·유지관계를 정한 「도시 및 주거환경정비법」 제65조 제2항의 전단에 따른 정비기반시설

　　　정비기반시설 : 도시가 적정하게 기능하기 위해 요구되는 시설
　　　⑩ 도로, 상하수도, 공원, 공용 주차장, 가스공급시설 등

　의 소유권 귀속은 헌법 제23조 제3항의 수용에 해당하지 않는다.

나. 분리이론

독일 기본법상의 보상부 공용침해로서 협의의 공용수용과 다른 공용제약을 별개의 것으로 구분하면서, 협의의 공용수용에 대해서만 보상이 인정되며 그 외 (특별희생을 발전시키는) 공용제약은 위헌·위법한 것으로서 보상이 아닌 위법성 제거의 대상이라는 견해이다.

[내용규정과 공용침해의 관점에서 본 두 이론]

	경계이론	분리이론
내용규정과 공용침해	1. 헌법 제23조 제1항·제2항과 제3항은 별개의 제도X (양적 차이에 불과) 2. 재산권 제약의 정도에 따라 구별 3. 재산권 제약의 강도가 약하면 사회적 제약(내용규정), 재산권 제약의 강도가 강하여 경계를 벗어나면 보상의무가 있는 특별한 희생(공용침해)	1. 헌법 제23조 제1항·제2항과 제3항은 별개의 제도O (질적 차이 인정) 2. 입법의 형식과 내용에 따라 구별 3. 입법의 형식과 내용이 추상적·일반적이면 재산권의 사회적 제약(내용규정), 개별적·구체적이면 보상의무가 있는 공용침해 4. 다만, 내용규정이라도 수인한도를 넘는 사회적 제약은 보상O

Ⅱ. 손실보상청구권의 성질

1. 공권설

공권설이란, 손실보상은 그 원인행위인 권력작용(토지수용, 징발 등)의 법적 효과로 보아야하기 때문에 손실보상청구권은 공법상의 권리라고 보는 견해로 그에 관한 소송은 특별한 규정이 없는 한 당사자소송이다.

2. 사권설

사권설은 손실보상의 원인행위가 공법적인 것이라 하더라도 그에 대한 손실보상까지 공법관계에 속한다고 볼 수는 없고, (금전의 지급을 중요시한다는 점에서) 손실보상을 당사자의 의사 또는 법률규정에 의거한 사법상의 채권·채무 관계로 본다. 따라서 손실보상청구권은 사법상의 권리이며 그에 관한 소송은 민사소송이다.

→ 판례는 원칙적으로 손실보상청구권은 사법상의 권리이며 그에 관한 다툼은 민사소송을 제기해야 한다고 적시하고 있지만, 예외적

으로 하천구역 편입토지에 대한 보상청구권과 사업폐지 등에 대한 보상청구권 등은 공법상 권리임이 분명하므로 그에 관한 쟁송은

　　　국가가 책임지고 보상해줘라!

민사소송이 아닌 행정소송절차에 의하여야 한다고 본다.

Ⅲ. 행정상 손실보상의 요건

1. 공공필요

재산권에 대한 공권적 침해는 '공공의 필요'를 위하여 또는 '공익'을 위하여 행해져야 한다. 순수 국고목적(국가의 자산)을 위해 행해지는 것은 공공필요에 해당하지 않는다. 공공필요는 국유재산의 증대를 목적으로 하는 것이 아니라 특별한 공익목적을 실현하기 위한 것이어야 한다. 여기서 공공필요의 개념은 매우 광범위하고 불확정적인 것으로 개별 수용법률에서 입법자의 의도에 따라 공공필요를 규정하고 설정하여야 하지만, 공용침해를 통해서 얻어지는 공익과 (재산권자의) 재산권 보유에 따르는 사익간의 이익형량을 통해서 '공공필요' 여부가 결정되어야 한다.

→ 재산권의 존속보장과의 조화를 위해서는, '공공필요'의 요건에 관하여, 공익성은 추상적인 공익 일반 또는 국가의 이익 이상의 중대한 공익을 요구하므로 기본권 일반의 제한사유인 '공공복리'보다 좁게 보는 것이 타당하다.

→ 사업시행자가 사인인 경우에는 공익의 우월성이 인정되는 것 외에 그 사업 시행으로 획득할 수 있는 공익이 현저히 해태되지 아니하도록 보장하는 제도적 규율도 갖추어져 있어야 한다.

→ 공용수용이 허용될 수 있는 공익사업의 범위는 법률유보 원칙에 따라 법률에서 명확히 규정되어야 한다. 따라서 공공의 이익에 도움이 되는 사업이라도 '공익사업'으로 실정법에 열거되어 있지 아니한 사업은 공용수용이 허용될 수 없다.

→ 헌법적 요청에 의한 수용이라 하더라도 국민의 재산을 그 의사에 반하여 강제적으로라도 취득하여야 할 정도의 필요성이 인정되어야 하고, 그 필요성이 인정되기 위하여서는 사인의 재산권침해를 정당화할 정도의 공익의 우월성이 인정되어야 한다.

2. 재산권

재산권은 소유권 기타 법에 의하여 보호되는 일체의 재산적 가치 있는 권리로 현존하는 구체적인 재산적 가치를 의미한다. 따라서 지가상승과 같은 기대이익이나 영업이익은 재산권의 보상의 대상이 되지 않는다. 그러나 토지보상법상 재산권의 보상의 대상은 1. 토지소유권만이 아니라 2. 토지에 관한 소유권 이외의 권리, 3. 토지와 함께 공익사업을 위하여 필요로 하는 입목·건물 기타 토지에 정착한 물건 (소유권) 및 이에 관한 소유권 이외의 권리, 4. 광업권·어업권 또는 물의 사용에 관한 권리 등이 포함된다.

→ (다만, 환매의 경우에는) 환매의 목적물은 토지에 한정되며, 주된 대상은 그 소유권이다. 따라서 토지 이외의 물건(건물, 입목, 토석)이나 토지소유권 이외의 권리는 환매의 대상이 되지 아니한다.

3. 침해

재산권에 대한 '공권적 침해'의 침해란 일체의 재산적 가치의 감소를 말하며, 공권적이라는 것은 공법상의 것을 의미한다. 그러나 토지 등을 공적 목적에 사용하기 위하여 사법상의 방법으로 취득하는 경우에 지불하는 대금 등은 여기에서 말하는 보상에는 포함되지 않는다. 전형적인 재산권에 대한 공권적 침해는 재산권에 대한 수용·사용·제한을 포함하고, 수용이란 재산권의 박탈을, 사용은 재산권의 박탈에 이르지 아니하는 일시적 사용을, 제한은 소유권자 기타 권리자에 의한 사용·수익의 제한을 의미한다. 여기에서는 환지나 환권 등의 방법에 의하여 재산가치가 감소되는 경우도 포함되며, 재산적 가치를 박탈·감소시키는 일체의 공권력의 발동이 공권적 침해에 해당한다. 따라서 공권력의 주체에 의하여 개인의 재산권에 대한 침해가 의욕·지향되었거나, (공권력의 주체의 행위가) 최소한 상대방의 재산상의 손실에 대한 직접적인 원인이 되어야 한다.

또한, 개인의 (재산권에 대한) 침해는 적법한 것이어야 한다. 적법하다는 것은 법률에 근거한 것임을 의미한다. 따라서 헌법은 공용침해에 대한 보상과 관련하여 보상은 법률로써 하되, 정당한 보상이 지급되어야 한다고 규정하고 있다.

4. 특별한 희생

타인의 재산권에 대한 공권적 침해로 인하여 특별한 희생이 발생하여야 한다. 특별한 희생은 사회적 제약을 넘어서는 손실이다.

→ (공유수면 매립면허의 고시가 있다고 하여 반드시 그 사업이 시행되고 그로 인하여 손실이 발생한다고 할 수 없으므로) **매립면허**
고시 이후 매립공사가 **실행**되어 관행어업권자에게 **실질적이고 현실적인 피해가 발생한 경우에만** 공유수면매립법에서 정하는 **손**
실보상청구권이 발생하였다고 보아야 한다.
_{공유수면매립면허의 고시만으로는 손실보상을 청구X}

[특별한 희생의 판단기준]

형식적 기준설		재산권의 침해를 받는 자가 특정되어 있는지에 따라 구별
실질적 기준설	보호가치성설	보호가치 있는 재산에 대한 침해가 보상이 필요한 특별한 희생이라는 견해
	수인한도설	그 침해가 보상 없이도 수인될 것으로 기대하기 어려운 경우 보상하여야 한다는 견해
	목적위배설	재산권의 침해가 종래 재산권의 이용목적을 침해하는 경우 보상하여야 한다는 견해
	사적효용설	재산권의 사적 효용을 본질적으로 침해하는 경우 보상하여야 한다는 견해
	중대설	재산권에 대한 제약의 중대성을 기준으로 특별한 희생인지 여부를 판단하는 견해
	상황구속성설	(토지이용과 관련하여) 당해 재산권이 처한 지리적 위치·성질 등 특수한 상황에 비추어 재산권의 주체가 일정한 제한을 예상할 수 없는 경우에 한 해 특별한 희생이라고 보는 견해

Ⅳ. 손실보상의 기준과 내용

1. 헌법상 보상기준

가. 완전보상설 (다수설)

완전보상설은 피침해재산(피해재산)이 가지는 완전한 가치를 보상해야 한다는 견해이다. 대법원과 헌법재판소는 완전보상설의 입장
이다. 완전보상설은 1. 완전한 보상은 피침해재산 자체의 손실 즉 피침해재산이 가지는 객관적 시장가치만을 내용으로 하고 <u>부대적</u>
<u>손실은 포함되지 않는다고 보는 견해</u>와 2. 침해에 의해 직접적·필연적으로 발생한 손실의 전부는 물론 <u>부대적 손실까지도 포함한다는</u>
<u>견해</u>로 나뉜다.

나. 상당보상설

상당보상설은 재산권의 사회적 구속성과 침해행위의 공공성에 비추어 사회국가원리(복지국가원리)에 바탕을 둔 기준에 따른 (적정
한) 보상을 해야 한다는 견해이다.

2. 토지보상법상 손실보상의 구체적 기준

토지수용에 관한 일반법이라고 할 수 있는 「공익사업을 위한 토지 등의 취득 및 보상에 관한 법률」(이하 「토지보상법」이라 한다)은 거래시가를 반영한 적정가격에 의한 재산권(피침해재산)의 보상은 물론, 부대손실(잔여지 가격하락, 잔여지 공사비용, 지상물건 이전비, 영업손실 등)의 보상을 포함한 완전보상을 하도록 규정하고 있다. 따라서 잔여지 가격하락이 있는 경우, 잔여지를 종래의 목적으로 사용하는 것이 가능하더라도 해당 잔여지는 손실보상의 대상이 된다. 「토지보상법」은 보상액의 산정에 있어서 공시지가를 기준으로 하여 통상적인(당해 공익사업시행과 무관한) 지가변동률을 참작한 금액으로 보상하도록 규정하고 있다. 이는 개발이익을 배제하기 위한 것이다.

공용사용(토지사용)의 경우는 "그 토지와 인근 유사토지의 지료·임대료·사용방법·사용기간 및 그 토지의 가격 등을 참작하여 평가한 적정가격으로 보상하여야 한다."고 규정하고 있다. 공용제한(토지제한)의 경우는 손실보상에 관하여는 규정하면서도 보상기준은 명확히 두고 있지 않다. 따라서 해당 보상기준으로 (토지이용제한과 상당인과관계가 있다고 인정되는 것의 전부를 손실로 보는) 상당인과관계설, (지대상당액(만)을 보상해야한다는) 지대상당액설 등이 있다.

[토지보상법상 보상의 기준]

보상액 결정의 기준 시점(제67조 제1항)	보상액의 산정은 **협의에 의한 경우**에는 **협의 성립 당시의 가격**을, **재결에 의한 경우**에는 수용 또는 사용의 **재결 당시의 가격**을 기준으로 한다.
공시지가 기준 보상 (제70조 제1항)	협의나 재결에 의하여 취득하는 토지에 대하여는 「부동산 가격공시에 관한 법률」에 따른 **공시지가**를 기준으로 하여 보상한다.
객관적 가치의 보상 (제70조 제2항)	토지에 대한 보상액은 가격시점에서의 현실적인 이용상황과 일반적인 이용방법에 의한 **객관적 상황**을 고려하여 산정하되, 일시적인 이용상황과 토지소유자나 관계인이 갖는 주관적 가치 및 특별한 용도에 사용할 것을 전제로 한 경우 등은 고려하지 아니한다. 보상액을 결정함에 있어 사업시행자의 재산상태는 고려사항이 아니며, 위자료는 손실보상에 포함되지 않는다.
개발이익의 배제	1. 사업인정일 **전** 공시지가를 기준(제70조 제4항) ← ∵ **개발이익 배제** 2. 해당 공익사업으로 인한 지가변동의 배제(제67조 제2항) ← 해당 공익사업으로 인하여 토지 등의 가격이 변동되었을 때에는 이를 고려하지 않는다. 다만, 해당 공공사업과 무관한 다른 사업의 시행으로 인한 개발이익은 배제되지 않는다.

→ 공익사업시행으로 인한 **개발이익**은 (완전보상의 범위에 포함되는) 피수용토지의 객관적 가치 내지 피수용자의 손실에 해당하지 **않는다.**

→ 농지개량사업 시행지역 내의 토지 등 소유자가 토지사용에 관한 승낙을 하였더라도 그에 대한 정당한 보상을 받은 바가 없다면 농지개량사업 시행자는 토지 소유자 및 승계인에 대하여 보상할 의무가 있다.

3. 「토지보상법」상 손실보상의 내용

→ 「공익사업을 위한 토지 등의 취득 및 보상에 관한 법률」 즉 「토지보상법」에 의한 **보상합의**는 공공기관이 사경제주체로서 행하는 **사법상 계약**의 실질을 가지는 것으로서, 당사자 간의 합의로 같은 법 소정의 손실보상의 기준에 의하지 아니한 손실보상금을 정할 수 있으며, 이와 같이 같은 법이 정하는 기준에 따르지 아니하고 **손실보상액에 관한 합의**를 하였다고 하더라도 그 합의가 착오 등을 이유로 적법하게 취소되지 않는 한 **유효**하다.

가. 재산권 보상

토지보상법

제70조 (취득하는 토지의 보상)

제1항 협의나 재결에 의하여 취득하는 **토지**에 대하여는 「부동산 가격공시에 관한 법률」에 따른 공시지가를 기준으로 하여 보상하되, 그 공시기준일부터 가격시점까지의 관계 법령에 따른 그 토지의 이용계획, 해당 공익사업으로 인한 지가의 영향을 받지 아니하는 지역의 대통령령으로 정하는 지가변동률, 생산자물가상승률(「한국은행법」 제86조에 따라 한국은행이 조사·발표하는 생산자물가지수에 따라 산정된 비율을 말한다)과 그 밖에 그 토지의 위치·형상·환경·이용상황 등을 고려하여 평가한 적정가격으로 보상하여야 한다.

제2항 토지에 대한 보상액은 가격시점에서의 현실적인 이용상황과 일반적인 이용방법에 의한 객관적 상황을 고려하여 산정하되, 일시적인 이용상황과 토지소유자나 관계인이 갖는 주관적 가치 및 특별한 용도에 사용할 것을 전제로 한 경우 등은 고려하지 아니한다.

제3항 사업인정 전 협의에 의한 취득의 경우에 제1항에 따른 공시지가는 해당 토지의 가격시점 당시 공시된 공시지가 중 가격시점과 가장 가까운 시점에 공시된 공시지가로 한다.

제4항 사업인정 후의 취득의 경우에 제1항에 따른 공시지가는 사업인정고시일 전의 시점을 공시기준일로 하는 공시지가로서, 해당 토지에 관한 협의의 성립 또는 재결 당시 공시된 공시지가 중 그 사업인정고시일과 가장 가까운 시점에 공시된 공시지가로 한다.

제5항 제3항 및 제4항에도 불구하고 공익사업의 계획 또는 시행이 공고되거나 고시됨으로 인하여 취득하여야 할 토지의 가격이 변동되었다고 인정되는 경우에는 제1항에 따른 공시지가는 해당 공고일 또는 고시일 전의 시점을 공시기준일로 하는 공시지가로서 그 토지의 가격시점 당시 공시된 공시지가 중 그 공익사업의 공고일 또는 고시일과 가장 가까운 시점에 공시된 공시지가로 한다.

제6항 취득하는 토지와 이에 관한 소유권 외의 권리에 대한 구체적인 보상액 산정 및 평가방법은 투자비용, 예상수익 및 거래가격 등을 고려하여 국토교통부령으로 정한다.

제71조 (사용하는 토지의 보상 등)

제1항 협의 또는 재결에 의하여 사용하는 토지에 대하여는 그 토지와 인근 유사토지의 지료(地料), 임대료, 사용방법, 사용기간 및 그 토지의 가격 등을 고려하여 평가한 적정가격으로 보상하여야 한다.

제2항 사용하는 토지와 그 지하 및 지상의 공간 사용에 대한 구체적인 보상액 산정 및 평가방법은 투자비용, 예상수익 및 거래가격 등을 고려하여 국토교통부령으로 정한다.

제72조 (사용하는 토지의 매수청구 등)

사업인정고시가 된 후 다음 각 호의 어느 하나에 해당할 때에는 해당 토지소유자는 사업시행자에게 해당 토지의 매수를 청구하거나 관할 토지수용위원회에 그 토지의 수용을 청구할 수 있다. 이 경우 관계인은 사업시행자나 관할 토지수용위원회에 그 권리의 존속(存續)을 청구할 수 있다.

1. 토지를 사용하는 기간이 3년 이상인 경우
2. 토지의 사용으로 인하여 토지의 형질이 변경되는 경우
3. 사용하려는 토지에 그 토지소유자의 건축물이 있는 경우

제75조 (건축물 등 물건에 대한 보상)

제1항 건축물·입목·공작물과 그 밖에 토지에 정착한 물건(이하 "건축물 등"이라 한다)에 대하여는 이전에 필요한 비용(이하 "이전비"라 한다)으로 보상하여야 한다. 다만, 다음 각 호의 어느 하나에 해당하는 경우에는 해당 물건의 가격으로 보상하여야 한다.
1. 건축물 등을 이전하기 어렵거나 그 이전으로 인하여 건축물 등을 종래의 목적대로 사용할 수 없게 된 경우
2. 건축물 등의 이전비가 그 물건의 가격을 넘는 경우
3. 사업시행자가 공익사업에 직접 사용할 목적으로 취득하는 경우
제2항 농작물에 대한 손실은 그 종류와 성장의 정도 등을 종합적으로 고려하여 보상하여야 한다.
제3항 토지에 속한 흙·돌·모래 또는 자갈(흙·돌·모래 또는 자갈이 해당 토지와 별도로 취득 또는 사용의 대상이 되는 경우만 해당한다)에 대하여는 거래가격 등을 고려하여 평가한 적정가격으로 보상하여야 한다.
제4항 분묘에 대하여는 이장(移葬)에 드는 비용 등을 산정하여 보상하여야 한다.
제5항 사업시행자는 사업예정지에 있는 건축물 등이 제1항 제1호 또는 제2호에 해당하는 경우에는 관할 토지수용위원회에 그 물건의 수용 재결을 신청할 수 있다.
제6항 제1항부터 제4항까지의 규정에 따른 물건 및 그 밖의 물건에 대한 보상액의 구체적인 산정 및 평가방법과 보상기준은 국토교통부령으로 정한다.

제76조 (권리의 보상)

제1항 광업권·어업권·양식업권 및 물(용수시설을 포함한다) 등의 사용에 관한 권리에 대하여는 투자비용, 예상 수익 및 거래가격 등을 고려하여 평가한 적정가격으로 보상하여야 한다.
제2항 제1항에 따른 보상액의 구체적인 산정 및 평가방법은 국토교통부령으로 정한다.

나. 사업손실보상 (간접손실보상)

토지보상법

제73조 (잔여지의 손실과 공사비 보상)

제1항 사업시행자는 동일한 소유자에게 속하는 일단의 토지의 일부가 취득되거나 사용됨으로 인하여 잔여지의 가격이 감소하거나 그 밖의 손실이 있을 때 또는 잔여지에 통로·도랑·담장 등의 신설이나 그 밖의 공사가 필요할 때에는 국토교통부령으로 정하는 바에 따라 그 손실이나 공사의 비용을 보상하여야 한다. 다만, 잔여지의 가격 감소분과 잔여지에 대한 공사의 비용을 합한 금액이 잔여지의 가격보다 큰 경우에는 사업시행자는 그 잔여지를 매수할 수 있다.
제2항 제1항 본문에 따른 손실 또는 비용의 보상은 해당 사업의 공사완료일부터 1년이 지난 후에는 청구할 수 없다.
제3항 사업인정고시가 된 후 제1항 단서에 따라 사업시행자가 잔여지를 매수하는 경우 그 잔여지에 대하여는 제20조에 따른 사업인정 및 제22조에 따른 사업인정고시가 된 것으로 본다.
제4항 제1항에 따른 손실 또는 비용의 보상이나 토지의 취득에 관하여는 제9조 제6항 및 제7항을 준용한다.
제5항 제1항 단서에 따라 매수하는 잔여지 및 잔여지에 있는 물건에 대한 구체적인 보상액 산정 및 평가방법 등에 대하여는 제70조, 제75조, 제76조, 제77조 및 제78조 제4항부터 제6항까지의 규정을 준용한다.

제74조 (잔여지 등의 매수 및 수용 청구)

제1항 동일한 소유자에게 속하는 일단의 토지의 일부가 협의에 의하여 매수되거나 수용됨으로 인하여 잔여지를 종래의 목적에 사용하는 것이 현저히 곤란할 때에는 해당 토지소유자는 사업시행자에게 잔여지를 매수하여 줄 것을 청구할 수 있으며, 사업인정 이후에는 관할 토지수용위원회에 수용을 청구할 수 있다. 이 경우 수용의 청구는 매수에 관한 협의가 성립되지 아니한 경우에만 할 수 있으며, 그 사업의 공사완료일까지 하여야 한다.
제2항 제1항에 따라 매수 또는 수용의 청구가 있는 잔여지 및 잔여지에 있는 물건에 관하여 권리를 가진 자는 사업시행자나 관할 토지수용위원회에 그 권리의 존속을 청구할 수 있다.

제3항 제1항에 따른 토지의 취득에 관하여는 제73조 제3항을 준용한다.

제4항 잔여지 및 잔여지에 있는 물건에 대한 구체적인 보상액 산정 및 평가방법 등에 대하여는 제70조, 제75조, 제76조, 제77조 및 제78조 제4항부터 제6항까지의 규정을 준용한다.

제77조 (영업의 손실 등에 대한 보상)

제1항 영업을 폐지하거나 휴업함에 따른 영업손실에 대하여는 영업이익과 시설의 이전비용 등을 고려하여 보상하여야 한다.

제2항 농업의 손실에 대하여는 농지의 단위면적당 소득 등을 고려하여 실제 경작자에게 보상하여야 한다. 다만, 농지소유자가 해당 지역에 거주하는 농민인 경우에는 농지소유자와 실제 경작자가 협의하는 바에 따라 보상할 수 있다.

제3항 휴직하거나 실직하는 근로자의 임금손실에 대하여는 「근로기준법」에 따른 평균임금 등을 고려하여 보상하여야 한다.

제4항 제1항부터 제3항까지의 규정에 따른 보상액의 구체적인 산정 및 평가 방법과 보상기준, 제2항에 따른 실제 경작자 인정 기준에 관한 사항은 국토교통부령으로 정한다.

제66조 (사업시행 이익과의 상계금지)

사업시행자는 동일한 소유자에게 속하는 일단(一團)의 토지의 일부를 취득하거나 사용하는 경우 해당 공익사업의 시행으로 인하여 잔여지(殘餘地)의 가격이 증가하거나 그 밖의 이익이 발생한 경우에도 그 이익을 그 취득 또는 사용으로 인한 손실과 상계(相計)할 수 없다.

공익사업이 시행되거나 시행된 결과가 공익사업시행지구 밖까지 영향을 미쳐서 가져오는 각종 손실을 사업손실이라고 하며, 이는 간접손실로서 「토지보상법」은 이에 대한 보상을 규정하고 있다. 1. 잔여지의 가격감소나 그 밖의 손실, 잔여지의 통로·담장 등 공사가 필요한 경우, 2. 대지·건축물·분묘 또는 농지가 산지나 하천 등에 둘러싸여 교통이 두절되거나 경작이 불가능하게 된 경우, 3. 남은 건축물·남은 건축물의 대지·남은 농지만의 매매가 불가능하고 이주가 부득이한 경우, 4. 공작물 등이 본래의 기능을 다할 수 없게 되는 경우, 5. 인근에 있는 어업에 피해가 발생한 경우, 6. 고객의 감소로 인해 영업을 계속할 수 없게 된 경우 등에는 보상을 하여야 한다.

→ 공공사업 시행으로 사업시행지 밖에서 발생한 간접손실은 <u>손실 발생을 쉽게 예견할 수 있고</u> <u>손실 범위도 구체적으로 특정할 수 있다면</u>, <u>사업시행자와 협의가 이루어지지 않고 그 보상에 관한 명문의 근거법령이 없는 경우</u>에도 <u>유추적용에 의해서 보상의 대상</u>이 된다.

다. 생활보상

토지보상법

제78조 (이주대책의 수립 등)

제1항 사업시행자는 공익사업의 시행으로 인하여 주거용 건축물을 제공함에 따라 생활의 근거를 상실하게 되는 자(이하 "이주대책대상자"라 한다)를 위하여 대통령령으로 정하는 바에 따라 이주대책을 수립·실시하거나 이주정착금을 지급하여야 한다.

토지보상법 시행령

제40조 (이주대책의 수립·실시)

제1항 사업시행자가 법 제78조 제1항에 따른 이주대책(이하 "이주대책"이라 한다)을 수립하려는 경우에는 미리 그 내용을 같은 항에 따른 이주대책대상자(이하 "이주대책대상자"라 한다)에게 통지하여야 한다.

제2항 이주대책은 국토교통부령으로 정하는 부득이한 사유가 있는 경우를 제외하고는 이주대책대상자 중 이주정착지에 이주를 희망하는 자의 가구 수가 10호(戶) 이상인 경우에 수립·실시한다. 다만, 사업시행자가 「택지개발촉진법」 또는 「주택법」 등 관계 법령에 따라 이주대책대상자에게 택지 또는 주택을 공급한 경우(사업시행자의 알선에 의하여 공급한 경우를 포함한다)에는 이주대책을 수립·실시한 것으로 본다.

제3항 법 제4조 제6호 및 제7호에 따른 사업(이하 이 조에서 "부수사업"이라 한다)의 사업시행자는 다음 각 호의 요건을 모두 갖춘 경우 부수사업의 원인이 되는 법 제4조 제1호부터 제5호까지의 규정에 따른 사업(이하 이 조에서 "주된사업"이라 한다)의 이주대책에 부수사업의 이주대책을 포함하여 수립·실시하여 줄 것을 주된사업의 사업시행자에게 요청할 수 있다. 이 경우 부수사업 이주대책대상자의 이주대책을 위한 비용은 부수사업의 사업시행자가 부담한다.

1. 부수사업의 사업시행자가 법 제78조 제1항 및 이 조 제2항 본문에 따라 이주대책을 수립·실시하여야 하는 경우에 해당하지 아니할 것
2. 주된사업의 이주대책 수립이 완료되지 아니하였을 것

제41조 (이주정착금의 지급)

사업시행자는 법 제78조 제1항에 따라 다음 각 호의 어느 하나에 해당하는 경우에는 이주대책대상자에게 국토교통부령으로 정하는 바에 따라 이주정착금을 지급하여야 한다.

1. 이주대책을 수립·실시하지 아니하는 경우
2. 이주대책대상자가 이주정착지가 아닌 다른 지역으로 이주하려는 경우

토지보상법 시행규칙

제54조 (주거이전비의 보상)

제1항 공익사업시행지구에 편입되는 주거용 건축물의 소유자에 대하여는 해당 건축물에 대한 보상을 하는 때에 가구원수에 따라 2개월분의 주거이전비를 보상하여야 한다. 다만, 건축물의 소유자가 해당 건축물 또는 공익사업시행지구 내 타인의 건축물에 실제 거주하고 있지 아니하거나 해당 건축물이 무허가건축물등인 경우에는 그러하지 아니하다.

제2항 공익사업의 시행으로 인하여 이주하게 되는 주거용 건축물의 세입자(법 제78조 제1항에 따른 이주대책대상자인 세입자는 제외한다)로서 사업인정고시일등 당시 또는 공익사업을 위한 관계법령에 의한 고시 등이 있은 당시 해당 공익사업시행지구 안에서 3개월 이상 거주한 자에 대하여는 가구원수에 따라 4개월분의 주거이전비를 보상하여야 한다. 다만, 무허가건축물등에 입주한 세입자로서 사업인정고시일등 당시 또는 공익사업을 위한 관계법령에 의한 고시 등이 있은 당시 그 공익사업지구 안에서 1년 이상 거주한 세입자에 대하여는 본문에 따라 주거이전비를 보상하여야 한다.

생활보상은 피수용자가 종전과 같은 생활상태를 유지하도록 실질적으로 보장하는 보상을 말한다. 손실보상은 대물적 보상을 통한 재산상태의 확보만으로는 부족하며, 이주대책 및 생계지원대책 등을 수립하는 등 생활보상도 중요하다. 생활보상을 협의로 이해하는 견해는 '현재 당해 지역에서 누리고 있는 생활이익의 상실로서 재산권보상으로는 메워지지 아니한 손실에 대한 보상'으로 이해한다. 그 내용에는 영세농 등 생활보상·생활비보상·주거대책비보상 등을 둔다. 생활보상을 광의로 이해하는 견해는 생활의 기초를 상실하게 된 자의 재정착을 지원하기 위한 조치(생활재건조치 즉 이주대책의 수립·시행, 공공주택의 알선, 융자, 직업훈련, 조세의 감면조치 등)도 포함시킨다.

→ 주거이전비는 사회보장적인 차원에서 지급되는 금원의 성격을 가지므로 주거용 건축물 세입자의 주거이전비 보상청구권은 공법상의 권리이고, 주거이전비 보상청구소송은 당사자소송에 의해야 한다.

→ '생업의 근거를 상실하게 된 자에 대하여 일정 규모의 상업용지 또는 상가분양권 등을 공급하는' 생활대책은 헌법 제23조 제3항에 규정된 정당한 보상에 포함되는 것이라기보다는 생활보상의 일환으로서 국가의 정책적인 배려에 의하여 마련된 제도이다.

→ 시혜적으로 시행되는 이주대책 수립 등의 경우에 대상자의 범위나 그들에 대한 이주대책 수립 등의 내용을 어떻게 정할 것인지에 관하여는 사업시행자에게 폭넓은 재량이 있다.

→ 이주대책의 내용으로서 사업시행자가 이주정착지에 대한 도로·급수시설·배수시설 그 밖의 공공시설 등 통상적인 수준의 생활기본시설을 설치하고 비용을 부담하도록 강제한 공익사업법 제78조 제4항은 법이 정한 이주대책대상자를 대상으로 하여 특별히 규정된 것이므로, 이를 넘어서서 그 규정이 시혜적인 이주대책대상자에게까지 적용된다고 볼 수 없다.

→ 이주대책대상자에 해당되는지를 판단하는 기준은 각 공익사업의 근거법령에 따라 개별적으로 특정되어야 하며 사업시행자는 법이 정한 이주대책대상자를 법령이 예정하고 있는 이주대책 수립 등의 대상에서 임의로 제외해서는 안 된다.

→ 사업시행자는 해당 공익사업의 성격, 구체적인 경위나 내용, 원만한 시행을 위한 필요 등 제반 사정을 고려하여 법이 정한 이주대책대상자를 포함하여 그 밖의 이해관계인에게까지 넓혀 시혜적으로 이주대책 수립 등을 시행할 수 있다.

→ 사업시행자에게 이주대책을 수립·실시할 의무를 부과하고 있다고 하여 그 규정 자체만에 의하여 이주자에게 구체적인 권리(수분양권)가 직접 발생하는 것이라고는 볼 수 없고, 사업시행자가 이주대책에 관한 구체적인 계획을 수립하여 이를 이주자에게 통지하거나 공고한 후 이주자가 수분양권을 취득하기를 희망하여 이주대책에 정한 절차에 따라 사업시행자에게 이주대책 대상자 선정신청을 하고 사업시행자가 그 신청을 받아들여 이주대책 대상자로 확인·결정을 하여야만 비로소 구체적인 수분양권이 발생하게 된다.

V. (「토지보상법」상) 보상의 방법과 지급

토지보상법

제61조 (사업시행자 보상)

공익사업에 필요한 토지 등의 취득 또는 사용으로 인하여 토지소유자나 관계인이 입은 손실은 **사업시행자가 보상**하여야 한다.

제62조 (사전보상)

사업시행자는 해당 공익사업을 위한 공사에 착수하기 이전에 토지소유자와 관계인에게 보상액 전액(全額)을 지급하여야 한다. 다만, 제38조에 따른 천재지변 시의 토지 사용과 제39조에 따른 시급한 토지 사용의 경우 또는 토지소유자 및 관계인의 승낙이 있는 경우에는 그러하지 아니하다.

제63조 (현금보상 등)

제1항 손실보상은 다른 법률에 특별한 규정이 있는 경우를 제외하고는 현금으로 지급하여야 한다. 다만, 토지소유자가 원하는 경우로서 사업시행자가 해당 공익사업의 합리적인 토지이용계획과 사업계획 등을 고려하여 토지로 보상이 가능한 경우에는 토지소유자가 받을 보상금 중 본문에 따른 현금 또는 제7항 및 제8항에 따른 채권으로 보상받는 금액을 제외한 부분에 대하여 다음 각 호에서 정하는 기준과 절차에 따라 그 공익사업의 시행으로 조성한 토지로 보상할 수 있다.
1. 토지로 보상받을 수 있는 자 : 「건축법」 제57조 제1항에 따른 대지의 분할 제한 면적 이상의 토지를 사업시행자에게 양도한 자가 된다. 이 경우 대상자가 경합(競合)할 때에는 제7항 제2호에 따른 부재부동산(不在不動産) 소유자가 아닌 자로서 제7항에 따라 채권으로 보상을 받는 자에게 우선하여 토지로 보상하며, 그 밖의 우선순위 및 대상자 결정방법 등은 사업시행자가 정하여 공고한다.
2. 보상하는 토지가격의 산정 기준금액 : 다른 법률에 특별한 규정이 있는 경우를 제외하고는 일반 분양가격으로 한다.
3. 보상기준 등의 공고 : 제15조에 따라 보상계획을 공고할 때에 토지로 보상하는 기준을 포함하여 공고하거나 토지로 보상하는 기준을 따로 일간신문에 공고할 것이라는 내용을 포함하여 공고한다.
제7항 사업시행자가 국가, 지방자치단체, 그 밖에 대통령령으로 정하는 「공공기관의 운영에 관한 법률」에 따라 지정·고시된 공공기관 및 공공단체인 경우로서 다음 각 호의 어느 하나에 해당되는 경우에는 제1항 본문에도 불구하고 해당 사업시행자가 발행하는 채권으로 지급할 수 있다.

1. 토지소유자나 관계인이 원하는 경우

2. 사업인정을 받은 사업의 경우에는 대통령령으로 정하는 부재부동산 소유자의 토지에 대한 보상금이 대통령령으로 정하는 일정 금액을 초과하는 경우로서 그 초과하는 금액에 대하여 보상하는 경우

제8항 토지투기가 우려되는 지역으로서 대통령령으로 정하는 지역에서 다음 각 호의 어느 하나에 해당하는 공익사업을 시행하는 자 중 대통령령으로 정하는 「공공기관의 운영에 관한 법률」에 따라 지정·고시된 공공기관 및 공공단체는 제7항에도 불구하고 제7항 제2호에 따른 부재부동산 소유자의 토지에 대한 보상금 중 대통령령으로 정하는 1억원 이상의 일정 금액을 초과하는 부분에 대하여는 해당 사업시행자가 발행하는 채권으로 지급하여야 한다.

1. 「택지개발촉진법」에 따른 택지개발사업

2. 「산업입지 및 개발에 관한 법률」에 따른 산업단지개발사업

3. 그 밖에 대규모 개발사업으로서 대통령령으로 정하는 사업

제64조 (개인별 보상)

손실보상은 토지소유자나 관계인에게 개인별로 하여야 한다. 다만, 개인별로 보상액을 산정할 수 없을 때에는 그러하지 아니하다.

제65조 (일괄보상)

사업시행자는 동일한 사업지역에 보상시기를 달리하는 동일인 소유의 토지 등이 여러 개 있는 경우 토지소유자나 관계인이 요구할 때에는 한꺼번에 보상금을 지급하도록 하여야 한다.

1. 보상의 방법

가. 사업시행자 보상의 원칙

공익사업에 필요한 토지 등의 취득 또는 사용으로 인해 토지소유자나 관계인이 입은 손실은 국가가 아닌 사업시행자가 보상하여야 한다.

나. 금전보상의 원칙

손실보상은 금전보상을 원칙으로 하나, 예외적으로는 채권보상과 현물보상으로 이루어지기도 한다.

2. 보상의 지급

보상은 사전보상, 일시급 지급, 개인별 보상이 원칙이다. 손실에 대한 보상은 현금으로 지급하는 것이 원칙이며, 임의적으로 채권보상이 가능하나, 투기가 우려되는 지역은 (필수적으로) 해당 사업자가 발행하는 채권으로 지급하여야 하는 경우도 있다.

VI. 행정상 공용수용 절차

1. 사업인정

가. 의의

사업인정이란 특정사업이 공용수용을 할 수 있도록 「토지보상법」이 예정하고 있는 공익사업에 해당함을 인정하는 국가의 행위이며, 보통 절차의 첫 단계에 해당하는 행위이다. 이는 특정한 재산의 수용권을 설정하여 주는 행위이며, 사업인정권은 국토교통부장관이 행사한다.

나. 성질

사업인정은 그 후 일정절차를 거칠 것을 조건으로 하여 일정한 내용의 수용권을 설정해 주는 행정처분의 성격을 가지며, 사업인정처분이라 함은 공익사업을 토지 등을 수용 또는 사용할 사업으로 결정하는 것으로서 단순한 확인행위가 아니라 형성행위이다.

다. 사업인정의 고시

국토교통부장관은 사업인정을 하였을 때에는 지체 없이 그 뜻(인정)을 사업시행자, 토지소유자, 관계인 및 관계 시·도지사에 통지하고 사업시행자의 성명이나 명칭, 사업의 종류, 사업지역 및 수용하거나 사용할 토지의 세목을 관보에 고시하여야 한다. 고시는 사업인정의 효력발생요건이며, 사업인정은 고시한 날부터 그 효력이 발생한다.

라. 사업인정의 효과

사업인정의 고시로 사업시행자에게 수용권이 설정된다.

→ 헌법재판소는 민간기업도 일정한 조건하에서는 공용수용권을 행사할 수 있다는 입장이다.

→ 국가 등의 공적 기관이 직접 수용의 주체가 되는 것이든 그러한 공적 기관의 최종적인 허부판단과 승인결정하에 민간기업이 수용의 주체가 되는 것이든, 양자 사이에 공공필요에 대한 판단과 수용의 범위에 있어서 본질적인 차이가 있는 것은 아니다.
∴ 수용 등의 주체를 국가 등의 공적 기관에 한정할 필요X

사업인정의 고시에 토지세목이 포함되므로 사업인정이 고시되면 수용의 목적물이 확정된다(사업인정의 기본적 효과). 사업인정의 고시가 있은 후에는 새로운 권리를 취득한 자는 기존 권리를 승계한 자를 제외하고는 피수용자로서의 권리가 인정되지 않는다.

사업인정고시가 된 후에는 누구든지 고시된 토지에 대하여 사업에 지장을 줄 우려가 있는 형질의 변경이나 물건손괴 또는 수거하는 행위를 하지 못하고, 고시된 토지에 건축물의 건축·대수선, 공작물의 설치 또는 물건의 부가·증치를 하려는 자는 특별자치도지사, 시장·군수 또는 구청장의 허가를 받아야 한다.

사업인정을 받은 사업시행자는 토지조서 및 물건조서의 작성, 보상계획의 공고·통지 및 열람, 보상액의 산정과 토지소유자 및 관계인과의 협의 등의 절차를 거쳐야 한다.

마. 사업인정의 구속력

사업인정의 효력은 토지수용위원회를 구속한다. 따라서 토지수용위원회는 사업인정의 내용에 반하는 재결을 할 수 없다.

바. 사업인정의 실효

사업시행자가 사업인정고시가 된 날부터 1년 이내에 토지수용위원회에 (수용)재결신청을 하지 아니한 경우에는 사업인정고시가 된 날부터 1년이 되는 날의 다음 날에 사업인정은 그 효력을 상실한다.

사업인정고시가 된 후 사업의 전부 또는 일부를 폐지하거나 변경함으로 인하여 토지 등의 전부 또는 일부를 수용하거나 사용할 필요가 없게 되었을 때에는 사업시행자는 지체 없이 사업지역을 관할하는 시·도지사에게 신고하고, 토지소유자 및 관계인에게 이를 통지하여야 한다.

사. 사업인정에 대한 불복

사업인정에 대한 불복방법에 관해 「토지보상법」에는 아무런 규정이 없으므로, 사업인정은 사업시행자에게 수용권을 설정해 주는 행정처분임을 이유로 행정심판법 및 행정소송법에 따른 행정쟁송을 통해 불복할 수 있다.

2. 토지조서 및 물건조서의 작성

사업시행자는 토지조서 및 물건조서를 작성하여 서명 또는 날인을 하고 토지소유자와 관계인의 서명 또는 날인을 받아야 한다. 물건·토지의 조서작성행위는 토지소유자 등의 동의를 전제로 하고 사실상의 효과만이 발생하므로 비권력적 사실행위로 보는 것이 일반적 견해이다.

사업시행자·토지소유자 및 관계인은 미리 이의를 부기한 경우를 제외하고는 「토지사업법」이 정한 바에 따라 작성된 토지조서 및 물건조서의 내용에 대하여 이의를 진술할 수 없다. 따라서 당해 조서는 진실한 것으로 추정된다. 단, 토지조서 및 물건조서의 기재가 진실에 반하는 것을 입증한 때에는 예외로 한다.

사업인정 이전에 토지조서 및 물건조서 작성절차를 거쳤으나 (당사자 간) 협의가 성립되지 않아 사업인정을 받은 사업으로서 토지조서 및 물건조서의 내용에 변동이 없을 때에는 조서작성절차를 거치지 않을 수 있다.

3. 협의

가. 의의

사업인정을 받은 사업시행자는 토지조서 및 물건조서의 작성, 보상계획의 공고·통지 및 열람, 보상액의 산정과 토지소유자 및 관계인과의 협의 절차를 거쳐야 한다.

나. 성질

협의는 사업시행자와 피수용자 간의 행위로서 그 성질에 관하여는 사법상 계약설과 공법상 계약설의 대립이 있다. 다수설은 협의를 공법상 계약으로 보나, 판례는 사법상 계약으로 보고 있다.

다. 협의성립의 확인

협의가 성립되었을 때에는 사업시행자는 수용재결 신청기간 이내에 해당 토지소유자 및 관계인의 동의를 받아 대통령령으로 정하는 바에 따라 관할 토지수용위원회에 협의성립의 확인을 신청할 수 있다. 협의성립의 확인은 「토지보상법」에 따른 재결로 보며, 사업시행자·토지소유자 및 관계인은 확인된 협의의 성립이나 내용을 다툴 수 없다.

4. 재결·화해

> **토지보상법**
>
> **제28조 (재결의 신청)**
> **제1항** 제26조에 따른 협의가 성립되지 아니하거나 협의를 할 수 없을 때(제26조 제2항 단서에 따른 협의 요구가 없을 때를 포함한다)에는 사업시행자는 사업인정고시가 된 날부터 1년 이내에 대통령령으로 정하는 바에 따라 관할 토지수용위원회에 재결을 신청할 수 있다.
>
> **제30조 (재결 신청의 청구)**
> **제1항** 사업인정고시가 된 후 협의가 성립되지 아니하였을 때에는 토지소유자와 관계인은 대통령령으로 정하는 바에 따라 서면으로 사업시행자에게 재결을 신청할 것을 청구할 수 있다.
> **제2항** 사업시행자는 제1항에 따른 청구를 받았을 때에는 그 청구를 받은 날부터 60일 이내에 대통령령으로 정하는 바에 따라 관할 토지수용위원회에 재결을 신청하여야 한다.

제34조 (재결)

제1항 토지수용위원회의 재결은 서면으로 한다.

제2항 제1항에 따른 재결서에는 주문 및 그 이유와 재결일을 적고, 위원장 및 회의에 참석한 위원이 기명날인한 후 그 정본(正本)을 사업시행자, 토지소유자 및 관계인에게 송달하여야 한다.

제35조 (재결기간)

토지수용위원회는 제32조에 따른 심리를 시작한 날부터 14일 이내에 재결을 하여야 한다. 다만, 특별한 사유가 있을 때에는 14일의 범위에서 한 차례만 연장할 수 있다.

제37조 (재결의 유탈)

토지수용위원회가 신청의 일부에 대한 재결을 빠뜨린 경우에 그 빠뜨린 부분의 신청은 계속하여 그 토지수용위원회에 계속(係屬)된다.

제42조 (재결의 실효)

제1항 사업시행자가 수용 또는 사용의 개시일까지 관할 토지수용위원회가 재결한 보상금을 지급하거나 공탁하지 아니하였을 때에는 해당 토지수용위원회의 재결은 효력을 상실한다.

제45조 (권리의 취득·소멸 및 제한)

제1항 사업시행자는 수용의 개시일에 토지나 물건의 소유권을 취득하며, 그 토지나 물건에 관한 다른 권리는 이와 동시에 소멸한다.

제50조 (재결사항)

제1항 토지수용위원회의 재결사항은 다음 각 호와 같다.

1. 수용하거나 사용할 토지의 구역 및 사용방법
2. 손실보상
3. 수용 또는 사용의 개시일과 기간
4. 그 밖에 이 법 및 다른 법률에서 규정한 사항

제2항 토지수용위원회는 사업시행자, 토지소유자 또는 관계인이 신청한 범위에서 재결하여야 한다. 다만, 제1항 제2호의 손실보상의 경우에는 증액재결(增額裁決)을 할 수 있다.

가. 재결

(1) 의의

재결은 사업시행자가 보상금을 지급할 것을 조건으로 하여 토지 등에 대한 권리를 취득하고, 피수용자는 그 권리를 상실하게 되는 것을 결정하는 형성적 행정행위(대리행위)를 말한다.

(2) 재결의 신청

'협의가 성립되지 아니하거나 협의를 할 수 없을 때'에는 사업시행자는 사업인정고시가 있은 날부터 1년 이내에 관할 토지수용위원회에 재결을 신청할 수 있다.

(3) 재결신청의 청구

협의가 성립되지 아니하였을 때에는 토지소유자 및 관계인은 서면으로 사업시행자에게 재결신청을 할 것을 청구할 수 있다. 사업시행자는 청구를 받은 날부터 60일 이내에 관할 토지수용위원회에 재결을 신청하여야 한다. 즉, 재결신청은 사업시행자만이 한다(토지소유자 및 관계인은 못함). 재결은 관계서류의 열람기간, 화해의 권고 등을 거친 후 서면으로 행해진다. 재결신청에 따라 최초로 내려지는 재결을 **'수용재결'**이라고 한다.

(4) 재결절차

(가) 공 고

토지수용위원회는 재결신청서를 접수하였을 때에는 대통령령으로 정하는 바에 따라 지체 없이 이를 공고하고, 공고한 날부터 14일 이상 관계서류의 사본을 일반인이 열람할 수 있도록 하여야 한다.

(나) 심리의 진행

토지수용위원회는 열람기간이 지났을 때에는 지체 없이 해당 신청에 대한 조사 및 심리를 하여야 한다. 토지수용위원회는 심리를 시작한 날부터 14일 이내에 재결을 하여야 한다. 다만, 특별한 사유가 있을 때에는 14일의 범위에서 한 차례만 연장할 수 있다.

(다) 재결의 형식 및 내용

토지수용위원회의 재결은 서면으로 한다. 재결의 내용은 수용할 토지의 구역, 손실보상, 수용개시일과 기간 등이며, 사업시행자·토지소유자 및 관계인이 신청한 범위에서만 재결하여야 하지만, 손실보상의 증액재결은 신청한 범위에 관계없이 할 수 있다.

(4) 재결의 효과

재결이 있으면 공용수용의 절차는 종료되고, 사업시행자는 보상금의 지급 또는 공탁을 조건으로 수용의 시기에 토지에 관한 권리를 원시취득한다. 사업시행자가 수용 또는 사용의 개시일까지 보상금을 지급하거나 공탁하지 아니하였을 때에는 해당 토지수용위원회의 재결은 효력을 상실한다. 토지수용위원회가 신청의 일부에 대한 재결을 빠뜨린 경우에 그 빠뜨린 부분의 신청에 대한 재결은 토지수용위원회에서 계속되게 된다.

나. 화 해

토지수용위원회는 재결이 있기 전에는 그 위원 3명으로 구성되는 소위원회로 하여금 사업시행자, 토지소유자 및 관계인에게 화해를 권고하게 할 수 있다.

VII. 재결에 대한 권리구제

토지보상법

제83조 (이의의 신청)
제1항 중앙토지수용위원회의 제34조에 따른 재결에 이의가 있는 자는 중앙토지수용위원회에 이의를 신청할 수 있다.
제2항 지방토지수용위원회의 제34조에 따른 재결에 이의가 있는 자는 해당 지방토지수용위원회를 거쳐 중앙토지수용위원회에 이의를 신청할 수 있다.
제3항 제1항 및 제2항에 따른 이의의 신청은 재결서의 정본을 받은 날부터 30일 이내에 하여야 한다.

제84조 (이의신청에 대한 재결)

제1항 중앙토지수용위원회는 제83조에 따른 이의신청을 받은 경우 제34조에 따른 재결이 위법하거나 부당하다고 인정할 때에는 그 재결의 전부 또는 일부를 취소하거나 보상액을 변경할 수 있다.

제2항 제1항에 따라 보상금이 늘어난 경우 사업시행자는 재결의 취소 또는 변경의 재결서 정본을 받은 날부터 30일 이내에 보상금을 받을 자에게 그 늘어난 보상금을 지급하여야 한다. 다만, 제40조 제2항 제1호·제2호 또는 제4호에 해당할 때에는 그 금액을 공탁할 수 있다.

제85조 (행정소송의 제기)

제1항 사업시행자, 토지소유자 또는 관계인은 제34조에 따른 재결에 불복할 때에는 재결서를 받은 날부터 **90일** 이내에, 이의신청을 거쳤을 때에는 이의신청에 대한 재결서를 받은 날부터 **60일** 이내에 각각 행정소송을 제기할 수 있다. 이 경우 사업시행자는 행정소송을 제기하기 전에 제84조에 따라 늘어난 보상금을 공탁하여야 하며, 보상금을 받을 자는 공탁된 보상금을 소송이 종결될 때까지 수령할 수 없다.

제2항 제1항에 따라 제기하려는 **행정소송이 보상금의 증감에 관한 소송**인 경우 그 소송을 제기하는 자가 토지소유자 또는 관계인일 때에는 사업시행자를, 사업시행자일 때에는 토지소유자 또는 관계인을 각각 피고로 한다.

제88조 (처분효력의 부정지)

제83조에 따른 이의의 신청이나 제85조에 따른 행정소송의 제기는 **사업의 진행 및 토지의 수용 또는 사용**을 정지시키지 아니한다.

I. 원처분주의와 재결주의

가. 의의

(1) 원처분주의

행정소송법상 재결에 대한 취소소송은 재결 자체에 고유한 위법이 있음을 이유로 하는 경우에 한정된다. 행정심판의 재결을 거쳐 취소소송을 제기하는 경우에도 원칙적으로 원처분을 대상으로 한다. 이를 원처분주의라고 한다. 행정소송법이 이러한 규정을 둔 취지는 하나의 처분의 위법성을 이유로 원처분에 대한 취소소송과 재결에 대한 취소소송이 동시에 제기될 경우에 예상되는 법원의 판단의 저촉문제나 소송의 비경제 등을 회피하기 위한 것이다.

(2) 재결주의

재결주의란 원처분을 행정쟁송의 대상으로 인정하지 않고 재결만을 행정쟁송의 대상으로 인정하되, 재결 자체의 위법뿐만 아니라 원처분의 위법도 재결에 대한 취소소송에서 주장할 수 있게 하는 제도를 말한다.

나. 행정소송법의 규정 (원처분주의)

행정소송법 제19조, 제38조는 원처분과 아울러 재결에 대하여도 취소소송이나 무효등확인소송 등 항고소송을 제기할 수 있도록 하면서 다만, 재결에 대한 소송에 있어서는 원처분의 위법을 이유로 할 수 없고 재결 자체에 고유한 위법이 있음을 이유로 하는 경우에 한하도록 하여 (행정소송법은) 원처분주의를 채택하고 있다.

2. 이의신청

중앙토지수용위원회의 재결에 이의가 있는 자는 중앙토지수용위원회에, 지방토지수용위원회의 재결에 이의가 있는 자는 해당 지방토지수용위원회를 거쳐 중앙토지수용위원회에 이의를 신청할 수 있다. 이의의 신청은 재결서의 정본을 받은 날부터 **30일** 이내에 하여야 한다.

→ 「공익사업을 위한 토지 등의 취득 및 보상에 관한 법률」상 <u>토지수용위원회의 수용재결에 이의</u>가 있어 <u>중앙토지수용위원회에 이의를 신청</u>한 경우 해당 <u>이의신청이 행정심판을 청구</u>한 것에 해당하므로 다시 「<u>행정심판법</u>」에 따른 <u>행정심판</u>을 제기할 수 <u>없다.</u>

3. 행정소송의 제기

가. 임의적 전치주의

구 「토지수용법」은 이의신청전치주의가 채택되어 있었으나, 현행 「토지보상법」은 임의적 전치주의를 취하고 있어 이의신청을 거쳐 행정소송을 제기할 수도 있고, 이의신청을 거치지 않고 바로 행정소송을 제기할 수도 있다.

나. 항고소송

사업시행자, 토지소유자 또는 관계인은 수용재결(원처분)에 불복할 때에는 재결서를 받은 날부터 **90일** 이내에, 이의신청을 거쳤을 때에는 이의신청에 대한 재결서를 받은 날부터 **60일** 이내에 각각 행정소송을 제기할 수 있다. 현행 「토지보상법」 제85조 제1항은 수용재결에 대해서도 행정소송을 제기할 수 있다고 규정하고 있다. 수용재결에 대하여 소송을 제기한 경우에 피고는 해당 토지수용위원회가 된다.

→ 토지수용위원회의 재결(수용재결)은 원처분(형성적 행정행위 중 대리)의 성질을 가지고 일반적인 재결(준법률행위 중 확인)과는 성질이 다르므로, 수용재결에 대해서 항고소송을 제기하는 것은 원처분주의에 반하지 않는다.

→ 수용재결이 원처분이고 이의재결이 재결에 해당하므로 **원칙적**으로 <u>수용재결</u>에 대하여 <u>취소소송</u>을 제기할 수 있다. 수용재결에 대하여 소송을 제기한 경우에 <u>피고는 해당 토지수용위원회</u>가 된다. (수용재결에 불복하여 취소소송을 제기하는 때에는 이의신청을 거친 경우에도 이의신청에 대한 재결 자체에 고유한 위법이 없는 한 수용재결을 한 중앙토지수용위원회 또는 지방토지수용위원회를 피고로 하여 수용재결의 취소를 구하여야 한다.)

다. 보상금증감소송

토지수용위원회의 재결에 대해 불복이 있는 자는 이의신청을 거치지 아니하고 행정소송을 제기 할 수 있으나, (토지소유자가 사업시행자에게) 토지수용위원회의 재결조차 전혀 거치지 않고 바로 손실보상청구소송을 제기 할 수는 없다. 재결은 수용결정부분과 보상액결정부분으로 되어 있다. 따라서 이를 분리하여 수용결정을 대상으로 하는 경우에는 취소소송을 제기하고, 보상액결정을 대상으로 하는 경우에는 보상액증감소송을 제기할 수 있다.

보상액에 관한 재결에 불복이 있는 경우에는 직접 보상금의 증감을 구하는 행정소송을 제기할 수 있고, 제기기간은 이의신청을 거치지 않은 경우에는 재결서를 송달 받은 날로부터 **90일** 이내에. 이의신청을 거친 경우에는 **60일** 이내에 보상금증감소송을 제기할 수 있다. 「토지보상법」은 소송을 제기하는 자가 토지소유자 또는 관계인인 때에는 사업시행자를 피고로 하고, 사업시행자인 때에는 토지소유자 또는 관계인을 각각 피고로 하도록 규정함으로써 '형식적 당사자소송'을 명문으로 규정하고 있다.

→ 형식적 당사자소송 : 형식적으로는 법률관계의 한쪽 당사자를 피고로 하는 당사자소송이지만, 실질적으로는 행정청의 처분을 다투는 소송이다.

→ 소송형태는 당사자소송의 **형식**을 취하지만 **실질적으로는** 처분 등의 효력을 다투는 항고소송의 성질을 가지는 소송은 **현행법상 인정**
형식적, 당사자소송
된다.

→ 손실보상금 산정을 위한 감정평가 중 어느 한 가지 점이라도 위법사유가 있으면 그것으로써 감정평가 결과는 위법하게 되나, 감정평
가가 위법하다고 하여도 법원은 그 감정내용 중 위법하지 않은 부분을 추출하여 판결에서 참작할 수 있다.

→ 보상금 증감에 관한 소송에서 재결의 기초가 된 감정기관의 감정평가와 법원이 선정한 감정인의 감정평가가 개별요인 비교 등
에 관하여 평가를 달리한 관계로 감정 결과에 차이가 생기는 경우 각 감정평가 중 어느 것을 택할 것인지는 원칙적으로 법원의
재량에 속하나, 어느 감정평가가 개별요인 비교에 오류가 있거나 내용이 논리와 경험의 법칙에 위반하는데도 그 감정평가를 택
하는 것은 재량의 한계를 벗어난 것으로서 허용되지 않는다.

→ 보상금신청 후 처분 전에 보상 기준과 대상에 관한 관계 법령의 규정이 개정된 경우 처분 당시에 시행되는 개정 법령에 정한 기
준에 의하여 보상금지급여부를 결정하는 것이 원칙이다.

→ 「공익사업을 위한 토지 등의 취득 및 보상에 관한 법률」상 잔여지 수용청구권은 손실보상의 일환으로 토지소유자에게 부여되는 권
리로서 그 청구에 의하여 수용효과가 생기는 형성권의 성질을 지니므로, 토지소유자의 토지수용청구를 받아들이지 아니한 토지수
용위원회의 재결에 대하여 토지소유자가 불복하여 제기하는 소송은 토지보상법 제85조 제2항에 규정되어 있는 '보상금의 증감에
관한 소송'에 해당하고, 피고는 토지수용위원회가 아니라 사업시행자로 하여야 한다.

→ 「공익사업을 위한 토지 등의 취득 및 보상에 관한 법률」상 토지소유자가 사업시행자로부터 잔여지 가격 감소로 인한 손실보상을
받고자 하는 경우 토지수용위원회의 재결절차를 거치지 않은 채 곧바로 사업시행자를 상대로 **손실보상을 청구**하는 것은 허용되지
아니한다.

→ 「공익사업을 위한 토지 등의 취득 및 보상에 관한 법률」상 환매권의 존부에 관한 확인을 구하는 소송은 민사소송이다.

→ 「공익사업을 위한 토지 등의 취득 및 보상에 관한 법률」에 의한 손실보상금증감청구소송은 공법상 당사자소송에 의하는 반면, 동 법
에 따른 환매금액 증감을 구하는 소송은 민사소송에 의한다.

→ 어떤 보상항목이 손실보상대상에 해당함에도 **관할 토지수용위원회**가 사실이나 법리를 오해하여 손실보상대상에 해당하지 않는
다고 잘못된 내용의 재결을 한 경우, 피보상자는 관할 토지수용위원회를 상대로 그 재결에 대한 취소소송을 제기할 것이 아니라,
사업시행자를 상대로 보상금증감소송을 제기하여야 한다.

→ 잔여지 수용청구는 당해 공익사업의 공사완료일(제척기간)까지 해야 하고, 토지소유자가 그 기간 내에 잔여지 수용청구권을 행사
하지 아니하면 그 권리가 소멸한다.

→ 토지소유자가 사업시행자에게 잔여지 매수청구의 의사표시를 하였다면, 그 의사표시는 특별한 사정이 없는 한 관할 토지수용위원회
에 한 잔여지 수용청구의 의사표시로 볼 수는 없다. (잔여지 수용청구의 의사표시는 관할 토지수용위원회에 하여야 한다.)

제3절 그 밖의 손해전보제도

Ⅰ. 수용유사침해

수용유사침해란 공공의 필요에 따라 법령에 근거하여 사인의 재산권의 제한 등을 통하여 재산권자에게 특별한 희생을 강요하였으나,
그 근거법령에 보상규정이 없는 경우를 의미한다. 보상규정이 없는 법령에 근거한 행정처분은 (형식적으로는 법령에 근거하고 있지만)
보상을 하지 않기 때문에 위법한 처분(위법한 행위)이 되고, 법령에 근거해서 행한 것이므로 무과실인 행위가 된다. 즉, 수용유사침해는
위법·무과실인 행위로 인한 침해를 의미한다.

Ⅱ. 수용적 침해

수용적 침해란 적법한 공행정작용의 비전형적·비의도적인 부수적 결과로서 타인에게 특별한 희생을 가져오는 재산권의 침해를 말한다. 이러한 재산적 침해는 주로 사실행위로 인한 비의도적인 것이지만, 그로 인한 제한의 정도가 심각한 경우에는 보상이 필요하다고 할 수 있다. 수용적 침해에서는 침해 그 자체가 적법한 행정작용에 의한 것인데 반하여, 수용유사침해는 침해가 위법한 것이라는 점에서 구별된다. 수용적 침해도 법률에 보상규정이 없다는 점에서 수용유사침해와 같다.

→ 수용유사침해의 보상은 위법하고 의도된 재산권의 침해를 요건으로 하는 반면, 수용적 침해의 보상은 적법하고 비의도된 재산권의 침해를 요건으로 한다.

Ⅲ. 희생보상청구권

희생보상청구권은 공공복리를 위한 적법한 공행정작용으로 인하여 생명, 건강과 같은 비재산적 법익이 침해되고 그 침해가 특별한 희생에 해당되는 경우에 보상을 청구하는 권리를 말한다. 수용이나 수용유사침해 또는 수용적 침해로 인한 보상청구권은 오직 재산적 가치에 대한 침해가 있는 경우에 인정되고, 생명·신체·명예 등과 같은 침해에는 해당되지 않는다. 반면에 희생보상청구권는 비재산적 법익이 침해된 경우에 청구할 수 있는 권리이다.

제4절 공법상 결과제거청구권

Ⅰ. 의의

공법상 결과제거청구권이란, 공행정작용의 결과로서 남아있는 위법한 상태로 인하여 자기의 법률상 이익을 침해받고 있는 자가 행정주체를 상대로 그 위법한 상태를 제거해 줄 것을 청구하는 권리를 말한다. 1. 토지수용이라는 처분이 취소되었음에도 불구하고 행정주체가 그 토지를 반환하지 않아서 그 수용되었던 토지를 반환 받고자 하는 경우와 2. 공직자의 공석상 발언으로 자기의 명예를 훼손당한 자가 명예훼손발언의 철회를 요구하고자 하는 경우 등이 해당된다. 공법상 결과제거청구권은 공행정작용으로 인한 침해의 경우에 발생하는 공권으로 이해되는 바, 이에 관한 소송은 행정소송(당사자소송)이 된다.

Ⅱ. 요건

1. 공행정작용으로 인한 침해

결과제거청구권은 공법적 행정작용으로 침해가 발생된 경우에 인정된다. 사법적 행정작용의 경우에는 사법상 청구권만이 문제 된다. 그리고 공법작용은 작위만을 뜻하는 것이 아니고 부작위도 포함된다.

2. 위법한 상태의 존재

공행정작용의 결과로서 야기된 상태가 위법하여야 한다. 위법성은 처음부터 발생할 수도 있고, 기간의 경과 또는 해제조건의 성취 등에 의해 사후에 발생할 수도 있다. 그러나 침해상태가 위법하나 무효가 아닌 행정행위, 이른바 공정성 있는 행정행위에 대한 결과제거청구는 해당 위법한 행정행위의 폐지 이후에 또는 양자의 청구를 병합(취소소송+결과제거청구소송)하여 제기해야 한다.

3. 위법한 상태의 계속

공행정작용의 결과로서 관계자에 대한 불이익 상태가 계속하여 존재하고 있어야 한다. 위법한 상태가 더 이상 존재하지 않을 경우에는 결과제거의 문제는 발생하지 않으며, 권리침해에 대한 불이익이 남아있는 때에는 손해배상이나 손실보상만 문제된다.

4. 결과제거의 가능성 및 기대가능성

원래상태 또는 동일한 가치의 상태로서의 회복이 법률상·사실상 가능하며, 법적으로 허용되면서 의무자에게는 그것이 기대가능한 것이어야 한다. 결과제거청구권은 위법한 행정작용의 직접적인 결과의 제거를 그 내용으로 하며, 제3자의 개입을 통해서 초래된 간접적인 결과는 포함되지 않는다.

Ⅲ. 효과

행정주체는 위법한 사실상태를 제거하여 원래의 상태로 회복하여야 할 의무가 있다. 위법한 사실상태의 발생에 대하여 피해자에게도 과실이 있는 경우에는 민법상의 과실상계에 관한 규정을 유추적용하여, 피해자의 과실정도에 따라 결과제거청구권이 감축되거나 상실될 수도 있다.

피해자는 결과제거청구권을 경합적으로 행사할 수도 있다. 다만, 전술한 바와 같이 결과제거 가능성 및 기대가능성이 없는 경우에는 손해배상만을 청구할 수 있다.

Ⅳ. 쟁송절차

결과제거청구권에 관한 쟁송은 행정소송의 일종으로서 공법상 당사자소송에 의해야 할 것이다. 당사자소송은 독자적으로 제기하거나 처분 등의 취소소송에 관련 청구소송으로서 병합하여 제기할 수도 있다. 실무상으로는 민사소송에 의하고 있다.

[결과제거청구권 VS 국가배상청구권]

	결과제거청구권	국가배상청구권(제2조)
성 질	포괄적 권리	채권적 청구권
요 건	고의·과실 필요X	고의·과실 필요O
목 적	원상회복	금전배상
인과관계	직접적 인과관계	상당인과관계
병존 여부	두 권리 모두 위법한 행정작용에 대한 구제수단으로서 병존가능(예를 들어, 공무원의 명예훼손 발언으로 명예를 침해당한 자는 그 발언의 철회를 요구하면서 정신적 고통에 대한 손해배상도 청구O)	

1. 국가나 지방자치단체가 손해를 배상할 책임이 있는 경우에 공무원의 선임·감독 또는 영조물의 설치·관리를 맡은 자와 공무원의 봉급·급여, 그 밖의 비용 또는 영조물의 설치·관리 비용을 부담하는 자가 동일하지 아니하면 그 비용을 부담하는 자도 손해를 배상하여야 한다. ⃞O ⃞X

2. 공무원 개인이 고의 또는 중과실이 있는 경우에는 불법행위로 인한 손해배상책임을 진다고 할 것이지만, 공무원의 위법행위가 경과실에 기한 경우에는 공무원은 손해배상책임을 부담하지 않는다. ⃞O ⃞X

3. 피해자에 손해를 직접 배상한 경과실이 있는 공무원은 특별한 사정이 없는 한 국가에 대하여 국가의 피해자에 대한 손해배상책임의 범위 내에서 공무원이 변제한 금액에 관하여 구상권을 취득한다. ⃞O ⃞X

4. 국가배상청구권의 소멸시효기간이 지났으나, 국가가 소멸시효완성을 주장하는 것이 신의성실의 원칙에 반하는 권리남용으로 허용될 수 없어 배상책임을 이행한 경우에는, 그 소멸시효 완성 주장이 권리 남용에 해당하게 된 원인행위와 관련하여 해당 공무원이 그 원인이 되는 행위를 적극적으로 주도하였다는 등의 특별한 사정이 없는 한, 국가의 해당 공무원에 대한 구상권 행사는 신의칙상 허용되지 않는다. ⃞O ⃞X

5. 국가가 가해 공무원에 대하여 구상권을 행사하는 경우 국가가 배상한 배상액 전액에 대하여 구상권을 행사하여야 한다. ⃞O ⃞X

6. 산업기술혁신 촉진법령에 따른 중앙행정기관과 지방자치단체 등의 인증신제품 구매의무는 공공 일반의 전체적인이익을 도모하기 위한 것으로 봄이 타당하고, 신제품 인증을 받은 자의 재산상 이익은 법령이 보호하고자하는 이익으로 보기는 어려우므로, 지방자치단체가 위 법령에서 정한 인증신제품 구매의무를 위반하였다고 하더라도, 이를 이유로 신제품 인증을 받은 자에 대하여 국가배상책임을 지는 것은 아니다. ⃞O ⃞X

7. 국가배상법 제2조 제1항에서 규정한 공무원의 과실의 입증책임은 원고가 아니라 피고인 국가 또는 지방자치단체로 전환된다. ⃞O ⃞X

8. 일반적으로 공무원이 필요한 지식을 갖추지 못하고 법규의 해석을 그르쳐 행정처분을 하였다면 그가 법률전문가가 아닌 행정직 공무원이라고 하여 과실이 없다고는 할 수 없다. ⃞O ⃞X

9. 국가배상책임에서의 법령위반은, 인권존중·권력남용금지·신의성실·공서양속 등의 위반도 포함해 널리 그 행위가 객관적인 정당성을 결여하고 있음을 의미한다. ⃞O ⃞X

10. 취소사유 있는 영업정지처분에 대한 취소소송의 제소기간이 도과한 경우 처분의 상대방은 국가배상청구소송을 제기하여 재산상 손해의 배상을 구할 수 있다. ⃞O ⃞X

11. 「국가배상법」상 '공공의 영조물'은 지방자치단체가 소유권, 임차권 그 밖의 권한에 기하여 관리하고 있는 경우는 포함하지만, 사실상의 관리를 하고 있는 경우는 포함하지 않는다. O X

12. '영조물의 설치 또는 관리의 하자'란 공공의 목적에 제공된 영조물이 그 용도에 따라 통상 갖추어야 할 안전성을 갖추지 못한 상태에 있음을 말한다. O X

13. '공공의 영조물의 설치·관리의 하자'에는 영조물이 공공의 목적에 이용됨에 있어 그 이용 상태 및 정도가 일정한 한도를 초과하여 제3자에게 사회통념상 참을 수 없는 피해를 입히고 있는 경우가 포함된다. O X

14. 영조물의 설치 및 관리에 있어서 항상 완전무결한 상태를 유지할 정도의 고도의 안전성을 갖추지 아니하였다고 하여 영조물의 설치 또는 관리에 하자가 있다고 단정할 수 없다. O X

15. 정비기반시설과 그 부지의 소유·관리·유지관계를 정한 「도시 및 주거환경정비법」 제65조 제2항의 전단에 따른 정비기반시설의 소유권 귀속은 헌법 제23조 제3항의 수용에 해당한다. O X

16. 재산권의 존속보장과의 조화를 위하여서는 '공공필요'의 요건에 관하여 공익성은 추상적인 공익 일반 또는 국가의 이익 이상의 중대한 공익을 요구하므로 기본권 일반의 제한사유인 '공공복리'보다 넓게 보는 것이 타당하다. O X

17. 헌법재판소는 생업의 근거를 상실하게 된 자에 대하여 일정 규모의 상업용지 또는 상가분양권 등을 공급하는 생활대책이 헌법 제23조 제3항이 규정하는 정당한 보상에 포함된다고 결정하였다. O X

18. 「공익사업을 위한 토지 등의 취득 및 보상에 관한 법률」상 잔여지 수용청구권은 형성권적 성질을 가지므로, 잔여지 수용청구를 받아들이지 않은 재결에 대하여 토지소유자가 불복하여 제기하는 소송은 보상금증감청구소송에 해당한다. O X

19. 「공익사업을 위한 토지 등의 취득 및 보상에 관한 법률」에 의한 손실보상금증감청구소송은 공법상 당사자소송에 의하는 반면, 동 법에 따른 환매금액 증감을 구하는 소송은 민사소송에 의한다. O X

20. 어떤 보상항목이 손실보상대상에 해당함에도 관할 토지수용위원회가 사실이나 법리를 오해하여 손실보상대상에 해당하지 않는다고 잘못된 내용의 재결을 한 경우, 피보상자는 관할 토지수용위원회를 상대로 그 재결에 대한 취소소송을 제기하여야 한다. O X

적중문제 정답

• 빨간색 표시가 정답 입니다.

1. O X 국가나 지방자치단체가 손해를 배상할 책임이 있는 경우에 공무원의 선임·감독 또는 영조물의 설치·관리를 맡은 자와 공무원의 봉급·급여, 그 밖의 비용 또는 영조물의 설치·관리 비용을 부담하는 자가 동일하지 아니하면 그 비용을 부담하는 자도 손해를 배상하여야 한다.

2. O X 공무원 개인이 고의 또는 중과실이 있는 경우에는 불법행위로 인한 손해배상책임을 진다고 할 것이지만, 공무원의 위법행위가 경과실에 기한 경우에는 공무원은 손해배상책임을 부담하지 않는다.

3. O X 피해자에 손해를 직접 배상한 경과실이 있는 공무원은 특별한 사정이 없는 한 국가에 대하여 국가의 피해자에 대한 손해배상책임의 범위 내에서 공무원이 변제한 금액에 관하여 구상권을 취득한다.

4. O X 국가배상청구권의 소멸시효기간이 지났으나, 국가가 소멸시효완성을 주장하는 것이 신의성실의 원칙에 반하는 권리남용으로 허용될 수 없어 배상책임을 이행한 경우에는, 그 소멸시효 완성 주장이 권리 남용에 해당하게 된 원인행위와 관련하여 해당 공무원이 그 원인이 되는 행위를 적극적으로 주도하였다는 등의 특별한 사정이 없는 한, 국가의 해당 공무원에 대한 구상권 행사는 신의칙상 허용되지 않는다.

5. O X 국가가 가해 공무원에 대하여 구상권을 행사하는 경우 국가가 배상한 배상액 전액에 대하여 구상권을 행사하여야 한다.

> **옳은 지문** (제반사정을 참작하여 손해의 공평한 분담이라는 견지에서) <u>신의칙상 상당하다고 인정되는 한도 내에서**만**</u> 당해 <u>공무원</u>에 대하여 <u>구상권을 행사</u>할 수 있다.

> **참고** 배상액 **일부만** 구상권 행사 가능

6. O X 산업기술혁신 촉진법령에 따른 중앙행정기관과 지방자치단체 등의 인증신제품 구매의무는 공공 일반의 전체적인 이익을 도모하기 위한 것으로 봄이 타당하고, 신제품 인증을 받은 자의 재산상 이익은 법령이 보호하고자하는 이익으로 보기는 어려우므로, 지방자치단체가 위 법령에서 정한 인증신제품 구매의무를 위반하였다고 하더라도, 이를 이유로 신제품 인증을 받은 자에 대하여 국가배상책임을 지는 것은 아니다.

7. O X 국가배상법 제2조 제1항에서 규정한 공무원의 과실의 입증책임은 원고가 아니라 피고인 국가 또는 지방자치단체로 전환된다.

> **옳은 지문** 국가배상법 제2조 제1항에서 <u>규정한 **공무원의 과실**의 입증책임</u>은 국가에 대하여 공무원의 불법행위로 인한 손해배상을 청구하는 <u>당사자(원고)</u>에게 있다.

8. O X 일반적으로 공무원이 필요한 지식을 갖추지 못하고 법규의 해석을 그르쳐 행정처분을 하였다면 그가 법률전문가가 아닌 행정직공무원이라고 하여 과실이 없다고는 할 수 없다.

9. ⓞⓧ 국가배상책임에서의 법령위반은, 인권존중·권력남용금지·신의성실·공서양속 등의 위반도 포함해 널리 그 행위가 객관적인 정당성을 결여하고 있음을 의미한다.

10. ⓞⓧ 취소사유 있는 영업정지처분에 대한 취소소송의 제소기간이 도과한 경우 처분의 상대방은 국가배상청구소송을 제기하여 재산상 손해의 배상을 구할 수 있다.

11. ⓞⓧ 「국가배상법」상 '공공의 영조물'은 지방자치단체가 소유권, 임차권 그 밖의 권한에 기하여 관리하고 있는 경우는 포함하지만, 사실상의 관리를 하고 있는 경우는 포함하지 않는다.

> **옳은 지문** 공물(「국가배상법」상 '공공의 영조물')에는 공공용물(일반공중이 사용)과 공용물(행정주체 자신이 사용) 모두 포함되며, 국가·지방자치단체가 소유권·임차권 그 밖의 권한에 기하여 관리하고 있는 것만이 아니라 **사실상 관리**하고 있는 것도 **포함**된다.

12. ⓞⓧ '영조물의 설치 또는 관리의 하자'란 공공의 목적에 제공된 영조물이 그 용도에 따라 통상 갖추어야 할 안정성을 갖추지 못한 상태에 있음을 말한다.

13. ⓞⓧ '공공의 영조물의 설치·관리의 하자'에는 영조물이 공공의 목적에 이용됨에 있어 그 이용 상태 및 정도가 일정한 한도를 초과하여 제3자에게 사회통념상 참을 수 없는 피해를 입히고 있는 경우가 포함된다.

14. ⓞⓧ 영조물의 설치 및 관리에 있어서 항상 완전무결한 상태를 유지할 정도의 고도의 안정성을 갖추지 아니하였다고 하여 영조물의 설치 또는 관리에 하자가 있다고 단정할 수 없다.

15. ⓞⓧ 정비기반시설과 그 부지의 소유·관리·유지관계를 정한 「도시 및 주거환경정비법」 제65조 제2항의 전단에 따른 정비기반시설의 소유권 귀속은 헌법 제23조 제3항의 수용에 해당한다.

> **옳은 지문** 정비기반시설과 그 부지의 소유·관리·유지관계를 정한 「도시 및 주거환경정비법」 제65조 제2항의 전단에 따른 **정비기반시설의 소유권 귀속**은 헌법 제23조 제3항의 수용에 해당하지 **않는다**.
> 정비기반시설 : 도시가 적정하게 기능하기 위해 요구되는 시설 ⑩ 도로, 상하수도, 공원, 공용 주차장, 가스공급시설 등

16. ⓞⓧ 재산권의 존속보장과의 조화를 위하여서는 '공공필요'의 요건에 관하여 공익성은 추상적인 공익 일반 또는 국가의 이익 이상의 중대한 공익을 요구하므로 기본권 일반의 제한사유인 '공공복리'보다 넓게 보는 것이 타당하다.

> **옳은 지문** 재산권의 존속보장과의 조화를 위해서는, '**공공필요**'의 **요건**에 관하여, 공익성은 추상적인 공익 일반 또는 국가의 이익 이상의 **중대한 공익**을 요구하므로 **기본권 일반의 제한사유인 '공공복리'**보다 **좁게** 보는 것이 타당하다.

17. ⓞⓧ 헌법재판소는 생업의 근거를 상실하게 된 자에 대하여 일정 규모의 상업용지 또는 상가분양권 등을 공급하는 생활대책이 헌법 제23조 제3항이 규정하는 정당한 보상에 포함된다고 결정하였다.

> **옳은 지문** '생업의 근거를 상실하게 된 자에 대하여 일정 규모의 상업용지 또는 상가분양권 등을 공급하는' 생활대책은 헌법 제23조 제3항에 규정된 정당한 보상에 포함되는 것이라기보다는 생활보상의 일환으로서 **국가의 정책적인 배려**에 의하여 마련된 제도이다.

18. ◯ ☒ 「공익사업을 위한 토지 등의 취득 및 보상에 관한 법률」상 잔여지 수용청구권은 형성권적 성질을 가지므로, 잔여지 수용청구를 받아들이지 않은 재결에 대하여 토지소유자가 불복하여 제기하는 소송은 보상금증감청구소송에 해당한다.

19. ◯ ☒ 「공익사업을 위한 토지 등의 취득 및 보상에 관한 법률」에 의한 손실보상금증감청구소송은 공법상 당사자소송에 의하는 반면, 동 법에 따른 환매금액 증감을 구하는 소송은 민사소송에 의한다.

20. ◯ ☒ 어떤 보상항목이 손실보상대상에 해당함에도 관할 토지수용위원회가 사실이나 법리를 오해하여 손실보상대상에 해당하지 않는다고 잘못된 내용의 재결을 한 경우, 피보상자는 관할 토지수용위원회를 상대로 그 재결에 대한 취소소송을 제기하여야 한다.

> 옳은 지문 | 어떤 보상항목이 손실보상대상에 해당함에도 **관할 토지수용위원회**가 사실이나 법리를 오해하여 손실보상대상에 해당하지 않는다고 잘못된 내용의 재결을 한 경우, 피보상자는 관할 토지수용위원회를 상대로 그 재결에 대한 취소소송을 제기할 것이 아니라, **사업시행자**를 상대로 보상금증감소송을 제기하여야 한다.

Administrative Law

적중요약 정리

이것만 암기하면 된다

7

적중요약 정리

이것만 암기하면 된다

7

제1절 행정심판의 의의

I. 행정심판의 의의

1. 개념

> **행정심판법**
>
> **제1조 (목적)**
> 이 법은 행정심판 절차를 통하여 행정청의 위법 또는 부당한 처분(處分)이나 부작위(不作爲)로 침해된 국민의 권리 또는 이익을 구제하고, 아울러 행정의 적정한 운영을 꾀함을 목적으로 한다.

행정심판이란 행정상 법률관계의 분쟁을 행정기관이 심리·재결하는 행정쟁송절차를 말한다. 행정심판에 관한 일반법으로서는 (헌법 제107조 제3항에 근거하여) 행정심판법이 제정·시행되고 있다. 행정심판법은 일반법이므로 다른 법률에 특별규정이 존재하는 경우에는 그 범위 안에서 행정심판법의 적용이 배제된다. 다른 법률에서도 행정심판과 관련하여 이의신청·심사청구·심판청구 등의 다양한 용어가 사용되고 있다. 즉, '행정심판'이라는 용어를 사용하지 않아도 그 실질이 행정심판에 해당되면 행정심판에 속하게 되며, 그에 관한 특별규정이 있으면 그것이 적용되고, 그 밖의 경우에는 행정심판법이 보충적으로 적용된다. 이하에서는 행정심판법을 중심으로 설명한다.

행정심판의 재결은 분쟁의 심판작용이면서 동시에 그 자체가 행정작용의 하나로서 준법률행위적 행정행위 중 확인의 성질을 가진다.

2. 특별행정심판 등

> **행정심판법**
>
> **제4조 (특별행정심판 등)**
> **제1항** 사안(事案)의 전문성과 특수성을 살리기 위하여 특히 필요한 경우 외에는 이 법에 따른 행정심판을 갈음하는 특별한 행정불복절차(이하 "특별행정심판"이라 한다)나 이 법에 따른 행정심판 절차에 대한 특례를 다른 법률로 정할 수 없다.

제2항 다른 법률에서 특별행정심판이나 이 법에 따른 행정심판 절차에 대한 특례를 정한 경우에도 그 법률에서 규정하지 아니한 사항에 관하여는 이 법에서 정하는 바에 따른다.

제3항 관계 행정기관의 장이 특별행정심판 또는 이 법에 따른 행정심판 절차에 대한 특례를 신설하거나 변경하는 법령을 제정·개정할 때에는 미리 중앙행정심판위원회와 협의(**동의X**)하여야 한다.

행정심판법은 행정심판제도의 통일적 운영을 위해 개별법에 의한 특별행정심판절차의 남설(濫設)을 억제하고 있다. 즉, 사안의 전문성과 특수성을 살리기 위하여 특히 필요한 경우 외에는 특별한 행정불복절차나 행정심판 절차에 대한 특례를 다른 법률로 정할 수 없도록 하고, 다른 법률로 정할 때에는 미리 중앙행정심판위원회와 협의하도록 규정하고 있다. 특별행정심판의 예로는 국가공무원법 및 지방공무원법상의 고충심사와 소청, 국세기본법상의 심사청구와 심판청구, 특허심판 등이 있다.

II. 행정심판의 기능(존재이유)

행정소송은 행정처분의 위·적법성 여부만을 심사하지만 행정심판은 위·적법성 여부만이 아니라 부당·타당성까지도 심사함으로써 행정작용을 자율적으로 통제하는 기능을 한다. 또한 분쟁을 행정소송보다 신속·간편하게 해결함으로써 행정능률에도 기여한다.

행정심판은 행정청의 전문지식을 활용하고, 사법절차에 따르는 비용·시간 등을 절약함으로써 신속한 권리구제에 기여하고 사법기능을 보완하며, 불필요한 행정소송의 제기를 방지할 수 있게 되므로 법원의 부담을 경감시킨다.

제2절 행정심판의 종류

I. 행정심판법상의 행정심판의 종류

> **행정심판법**
>
> **제5조 (행정심판의 종류)**
> 행정심판의 종류는 다음 각 호와 같다.
> 1. 취소심판 : 행정청의 위법 또는 부당한 처분을 취소하거나 변경하는 행정심판
> 2. 무효등확인심판 : 행정청의 처분의 효력 유무 또는 존재 여부를 확인하는 행정심판
> 3. 의무이행심판 : 당사자의 신청에 대한 행정청의 위법 또는 부당한 거부처분이나 부작위에 대하여 일정한 처분을 하도록 하는 행정심판

1. 취소심판

가. 의의

취소심판은 '행정청의 위법 또는 부당한 처분을 취소하거나 변경하는 행정심판'을 말한다. 취소심판은 행정심판의 대표적인 유형으로서, 그 주된 목적은 공정력 있는 처분의 효력을 취소하는 데 있으며, 무효등확인심판이나 부작위에 대한 의무이행심판과 달리 일정한 청구기간 내에 심판청구를 제기하여야 한다.

나. 성질

취소심판은 일정한 법률관계를 성립시킨 행정처분의 취소·변경을 통하여 당해 법률관계를 소멸시키거나 변경하는 행정심판이라는 점에서 형성적 쟁송이다.

다. 재결

취소심판의 청구가 있는 경우에 행정심판위원회는 처분을 취소 또는 변경하거나(취소재결/변경재결), 처분청으로 하여금 변경하도록 명한다(변경명령재결).

→ 현행법상 취소심판에서 처분명령재결은 인정되지 않는다.

→ 영업허가취소처분이 행정심판에서 취소되었다면 그 영업허가취소처분은 처분시에 소급하여 효력을 잃게 되므로 그 영업허가취소 _{취소재결은 형성재결} 처분 이후의 영업행위를 무허가영업이라고 볼 수는 없다.

2. 무효등확인심판

가. 의의

무효등확인심판이란 무효확인심판 및 기타의 확인심판을 합해서 칭하는 것이다. 즉, 행정청의 처분의 효력유무(유효확인심판, 무효확인심판) 또는 존재여부(존재확인심판, 부존재확인심판)를 확인하는 행정심판이다.

나. 성질

무효등확인심판은 무효 등을 확인·선언하는 점에서 형식적으로 확인적 쟁송인 것이나, 실질적으로는 처분의 효력의 유무 등을 직접 쟁송의 대상으로 한다는 점에서 형성적 쟁송의 성질을 아울러 가지는 것으로 보는 준형성적 쟁송설이 통설의 입장이다.

다. 재결

행정심판위원회는 청구에 이유가 있다고 인정하면 처분의 유효·무효 또는 존재·부존재를 확인하는 재결을 하게 된다(확인재결).

3. 의무이행심판

가. 의의 및 성질

당사자의 신청에 대한 행정청의 위법 또는 부당한 거부처분이나 부작위에 대하여 일정한 처분을 하도록 하는 행정심판을 말한다. 즉, 거부처분에 대한 의무이행심판과 부작위에 대한 의무이행심판이 있다('부작위위법확인심판'은 없다). 일정한 처분을 할 것을 구하는 심판이므로 이행적 쟁송의 성질을 가진다.

→ 거부처분에 대하여서는 의무이행심판뿐만 아니라 취소심판을 제기할 수도 있다.

나. 재결

행정심판위원회는 심판의 청구가 이유 있다고 인정하면 지체 없이 위원회가 스스로 신청에 따른 처분을 하거나(처분재결), 처분할 것을 피청구인에게 명한다(처분명령재결).

다. 청구기간

거부처분에 대한 의무이행심판에는 심판청구기간의 제한이 있지만, 부작위에 대한 의무이행심판에는 심판청구기간의 제한이 없다. 거부처분에 대한 의무이행심판의 심판청구기간은 원칙적으로 처분이 있음을 알게 된 날부터 90일 이내, 처분이 있었던 날부터 180일이고, 부작위를 심판대상으로 하는 경우에는 부작위가 계속되는 한 심판청구가 가능하다.

제3절 행정심판의 대상

Ⅰ. 개괄주의

> **행정심판법**
>
> **제3조 (행정심판의 대상)**
> **제1항** 행정청의 처분 또는 부작위에 대하여는 다른 법률에 특별한 규정이 있는 경우 외에는 이 법에 따라 행정심판을 청구할 수 있다.
> **제2항** 대통령의 처분 또는 부작위에 대하여는 다른 법률에서 행정심판을 청구할 수 있도록 정한 경우 외에는 행정심판을 청구할 수 없다.

행정심판법은 "행정청의 처분 또는 부작위에 대하여는 다른 법률에 특별한 규정이 있는 경우 외에는 이 법에 따라 행정심판을 청구할 수 있다."고 하여 개괄주의를 취하고 있다. 다만, 대통령은 행정부의 수반인 점을 감안하여 "대통령의 처분 또는 부작위에 대하여는 다른 법률에서 행정심판을 청구할 수 있도록 정한 경우 외에는 행정심판을 청구할 수 없다."고 하여 예외를 인정하고 있다.

Ⅱ. 행정심판법상 행정심판의 대상

1. 행정청의 처분 또는 부작위

행정심판의 대상은 '행정청의 처분·부작위'이다. '처분'이란 행정청이 행하는 구체적 사실에 관한 법집행으로서의 공권력의 행사 또는 그 거부, 그 밖에 이에 준하는 행정작용을 말한다. 여기서 처분이 행정행위와 동일한 것이라는 견해와 행정행위보다 넓은 개념(행정행위+그 밖에 이에 준하는 행정작용)이라는 견해가 대립하고 있는데, 후자가 다수설이다. 현행의 행정쟁송제도 아래서는 후자인 2원설을 취하지 않을 수 없다.

'부작위'란 행정청이 당사자의 신청에 대하여 상당한 기간 내에 일정한 처분을 하여야 할 법률상 의무가 있는데도 처분을 하지 아니하는 것을 말한다.

2. 제외사항

가. 대통령의 처분과 부작위

행정심판법 제3조 제2항에서 다른 법률에 특별한 규정이 있는 경우를 제외하고는 대통령의 처분 또는 부작위에 대하여는 행정심판의 대상에서 제외하고 있는 바, 그 이유는 대통령의 처분·부작위에 대하여 행정심판을 제기하는 경우 당해 심판을 심리·재결할 상급행정기관 소속의 행정심판위원회가 없기 때문이다.

나. 재심판청구의 금지

행정심판의 재결에 대해서는 원칙적으로 다시 행정심판을 제기할 수 없다. 행정심판법 제51조는 "심판청구에 대한 재결이 있으면 그 재결 및 같은 처분 또는 부작위에 대하여 다시 행정심판을 청구할 수 없다."고 적시하여 재심판청구의 금지에 대한 명문의 규정을 두고 있다.

제4절 행정심판의 심리

I. 심리의 내용과 범위

1. 심리의 내용

가. 요건심리(형식적 심리 또는 본안 전 심리)

행정심판위원회는 심판청구가 요건(청구인적격 여부, 심판대상이 되는 처분 여부, 심판청구기간준수 여부 등)을 구비하였는가를 심리하고(형식적 심리, 본안 전 심리하고 함), 요건이 충족되지 않아서 적법하지 아니하면 심판청구를 각하한다. 위원회는 심판청구가 적법하지 아니하나 보정할 수 있다고 인정하면 기간을 정하여 보정할 것을 요구할 수 있다. 다만, 경미한 사항은 직권으로 보정할 수 있다.

나. 본안심리

행정심판위원회는 청구요건이 충족된 경우 청구내용에 관하여 실질적으로 심사한다.

→ 취소소송에서 처분청은 당초 처분의 근거로 삼은 사유와 기본적 사실관계가 동일성이 있다고 인정되는 한도 내에서만 다른 사유를 추가 또는 변경할 수 있는데, 이러한 법리는 행정심판 단계에서도 그대로 적용된다.

→ 관할 행정청이 행정심판단계에서 '학생의 안전보호'라는 처분사유를 '학생의 보건·위생보호'로 변경하고자 할 경우 기본적 사실관계의 동일성이 있으므로 처분사유의 변경이 허용된다.

2. 심리의 범위

> **행정심판법**
>
> **제47조 (재결의 범위)**
> **제1항** 위원회는 심판청구의 대상이 되는 처분 또는 부작위 외의 사항에 대하여는 재결하지 못한다.
> **제2항** 위원회는 심판청구의 대상이 되는 처분보다 청구인에게 불리한 재결을 하지 못한다.

심판청구의 대상인 처분이나 부작위에 관하여 법률문제(적법·위법)뿐만 아니라 재량문제(타당·부당)의 문제, 즉 합목적성의 문제(행정목적에 합당한 최선의 결정인지의 여부)까지도 심리할 수 있다.

II. 심리의 기본원칙

1. 대심주의

대심주의란 심판청구인과 피청구인이 서로 대등한 입장에서 공격과 방어를 하고 행정심판위원회는 중립적인 위치에서 이를 바탕으로 심리를 진행하는 것을 말한다.

2. 처분권주의

처분권주의란 쟁송의 개시, 그 대상과 범위 및 종료에 대하여 당사자가 주도권을 가지고 이들에 대하여 자유로이 결정할 수 있는 원칙을 말하는바, 행정심판은 1. 청구인의 심판청구에 의하여 개시되고, 2. 심판대상과 범위를 당사자가 결정하며(청구취지의 특정, 불고

불리의 원칙 등), 3. 청구인은 심판청구를 취하함으로써 심판절차를 종료시킬 수 있다. 따라서 행정심판도 처분권주의에 입각하고 있다. 다만 공익적 견지에서 심판청구의 제기기간을 제한하고, 청구인낙(請求人諾 : 원고의 청구내용을 피고가 모두 인정함으로써 소송을 종결하는 것)을 부인하는 등 처분권주의을 제한하기도 한다.

3. 직권심리(탐지)주의

> **행정심판법**
>
> ### 제39조 (직권심리)
> 위원회는 필요하면 당사자가 주장하지 아니한 사실에 대하여도 심리할 수 있다.

당사자주의에 반대되는 것으로 위원회는 필요하면 당사자가 주장하지 아니한 사실에 대하여도 심리할 수 있다. 즉, 필요한 자료를 직권으로 수집·조사하여 심리할 수 있다. 위원회는 사건을 심리하기 위하여 필요하면 직권으로 또는 당사자의 신청에 의하여 증거조사를 할 수 있다.

4. 구술심리 또는 서면심리주의

> **행정심판법**
>
> ### 제40조 (심리의 방식)
> **제1항** 행정심판의 심리는 구술심리나 서면심리로 한다. 다만, 당사자가 구술심리를 신청한 경우에는 서면심리만으로 결정할 수 있다고 인정되는 경우 외에는 구술심리를 하여야 한다.
> **제2항** 위원회는 제1항 단서에 따라 구술심리 신청을 받으면 그 허가 여부를 결정하여 신청인에게 알려야 한다.
> **제3항** 제2항의 통지는 간이통지방법으로 할 수 있다.

심리는 구술심리나 서면심리로 한다. 다만, 당사자가 구술심리를 신청한 경우에는 서면심리만으로 결정할 수 있다고 인정되는 경우 외에는 구술심리를 하여야 한다.

5. 비공개주의

행정심판법에 비공개심리주의에 관한 명문의 규정은 없다. 그러나 구술심리주의와 더불어 서면심리주의도 원칙의 하나로 채택하고 있는 행정심판법의 전체적인 구조로 보아, 비공개심리주의를 원칙으로 하고 있다고 볼 수 있다. 특히 위원회에서 위원이 발언한 내용이나 그 밖에 공개되면 위원회의 심리·재결의 공정성을 해할 우려가 있는 사항으로서 대통령령이 정하는 사항은 이를 공개하지 아니한다.

제5절 행정심판의 재결

Ⅰ. 재결의 의의

재결이란 행정심판의 청구에 대하여 행정심판위원회가 행하는 판단(결정)을 말한다. 이는 행정법관계의 분쟁에 대하여 행정심판위원회가 판단·확정하는 준사법적 행위로서의 의미를 가지며 준법률행위적 행정행위 중 확인에 해당한다.

Ⅱ. 재결의 성질

재결은 행정행위와 재판작용(사법작용)의 성질을 동시에 갖는다. 재결은 준법률행위적 행정행위에 속하는 확인이다. 따라서 처분성이 인정되므로 재결자체에 고유한 위법이 있는 경우 항고소송의 대상이 된다. 또한 일정한 심리절차를 통해 행정법상의 분쟁을 해결하는 결정이므로 재판작용의 성질도 갖는다. 다만, 절차의 엄격성이 재판절차에 비해 덜하고, 재결기관이 법원이 아니라 행정기관인 점 등을 고려하여 '준사법적작용'에 해당한다고 볼 수 있다.

Ⅲ. 재결의 절차

1. 재결의 기간

> **행정심판법**
>
> **제45조 (재결 기간)**
> **제1항** 재결은 제23조에 따라 피청구인 또는 위원회가 심판청구서를 받은 날부터 60일 이내에 하여야 한다. 다만, 부득이한 사정이 있는 경우에는 위원장이 직권으로 30일을 연장할 수 있다.
> **제2항** 위원장은 제1항 단서에 따라 재결 기간을 연장할 경우에는 재결 기간이 끝나기 7일 전까지 당사자에게 알려야 한다.

재결은 피청구인 또는 행정심판위원회가 심판청구서를 받은 날부터 60일 내에 하여야 한다. 다만, 부득이한 사정이 있는 경우에는 위원장이 직권으로 30일을 연장할 수 있으며, 이 경우 재결 기간이 끝나기 7일 전까지 당사자에게 알려야한다.

2. 재결의 방식

> **행정심판법**
>
> **제46조 (재결의 방식)**
> **제1항** 재결은 서면으로 한다.
> **제2항** 제1항에 따른 재결서에는 다음 각 호의 사항이 포함되어야 한다.
> 1. 사건번호와 사건명
> 2. 당사자·대표자 또는 대리인의 이름과 주소
> 3. 주문
> 4. 청구의 취지
> 5. 이유
> 6. 재결한 날짜
> **제3항** 재결서에 적는 이유에는 주문 내용이 정당하다는 것을 인정할 수 있는 정도의 판단을 표시하여야 한다.

재결은 서면으로 하되 재결서에는 사건번호·사건명·주문·청구취지·이유·재결날짜 등이 포함되어야 한다. 재결서에 적는 이유에는 주문 내용이 정당하다는 것을 인정할 수 있는 정도의 판단을 표시하여야 한다.

3. 재결의 송달과 효력 발생

행정심판법

제48조 (재결의 송달과 효력 발생)
제1항 위원회는 지체 없이 당사자에게 재결서의 정본을 송달하여야 한다. 이 경우 중앙행정심판위원회는 재결 결과를 소관 중앙행정기관의 장에게도 알려야 한다.
제2항 재결은 청구인에게 제1항 전단에 따라 송달되었을 때에 그 효력이 생긴다.
제3항 위원회는 재결서의 등본을 지체 없이 참가인에게 송달하여야 한다.
제4항 처분의 상대방이 아닌 제3자가 심판청구를 한 경우 위원회는 재결서의 등본을 지체 없이 피청구인을 거쳐 처분의 상대방에게 송달하여야 한다.

행정심판위원회는 지체 없이 당사자에게 재결서의 정본을 송달하여야 한다. 이 경우 중앙행정심판위원회는 재결결과를 소관 중앙행정기관의 장에게도 알려야 한다. 재결은 청구인에게 송달되었을 때에 효력이 생긴다.

Ⅳ. 재결의 종류

행정심판법

제43조 (재결의 구분)
제1항 위원회는 심판청구가 적법하지 아니하면 그 심판청구를 각하(却下)한다.
제2항 위원회는 심판청구가 이유가 없다고 인정하면 그 심판청구를 기각(棄却)한다.
제3항 위원회는 취소심판의 청구가 이유가 있다고 인정하면 처분을 취소 또는 다른 처분으로 변경하거나 처분을 다른 처분으로 변경할 것을 피청구인에게 명한다.
제4항 위원회는 무효등확인심판의 청구가 이유가 있다고 인정하면 처분의 효력 유무 또는 처분의 존재 여부를 확인한다.
제5항 위원회는 의무이행심판의 청구가 이유가 있다고 인정하면 지체 없이 신청에 따른 처분을 하거나 처분을 할 것을 피청구인에게 명한다.

1. 각하재결(요건재결)

청구요건이 충족되지 않은 경우 본안심리를 거부하는 내용의 재결이다.

2. 기각재결

본안심리의 결과 청구인의 청구취지를 받아들이지 않는 내용의 재결을 말한다. 본안심리의 결과 심판청구가 이유가 없다고 인정하여 원래 처분의 효력을 인정하는 내용의 재결을 말한다. 기각재결이 있은 후에도 처분청은 원처분을 직권으로 취소·변경할 수 있다.

3. 인용재결

본안심리의 결과 그 심판청구가 이유가 있다고 인정하여 청구취지를 받아들이는 내용의 재결이다. 구체적으로는 다음과 같은 것이 있다.

가. 취소·변경재결

취소심판의 청구가 이유가 있다고 인정하면 행정심판위원회는 스스로 당해 처분을 취소 또는 다른 처분으로 변경(영업정지 3개월을 1개월로 변경)하거나(취소재결·변경재결), 처분을 다른 처분으로 변경할 것을 피청구인에게 명한다(변경명령재결). 취소심판에서 취소명령재결은 폐지되었다.

나. 무효등확인재결

위원회는 무효등확인심판의 청구가 이유가 있다고 인정하면 처분의 효력 유무 또는 존재 여부를 확인한다. 이에는 유효확인재결·무효확인재결·존재확인재결·부존재확인재결 등이 있다.

다. 의무이행재결

위원회는 의무이행심판의 청구가 이유가 있다고 인정하면 지체 없이 신청에 따른 처분을 직접 하거나(처분재결), 처분을 할 것을 피청구인에 명한다(처분명령재결). 처분명령재결의 경우에는 반드시 청구인의 신청내용대로 처분을 할 것을 명하는 것이 아니라, 신청내용에 따르지 않더라도 지체 없이 어떤 처분을 할 것을 명할 수도 있다.

4. 사정재결

행정심판법

제44조(사정재결)
제1항 위원회는 심판청구가 이유가 있다고 인정하는 경우에도 이를 인용(認容)하는 것이 공공복리에 크게 위배된다고 인정하면 그 심판청구를 기각하는 재결을 할 수 있다. 이 경우 위원회는 재결의 주문(主文)에서 그 처분 또는 부작위가 위법하거나 부당하다는 것을 구체적으로 밝혀야 한다.
제2항 위원회는 제1항에 따른 재결을 할 때에는 청구인에 대하여 상당한 구제방법을 취하거나 상당한 구제방법을 취할 것을 피청구인에게 명할 수 있다.
제3항 제1항과 제2항은 무효등확인심판에는 적용하지 아니한다.

가. 의의

위원회는 심판청구가 이유가 있다고 인정하는 경우에도 이를 인용하는 것이 공공복리에 크게 위배된다고 인정하면 그 심판청구를 기각하는 재결을 할 수 있는바, 이를 사정재결이라 한다. 사정재결의 경우에는 위원회는 재결의 주문에서 그 처분 또는 부작위가 위법하거나 부당하다는 것을 구체적으로 밝혀야 한다.

나. 요건

심판청구를 인용하는 것이 '공공복리에 크게 위배된다고 인정'되는 경우에 한하여 사정재결을 할 수 있다. 심판청구를 인용함으로써 발행할 공공복리의 피해와 기각함으로써 발생할 사익의 피해를 비교형량하여 전자가 후자보다 월등히 큰 경우에만 인정될 수 있다. 공익보호를 위해 예외적으로 인정되는 것이므로 공공복리는 매우 엄격하고 제한적으로 해석하여야 한다.

다. 구제방법

사정재결을 함에 있어서는 행정심판위원회가 사정재결을 할 때에는 청구인에 대하여 상당한 구제방법을 취하거나 상당한 구제방법을 취할 것을 피청구인에게 명할 수 있다. 그 구제방법으로는 손해배상, 원상회복, 재해시설의 설치 등이 될 수 있다.

라. 적용범위(사정재결의 적용제한)

사정재결은 취소심판, 의무이행심판에만 인정되고, 무효등확인심판에는 적용되지 아니한다. 하자가 중대·명백하여 무효임에도 불구하고 공익을 위한다는 명분으로 사익을 침해할 수는 없다는 취지이다.

V. 재결의 효력

1. 개설

행정심판법은 재결의 효력에 관해 기속력에 관해서만 규정하고 있으나, 재결도 행정행위의 일종으로서 존속력·공정력·형성력 등의 효력을 발생한다.

2. 형성력

행정심판위원회가 피청구인으로 하여금 처분의 취소·변경을 명하는 명령재결(취소명령재결·변경명령재결)을 한 것이 아니라 형성재결 즉, 처분을 스스로 취소·변경하는 재결(취소재결·변경재결)을 하면 당해 처분은 취소·변경된다. 이처럼 재결이 기존의 법률관계에 변동을 가져오는 효력을 형성력이라고 한다. 따라서 행정심판위원회로부터 그러한 취소·변경재결을 통보받은 처분청(피청구인)이 청구인에게 재결결과를 다시 통보하는 행위나 행정심판위원회의 취소·변경재결 이후에 처분청(피청구인)이 다시 자신의 원래의 처분을 취소·변경하는 것은 행정처분에 해당하지 않고 재결결과를 확인하여 알려주는 사실행위에 불과하다.

3. 기속력

> **행정심판법**
>
> ### 제49조 (재결의 기속력 등)
> **제1항** 심판청구를 인용하는 재결은 피청구인과 그 밖의 관계 행정청을 기속(羈束)한다.
> **제2항** 재결에 의하여 취소되거나 무효 또는 부존재로 확인되는 처분이 당사자의 신청을 거부하는 것을 내용으로 하는 경우에는 그 처분을 한 행정청은 재결의 취지에 따라 다시 이전의 신청에 대한 처분을 하여야 한다.
> **제3항** 당사자의 신청을 거부하거나 부작위로 방치한 처분의 이행을 명하는 재결이 있으면 행정청은 지체 없이 이전의 신청에 대하여 재결의 취지에 따라 처분을 하여야 한다.
> **제4항** 신청에 따른 처분이 절차의 위법 또는 부당을 이유로 재결로써 취소된 경우에는 제2항을 준용한다.
> **제5항** 법령의 규정에 따라 공고하거나 고시한 처분이 재결로써 취소되거나 변경되면 처분을 한 행정청은 지체 없이 그 처분이 취소 또는 변경되었다는 것을 공고하거나 고시하여야 한다.
> **제6항** 법령의 규정에 따라 처분의 상대방 외의 이해관계인에게 통지된 처분이 재결로써 취소되거나 변경되면 처분을 한 행정청은 지체 없이 그 이해관계인에게 그 처분이 취소 또는 변경되었다는 것을 알려야 한다.
>
> ### 제50조 (위원회의 직접 처분)
> **제1항** 위원회는 피청구인이 제49조 제3항에도 불구하고 처분을 하지 아니하는 경우에는 당사자가 신청하면 기간을 정하여 서면으로 시정을 명하고 그 기간에 이행하지 아니하면 직접 처분을 할 수 있다. 다만, 그 처분의 성질이나 그 밖의 불가피한 사유로 위원회가 직접 처분을 할 수 없는 경우에는 그러하지 아니하다.
> **제2항** 위원회는 제1항 본문에 따라 직접 처분을 하였을 때에는 그 사실을 해당 행정청에 통보하여야 하며, 그 통보를 받은 행정청은 위원회가 한 처분을 자기가 한 처분으로 보아 관계 법령에 따라 관리·감독 등 필요한 조치를 하여야 한다.

가. 의의

인용재결이 있을 경우 피청구인과 그 밖의 관계 행정청은 그 재결의 취지에 따라야 한다. 이러한 재결의 효력을 **기속력**이라고 한다. 기속력은 각하·기각재결에는 인정되지 않는다. 각하·기각재결은 청구인의 청구를 배척·거절하는데 그칠 뿐, 처분청과 그 밖의 관계 행정청에 대하여 원처분을 유지시켜야 할 의무를 지우지 않으므로 처분청은 기각재결이 있은 뒤에도 정당한 사유가 있으면 직권으로 원처분을 취소·변경할 수 있다.

→ 취소재결의 경우 기속력은 인정되지만 기판력은 인정되지 않는다.

→ 행정심판의 재결에 판결에서와 같은 기판력이 인정되는 것은 아니어서 재결이 확정된 경우에도 처분의 기초가 된 사실관계나 법률적 판단이 확정되어 당사자들이나 법원이 이에 모순되는 주장이나 판단을 할 수 없게 되는 것은 아니다.

나. 내용

(1) 반복금지효(부작위의무)

피청구인과 관계 행정청은 인용재결에 저촉되는 행위를 할 수 없다. 즉, '동일한 상황'하에서는 동일한 내용의 처분을 반복해서는 안 된다.

(2) 재처분의무(적극적 처분의무)

당사자의 신청을 거부하거나 부작위로 방치한 처분의 이행을 명하는 재결이 있으면 행정청(피청구인)은 지체 없이 이전의 신청에 대하여 재결의 취지에 따라 처분을 하여야 한다. 이 경우 행정심판위원회는 피청구인이 처분을 하지 아니하는 경우에는 당사자가 신청하면(당사자 신청 없이 직권으로 할 수는 없음) 기간을 정하여 서면으로 시정을 명하고 그 기간에 이행하지 아니하면 직접 처분을 할 수 있다. 다만, 그 처분의 성질이나 그 밖의 불가피한 사유로 위원회가 직접 처분을 할 수 없는 경우(정보공개는 정보를 보유한 행정청만이 가능 등)에는 그러하지 아니하다.

→ 행정심판에서 행정심판위원회는 행정청의 부작위가 위법·부당하다고 판단되면 직접 처분을 할 수 있으나 행정소송에서 법원은 행정청이 아니므로 직접 처분을 할 수는 없다.

→ 당사자의 신청을 받아들이지 않은 거부처분이 재결에서 취소된 경우에 행정청은 재결 후에 발생한 새로운 사유를 내세워 다시 거부처분을 할 수 있다.

신청에 따른 처분이 절차의 위법 또는 부당을 이유로 재결로써 취소된 경우에는 행정청은 재결의 취지에 따라 절차를 준수하여 다시 처분을 하여야 한다. 그런데 이때 재량행위의 경우에는 (상대방의 사정을 들은 후에는) 원처분과 다른 처분이 될 수도 있으나, 기속행위의 경우에는 절차를 다시 밟아도 동일한 처분이 이루어질 가능성이 높다.

(3) 결과제거의무

행정청은 처분의 취소 또는 무효확인 등의 재결이 있게 되면 결과적으로 위법 또는 부당한 처분에 의하여 초래된 상태를 제거해야 할 의무를 진다.

다. 범위

기속력의 주관적 범위는 심판청구의 당사자 및 관계인뿐만 아니라 널리 관계 행정청에 미친다. 객관적 범위는 재결의 **주문** 및 그 전제가 된 요건사실의 인정과 판단, 즉 처분 등의 구체적 **위법사유**에 관한 판단에**만** 미친다.

Ⅵ. 재결에 대한 행정소송

행정소송법

제19조 (취소소송의 대상)

취소소송은 처분 등을 대상으로 한다. 다만, 재결취소소송의 경우에는 재결 자체에 고유한 위법이 있음을 이유로 하는 경우에 한한다.

행정심판의 재결을 거쳐 행정소송을 제기하는 경우에도 행정소송의 대상은 원칙적으로 재결이 아니라 원처분이다. 다만, 재결 자체에 고유한 위법이 있을 경우 재결이 취소소송의 대상이 될 수 있다.

제6절 고지제도

Ⅰ. 개설

1. 고지제도의 의의

행정청이 처분을 할 때는 그 처분의 상대방이나 이해관계인에게 행정심판의 제기가능성 여부와 제기할 경우의 필요사항 등을 알려야 할 의무가 있는바, 이를 고지제도라고 한다. 이는 처분의 상대방 등에게 행정불복의 기회를 보장하기 위한 것이다. 현재 고지제도는 행정심판법만이 아니라 「행정절차법」과 「공공기관의 정보공개에 관한 법률」에서도 규정하고 있다. 그런데 행정심판법만이 고지의무 위반의 효과 등에 관해 규정하고 있어서, 행정심판법이 고지제도의 일반법의 지위에 있다.

2. 고지의 성질

(1) 비권력적, 사실행위

고지는 단순히 현행 법규의 내용을 알려 주는 비권력적 사실행위이다. 그 자체에 의하여는 법적 효과가 발생하지 아니한다. 고지 그 자체를 가지고 취소심판이나 취소소송의 대상으로 할 수도 없다. 또한 고지를 하지 않았다고 해서 행정처분 그 자체의 효과에는 영향을 미치지 아니한다. **고지에 관한 규정은 행정처분의 상대방이 그 처분에 대한 행정심판의 절차를 밟는데 있어 편의를 제공하려는** 데 있으며 처분청이 (행정처분을 하면서 상대방에게 불복절차에 관한) **고지의무를 이행하지 아니하였더라도** (경우에 따라서는 행정심판의 제기기간이 연장될 수 있는 것에 그치고) **이로 인하여 심판의 대상이 되는 행정처분에 하자가 수반된다고 할 수 없다.**

(2) 강행규정

행정심판법상의 고지제도에 관한 규정이 훈시규정인지 강행규정(의무규정)인지에 대해 견해의 대립이 있다. 다수설은 강행규정(의무규정)설을 취한다. 왜냐하면 고지를 하지 않았거나(불고지) 잘못 고지(오고지)한 경우에는 일정한 절차상의 제재적 효과가 가해지고 있기 때문이다.

Ⅱ. 고지제도의 법적 근거

고지는 행정심판법 외에도 규정이 있다. 실정법상 고지제도를 규정하고 있는 법령으로는 행정심판법 제58조, 행정절차법 제26조, 공공기관의 정보공개에 관한 법률 제13조 제4항이 있다.

Ⅲ. 고지의 종류

행정심판법

제58조 (행정심판의 고지)
제1항 행정청이 처분을 할 때에는 처분의 상대방에게 다음 각 호의 사항을 알려야 한다.
1. 해당 처분에 대하여 행정심판을 청구할 수 있는지
2. 행정심판을 청구하는 경우의 심판청구 절차 및 심판청구 기간
제2항 행정청은 이해관계인이 요구하면 다음 각 호의 사항을 지체 없이 알려 주어야 한다. 이 경우 서면으로 알려 줄 것을 요구받으면 서면으로 알려 주어야 한다.
1. 해당 처분이 행정심판의 대상이 되는 처분인지
2. 행정심판의 대상이 되는 경우 소관 위원회 및 심판청구 기간

1. 직권에 의한 고지

행정청이 처분을 할 때에는 처분의 상대방에게 1. 해당 처분에 대하여 행정심판을 청구할 수 있는지, 2. 행정심판을 청구하는 경우의 심판청구 절차 및 심판청구 기간을 알려야한다.

2. 청구에 의한 고지

행정청은 이해관계인이 요구하면 1. 해당 처분이 행정심판의 대상이 되는 처분인지, 2. 행정심판의 대상이 되는 경우 소관 행정심판위원회 및 심판청구 기간을 지체 없이 알려 주어야 한다. 서면으로 알려 줄 것을 요구받으면 서면으로 알려 주어야 한다.

Ⅳ. 불고지 및 오고지의 효과

1. 불고지의 효과

행정청이 고지를 하지 아니하여 청구인이 심판청구서를 다른 행정기관에 제출한 경우에는 그 행정기관은 그 심판청구서를 지체 없이 정당한 권한이 있는 피청구인에게 보내고 그 사실을 청구인에게 알려야 한다. 이때 심판청구기간의 계산은 당초의 행정청에 심판청구서가 제출된 때를 기준으로 한다. 심판청구기간을 고지하지 아니한 때에는 그 기간은 당해 처분이 있은 날로부터 180일이 된다.

2. 오고지의 효과

행정청이 잘못 고지하여 청구인이 심판청구서를 다른 행정기관에 제출한 경우에는 그 행정기관은 그 심판청구서를 지체 없이 정당한 권한이 있는 피청구인에게 보내고 그 사실을 청구인에게 알려야 한다. 이때 심판청구기간의 계산은 당초의 행정청에 심판청구서가 제출된 때를 기준으로 한다.

행정청이 소정의 심판청구기간(처분이 있음을 알게 된 날부터 90일 이내)보다 긴 기간으로 잘못 알린 경우 그 잘못 알린 기간에 청구가 있으면 적법한 기간에 청구된 것으로 본다. 처분시에 행정청으로부터 행정심판 제기기간에 관하여 법정심판청구기간보다 긴 기간으로 잘못 통지받은 경우에 보호할 신뢰이익은 그 통지받은 기간 내에 행정소송을 제기한 경우에까지 확대되지 않는다.

행정소송법은 행정심판을 거치지 아니하고도 행정소송을 제기할 수 있다고 규정하고 있다. 다만, 다른 법률에서 행정소송에 앞서 행정심판을 반드시 거치도록 하고 있으면 그러하지 않다. 이 경우에도 처분청이 행정심판을 거칠 필요가 없다고 잘못 알린 때에는 행정심판을 제기함이 없이 행정소송을 제기할 수 있다.

Ⅴ. 행정절차법상 고지와 행정심판법상 고지

행정절차법

제26조 (고지)

행정청이 처분을 하는 때에는 당사자에게 그 처분에 관하여 행정심판 및 행정소송을 제기할 수 있는지 여부, 기타 불복을 할 수 있는지 여부, 청구절차 및 청구기간 기타 필요한 사항을 알려야 한다.

행정절차법상의 고지는 행정심판법상의 고지와는 달리 행정심판 이외의 불복의 제기가능성도 제기하도록 규정함으로써 고지의 대상을 포괄적으로 규정하고 있다. 또한 행정절차법상의 고지는 신청에 의한 고지는 규정하지 않고 직권고지만 규정하고 있으며, 고지의무 위반에 대한 제재수단의 규정이 없다.

제7절 처분의 이의신청

행정기본법

제36조 (처분에 대한 이의신청)

제1항 행정청의 처분(「행정심판법」 제3조에 따라 같은 법에 따른 행정심판의 대상이 되는 처분을 말한다. 이하 이 조에서 같다)에 이의가 있는 당사자는 처분을 받은 날부터 30일 이내에 해당 행정청에 이의신청을 할 수 있다.

제2항 행정청은 제1항에 따른 이의신청을 받으면 그 신청을 받은 날부터 14일 이내에 그 이의신청에 대한 결과를 신청인에게 통지하여야 한다. 다만, 부득이한 사유로 14일 이내에 통지할 수 없는 경우에는 그 기간을 만료일 다음 날부터 기산하여 10일의 범위에서 한 차례 연장할 수 있으며, 연장 사유를 신청인에게 통지하여야 한다.

제3항 제1항에 따라 이의신청을 한 경우에도 그 이의신청과 관계없이 「행정심판법」에 따른 행정심판 또는 「행정소송법」에 따른 행정소송을 제기할 수 있다.

제4항 이의신청에 대한 결과를 통지받은 후 행정심판 또는 행정소송을 제기하려는 자는 그 결과를 통지받은 날(제2항에 따른 통지기간 내에 결과를 통지받지 못한 경우에는 같은 항에 따른 통지기간이 만료되는 날의 다음 날을 말한다)부터 90일 이내에 행정심판 또는 행정소송을 제기할 수 있다.

제5항 다른 법률에서 이의신청과 이에 준하는 절차에 대하여 정하고 있는 경우에도 그 법률에서 규정하지 아니한 사항에 관하여는 이 조에서 정하는 바에 따른다.

제6항 제1항부터 제5항까지에서 규정한 사항 외에 이의신청의 방법 및 절차 등에 관한 사항은 대통령령으로 정한다.

제7항 다음 각 호의 어느 하나에 해당하는 사항에 관하여는 이 조를 적용하지 아니한다.

1. 공무원 인사 관계 법령에 따른 징계 등 처분에 관한 사항
2. 「국가인권위원회법」 제30조에 따른 진정에 대한 국가인권위원회의 결정
3. 「노동위원회법」 제2조의2에 따라 노동위원회의 의결을 거쳐 행하는 사항
4. 형사, 행형 및 보안처분 관계 법령에 따라 행하는 사항
5. 외국인의 출입국·난민인정·귀화·국적회복에 관한 사항
6. 과태료 부과 및 징수에 관한 사항

난민법

제21조 (이의신청)

제1항 제18조 제2항 또는 제19조에 따라 난민불인정결정을 받은 사람 또는 제22조에 따라 난민인정이 취소 또는 철회된 사람은 그 통지를 받은 날부터 30일 이내에 **법무부장관**에게 **이의신청**을 할 수 있다. 이 경우 이의신청서에 이의의 사유를 소명하는 자료를 첨부하여 지방출입국·외국인관서의 장에게 제출하여야 한다.

제2항 제1항에 따른 이의신청을 한 경우에는 「행정심판법」에 따른 행정심판을 청구할 수 없다.

→ 「민원 처리에 관한 법률」상 민원에 관한 거부처분에 대하여는 이의신청과 관계없이 「행정심판법」에 따른 행정심판 또는 「행정소송법」에 따른 행정소송을 제기할 수 있다.

→ 개별공시지가에 대하여 다투고자 하는 자는 곧바로 행정소송을 제기하거나 「부동산 가격공시에 관한 법률」에 따른 이의신청과 「행정심판법」에 따른 행정심판청구 중 어느 하나만을 거쳐 행정소송을 제기할 수 있을 뿐만 아니라, 이의신청을 하여 그 결과 통지를 받은 후 다시 행정심판을 거쳐 행정소송을 제기할 수도 있다.

제8절 행정심판법 조문

제1장 총칙

제1조 (목적)

이 법은 행정심판 절차를 통하여 행정청의 **위법 또는 부당한 처분(處分)이나 부작위(不作爲)로** 침해된 국민의 권리 또는 이익을 구제하고, 아울러 행정의 적정한 운영을 꾀함을 목적으로 한다.

→ 행정심판의 대상은 위법·부당한 처분·부작위

제2조 (정의)

이 법에서 사용하는 용어의 뜻은 다음과 같다.

1. "처분"이란 행정청이 행하는 구체적 사실에 관한 법집행으로서의 공권력의 행사 또는 그 거부, 그 밖에 이에 준하는 행정작용을 말한다.

2. "부작위"란 행정청이 **당사자의 신청**에 대하여 **상당한 기간** 내에 일정한 **처분**을 하여야 할 **법률상 의무**가 있는데도 **처분**을 하지 **아니하는 것**을 말한다.

3. "재결(裁決)"이란 행정심판의 청구에 대하여 제6조에 따른 행정심판위원회가 행하는 판단을 말한다.

4. "행정청"이란 행정에 관한 의사를 결정하여 표시하는 국가 또는 지방자치단체의 기관, 그 밖에 법령 또는 자치법규에 따라 행정권한을 가지고 있거나 위탁을 받은 공공단체나 그 기관 또는 사인(私人)을 말한다.

제3조 (행정심판의 대상)

① 행정청의 처분 또는 부작위에 대하여는 다른 법률에 특별한 규정이 있는 경우 외에는 이 법에 따라 **행정심판을 청구**할 수 있다.

② **대통령의 처분 또는 부작위**에 대하여는 다른 법률에서 행정심판을 청구할 수 있도록 정한 경우 외에는 **행정심판을 청구할 수 없다.**

→ 대통령의 처분·부작위는 행정심판X

→ ∵ 대통령은 행정부의 수반 ∴ 누가 누굴 심판해?

제4조 (특별행정심판 등)

① 사안(事案)의 전문성과 특수성을 살리기 위하여 특히 필요한 경우 외에는 이 법에 따른 행정심판을 갈음하는 특별한 행정불복절차(이하 "특별행정심판"이라 한다)나 이 법에 따른 행정심판 절차에 대한 특례를 다른 법률로 정할 수 없다.

② 다른 법률에서 특별행정심판이나 이 법에 따른 행정심판 절차에 대한 특례를 정한 경우에도 그 법률에서 규정하지 아니한 사항에 관하여는 이 법에서 정하는 바에 따른다.

③ 관계 행정기관의 장이 특별행정심판 또는 이 법에 따른 행정심판 절차에 대한 특례를 신설하거나 변경하는 법령을 제정·개정할 때에는 미리 중앙행정심판위원회와 협의하여야 한다.

→ 협의O / 동의X

제5조 (행정심판의 종류)

행정심판의 종류는 다음 각 호와 같다.

1. 취소심판 : 행정청의 위법 또는 부당한 처분을 취소하거나 변경하는 행정심판

2. 무효등확인심판 : 행정청의 처분의 효력 유무 또는 존재 여부를 확인하는 행정심판

3. 의무이행심판 : 당사자의 신청에 대한 행정청의 위법 또는 부당한 거부처분이나 부작위에 대하여 일정한 처분을 하도록 하는 행정심판

→ 행정심판법상 의무이행심판 인정O / 행정소송법상 의무이행소송 인정X

→ 행정심판법에는 당사자심판X

제2장 심판기관

제6조 (행정심판위원회의 설치)

① 다음 각 호의 행정청 또는 그 소속 행정청(행정기관의 계층구조와 관계없이 그 감독을 받거나 위탁을 받은 모든 행정청을 말하되, 위탁을 받은 행정청은 그 위탁받은 사무에 관하여는 위탁한 행정청의 소속 행정청으로 본다. 이하 같다)의 처분 또는 부작위에 대한 행정심판의 청구(이하 "심판청구"라 한다)에 대하여는 다음 각 호의 행정청에 두는 행정심판위원회에서 심리·재결한다.

1. 감사원, 국가정보원장, 그 밖에 대통령령으로 정하는 대통령 소속기관의 장

2. 국회사무총장·법원행정처장·헌법재판소사무처장 및 중앙선거관리위원회사무총장

3. 국가인권위원회, 그 밖에 지위·성격의 독립성과 특수성 등이 인정되어 대통령령으로 정하는 행정청

→ 예 국가인권위원회의 처분·부작위에 대한 행정심판의 청구는 국가인권위원회에 두는 행정심판위원회에서 심리·재결O

② 다음 각 호의 행정청의 처분 또는 부작위에 대한 심판청구에 대하여는 「부패방지 및 국민권익위원회의 설치와 운영에 관한 법률」에 따른 국민권익위원회(이하 "국민권익위원회"라 한다)에 두는 중앙행정심판위원회에서 심리·재결한다.

1. 제1항에 따른 행정청 외의 국가행정기관의 장 또는 그 소속 행정청

2. 특별시장·광역시장·특별자치시장·도지사·특별자치도지사(특별시·광역시·특별자치시·도 또는 특별자치도의 교육감을 포함한다. 이하 "시·도지사"라 한다) 또는 특별시·광역시·특별자치시·도·특별자치도(이하 "시·도"라 한다)의 의회(의장, 위원회의 위원장, 사무처장 등 의회 소속 모든 행정청을 포함한다)

3. 「지방자치법」에 따른 지방자치단체조합 등 관계 법률에 따라 국가·지방자치단체·공공법인 등이 공동으로 설립한 행정청. 다만, 제3항제3호에 해당하는 행정청은 제외한다.

③ 다음 각 호의 행정청의 처분 또는 부작위에 대한 심판청구에 대하여는 시·도지사 소속으로 두는 행정심판위원회에서 심리·재결한다.

1. 시·도 소속 행정청

2. 시·도의 관할구역에 있는 시·군·자치구의 장, 소속 행정청 또는 시·군·자치구의 의회(의장, 위원회의 위원장, 사무국장, 사무과장 등 의회 소속 모든 행정청을 포함한다)

→ 예 종로구청장의 처분·부작위에 대한 심판청구는 서울특별시 행정심판위원회에서 심리·재결

3. 시·도의 관할구역에 있는 둘 이상의 지방자치단체(시·군·자치구를 말한다)·공공법인 등이 공동으로 설립한 행정청

④ 제2항 제1호에도 불구하고 대통령령으로 정하는 국가행정기관 소속 특별지방행정기관의 장의 처분 또는 부작위에 대한 심판청구에 대하여는 해당 행정청의 직근 상급행정기관에 두는 행정심판위원회에서 심리·재결한다.

제7조 (행정심판위원회의 구성)

① 행정심판위원회(중앙행정심판위원회는 제외한다. 이하 이 조에서 같다)는 위원장 1명을 포함하여 50명 이내의 위원으로 구성한다.

② 행정심판위원회의 위원장은 그 행정심판위원회가 소속된 행정청이 되며, 위원장이 없거나 부득이한 사유로 직무를 수행할 수 없거나 위원장이 필요하다고 인정하는 경우에는 다음 각 호의 순서에 따라 위원이 위원장의 직무를 대행한다.

1. 위원장이 사전에 지명한 위원

2. 제4항에 따라 지명된 공무원인 위원(2명 이상인 경우에는 직급 또는 고위공무원단에 속하는 공무원의 직무등급이 높은 위원 순서로, 직급 또는 직무등급도 같은 경우에는 위원 재직기간이 긴 위원 순서로, 재직기간도 같은 경우에는 연장자 순서로 한다)

③ 제2항에도 불구하고 제6조 제3항에 따라 시·도지사 소속으로 두는 행정심판위원회의 경우에는 해당 지방자치단체의 조례로 정하는 바에 따라 공무원이 아닌 위원을 위원장으로 정할 수 있다. 이 경우 위원장은 비상임으로 한다.

④ 행정심판위원회의 위원은 해당 행정심판위원회가 소속된 행정청이 다음 각 호의 어느 하나에 해당하는 사람 중에서 성별을 고려하여 위촉하거나 그 소속 공무원 중에서 지명한다.

1. 변호사 자격을 취득한 후 5년 이상의 실무 경험이 있는 사람

2. 「고등교육법」 제2조 제1호부터 제6호까지의 규정에 따른 학교에서 조교수 이상으로 재직하거나 재직하였던 사람

3. 행정기관의 4급 이상 공무원이었거나 고위공무원단에 속하는 공무원이었던 사람

4. 박사학위를 취득한 후 해당 분야에서 5년 이상 근무한 경험이 있는 사람

5. 그 밖에 행정심판과 관련된 분야의 지식과 경험이 풍부한 사람

⑤ 행정심판위원회의 회의는 위원장과 위원장이 회의마다 지정하는 8명의 위원(그중 제4항에 따른 위촉위원은 6명 이상으로 하되, 제3항에 따라 위원장이 공무원이 아닌 경우에는 5명 이상으로 한다)으로 구성한다. 다만, 국회규칙, 대법원규칙, 헌법재판소규칙, 중앙선거관리위원회규칙 또는 대통령령(제6조 제3항에 따라 시·도지사 소속으로 두는 행정심판위원회의 경우에는 해당 지방자치단체의 조례)으로 정하는 바에 따라 위원장과 위원장이 회의마다 지정하는 6명의 위원(그중 제4항에 따른 위촉위원은 5명 이상으로 하되, 제3항에 따라 공무원이 아닌 위원이 위원장인 경우에는 4명 이상으로 한다)으로 구성할 수 있다.

⑥ 행정심판위원회는 제5항에 따른 구성원 과반수의 출석과 출석위원 과반수의 찬성으로 의결한다.

⑦ 행정심판위원회의 조직과 운영, 그 밖에 필요한 사항은 국회규칙, 대법원규칙, 헌법재판소규칙, 중앙선거관리위원회규칙 또는 대통령령으로 정한다.

제8조 (중앙행정심판위원회의 구성)

① 중앙행정심판위원회는 위원장 1명을 포함하여 70명 이내의 위원으로 구성하되, 위원 중 상임위원은 4명 이내로 한다.

② **중앙행정심판위원회의 위원장은 국민권익위원회의 부위원장 중 1명**이 되며, 위원장이 없거나 부득이한 사유로 직무를 수행할 수 없거나 위원장이 필요하다고 인정하는 경우에는 **상임위원(상임으로 재직한 기간이 긴 위원 순서로, 재직기간이 같은 경우에는 연장자 순서로 한다)이 위원장의 직무를 대행**한다.

③ **중앙행정심판위원회의 상임위원은** 일반직공무원으로서 「국가공무원법」 제26조의5에 따른 임기제공무원으로 임명하되, 3급 이상 공무원 또는 고위공무원단에 속하는 일반직공무원으로 3년 이상 근무한 사람이나 그 밖에 행정심판에 관한 지식과 경험이 풍부한 사람 중에서 **중앙행정심판위원회 위원장의 제청으로 국무총리를 거쳐 대통령이 임명**한다.

④ **중앙행정심판위원회의 비상임위원은** 제7조 제4항 각 호의 어느 하나에 해당하는 사람 중에서 **중앙행정심판위원회 위원장의 제청으로 국무총리가** 성별을 고려하여 **위촉**한다.

⑤ **중앙행정심판위원회의 회의**(제6항에 따른 소위원회 회의는 제외한다)는 위원장, 상임위원 및 위원장이 회의마다 지정하는 비상임위원을 포함하여 **총 9명으로 구성**한다.

⑥ 중앙행정심판위원회는 심판청구사건(이하 "사건"이라 한다) 중 「도로교통법」에 따른 자동차운전면허 행정처분에 관한 사건(소위원회가 중앙행정심판위원회에서 심리·의결하도록 결정한 사건은 제외한다)을 심리·의결하게 하기 위하여 4명의 위원으로 구성하는 소위원회를 둘 수 있다.

⑦ 중앙행정심판위원회 및 소위원회는 각각 제5항 및 제6항에 따른 구성원 과반수의 출석과 출석위원 과반수의 찬성으로 의결한다.

⑧ 중앙행정심판위원회는 위원장이 지정하는 사건을 미리 검토하도록 필요한 경우에는 전문위원회를 둘 수 있다.

⑨ 중앙행정심판위원회, 소위원회 및 전문위원회의 조직과 운영 등에 필요한 사항은 대통령령으로 정한다.

제9조 (위원의 임기 및 신분보장 등)

① 제7조 제4항에 따라 지명된 위원은 그 직에 재직하는 동안 재임한다.

② 제8조 제3항에 따라 임명된 중앙행정심판위원회 상임위원의 임기는 3년으로 하며, 1차에 한하여 연임할 수 있다.

③ 제7조 제4항 및 제8조제4항에 따라 위촉된 위원의 임기는 2년으로 하되, 2차에 한하여 연임할 수 있다. 다만, 제6조 제1항 제2호에 규정된 기관에 두는 행정심판위원회의 위촉위원의 경우에는 각각 국회규칙, 대법원규칙, 헌법재판소규칙 또는 중앙선거관리위원회규칙으로 정하는 바에 따른다.

④ 다음 각 호의 어느 하나에 해당하는 사람은 제6조에 따른 행정심판위원회(이하 "위원회"라 한다)의 위원이 될 수 없으며, 위원이 이에 해당하게 된 때에는 당연히 퇴직한다.

 1. 대한민국 국민이 아닌 사람

 2. 「국가공무원법」 제33조 각 호의 어느 하나에 해당하는 사람

⑤ 제7조 제4항 및 제8조 제4항에 따라 위촉된 위원은 금고(禁錮) 이상의 형을 선고받거나 부득이한 사유로 장기간 직무를 수행할 수 없게 되는 경우 외에는 임기 중 그의 의사와 다르게 해촉(解囑)되지 아니한다.

제10조 (위원의 제척·기피·회피)

① 위원회의 위원은 다음 각 호의 어느 하나에 해당하는 경우에는 그 사건의 심리·의결에서 제척(除斥)된다. 이 경우 제척결정은 위원회의 위원장(이하 "위원장"이라 한다)이 직권으로 또는 당사자의 신청에 의하여 한다.

1. 위원 또는 그 배우자나 배우자이었던 사람이 사건의 당사자이거나 사건에 관하여 공동 권리자 또는 의무자인 경우

2. 위원이 사건의 당사자와 친족이거나 친족이었던 경우

3. 위원이 사건에 관하여 증언이나 감정(鑑定)을 한 경우

4. 위원이 당사자의 대리인으로서 사건에 관여하거나 관여하였던 경우

5. 위원이 사건의 대상이 된 처분 또는 부작위에 관여한 경우

② 당사자는 위원에게 공정한 심리·의결을 기대하기 어려운 사정이 있으면 위원장에게 기피신청을 할 수 있다.

③ 위원에 대한 제척신청이나 기피신청은 그 사유를 소명(疏明)한 문서로 하여야 한다. 다만, 불가피한 경우에는 신청한 날부터 3일 이내에 신청 사유를 소명할 수 있는 자료를 제출하여야 한다.

④ 제척신청이나 기피신청이 제3항을 위반하였을 때에는 위원장은 결정으로 이를 각하한다.

⑤ 위원장은 제척신청이나 기피신청의 대상이 된 위원에게서 그에 대한 의견을 받을 수 있다.

⑥ **위원장**은 제척신청이나 기피신청을 받으면 제척 또는 기피 여부에 대한 **결정**을 하고, 지체 없이 신청인에게 결정서 정본(正本)을 송달하여야 한다.

⑦ 위원회의 회의에 참석하는 위원이 제척사유 또는 기피사유에 해당되는 것을 알게 되었을 때에는 스스로 그 사건의 심리·의결에서 회피할 수 있다. 이 경우 회피하고자 하는 위원은 위원장에게 그 사유를 소명하여야 한다.

⑧ 사건의 심리·의결에 관한 사무에 관여하는 위원 아닌 직원에게도 제1항부터 제7항까지의 규정을 준용한다.

제11조 (벌칙 적용 시의 공무원 의제)

위원 중 공무원이 아닌 위원은 「형법」과 그 밖의 법률에 따른 벌칙을 적용할 때에는 공무원으로 본다.

제12조 (위원회의 권한 승계)

① 당사자의 심판청구 후 위원회가 법령의 개정·폐지 또는 제17조 제5항에 따른 피청구인의 경정 결정에 따라 그 심판청구에 대하여 재결할 권한을 잃게 된 경우에는 해당 위원회는 심판청구서와 관계 서류, 그 밖의 자료를 새로 재결할 권한을 갖게 된 위원회에 보내야 한다.

② 제1항의 경우 송부를 받은 위원회는 지체 없이 그 사실을 다음 각 호의 자에게 알려야 한다.

1. 행정심판 청구인(이하 "청구인"이라 한다)

2. 행정심판 피청구인(이하 "피청구인"이라 한다)

3. 제20조 또는 제21조에 따라 심판참가를 하는 자(이하 "참가인"이라 한다)

제3장 당사자와 관계인

제13조 (청구인 적격)

① 취소심판은 처분의 취소 또는 변경을 구할 법률상 이익이 있는 자가 청구할 수 있다. **처분의 효과가 기간의 경과, 처분의 집행, 그 밖의 사유로 소멸된 뒤에도 그 처분의 취소로 회복되는 법률상 이익이 있는 자의 경우에도 또한 같다.**

→ 처분의 효과가 소멸되었더라도 처분의 취소로 회복되는 법률상 이익이 있다면 취소심판청구 O

② 무효등확인심판은 처분의 효력 유무 또는 존재 여부의 확인을 구할 법률상 이익이 있는 자가 청구할 수 있다.

③ 의무이행심판은 처분을 신청한 자로서 행정청의 거부처분 또는 부작위에 대하여 일정한 처분을 구할 법률상 이익이 있는 자가 청구할 수 있다.

제14조 (법인이 아닌 사단 또는 재단의 청구인 능력)

법인이 아닌 사단 또는 재단으로서 대표자나 관리인이 정하여져 있는 경우에는 그 **사단이나 재단의 이름**으로 심판청구를 할 수 있다.

제15조 (선정대표자)

① 여러 명의 청구인이 공동으로 심판청구를 할 때에는 청구인들 중에서 **3명** 이하의 **선정대표자**를 선정할 수 있다.

② 청구인들이 제1항에 따라 선정대표자를 선정하지 아니한 경우에 위원회는 필요하다고 인정하면 청구인들에게 선정대표자를 선정할 것을 권고할 수 있다.

③ 선정대표자는 다른 청구인들을 위하여 그 사건에 관한 모든 행위를 할 수 있다. 다만, 심판청구를 취하하려면 다른 청구인들의 동의를 받아야 하며, 이 경우 동의받은 사실을 서면으로 소명하여야 한다.

④ 선정대표자가 선정되면 다른 청구인들은 그 선정대표자를 통해서만 그 사건에 관한 행위를 할 수 있다.

⑤ 선정대표자를 선정한 청구인들은 필요하다고 인정하면 선정대표자를 해임하거나 변경할 수 있다. 이 경우 청구인들은 그 사실을 지체 없이 위원회에 서면으로 알려야 한다.

제16조 (청구인의 지위 승계)

① 청구인이 사망한 경우에는 상속인이나 그 밖에 법령에 따라 심판청구의 대상에 관계되는 권리나 이익을 승계한 자가 청구인의 지위를 승계한다.

② 법인인 청구인이 합병(合倂)에 따라 소멸하였을 때에는 합병 후 존속하는 법인이나 합병에 따라 설립된 법인이 청구인의 지위를 승계한다.

③ 제1항과 제2항에 따라 청구인의 지위를 승계한 자는 위원회에 서면으로 그 사유를 신고하여야 한다. 이 경우 신고서에는 사망 등에 의한 권리·이익의 승계 또는 합병 사실을 증명하는 서면을 함께 제출하여야 한다.

④ 제1항 또는 제2항의 경우에 제3항에 따른 신고가 있을 때까지 사망자나 합병 전의 법인에 대하여 한 통지 또는 그 밖의 행위가 청구인의 지위를 승계한 자에게 도달하면 지위를 승계한 자에 대한 통지 또는 그 밖의 행위로서의 효력이 있다.

⑤ 심판청구의 대상과 관계되는 권리나 이익을 양수한 자는 위원회의 허가를 받아 청구인의 **지위를 승계할 수 있다.**

⑥ 위원회는 제5항의 지위 승계 신청을 받으면 기간을 정하여 당사자와 참가인에게 의견을 제출하도록 할 수 있으며, 당사자와 참가인이 그 기간에 의견을 제출하지 아니하면 의견이 없는 것으로 본다.

⑦ 위원회는 제5항의 지위 승계 신청에 대하여 허가 여부를 결정하고, 지체 없이 신청인에게는 결정서 정본을, 당사자와 참가인에게는 결정서 등본을 송달하여야 한다.

⑧ 신청인은 위원회가 제5항의 지위 승계를 허가하지 아니하면 결정서 정본을 받은 날부터 7일 이내에 위원회에 이의신청을 할 수 있다.

제17조 (피청구인의 적격 및 경정)

① 행정심판은 처분을 한 행정청(의무이행심판의 경우에는 청구인의 신청을 받은 행정청)을 피청구인으로 하여 청구하여야 한다. 다만, 심판청구의 대상과 관계되는 권한이 다른 행정청에 승계된 경우에는 권한을 승계한 행정청을 피청구인으로 하여야 한다.

② 청구인이 피청구인을 잘못 지정한 경우에는 위원회는 직권으로 또는 당사자의 신청에 의하여 결정으로써 피청구인을 경정(更正)할 수 있다.

③ 위원회는 제2항에 따라 피청구인을 경정하는 결정을 하면 결정서 정본을 당사자(종전의 피청구인과 새로운 피청구인을 포함한다. 이하 제6항에서 같다)에게 송달하여야 한다.

④ 제2항에 따른 결정이 있으면 종전의 피청구인에 대한 심판청구는 취하되고 종전의 피청구인에 대한 행정심판이 청구된 때에 새로운 피청구인에 대한 행정심판이 청구된 것으로 본다.

⑤ 위원회는 행정심판이 청구된 후에 제1항 단서의 사유가 발생하면 직권으로 또는 당사자의 신청에 의하여 결정으로써 피청구인을 경정한다. 이 경우에는 제3항과 제4항을 준용한다.

⑥ 당사자는 제2항 또는 제5항에 따른 위원회의 결정에 대하여 결정서 정본을 받은 날부터 7일 이내에 위원회에 이의신청을 할 수 있다.

제18조 (대리인의 선임)

① 청구인은 법정대리인 외에 다음 각 호의 어느 하나에 해당하는 자를 대리인으로 선임할 수 있다.

1. 청구인의 배우자, 청구인 또는 배우자의 사촌 이내의 혈족

2. 청구인이 법인이거나 제14조에 따른 청구인 능력이 있는 법인이 아닌 사단 또는 재단인 경우 그 소속 임직원

3. 변호사

4. 다른 법률에 따라 심판청구를 대리할 수 있는 자

5. 그 밖에 위원회의 허가를 받은 자

② 피청구인은 그 소속 직원 또는 제1항 제3호부터 제5호까지의 어느 하나에 해당하는 자를 대리인으로 선임할 수 있다.

③ 제1항과 제2항에 따른 대리인에 관하여는 제15조 제3항 및 제5항을 준용한다.

제18조의2 (국선대리인)

① 청구인이 경제적 능력으로 인해 대리인을 선임할 수 없는 경우에는 위원회에 국선대리인을 선임하여 줄 것을 신청할 수 있다.

→ 청구인의 경제적 무능력 : 행정심판위원회에 국선대리인 선임신청O

② 위원회는 제1항의 신청에 따른 국선대리인 선정 여부에 대한 결정을 하고, 지체 없이 청구인에게 그 결과를 통지하여야 한다. 이 경우 위원회는 심판청구가 명백히 부적법하거나 이유 없는 경우 또는 권리의 남용이라고 인정되는 경우에는 국선대리인을 선정하지 아니할 수 있다.

③ 국선대리인 신청절차, 국선대리인 지원 요건, 국선대리인의 자격·보수 등 국선대리인 운영에 필요한 사항은 국회규칙, 대법원규칙, 헌법재판소규칙, 중앙선거관리위원회규칙 또는 대통령령으로 정한다.

제19조 (대표자 등의 자격)

① 대표자·관리인·선정대표자 또는 대리인의 자격은 서면으로 소명하여야 한다.

② 청구인이나 피청구인은 대표자·관리인·선정대표자 또는 대리인이 그 자격을 잃으면 그 사실을 서면으로 위원회에 신고하여야 한다. 이 경우 소명 자료를 함께 제출하여야 한다.

제20조 (심판참가)

① 행정심판의 결과에 이해관계가 있는 제3자나 행정청은 해당 심판청구에 대한 제7조 제6항 또는 제8조 제7항에 따른 위원회나 소위원회의 의결이 있기 전까지 그 사건에 대하여 심판참가를 할 수 있다.

② 제1항에 따른 심판참가를 하려는 자는 참가의 취지와 이유를 적은 참가신청서를 위원회에 제출하여야 한다. 이 경우 당사자의 수만큼 참가신청서 부본을 함께 제출하여야 한다.

③ 위원회는 제2항에 따라 참가신청서를 받으면 참가신청서 부본을 당사자에게 송달하여야 한다.

④ 제3항의 경우 위원회는 기간을 정하여 당사자와 다른 참가인에게 제3자의 참가신청에 대한 의견을 제출하도록 할 수 있으며, 당사자와 다른 참가인이 그 기간에 의견을 제출하지 아니하면 의견이 없는 것으로 본다.

⑤ 위원회는 제2항에 따라 참가신청을 받으면 허가 여부를 결정하고, 지체 없이 신청인에게는 결정서 정본을, 당사자와 다른 참가인에게는 결정서 등본을 송달하여야 한다.

⑥ 신청인은 제5항에 따라 송달을 받은 날부터 7일 이내에 위원회에 이의신청을 할 수 있다.

제21조 (심판참가의 요구)

① 위원회는 필요하다고 인정하면 그 행정심판 결과에 이해관계가 있는 제3자나 행정청에 그 사건 심판에 참가할 것을 요구할 수 있다.

② 제1항의 요구를 받은 제3자나 행정청은 지체 없이 그 사건 심판에 참가할 것인지 여부를 위원회에 통지하여야 한다.

제22조 (참가인의 지위)

① 참가인은 행정심판 절차에서 당사자가 할 수 있는 심판절차상의 행위를 할 수 있다.

② 이 법에 따라 당사자가 위원회에 서류를 제출할 때에는 참가인의 수만큼 부본을 제출하여야 하고, 위원회가 당사자에게 통지를 하거나 서류를 송달할 때에는 참가인에게도 통지하거나 송달하여야 한다.

③ 참가인의 대리인 선임과 대표자 자격 및 서류 제출에 관하여는 제18조, 제19조 및 이 조 제2항을 준용한다.

제4장 행정심판 청구

제23조 (심판청구서의 제출)

① 행정심판을 청구하려는 자는 제28조에 따라 심판청구서를 작성하여 피청구인이나 위원회에 제출하여야 한다. 이 경우 피청구인의 수만큼 심판청구서 부본을 함께 제출하여야 한다.

→ 심판청구서는 청구인의 선택에 따라 처분청에 제출 또는 위원회에 제출

② 행정청이 제58조에 따른 고지를 하지 아니하거나 잘못 고지하여 청구인이 심판청구서를 다른 행정기관에 제출한 경우에는 그 행정기관은 그 심판청구서를 지체 없이 정당한 권한이 있는 피청구인에게 보내야 한다.

③ 제2항에 따라 심판청구서를 보낸 행정기관은 지체 없이 그 사실을 청구인에게 알려야 한다.

④ 제27조에 따른 심판청구 기간을 계산할 때에는 제1항에 따른 피청구인이나 위원회 또는 제2항에 따른 행정기관에 심판청구서가 제출되었을 때에 행정심판이 청구된 것으로 본다.

제24조 (피청구인의 심판청구서 등의 접수·처리)

① 피청구인이 제23조 제1항·제2항 또는 제26조 제1항에 따라 심판청구서를 접수하거나 송부받으면 10일 이내에 심판청구서(제23조 제1항·제2항의 경우만 해당된다)와 답변서를 위원회에 보내야 한다. 다만, 청구인이 심판청구를 취하한 경우에는 그러하지 아니하다.

② 피청구인은 처분의 상대방이 아닌 제3자가 심판청구를 한 경우에는 지체 없이 처분의 상대방에게 그 사실을 알려야 한다. 이 경우 심판청구서 사본을 함께 송달하여야 한다.

③ 피청구인이 제1항 본문에 따라 심판청구서를 보낼 때에는 심판청구서에 위원회가 표시되지 아니하였거나 잘못 표시된 경우에도 정당한 권한이 있는 위원회에 보내야 한다.

④ 피청구인은 제1항 본문에 따라 답변서를 보낼 때에는 청구인의 수만큼 답변서 부본을 함께 보내되, 답변서에는 다음 각 호의 사항을 명확하게 적어야 한다.

  1. 처분이나 부작위의 근거와 이유

  2. 심판청구의 취지와 이유에 대응하는 답변

  3. 제2항에 해당하는 경우에는 처분의 상대방의 이름·주소·연락처와 제2항의 의무 이행 여부

⑤ 제2항과 제3항의 경우에 피청구인은 송부 사실을 지체 없이 청구인에게 알려야 한다.

⑥ 중앙행정심판위원회에서 심리·재결하는 사건인 경우 피청구인은 제1항에 따라 위원회에 심판청구서 또는 답변서를 보낼 때에는 소관 중앙행정기관의 장에게도 그 심판청구·답변의 내용을 알려야 한다.

제25조 (피청구인의 직권취소 등)

① 제23조 제1항·제2항 또는 제26조 제1항에 따라 심판청구서를 받은 피청구인은 그 심판청구가 이유 있다고 인정하면 심판청구의 취지에 따라 직권으로 처분을 취소·변경하거나 확인을 하거나 신청에 따른 처분(이하 이 조에서 "직권취소 등"이라 한다)을 할 수 있다. 이 경우 서면으로 청구인에게 알려야 한다.

② 피청구인은 제1항에 따라 직권취소 등을 하였을 때에는 청구인이 심판청구를 취하한 경우가 아니면 제24조 제1항 본문에 따라 심판청구서·답변서를 보낼 때 직권취소 등의 사실을 증명하는 서류를 위원회에 함께 제출하여야 한다.

제26조 (위원회의 심판청구서 등의 접수·처리)

① 위원회는 제23조 제1항에 따라 심판청구서를 받으면 지체 없이 피청구인에게 심판청구서 부본을 보내야 한다.

② 위원회는 제24조 제1항 본문에 따라 피청구인으로부터 답변서가 제출되면 답변서 부본을 청구인에게 송달하여야 한다.

제27조 (심판청구의 기간)

① 행정심판은 **처분이 있음을 알게 된 날부터 90일** 이내에 청구하여야 한다.

→ 처분이 있음을 알게 된 날 = 처분 통지서를 받은 날

② 청구인이 **천재지변, 전쟁, 사변(事變), 그 밖의 불가항력**으로 인하여 제1항에서 정한 기간에 심판청구를 할 수 없었을 때에는 그 **사유가 소멸한 날부터 14일** 이내에 행정심판을 청구할 수 있다. 다만, **국외**에서 행정심판을 청구하는 경우에는 그 기간을 **30일**로 한다.

③ 행정심판은 **처분이 있었던 날부터 180일**이 지나면 청구하지 못한다. 다만, **정당한 사유**가 있는 경우에는 그러하지 **아니하다.**

④ 제1항과 제2항의 기간은 **불변기간(不變期間)**으로 한다.

→ 처분이 있음을 알게 된 날부터 90일 이내는 불변기간O

BUT 처분이 있었던 날부터 180일 이내는 불변기간X (∵ 정당한 사유가 있으면 변경 가능)

⑤ 행정청이 심판청구 기간을 제1항에 규정된 기간보다 긴 기간으로 **잘못 알린** 경우 그 **잘못 알린 기간**에 심판청구가 있으면 그 행정심판은 제1항에 규정된 **기간에 청구된 것으로 본다.**

→ 청구기간 오고지의 효과는 행정심판O / 행정소송X

⑥ 행정청이 심판청구 기간을 알리지 아니한 경우에는 **제3항에 규정된 기간**에 심판청구를 할 수 있다.

→ 행정청이 상대방에게 청구기간 불고지 : 처분이 있었던 날부터 180일까지 청구기간O

→ 청구기간 불고지의 효과는 행정심판O / 행정소송X

⑦ 제1항부터 제6항까지의 규정은 **무효등확인심판청구와 부작위에 대한 의무이행심판청구**에는 적용하지 **아니한다.**

→ 무효등확인심판·부작위에 대한 의무이행심판은 청구기간X

제28조 (심판청구의 방식)

① 심판청구는 **서면**으로 하여야 한다.

② 처분에 대한 심판청구의 경우에는 심판청구서에 다음 각 호의 사항이 포함되어야 한다.

1. 청구인의 이름과 주소 또는 사무소(주소 또는 사무소 외의 장소에서 송달받기를 원하면 송달장소를 추가로 적어야 한다)

2. 피청구인과 위원회

3. 심판청구의 대상이 되는 처분의 내용

4. 처분이 있음을 알게 된 날

5. 심판청구의 취지와 이유

6. 피청구인의 행정심판 고지 유무와 그 내용

③ 부작위에 대한 심판청구의 경우에는 제2항 제1호·제2호·제5호의 사항과 그 부작위의 전제가 되는 신청의 내용과 날짜를 적어야 한다.

④ 청구인이 법인이거나 제14조에 따른 청구인 능력이 있는 법인이 아닌 사단 또는 재단이거나 행정심판이 선정대표자나 대리인에 의하여 청구되는 것일 때에는 제2항 또는 제3항의 사항과 함께 그 대표자·관리인·선정대표자 또는 대리인의 이름과 주소를 적어야 한다.

⑤ 심판청구서에는 청구인·대표자·관리인·선정대표자 또는 대리인이 서명하거나 날인하여야 한다.

제29조 (청구의 변경)

① 청구인은 청구의 기초에 변경이 없는 범위에서 청구의 취지나 이유를 변경할 수 있다.

② 행정심판이 청구된 후에 피청구인이 새로운 처분을 하거나 심판청구의 대상인 처분을 변경한 경우에는 청구인은 새로운 처분이나 변경된 처분에 맞추어 청구의 취지나 이유를 변경할 수 있다.

③ 제1항 또는 제2항에 따른 청구의 변경은 서면으로 신청하여야 한다. 이 경우 피청구인과 참가인의 수만큼 청구변경신청서 부본을 함께 제출하여야 한다.

④ 위원회는 제3항에 따른 청구변경신청서 부본을 피청구인과 참가인에게 송달하여야 한다.

⑤ 제4항의 경우 위원회는 기간을 정하여 피청구인과 참가인에게 청구변경 신청에 대한 의견을 제출하도록 할 수 있으며, 피청구인과 참가인이 그 기간에 의견을 제출하지 아니하면 의견이 없는 것으로 본다.

⑥ 위원회는 제1항 또는 제2항의 청구변경 신청에 대하여 허가할 것인지 여부를 결정하고, 지체 없이 신청인에게는 결정서 정본을, 당사자 및 참가인에게는 결정서 등본을 송달하여야 한다.

⑦ 신청인은 제6항에 따라 송달을 받은 날부터 7일 이내에 위원회에 이의신청을 할 수 있다.

⑧ 청구의 변경결정이 있으면 처음 행정심판이 청구되었을 때부터 변경된 청구의 취지나 이유로 행정심판이 청구된 것으로 본다.

제30조 (집행정지)

① **심판청구는 처분의 효력이나 그 집행 또는 절차의 속행**(續行)**에 영향을 주지 아니한다.**

→ 집행부정지가 원칙

→ 행정심판법에는 집행정지 결정·집행정지 기각결정에 대한 속시항고 규정X

　　 BUT 행정소송법에는 속시항고 규정O

② 위원회는 **처분, 처분의 집행 또는 절차의 속행** 때문에 **중대한 손해가 생기는 것을 예방할 필요성이 긴급하다고 인정할** 때에는 **직권**으로 또는 **당사자의 신청**에 의하여 처분의 효력, 처분의 집행 또는 절차의 속행의 전부 또는 일부의 정지(이하 "**집행정지**"라 한다)를 결정할 수 있다. 다만, 처분의 **효력정지**는 처분의 집행 또는 절차의 속행을 정지함으로써 그 목적을 달성할 수 있을 때에는 허용되지 아니한다.

③ 집행정지는 **공공복리에 중대한 영향을 미칠 우려가 있을 때에는 허용되지 아니한다.**

④ 위원회는 집행정지를 결정한 후에 집행정지가 공공복리에 중대한 영향을 미치거나 그 정지사유가 없어진 경우에는 직권으로 또는 당사자의 신청에 의하여 **집행정지 결정을 취소할 수 있다.**

⑤ 집행정지 신청은 심판청구와 동시에 또는 심판청구에 대한 제7조 제6항 또는 제8조 제7항에 따른 위원회나 소위원회의 의결이 있기 전까지, 집행정지 결정의 취소신청은 심판청구에 대한 제7조 제6항 또는 제8조 제7항에 따른 위원회나 소위원회의 의결이 있기 전까지 신청의 취지와 원인을 적은 서면을 위원회에 제출하여야 한다. 다만, 심판청구서를 피청구인에게 제출한 경우로서 심판청구와 동시에 집행정지 신청을 할 때에는 심판청구서 사본과 접수증명서를 함께 제출하여야 한다.

⑥ 제2항과 제4항에도 불구하고 위원회의 심리·결정을 기다릴 경우 중대한 손해가 생길 우려가 있다고 인정되면 **위원장**은 **직권**으로 위원회의 심리·결정을 **갈음**하는 **결정**을 **할 수 있다**. 이 경우 위원장은 지체 없이 위원회에 그 사실을 보고하고 추인(追認)을 받아야 하며, 위원회의 추인을 받지 못하면 위원장은 집행정지 또는 집행정지 취소에 관한 결정을 취소하여야 한다.

⑦ 위원회는 집행정지 또는 집행정지의 취소에 관하여 심리·결정하면 지체 없이 당사자에게 결정서 정본을 송달하여야 한다.

제31조 (임시처분)

① 위원회는 처분 또는 부작위가 위법·부당하다고 상당히 의심되는 경우로서 처분 또는 부작위 때문에 당사자가 받을 우려가 있는 중대한 불이익이나 당사자에게 생길 급박한 위험을 막기 위하여 **임시지위**를 정하여야 할 필요가 있는 경우에는 직권으로 또는 당사자의 신청에 의하여 **임시처분**을 결정할 수 있다.

② 제1항에 따른 **임시처분**에 관하여는 제30조 제3항부터 제7항까지를 준용한다. 이 경우 같은 조 제6항 전단 중 "중대한 손해가 생길 우려"는 "중대한 불이익이나 급박한 위험이 생길 우려"로 본다.

③ 제1항에 따른 **임시처분**은 제30조 제2항에 따른 **집행정지**로 목적을 달성할 수 있는 경우에는 **허용**되지 **아니한다**.

→ 행정심판의 가구제 : 집행정지O / 임시처분O
　 행정소송의 가구제 : 집행정지O / 가처분X

제4장 심리

제32조 (보정)

① 위원회는 심판청구가 적법하지 아니하나 보정(補正)할 수 있다고 인정하면 기간을 정하여 청구인에게 보정할 것을 요구할 수 있다. 다만, 경미한 사항은 직권으로 보정할 수 있다.

② 청구인은 제1항의 요구를 받으면 서면으로 보정하여야 한다. 이 경우 다른 당사자의 수만큼 보정서 부본을 함께 제출하여야 한다.

③ 위원회는 제2항에 따라 제출된 보정서 부본을 지체 없이 다른 당사자에게 송달하여야 한다.

④ 제1항에 따른 보정을 한 경우에는 처음부터 적법하게 행정심판이 청구된 것으로 본다.

⑤ 제1항에 따른 보정기간은 제45조에 따른 재결 기간에 산입하지 아니한다.

제33조 (주장의 보충)

① 당사자는 심판청구서·보정서·답변서·참가신청서 등에서 주장한 사실을 보충하고 다른 당사자의 주장을 다시 반박하기 위하여 필요하면 위원회에 보충서면을 제출할 수 있다. 이 경우 다른 당사자의 수만큼 보충서면 부본을 함께 제출하여야 한다.

② 위원회는 필요하다고 인정하면 보충서면의 제출기한을 정할 수 있다.

③ 위원회는 제1항에 따라 보충서면을 받으면 지체 없이 다른 당사자에게 그 부본을 송달하여야 한다.

제34조 (증거서류 등의 제출)

① 당사자는 심판청구서·보정서·답변서·참가신청서·보충서면 등에 덧붙여 그 주장을 뒷받침하는 증거서류나 증거물을 제출할 수 있다.

② 제1항의 증거서류에는 다른 당사자의 수만큼 증거서류 부본을 함께 제출하여야 한다.

③ 위원회는 당사자가 제출한 증거서류의 부본을 지체 없이 다른 당사자에게 송달하여야 한다.

제35조 (자료의 제출 요구 등)

① 위원회는 사건 심리에 필요하면 관계 행정기관이 보관 중인 관련 문서, 장부, 그 밖에 필요한 자료를 제출할 것을 요구할 수 있다.

② 위원회는 필요하다고 인정하면 사건과 관련된 법령을 주관하는 행정기관이나 그 밖의 관계 행정기관의 장 또는 그 소속 공무원에게 위원회 회의에 참석하여 의견을 진술할 것을 요구하거나 의견서를 제출할 것을 요구할 수 있다.

③ 관계 행정기관의 장은 특별한 사정이 없으면 제1항과 제2항에 따른 위원회의 요구에 따라야 한다.

④ 중앙행정심판위원회에서 심리·재결하는 심판청구의 경우 소관 중앙행정기관의 장은 의견서를 제출하거나 위원회에 출석하여 의견을 진술할 수 있다.

제36조 (증거조사)

① 위원회는 사건을 심리하기 위하여 필요하면 직권으로 또는 당사자의 신청에 의하여 다음 각 호의 방법에 따라 증거조사를 할 수 있다.

1. 당사자나 관계인(관계 행정기관 소속 공무원을 포함한다. 이하 같다)을 위원회의 회의에 출석하게 하여 신문(訊問)하는 방법

2. 당사자나 관계인이 가지고 있는 문서·장부·물건 또는 그 밖의 증거자료의 제출을 요구하고 영치(領置)하는 방법

3. 특별한 학식과 경험을 가진 제3자에게 감정을 요구하는 방법

4. 당사자 또는 관계인의 주소·거소·사업장이나 그 밖의 필요한 장소에 출입하여 당사자 또는 관계인에게 질문하거나 서류·물건 등을 조사·검증하는 방법

② 위원회는 필요하면 위원회가 소속된 행정청의 직원이나 다른 행정기관에 촉탁하여 제1항의 증거조사를 하게 할 수 있다.

③ 제1항에 따른 증거조사를 수행하는 사람은 그 신분을 나타내는 증표를 지니고 이를 당사자나 관계인에게 내보여야 한다.

④ 제1항에 따른 당사자 등은 위원회의 조사나 요구 등에 성실하게 협조하여야 한다.

제37조 (절차의 병합 또는 분리)

위원회는 필요하면 관련되는 심판청구를 병합하여 심리하거나 병합된 관련 청구를 분리하여 심리할 수 있다.

제38조 (심리기일의 지정과 변경)

① 심리기일은 위원회가 직권으로 지정한다.

② 심리기일의 변경은 직권으로 또는 당사자의 신청에 의하여 한다.

③ 위원회는 심리기일이 변경되면 지체 없이 그 사실과 사유를 당사자에게 알려야 한다.

④ 심리기일의 통지나 심리기일 변경의 통지는 서면으로 하거나 심판청구서에 적힌 전화, 휴대전화를 이용한 문자전송, 팩시밀리 또는 전자우편 등 간편한 통지 방법(이하 "간이통지방법"이라 한다)으로 할 수 있다.

제39조 (직권심리)

위원회는 필요하면 당사자가 주장하지 아니한 사실에 대하여도 심리할 수 있다.

→ 행정심판위원회는 보충적 직권심리O

제40조 (심리의 방식)

① 행정심판의 심리는 구술심리나 서면심리로 한다. 다만, 당사자가 구술심리를 신청한 경우에는 서면심리만으로 결정할 수 있다고 인정되는 경우 외에는 구술심리를 하여야 한다.

② 위원회는 제1항 단서에 따라 구술심리 신청을 받으면 그 허가 여부를 결정하여 신청인에게 알려야 한다.

③ 제2항의 통지는 간이통지방법으로 할 수 있다.

제41조 (발언 내용 등의 비공개)

위원회에서 위원이 발언한 내용이나 그 밖에 공개되면 위원회의 심리·재결의 공정성을 해칠 우려가 있는 사항으로서 대통령령으로 정하는 사항은 공개하지 아니한다.

제42조 (심판청구 등의 취하)

① 청구인은 심판청구에 대하여 제7조 제6항 또는 제8조 제7항에 따른 의결이 있을 때까지 서면으로 심판청구를 취하할 수 있다.

② 참가인은 심판청구에 대하여 제7조 제6항 또는 제8조 제7항에 따른 의결이 있을 때까지 서면으로 참가신청을 취하할 수 있다.

③ 제1항 또는 제2항에 따른 취하서에는 청구인이나 참가인이 서명하거나 날인하여야 한다.

④ 청구인 또는 참가인은 취하서를 피청구인 또는 위원회에 제출하여야 한다. 이 경우 제23조 제2항부터 제4항까지의 규정을 준용한다.

⑤ 피청구인 또는 위원회는 계속 중인 사건에 대하여 제1항 또는 제2항에 따른 취하서를 받으면 지체 없이 다른 관계 기관, 청구인, 참가인에게 취하 사실을 알려야 한다.

제6장 재결

제43조 (재결의 구분)

① 위원회는 심판청구가 적법하지 아니하면 그 심판청구를 각하(却下)한다.

② 위원회는 심판청구가 이유가 없다고 인정하면 그 심판청구를 기각(棄却)한다.

③ 위원회는 **취소심판**의 청구가 이유가 있다고 인정하면 처분을 **취소** 또는 다른 처분으로 **변경**하거나 처분을 다른 처분으로 **변경할 것을 피청구인에게 명**한다.

→ 취소심판의 인용재결은 취소재결O / 변경재결O / 변경명령재결O / 취소명령재결X

④ 위원회는 무효등확인심판의 청구가 이유가 있다고 인정하면 처분의 효력 유무 또는 처분의 존재 여부를 확인한다.

⑤ 위원회는 **의무이행심판**의 청구가 이유가 있다고 인정하면 **지체 없이** 신청에 따른 **처분**을 하거나 **처분을 할 것을 피청구인에게 명**한다.

→ 의무이행심판의 인용재결은 처분재결O / 처분명령재결(이행명령재결)O

제43조의2 (조정)

① 위원회는 당사자의 권리 및 권한의 범위에서 **당사자의 동의**를 받아 심판청구의 신속하고 공정한 해결을 위하여 조정을 할 수 있다. 다만, 그 조정이 공공복리에 적합하지 아니하거나 해당 처분의 성질에 반하는 경우에는 그러하지 아니하다.

② 위원회는 제1항의 조정을 함에 있어서 심판청구된 사건의 법적·사실적 상태와 당사자 및 이해관계자의 이익 등 모든 사정을 참작하고, 조정의 이유와 취지를 설명하여야 한다.

③ 조정은 당사자가 합의한 사항을 조정서에 기재한 후 당사자가 서명 또는 날인하고 위원회가 이를 확인함으로써 성립한다.

④ 제3항에 따른 조정에 대하여는 제48조 부터 제50조까지, 제50조의2, 제51조의 규정을 준용한다.

제44조 (사정재결)

① 위원회는 **심판청구가 이유가 있다고** 인정하는 경우에도 이를 인용(認容)하는 것이 **공공복리에 크게 위배된다고** 인정하면 그 **심판청구를 기각하는 재결을** 할 수 있다. 이 경우 위원회는 재결의 **주문(主文)에서** 그 **처분 또는 부작위가 위법하거나 부당하다는** 것을 구체적으로 밝혀야 한다.

② 위원회는 제1항에 따른 재결을 할 때에는 청구인에 대하여 상당한 구제방법을 취하거나 상당한 구제방법을 취할 것을 피청구인에게 명할 수 있다.

③ 제1항과 제2항은 **무효등확인심판에는 적용하지 아니한다.**

→ 무효등확인심판은 사정재결X ∴ 취소심판·의무이행심판은 사정재결O

제45조 (재결 기간)

① **재결은** 제23조에 따라 **피청구인 또는 위원회가 심판청구서를 받은 날부터 60일** 이내에 하여야 한다. 다만, **부득이한 사정이 있는** 경우에는 **위원장이 직권으로 30일을 연장할 수 있다.**

② 위원장은 제1항 단서에 따라 **재결 기간을 연장할** 경우에는 **재결 기간이 끝나기 7일 전까지 당사자에게 알려야 한다.**

제46조 (재결의 방식)

① **재결은 서면으로 한다.**

② 제1항에 따른 재결서에는 다음 각 호의 사항이 포함되어야 한다.

 1. 사건번호와 사건명

 2. 당사자·대표자 또는 대리인의 이름과 주소

 3. 주문

 4. 청구의 취지

 5. 이유

 6. 재결한 날짜

③ 재결서에 적는 **이유에는** 주문 **내용이 정당하다는** 것을 인정할 수 있는 정도의 **판단을 표시하여야 한다.**

제47조 (재결의 범위)

① 위원회는 심판청구의 대상이 되는 처분 또는 부작위 외의 사항에 대하여는 재결하지 못한다.

② 위원회는 심판청구의 대상이 되는 **처분보다 청구인에게 불리한 재결을 하지 못한다.**

→ 불이익변경금지의 원칙

제48조 (재결의 송달과 효력 발생)

① 위원회는 지체 없이 당사자에게 재결서의 정본을 송달하여야 한다. 이 경우 중앙행정심판위원회는 재결 결과를 소관 중앙행정기관의 장에게도 알려야 한다.

② 재결은 청구인에게 제1항 전단에 따라 송달되었을 때에 그 효력이 생긴다.

③ 위원회는 재결서의 등본을 지체 없이 참가인에게 송달하여야 한다.

④ 처분의 상대방이 아닌 **제3자가 심판청구**를 한 경우 위원회는 **재결서의 등본**을 지체 없이 **피청구인을 거쳐 처분의 상대방에게 송달**하여야 한다.

제49조 (재결의 기속력 등)

① **심판청구를 인용하는 재결**은 피청구인과 그 밖의 관계 행정청을 **기속(羈束)**한다.

→ 재결의 기속력은 **인용재결의 효력O** / 각하재결·기각재결의 효력X

② **재결에 의하여 취소**되거나 **무효 또는 부존재로 확인**되는 **처분**이 당사자의 신청을 **거부**하는 것을 내용으로 하는 경우에는 그 처분을 한 행정청은 **재결의 취지에 따라 다시 이전의 신청에 대한 처분**을 하여야 한다.

→ 거부처분 취소심판·거부처분 무효등확인심판에서 취소재결·확인재결 : 행정청은 재처분의무O

→ 거부처분에 대한 취소재결·확인재결 : 행정청은 재처분의무O

③ 당사자의 신청을 **거부하거나 부작위로 방치한 처분의 이행을 명하는 재결**이 있으면 행정청은 지체 없이 이전의 신청에 대하여 **재결의 취지에 따라 처분**을 하여야 한다.

→ 거부처분에 대한 의무이행심판·부작위에 대한 의무이행심판에서 이행명령재결 : 행정청은 재처분의무O

④ 신청에 따른 처분이 절차의 위법 또는 부당을 이유로 재결로써 취소된 경우에는 제2항을 준용한다.

⑤ 법령의 규정에 따라 공고하거나 고시한 처분이 재결로써 취소되거나 변경되면 처분을 한 행정청은 **지체 없이** 그 처분이 취소 또는 변경되었다는 것을 공고하거나 고시하여야 한다.

⑥ 법령의 규정에 따라 처분의 상대방 외의 이해관계인에게 통지된 처분이 재결로써 취소되거나 변경되면 처분을 한 행정청은 지체 없이 그 이해관계인에게 그 처분이 취소 또는 변경되었다는 것을 알려야 한다.

제50조 (위원회의 직접 처분)

① 위원회는 피청구인이 제49조 제3항에도 불구하고 **처분을 하지 아니하는 경우**에는 **당사자가 신청**하면 기간을 정하여 서면으로 시정을 명하고 그 기간에 이행하지 아니하면 **직접 처분**을 할 수 있다. 다만, 그 처분의 성질이나 그 밖의 불가피한 사유로 위원회가 직접 처분을 할 수 없는 경우에는 그러하지 아니하다.

→ '직접 처분'은 (의무이행심판에서의) 이행명령재결을 전제로 함

∴ '직접 처분'은 취소심판·무효등확인심판에서는 인정X

→ '직접 처분'은 당사자의 신청O / 위원회의 직권X

→ 직접 처분은 이행명령재결(제49조 제3항)을 전제로 하지만, 정보공개명령재결에 관하여는 행정심판위원회가 정보를 보유·관리한 행정청이 아니어서 직접 처분(정보공개)를 할 수는 없다(제50조 제1항 단서).

∴ 정보공개명령재결은 행정심판위원회에 의한 직접 처분의 대상X

② 위원회는 제1항 본문에 따라 직접 처분을 하였을 때에는 그 사실을 해당 행정청에 통보하여야 하며, 그 통보를 받은 행정청은 위원회가 한 처분을 자기가 한 처분으로 보아 관계 법령에 따라 관리·감독 등 필요한 조치를 하여야 한다.

제50조의2 (위원회의 간접강제)

① 위원회는 피청구인이 제49조 제2항(제49조 제4항에서 준용하는 경우를 포함한다) 또는 제3항에 따른 처분을 하지 아니하면 청구인의 신청에 의하여 결정으로 상당한 기간을 정하고 피청구인이 그 기간 내에 이행하지 아니하는 경우에는 그 지연기간에 따라 일정한 배상을 하도록 명하거나 즉시 배상을 할 것을 명할 수 있다.

② 위원회는 사정의 변경이 있는 경우에는 당사자의 신청에 의하여 제1항에 따른 결정의 내용을 변경할 수 있다.

③ 위원회는 제1항 또는 제2항에 따른 결정을 하기 전에 신청 상대방의 의견을 들어야 한다.

④ 청구인은 제1항 또는 제2항에 따른 결정에 불복하는 경우 그 결정에 대하여 행정소송을 제기할 수 있다.

→ 청구인은 간접강제결정에 대하여 행정소송O

⑤ 제1항 또는 제2항에 따른 결정의 효력은 피청구인인 행정청이 소속된 국가·지방자치단체 또는 공공단체에 미치며, 결정서 정본은 제4항에 따른 소송제기와 관계없이 「민사집행법」에 따른 강제집행에 관하여는 집행권원과 같은 효력을 가진다. 이 경우 집행문은 위원장의 명에 따라 위원회가 소속된 행정청 소속 공무원이 부여한다.

⑥ 간접강제 결정에 기초한 강제집행에 관하여 이 법에 특별한 규정이 없는 사항에 대하여는 「민사집행법」의 규정을 준용한다. 다만, 「민사집행법」 제33조(집행문부여의 소), 제34조(집행문부여 등에 관한 이의신청), 제44조(청구에 관한 이의의 소) 및 제45조(집행문부여에 대한 이의의 소)에서 관할 법원은 피청구인의 소재지를 관할하는 행정법원으로 한다.

제51조 (행정심판 재청구의 금지)

심판청구에 대한 재결이 있으면 그 재결 및 같은 처분 또는 부작위에 대하여 다시 행정심판을 청구할 수 없다.

→ 재결은 행정심판의 대상X

제7장 전자정보처리조직을 통한 행정심판 절차의 수행

제52조 (전자정보처리조직을 통한 심판청구 등)

① 이 법에 따른 행정심판 절차를 밟는 자는 심판청구서와 그 밖의 서류를 전자문서화하고 이를 정보통신망을 이용하여 위원회에서 지정·운영하는 전자정보처리조직(행정심판 절차에 필요한 전자문서를 작성·제출·송달할 수 있도록 하는 하드웨어, 소프트웨어, 데이터베이스, 네트워크, 보안요소 등을 결합하여 구축한 정보처리능력을 갖춘 전자적 장치를 말한다. 이하 같다)을 통하여 제출할 수 있다.

② 제1항에 따라 제출된 전자문서는 이 법에 따라 제출된 것으로 보며, 부본을 제출할 의무는 면제된다.

③ 제1항에 따라 제출된 전자문서는 그 문서를 제출한 사람이 정보통신망을 통하여 전자정보처리조직에서 제공하는 접수번호를 확인하였을 때에 전자정보처리조직에 기록된 내용으로 접수된 것으로 본다.

④ 전자정보처리조직을 통하여 접수된 심판청구의 경우 제27조에 따른 심판청구 기간을 계산할 때에는 제3항에 따른 접수가 되었을 때 행정심판이 청구된 것으로 본다.

⑤ 전자정보처리조직의 지정내용, 전자정보처리조직을 이용한 심판청구서 등의 접수와 처리 등에 관하여 필요한 사항은 국회규칙, 대법원규칙, 헌법재판소규칙, 중앙선거관리위원회규칙 또는 대통령령으로 정한다.

제53조 (전자서명 등)

① 위원회는 전자정보처리조직을 통하여 행정심판 절차를 밟으려는 자에게 본인(本人)임을 확인할 수 있는 「전자서명법」 제2조 제2호에 따른 전자서명(서명자의 실지명의를 확인할 수 있는 것을 말한다)이나 그 밖의 인증(이하 이 조에서 "전자서명 등"이라 한다)을 요구할 수 있다.

② 제1항에 따라 전자서명 등을 한 자는 이 법에 따른 서명 또는 날인을 한 것으로 본다.

③ 전자서명 등에 필요한 사항은 국회규칙, 대법원규칙, 헌법재판소규칙, 중앙선거관리위원회규칙 또는 대통령령으로 정한다.

제54조 (전자정보처리조직을 이용한 송달 등)

① 피청구인 또는 위원회는 제52조 제1항에 따라 행정심판을 청구하거나 심판참가를 한 자에게 전자정보처리조직과 그와 연계된 정보통신망을 이용하여 재결서나 이 법에 따른 각종 서류를 송달할 수 있다. 다만, 청구인이나 참가인이 동의하지 아니하는 경우에는 그러하지 아니하다.

② 제1항 본문의 경우 위원회는 송달하여야 하는 재결서 등 서류를 전자정보처리조직에 입력하여 등재한 다음 그 등재 사실을 국회규칙, 대법원규칙, 헌법재판소규칙, 중앙선거관리위원회규칙 또는 대통령령으로 정하는 방법에 따라 전자우편 등으로 알려야 한다.

③ 제1항에 따른 전자정보처리조직을 이용한 서류 송달은 서면으로 한 것과 같은 효력을 가진다.

④ 제1항에 따른 서류의 송달은 청구인이 제2항에 따라 등재된 전자문서를 확인한 때에 전자정보처리조직에 기록된 내용으로 도달한 것으로 본다. 다만, 제2항에 따라 그 등재사실을 통지한 날부터 2주 이내(재결서 외의 서류는 7일 이내)에 확인하지 아니하였을 때에는 등재사실을 통지한 날부터 2주가 지난 날(재결서 외의 서류는 7일이 지난 날)에 도달한 것으로 본다.

⑤ 서면으로 심판청구 또는 심판참가를 한 자가 전자정보처리조직의 이용을 신청한 경우에는 제52조·제53조 및 이 조를 준용한다.

⑥ 위원회, 피청구인, 그 밖의 관계 행정기관 간의 서류의 송달 등에 관하여는 제52조·제53조 및 이 조를 준용한다.

⑦ 제1항 본문에 따른 송달의 방법이나 그 밖에 필요한 사항은 국회규칙, 대법원규칙, 헌법재판소규칙, 중앙선거관리위원회규칙 또는 대통령령으로 정한다.

제8장 보칙

제55조 (증거서류 등의 반환)

위원회는 재결을 한 후 증거서류 등의 반환 신청을 받으면 신청인이 제출한 문서·장부·물건이나 그 밖의 증거자료의 원본(原本)을 지체 없이 제출자에게 반환하여야 한다.

제56조 (주소 등 송달장소 변경의 신고의무)

당사자, 대리인, 참가인 등은 주소나 사무소 또는 송달장소를 바꾸면 그 사실을 바로 위원회에 서면으로 또는 전자정보처리조직을 통하여 신고하여야 한다. 제54조제2항에 따른 전자우편주소 등을 바꾼 경우에도 또한 같다.

제47조 (서류의 송달)

이 법에 따른 **서류의 송달**에 관하여는 「**민사소송법**」중 송달에 관한 **규정을 준용**한다.

→ 행정심판법의 서류의 송달은 민사소송법의 송달규정 준용O / 행정절차법의 송달규정 준용X

제48조 (행정심판의 고지)

① 행정청이 처분을 할 때에는 처분의 상대방에게 다음 각 호의 사항을 알려야 한다.

 1. 해당 처분에 대하여 행정심판을 청구할 수 있는지

 2. 행정심판을 청구하는 경우의 심판청구 절차 및 심판청구 기간

② 행정청은 이해관계인이 요구하면 다음 각 호의 사항을 지체 없이 알려 주어야 한다. 이 경우 서면으로 알려 줄 것을 요구받으면 서면으로 알려 주어야 한다.

 1. 해당 처분이 행정심판의 대상이 되는 처분인지

 2. 행정심판의 대상이 되는 경우 소관 위원회 및 심판청구 기간

제49조 (불합리한 법령 등의 개선)

① **중앙행정심판위원회**는 심판청구를 심리·재결할 때에 **처분 또는 부작위의 근거가 되는 명령 등**(대통령령·총리령·부령·훈령·예규·고시·조례·규칙 등을 말한다. 이하 같다)**이 법령에 근거가 없거나 상위 법령에 위배되거나 국민에게 과도한 부담을 주는 등 크게 불합리하면 관계 행정기관에 그 명령 등의 개정·폐지 등 적절한 시정조치를 요청할 수 있다.** 이 경우 중앙행정심판위원회는 시정조치를 요청한 사실을 법제처장에게 통보하여야 한다.

② 제1항에 따른 요청을 받은 관계 행정기관은 정당한 사유가 없으면 이에 따라야 한다.

제60조 (조사·지도 등)

① 중앙행정심판위원회는 행정청에 대하여 다음 각 호의 사항 등을 조사하고, 필요한 지도를 할 수 있다.

 1. 위원회 운영 실태

 2. 재결 이행 상황

 3. 행정심판의 운영 현황

② 행정청은 이 법에 따른 행정심판을 거쳐 「행정소송법」에 따른 항고소송이 제기된 사건에 대하여 그 내용이나 결과 등 대통령령으로 정하는 사항을 반기마다 그 다음 달 15일까지 해당 심판청구에 대한 재결을 한 중앙행정심판위원회 또는 제6조제3항에 따라 시·도지사 소속으로 두는 행정심판위원회에 알려야 한다.

③ 제6조 제3항에 따라 시·도지사 소속으로 두는 행정심판위원회는 중앙행정심판위원회가 요청하면 제2항에 따라 수집한 자료를 제출하여야 한다.

제61조 (권한의 위임)

이 법에 따른 위원회의 권한 중 일부를 국회규칙, 대법원규칙, 헌법재판소규칙, 중앙선거관리위원회규칙 또는 대통령령으로 정하는 바에 따라 위원장에게 위임할 수 있다.

1. 영업허가취소처분이 청문절차를 거치지 않았다 하여 행정심판에서 취소되었더라도 그 허가취소처분 이후 취소재결시까지 영업했던 행위는 무허가영업에 해당한다. ☐O ☐X

2. 거부처분에 대하여서는 의무이행심판뿐만 아니라 취소심판을 제기할 수도 있다. ☐O ☐X

3. 행정심판에서는 항고소송에서와 달리 처분청이 당초 처분의 근거로 삼은 사유와 기본적 사실관계가 동일성이 인정되지 않는 다른 사유를 처분사유로 추가하거나 변경할 수 있다. ☐O ☐X

4. 재결이 확정된 경우에도 처분의 기초가 된 사실관계나 법률적 판단이 확정되고 당사자들이나 법원이 이에 기속되어 모순되는 주장이나 판단을 할 수 없게 되는 것은 아니다. ☐O ☐X

5. 행정심판에서 행정심판위원회는 행정청의 부작위가 위법·부당하다고 판단되면 직접 처분을 할 수 있으나 행정소송에서 법원은 행정청의 부작위가 위법한 경우에만 직접 처분을 할 수 있다. ☐O ☐X

6. 기속력은 재결의 주문에만 미치고, 처분 등의 구체적 위법사유에 관한 판단에는 미치지 않는다. ☐O ☐X

7. 행정심판의 대상에는 처분 또는 부작위의 위법성뿐만 아니라 부당성도 포함된다. ☐O ☐X

8. 취소심판의 인용재결에는 취소재결·변경재결·취소명령재결·변경명령재결이 있다. ☐O ☐X

9. 대통령의 처분 또는 부작위에 대하여는 다른 법률에서 행정심판을 청구할 수 있도록 정한 경우 외에는 행정심판을 청구할 수 없다. ☐O ☐X

10. 특별행정심판 또는 「행정심판법」에 따른 행정심판절차에 대한 특례를 신설하거나 변경하는 법령을 제정·개정할 때 중앙행정심판위원회와 사전에 협의하여야 하는 것은 아니다. ☐O ☐X

11. 행정심판청구는 처분의 효력이나 그 집행 또는 절차의 속행에 영향을 주지 않는다. ☐O ☐X

12. 행정심판위원회는 임시처분을 결정한 후에 임시처분이 공공복리에 중대한 영향을 미치는 경우에는 직권으로 또는 당사자의 신청에 의하여 이 결정을 취소할 수 있다. ☐O ☐X

• 빨간색 표시가 [정답] 입니다.

1. [O][X] 영업허가취소처분이 청문절차를 거치지 않았다 하여 행정심판에서 취소되었더라도 그 허가취소처분 이후 취소재결시까지 영업했던 행위는 무허가영업에 해당한다.

> [옳은 지문] 영업허가취소처분이 행정심판에서 취소되었다면 그 영업허가취소처분은 처분시에 소급하여 효력을 잃게 되므로
> 취소재결은 형성재결
> 그 영업허가취소처분 이후의 영업행위를 무허가영업이라고 볼 수는 없다.

2. [O][X] 거부처분에 대하여서는 의무이행심판뿐만 아니라 취소심판을 제기할 수도 있다.

3. [O][X] 행정심판에서는 항고소송에서와 달리 처분청이 당초 처분의 근거로 삼은 사유와 기본적 사실관계가 동일성이 인정되지 않는 다른 사유를 처분사유로 추가하거나 변경할 수 있다.

> [옳은 지문] 취소소송에서 처분청은 당초 처분의 근거로 삼은 사유와 기본적 사실관계가 동일성이 있다고 인정되는 한도 내에서만 다른 사유를 추가 또는 변경할 수 있는데, 이러한 법리는 행정심판 단계에서도 그대로 적용된다.

4. [O][X] 재결이 확정된 경우에도 처분의 기초가 된 사실관계나 법률적 판단이 확정되고 당사자들이나 법원이 이에 기속되어 모순되는 주장이나 판단을 할 수 없게 되는 것은 아니다.

5. [O][X] 행정심판에서 행정심판위원회는 행정청의 부작위가 위법·부당하다고 판단되면 직접 처분을 할 수 있으나 행정소송에서 법원은 행정청의 부작위가 위법한 경우에만 직접 처분을 할 수 있다.

> [옳은 지문] 행정심판에서 행정심판위원회는 행정청의 부작위가 위법·부당하다고 판단되면 직접 처분을 할 수 있으나 행정소송에서 법원은 행정청이 아니므로 직접 처분을 할 수는 없다.

6. [O][X] 기속력은 재결의 주문에만 미치고, 처분 등의 구체적 위법사유에 관한 판단에는 미치지 않는다.

> [옳은 지문] (재결의 기속력은) 재결의 주문 및 그 전제가 된 요건사실의 인정과 판단, 즉 처분 등의 구체적 위법사유에 관한 판단에만 미친다.

7. [O][X] 행정심판의 대상에는 처분 또는 부작위의 위법성뿐만 아니라 부당성도 포함된다.

8. [O][X] 취소심판의 인용재결에는 취소재결·변경재결·취소명령재결·변경명령재결이 있다.

> [옳은 지문] 취소심판의 인용재결은 취소재결O / 변경재결O / 변경명령재결O / 취소명령재결X

9. ⬚O⬚X 대통령의 처분 또는 부작위에 대하여는 다른 법률에서 행정심판을 청구할 수 있도록 정한 경우 외에는 행정심판을 청구할 수 없다.

10. ⬚O⬚X 특별행정심판 또는 「행정심판법」에 따른 행정심판절차에 대한 특례를 신설하거나 변경하는 법령을 제정·개정할 때 중앙행정심판위원회와 사전에 협의하여야 하는 것은 아니다.

> 옳은 지문 관계 행정기관의 장이 특별행정심판 또는 이 법에 따른 행정심판 절차에 대한 특례를 신설하거나 변경하는 법령을 제정·개정할 때에는 **미리 중앙행정심판위원회와 협의**하여야 한다.
> → 협의O / 동의X

11. ⬚O⬚X 행정심판청구는 처분의 효력이나 그 집행 또는 절차의 속행에 영향을 주지 않는다.

12. ⬚O⬚X 행정심판위원회는 임시처분을 결정한 후에 임시처분이 공공복리에 중대한 영향을 미치는 경우에는 직권으로 또는 당사자의 신청에 의하여 이 결정을 취소할 수 있다.

Administrative Law

적중요약 정리

이것만 암기하면 된다

8

RUHE

이것만 암기하면 된다

제3장 행정소송

제1절 행정쟁송의 의의 및 종류

Ⅰ. 의의

행정쟁송이란 행정법 관계(공법관계)에서 위법 또는 부당한 행정작용으로 인해 권리나 이익을 침해당한 자가 일정한 국가기관에 이의를 제기하여 그 행정작용의 위법이나 부당을 시정토록 요구하는 제도를 말한다. 행정쟁송은 1. 잘못된 행정작용을 바로잡아 적법하고 합당한 행정작용이 될 수 있게 하는 **행정통제기능**을 하며, 2. 잘못된 행정작용으로 인하여 국민의 권리가 침해된 경우 이를 구제하는 **권리보호기능**을 한다.

Ⅱ. 종류

1. 행정심판과 행정소송

행정심판은 (행정법상의 분쟁에 대하여) 행정기관이 스스로 심리하고 판정하는 절차를 의미하며, 행정소송은 (행정법상의 분쟁에 대하여) 법원이 주체가 되어 해결하는 절차를 말한다.

2. 항고쟁송과 당사자쟁송

항고쟁송은 우월한 지위에 있는 행정청으로 하여금 행정청이 이미 행한 행정처분의 취소·변경을 구하거나 일정한 행정처분을 행할 것을 요구하는 행정쟁송을 말한다(운전면허취소 취소소송 등). 당사자쟁송은 분쟁의 당사자가 대등한 입장에서 법률상 분쟁을 다투는 것을 말한다(토지수용위원회의 보상금결정에 대한 보상금증감소송 등).

3. 정식쟁송과 약식쟁송

정식쟁송은 심리절차에 있어서 구두변론의 기회가 보장되고, 판정기관이 당사자로부터 독립된 제3자(제3의 기관)가 행하는 행정쟁송을 말하며, 행정소송이 이에 속한다. 약식쟁송은 이러한 요건을 갖추지 못한 쟁송을 말하며, 행정심판이 이에 속한다.

4. 주관적 쟁송과 객관적 쟁송

주관적 쟁송이란 개인(자신)의 권리보호를 직접적 목적으로 하는 것을 말하고, 통상적인 행정쟁송의 경우가 이에 속한다. 즉, 행정쟁송은 원칙적으로 자신의 권리·이익을 위해서만 제기할 수 있다(항고쟁송, 당사자쟁송). 객관적 쟁송이란, 당사자의 주관적(개인적인) 이해관계와는 상관없이 객관적인 공익보호를 주된 목적으로 하는 것을 말한다. 이는 법률에서 특별히 규정하고 있는 경우에만 예외적으로 허용된다(기관쟁송, 민중쟁송).

ㄴ. 시심적 쟁송과 복심적 쟁송

시심적 쟁송은 (행정작용이 쟁송보다 먼저 있는 것이 아니라) 쟁송을 통하여 행정작용이 결정되는 것을 말한다. 예컨대, 공용수용의 경우에 보상액 합의가 성립되지 않는 경우 당사자 쟁송(보상금증감소송)을 통하여 비로소 지급할 보상액이 결정되는 것 등이 있다. 복심적 쟁송은 행정작용이 먼저 존재하고(영업정지처분 등), 쟁송으로 그것의 위법·부당성을 심사하는 것을 말한다(영업정지처분의 취소심판 등).

제2절 행정소송의 한계

Ⅰ. 사법의 본질적 한계

사법작용은 구체적인 법률상의 분쟁이 있는 경우에 당사자의 소의 제기에 의하여 법원이 무엇이 법인가를 판단·선언함으로써 법질서를 유지하는 작용이다.

소송은 구체적인 법률상의 분쟁이 존재하는 것을 전제로 한다. 그러므로 국민의 구체적인 권리·의무관계에 관한 분쟁만이 행정소송의 대상이 된다. 따라서 추상적인 법령의 효력이나 해석 자체는 행정소송의 대상이 되지 않는 것이 원칙이다. 그러나 구체적인 사항의 규율을 내용으로 하는 처분법령(처분적 법령)은 그를 구체화하는 처분을 매개함이 없이 그 자체로 직접적으로 국민의 구체적인 권리의무에 영향을 미치기 때문에 예외적으로 행정소송의 대상이 된다.

행정소송에 있어서도 법원은 당사자의 소의 제기가 있어야만 심리를 개시할 수 있으며, 심리의 범위도 원칙적으로 당사자에 의한 청구의 범위에 한정된다. 행정소송을 제기하기 위해서는 그에 대한 법률상 이익이 있어야 한다. 그러므로 국가의 활동을 통해서 개인이 향유하기는 하나 법의 보호를 받지 못하는 반사적 이익 또는 사실상 이익은 행정소송의 대상이 될 수 없다.

Ⅱ. 권력분립 및 사법의 기능상 한계

사법은 본래 구체적인 분쟁사건을 전제로 하여 이를 해결하기 위한 법적용을 그 목적과 사명으로 하고 있는데 반해, 행정은 (공익이라는) 일정한 결과의 실현을 향해 계속적으로 활동하는 작용이라는 점에서 구별될 수 있다. 이러한 양자의 성격 및 기능상의 차이로 인해 사법권의 행정권에 대한 개입과 심사는 일정한 한계가 있다.

1. 재량행위

행정소송법 제27조는 "행정청의 재량에 속하는 처분이라도 재량권의 한계를 넘거나 그 남용이 있는 때에는 법원은 이를 취소할 수 있다."라고 규정하고 있다. 따라서 행정청의 재량에 속하는 사항 중에서 비록 재량을 그르치더라도 재량의 한계를 넘지 않는 한 (위법이 아닌) 부당에 머물며, 법원은 그의 옳고 그름에 관해 심사할 수 없다. 또한 재량권의 한계를 넘거나 재량권의 남용이 있는 경우(재량권의 일탈·남용인 경우)에도 법원은 독자적인 (실체적 내용의) 결론을 도출할 수 없고, 행정청의 재량결정에 대하여 재량권의 일탈·남용(재량하자)이 있는지 여부만을 심사할 수 있다.

→ 법원은 행정작용의 **합법성**(적법·위법 여부) 판단만을 할 수 **있고**, **합목적성**(타당·부당 여부) 판단은 할 수 **없다**.

2. 불확정개념과 판단여지

행정청에 의한 불확정개념의 해석·적용에 대하여 사법심사를 제한 또는 배제하는 것은 사법의 기능과 관련하여 문제가 될 수 있다. 법원은 원고에 의한 소의 제기가 있는 경우 사안을 조사하고, 관련 법규를 해석하거나 보충하며, 확정된 사안과 법규가 합치하는가를 판단한다. 이것은 법규가 추상적이고 불확정개념(다의적이고 불명확한 개념)을 사용한 경우에도 마찬가지이다. 법원은 개별적 사안에 대하여 판단할 뿐만 아니라 판결에 의하여 법을 구체화하고 발전시키는 기능을 가지고 있다. 따라서 이러한 사법의 기능은 특히 불확정개념과 관련하여 의미가 있다. 즉, 행정청에 의한 불확정개념의 해석·적용은 원칙적으로 법원에 의하여 전면적인 사후심사를 받을 수 있다. 예외적으로 고도의 전문적·기술적 부분으로 법원의 사후심사가 사실상 불가능한 경우에만 법원에 의한 심사가 제한될 수 있다.

3. 통치행위

법원이 어떠한 범위 내에서 통치행위에 대한 심사를 할 수 있는지의 문제가 있다. 헌법에서 명문으로 법원에 제소할 수 없음을 규정하고 있는 경우를 제외하고, 해당 통치행위가 국헌문란·(국민의) 기본권 침해·법치주의 훼손 등과 직접 관련이 있는 경우에는 법원의 심사·판단이 행하여져야 한다. 또한 실정법에서 특정 통치행위의 요건을 엄격하게 규정한 경우 그 요건의 구비여부는 법원의 심사대상이 된다.

4. 무명항고소송(행정소송법에 없는 항고소송)의 인정여부 ← 판례는 인정X (∵ 법에 언급X)

가. 의무이행소송 ← 판례는 인정X

행정청의 거부처분 또는 부작위에 대하여 작위의무의 이행을 청구하는 소송이다.

나. 예방적 부작위청구소송 (= 부작위청구소송 = 예방적 금지소송) ← 판례는 인정X

행정청이 일정한 처분을 하지 못하도록 예방적 차원에서 부작위(= 하지 말 것)을 청구하는 소송이다.

다. 작위의무확인소송 ← 판례는 인정X

행정청에게 일정한 처분을 할 작위의무가 있다는 것을 확인하는 소송이다.

(작위의무확인소송은 인정되지 않으므로, 부작위위법확인소송을 제기하여야 한다.)

제3절 취소소송

Ⅰ. 의의

취소소송이란 행정청의 위법한 처분 또는 재결에 대한 취소·변경을 구하는 소송을 말한다. 이에는 처분취소소송·처분변경소송·재결취소소송·재결변경소송이 있을 수 있다. 또한 '행정처분의 무효선언을 구하는 의미의 취소소송'도 판례상 취소소송의 하나로 인정되고 있다. 취소소송은 개인의 권익구제를 직접적인 목적으로 하는 주관적 소송이다.

Ⅱ. 성질

형성소송설은 취소소송이란 일정한 법률관계를 성립시킨 행정행위의 위법을 다투어 (당해 행정행위의 취소·변경을 통하여) 그 법률관계를 변경 또는 소멸시키는 점에서 형성적 성질의 것으로 보는 견해이다. 통설과 판례의 입장이다.

확인소송설은 취소소송이란 그 행정행위 당시에 있어서의 행정행위의 위법성을 확인하는 성질의 것으로 보는 견해이다.

Ⅲ. 소송요건

[취소소송의 소송요건(적법요건)]

대상적격	처분	1. 강학상 행정행위 2. 그 밖에 이에 준하는 행정작용
	등	3. 재결
원고적격	법률상 이익이 있는 자	
협의의 소의 이익	분쟁을 재판에 의하여 해결할 만한 현실적 필요성	
피고적격	(처분 등을) 실제로 행한 행정청 = 명의자(통지서에 직인으로 찍혀있는 자)	
제소기간	1. 처분 등이 있음을 안 날(현실적으로 안 날)부터 **90일** 이내 2. 처분 등이 있은 날(대외적으로 표시되어 효력이 발생한 날)부터 **1년** 이내	
전심절차	원칙 : 임의적 행정심판전치주의	
관 할	원칙 : 피고의 소재지(주소지)의 행정법원	

1. 피고경정

행정소송법

제14조 (피고경정)
제1항 원고가 피고를 잘못 지정한 때에는 법원은 원고의 신청에 의하여 결정으로써 피고의 경정을 허가할 수 있다.
제2항 법원은 제1항의 규정에 의한 결정의 정본을 새로운 피고에게 송달하여야 한다.
제3항 제1항의 규정에 의한 신청을 각하하는 결정에 대하여는 즉시항고할 수 있다.
제4항 제1항의 규정에 의한 결정이 있은 때에는 새로운 피고에 대한 소송은 처음에 소를 제기한 때에 제기된 것으로 본다.
제5항 제1항의 규정에 의한 결정이 있은 때에는 종전의 피고에 대한 소송은 취하된 것으로 본다.
제6항 취소소송이 제기된 후에 제13조 제1항 단서 또는 제13조 제2항에 해당하는 사유가 생긴 때에는 법원은 당사자의 신청 또는 직권에 의하여 피고를 경정한다. 이 경우에는 제4항 및 제5항의 규정을 준용한다.

피고경정이란 소송의 계속 중에 피고로 지정된 자를 다른 자로 변경하는 것을 말한다. 행정조직이 복잡하여 원고가 피고를 잘못 지정한 경우 소를 각하하고 다시 새로운 소를 제기하도록 하면 제소기간을 도과하는 결과가 되는 등 원고에게 불리하게 되는 것을 막기 위한 제도이다. 피고경정의 허가결정이 있는 때에는 새로운 피고에 대한 소는 처음에 소를 제기한 때에 제기된 것으로 보며, 종전의 피고에 대한 소송은 취하된 것으로 본다. 즉, 허가결정 당시에 제소기간이 경과한 경우에도 제소기간은 준수된 것으로 본다.

원고가 피고를 잘못 지정한 때에는 법원은 원고의 신청에 의하여 결정으로써 피고의 경정을 허가할 수 있다. 법원은 피고경정결정의 정본을 새로운 피고에게 송달하여야 한다. 피고경정신청을 각하하는 결정에 대하여는 즉시항고할 수 있다. 피고지정이 잘못된 경우, 법원이 석명권을 행사하여 원고로 하여금 피고를 경정하게 하여 소송을 진행하여야 하며, 그렇게 하지 않고 곧바로 소를 각하하면 안 된다. 피고의 경정은 사실심변론종결시까지만 가능하고 상고심에서는 허용되지 않는다.

소송을 제기한 후에 처분행정청의 권한 변경으로 권한이 다른 행정청에 승계된 경우에는 당해 처분권한을 승계한 행정청으로 피고를 경정한다. 행정조직상의 개편으로 행정청이 소멸된 경우에는 처분에 관한 사무가 귀속되는 국가 또는 공공단체로 피고를 경정한다. 이 경우 법원이 당사자의 신청 또는 직권에 의하여 피고를 경정한다.

법원이 소의 변경을 허가한 경우로서 피고의 경정이 필요한 때에도 피고경정이 인정된다.

→ 소의 종류의 변경에 따른 피고의 변경(경정)은 교환적 변경에 한하므로, 예비적 청구만이 있는 피고의 추가경정신청은 원칙적으로 허용되지 않는다.

→ 대외적으로 의사를 표시할 수 있는 기관이 아닌 내부기관은 실질적인 의사가 그 기관에 의하여 결정되더라도 피고적격을 갖지 못한다.

→ 항고소송은 원칙적으로 행정처분을 외부적으로 행한 행정청(실제로 행한 행정청)을 피고로 하여야 하고, 다만 대리기관이 대리관계를 표시하고 피대리 행정청을 대리하여 행정처분을 한 때에는 피대리 행정청이 피고로 되어야 한다.

피대리 행정청이 실제로 행한 행정청

→ 상급행정청의 지시(통보)에 의해 하급행정청이 자신의 명의로 처분을 하였다면, 당해 처분에 대한 취소소송에서는 하급행정청이 피고가 된다.

→ (공무원이) 「국가공무원법」에 따른 처분, 그 밖에 본인의 의사에 반한 불리한 처분이나 부작위에 관한 행정소송을 제기할 때에 대통령의 처분 또는 부작위의 경우에는 소속 장관을 피고로 한다.

→ 망인(亡人) 甲이 친일행적을 하였다는 이유로 국무회의 의결과 대통령 결재를 거쳐 甲의 독립유공자 서훈취소가 결정된 후, 국가보훈처장이 甲의 유족에게 행한 '독립유공자 서훈취소 결정통보'는 주체상의 하자가 있다고 보기 어렵다.

→ 국무회의에서 건국훈장 독립장이 수여된 망인에 대한 서훈취소를 의결하고 대통령이 결재함으로써 서훈취소가 결정된 후 국가보훈처장이 망인의 유족에게 독립유공자 서훈취소결정통보를 한 경우 항고소송의 피고는 국가보훈처장이 아니라 행정청(대통령)이다.

→ 망인에 대한 서훈취소는 유족에 대한 것이 아니므로 유족에 대한 통지에 의해서만 성립하여 효력이 발생한다고 볼 수 없고, 그

유족은 처분의 상대방X

결정이 처분권자의 의사에 따라 상당한 방법으로 대외적으로 표시됨으로써 행정행위로서 성립하여 효력이 발생한다고 봄이 타당하다.

2. 관할법원의 이송

관할법원의 이송은 민사소송법이 준용된다. 법원의 소송의 전부 또는 일부에 대하여 관할권이 없다고 인정하는 경우에는 결정으로 이를 관할법원에 이송한다(민사소송법 제34조 제1항). 이 규정은 원고의 고의 또는 중대한 과실 없이 행정소송이 심급을 달리하는 법원에 잘못 제기된 경우에도 적용한다(행정소송법 제7조). 또한 이송결정은 이송을 받은 법원을 기속하며, 이에 따라 당해 법원은 그 사건을 다른 법원에 이송하지 못한다(민사소송법 제38조). 이송결정과 이송신청의 각하결정에 대하여는 즉시항고를 할 수 있다(민사소송법 제39조).

→ 원고가 고의 또는 중대한 과실 없이 당사자소송으로 제기하여야 할 것을 항고소송으로 잘못 제기한 경우에, 당사자소송으로서의 소송요건을 결하고 있음이 명백하여 당사자소송으로 제기되었더라도 어차피 부적법하게 되는 경우가 아닌 이상, 법원으로서는 원고로 하여금 당사자소송으로 소 변경을 하도록 하여 심리·판단하여야 한다.

3. 관련청구소송의 이송·병합

행정소송법

제10조 (관련청구소송의 이송 및 병합)

제1항 취소소송과 다음 각 호의 1에 해당하는 소송(이하 "관련 청구소송"이라 한다)이 각각 다른 법원에 계속되고 있는 경우에 관련 청구소송이 계속된 법원이 상당하다고 인정하는 때에는 당사자의 신청 또는 직권에 의하여 이를 **취소소송이 계속된 법원으로 이송**할 수 있다.

1. 당해 처분 등과 관련되는 **손해배상·부당이득반환·원상회복 등 청구소송**
2. 당해 처분 등과 관련되는 취소소송

제2항 취소소송에는 사실심의 변론종결시까지 관련청구소송을 병합하거나 피고외의 자를 상대로 한 관련청구소송을 취소소송이 계속된 법원에 병합하여 제기할 수 있다.

→ 행정소송법 제10조(이송 및 병합)는 **무효등확인소송, 부작위위법확인소송, 당사자소송**에 준용된다.

∴ 무효확인소송을 국가배상청구소송이 계속된 법원으로 이송·병합✕
  국가배상청구소송을 **무효확인소송이 계속된 법원으로 이송·병합**○

가. 관련청구소송의 이송

취소소송과 관련청구소송이 각각 다른 법원에 계속되고 있는 경우에 관련청구소송이 계속된 법원은 당사자의 신청 또는 직권에 의하여 이를 취소소송이 계속된 법원으로 이송할 수 있다(행정소송법 제10조 제1항).

이송의 요건으로는 1. 취소소송과 관련청구소송이 각각 다른 법원에 계속 중이어야 하고, 2. 관련청구소송이 계속된 법원이 당해 소송을 취소소송이 계속된 법원에 이송시킴이 "상당하다고 인정하는 때"에만 가능한 이송의 상당성이 인정되어야 하며, 3. 관련청구소송의 이송은 당사자의 신청에 의하거나 또는 그것이 없더라도 법원의 직권으로 행해질 수 있다.

나. 관련청구소송의 병합

처분의 취소소송은 (항고소송에 의하여) 처분행정청을 피고로 하여 제기되며, 처분으로 인한 손해배상청구소송은 (당사자소송이나 민사소송에) 의하여 국가나 공공단체를 피고로 하여 제기된다. 그런데 이는 형식적으로 독립적인 별개의 소송이지만, 실질적으로는 하나의 궁극적 목적을 달성하기 위한 것이다. 따라서 서로 관련되는 청구를 하나의 소송절차에 병합하여 통일적으로 재판함으로써 당사자나 법원의 부담을 덜 수 있으며, 심리의 중복·재판의 저촉을 피할 수 있고, 나아가 국민의 권리구제를 위하여 분쟁을 신속히 처리할 수 있다.

병합의 종류와 형태로는 원·피고 사이에서 관련청구소송의 병합인 객관적 병합과 원·피고 이외의 자를 포함하는 주관적 병합을 들 수 있다. 주관적 병합으로는 제소시에 행하는 원시적 병합과 소송의 계속 중에 행하는 후발적 병합이 있다. 취소소송이 계속된 법원은 관련청구소송을 병합하여 심리할 수 있다. 관련청구소송이 병합된 본체인 취소소송은 그 자체로서 소송요건을 구비하여 적법하여야 한다. 다만, 본체인 취소소송이 병합 전에 계속되어 있어야 하는 것은 아니므로, 처음부터 관련청구를 병합하여 제기하는 것이 가능하다. 취소소송에 병합할 수 있는 청구는 대상인 처분 등과 관련되는 손해배상·부당이득반환·원상회복 등 청구소송과 (본체인 취소소송의) 대상인 처분 등과 관련되는 취소소송이다(행정소송법 제10조 제1항).

→ 행정처분에 대한 무효확인과 취소청구는 서로 양립할 수 없는 청구로서 주위적·예비적 청구로서만 병합이 가능하고 선택적 청구로서의 병합이나 단순 병합은 허용되지 않는다.

→ 무효확인청구와 취소청구는 주위적 병합O · 예비적 병합O / 선택적 병합X · 단순 병합X

→ 동일한 행정처분에 대하여 무효확인의 소를 제기하였다가 그 後 그 처분의 취소를 구하는 소를 추가적으로 병합한 경우, 주된 청구인 무효확인의 소가 적법한 제소기간 내에 제기되었다면 추가로 병합된 취소청구의 소도 적법하게 제기된 것으로 보아야 한다.

4. 임의적 행정심판전치주의

> **행정소송법**
>
> **제18조 (행정심판과의 관계)**
> **제1항** 취소소송은 법령의 규정에 의하여 당해 처분에 대한 행정심판을 제기할 수 있는 경우에도 이를 거치지 아니하고 제기할 수 있다. 다만, 다른 법률에 당해 처분에 대한 행정심판의 재결을 거치지 아니하면 취소소송을 제기할 수 없다는 규정이 있는 때에는 그러하지 아니하다.
> **제2항** 제1항 단서의 경우에도 다음 각호의 1에 해당하는 사유가 있는 때에는 행정심판의 재결을 거치지 아니하고 취소소송을 제기할 수 있다.
> 1. 행정심판청구가 있은 날로부터 60일이 지나도 재결이 없는 때
> 2. 처분의 집행 또는 절차의 속행으로 생길 중대한 손해를 예방하여야 할 긴급한 필요가 있는 때
> 3. 법령의 규정에 의한 행정심판기관이 의결 또는 재결을 하지 못할 사유가 있는 때
> 4. 그 밖의 정당한 사유가 있는 때
> **제3항** 제1항 단서의 경우에 다음 각호의 1에 해당하는 사유가 있는 때에는 행정심판을 제기함이 없이 취소소송을 제기할 수 있다.
> 1. 동종사건에 관하여 이미 행정심판의 기각재결이 있은 때
> 2. 서로 내용상 관련되는 처분 또는 같은 목적을 위하여 단계적으로 진행되는 처분 중 어느 하나가 이미 행정심판의 재결을 거친 때
> 3. 행정청이 사실심의 변론종결후 소송의 대상인 처분을 변경하여 당해 변경된 처분에 관하여 소를 제기하는 때
> 4. 처분을 행한 행정청이 행정심판을 거칠 필요가 없다고 잘못 알린 때
> **제4항** 제2항 및 제3항의 규정에 의한 사유는 이를 소명하여야 한다.

행정소송법 제18조 제1항은 임의주의를 원칙으로 하면서도 '다만, 다른 법률에 당해 처분에 대한 행정심판의 재결을 거치지 아니하면 취소소송을 제기할 수 없다는 규정이 있는 때에는 그러하지 아니하다.'고 하여 예외를 인정하고 있다. 현행법상 다른 법률에서 필요적 행정심판전치를 채택하고 있는 경우로는 각종 공무원법·세법·노동법·도로교통법 등이 있다. 행정심판전치에 관한 논의들은 행정심판전치주의가 원칙이던 과거와는 달리 현재는 큰 의미가 없다.

4. 행정심판전치주의의 요건

법률이 요구하는 행정심판전치를 충족하기 위해서는 행정심판의 청구가 적법하여야 하며, 행정심판이 행정소송과 관련된 것이어야 한다. 행정심판이 적법하게 제기되어 본안에 대한 재결을 받을 수 있어야 하므로, 심판 청구 자체가 부적법하여 각하된 경우에는 심판전치의 요건을 충족하지 못하는 것이 된다.

해당 처분에 대하여 행정심판이 제기되어 재결이 있었으면 전치의 요건을 충족시켰다고 볼 수 있으므로 행정심판의 청구인과 행정소송의 원고가 동일인일 필요는 없다, 그러므로 공동소송인 중의 1인이 행정심판을 거친 경우에는 다른 공동소송인은 행정심판을 경유하지 않아도 된다.

행정심판의 대상과 취소소송의 대상인 처분은 동일하여야 한다. 그런데, 이는 청구의 취지나 청구의 이유가 기본적인 점에서 일치하면 족하다. 그리고 서로 내용상 관련되는 처분 또는 같은 목적을 위하여 단계적으로 진행되는 처분 중 어느 하나가 이미 행정심판의 재결을 거친 때에는 (또다시) 행정심판을 거칠 필요 없이 취소소송을 제기할 수 있다.

6. 제소기간

> ### 행정소송법
>
> **제20조 (제소기간)**
> **제1항** 취소소송은 처분 등이 있음을 안 날부터 90일 이내에 제기하여야 한다. 다만, 제18조 제1항 단서에 규정한 경우와 그 밖에 행정심판청구를 할 수 있는 경우 또는 행정청이 행정심판청구를 할 수 있다고 잘못 알린 경우에 행정심판청구가 있은 때의 기간은 재결서의 정본을 송달받은 날부터 기산한다.
> **제2항** 취소소송은 처분 등이 있은 날부터 1년(제1항 단서의 경우는 재결이 있은 날부터 1년)을 경과하면 이를 제기하지 못한다. 다만, 정당한 사유가 있는 때에는 그러하지 아니하다.
> **제3항** 제1항의 규정에 의한 기간은 불변기간으로 한다.

제소기간이란 처분의 상대방 등이 소송을 제기할 수 있는 시간적 간격을 말하며, 제소기간이 준수되었는가의 여부는 소송요건으로서 법원의 직권조사사항이다.

→ 제소기간의 준수여부는 소송요건이므로 법원의 직권조사사항이다.

가. 행정심판을 거친 경우

행정심판을 제기하는 경우에는 그 재결서의 정본을 송달받은 날부터 90일 이내에 취소소송을 제기하여야 한다. 이 기간은 불변기간이다. 이 경우에도 재결이 있은 날부터 1년을 경과하면 취소소송을 제기할 수 없다. 다만, '정당한 사유'가 있는 때에는 그러하지 아니하다. 즉, 1년이 경과하여도 소송을 제기할 수 있다.

→ 행정심판청구가 있은 때의 취소소송의 제소기간은 재결서의 정본을 송달받은 날부터 기산하는바, 여기서 말하는 '행정심판'은 행정심판법에 따른 일반행정심판과 이에 대한 특례로서 다른 법률에서 사안의 전문성과 특수성을 살리기 위하여 특히 필요하여 일반행정심판을 갈음하는 특별한 행정불복절차를 정한 경우의 특별행정심판을 뜻한다.

→ A구청장은 법령 위반을 이유로 甲에 대하여 3월의 영업정지처분을 하였고, 甲은 2015년 12월 26일 처분서를 송달받았다. 이에 대하여 甲이 행정심판을 청구하자, 2016년 3월 6일 "A구청장은 甲에 대하여 한 3월의 영업정지처분을 과징금부과처분으로 변경하라."라는 일부 기각(일부 인용)의 재결을 하였고, 그 재결서 정본은 2016년 3월 10일 甲에게 도달하였다. A구청장은 이 재결 취지에 따라 2016년 3월 13일 甲에 대하여 과징금부과처분을 하였다. 甲은 A구청장을 상대로 과징금부과처분의 취소를 구하는 취소소송을 제기하려고 한다. 갑(甲)이 취소소송을 제기할 때, 그 취소소송의 제소기간은 2016년 3월 10일로부터 90일이다.

→ 행정처분이 있음을 안 날부터 90일을 넘겨 행정심판을 청구하였다가 각하재결을 받은 후 그 재결서를 송달받은 날부터 90일 내에

각하재결 ∴ 부적법한 심판청구O

원래의 처분에 대하여 취소소송을 제기한 경우, 수소법원은 각하판결을 하여야 한다.

나. 행정심판을 거치지 않은 경우

행정심판을 거치지 않고 바로 취소소송을 제기하는 경우에는 처분이 있음을 안 날로부터 90일 이내에 취소소송을 제기하여야 한다. 이 기간은 불변기간이다. 다만, '당사자가 책임을 질 수 없는 사유'로 인하여 불변기간을 준수할 수 없었던 경우에는 그 사유가 없어진 날부터 2주 이내에 게을리 한 제소행위를 보완할 수 있다. 이 경우에도 처분이 있은 날로부터 1년을 경과하면 취소소송을 제기할 수 없다. 다만, 정당한 사유가 있는 때에는 그러하지 아니하다. 즉, 1년은 불변기간이 아니다. '정당한 사유'란 '당사자가 책임을 질 수 없는 사유나 천재지변·전쟁 등 그 밖에 불가항력적인 사유'보다는 넓은 개념으로서, 여러 사정을 종합하여 사회통념상 소송의 제기가 지연된 점을 용인하는 것이 상당하다고 할 수 있는 사유를 말한다.

→ 상대방이 있는 행정처분에 대하여 행정심판을 거치지 아니하고 바로 취소소송을 제기하는 경우 처분이 있음을 안 날이란 통지, 공고 기타의 방법에 의해 당해 행정처분이 있었다는 사실을 현실적으로 안 날을 의미한다.

→ 불특정 다수인에게 고시 또는 공고하는 경우 상대방이 고시 또는 공고 사실을 현실적으로 알았는지와 무관하게 고시가 효력이 발생하는 날에 처분이 있음을 알았다고 보아야 한다.

→ 통상 고시 또는 공고에 의하여 행정처분을 하는 경우에는 그 처분의 상대방이 불특정 다수인이고 그 처분의 효력이 불특정 다수인에게 일률적으로 적용되는 것이므로, 그 행정처분에 이해관계를 갖는 자가 고시 또는 공고가 있었다는 사실을 현실적으로 알았는지 여부에 관계없이 고시가 효력을 발생하는 날 행정처분이 있음을 알았다고 보아야 한다.

→ 특정인에 대한 행정처분을 (주소불명 등의 이유로 송달할 수 없어) 관보·공보·게시판·일간신문 등에 공고한 경우에는, 공고가 효력을 발생하는 날에 상대방이 그 행정처분이 있음을 알았다고 볼 수는 없고, 상대방이 당해 처분이 있었다는 사실을 현실적으로 안 날에 그 처분이 있음을 알았다고 보아야 한다.
  특정인에 대한 행정처분의 경우, 통지를 하든지 고시·공고를 하든지 상관없이 (상대방이) 현실적으로 안 날 = 처분이 있음을 안 날

→ '처분 등이 있음을 안 날'이라 함은 상대방이 있는 행정처분의 경우에는 특별한 규정이 없는 한 의사표시의 일반적 법리를 따라 행정처분이 상대방에게 고지되어야 효력이 발생하게 되므로, 행정처분이 상대방에게 고지되어 상대방이 이러한 사실을 인식함으로써 행정처분이 있다는 사실을 현실적으로 알았을 때 제소기간이 진행한다. 따라서 처분서를 송달받기 전 정보공개 청구를 통하여 처분을 하는 내용의 일체의 서류를 교부 받았더라도 그 서류를 교부받은 날부터 제소기간이 기산되지는 않는다.

→ 처분을 다투고자 하는 제3자는 어떠한 방법에 의하든지 행정처분이 있었음을 안 경우에는 안 날로부터 90일 이내에 행정소송을 제기하여야 한다.

→ 선행처분의 취소를 구하는 소가 그 후속처분의 취소를 구하는 소로 교환적으로 변경되었다가 다시 선행처분의 취소를 구하는 소로 변경된 경우 후속처분의 취소를 구하는 소에 선행처분의 취소를 구하는 취지가 그대로 남아 있었던 것으로 볼 수 있다면 선행처분의 취소를 구하는 소의 제소기간은 최초의 소가 제기된 때를 기준으로 정하여야 한다.

7. 회복되는 법률상 이익의 범위

> **행정소송법**
>
> **제12조 (원고적격)**
> 취소소송은 처분 등의 취소를 구할 법률상 이익이 있는 자가 제기할 수 있다. 처분 등의 효과가 기간의 경과, 처분 등의 집행 그 밖의 사유로 인하여 소멸된 뒤에도 그 처분 등의 취소로 인하여 회복되는 법률상 이익이 있는 자의 경우에는 또한 같다.

회복되는 법률상 이익은 (법률상 보호가치가 있다면) 취소를 통하여 구제되는 기본적인 법률상 이익뿐만 아니라 법률상 부수적 이익도 포함한다고 보는 것이 다수설이다.

→ 사실심 변론종결시에는 원고적격이 있었으나, 상고심에서 원고적격이 흠결된 취소소송은 소송요건이 충족되지 않는다.

→ 원고적격은 소송요건의 하나이므로 사실심 변론종결시는 물론 상고심에서도 존속하여야 하고 이를 흠결하면 부적법한 소가 된다.

부적법한 소가 되면 해당법원은 각하판결

→ 법령이 특정한 행정기관으로 하여금 다른 행정기관에 제재적 조치를 취할 수 있도록 하면서, 그에 따르지 않으면 그 행정기관에 과태료 등을 과할 수 있도록 정하는 경우, 권리구제나 권리보호의 필요성이 인정된다면 예외적으로 그 제재적 조치의 상대방인 행정기관에게 항고소송의 원고적격을 인정할 수 있다.

→ 시·도 선거관리위원회의 위원장은 국민권익위원회가 그에게 소속 직원에 대한 중징계 요구를 취소하라는 등의 조치요구를 한

국민권익위원회의 조치요구는 강제성O
∴ 권리·의무에 영향O

것에 대하여 취소소송을 제기할 당사자능력 및 원고적격을 가진다.

→ 국민권익위원회가 소방청장에게 일정한 의무를 부과하는 내용의 조치요구를 한 경우 소방청장은 조치요구의 취소를 구할 당사자능력

국민권익위원회의 조치요구는 강제성O ∴ 권리·의무에 영향O

및 원고적격을 가진다.

→ 구 「주택법」상 입주자나 입주예정자는 주택의 사용검사처분의 무효확인 또는 취소를 구할 법률상 이익이 없다.

→ 사증발급 거부처분을 다투는 외국인은 해당 처분의 취소를 구할 법률상 이익이 없다. 반면에, 귀화불허가처분, 체류자격변경 불허가처분, 강제퇴거명령 등을 다투는 외국인은 해당 처분의 취소를 구할 법률상 이익이 있다.

→ BUT 대한민국에서 출생하여 오랜 기간 대한민국 국적을 보유하면서 거주한 재외동포는 사증발급 거부처분의 취소를 구할 법률상 이익이 있다.

→ 약제를 제조·공급하는 제약회사는 보건복지부 고시인 「약제 급여·비급여 목록 및 급여 상한금액표」 중 약제의 상한금액 인하 부분에 대하여 그 취소를 구할 원고적격이 있다.

→ 지방법무사회의 사무원 채용승인 거부처분 또는 채용승인 취소처분에 대해서는 처분 상대방인 법무사 뿐만 아니라 그 때문에 사무원이 될 수 없게 된 사람도 이를 다툴 원고적격이 인정되어야 한다.

→ 처분의 근거 법규 또는 관련 법규에 그 처분으로써 이루어지는 행위 등 사업으로 인하여 환경상 침해를 받으리라고 예상되는 영향권의 범위가 구체적으로 규정되어 있는 경우, 그 영향권 내의 주민들에 대하여는 특단의 사정이 없는 한 환경상 이익에 대한 침해 또는 침해 우려가 있는 것으로 사실상 추정된다.

영향권 내의 주민 : 침해 사실상 추정 VS 영향권 밖의 주민 : 침해 입증필요

→ 개발제한구역 안에서의 공장설립 승인처분이 쟁송취소되었다고 하더라도 그 승인처분에 기초한 공장건축허가처분이 잔존하는 이상 인근 주민들은 여전히 공장건축허가처분의 취소를 구할 법률상 이익이 있다.

법률상 이익을 광의로 해석하여 이 법률상 부수적 이익에 명예·신용 등의 인격적·사회적 이익을 포함시킬 수 있을 것인지에 대해서 견해의 대립이 있다.

['법률상 이익'의 의미]

권리구제설	1. 위법한 처분으로 인해 권리를 침해당한 자는 원고적격O 2. 단점 : 원고적격을 지나치게 좁게 인정
법률상 보호이익설 (다수설·판례)	1. 권리 더 나아가 법률상 보호이익을 침해받은 자도 원고적격O 2. '권리구제설'보다 원고적격이 확대
보호가치 있는 이익설	1. (소송법적 관점에서) 재판에 의하여 보호할 만한 가치, 즉 법률상의 이익·사실상의 이익 여 부를 불문하고 보호할 만한 가치가 있는 이익이 침해된 자는 항고소송의 원고적격O 2. '법률상 보호이익설'보다도 원고적격을 넓게 인정 3. 단점 : 보호할 만한 가치가 있는 이익의 존부여부에 대한 일반적인 기준을 마련하기 어려움
적법성보장설	1. 해당처분을 다툴 가장 적합한 이익상태에 있는 자에게 원고적격O 2. 단점 : 항고소송이 민중소송화되어 법원의 재판부담이 가중될 우려O

→ 「행정소송법」 제12조 전단의 '법률상 이익'의 개념과 관련하여서는 권리구제설, 법률상 보호된 이익구제설, 보호가치 있는 이익 구제설, 적법성보장설 등으로 나누어지며, 법률상 보호된 이익구제설이 통설·판례의 입장이다.

[처분의 상대방의 원고적격 여부]

수익처분의 상대방	특별한 사정이 없는 한 법률상 이익 침해X ∴ 원고적격X
불이익처분의 상대방	(처분의 근거 법률의 사익보호성 여부와 관련 없이) 법률상 이익 침해O ∴ 원고적격O
거부처분의 상대방	1. 상대방에게 신청권이 있어서 대상적격을 충족 즉 행정청의 거부행위가 거부처분으로 인정되는 경우 원고적격O 2. 정보공개청구에 대한 거부처분 자체가 법률상 이익(정보공개청구권)의 침해O ∴ 원고적격O

[제3자효 관련 법률상 이익O VS 법률상 이익X]

법률상 이익O (원고적격O)	법률상 이익X (원고적격X)
[인인소송]	[인인소송]
1. 환경영향평가 대상지역 **안** 주민들 2. 공유수면매립면허처분과 농지개량사업시행인가처분에 대한 환경영향평가 대상지역 **안** 주민들 3. 전원개발사업실시계획승인처분에 대한 환경영향평가 대상지역 **안** 주민들 4. 도로용도폐지처분에 대하여, 당해 도로(공공용재산)의 성질상 특정개인의 생활에 개별성이 강한 직접적이고 구체적인 이익이 부여된 자 5. 연탄공장허가처분으로 불이익을 받고 있는 인접주민	1. 공유수면매립면허처분과 농지개량사업시행인가처분에 대한 환경영향평가 대상지역 **밖** 주민들 2. 새로운 도로가 개설되어 유일한 통로가 아니게 된 경우, 그 도로를 이용하던 주민 3. 위락시설(유흥주점)로 건물용도를 변경하는 것을 허용하는 취지의 재결에 대한 주민 4. **상수원보호구역변경처분에 대하여 상수원보호구역에서 급수를 받는 주민** 5. 절대보존지역의 유지로 지역주민들이 누리는 이익

법률상 이익O (원고적격O)	법률상 이익X (원고적격X)
6. 도시계획결정에 대한 공설화장장 금지구역 인근주민들	6. 생태·자연도 등급변경처분으로 인한 인근주민의 불이익
7. 폐기물처리시설설치계획입지가 결정·고시된 지역 인근주민들	
8. 자동차 LPG충전소 설치허가에 대한 LPG충전소 설치지역 인접거주주민	**[경업자소송]**
9. 토사채취허가에 대한 토사채취지역 인근주민들	**1. 신규 구내소매인의 지정에 대한 기존 일반담배소매인**
10. 공장설립승인처분에 대한 레미콘공장 신설부지 인접거주주민	2. (신규) 목욕탕 영업허가에 대한 기존 목욕탕업자
11. 건축허가에 대한 고층 건축물로 인해 일조권 침해를 받는 **정북방향** 거주주민	3. 약사들에게 한약조제권 인정에 대한 기존 한의사들
12. 영광원자력발전소 부지사전승인처분에 대한 지역주민	4. 새로운 치과의원 개설이 가능한 건물용도변경처분에 대한 인근 기존 치과의원 의사
13. 납골당 설치허가에 대한 납골당 설치장소 500m내 인가밀집지역 거주주민	5. (신규) 석탄가공업허가처분에 대한 기존 석탄가공업자
14. 폐기물소각시설의 입지지역을 결정·고시한 처분에 대한 시설부지 경계선으로부터 300m내 주민들	6. 숙박업 구조변경허가처분에 대한 인근 여관업자
15. 김해시장의 낙동강 합류하천수 주변의 공장설립승인처분에 대하여 물금*취수장에서 취수된 물을 공급받는 부산광역시·양산시에 거주하는 주민들	7. 양곡가공업허가에 대한 기존 양곡업자
＊물금은 지역이름	8. 장의자동차 운송사업자의 구역위반을 이유로 한 과징금부과처분을 취소한 재결에 대한 동종 장의업자
16. 광산허가를 받은 인근지역 토지·건물 등 소유자·점유자·주민들이 침해·침해우려를 증명한 경우	9. 새로운 조미료 제조업자의 조미료 원료 수입허가에 대한 기존 조미료 제조업자
[경업자소송]	
1. 자동차운송사업면허에 대한 당해 노선에 관한 기존업자	**[기타]**
2. 선박운항사업면허처분에 대한 기존업자	1. 개발제한구역에서 해제하는 도시관리계획 변경결정에 대해서 해제누락된 토지소유자
3. 시외버스운송사업계획변경인가에 대한 기존의 **시내버스운송사업자**	2. 토지수용에 의하여 이미 토지에 대한 소유권을 상실한 청구인
4. 시외버스운송사업계획변경인가에 대한 기존의 **시외버스운송사업자**	3. 원천징수의무자에 대한 납세고지(소득금액 변동통지)를 다투는 원천납세의무자
5. 기존 시외버스를 시내버스로 전환하는 사업계획변경인가처분에 대해 노선이 중복되는 기존 시내버스업자	4. 주택사용검사처분의 취소를 구하는 입주자·입주예정자
6. 직행형 시외버스운송사업자에 대한 사업계획변경인가처분에 대해 노선이 중복되는 기존 고속형 시외버스운송사업자	5. 국세체납처분을 원인으로 한 압류등기 이후에 압류부동산을 매수한 자
7. 화물자동차면허대수를 늘리는 보충인가처분에 대한 개별화물자동차운송사업자	6. 공유수면매립목적변경처분의 무효확인을 구하는 수녀원
8. 분뇨 등 관련 영업허가를 받아 영업을 하고 있는 기존업자	7. 도지정문화재 지정처분으로 인한 (개인의) 명예감정의 손상
9. 허가를 받은 중계유선방송사업자의 사업상 이익	8. 행정학 전공자를 조세정책과목 교수로 임용한 것에 대해 세무학과 학생들은 원고적격X
10. 담배소매업 영업소 간에 일정거리 제한이 있는 경우, 기존 담배소매인	9. 운전기사의 행위로 인한 회사 과징금처분에 대해 운전기사는 취소를 구할 원고적격X

법률상 이익O (원고적격O)	법률상 이익X (원고적격X)
11. (기존업자 영업허가지역내로의) 다른 약종상* 영업소이전 허가처분에 대한 기존업자 　* 약종상 : 약재를 파는 사람	

[경원자소송]

1. 액화석유가스(LPG) 사업허가에 대하여 허가를 받지 못한 자는 경업자에 대한 허가처분의 취소를 구할 법률상 이익O
2. 항만공사 시행허가 신청을 한 자는 허가를 받은 경업자에 대한 허가처분의 취소를 구할 법률상 이익O

[기타]

1. (교육부장관의) 학교법인 임시이사 선임행위에 대해서 교수협의회·총학생회는 원고적격O / 노동조합은 원고적격X
2. 체육시설업자 또는 사업계획승인을 얻은 자가 받은 시·도지사의 검토결과 통보에 대해 골프장의 기존회원은 취소를 구할 법률상 이익O
3. 채석허가의 양수인은 양도인에게 행해진 허가취소처분의 취소를 구할 법률상 이익O
4. 관할청의 임원취임승인신청 반려처분에 관하여 (학교법인에 의하여) 임원으로 선임된 자
5. 약제 상한금액을 인하하는 보건복지부 고시의 취소를 구하는 제약회사
6. 주택재개발사업조합설립추진위원회 구성에 동의하지 않은 소유자의 조합설립추진위원회 설립승인처분에 대한 취소
7. 도시계획사업 실시계획 인가처분에 대한 도시계획사업 시행지역에 포함된 토지의 소유자
8. 난민불인정처분을 다투는 경우, 위명(가짜이름)을 사용한 미얀마 국적인

→ 생태·자연도 1등급으로 지정되었던 지역을 2등급 또는 3등급으로 변경하는 내용의 환경부장관의 결정에 대해 해당 1등급 권역의 인근 주민은 취소소송을 제기할 원고적격이 없다.

→ 원천징수의무자(법인)에 대한 소득금액변동통지는 원천납세의무의 존부나 범위와 같은 원천납세의무자의 권리나 법률상 지위에 어떠한 영향을 준다고 할 수 없으므로 소득처분에 따른 소득의 귀속자는 법인에 대한 소득금액변동통지의 취소를 구할 법률상 이익이 없다.

→ 교육부장관이 사학분쟁조정위원회의 심의를 거쳐 이사와 임시이사를 선임한 데 대하여 대학 교육협의회와 총학생회는 제3자로서 취소소송을 제기할 자격이 있다.

→ 교육부장관이 사학분쟁조정위원회의 심의를 거쳐 학교법인의 이사와 임시이사를 선임한 데 대하여 그 대학교의 교수협의회와 총학생회는 이사선임처분을 다툴 법률상 이익을 가지지만, 직원으로 구성된 노동조합은 법률상 이익을 가지지 않는다.

→ 경원관계에서 신청한 처분을 받지 못한 사람은 신청에 대한 거부처분의 직접 상대방으로서 원칙적으로 자신에 대한 거부처분의 취소를 구할 원고적격이 있고, 거부처분 취소판결이 확정되는 경우 판결의 직접적인 효과로 경원자에 대한 허가처분이 취소되거나 효력이 소멸되지는 않더라도 특별한 사정이 없는한 자신에 대한 거부처분의 취소를 구할 소의 이익이 있다.

→ 개발제한구역 중 일부 취락을 개발제한구역에서 해제하는 내용의 도시관리계획변경결정에 대하여, 개발제한구역 해제대상에서 누락된 토지의 소유자는 그 결정의 취소를 구할 법률상 이익이 없다.

→ 일반면허를 받은 시외버스운송사업자에 대한 사업계획변경인가처분으로 인하여 노선 및 운행계통의 일부 중복으로 기존에 한정면허를 받은 시외버스운송사업자의 수익감소가 예상된다면, 기존의 한정면허를 받은 시외버스운송사업자는 일반면허 시외버스운송사업자에 대한 사업계획변경 인가처분의 취소를 구할 법률상의 이익이 있다.

8. 협의의 소의 이익(권리보호의 필요성)의 인정여부

원고적격(법률상 이익이 있는 자)이 있으면 취소소송의 원고가 될 수 있는 것이 원칙이다. 그러나 소송을 제기할 실질적인 이익이 없으면 원고가 될 수 없다. 즉, 법원이 본안판결을 행할 구체적 실익 내지 현실적 필요성이 있어야 한다. 이와 같이 '분쟁을 재판에 의하여 해결할 만한 현실적 필요성'을 협의의 소의 이익 또는 권리보호의 필요성이라고 한다.

가. 처분의 효력이 소멸한 경우

(1) 원칙

행정소송법 제12조 1문은 "취소소송은 처분 등의 취소를 구할 법률상 이익이 있는 자가 제기할 수 있다."고 정하고 있고, 2문은 "처분 등의 효과가 기간의 경과, 처분 등의 집행 그 밖의 사유로 인하여 소멸된 뒤에도 그 처분 등의 취소로 인하여 회복되는 법률상 이익이 있는 자의 경우에는 또한 같다."고 정하고 있다. 이는 처분의 효력이 소멸된 경우에는 소의 이익(소익)이 부인되는 것이 원칙임을 뜻하는 것이다. 대표적 예로는 제소 전에 또는 소송 도중에, 1. 행정처분에서 정한 효력기간(영업정지처분의 경우의 영업정지 기간)이 경과한 경우 2. 처분의 집행이 완료되어 원상회복이 불가능한 경우(건물철거대집행계고처분 후에 대상건물이 철거된 경우) 3. 처분 후에 법령·제도의 개폐로 처분의 근거법령이 소멸한 경우 4. 직위해제중인 공무원에 대해 새로운 직위해제사유로 직위해제를 한 경우에 구 직위해제에 대해 취소소송을 제기한 경우 등이 있다. (처분의 위법성을 이유로 손해배상을 청구할 수 있을 것인지는 별개의 문제이다).

(2) 예외

특별한 사정이 있음으로 인하여 행정처분이 외형상 잔존함으로써 여전히 어떤 법률상 이익이 침해되고 있기 때문에 반드시 당해 행정처분을 (주로 소급하여) 취소시켜야만 침해된 법률상 이익이 회복될 수 있는 경우에는 예외적으로 소의 이익(소익)이 인정된다. 대표적 예로서 1. 파면처분 후 당연퇴직한 경우 파면처분의 취소소송 2. 공장등록취소처분 이후에 공장이 멸실되었지만 공장등록을 하면 관련 법률에 의해 보호되는 구체적·직접적 이익이 있는 경우에 공장등록취소처분의 취소소송 3. 현역병입영통지처분에 따른 현역입영 이후에 현역병입영통지처분의 취소소송 4. (매월 수당이 지급되는) 지방의회 의원에 대한 제명의결 취소소송 계속 중 의원의 임기가 만료된 경우 등을 들 수 있다.

→ 공장등록이 취소된 후 그 공장시설물이 철거되었고 다시 복구를 통하여 공장을 운영할 수 없는 상태라 하더라도 대도시 안의 공장을 지방으로 이전할 경우 조세감면 및 우선입주 등의 혜택이 관계법률에 보장되어 있다면, 공장등록취소처분의 취소를 구할 법률상 이익이 인정된다.

→ 현역입영대상자로서는 현실적으로 입영을 하였다고 하더라도, 입영 이후의 법률관계에 영향을 미치고 있는 현역병입영통지 처분 등을 한 관할지방병무청장을 상대로 위법을 주장하여 그 취소를 구할 소송상의 이익이 있다.

→ 지방의회 의원에 대한 제명의결 취소소송 계속 중 의원의 임기가 만료된 경우에도 여전히 제명의결의 취소를 구할 법률상 이익이 인정된다.

→ 취임승인이 취소된 학교법인의 정식이사들에 대하여 원래 정해져 있던 임기가 만료되고 구 사립학교법 제22조 제2호 소정의 임원결격사유기간마저 경과하였다 하더라도, 취임승인이 취소된 학교법인의 정식 이사들로서는 그 취임승인취소처분 대한 취소를 구할 법률상 이익이 있다.

승소하면 긴급처리권(후임 정식이사 선임권) 가질 수 있음

(3) 선행처분이 취소되지 않으면 장래에 가중처벌의 가능성이 있는 경우

다양한 법령에서 국민이 법령상의 의무를 위반할 경우에 행정제재조치를 취할 수 있음을 규정하고 있는데, 1차 위반시 영업(업무)정지 10일, 2차 위반시 영업정지 30일, 3차 위반시 허가취소 등과 같이 제재가 가중되는 방식으로 규정하는 경우가 많다. 즉, 기존의 제재적 처분을 받은 사실이 장래의 법위반행위시에 제재를 함에 있어서 가중적 요건이 되는 것이다. 그리고 규정형식도 법률·대통령령·부령·훈령 등 다양하다.

이 경우 과거 판례는 법률상 이익(소의 이익, 권리보호의 필요성)의 인정 여부를 규범형식에 따라 판단하였다. 즉, 1. 가중처벌 요건이 법률 또는 대통령령으로 규정되어 있고, 실제로 가중처벌을 받을 우려가 있는 경우에는 법률상 이익을 인정하지만, 2. 가중처벌요건이 부령이나 훈령으로 되어 있는 경우에는 이를 부정하였다. 그러나 대법원은 2006.6.22, 2003두1684 전원합의체 판결을 통해 과거 판례를 변경하였다. 즉, 2.의 경우에도 소의 이익을 인정하고 있다.

→ BUT 가중요건이 법령에 규정되어 있더라도, 업무정지처분을 받은 후 새로운 제재처분을 받음이 없이 법률이 정한 기간이 경과하여 실제로 가중된 제재처분을 받을 우려가 없어졌다면 특별한 사정이 없는한 업무정지처분의 취소를 구할 법률상 이익이 인정되지 않는다.

나. 원상회복이 불가능한 경우

위법한 처분을 취소한다 하더라도 원상회복이 불가능한 경우에도 소의 이익(소익)이 인정되지 않는다. 예컨대, 건축허가에 따른 건축공사가 완료되었다면, 이격거리위반을 이유로 건축허가처분의 취소를 구할 경우 이미 공사가 완료되어 이격거리를 확보하는 것은 불가능하므로 소의 이익이 인정되지 않는다.

다. 처분 후의 사정변경에 의해 권익침해가 해소된 경우

처분 후의 사정변경에 의하여 이익침해가 해소된 경우에는 소익이 없다. 예컨대, 사법시험 제1차 시험 불합격처분취소를 구하는 소송 도중에 새로이 실시된 같은 시험에 합격한 경우이다.

[소의 이익O VS 소의 이익X]

소의 이익O	소의 이익X
[처분의 효력이 소멸한 경우]	**[처분의 효력이 소멸한 경우]**
[예외 : 소의 이익O]	**[원칙 : 소의 이익X]**
1. 행정처분의 효력기간이 경과하였다고 하더라도 그 처분을 받은 전력에 대해 가중적 제재규정이 법에 규정되어 있는 경우, 그 취소를 구할 소의 이익O ∵ 가중요건O	1. 새로운 사유에 기한 직위해제처분시 이전에 한 직위해제처분의 취소를 구하는 소의 이익X
2. 직위해제 후 동일 사유로 징계처분이 이루어졌더라도 예외적으로 종전 직위해제의 취소를 구할 소의 이익O ∵ 가중요건O	2. 처분에 효력기간이 정하여져 있는 경우, 그 기간이 경과된 행정처분은 효력을 상실해 취소를 구할 소의 이익X
3. 가중적 제재규정이 시행규칙에 규정되어 있는 경우에도 소의 이익O ∵ 가중요건O	3. 소송 중 처분청에 의하여 직권취소된 반려처분의 취소를 구하는 소는 소의 이익X
4. 집행정지 중 처분에서 정한 기간이 도과되어도 소의 이익O (영업정지처분의 집행정지기간 동안 영업정지기간이 경과하여도 영업정지처분의 취소를 구할 소의 이익O)	4. 취소소송 중 처분을 취소하는 형성재결이 이루어진 경우, 그 취소를 구하는 소는 소의 이익X
5. (선행 임시이사선임처분에 대한 취소소송 중 후행 임시이사로 교체된 경우라도) 동일한 소송 당사자 사이에 동일한 처분이 반복될 위험성이 있는 경우, 선행 임시이사선임처분의 취소를 구할 소의 이익O	5. 환지처분이 공고되어 효력을 발생하면 환지예정지지정처분은 효력을 상실 ∴ 환지예정지지정처분의 취소를 구할 법률상 이익X
	6. 사실심변론종결일 현재 허가기간이 경과한 토석채취허가 취소처분은 효력을 상실해 그 취소를 구할 소의 이익X
[원상회복이 불가능한 경우]	7. 유효기간이 경과한 중재재정은 효력을 상실해 그 취소를 구할 소의 이익X
[예외 : 소의 이익O]	8. 가중요건에 해당하는 기간이 경과하여 실제로 가중된 제재처분을 받을 우려가 없어졌다면 (정지기간이 경과한) 업무정지처분의 취소를 구할 소의 이익X
1. (도시개발사업의 **공사가 완료**되어도) 도시계획변경결정·도시개발구역지정·도시개발사업실시계획인가처분의 취소를 구할 소의 이익O	9. 부지사전승인처분에 대한 취소소송 중 건설허가처분(최종결정)이 있는 경우, 부지사전승인처분의 취소를 구하는 소는 소의 이익X
2. (건축허가취소처분을 받은) 건축물 소유자는 그 건축물이 완공된 후에도 여전히 건축허가취소처분의 취소를 구할 소의 이익O	10. 최초 과징금 부과처분을 한 뒤, 자진신고 등을 이유로 감면처분을 한 경우, 선행처분의 취소를 구할 소의 이익X
3. 임기가 만료된 지방의회 의원이라도 (제명의결의 취소로 인하여 월정수당의 지급을 구할 수 있는 등 부수적인 이익이 있으므로) 그 취소를 구할 소의 이익O	11. 처분청이 과징금을 감액한 경우, 감액된 부분의 취소를 구할 소의 이익X
4. (한국방송공사 사장에 대한) 해임처분의 무효확인·취소소송 중 임기가 만료되었더라도 무효확인·취소로 보수지급을 구할 수 있는 경우에는 소의 이익O	**[원상회복이 불가능한 경우]**
	[원칙 : 소의 이익X]
5. 공장등록이 취소된 후 그 공장시설물이 철거되었다 하더라도 감면혜택 등이 있는 경우, 공장등록 취소처분의 취소를 구할 소의 이익O	1. 건축물의 철거 ㄱ. 대집행실행이 완료된 경우, 대집행계고처분의 취소를 구할 소의 이익X ㄴ. 철거된 소음·진동배출시설에 대한 설치허가의 취소처분의 취소를 구할 소의 이익X
	2. 사실심 변론종결 전 공사완료한 경우 건축허가처분취소는 소의 이익X

소의 이익O	소의 이익X
6. 대학입학고사 불합격처분 취소소송 도중 입학시기가 도과하더라도 불합격처분의 취소를 구할 소의 이익O 　← ∵ 다음 연도에 입학 7. 현실적으로 입영을 한 자라도 입영 이후의 법률관계에 영향을 미치고 있는 현역병입영통지처분을 다툴 소의 이익O 8. **취임승인이 취소된 학교법인의 정식이사들은** 임기가 만료되고 임원결격 사유기간마저 경과하였다 하더라도 **취임승인취소처분 대한 취소를 구할 소의 이익O** 　← ∵ 후임 정식이사 선임권O	3. (입주자나 입주예정자의) 건축물에 대한 사용검사처분에 대한 항고소송은 법률상 이익X 4. 건축법상 이격거리가 확보되지 않아서 위법한 건축허가라도 건축공사가 완료되었다면 건축허가의 취소를 구할 법률상의 이익X 5. 지방의료원 폐업결정 후 지방의료원이 해산된 경우, 그 폐업결정의 취소를 구할 소의 이익X 6. 사업체를 폐업한 경우 부당노동행위 구제신청은 소의 이익X 7. (제주도) 조례가 개정되면서 먹는샘물 판매협약 해지를 통지한 경우 (개정)조례무효확인은 법률상 이익X 　∵ 다른 사유로 먹는샘물 판매사업자 지위상실O
[권익침해가 해소된 경우] **[예외 : 소의 이익O]** 1. 다른 교도소로 이송된 재소자도 영치품 사용신청 불허가처분의 취소를 구할 소의 이익O 2. 고등학교에서 퇴학처분을 당한 후 검정고시에 합격하였더라도 (고등학생으로서의 신분·명예가 회복될 수 없는 것이므로) 퇴학처분을 받은 자는 퇴학처분의 취소를 구할 소의 이익O	**[권익침해가 해소된 경우]** **[원칙 : 소의 이익X]** 1. 공익근무요원의 복무기간이 만료된 경우, 공익근무요원 소집해제신청 거부처분의 취소를 구할 소의 이익X 2. 불합격처분 　ㄱ. 사법시험 제2차 시험 불합격처분 이후에 새로이 실시된 제2차와 제3차 시험에 합격한 사람은 불합격처분의 취소를 구할 법률상 이익X 　ㄴ. 불합격처분 이후 새로 실시된 치과의사국가시험에 합격한 자는 기존 불합격처분의 취소를 구할 소의 이익X **[기타]** 1. 수익적 처분의 상대방은 소의 이익X 2. 현역병으로의 입영처분을 받은 자가 자진입대한 경우, 입영처분의 취소를 구할 소의 이익X 3. (절차적 요건 중 하나에 불과한) 조합설립결의·총회결의 부분만을 따로 떼어내어 효력 유무를 다투는 확인의 소는 소의 이익X 4. 이전고시가 효력이 발생한 후에는 관리처분계획의 취소를 구할 소의 이익X 5. 환지처분이 공고되어 효력이 발생한 후에는 토지소유자는 민법상의 불법행위로 인한 손해배상O / 환지확정처분의 일부에 대하여 취소를 구할 법률상 이익X 6. (진급처분을 행하지 아니한 상태에서 예비역으로 편입하는 처분을 한 경우) 진급처분부작위를 이유로 예비역편입처분의 취소를 구할 소의 이익X

소의 이익O	소의 이익X
	7. (경원자관계에 있어서) 명백한 법적 장애로 인하여 원고 자신의 신청이 인용될 가능성이 처음부터 배제되어 있는 경우, 거부처분의 취소를 구할 소의 이익X

→ 행정청이 한 처분 등의 취소를 구하는 소송은 그 처분에 의하여 발생한 위법상태를 배제하여 원래상태로 회복시키고 그 처분으로 침해된 권리나 이익을 구제하고자 하는 것이므로, 거부처분이 재결에서 취소된 경우 재결에 따른 후속처분이 아니라 그 재결의 취소를 구하는 것은 분쟁해결의 유효적절한 수단이라 할 수 없으므로 법률상 이익이 없다.

취소재결(인용재결)에 대해서 당사자A가 그 재결의 취소를 구할 이익X

→ 조합설립결의에 하자가 있다면 그 하자를 이유로 직접 항고소송의 방법으로 조합설립인가처분의 취소 또는 무효확인을 구하여야 하고, 이와는 별도로 조합설립결의 부분만을 따로 떼어내어 그 효력 유무를 다투는 확인의 소를 제기하는 것은 특별한 사정이

조합설립인가처분 취소소송·무효등확인소송 제기O / 조합설립결의 무효등확인소송 제기X

없는 한 허용되지 않는다.

→ 총회결의의 하자를 이유로 하여 행정처분의 효력을 다투는 항고소송의 방법으로 관리처분계획의 취소 또는 무효확인을 구하여야 하고, 그와 별도로 행정처분에 이르는 절차적 요건 중 하나에 불과한 총회결의 부분만을 따로 떼어내어 효력 유무를 다투는 확인의 소

관리처분계획 취소소송·무효등확인소송 제기O / 조합 총회결의 무효등확인소송 제기X

를 제기하는 것은 특별한 사정이 없는 한 허용되지 않는다.

→ 원자로 및 관계 시설의 부지사전승인처분은 (그 자체로서 건설부지를 확정하고 사전공사를 허용하는 법률효과를 지닌 독립한 행정처분이지만) 나중에 건설허가처분이 있게 되면 그 건설허가처분에 흡수되어 독립된 존재가치를 상실함으로써 그 건설허가처분만이 쟁송의 대상이 되는 것이므로, 부지사전승인처분의 취소를 구하는 소는 소의 이익을 잃게 되고, 따라서 부지사전승인처분의 위법성은 나중에 내려진 건설허가처분의 취소를 구하는 소송에서 다투면 된다.

→ 가행정행위인 선행처분이 후행처분으로 흡수되어 소멸하는 경우에는 선행처분의 취소를 구하는 소는 불가능하다.

9. 대상적격.

행정소송법

제2조 (정의)
제1항 이 법에서 사용하는 용어의 정의는 다음과 같다.
1. "처분 등"이라 함은 행정청이 행하는 구체적 사실에 관한 법집행으로서의 공권력의 행사 또는 그 거부와 그 밖에 이에 준하는 행정작용(이하 "처분"이라 한다) 및 행정심판에 대한 재결을 말한다.
2. "부작위"라 함은 행정청이 당사자의 신청에 대하여 상당한 기간 내에 일정한 처분을 하여야 할 법률상 의무가 있음에도 불구하고 이를 하지 아니하는 것을 말한다.
제2항 이 법을 적용함에 있어서 행정청에는 법령에 의하여 행정권한의 위임 또는 위탁을 받은 행정기관, 공공단체 및 그 기관 또는 사인이 포함된다.

제19조 (취소소송의 대상)
취소소송은 처분 등을 대상으로 한다. 다만, 재결취소소송의 경우에는 재결 자체에 고유한 위법이 있음을 이유로 하는 경우에 한한다.

가. 항고소송의 대상이 되는 행정처분

처분은 행정처분을 뜻함은 물론이다. 행정쟁송법상 '처분'이 학문상의 '행정행위'와 동일한 것인지에 관해서는 다툼이 있지만 다르다고 보는 견해가 다수설이다. 즉, 행정쟁송법상 '처분'은 학문상의 '행정행위'보다 넓은 개념으로서 전형적 '행정행위'와 '이에 준하는 행정작용'을 포괄하는 것이다.

[행정쟁송법상 '처분' VS 학문상의 '행정행위']

실체법적 개념설 (일원설)	1. 행정쟁송법상 '처분'은 학문상 '행정행위'와 동일O 2. 사실행위는 처분성X (다만, 권력적 사실행위는 법적행위(수인하명)을 포함하므로 처분성O)
쟁송법적 개념설 (이원설)	1. 행정쟁송법상 '처분'과 학문상 '행정행위'는 동일X → 행정쟁송법상 '처분'이 학문상 '행정행위'보다 더 넓은 개념 2. 권력적 사실행위 처분성O 비권력적 사실행위 중 **국민의 권익에 사실상의 지배력**을 미치는 경우 처분성O

(1) 행정청의 행위

처분은 '행정청'의 행위이다. 행정청은 조직법상이 아니라 기능상의 개념으로서 "행정에 관한 의사를 결정하여 표시하는 국가 또는 지방자치단체의 기관, 그 밖에 법령 또는 자치법규에 따라 행정권한을 가지고 있거나 위탁받은 공공단체나 그 기관 또는 사인"을 말한다. 앞의 '피고'에서 서술한 '처분청'과 동일한 것이다.

"법령 또는 자치법규에 의하여 행정권한을 가지고 있거나 위탁받은 공공단체나 그 기관 또는 사인"도 행정권을 부여받은 범위 내에서 행정청이 될 수 있다. 그러나 행정권을 부여받지 않은 경우는 행정청의 행위가 아니며 비록 그 행위가 상대방의 권리를 제한하는 행위라고 하더라도 행정처분은 아니고 사법상의 행위에 불과하다.

(2) 구체적 사실에 관한 것

처분은 '구체적 사실에 관한 법집행'이다. 법령을 집행하여 특정인·특정사안에 구체적인 법적 효과를 발생시키는 것을 처분이라고 한다. 모든 법적 규율은 일반·추상적, 개별·추상적, 일반·구체적, 개별·구체적인 규율 중의 하나에 해당한다. 이 중에서 일반·추상적 규율은 입법(행정입법)을 의미하므로 그것을 제외한 나머지는 '구체적 사실에 관한 법집행'으로서 처분에 포함 될 수 있다.

(3) 법적 규율(법적 행위)

(가) 외부적 행위

처분은 '법적 행위'로서 외부적으로 직접적인 법적 효과를 가져 오는 행위이다. 처분은 외부적 행위이므로 국민 개인에 대해 법적 효과가 있는 것이어야 한다. 어떤 행위가 아직 외부에 표시되지 아니한 채 내부적 단계에 머물러 있는 경우 또는 단지 행정조직 내부행위에 불과한 경우에는 행정처분이 아니다. 그러나 어떤 행위의 상대방이 공무원이라고 하더라도 상대방인 공무원이 행정조직의 구성원이 아니라 인격주체로서 평가될 수 있는 경우에는 그 행위는 (상대방인) 개인인 공무원의 권리·의무에 법적 효과가 있는 외부적 행위로서 행정처분이 될 수 있다. 또한 지방자치단체의 자치사무에 관한 상급감독청의 감독처분처럼 상이한 행정주체에 속한 행정청 사이의 행위는 외부적 행위로서 행정처분이 될 수 있다.

(나) 법적 효과를 가져 오는 행위

처분은 법적 효과, 즉 일정한 권리·의무를 발생·변경·소멸시키는 행위이다. 따라서 국민의 권리·의무와 직접적인 관련이 없는 순수한 사실행위, 최종적인 결정을 위한 준비행위, 국민의 자발적인 협력을 기대하는 행정지도·비권력적 행정조사 등도 사실행위일 뿐이고 법적 행위가 아니므로 행정처분에 해당되지 않는다.

행위의 효과는 '법적'효과이므로 그에 관해서는 '법령'에 규정되어야 하는 것이 일반적이다. 그러나 행위의 효과가 행정규칙에 규정되어 있는 경우에도, <u>**그 행위**가 (행정규칙의 내부적 구속력에 의하여) 상대방의 권리·의무에 직접 영향을 미치는 것이라면 항고소송의 대상이 되는 행정처분</u>에 해당한다.

(다) 권력적, 단독행위로서의 공법행위

처분은 행정청의 우월한 일방적 의사의 발동으로서 행하여지는 단독행위로서의 공법행위를 의미한다. 따라서 행정청의 사법행위, 공법상 계약 및 합동행위 등은 처분이 아니다. 권력적 작용이므로 비권력적 작용도 배제된다.

(라) 거부처분

행정처분의 신청권이 상대방(신청인)에게 인정되는 경우에 행정청이 당해 행정처분을 거부하는 것은 '거부처분'으로서 '행정처분'이 된다. 1. 거부행위가 거부처분이 되기 위해서는 **신청인**에게 **법령상·조리상 신청권**이 있어야 하며, 그에 대응하여 **행정청은** <u>처분의무가 있어야 한다.</u> 여기에서 신청인의 신청권은 행정청의 응답을 구하는 신청권이며 신청된 대로의 처분을 구하는 권리는 아니다. 예컨대, 인·허가의 신청권만 있으면 족하고, 인·허가를 받을 수 있었는데도 이를 거부하였는지는 (법원의) 본안심리사항인 것이다.

2. <u>신청의 대상이 된 행위는 공권력의 행사 또는 이에 준하는 행정작용, 즉 행정처분이어야 한다. 즉, 행정처분을 거부한 것만이 거부처분이 된다.</u> 또한 3. 거부행위가 신청인의 권리·의무(법률관계)에 직접적 영향(변동)을 미쳐야 거부처분이 된다. ('**신청인의 법률관계에 어떤 변동을 일으키는 것**'이라는 의미는 신청인의 실체상의 권리관계에 **직접적인 변동**을 일으키는 것은 물론, 그렇지 <u>않다 하더라도 신청인이 실체상의 권리자로서 권리를 행사함에 **중대한 지장**을 초래하는 것도 **포함**한다.) 신청인에 대해 직접 거부의 의사표시를 하지 않은 묵시적 거부도 거부처분에 포함된다. 신청인이 행정청의 거부의사를 알았거나 알 수 있었을 때에 거부처분이 있은 것으로 볼 수 있다.

(6) 그 밖에 이에 준하는 행정작용

행정소송법이 말하는 '그 밖에 이에 준하는 행정작용'이란 전형적인 '행정행위'가 아니더라도 행정청의 대외적 작용으로서 개인의 권익에 구체적으로 영향을 미치는 작용으로서 행정행위에 준하는 것을 말한다. 행정소송법이 처분을 정의함에 있어 '그 밖에 이에 준하는 행정작용'을 포함시킨 것은 현실적으로 행정구제의 필요성이 인정되는 행정작용을 항고소송의 대상으로 하려는 취지에서 비롯되었는데, 어떤 것이 '그 밖에 이에 준하는 행정작용'에 해당되는가는 학설과 판례에 맡겨져 있다. 이에 속하는 것으로서 논의될 수 있는 것은 다음과 같다.

(가) 권력적·비권력적, 사실행위

① 권력적 사실행위 (원칙 : 처분성 인정)

권력적 사실행위란 명령적·강제적 공권력행사로서의 사실행위를 말한다. 이는 단순한 '사실행위'와는 달리 육체적·물리적 행위와 법적행위가 결합된 '합성행위'로서 '법적행위(수인하명)'의 부분이 '의무의 부과'라는 법률효과를 발생시키므로 공권력 행사에 해당되어 처분성이 인정된다.

② 비권력적 사실행위 (원칙 : 처분성 부정)

- 경고·권고·추천 등

  비권력적 사실행위는 공권력 행사와 직접 관련성이 없는 사실행위를 말한다. 그런데, 이에 속하는 것으로서 명령적이지는 않지만 영향력(지배력) 있는 사실행위가 문제가 될 수 있다. 특히 경고·권고·추천 중에는 **국민의 권익에 사실상의 지배력을** 미치는 비권력적 사실행위도 있다. 따라서 국민(개인)의 권익에 직접적인 영향을 미치게 되는 경우, 국민의 권익구제를 강화하기 위해서 (개별적·구체적으로 검토하여) 처분성이 인정될 수 있다.

- 행정지도

  행정지도도 비권력적 사실행위이며 (국민에게 영향력 내지 효과가 있다고 하더라도) 사실상의 효력일 뿐 법적인 효력이 아니므로 처분성이 인정되지 않는 것이 원칙이다. 그러나 어떤 행정지도가 그에 따르지 않을 경우 일정한 불이익조치를 예정하고 있어 사실상 상대방에게 그에 따를 의무를 부과하는 것과 다를 바 없거나, 상대방으로 하여금 사실상 따르지 않을 수 없게 만듦으로써 규제적·구속적 성격을 가지는 경우는 단순한 행정지도의 차원을 넘는 것으로서 처분성이 인정될 수 있다.

(나) 행정입법 (처분적 법규명령·처분적 행정규칙·처분적 자치입법)

법규명령·행정규칙·자치입법이 별도의 집행행위의 매개 없이도 그 자체로서 직접 국민의 구체적인 권리·의무나 법률관계를 규율하는 성격을 가질 때에는 '처분적 명령'으로서 처분성이 인정될 수 있다.

(다) 행정계획

행정계획의 형식은 예산·법률·명령·조례·행정처분·사실행위 등 다양하므로 그 성격을 일률적으로 파악하기는 어렵다. 물론, 처분성이 인정되는 행정계획(구속적 행정계획)이 많이 있는 데, '도시·군관리계획'이 대표적 예이다. 도시·군관리계획이 결정되면 계획관련법령의 규정에 따라 건축이 제한되는 등 국민의 권리·의무에 직접적·구체적인 영향(국민을 구속)을 미치기 때문이다.

(라) 확약의 취소

확약의 법적 효과는 행정청으로 하여금 약속이행의무를 발생시키며 개인에게는 그에 대응하여 약속을 이행할 것을 요구할 수 있는 권리를 발생시킨다는 점에서 (약속불이행 즉 확약의 취소에 대해서) 행정처분성이 인정될 수 있다. 그런데 '확약'에 속하는 행정작용들도 그 구속력의 정도가 같지는 않다. 예컨대, 내인가·내허가 등의 경우에는 행정청의 약속이행의무가 확실할 것인 반면에, 행정청의 약속의무이행을 강요할 정도에 이르지 않는 의사표시에 해당하는 것도 있다. 따라서 '확약'은 모두 행정처분이라거나 모두 행정처분이 아니라고 할 것이 아니라 '확약'에 해당하는 구체적 행위가 행정처분에 해당하는 지의 여부는 개별·구체적으로 관련법규의 목적·성질, 행정청의 의사표시의 구체적 상황·방법 등을 고려하여 결정하여야 한다.

(마) 의회의 의결

지방의회의 의결은 일반적으로 자치단체의 내부적 의사결정에 불과한 것으로서 행정처분이 아니다. 그러나 의회의 의결 자체가 특정인의 법적 지위에 직접적인 영향을 미치는 등 외부적인 법적 효과가 있는 경우에는 행정처분이 된다. 예컨대, 지방의회의원의 제명의결과 같은 것이 이에 해당한다.

(바) 특별권력관계에서의 행위

특별권력관계에서의 공무원·국공립학교의 학생·수형자 등에 대한 조치는 그것이 공무원·국공립학교의 학생·수형자 등의 법적 지위에 영향을 주는 경우에는 처분성이 인정된다.

(사) 신고의 수리 및 수리거부

수리를 요하지 않는 신고(자기완결적 신고)의 경우에는 요건을 갖춘 신고(적법한 신고)가 있으면 행정청의 수리를 기다리지 아니하고 신고서가 접수기관에 도달된 때에 신고의 의무를 이행한 것이 되어, 그로써 바로 법이 정한 신고의 효과가 발생한다. 따라서 (행정청의) 신고의 수리 또는 수리거부행위는 국민(신고자)의 권리·의무와 관련이 없는 행위로서 처분성이 인정되지 않는다. 반면, 수리를 요하는 신고의 경우에는 수리 또는 수리거부는 국민(신고자)의 권리·의무에 그 효력이 미치므로 행정처분이 된다.

(아) 공증 (공부에의 기재행위)

공증의 처분성은 구분하여서 고찰하여야 한다. 공증 중에서 국민의 권리·의무를 생성·변경·소멸시키는 것과 직접적인 관련이 있는 것은 행정처분이 되며, 이 경우는 공적 증명력(공증력)을 인정하여야 한다. 반면, 국민의 권리·의무와 관련이 없는 것은 행정처분이 아니라 사실행위에 불과하다. 누구나 반증만 하면 행정청이나 법원의 취소가 필요 없이 효력이 부인되는 것이기 때문에 이는 행정처분이 아니다. 따라서 각종 공부(공적장부)에의 등재행위 중에서도 어떤 것이 만일 행정사무의 집행의 편의와 사실증명의 자료에 불과한 것으로서 공적 증명력이 부인된다면 그것은 행정처분이 아니다.

(자) 통지

통지란 특정인 또는 불특정 다수인에 대하여 특정한 사실을 알리는 것으로서 그것이 일정한 법적 효과를 가져 오면 행정처분이다(준법률행위적 행정행위로서의 통지). 반면, 특정사실의 통지가 아무런 법적 효과를 발생하지 않는 경우에는 사실행위로서 행정처분이 아니다(사실상의 통지).

(차) 경정처분

일정한 처분이 행해진 이후에 그 처분을 감축 또는 확장하는 경우 당초처분과 경정처분 중 어느 것을 쟁송의 대상인 처분으로 볼 것인지가 문제된다. 판례에 의하면, 증액처분의 경우에는 당초처분은 증액경정처분에 흡수되어 **증액경정처분**만이 소송의 대상이 된다. 그러나 감액처분의 경우에는 **감액되고 남아 있는 당초처분**이 소송의 대상이 되는 처분이 된다.

[변경처분]

처분의 종류			소의 대상
변경처분	경정처분	**증액처분**	증액경정처분(변경처분)
		감액처분	남은 당초처분(남은 원처분)
	(경정처분 이외의) 변경처분 <증액처분·감액처분 등의 언급X>	실질변경(동일성X)	변경처분
		소폭변경(동일성O)	선행처분과 후행처분 각각(별도로) 소송제기 가능

→ 증액(경정)처분이 있는 경우, 당초 신고나 결정은 증액경정처분에 흡수됨으로써 독립한 존재가치를 잃게 된다고 보아야 하므로, 원칙적으로는 **증액경정처분만이 항고소송의 대상**이 되고, 납세의무자는 **그 항고소송에서 당초 신고나 결정에 대한 위법사유도 함께 주장할 수 있다.**

→ 감액경정처분이 있는 경우, 항고소송의 대상은 **당초의 부과처분 중 경정처분에 의하여 아직 취소되지 않고 남은 부분**이고, 적법한 전심절차를 거쳤는지 여부도 당초 처분을 기준으로 판단하여야 한다.

→ **과징금의 자진납세·자진신고** 등을 이유로 감액경정처분(감면처분)이 있는 경우, (감면처분 이후에 금액이 확정되므로) **예외적으로 항고소송의 대상은 감액경정처분(감면처분)**이 된다.

→ 공정거래위원회가 부당한 공동행위를 한 사업자에게 과징금 부과처분을 **한 뒤** 다시 **자진신고** 등을 이유로 **과징금 감면처분**을 한 경우, (선행처분은 후행처분에 흡수되어 소멸하므로) 선행처분의 취소를 구하는 소는 부적법하다.

→ 원천징수의무자에 대하여 납세의무의 단위를 달리하여 순차 이루어진 2개의 징수처분은 별개의 처분으로서 당초 처분과 증액경정처분에 관한 법리가 적용되지 아니하므로, 당초 처분이 후행 처분에 흡수되어 독립한 존재가치를 잃는다고 볼 수 없고, 후행 처분만이 항고소송의 대상이 되는 것도 아니다.

→ 기존의 행정처분을 변경하는 내용의 행정처분이 뒤따르는 경우, 후속처분이 종전처분을 완전히 대체하는 것이거나 주요부분을 실질적으로 변경하는 내용인 경우에는 특별한 사정이 없는 한 종전처분은 효력을 상실하고 후속처분만이 항고소송의 대상이 된다.

→ 기존의 행정처분을 변경하는 내용의 행정처분이 뒤따르는 경우, 후속처분의 내용이 종전처분의 유효를 전제로 내용 중 일부만을 추가·철회·변경하는 것이고 추가·철회·변경된 부분이 내용과 성질상 나머지 부분과 불가분적인 것이 아닌 경우에는 종전처분이 항고소송의 대상이 된다.

→ 증액경정처분이 있는 경우, 당초처분은 증액경정처분에 흡수되어 소멸하고, 소멸한 당초처분의 절차적 하자는 존속하는 증액경정처분에 승계되지 아니한다.

→ 「국세기본법」에 정한 경정청구기간이 도과한 후 제기된 경정청구는 부적법하여 과세관청이 과세표준 및 세액을 결정 또는

∴ 무권한자의 청구

경정하거나 거부처분을 할 **의무가 없으므로**, 과세관청의 경정 거절에 대하여 항고소송을 제기할 수 없다.

(카) 반복된 행위

행정대집행법상의 '철거대집행 계고처분'과 같이 1차 계고처분이 행해지고 난 후 자진철거가 행해지지 않으면 2차·3차 계고서를 통해 철거를 촉구하게 되는 바, 이러한 경우에도 항고소송의 대상은 1차 계고처분이 되며 2차·3차의 계고처분은 새로운 철거의무를 부과한 것이 아니고 다만 대집행기한의 연기통지에 불과하므로 행정처분이 아니다. 반면, 거부처분의 경우에 거부처분에 대한 제소기간이 경과한 뒤에도 사실적 법적 상황이 변경되어 동일한 내용의 신청을 다시 하여 그에 대하여 거부처분이 다시 행해지면 당해 거부처분은 독립된 새로운 처분이라고 할 수 있다. 또한 이유제시에 하자가 있어 당해 처분을 취소하는 판결이 확정된 경우에 처분청이 그 이유제시의 하자를 보완하여 종전의 처분과 동일한 내용의 처분을 하는 것은 종전의 처분과는 별개의 처분을 하는 것이다.

(타) 통고처분, 과태료 부과, 이행강제금 부과

- 통고처분

  통고처분을 받은 자가 법정기간 내에 이행하지 않으면 통고처분은 그 효력을 자동으로 상실하게 되고, 당해 행정청의 고발에 의하여 형사소송절차로 이행되므로 행정쟁송을 제기 할 수 없다. 즉, 통고처분은 불복절차와 법적 구속력이 보통의 행정처분과는 다르므로 행정쟁송의 대상이 되는 처분에 해당하지 않는다.

- 과태료 부과

  과태료 부과절차가 질서위반행위규제법으로 통일되었다. 이제는 모든 과태료 부과에 대해 불복하고자 하면 이의제기를 하면 되고, 그럴 경우 과태료 부과의 효력이 바로 상실하고 과태료 재판절차로 이행되어 별도로 행정쟁송을 제기할 수 없으므로 행정청의 과태료부과행위는 행정쟁송의 대상이 되는 처분에 해당되지 않는다.

- 이행강제금 부과

  이행강제금의 부과절차 및 권리구제절차가 비송사건절차법에 의하도록 규정되어 있는 경우는 이행강제금 부과처분은 행정소송의 대상이 되지 않으므로 처분성이 부인된다. 그러나 비송사건절차법에 의하지 않게 되어 있으면 행정처분으로서 항고소송의 대상이 된다.

(파) 중간행위

행정목적을 달성하기 위해 여러 단계의 행위를 거쳐야 하는 경우 중간단계에서 행해지는 행정결정은 그 자체로서 일정한 법적 효과를 가져 오면 행정처분으로서 항고소송의 대상이 된다. 법적 효과가 없다면 중간행위의 위법은 나중에 종국처분의 위법사유로서 주장될 수 있을 뿐이다.

→ 구「원자력법」상 원자로 및 관계 시설의 부지사전승인처분 후 건설허가처분까지 내려진 경우, 선행처분은 후행처분에 흡수되어
다단계 행정결정(다단계 행정행위)
건설허가처분만이 행정쟁송의 대상이 된다.

1. 부분허가는 전체시설 중 특정한 부분의 설치와 운영에 대해서만 허가하는 것으로서 제한된 특정부분에 관련해서는 종국적인 결정이므로 행정처분에 해당한다. 2. 사전결정은 종국적인 행위를 하기 전에 허가대상사업계획에 대한 적합결정 내지 부적합결정을 말한다. 사전결정은 후행결정에 대하여 구속력을 가지는 독자적 행정처분이다. 3. 가행정행위는 종국적 행정행위가 있기까지 당해 행정법관계의 권리·의무를 잠정적으로 확정하는 행위를 말한다. 예컨대, 소득액 등이 확정되지 아니한 경우에 과세관청이 상대방의 소득신고액에 따라 잠정적으로 소득세액을 결정하여 과세처분을 하는 것이 이에 속한다. 가행정행위는 종국적인 행정행위에 의해 대체될 수 있기는 하지만 직접 법적 효과를 발생시키므로 행정처분이다.

(하) 검사의 기소·구금

검사의 공소제기, 검사·사법경찰관의 구금, 압수 또는 압수물의 환부에 관한 처분은 형사소송법에 불복절차를 마련하고 있으므로 행정쟁송의 대상이 되는 처분에 해당하지 않는다.

→ 행정소송법 제2조의 처분의 개념 정의에는 해당한다고 하더라도, 그 처분의 근거 법률에서 행정소송 이외의 다른 절차에 의하여 불복할 것을 예정하고 있는 처분은 항고소송의 대상이 될 수 없다.

[처분성O VS 처분성X]

처분성X : 공법관계 중 처분성 없는 행정작용 또는 사법관계인 사법상 행위

처분성O = 대상적격O / 처분성X = 대상적격X

처분성O	
	1. 지방의회의 의장선거
	2. 지방의회의 의원징계의결
	3. 지방의회 의장에 대한 불신임의결
	4. 성업공사(한국자산관리공사)의 체납압류된 재산의 공매
	5. 성남산업단지관리공단의 입주변경계약의 취소
	6. 대한주택공사가 시행한 택지개발사업 및 (이에 따른) 이주대책에 관한 처분
	7. 농지개량조합의 직원에 대한 징계처분
	8. 국유재산무단점유자에 대한 변상금부과
	9. (지방자치단체인) 수도사업자의 수도료 부과·징수
	10. 행정재산의 사용료 부과
	11. 가산금 납부독촉
	12. (승진후보자 명부에 있던) 후보자를 승진임용인사발령에서 제외
	13. 지목변경신청 반려행위
	14. 토지분할신청 거부행위
	15. 건축주명의변경신고 수리거부행위
	16. 건축계획심의신청 반려행위
	17. 건축물대장 작성신청 거부행위
	18. 건축물대장 용도변경신청 거부행위
	19. 건축물대장 직권말소행위
	20. 토지대장 직권말소행위
	21. (건축물대장을 합병할 수 없는 건물에 대하여) 건축물대장 합병행위
	22. 상수원수질보전지역의 토지소유자에 대한 토지매수거부행위
	23. 사업시행을 위하여 토지 등을 제공한 자에 대한 특별공급신청 거부행위
	24. 문화재보호구역 내 토지소유자의 보호구역지정해제신청에 대한 거부행위
	25. 도시계획구역 내 토지소유자의 도시계획시설 입안·변경신청에 대한 거부행위
	26. 장래 일정한 기간 내에 관계 법령이 규정하는 시설 등을 갖추어 일정한 행정처분을 구하는 신청을 할 수 있는 법률상 지위에 있는 자의 **국토이용계획변경**신청에 대한 **거부행위**
	* 원칙적으로 행정계획은 계획변경·폐지를 구할 신청권 인정X
	(∴ 해당 경우는 예외적으로 신청권 인정O)
	27. 건축허가로 소유권 행사에 지장을 받을 수 있는 토지소유자의 건축허가 철회신청에 대한 거부행위 (건축주의 귀책사유로 해당 토지를 사용할 권리를 상실한 경우 토지소유자의 건축허가 철회신청에 대한 거부행위)
	28. (사업시행자인 한국도로공사의) 토지면적등록정정신청에 대한 반려행위
	29. 산업단지에 입주하려는 자의 산업단지개발계획변경신청에 대한 거부행위
	30. (말소된 상표권에 대한) 회복등록신청 거부행위
	31. (주민등록번호 불법유출로 인한) 주민등록번호 변경신청 거부행위
	32. 검사임용신청거부

33. 사법시험 불합격처분
34. 상이등급 재분류신청에 대한 (지방보훈지청장의) 거부행위
35. 기간제 임용기간이 만료된 조교수에 대한 재임용거부
36. 서울교육대학 상근강사의 정규교원임용신청에 대한 거부행위
37. 건축신고 반려행위
38. 착공신고 반려행위
39. 행정재산의 사용·수익허가신청 거부행위
40. 유일한 면접대상자로 선정된 임용지원자에 대하여 국립대학교 총장이 교원신규채용업무를 중단하는 조치
41. (처분적 조례·처분적 명령·처분규칙 등) 처분적 행정입법
42. 보건복지부 고시인 약제급여·비급여목록 및 급여상한금액표
43. 향정신병 치료제의 요양급여 인정기준에 관한 보건복지부 고시
44. 횡단보도설치
45. 정보통신윤리위원회의 청소년유해매체물 결정 및 고시
46. 도시계획결정
47. 도시·군 관리계획
48. 확정된 사업시행계획
49. 도시설계결정
50. 도시·군 계획시설결정
51. 택지개발계획승인
52. 택지개발예정지구지정
53. 개발제한구역 지정·고시
54. 관리처분계획
55. 환지예정지처분
56. 환지처분
57. 국토이용계획
58. 토지거래허가구역 지정
59. (과세관청의) 원천징수의무자에 대한 소득금액변동통지
　　＊ VS (과세관청의) 원천납세의무자인 소득귀속자에 대한 소득금액변동통지
　　　← 처분성X
60. 교통안전공단의 (납부의무자에 대한) 분담금 납부통지
61. 부당한 공동행위 자진신고자의 시정조치 등 (과징금)감면신청에 대한 불인정통지
62. 공정거래위원회의 표준약관 사용권장행위
63. 공정거래위원회의 경고조치·경고의결
64. 통행료 체납 이후 (그 납부기한을 정하여 통행료를 납부하라는 내용의) 통행료 납부통지
65. 공무원연금법상 급여제한사유에 해당하여 한 환수통지
66. 폐기물처리업사업계획 부적정통보
67. 금융감독원장의 (금융기관 임원에 대한) 문책경고
68. 처분의 근거가 행정규칙(공무원 징계양정 규정)에 규정되어 있으나 상대방의 권리·의무에 직접 영향을 미치는 불문경고조치
　　(행정규칙에 의한 불문경고조치)

처분성O

처분성O	69. 특허청장의 상표사용권설정등록
	70. (등록관청이 하는) 신문의 등록
	71. 상대방에게 한 단수·단전조치
	* VS 전기·전화 공급자에게 위법건축물에 대한 단전 또는 (전화통화) 단전조치 요청행위 ← 처분성X
	72. 교도소장이 수형자를 접견내용 녹음·녹화 및 접견시 교도관 참여대상자로 지정한 행위
	73. 교도소장의 이송조치명령
	74. 교도소장의 서신검열
	75. 한국환경산업기술원장이 (환경기술개발사업 협약을 체결한 甲주식회사에게) 한 연구개발 중단조치 및 연구비 집행중지 조치
	76. 한국토지주택공사가 한 (생활대책대상자) 부적격통보 및 재심사통보
	77. (사후에 붙인 면허조건 위반에 의한) 감차명령
	78. 교육부장관이 (대학에서 추천한) 총장 후보자들을 임용제청에서 제외한 행위
	79. 국가인권위원회의 성희롱결정과 시정조치권고
	80. 국가인권위원회의 진정 각하·기각 결정
	81. 진실·화해를 위한 과거사정리위원회의 진실규명결정
	82. 친일반민족행위자 재산조사위원회의 재산조사개시결정
	83. 친일반민족행위자 재산조사위원회의 친일재산 국가귀속결정
	84. 보훈지청장의 국가유공자 비해당결정
	85. 세무조사결정
	86. 개별토지가격결정(개별공시지가결정
	87. 공무원연금관리공단의 급여결정
	88. (산업재해보상보험법상 장해보상금결정 기준이 되는) 장해등급결정
	89. 서울시공무원에 대한 동일직급 전보발령
	90. 노조규약의 변경·보완 시정명령
	91. (허가권자인) 지방자치단체의 장의 건축협의취소
	92. 방산물자 지정취소
	93. 지방계약직공무원에 대한 보수삭감조치
	94. 근로복지공단의 평균임금결정
	95. 사업시행자의 이주대책대상자 확인·결정
	96. (재단법인) 한국연구재단의 과학기술기본법령에 따른 **2단계 두뇌한국(BK)21 사업협약해지 통보**
	97. 내인가취소처분 ← (= 인가신청거부처분)
	98. 구「원자력법」상 원자로 및 관계시설의 부지사전승인처분
	99. 구청장의 사회복지법인에 대한 시정지시
	100. 항공노선에 대한 운수권배분처분
	101. 국립의료원 부설주차장에 관한 위탁관리용역운영계약 ← 특허
	102. 의제된 인가가 ← 통상적인 인허가와 동일한 효력
	103. 조달청장의 (해당 회사에 대한) 물량배정 중지통보
	104. 조달청의 나라장터 종합쇼핑몰 거래정지조치
	105. 농지처분의무통지

처분성O	106. (행정심판위원회의) 간접강제결정 ← 행정심판법 제50조의2 제4항
	107. (부과처분 후 납부된) 학교용지부담금(개발부담금) 환급거부
	108. (서울–춘천 간 고속도로) **민간투자시설사업의 사업시행자 지정처분**
	109. 「공유재산 및 물품 관리법」상 (공모제안을 받아 이루어지는) **민간투자사업의 우선협상대상자 선정행위 또는 우선협상대상자 지위배제행위**
	110. 권력적 사실행위
	111. 병무청장의 공개결정 (병무청장이 병역의무 기피자의 인적사항 등을 인터넷 홈페이지에 게시)
	112. **국가·지방자치단체**가 행한 부정당업자 **입찰참가자격제한조치**
	113. 「**공공기관의 운영에 관한 법률**」에 따른 **입찰참가자격제한조치**
처분성X	1. 한국마사회의 조교사·기수 면허부여 또는 면허취소
	2. 공정거래위원회의 고발조치·고발의결 　← 행정기관 **내부**행위
	3. 병역법상 군의관의 신체등위판정 　← 행정기관 **내부**행위
	4. 금융감독위원회의 부실금융기관에 대한 파산신청 　← 행정기관 **내부**행위
	5. (징계처분으로) 시험승진후보자명부에서의 삭제행위 　← 행정기관 **내부**행위
	6. 권한 없는 국가보훈처장의 (기포상자에게 한) 훈격재심사계획 없음의 회신 　← 행정기관 **내부**행위
	7. 각 군 참모총장의 명예전역수당 지급대상자 추천행위 　← 행정기관 **내부**행위
	8. 기획재정부장관의 정부투자기관에 대한 예산편성지침통보 　← 행정기관 **내부**행위
	9. 국세기본법에 따른 세무서장의 국세환급금결정·환급금거부결정 　← 행정기관 **내부**행위
	10. 세무서장의 과세표준결정 또는 손금불산입처분 　← 행정기관 **내부**행위
	11. 운전면허 행정처분처리대장상 벌점배점 　← 행정기관 **내부**행위
	12. 교육부장관의 대학입시기본계획 내의 내신성적산정지침 　← 행정기관 **내부**행위
	13. 국립대학교(서울대학교) 대학입학고사 주요요강 　← 처분성**X** BUT 헌법소원**O**
	14. 세무당국이 맥주회사에게 甲상업회사와의 (주류) 거래중지요청
	15. 제소기간이 이미 도과하여 불가쟁력이 생긴 행정처분에 대한 변경신청 거부행위
	16. 토지대장 소유자명의변경신청 거부행위
	17. 무허가건물대장 무허가건물 삭제행위
	18. 당연퇴직자의 재임용신청에 대한 거부행위
	19. 교사임용지원자의 특별채용신청 거부행위
	20. 주택개량재개발사업계획 변경신청 거부행위

처분성X	21. 서울특별시의 시영아파트 특별분양개선지침 해당자에 대한 분양불허
	22. 국토이용계획상 임야의 용도지역변경허가신청 거부행위
	23. 산림계(공익법인)가 제출한 국유림 무상양여신청에 대한 (산림청의) 거부행위
	* 국유림 대부·매각·양여 거부행위 ← 사법상의 행위 ∴ 처분성X
	24. 도시계획시설인 공원조성계획 취소신청 거부행위
	25. 문화재구역 내 수용되지 않은 토지 등 소유자의 재결신청에 대한 (문화재청장의) 거부회신
	26. 근로복지공단의 사업주변경신청 거부행위
	27. 국가유공자법상 이의신청 거부결정
	28. 명예퇴직한 법관의 명예퇴직수당청구에 대한 (법원행정처장의) 거부의 의사표시
	← 자신의 의견을 밝힌 것에 불과
	29. 제2차·제3차 계고
	30. 공익근무요원 소집처분 후 그 기일을 연기한 재소집통지
	31. 진료과목표시 글자크기 제한 (의료법 시행규칙 제31조)
	32. 건강보험심사평가원 원장의 (보건복지부 고시·심의를 거쳐 정한) 요양급여비용의 심사기준 또는 심사지침
	33. 도시기본계획
	34. 환지계획
	35. 택지공급방법결정
	36. 하수도정비기본계획
	37. 농어촌도로기본계획
	38. 대학교육역량강화사업 기본계획
	39. 국토종합계획
	40. 4대강 살리기 마스터플랜
	41. 혁신도시 최종입지선정
	42. 개발제한구역 제도개선방안
	43. (학교교육정상화를 위한) 2008학년도 이후 대학입학제도 개선안
	44. 행정지침 또는 행정조직 내부 효력만 있는 행정계획
	45. 도시계획법 제21조
	46. 당연퇴직자에 대한 인사발령 (당연퇴직통지)
	47. 청원에 대한 심사처리결과통지
	48. (한국자산공사의) 재공매결정·공매통지
	49. 납골당설치 신고사항 이행통지
	* VS 납골당설치 신고수리 ← 처분성O
	50. 군수의 지정에 따라 읍장·면장의 영농세대 선정행위
	51. 의료보험연합회의 진료비청구명세서에 대한 심사결과통지
	52. 수도사업자의 급수공사신청자에 대한 (급수공사비) **납부통지** (수도사업자의 수도료 **납부통지**)
	53. 중소기업기술정보진흥원장의 **협약해지** 및 (정부지원금의) **환수통보**
	54. (재단법인) 한국연구재단의 두뇌한국(BK)21 **사업협약해지** 및 **징계요구**
	55. (정년에 해당하는 공무원에게) 정년퇴직발령
	56. 국토부장관의 고속도로 통행료 결정·징수구간·징수기간 등 공고
	57. 법률상 효과를 발생시키지 않는 (교육공무원에 대한) 불문경고

처분성 X	58. 금융감독원장의 (종합금융주식회사 전 대표이사에 대한) 문책경고
	59. 소속공무원에 대한 장관의 서면경고
	60. 과세관청의 **부가가치세법상 사업자등록 직권말소행위**
	61. 과세관청의 직권에 의한 사업자명의 정정행위
	62. 자동차운전면허대장 등재·변경 행위
	63. 비권력적 사실행위
	64. 일반적인 행정지도
	65. 인감증명행위
	66. 공원관리청이 행한 (국립공원에 대한) 경계측량 및 표지설치
	67. 지적측량검사
	68. 신고납부방식인 취득세·등록세에 대한 과세관청의 수납행위
	69. (한국전력공사의 전기공급 적법여부 조회에 대하여) 관할 구청장의 전기공급 불가의 회신
	70. 검사의 공소제기·불기소처분
	71. 과태료부과처분, 통고처분, 형집행정지취소처분
	72. 구「민원처리에 관한 법률」상 **사전심사결과통보**
	73. 법령개정으로 인한 퇴직연금의 일부금액 지급정지
	74. 해양수산부장관의 항만명칭결정
	75. 국가유공자예우 등에 관한 법률 시행령 제15조에 의한 재심신체검사시 하는 등외판정
	76. 감사원의 징계요구와 재심의결정
	77. 감사원의 심사 후 관계기관에 대한 시정결정 또는 기각
	78. 보훈병원장의 상이등급재분류판정
	79. 어업권면허에 선행하는 우선순위결정
	80. 계약직공무원 채용계약해지
	81. 시립무용단원의 해촉
	82. 부담이 아닌 부관
	83. 입찰보증금 국가귀속조치
	84. (지방자치단체가 당사자가 되어 체결하는 계약에 의한) 계약보증금의 귀속조치
	85. 협의취득
	86. 사립학교 교원에 대한 학교법인의 징계
	87. 국유재산의 (대부계약에 의한) 대부료 부과
	88. 대부한 일반재산에 대한 사용료 부과고지
	89. (공무원에게) 연가보상비 미지급
	90. 국민건강보험공단의 '직장가입자 자격상실 및 자격변동 안내'통보
	91. (병무청장의 요청에 따른) 법무부장관의 입국금지결정

→ 검사의 불기소결정에 대해서는 검찰청법에 의한 항고와 재항고, 형사소송법에 의한 재정신청에 의해서만 불복할 수 있는 것이므로, 이에 대해서는 행정소송법상 항고소송을 제기할 수 없다.

→ 소관청이 토지대장상의 소유자명의변경신청을 거부한 행위는 항고소송의 대상이 되는 행정처분이라고 할 수 없다.

→ 구「소득세법 시행령」에 따른 소득 귀속자에 대한 소득금액변동통지는 원천납세의무자인 소득 귀속자의 법률상 지위에 직접적인 법률적 변동을 가져오는 것이 아니므로 행정처분이 아니다.

→ 甲 시장이 감사원으로부터 소속 공무원 乙에 대하여 징계의 종류를 정직으로 정한 징계 요구를 받게되자 감사원에 징계요구에 대한 재심의를 청구하였고 감사원이 재심의청구를 기각한 경우, 감사원의 징계요구와 재심의결정은 항고소송의 대상이

<u>징계요구가 징계는 아님 ∴ 국민의 권리·의무가 변동X</u>

되는 행정처분에 해당하지 않는다.

→ 국가인권위원회의 각하 및 기각결정은 피해자인 진정인의 권리행사에 중대한 지장을 초래하는 것으로서 항고소송의 대상이 되는 행정처분에 해당하므로, 그에 대한 다툼은 우선 행정심판이나 행정소송에 의하여야 할 것이다.

→ 지방경찰청장의 횡단보도 설치행위는 국민의 구체적인 권리 의무에 직접적인 변동을 초래하므로 행정소송법상 처분에 해당한다.

→ 한국철도시설공단이 입찰참가자에 대하여 시설공사 입찰참가 당시 허위 실적증명서를 제출하였다는 이유로 향후 2년간 공사낙찰적격심사 시 종합취득점수의 10/100을 감점한다는 내용을 통보하는 행위는 처분에 해당하지 아니하고 사법상의 통지행위에 불과하다.

→ 「국토의 계획 및 이용에 관한 법률」상 도시·군계획시설결정에 이해관계가 있는 주민에 의한 도시·군계획시설결정 변경신청에 대해 관할 행정청이 거부한 경우, 그 거부행위는 항고소송의 대상이 되는 행정 처분에 해당한다.

→ 도시계획구역 내 토지 등을 소유하고 있는 주민이 도시계획입안권자에게 도시계획입안을 신청하는 경우, 그 신청인에게는 법규상 또는 조리상의 신청권이 있으므로 이러한 신청에 대한 거부행위는 항고소송의 대상이 된다.

→ 임용지원자가 특별채용 대상자로서 자격을 갖추고 있고 유사한 지위에 있는 자에 대하여 정규교사로 특별채용한 전례가 있다 하더라도, 교사로의 특별채용을 요구할 법규상 또는 조리상의 권리는 없다.

→ 구「중소기업 기술혁신 촉진법」상 중소기업 정보화지원사업의 일환으로 중소기업기술정보진흥원장이 甲주식회사와 중소기업 정보화지원사업에 관한 협약을 체결한 후 甲주식회사의 협약 불이행으로 인해 사업실패가 초래된 경우, 중소기업기술진흥원장이 협약에 따라 甲에 대해 행한 협약의 해지 및 지급받은 정부지원금의 환수통보는 행정처분에 해당하지 않는다.

→ 교육부장관이 대학에서 추천한 복수의 총장 후보자들 전부 또는 일부를 임용제청에서 제외하는 행위는 제외된 후보자들에 대한 불이익처분으로서 항고소송의 대상이 되는 처분에 해당한다.

→ 재단법인 한국연구재단이 과학기술기본법령에 따라 연구개발비의 회수 및 관련자에 대한 국가연구개발사업 참여제한을 내용으로 하여 '2단계 두뇌한국(BK)21 사업협약'을 해지하는 통보를 하였다면, 그 통보는 행정처분에 해당한다.

<u>과학기술기본법령상 사업협약의 해지 통보 :</u>

<u>단순히 대등한 지위에서 형성된 공법상계약을 계약당사자의 지위에서 종료시키는 것에 불과X</u>

<u>「행정청이 우월적 지위에서 연구개발비의 회수 및 관련자에 대한 국가연구개발사업 참여제한 등의</u>

<u>법률상 효과를 발생O ∴ 처분성O ← 이 의미가 더 중요</u>

→ 재단법인 한국연구재단이 갑 대학교 총장에게 연구개발비의 부당집행을 이유로 두뇌한국(BK)21 사업협약을 해지하면서, 연구팀장 을에 대한 대학 자체징계를 요구한 것은 항고소송의 대상인 행정처분에 해당하지 않는다.

<u>대학 자체징계를 요구 : 징계요구가 징계는 아님 ∴ 국민의 권리·의무가 변동X ∴ 처분성X</u>

→ 한국환경산업기술원장이 환경기술개발사업 협약을 체결한 乙주식회사에게 연차평가 실시결과 절대평가 60점미만으로 평가되었다는 이유로 연구개발 중단 조치 및 연구비 집행중지 조치를 한 경우, 각 조치는 항고소송의 대상이 되는 처분에 해당한다.

→ 도시환경정비사업을 직접 시행하려는 토지 등 소유자들이 사업시행인가를 받기 전에 작성한 사업시행계획은 항고소송의 대상이 되는 독립된 행정처분에 해당하지 않는다.

→ 상표권의 말소등록이 이루어져도 법령에 따라 회복등록이 가능하고 회복신청이 거부된 경우에는 그에 대한 항고소송이 가능하므로 상표권의 말소등록행위 자체는 항고소송의 대상이 될 수 없다.

→ 교도소장이 특정 수형자를 '접견내용 녹음·녹화 및 접견 시 교도관 참여대상자'로 지정한 행위는 수형자의 구체적 권리의무에 직접적 변동을 가져오는 행위로서 항고소송의 대상이 되는 행정처분에 해당한다.

→ 지목은 토지소유권을 제대로 행사하기 위한 전제요건이므로 지적공부 소관청의 지목변경신청 반려행위는 항고소송의 대상이 되는 행정처분에 해당한다.

→ 지적공부 소관청의 토지대장 직권말소행위는 항고소송의 대상이 되는 행정처분에 해당한다.

   cf) 관할관청의 무허가건물을 무허가건물관리대장에서 삭제하는 행위는 행정처분X

      건축물대장 소관청의 용도변경신청 거부행위는 행정처분O

→ 진실화해를 위한 과거사정리위원회의 진실규명결정은 항고소송의 대상이 되는 행정처분이다.

→ 「표시·광고의 공정화에 관한 법률」 위반을 이유로 한 공정거래위원회의 경고의결은 항고소송의 대상인 행정처분에 해당한다.

→ 甲이 인터넷 포털사이트 등의 개인정보 유출사고로 자신들의 주민등록번호 등 개인정보가 불법 유출되자 이를 이유로 관할 구청장에게 주민등록번호를 변경해 줄 것을 신청하였으나 구청장이 '주민등록번호가 불법 유출된 경우 주민등록법상 변경이 허용되지 않는다'는 이유로 주민등록번호 변경을 거부하는 취지의 통지를 한 경우, 법령에 명시적 규정이 없더라도 피해자의 의사와 무관하게 주민등록번호가 유출된 경우에는 조리상 주민등록번호의 변경을 요구할 신청권을 인정할 수 있으므로, 구청장의 주민등록번호 변경신청 거부행위는 항고소송의 대상이 되는 행정처분에 해당한다.

→ 지방자치단체 등이 건축물을 건축하기 위해 건축물 소재지 관할 허가권자인 지방자치단체의 장과 건축협의를 하였는데 허가권자인 지방자치단체의 장이 그 협의를 취소한 경우, 건축협의 취소는 항고소송의 대상인 행정처분에 해당한다.

→ 한국전력공사가 정부투자기관회계규정에 의하여 행한 입찰 참가자격을 제한하는 내용의 부정당업자제재처분은 사법상의 효력을 가지는 통지행위이다.

→ 구 「예산회계법」상 입찰보증금의 국고귀속조치는 국가가 사법상의 재산권의 주체로서 행위하는 것이라는 점에서, 이를 다투는 소송은 민사소송에 해당한다.

→ 공익사업을 위한 토지 등의 취득 및 보상에 관한 법령에 의한 협의취득은 사법상의 법률행위이므로, 이에 관한 분쟁은 민사소송의 대상이다.

→ 건축주가 토지소유자로부터 토지사용승낙서를 받아 그 토지 위에 건축물을 건축하는 건축허가를 받았다가 착공에 앞서 건축주의 귀책사유로 해당 토지를 사용할 권리를 상실한 경우, 토지소유자의 건축허가 철회신청을 거부한 행위는 항고소송의 대상이 된다.

→ 행정소송에서 쟁송의 대상이 되는 행정처분의 존부에 관한 사항이 상고심에서 비로소 주장된 경우에 행정처분의 존부는 소송요건으로서 직권조사사항이므로 상고심의 심판범위에 해당한다.

→ 「부가가치세법」상 사업자등록은 단순한 사업사실의 신고에 해당하므로, 과세관청이 직권으로 등록을 말소한 행위는 항고소송의 대상인 행정처분에 해당하지 않는다.

→ 행정청이 내인가를 한 후 이를 취소하는 행위는 별다른 사정이 없는 한 인가신청을 거부하는 처분으로 보아야 한다.

                                  내인가취소처분 = 인가신청거부처분

→ 장래 일정한 기간 내에 관계 법령이 규정하는 시설 등을 갖추어 일정한 행정처분을 구하는 신청을 할 수 있는 법률상 지위에 있는 자의 **국토이용계획변경신청**을 거부하는 것이 **실질적으로 당해 행정처분 자체를 거부**하는 결과가 되는 경우에는 **예외적**으로 그 신청인에게 **국토이용계획변경**을 신청할 권리가 인정된다.

→ 산업단지개발계획상 산업단지 안의 토지 소유자로서 **산업단지개발계획**에 적합한 시설을 설치하여 **입주**하려는 자는 산업단지
<small>추가입주</small>
지정권자 또는 권한을 위임받은 기관에 대하여 **산업단지개발계획의 변경**을 요청할 수 있는 **법규상 또는 조리상 신청권**이 있고, 이러한 신청에 대한 **거부행위**는 항고소송의 대상이 되는 **행정처분**에 해당한다.

→ **파면처분**을 당한 공무원은 그 처분에 **취소사유인 하자**가 존재하는 경우 **파면처분취소소송**을 제기하여야 하고 **곧바로 공무원지위확인소송(당사자소송)**을 제기할 수 없다.

→ 구「**공무원연금법**」상 **공무원연금관리공단**이 퇴직연금수급자에게 **공무원연금법령**이 개정되어 퇴직연금 중 일부 금액의 지급정지대상자가 되었다는 사실을 **통보**하는 행위는 항고소송의 대상이 되지 않는다.

→ **법무부장관의 입국금지결정**은 법무부장관의 **의사**가 공식적인 방법으로 **외부에 표시된** 것이 아니라 단지 그 정보를 **내부전산망인** '출입국관리정보시스템'에 입력하여 **관리**한 것에 지나지 않으므로, **법무부장관의 입국금지결정**은 항고소송의 대상이 될 수 있는 **처분**에 해당하지 **않는다**.

나. 재결

행정소송법

제2조 (정의)
제1항 이 법에서 사용하는 용어의 정의는 다음과 같다.
제1호 "처분 등"이라 함은 행정청이 행하는 구체적 사실에 관한 법집행으로서의 공권력의 행사 또는 그 거부와 그 밖에 이에 준하는 행정작용(이하 "처분"이라 한다) 및 행정심판에 대한 재결을 말한다.

제19조 (취소소송의 대상)
취소소송은 처분 등을 대상으로 한다. 다만, 재결취소소송의 경우에는 재결 자체에 고유한 위법이 있음을 이유로 하는 경우에 한한다.

(1) 의의

행정소송법은 본래적 의미의 처분 이외에 재결도 취소소송의 대상이 될 수 있다고 규정하고 있다. 여기서의 재결은 행정심판법이 정하는 절차에 따른 재결만을 뜻하는 것이 아니고, 토지수용위원회의 이의재결과 같은 개별 법률상의 재결 등도 포함된다.

(2) 원처분주의

행정소송법상 재결에 대한 취소소송은 재결 자체에 고유한 위법이 있음을 이유로 하는 경우에 한정된다. 행정심판의 재결을 거쳐 취소소송을 제기하는 경우에도 원칙적으로 원처분을 대상으로 한다. 이를 원처분주의라고 한다. 행정소송법이 이러한 규정을 둔 취지는 하나의 처분의 위법성을 이유로 원처분에 대한 취소소송과 재결에 대한 취소소송이 동시에 제기될 경우에 예상되는 법원의 판단의 저촉문제나 소송의 비경제 등의 문제를 회피하기 위한 것이다.

[국공립학교 교원 VS 사립학교 교원]

	국공립학교 교원	사립학교 교원
징계	처분O	처분X
소청심사위원회의 결정	재결	(원)처분O
취소소송의 대상	원칙 : 징계 예외 : 소청심사위원회의 결정	소청심사위원회의 결정

(3) 취소소송의 대상이 되는 재결

재결에 대한 취소소송은 '재결 자체에 고유한 위법이 있는 경우'에만 가능하다. 재결 자체에 고유한 위법이 있는 경우란 원처분에는 없고 재결에만 있는 경우로서 재결의 주체·절차·내용·형식 등에 관하여 위법사유가 있는 것을 말한다. 법원은 본안심리의 결과 **재결에 고유한 위법이 없는 경우**에는 원처분의 당부와는 상관없이 당해 **재결취소소송은 기각하는** 판결을 한다.

[재결 자체에 고유한 위법이 있는 경우]

주체의 위법	1. (해당사항에 대해서) 권한 없는 행정심판위원회가 재결을 하는 경우 2. 행정심판위원회의 구성상에 하자가 있는 경우 3. 행정심판위원회의 의사정족수 및 의결정족수가 흠결된 경우 등
절차의 위법	행정심판위원회가 행정심판법상의 심판절차를 준수하지 않은 경우
형식의 위법	1. 문서에 의하지 않은 재결의 경우 2. 재결에 주문만 기재되고 이유가 기재되지 않거나 불충분한 경우 3. 재결서에 기명날인을 하지 않은 경우 등
내용의 위법	1. 행정심판 청구가 부적법한 것인데도 인용된 재결 2. **제3자효를 수반하는 행정행위에 대한 인용재결** 3. **행정심판 청구가 적법한 것임에도 부적법 각하한 재결** 4. 심판청구의 대상이 아닌 사항에 대한 재결 5. 원처분보다 불리하게 변경된 재결 등

(가) 각하재결

심판청구가 적법함에도 불구하고 부적법한 것으로 각하한 경우에는 각하재결이 국민의 실체적 심리를 받을 권리를 침해하는 것으로서 재결 자체의 고유한 위법이 있는 경우에 해당한다. 즉, 청구인은 각하재결에 대해 취소소송을 제기할 수 있다.

(나) 기각재결

취소심판청구인의 주장을 인용하지 않고 원처분이 정당하다고 하여 이를 유지하는 기각재결에 대해서는 원칙적으로 재결 자체의 위법이 있는 경우라고 할 수 없으므로 기각재결이 아니라 원처분을 대상으로 하여 취소소송을 제기하여야 한다.

(다) 인용재결

제3자효를 수반하는 행정행위에 대한 행정심판청구에 있어서 그 청구를 인용하는 내용의 재결로 인하여 비로소 권리이익을 침해받게 되는 자는 그 인용재결에 대하여 다툴 필요가 있고, 그 인용재결은 원처분과 내용을 달리하는 것이므로 그 인용재결의 취소를 구하는 것은 원처분에는 없는 재결에 고유한 하자를 주장하는 셈이어서 당연히 항고소송의 대상이 된다. 그리고 제3자효 행정행위에 대하여 재결청이 직접 당해 사업계획승인처분을 취소하는 형성적 재결을 한 경우에는 그 재결 외에 행정청의 별도의 처분이 있지 않기 때문에 재결 자체를 쟁송의 대상으로 할 수 있다.

(4) 원처분주의의 예외

행정소송법이 취하고 있는 원처분주의에 대한 예외로서, 개별법이 재결주의를 채택하고 있는 경우가 있다. 재결주의는 대체로 원처분을 다투는 것보다 재결을 다투어 재결의 효력을 인정·배제하는 것이 효율적인 권리구제와 판결의 적정성을 위해서 더 나은 경우에 채택된다. 재결주의의 대표적 예는 다음과 같다.

(가) 감사원의 재심의판정 ← 재심의판정 취소소송

감사원법은 감사원의 변상판정에 대해 감사원에 재심의를 청구할 수 있도록 하고, 재결에 해당하는 재심의판정에 대해서만 **감사원을 피고**로 하여 취소소송을 제기하도록 하고 있다.

(나) 특허심판원의 심결 ← 심결 취소소송

특허출원에 대한 심사관의 거절사정에 대하여는 특허심판원에 심판청구를 한 후에 그 심결(심판결정)을 대상으로 하여 취소소송을 제기하여야 한다.

(다) 노동위원회의 처분에 대한 중앙노동위원회의 재심판정 ← 재심판정 취소소송

당사자가 지방노동위원회 또는 특별노동위원회의 처분에 대하여 불복하기 위하여는 (처분서 송달일로부터 10일 이내에) 중앙노동위원회에 재심을 신청하고 중앙노동위원회의 재심판정에 대해서 (재심판정서 송달일로부터 15일 이내에) **중앙노동위원장을 피고**로 하여 취소소송을 제기하여야 한다.

다. 처분 등의 위법 주장

처분 등(처분, 재결)이 취소소송의 대상이 되기 위해서는 처분 등의 존재와는 별도로 처분 등이 위법하다는 원고의 주장이 있어야 한다. 원고는 처분 등의 성립요건이나 효력요건에 하자가 있음을 이유로 위법의 가능성만을 주장하면 된다.

Ⅳ. 본안심리

1. 개설

가. 소송심리의 의미

소송의 심리란 (법원이) 소에 대한 판결을 하기 위하여 판결의 기초가 될 소송자료를 수집·정리하는 절차를 말한다. 행정소송의 심리는 민사소송에 준하여 변론주의가 심리의 기본이 되지만, 행정소송의 특수성에 비추어 직권탐지주의도 적용되고 있다.

나. 소송심리에 관한 원칙

당사자주의(처분권주의 및 변론주의)란, 소송의 심리에 있어서 소송의 개시·진행·종료, 소송대상의 특정(소송의 범위), 증거조사 등에 관하여 당사자에게 주도권을 부여하는 소송원칙을 말한다. 이에 반해, 직권주의(직권증거조사주의·직권탐지주의·직권심리주의)란, 소송절차에 있어서 법원에게 여러 권한을 집중시키는 소송원칙을 말한다.

2. 심리의 내용

가. 요건심리

요건심리란, 법원에 소송이 제기되면 해당 소송이 법적으로 요구되는 여러 요건(관할권, 제소기간, 전심절차, 원고적격 등)을 구비한 적법한 소송인지를 심리하는 것을 말한다. 심리의 결과 소송제기요건을 구비하지 못하였다고 인정될 때에는 보정을 명하고 보정할 수 없으면 부적법한 소송으로 각하한다. **소송요건의 구비 여부**는 법원의 **직권조사사항**이다. 소송요건은 사실심변론종결시까지 구비하면 된다는 것이 일반적 견해이다. 다만, (소송요건 중) 제소기간의 준수 여부는 소제기시를 기준으로 한다.

→ 행정소송에 있어서 처분청의 처분권한 유무는 (소송요건이 아니므로) 직권조사사항이 아니다.

→ 행정소송에서 쟁송의 대상이 되는 행정처분의 존부는 소송요건으로서 **직권조사사항**이다.

→ 행정청이 처분절차를 준수하였는지는 (취소소송의 본안에서 고려할 요소이지) 소송요건 심사단계에서 고려할 요소가 아니다.

나. 본안심리

요건심리의 결과 소송요건이 구비된 경우 해당 소송에 대한 청구를 인용할 것인지 또는 기각할 것인지를 판단하기 위하여 사건의 본안에 대해 실체적으로 심리하는 것을 말한다.

3. 심리의 범위

가. 불고불리의 원칙

행정소송에서도 민사소송의 경우와 마찬가지로 불고불리의 원칙이 적용되어 법원은 소송제기가 없으면 재판할 수 없고, 또한 당사자의 청구범위를 넘어 심리·판단할 수 없다.

나. 법률문제·사실문제·재량문제

법원은 법률문제(법을 해석·적용하여 위법여부를 판단하는 것)와 사실문제(사실의 진위여부를 판단하는 것)에 관하여 심리할 수 있고, 재량문제는 재량권이 일탈·남용되어 위법이 되는지의 여부에 한하여 심리할 수 있다.

다. 위법판단의 기준시

취소소송의 소송물은 당해 처분의 위법성인데 그 위법을 어느 시점에서 판단할 것인지가 문제된다. 처분시와 판결시 사이에는 시간적 간격이 있는 것이 보통이므로 그 사이에서 처분요건인 사실관계의 변경이나 근거법령의 변경이 있는 경우 어느 때를 '위법판단의 기준시점'으로 할 것인지가 문제된다.

처분시설, 판결시설, 절충설 등이 있는데, 처분시설이 통설·판례이다. 즉, 처분의 위법여부의 판단은 처분시의 법령 및 사실을 기준으로 하여야 한다. (법원이 처분 후의 변화한 사정을 참작하여 당해 처분을 유지할 것인지의 여부를 결정하게 되면, 법원이 행정감독적 기능을 하게 되는 것이 되어 권력분립의 원칙에 반하기 때문이다.)

→ 행정처분의 위법 여부를 판단하는 기준 시점에 대하여 판결시가 아니라 처분시라고 하는 의미는 행정처분이 있을 때의 법령과 사실상태를 기준으로 하여 위법 여부를 판단한다는 것이며 처분 후 법령의 개폐나 사실상태의 변동에 영향을 받지 않는다는 뜻이다.

→ 적법한 용도변경절차를 마치지 아니한 건축물은 원상회복되거나 적법한 용도변경절차를 마치기 전까지는 그 위법상태가 계속되는 것이고, 그 위법상태의 법적 성격은 특별한 사정이 없는 한 그 법적 성격 여하가 문제되는 시점 당시에 시행되는 건축법령에 의하여 판단되어야 한다.

라. 심리과정의 제 문제

(1) 소의 변경

소의 변경이란 소송의 계속 중에 원고가 소송의 대상인 청구를 변경하는 것을 말하며, 청구의 변경이라고도 한다. 소의 변경은 청구 그 자체의 변경을 의미한다. 따라서 청구를 이유 있게 하기 위한(청구를 유리하게 하기 위한) 공격·방어방법의 변경은 소의 변경이 아니다. 일반적으로 소의 변경에는 종래의 청구에 갈음하여 새로운 청구를 제기하는 '교환적 변경'과 종래의 청구를 유지하면서 새로운 청구를 추가하는 '추가적 변경'의 두 가지 유형이 있다.

(가) 소의 종류의 변경

> **행정소송법**
>
> **제21조 (소의 변경)**
> **제1항** 법원은 <u>취소소송</u>을 당해 처분 등에 관계되는 사무가 귀속하는 국가 또는 공공단체에 대한 <u>당사자소송 또는 취소소송외의 항고소송으로 변경하는 것</u>이 상당하다고 인정할 때에는 청구의 기초에 변경이 없는 한 사실심의 변론종결시까지 원고의 신청에 의하여 결정으로써 <u>소의 변경을 허가할 수 있다</u>.
> **제2항** 제1항의 규정에 의한 허가를 하는 경우 피고를 달리하게 될 때에는 법원은 새로이 피고로 될 자의 의견을 들어야 한다.
> **제3항** 제1항의 규정에 의한 허가결정에 대하여는 즉시항고할 수 있다.
> **제4항** 제1항의 규정에 의한 허가결정에 대하여는 제14조 제2항·제4항 및 제5항의 규정을 준용한다.
>
> **제37조 (소의 변경)**
> 제21조의 규정은 무효등확인소송이나 부작위위법확인소송을 취소소송 또는 당사자소송으로 변경하는 경우에 준용한다.
>
> **제42조 (소의 변경)**
> 제21조의 규정은 당사자소송을 항고소송으로 변경하는 경우에 준용한다.

행정소송의 원고는 당해 소송의 사실심의 변론이 종결될 때까지 청구의 기초에 변경이 없는 범위 안에서 법원의 허가를 받아 당해 행정소송을 다른 종류의 행정소송으로 변경할 수 있다. 소의 종류의 변경을 인정하는 것은 행정소송의 종류가 다양한 까닭에 소의 종류를 잘못 선택할 가능성이 있는 바, 국민의 권리구제의 실효성을 높이기 위해서이다.

소의 변경에는 취소소송이 사실심에 계속되고 변론종결 전일 것, 청구의 기초에 변경이 없을 것, 법원이 상당하다고 인정하여 허가결정을 할 것, 취소소송을 당해 처분 등에 관계되는 사무가 귀속하는 국가 또는 공공단체에 대한 당사자소송이나 또는 취소소송 이외의 항고소송으로 변경하는 것일 것 등이 요구된다. 여기서 '사무가 귀속하는 국가 또는 공공단체'라 함은 처분이나 재결의 효과가 귀속하는 국가 또는 공공단체를 의미한다. 소의 변경으로 피고를 달리하게 될 때에는 법원은 새로이 피고로 될 자의 의견을 들어야 한다.

소의 변경은 취소소송을 무효등확인소송이나 부작위위법확인소송으로 변경하거나, 무효등확인소송 또는 부작위위법확인소송을 각각 다른 항고소송으로 변경하거나, 당사자소송을 당해 행정청 상대의 항고소송으로 변경하는 경우 등이 있다.

<u>소의 변경을 허가하는 법원의 결정이 있게 되면 새로운 소는 처음 소를 제기할 때에 제기된 것으로 보며, 종전의 소송은 취하된 것으로 본다.</u> 허가결정에 대하여는 즉시 항고할 수 있다.

(나) 처분변경으로 인한 소의 변경

> **행정소송법**
>
> ### 제22조 (처분변경으로 인한 소의 변경)
> **제1항** 법원은 행정청이 소송의 대상인 처분을 소가 제기된 후 변경한 때에는 원고의 신청에 의하여 결정으로써 청구의 취지 또는 원인의 변경을 허가할 수 있다.
> **제2항** 제1항의 규정에 의한 신청은 처분의 변경이 있음을 안 날로부터 60일 이내에 하여야 한다.
> **제3항** 제1항의 규정에 의하여 변경되는 청구는 제18조 제1항 단서의 규정에 의한 요건을 갖춘 것으로 본다.
>
> ### 제37조 (소의 변경)
> 제21조의 규정은 무효등확인소송이나 부작위법확인소송을 취소소송 또는 당사자소송으로 변경하는 경우에 준용한다.
>
> ### 제38조 (준용규정)
> **제1항** 제9조, 제10조, 제13조 내지 제17조, 제19조, 제22조 내지 제26조, 제29조 내지 제31조 및 제33조의 규정은 무효등확인소송의 경우에 준용한다.
> **제2항** 제9조, 제10조, 제13조 내지 제19조, 제20조, 제25조 내지 제27조, 제29조 내지 제31조, 제33조 및 제34조의 규정은 부작위법확인소송의 경우에 준용한다.
>
> ### 제44조 (준용규정)
> **제1항** 제14조 내지 제17조, 제22조, 제25조, 제26조, 제30조 제1항, 제32조 및 제33조의 규정은 당사자소송의 경우에 준용한다.

행정소송이 제기된 후에 행정청이 소송의 대상인 처분을 변경한 때에는 법원은 원고의 신청에 의하여 청구의 취지 또는 원인의 변경을 허가할 수 있다. 예컨대, 영업허가철회처분의 취소소송의 계속 중에 행정청이 허가철회처분을 허가정지처분으로 변경한 경우에 있어서 원고가 전자에 대한 소를 후자에 대한 소로 변경하는 것을 말한다. 원고에 의한 소변경의 신청은 처분의 변경이 있음을 안 날로부터 60일 이내에 하여야 한다.

(다) 민사소송법의 준용에 의한 소의 변경

행정소송에 관하여 행정소송법에 특별한 규정이 없는 사항에 대하여는 법원조직법·민사소송법·민사집행법의 규정을 준용한다는 행정소송법 제8조 제2항에 의하여 행정소송법에 규정이 없는 것(소의 종류의 변경, 처분변경으로 인한 소의 변경 이외의 것)은 민사소송법의 규정이 준용되므로 민사소송법에 의한 소변경도 가능하다.

(2) 소송참가

소송참가는 소송의 계속 중에 제3자가 자기의 법률상의 지위를 보호하기 위하여 그 계속 중인 소송에 참가하는 것을 의미한다. 소송참가의 유형은 다음과 같다.

1. 보조참가는 제3자가 당사자의 일방의 승소를 보조하고자 참가하는 소송참가를 의미하며, 2. 공동소송참가는 제3자가 당사자의 일방의 공동소송인으로서 참가하는 것이며, 3. 공동소송적 보조참가는 (필요적 공동소송인에 준한 지위가 해석상 인정되는 소송참가로서) 형식적으로 보조참가의 유형에 해당하나 실질적으로 공동소송참가에 해당하는 소송참가를 의미한다. 4. 독립당사자참가는 소송의 계속 중의 소송당사자 쌍방에 대하여 독립한 당사자로서 소송참가를 하는 것을 의미한다.

(가) 제3자의 소송참가

행정소송법

제16조 (제3자의 소송참가)

제1항 법원은 소송의 결과에 따라 권리 또는 이익의 침해를 받을 제3자가 있는 경우에는 당사자 또는 제3자의 신청 또는 직권에 의하여 결정으로써 그 제3자를 소송에 참가시킬 수 있다.
제2항 법원이 제1항의 규정에 의한 결정을 하고자 할 때에는 미리 당사자 및 제3자의 의견을 들어야 한다.
제3항 제1항의 규정에 의한 신청을 한 제3자는 그 신청을 각하한 결정에 대하여 즉시항고할 수 있다.
제4항 제1항의 규정에 의하여 소송에 참가한 제3자에 대하여는 민사소송법 제67조의 규정을 준용한다.

취소소송에 있어서 판결은 원고·피고 이외의 제3자에 대하여도 효력이 있을 수 있다. 이 경우, 제3자의 소송참가는 실질적인 당사자로서의 지위를 가지게 되는 제3자로 하여금 소송에 있어 공격·방어방법을 제출할 기회를 제공하여 적정한 심리·재판을 실현함과 동시에 제3자에 의한 재심청구를 미연에 방지하기 위한 제도이다.

참가의 요건에 관하여는 1. 타인의 취소소송의 계속과 2. 소송의 결과에 따라 권리 또는 이익의 침해를 받을 제3자일 것을 요구하고 있다. '타인의 취소소송의 계속'은 소송이 어느 심급인가는 불문하며, 소가 적법하게 제기되어 계속되어야 한다. '소송의 결과에 따라 권리 또는 이익의 침해를 받을 제3자'의 범주는 판결에 의하여 권리 또는 이익의 침해를 받을 것을 내용으로 하며, 판결주문에 있어서의 소송물 자체에 관한 판단의 결과 기득의 권리·이익을 박탈당하는 경우와 그 밖에 판결에 구속되는 행정청의 새로운 처분에 의하여 권리·이익을 박탈당하는 경우까지를 모두 포함한다.

→ 행정소송의 결과에 따라 권리 또는 이익의 침해 우려가 있는 제3자는 당해 행정소송에 참가할 수 있으며, 이때 참가인인 제3자는 실제로 소송에 참가하여 소송행위를 하였는지 여부를 불문하고 판결의 효력을 받는다.

→ 특정 소송사건에서 당사자 일방을 보조하기 위하여 보조참가를 하려면 당해 소송의 결과에 대하여 이해관계가 있어야 하고, 이해관계라 함은 사실상·경제상 또는 감정상의 이해관계가 아니라 법률상의 이해관계를 가리킨다.

→ 제3자의 소송참가의 경우, 참가인이 상소를 하였더라도 소송당사자 본인(피참가인)은 참가인의 의사에 반하여 상소취하나 상소포기를 할 수는 없다.

(나) 행정청의 소송참가

행정소송법

제17조 (행정청의 소송참가)

제1항 법원은 다른 행정청을 소송에 참가시킬 필요가 있다고 인정할 때에는 당사자 또는 당해 행정청의 신청 또는 직권에 의하여 결정으로써 그 행정청을 소송에 참가시킬 수 있다.
제2항 법원은 제1항의 규정에 의한 결정을 하고자 할 때에는 당사자 및 당해 행정청의 의견을 들어야 한다.
제3항 제1항의 규정에 의하여 소송에 참가한 행정청에 대하여는 민사소송법 제76조의 규정을 준용한다.

처분의 취소소송은 처분청을, 재결의 취소소송은 재결청을 피고로 제기하는 것이 원칙이다. 그런데 처분청 또는 재결청 이외의 행정청이 중요한 공격·방어 방법을 가지고 있는 경우 관계행정청으로 하여금 직접 소송에 참여하여 공격·방어 방법을 제출케 함으로써, 적정한 심리·재판을 기할 수 있도록 하기 위한 제도가 행정청의 소송참가이다.

행정청의 소송참가의 요건은 1. 타인의 취소소송의 계속되어야 하며 2. 다른 행정청이어야 한다. 다른 행정청이란 계쟁(법적 다툼)의 처분·재결과 관계있는 행정청에 한정한다. 즉 계쟁의 처분 또는 재결에 관하여 피고인 행정청을 지휘·감독하는 상급청을 말한다.

참가의 절차는 법원의 직권, 당사자 또는 당해 행정청(다른 행정청)의 신청에 의한다. 참가여부의 재판은 결정의 형식으로 하며 법원은 당사자 및 당해 행정청의 의견을 미리 듣지 않으면 안 된다. 또한 다른 행정청은 피고인 행정청 측에만 참가할 수 있고, 원고 측에는 참가할 수 없다.

(다) 처분사유의 추가·변경

처분사유의 추가·변경이란 행정청이 처분시에 존재하였던(처분 이후에 발생한 새로운 사유는 인정X) 사실상·법률상의 근거를 행정처분의 근거로 사용하지 않았으나, 사후에 취소소송의 심리과정에서 그 사유를 새로이 처분사유로 추가하거나 변경하는 것을 말한다. 이는 <u>사실심변론종결시까지 허용된다.</u>

판례는 "행정처분의 취소를 청구하는 항고소송에 있어서 행정청은 당초 처분의 근거로 삼은 이유와 **기본적 사실관계가 동일**하다고 인정되는 한도 내에서만 다른 처분사유를 새로 추가하거나 변경할 수 있을 뿐, 기본적 사실관계가 동일하다고 인정되지 않는 별개 사실을 들어 처분사유로 주장하는 것은 원칙적으로 허용되지 않는다."고 한다. 기본적 사실관계의 동일성 유무는 '처분사유를 법률적으로 평가하기 이전의 구체적인 사실에 착안하여 그 기초인 사회적 사실관계가 기본적인 점에서 동일한지 여부'에 따라 결정된다. 이는 행정처분의 상대방의 방어권을 보장함으로써 실질적 법치주의를 구현하고 행정처분의 상대방에 대한 신뢰를 보호하기 위한 것이다.

→ 추가 또는 변경된 사유가 당초의 처분시 그 사유를 명기하지 않았을 뿐 <u>처분시에 이미 존재하고 있었고 당사자도 그 사실을 알고 있었다</u> 하여 (그것만으로는) <u>당초의 처분사유와 동일성이 있는 것이라 할 수 **없다**.</u>

→ 처분사유의 추가·변경은 취소소송의 소송물의 범위 내, 즉 처분의 동일성을 해치지 않는 범위 내에서만 허용되므로 **처분사유의 추가·변경은 소송물의 변경을 초래하지 않는다.**

→ 위법판단의 기준시점을 처분시로 볼 경우, 처분 이후에 발생한 <u>새로운 사실적·법적 사유를 추가·변경하고자 하는 것은 **허용될 수 없고** 이러한 경우에는 <u>계쟁처분을 직권취소하고 이를 대체하는 새로운 처분을 할 수 있다.</u>

→ 당초 행정처분의 근거로 제시한 이유(사유)가 실질적인 내용이 **없는** 경우에는 (기본적 사실관계가 동일한지 여부를 판단할 대상조차 없으므로) <u>행정소송의 단계에서 행정처분의 사유를 추가할 수 없다.</u>

→ 행정청이 원고의 정보공개청구에 대하여 별다른 이유를 제시하지 않은 채 이동통신요금과 관련한 **총괄원가액수만을 공개**하였고, 그 후 정보공개거부처분 취소소송에서 비로소 <u>원가 관련 정보가 법인의 영업상 비밀에 해당한다는 비공개사유를 주장</u>하는 것은, 그 **기본적 사실관계가 동일하다고 볼 수 없는** 사유를 추가하는 것이어서 **허용될 수 없다.**

→ 외국인 甲이 법무부장관에게 귀화신청을 하였으나 법무부장관이 심사를 거쳐 **'품행 미단정'**을 불허사유로 국적법상의 요건을 갖추지 못하였다며 신청을 받아들이지 않는 처분을 하였는데, 법무부장관이 甲을 '품행 미단정'이라고 판단한 이유에 대하여 제1심 변론절차에서 자동차관리법위반죄로 기소유예를 받은 전력 등을 고려하였다고 주장하였다가 원심(제2심) 변론절차에서 불법 체류한 전력이 있다는 추가적인 사정까지 고려하였다고 주장한 사안에서, 법무부장관이 원심(제2심)에서 추가로 제시한 **불법 체류 전력 등의 제반 사정은 처분사유의 근거가 되는 기초 사실 내지 평가요소에 지나지 않으므로, 추가로 주장**

처분사유의 추가 ≠ 처분사유의 근거(기초사실·평가요소)의 추가

∴ 처분사유의 근거(기초사실·평가요소)는 추가로 얼마든지 주장 가능

할 수 있다.

[처분사유의 추가·변경 인정여부]

처분사유의 추가·변경X
 	
기본적 사실관계의 동일성X
	1. 금융위원장의 정보비공개결정에 대해서 대법원에서 진행 중인 재판에 관련된 정보
	  ≠ (별개사건인) 서울중앙지방법원에서 진행 중인 재판에 관련된 정보
	2. 석유판매업허가신청거부에 대해서 관할 군부대장 동의X ≠ 탄약창 근접지점 (공익)
	3. 시세완납증명발급거부처분취소에 대해서 중기취득세의 체납 ≠ 자동차세의 체납
	4. LPG충전소허가신청반려에 대해서 전주이씨제각* 소유주의 미동의
	  ≠ 낭떠러지에 접한 S자 커브의 언덕길
	  *제각 : 무덤 근처에 제사하려고 지운 집
	5. 이주대책대상자 선정신청거부에 대해서 사업지구 내 가옥소유자X ≠ 이주대책 신청·실시기간 도과
	6. 온천발견신고수리거부에 대해서 규정온도 미달
	  ≠ 온천으로서의 이용가치↓, 기존의 도시계획 및 공공사업 지장
	7. 의료보험요양기관 지정취소처분에 대해서 본인부담금 수납대장 비치X ≠ 장관의 서류제출명령 위반
	8. 입찰참가자격제한에 있어서 정당한 이유 없는 계약의 불이행 ≠ 계약이행관련 관계공무원에게 뇌물 제공
	9. 위탁대상자 선정에 있어서 토지사용에 있어 관계법령상 제한 ≠ 주민동의서 미제출
	10. 징계사유에 있어서 정화구역 외인 것처럼 허위표시 / (정화위원회의) 심의를 면제하여 한 허가처분
	  ≠ 당구장허가처분서류 도면에 (상사의) 결제없이 거리표시 기입
	11. 자동차매매업허가신청거부에 대해서 거리제한규정에 저촉 ≠ 최소 주차용지에 미달
	12. 주류면허취소에 대해서 무자료 주류판매 및 위장거래 ≠ 무면허판매업자에게 주류판매
	13. 정보공개거부에 대해서 정보공개법 제9조 제1항 제2호·4호·6호 사유
	  ≠ 정보공개법 제9조 제1항 제1호 사유
	14. 토석채취허가신청반려에 대해서 주민동의서 미제출 ≠ 자연경관의 훼손
	15. 과징금부과처분에 대해서 (청소년고용금지업소에) 청소년 고용 ≠ 유통기한이 경과한 식품 판매

처분사유의 추가·변경O
 	
기본적 사실관계의 동일성O
	[구체적 사실의 변경 없이 근거법령만 추가·변경] ← 예외적 인정
	1. 개인택시운송사업면허취소에 대해서 자동차운수사업법 제31조 제1항 제3호
	  ≒ 자동차운수사업법 제31조 및 시행규칙 제15조
	2. 자동차운송사업면허취소처분에 대해서 구 여객자동차운수사업법 제76조 제1항 단서 중 제8호 (위헌결정O) ≒ 구 여객자동차운수사업법 제76조 제1항 본문 및 제8호 (위헌결정X)
	3. 자동차운송사업면허취소에 대해서 명의유용금지 위반 ≒ 직영운영의 면허조건 위반
	4. 정보공개거부에 대해서 검찰보존사무규칙 제20조 신청권자에 해당X ≒ 정보공개법 제7조 제1항 제6호
	
	[당초 처분사유의 구체화] ← 예외적 인정
	1. 산림형질변경불허가에 대해서 준농림지역에서 행위제한사항
	  ≒ 대규모 전원주택 부지조성사업으로서 위법
	2. 액화석유가스판매사업허가거부에 대해서 관계법 및 부산시 고시 동래구 허가기준상 부적합
	  ≒ 이격거리 기준위배
	
	<그 외>
	1. 과세처분을 위한 소득원천의 파악에 있어서 이자소득 ≒ 대금업에 의한 사업소득
	2. 부정당업자제재처분에 대해서 담합주도 또는 담합하여 입찰방해 ≒ 특정인의 낙찰을 위하여 담합한 자

처분사유의
추가·변경O
 	
기본적
사실관계의
동일성O
	3. 법인세부과에 대해서 구 법인세법 시행령상 소득금액지급 의제처분
	    ≒ (의제처분과) 같은 소득금액이 대표이사나 출자자에게 현실적 소득으로 귀속
	4. 석유판매업불허가에 대해서 도시계획법 4조 및 토지형질변경허가규칙상 행위제한 추진
	    ≒ 토지형질변경허가의 요건X / 도심 환경보전의 공익상 필요
	5. 정기간행물등록신청거부에 대해서 발행주체가 불법단체 ≒ 정기간행물등록법상 첨부서류 미제출
	6. 토지형질변경불허가에 대해서 국립공원에 인접한 미개발지의 합리적인 이용대책 수립시까지 허가유보
	    ≒ 국립공원 주변의 환경·풍치·미관을 크게 손상시킬 우려
	7. 폐기물처리사업계획 부적정통보에 대해서 인근에 피해가 예상되어 농지전용 불가능
	    ≒ 인근에 피해가 예상되어 폐기물처리시설부지로 부적합

마. 주장책임과 입증책임

주장책임이란 소송에서 당사자의 어느 일방이 패소의 위험 또는 불이익을 피하기 위하여 당해 사실을 주장할 책임을 말한다. 변론주의 하에서 당사자는 자기에게 유리한 주요사실을 주장하지 않으면 그것이 존재하지 않는 것으로 취급되어 패소의 위험 또는 불이익을 받게 된다. 입증책임이란 소송에서 당사자의 어느 일방이 패소의 위험 또는 불이익을 피하기 위해 일정한 사실의 존부를 입증할 책임을 말한다.

행정소송에 있어서 직권주의가 가미되어 있다고 하여도 여전히 당사자주의·변론주의를 그 기본구조로 하고 있다. 따라서 취소소송에 있어서는 원칙적으로 원고가 직권조사사항을 제외하고는 당해 행정처분의 위법사유에 해당하는 구체적 사실을 먼저 주장·입증하여야 하고, 피고(처분청)는 (그와 관련된) 행정처분의 적법성을 주장·입증하여야 한다.

→ 항고소송의 경우에는 처분의 적법성을 주장하는 피고(행정청)에게 그 적법사유에 대한 증명책임이 있다. 피고가 주장하는 일정한 처분의 적법성에 관하여 합리적으로 수긍할 만한 증명이 있는 경우에는 그 처분은 정당하다고 볼 수 있고, 이와 상반되는 예외적인 사정에 대한 주장과 증명은 그 상대방인 원고에게 그 책임이 있다.

V. 가구제 (잠정적 권리보호)

취소소송을 제기하여도 판결이 확정되려면 오랜 시일이 소요된다. 그 결과 분쟁의 대상이 되고 있는 법률관계의 내용이 실현되고 나면 승소의 판결을 얻더라도 이미 회복할 수 없는 손해가 발생하여 당사자의 실질적인 권리구제가 되지 못하는 경우도 많다. 이러한 경우에 본안소송의 계속을 전제로 하여 판결의 확정시까지 잠정적으로 권리구제를 도모하는 것을 가구제라고 한다. 가구제의 수단으로 집행정지제도와 가처분제도가 있다.

[가구제 수단의 소송별 인정여부]

	취소소송	무효등확인소송	부작위위법확인소송	당사자소송
집행정지	O (제23조)	O (제38조 제1항)	X (제38조 제2항)	X (제44조)
가처분	X	X	X	O

I. 가처분 (적극적 의미의 가구제)

가처분이란 1. 금전 이외의 계쟁물(대상물)에 관한 청구권의 집행을 보전하거나 또는 2. 다툼이 있는 법률관계에 관하여 **임시의 지위**를 보전하는 것을 목적으로 하는 가구제제도이다. 행정소송법은 가처분에 관한 규정이 없기 때문에 민사집행법에서 정하고 있는 가처분제도를 행정소송에서도 인정할 것인지에 대하여 긍정설, 부정설, 절충설 등 견해가 대립하고 있다. 판례는 부정설을 취하고 있다.

부정설은 (가처분을 부정하는 이유로) 1. 법원이 행정처분에 대한 가처분을 하는 것은 권력분립주의에서 오는 사법권의 한계를 벗어나는 것이고, 2. 집행정지에 관한 행정소송법 제23조 제2항은 공익과의 관련성 때문에 행정소송에 집행정지만을 인정하고 민사집행법상의 가처분을 배제하는 취지의 특별규정이라는 점을 언급하고 있다.

행정소송법이 집행정지제도를 두고 있기 때문에 집행정지의 대상이 되는 범위에서는 가처분제도가 적용될 여지가 없지만, 집행정지를 통해서는 실효적인 권리구제가 이루어질 수 없는 경우에는 가처분제도를 활용할 필요가 있다고 할 것이다.

→ 임시처분은 <u>행정심판법 제31조에 규정되어 있고</u>, <u>행정소송법의 취소소송에</u> 규정되어 있지는 <u>않다</u>.

2. 행정소송법상의 집행정지

> **행정소송법**
>
> **제23조 (집행정지)**
> **제1항** 취소소송의 제기는 처분 등의 효력이나 그 집행 또는 절차의 속행에 영향을 주지 아니한다.
> **제2항** 취소소송이 제기된 경우에 처분 등이나 그 집행 또는 절차의 속행으로 인하여 생길 회복하기 어려운 손해를 예방하기 위하여 긴급한 필요가 있다고 인정할 때에는 본안이 계속되고 있는 법원은 당사자의 신청 또는 직권에 의하여 처분 등의 효력이나 그 집행 또는 절차의 속행의 전부 또는 일부의 정지(이하 "집행정지"라 한다)를 결정할 수 있다. 다만, 처분의 효력정지는 처분 등의 집행 또는 절차의 속행을 정지함으로써 목적을 달성할 수 있는 경우에는 허용되지 아니한다.
> **제3항** 집행정지는 공공복리에 중대한 영향을 미칠 우려가 있을 때에는 허용되지 아니한다.
> **제4항** 제2항의 규정에 의한 집행정지의 결정을 신청함에 있어서는 그 이유에 대한 소명이 있어야 한다.
> **제5항** 제2항의 규정에 의한 집행정지의 결정 또는 기각의 결정에 대하여는 즉시항고할 수 있다. 이 경우 집행정지의 결정에 대한 즉시항고에는 결정의 집행을 정지하는 효력이 없다.
> **제6항** 제30조 제1항의 규정은 제2항의 규정에 의한 집행정지의 결정에 이를 준용한다.
>
> **제24조 (집행정지의 취소)**
> **제1항** 집행정지의 결정이 확정된 후 집행정지가 공공복리에 중대한 영향을 미치거나 그 정지사유가 없어진 때에는 당사자의 신청 또는 직권에 의하여 결정으로써 집행정지의 결정을 취소할 수 있다.
> **제2항** 제1항의 규정에 의한 집행정지결정의 취소결정과 이에 대한 불복의 경우에는 제23조 제4항 및 제5항의 규정을 준용한다.

가. 집행부정지의 원칙

행정소송법은 "취소소송의 제기는 처분 등의 효력이나 그 집행 또는 절차의 속행에 영향을 주지 아니한다."라고 하여 집행부정지원칙을 채택하고 있다.

나. 예외적인 집행정지 (소극적 의미의 가구제)

취소소송이 제기된 경우에 처분 등의 효력이나 그 집행 또는 절차의 속행으로 인하여 생길 회복하기 어려운 손해를 예방하기 위하여 긴급한 필요가 있다고 인정할 때에는 본안이 계속되고 있는 법원은 당사자의 신청 또는 직권에 의하여 처분 등의 효력이나 그 집행 또는 절차의 속행의 전부 또는 일부의 정지(집행정지)를 결정할 수 있다. 다만, 처분의 효력정지는 처분 등의 집행 또는 절차의 속행을 정지함으로써 목적을 달성할 수 있는 경우에는 허용되지 아니한다. 이것이 집행정지제도이다. 집행정지란 '집행'의 정지만을 의미하는 것이 아니라 '효력의 정지, 집행의 정지, 절차의 속행의 정지'를 모두 포함하는 것이다. 집행정지결정은 처분의 효력 내지 집행 등을 정지시키는 것에 불과하므로 소극적인 의미의 가구제라고 할 수 있다. 집행정지는 무효등확인소송의 경우에도 준용된다.

→ 행정소송법 제38조의 준용규정을 보면, 취소소송에 관한 규정 중 제23조(원칙적 집행부정지와 예외적 집행정지)는 부작위위법확인소송에는 준용되지 않으나 무효등확인소송에는 준용된다.

다. 집행정지의 요건

(1) 적극적 요건

(가) 적법한 본안소송의 계속

집행정지는 본안소송이 법원에 계속되어 있어야 한다. 따라서 집행정지신청은 본안의 소제기 후 또는 (소제기와) 동시에 제기되어야 한다. 또한 본안소송의 제기는 적법한 것이어야 하며, 본안소송의 제기가 위법한 경우에는 집행정지의 신청도 위법한 것이 된다.

→ 본안문제인 행정처분 자체의 적법여부는 집행정지 신청의 요건이 되지 아니하는 것이 원칙이지만, 본안소송의 제기 자체는 적법
적법한 소송제기를 전제로 집행정지 신청이 가능
한 것이어야 한다.

(나) 처분 등의 존재

집행정지의 대상은 처분 등의 효력, 처분 등의 집행, 처분 등의 절차의 속행이다. 따라서 처분 등이 (효력기간의 경과, 집행종료, 목적달성 등으로 인하여) 소멸한 후에는 그 대상이 없으므로 집행정지가 허용되지 않는다. 그러므로 집행정지는 본안소송이 취소소송이나 무효등확인소송인 경우에만 허용되고 (처분 등을 하지 않아서 다투는) 부작위위법확인소송의 경우에는 허용되지 않는다.

행정청의 거부처분에 대해서 취소소송을 제기한 경우에도 집행정지가 인정될 수 있는 지가 문제된다. 다수설과 판례는 거부처분(국립대학교입학불허가처분, 교도소장의 접견허가거부처분, 업소허가갱신불허가처분 등)에 대해서는 집행정지를 할 수 없다는 입장이다. 집행정지는 '행정처분이 없었던 것과 같은 상태로 유지하는 것'을 의미하며, 그 이상으로 행정청에게 처분(입학허가, 접견허가, 허가갱신 등)등을 명하는 적극적인 상태를 만드는 것은 아니기 때문이다.

(다) 회복하기 어려운 손해예방의 필요

'회복하기 어려운 손해'란 사회통념상 금전보상이나 원상회복이 불가능하다고 인정되는 손해를 의미하는 바, 금전보상이 불능인 경우뿐만 아니라 금전보상으로는 사회관념상 행정처분을 받은 당사자가 참고 견딜 수 없거나 또는 참고 견디기가 현저히 곤란한 경우의 유형무형의 손해를 의미한다. 손해의 규모가 현저하게 클 필요는 없으며, 기업의 경우에는 '중대한 경영상 위기'를 기준의 하나로 보고 있다.

→ 행정소송법이 집행정지의 요건 중 하나로 회복하기 어려운 손해가 생기는 것을 예방할 필요성에 관하여 규정하고 있는 반면 행정심판법은 집행정지의 요건 중 하나로 중대한 손해를 예방할 필요성에 관하여 규정하고 있다.

(라) 긴급한 필요

집행정지는 손해발생가능성이 절박하여 본안판결을 기다릴 만한 여유가 없는 경우에 인정된다. 긴급한 필요 여부는 회복하기 어려운 손해발생의 가능성과 연계하여 합일적으로 판단하여야 한다.

[긴급한 필요 인정여부] ← 회복하기 어려운 손해발생의 가능성과 연계하여 판단

긴급한 필요 인정 집행정지O 효력정지O	1. 변호인과의 접견이 어려워지는 미결수용자의 이송처분에 대한 집행정지신청 2. 시내버스운송사업계획변경인가처분에 대한 기존 운송업자의 집행정지신청 3. 약제 및 치료재료의 산정기준 등에 관한 보건복지부 고시에 대한 제약회사의 집행정지신청 4. (외부자금의) 신규차입이 중단된 상황에서 285억원 규모의 과징금부과처분에 대한 사업자의 집행정지신청 5. 현역병입영처분에 대한 집행정지신청
긴급한 필요 부정 집행정지X 효력정지X	1. (甲주식회사의 신청으로 2G PCS 사업폐지 승인처분을 한 경우) 甲회사와 이용계약을 체결하여 2G 이동통신 서비스를 이용하던 乙 등이 한 효력정지신청 2. 기납부세액의 조기환급을 이유로 한 과세처분에 대한 집행정지신청 3. 국토교통부 등에서 발표한 '4대강 살리기 마스터플랜'에 따른 '한강 살리기 사업' 구간 인근에 거주하는 주민들이 한 각 공구별 사업실시계획승인처분에 대한 효력정지신청 4. 시공중인 공사중단과 (그에 따른) 손해배상 부담 및 새로운 공사수주 불가한 건설업면허취소처분에 대한 집행정지신청 5. 전재산인 1억 5천만원을 투자한 일반음식점의 영업허가취소처분에 대한 집행정지신청 6. 유흥접객영업허가의 취소처분으로 5000여만원의 시설비를 회수하지 못하게 되는 손해 7. '4대강 살리기' 사업실시계획승인처분으로 유기농업 등 농사를 지을 수 없게 되는 손해

(2) 소극적 요건

(가) 공공복리에 중대한 영향이 없을 것

집행정지는 공공복리에 중대한 영향을 미칠 우려가 없는 경우에 허용된다. 공공복리에 중대한 영향을 미치므로 집행정지를 할 수 없다는 것을 소명할 책임은 행정청에게 있다.

(나) 본안의 이유 없음이 명백하지 않을 것

본안의 이유 유무, 즉 승소가능성 여부는 집행정지의 요건이 될 수 없는 것이 원칙이다. 집행정지는 승소가능성과 무관한 임시적 보전절차이기 때문이다. 그러나 예외적으로 본안의 청구가 이유 없음이 명백한 경우, 즉 원고가 패소할 것이 확실한 경우에도 집행정지를 허용하는 것은 집행정지제도의 취지에 반하고 소송경제상으로도 문제가 있기 때문에 (이 경우에는) 집행정지를 명할 수 없다.

→ 신청인의 본안청구의 이유 없음이 명백할 때는 집행정지가 인정되지 않는다.

라. 주장·소명책임

집행정지를 위한 적극적 요건의 존재는 집행정지결정의 신청자가 소명하여야 한다. 반면, 집행정지의 소극적 요건의 존재, 즉 공공복리에 중대한 영향이 있거나 또는 본안청구가 이유 없음이 명백하다는 것은 행정청이 주장·소명하여야 한다.

마. 집행정지의 결정

집행정지에는 처분의 '효력의 정지, 집행의 정지. 절차의 속행의 정지'가 있다.

1. 처분의 효력정지란 처분이 갖는 효력(내용상 구속력)을 정지시켜 당해 처분이 잠정적으로 존재하지 않는 상태로 두는 것을 말한다 (공무원해임처분의 정지 등). 다만, 처분의 효력정지(과세처분의 효력정지, 산업기능요원편입취소처분의 효력정지 등)는 처분의 집행정지 또는 절차의 속행의 정지(과세처분을 집행하기 위한 강제징수절차의 속행의 정지, 산업기능요원편입취소의 후속절차인 현역병입영처분절차의 속행의 정지 등)로써 그 목적을 달성할 수 있는 경우에는 허용되지 아니한다. 2. 처분의 집행정지란 처분내용의 강제적 실현을 위한 공권력행사를 정지하는 것을 의미한다. 예컨대, 강제출국명령에 따른 강제출국조치를 정지시키는 경우가 이에 해당한다. 3. 처분의 절차속행의 정지란 처분(국세강제징수를 위한 체납처분 등)이 단계적 절차를 거치면서 속행되는 경우, 선행절차(압류 등)의 하자를 다투는 중에는 후행절차(매각 등)를 잠정적으로 하지 못하게 하는 것을 말한다.

→ 보조금 교부결정 취소처분에 대한 효력정지결정에 따라 효력정지기간 중 계속하여 보조금이 지급되었으나 이후 본안소송에서 원고 패소 판결이 선고된 경우, 효력정지기간 중 교부된 보조금을 반환하여야 한다.

바. 집행정지결정의 효력

(1) 형성력

집행정지결정이 고지되면 행정청의 별도의 통지가 없더라도 결정에서 정한 대로 처분의 효력 등이 정지되며, 당해 처분이 효력 있음을 전제로 한 후속행위는 무효가 된다.

집행정지결정 중 효력정지결정은 효력 그 자체를 잠정적으로 정지시키는 것이므로 행정처분이 없었던 원래 상태와 같은 상태를 가져오지만 장래에 향하여 효력을 발생하는 것이 원칙이다. 즉, 소급효가 없다. 따라서 처분의 효력정지결정이 내려지더라도 효력정지결정 전에 이미 집행된 부분에는 영향을 미치지 아니한다. 집행정지결정의 효력은 제3자효 행정행위의 경우에는 당사자와 관계행정청뿐만 아니라 제3자에게도 미친다.

→ 집행정지결정 중 효력정지결정은 효력 그 자체를 잠정적으로 정지시키는 것이므로 행정처분이 없었던 원래상태와 같은 상태를 가져오지만 장래에 향하여 효력을 발생하는 것이 원칙이다.

(2) 기속력

집행정지결정은 당사자인 행정청과 그 밖의 관계행정청도 기속한다. 집행정지결정을 위반하는 행정처분(매각 등)은 중대하고 명백한 하자로서 무효가 된다.

→ 집행정지결정은 판결이 아님에도 기속력은 인정된다. 따라서 기속력에 반하는 처분은 무효의 처분이 된다. 다만 확정판결과는 달리 재처분의무는 인정되지 않기 때문에 행정청은 집행정지결정의 취지에 따라 다시 이전의 신청에 대한 처분을 하여야 하는 것은 아니다.

사. 집행정지결정에 대한 불복과 취소

> **행정소송법**
>
> ### 제23조(집행정지)
>
> **제4항** 제2항의 규정에 의한 집행정지의 결정을 신청함에 있어서는 그 이유에 대한 소명이 있어야 한다.
>
> **제5항** 제2항의 규정에 의한 집행정지의 결정 또는 기각의 결정에 대하여는 즉시항고할 수 있다. 이 경우 집행정지의 결정에 대한 즉시항고에는 결정의 집행을 정지하는 효력이 없다.
>
> ### 제24조(집행정지의 취소)
>
> **제1항** 집행정지의 결정이 확정된 후 집행정지가 공공복리에 중대한 영향을 미치거나 그 정지사유가 없어진 때에는 당사자의 신청 또는 직권에 의하여 결정으로써 집행정지의 결정을 취소할 수 있다.
>
> **제2항** 제1항의 규정에 의한 집행정지결정의 취소결정과 이에 대한 불복의 경우에는 제23조 제4항 및 제5항의 규정을 준용한다.

(1) 불복

법원의 집행정지의 결정 또는 기각의 결정에 대하여는 즉시항고할 수 있다. 이 경우 집행정지의 결정에 대한 즉시항고만으로는 집행정지결정의 집행을 정지하는 효력이 인정되지 않는다. 즉 집행정지결정은 여전히 효력이 있다.

(2) 집행정지결정의 취소

집행정지결정이 확정된 후 집행정지가 공공복리에 중대한 영향을 미치거나 정지사유가 없어진 때에는 당사자의 신청 또는 직권에 의하여 집행정지결정을 취소할 수 있다. 당사자가 집행정지결정의 취소를 신청한 때에는 그 사유를 소명하여야 한다. 집행정지결정이 취소되면 그때부터 집행정지결정이 없는 상태가 되므로 처분이 다시 효력을 발생한다.

VI. 취소소송의 판결

1. 판결의 의의

판결이라 함은 구체적인 법률상 쟁송을 해결하기 위하여 법원이 소송절차를 거쳐 내리는 결정을 말한다.

2. 판결의 종류

가. 중간판결과 종국판결

중간판결이란 소송진행중에 생긴 쟁점을 해결하기 위한 확인적 성질의 판결을 말하며, 종국판결이란 당해소송의 전부나 일부를 그 심급으로서 종료시키는 판결을 말한다.

나. 소송판결과 본안판결

소송판결이란 당해 소가 소송요건을 결여하고 있는 경우에 이를 이유로 부적법한 소로서 각하하는 판결이며, 본안판결이란 청구의 당부에 관한 판결로서 청구내용의 전부 또는 일부를 기각하거나 인용함을 내용으로 하는 판결이다.

다. 인용판결과 기각판결

기각판결이란, 본안심리의 결과 원고의 청구를 배척하고 원처분을 지지하는 판결을 말한다. 기각판결에는 원고의 청구에 합리적인 이유가 없기 때문에 배척하는 경우와 원고의 청구에 이유가 있으나 배척하는 경우(사정판결)가 있다.

인용판결이란, 본안심리의 결과 원고의 청구에 이유가 있다고 인정하여, 그 청구의 전부 또는 일부를 받아들이는 내용의 판결이다. 인용판결은 그 내용에 따라 다시 1. 법률관계의 존부를 확인하는 내용의 확인판결, 2. 법률관계를 형성·변경·소멸시킴을 내용으로 하는 형성판결, 3. 행정청에 일정한 행위를 할 것을 명하는 이행판결로 나누어진다.

[일부인용(일부취소) 인정 VS 부정]

일부취소 인정	1. **공정거래위원회**의 여러 개의 위반행위에 대한 외형상 하나의 과징금납부명령 (여러 개의 위반행위 중 일부 위반행위에 대한 과징금 부과만이 위법하고 그 과징금액 산정이 가능하면 그 부분**만** 취소 가능) 2. **공정거래위원회**의 법위반사실공표명령 (광고행위와 표시행위 중 표시행위에 대한 법위반사실이 없다면 법원은 그 부분(표시행위)에 대한 공표명령**만** 취소 가능) 3. 여러 개의 상이에 대한 국가유공자요건**비**해당처분에 대한 취소소송에서 일부 상이에 대한 국가유공자요건이 인정되는 경우 (그 상이만) **비**해당처분 일부취소 인정 4. 법원이 과세처분(기속행위)의 정당한 세액을 산출할 수 있는 경우 일부취소 인정 5. (금전부과처분에 있어서) 사실심 변론종결 시까지 제출된 자료로 정당한 부과금액이 산출되는 경우 정당한 부과금액을 초과하는 부분**만** 취소 가능 6. (정보공개거부처분에 대해서) 공개청구의 취지에 어긋나지 않는 범위 안에서 　ㄱ. 나머지 정보만을 공개하는 것이 가능하고 　ㄴ. 나머지 정보만으로 공개의 가치가 있는 경우 부분공개 허용
일부취소 부정	1. **공정거래위원회**의 과징금납부명령 2. 자동차운수사업면허조건을 위반한 사업자에 대한 과징금부과처분이 법정 최고한도액을 초과하여 위법한 경우 전부취소 3. 명의신탁자에 대한 과징금부과처분이 재량권을 일탈·남용하여 위법한 경우 전부취소 　*** 명의신탁자에 대한 과징금부과처분은 기속행위 (단, 과징금 감경사유가 있으면 과징금 감경여부는 재량행위)** 4. (영업정지기간 산정이 행정청의 재량권에 속하는 사항일 때) 영업정지처분이 적정한 영업정지기간을 초과하여서 위법한 경우 전부취소

→ 사립학교 교원이 어떠한 징계처분을 받아 교원소청심사위원회에 소청심사청구를 하였고, 이에 대하여 위원회가 그 징계사유 자체가 인정되지 않는다는 이유로 징계양정의 당부에 대해서는 나아가 판단하지 않은 채 징계처분을 취소하는 결정을 한 경우, 그에 대하여 학교법인 등이 제기한 행정소송절차에서 심리한 결과 징계사유 중 일부 사유는 인정된다고 판단이 되면 법원으로서는 교원소청심사위원회의 결정을 취소하여야 한다.

전부취소가 원칙.

사립학교 교원의 징계를 전제로 하는 경우, 교원소청심사위원회의 결정이 원처분에 해당하므로 교원소청심사위원회의 결정에 대해서 취소소송 가능

→ 재량이 인정되는 과징금 납부명령에 대하여 그 명령이 재량권을 일탈하였을 경우, 법원은 (재량권의 일탈 여부만 판단할 수 있을 뿐) 재량권의 범위 내에서 어느 정도가 적정한 것인지에 관하여 판단할 수 없어 그 일부(명령 일부)를 취소할 수는 없다.

전부취소 O / 일부취소 X

→ 재량행위의 성격을 갖는 과징금부과처분이 법이 정한 한도액을 초과하여 위법한 경우 법원으로서는 그 전부를 취소할 수 밖에 없고, 한도액을 초과한 부분만을 취소할 수 없다.

라. 사정판결

행정소송법

제28조 (사정판결)
제1항 원고의 청구가 이유있다고 인정하는 경우에도 처분 등을 취소하는 것이 현저히 공공복리에 적합하지 아니하다고 인정하는 때에는 법원은 원고의 청구를 기각할 수 있다. 이 경우 법원은 그 판결의 주문에서 **처분 등이 위법**함을 명시하여야 한다.
제2항 법원이 제1항의 규정에 의한 판결을 함에 있어서는 미리 원고가 그로 인하여 입게 될 손해의 정도와 배상방법 그 밖의 사정을 조사하여야 한다.
제3항 원고는 피고인 행정청이 속하는 국가 또는 공공단체를 상대로 손해배상, 제해시설의 설치 그 밖에 적당한 구제방법의 청구를 당해 취소소송 등이 계속된 법원에 병합하여 제기할 수 있다.

(1) 의의

원고의 청구가 이유 있다고 인정되는 경우에도 처분 등을 취소하는 것이 현저히 공공복리에 적합하지 않다고 인정하는 때에는 법원은 원고의 청구를 기각할 수 있는바, 이를 사정판결이라고 한다. 사정판결도 기각판결의 일종이다. 당사자의 주장이 없는 경우에도 법원이 직권으로 할 수 있다.

(2) 요건

사정판결을 하기 위해서는 1. 원고의 청구가 이유 있다고 인정될 것, 2. 처분 등을 취소하는 것이 현저히 공공복리에 적합하지 아니할 것이 요구된다.

(3) 심리

처분의 위법성 판단은 처분시를 기준으로 하지만, 사정판결의 필요성은 (처분 이후에 변화된 사정을 고려하여야 하므로) 판결시를 기준으로 판단하여야 하며, (사정판결의 예외성에 비추어) 행정청이 주장·입증하여야 한다.

→ 사정판결의 필요성에 대한 주장·입증책임은 피고인 행정청이 부담하여야 한다.

(4) 판결

사정판결은 원고의 청구가 이유 있음에도 불구하고 공공복리를 위하여 그 청구를 배척하는 것이므로 법원은 사정판결의 주문에서 당해 처분 등이 위법함을 명시하여야 한다. 사정판결이 확정되면 당해 처분 등의 위법성에 대하여 기판력이 발생하며, 소송비용은 (패소자 부담의 일반원칙과는 달리) 피고가 부담한다.

→ 사정판결을 함에 있어서는 그 판결의 주문에서 그 처분 등이 위법함을 구체적으로 명시하여야 한다.

→ 사정판결이 확정되면 사정판결의 대상이 된 행정처분이 위법하다는 점에 대하여 기판력이 발생한다.

(ㄴ) 원고의 권리구제

원고는 피고인 행정청이 속하는 국가 또는 공공단체를 상대로 손해배상·재해시설의 설치 그 밖에 적당한 구제방법의 청구를 당해 취소소송 등이 계속된 법원에 병합하여 제기할 수 있다.

법원이 사정판결을 함에 있어서는 미리 원고의 손해정도와 (원고에 대한) 배상방법 그리고 그 밖의 사정을 조사하여야 한다.

(6) 적용범위

사정판결은 취소소송에만 인정되는 것이 원칙이고 무효등확인소송, 부작위위법확인소송, 당사자소송에는 인정되지 않는다는 것이 판례의 입장이다.

[사정판결 인정유무]

사정판결 인정 (원고 패소)	1. 재개발조합설립 및 사업시행 인가처분이 처분시 법정요건인 소유자 **3분의 2이상**의 동의가 없어서 위법했으나, 그 후 **90%이상**의 소유자가 속행을 바라고 있는 경우 2. 전남대에 대한 로스쿨예비인가처분
사정판결 부정 (원고 승소)	1. 관리처분계획의 수정을 위한 재결의가 시간과 비용이 많이 소요된다는 사정 2. (검사의 징계면직취소소송에 있어서) 징계면직된 검사의 복직이 검찰조직의 안정과 인화를 저해할 우려가 있다는 사정 3. (면허대수 보충인가처분 취소소송에 있어서) 이미 면허받아 운행하고 있는 운송회사들의 손해 4. (폐기물처리업 불허가처분 취소소송에 있어서) 청소질서 파괴·책임행정 불가능

3. 판결의 효력

가. 취소판결의 기속력

행정소송법

제30조 (취소판결 등의 기속력)
제1항 처분 등을 취소하는 확정판결은 그 사건에 관하여 당사자인 행정청과 그 밖의 관계행정청을 기속한다.
제2항 판결에 의하여 취소되는 처분이 당사자의 신청을 거부하는 것을 내용으로 하는 경우에는 그 처분을 행한 행정청은 판결의 취지에 따라 다시 이전의 신청에 대한 처분을 하여야 한다.
제3항 제2항의 규정은 신청에 따른 처분이 절차의 위법을 이유로 취소되는 경우에 준용한다.

(1) 의의

처분 등을 취소하는 확정판결은 그 내용에 따라 당사자인 행정청과 관계행정청을 기속하는바, 이를 기속력이라 한다. 기속력은 당사자인 행정청과 관계행정청에 대하여 판결의 취지에 따라야 할 실체법상의 의무를 발생시키는 효력이다. 청구인용판결의 경우에만 인정되고 청구기각판결에는 인정되지 않는다. (청구기각판결이 내려진 경우에도 행정청은 처분을 직권으로 취소할 수 있다.)

→ 판결의 **기속력**은 **인용판결**에 한하여 인정되고 **기각판결**에는 **인정되지 않는다.**

기속력은 행정청에 대한 효력,　　기각판결(행정처분이 적법)의 경우 행정청은 별다른 의무X

∴ 행정청에게 의무를 요하는 효력 인정X

[「행정소송법」상 취소소송(취소판결)의 기속력 규정 준용여부]

취소소송	무효등확인소송 (제38조 제1항)	부작위위법확인소송 (제38조 제2항)	당사자소송 (제44조 제1항)
제30조 제1항 (기속력)	준용O	준용O	준용O
제30조 제2항 (재처분의무)	준용O	준용O	준용X
제34조 (간접강제)	준용X	준용O	준용X

(2) 성질

기속력의 성질에 관하여는 기판력의 일종으로 보는 기판력설과 취소판결의 효과를 보장하기 위하여 행정소송법이 특별히 인정한 효력으로 보는 특수효력설이 대립되어 있다. 후자가 판례·다수설의 입장이다.

[기속력의 성질]

기판력설	기속력은 취소판결의 기판력이 행정적 측면에 미치는 것에 지나지 않으며 그 본질은 기판력과 동일하다는 견해
특수효력설 (다수설)	기속력은 취소판결의 실효성(효과)을 확보하기 위하여 「행정소송법」이 특별히 부여한 효력으로서 그 본질이 기판력과는 다르다는 견해
판 례	과거에는 기속력을 기판력의 일종으로 보고 용어를 혼용하였으나 최근에는 기판력과 다른 특수한 효력(특수효력설)으로 인정 (대판 2016.3.24. 2015두48235)

(3) 내용

(가) 소극적 효력(반복금지효)

취소판결 등 청구를 인용하는 판결(인용판결)이 확정되면 행정청은 동일한 사실관계(동일한 사정) 아래에서 동일 당사자에 대하여 동일한 내용의 처분 등을 다시 반복해서는 안 된다. 기속력은 판결주문과 판결이유에서 적시된 개개의 위법사유에만 미치므로, 처분시에 존재한 원래의 처분의 위법사유와 기본적 사실관계에 동일성이 없는 다른 사유를 들어 동일한 처분을 하더라도 반복금지효에 위반되지 않는다.

→ 법규 위반을 이유로 내린 영업허가취소처분이 비례의 원칙 위반으로 취소된 경우에 동일한 법규 위반을 이유로 영업정지처분을 내리는 것은 기속력에 반하지 않는다.

(나) 적극적 효력

거부처분의 취소판결이 확정되면 당해 거부처분을 한 행정청은 판결의 취지에 따라 원래의 신청에 대한 처분을 하여야 할 의무를 진다. 이 경우에는 당사자는 다시 신청할 필요가 없다. 행정소송법은 절차상의 위법을 이유로 취소된 경우에도 이를 준용하고 있다. 구체적 적용은 다음과 같다.

① 거부처분이 취소된 경우 (**재처분의무**)

거부처분의 취소판결이 확정되면 당해 거부처분을 한 행정청은 판결의 취지에 따라 (동일한 위법을 반복하지 않고) 원래의 신청에 대하여 다시 처분을 하면 된다. 따라서 <u>행정청은 당초의 거부처분과는 다른 이유로 거부처분을 할 수도 있다. 반드시 원고가 신청한 내용대로 처분해야 하는 것은 아니다.</u>

→ <u>재처분이 취소판결의 **기속력**에 저촉되면 하자가 중대하고 명백하여 **당연무효**이다.</u>

② 인용처분이 (절차의 위법을 이유로) 취소된 경우

신청에 따른 처분(인용처분)이 제3자의 제소에 의하여 절차에 위법이 있음을 이유로 취소되는 경우에는 그 처분을 한 행정청은 판결의 취지에 따라 적법한 절차에 의하여 다시 신청을 허용하는 처분(인용처분)을 할 수 있다.

그러나 절차를 거친 결과 원래의 인용처분과 달리 거부처분을 할 수도 있다.

③ 결과제거의무

처분의 취소판결이 확정되면 행정청은 결과적으로 위법이 되는 처분에 의해 초래된 상태를 제거해야 할 의무를 진다. 예컨대, 압류처분의 취소판결이 있음에도 불구하고 행정청이 그에 따른 반환의무를 이행하지 않는 경우는 공법상의 결과제거청구권을 행사하여 압류재산을 반환받을 수 있다.

→ <u>파면처분에 대한 **취소판결**이 확정되면 **파면되었던 원고를 복직**시켜야 한다.</u>

(다) 간접강제

행정소송법

제34조 (거부처분취소판결의 간접강제)
제1항 행정청이 제30조 제2항의 규정에 의한 처분을 하지 아니하는 때에는 제1심 수소법원은 당사자의 신청에 의하여 결정으로써 상당한 기간을 정하고 행정청이 그 기간 내에 이행하지 아니하는 때에는 그 지연기간에 따라 일정한 배상을 할 것을 명하거나 즉시 손해배상을 할 것을 명할 수 있다.
제2항 제33조와 민사집행법 제262조의 규정은 제1항의 경우에 준용한다.

집행력이란 확정판결에 의하여 강제집행을 할 수 있는 효력을 말한다. 이러한 집행력은 일반적으로 확정된 이행판결에서 인정된다. 그런데 취소판결은 형성판결이지 이행판결이 아니기 때문에 집행력이 인정되지 않는다. 다만, 거부처분취소판결이 확정된 경우 판결의 기속력에 의하여 행정청은 당해 판결의 취지에 따르는 처분을 행할 의무를 지게 되며, 행정청이 그 재처분의무를 이행하지 아니하는 경우에 (판결의 실효성을 확보하기 위한 수단으로) 간접강제를 인정하고 있으므로 그 범위 안에서 집행력이 인정된다고 할 수 있다.

법원이 거부처분의 취소판결을 하였음에도 불구하고 행정청이 취소판결의 취지에 따른 처분을 하지 아니하는 경우에는 제1심 수소법원은 당사자의 신청에 의하여 결정으로써 처분을 하여야 할 상당한 기간을 정하고, 행정청이 그 기간 내에 처분을 하지 아니하는 때에는 그 지연기간에 따라 일정한 배상을 할 것을 명하거나 즉시 손해배상을 할 것을 명할 수 있다. 이러한 간접강제 제도는 부작위위법확인소송에도 준용되고 있다.

→ <u>**거부처분에 대한 취소의 확정판결**이 있음에도 행정청이 아무런 재처분을 하지 아니하거나, 재처분을 하였다 하더라도 그것이 종전 거부처분에 대한 취소의 확정판결의 **기속력**에 **반하는** 등으로 당연무효라면 이는 아무런 재처분을 하지 아니한 때와 마찬가지라 할 것이므로 이러한 경우에는 **간접강제신청**에 **필요한 요건**을 갖춘 것으로 보아야 한다.</u>

→ 특별한 사정이 없는 한 간접강제결정에서 정한 의무이행기한이 경과한 후에라도 확정판결의 취지에 따른 재처분의 이행이 있으면 배상금을 추심함으로써 심리적 강제를 꾀할 목적이 상실되므로 처분상대방이 더 이상 배상금을 추심하는 것은 허용되지 않는다.

(4) 범위

기속력은 피고인 행정청뿐만 아니라 그 밖의 관계행정청(취소된 처분에 관계되는 처분 또는 부수되는 행위를 할 수 있는 행정청)에 미치며(주관적 범위), 판결의 주문(~처분을 취소한다, 소송비용은 피고가 부담한다) 및 이유에서 판단된 처분의 구체적 위법사유에 미친다(객관적 범위). 또한 기속력은 처분 당시까지의 법률관계·사실관계를 판단의 대상으로 하기 때문에, 처분 이후에 발생한 사유로 동일한 처분 또는 동일한 거부처분을 하여도 기속력에 반하는 것이 아니다(시간적 범위).

→ 취소판결의 기속력은 판결의 주문(主文) 및 해당 처분 등의 구체적 위법사유에 관한 판단에도 미친다.
주문(主文) : 재판의 대상이 될 사정에 대한 결론

→ 甲이 관할 행정청으로부터 영업허가취소처분을 받았고, 이에 대해 취소소송을 제기하여 취소판결이 확정된 이후에도 다른 사유를 근거로 하더라도 다시 영업허가를 취소하는 처분을 할 수 있다.

→ 행정처분이 판결에 의해 취소된 경우, 취소된 처분의 사유와 (기본적 사실관계에서 동일성이 인정되지 않는) 다른 사유를 들어 새로이 처분을 하는 것은 기속력에 반하지 않는다.

→ 행정처분의 위법 여부는 행정처분이 행하여진 때의 법령과 사실을 기준으로 판단하므로, 확정판결의 당사자인 처분 행정청은 종전 처분 후에 발생한 새로운 사유를 내세워 다시 처분을 할 수 있다.

→ 여러 법규 위반을 이유로 한 영업허가취소처분이 처분의 이유로 된 법규 위반 중 일부가 인정되지 않고 나머지 법규 위반으로는 영업허가취소처분이 비례의 원칙에 위반된다고 취소된 경우에 판결에서 인정되지 않은 법규 위반사실을 포함하여 다시 영업정지처분을 내리는 것은 동일한 행위의 반복은 아니지만 판결의 취지에 반한다.

→ 절차상의 하자를 이유로 행정처분을 취소하는 판결이 선고되어 확정된 경우, 그 확정판결의 기속력은 취소사유로 된 절차의 위법에 한하여 미치는 것이므로 행정청은 적법한 절차를 갖추어 동일한 내용의 처분을 다시 할 수 있다.

나. 취소판결의 형성력

> **행정소송법**
>
> **제29조 (취소판결 등의 효력)**
> **제1항** 처분 등을 취소하는 확정판결은 제3자에 대하여도 효력이 있다.
> **제2항** 제1항의 규정은 제23조의 규정에 의한 집행정지의 결정 또는 제24조의 규정에 의한 그 집행정지결정의 취소결정에 준용한다.

(1) 의의

형성력이란 판결의 내용에 따라 기존의 법률관계의 발생·변경·소멸을 가져오는 효력을 말한다. 취소판결이 확정되면 당해 처분의 효력은 처분청의 별도의 행위(취소, 취소통지 등)를 기다릴 것 없이 처분시에 소급하여 그 효력이 소멸되어 처분이 없었던 것과 같은 상태로 된다. 즉, 형성력은 인용판결의 경우에만 인정된다.

(2) 내용

(가) 형성효

행정처분을 취소한다는 확정판결이 있으면 그 취소판결의 형성력에 의하여 처분청이 당해 행정처분의 취소나 취소통지 등의 별도의 절차를 취하지 아니하더라도 당연히 취소의 효과가 발생한다.

(나) 소급효

취소판결의 형성력은 처분시에 소급한다. 즉, 취소판결은 처음부터 처분의 효력이 없었던 것과 같은 효과를 가져오는데, 이를 소급효라고 한다.

→ 취소판결의 효력은 원칙적으로 소급적이므로 취소판결에 의해 취소된 영업허가취소처분 이후의 영업행위는 무허가 영업에
∴ 영업허가가 (계속) 유지된 상태
해당하지 않는다.

→ 영업허가취소처분 이후의 영업행위에 대하여 무허가영업으로 기소되었으나 형사법원의 판결 전에 영업허가취소처분이 행정소송에서 취소되면 형사법원은 무허가영업행위에 대해서 무죄를 선고하여야 한다.
∴ 영업허가가 (계속) 유지된 상태

→ 운전면허취소처분에 대한 취소소송에서 취소판결이 확정되었다면 운전면허취소처분 이후의 운전행위를 무면허운전이라 할 수는 없다.

→ 조세부과처분을 취소하는 행정판결이 확정된 경우 부과처분의 효력은 처분시에 소급하여 효력을 잃게되어 그에 따른 납세
소급해서 무효
의무가 없으므로, 확정된 행정판결(취소판결)은 조세포탈에 대해 무죄로 판단하거나 원심판결이 인정한 죄 보다 경한 죄를 인정할 명백한 증거에 해당한다.

(다) 제3자효(대세효)

① 의의

취소판결의 효력은 당해 소송의 당사자뿐만 아니라 소송에 관여하지 않는 제3자에게도 미친다. 이를 취소판결의 제3자효 또는 대세효라고 한다. 예컨대, 체납처분절차로서 공매처분에 대한 체납자(원고)의 공매처분취소청구가 인용된 경우 판결의 효력은 공매처분으로 재산을 경락받은 사람(제3자)에게도 미친다. 즉, 체납자가 경락인을 상대로 소유권이전말소청구를 하는 경우 이를 받아들여야 한다. 그러나 행정처분을 취소하는 확정판결이 제3자에 대해서 효력이 있다고 하더라도, (일반적으로 판결의 효력은 주문에 포함한 것에 한하여 미치는 것이니) 해당 행정처분을 기초로 하여 새로 형성된 제3자의 권리가 취소판결 자체의 효력에 의해 당연히 그 행정처분 전의 상태로 환원되는 것은 아니다.

② 제3자 보호문제

소송에 참가하여 자기의 이익을 방어하거나 주장할 기회를 갖지 못한 제3자에 대하여 판결의 효력을 미치게 한다는 것은 소송법상의 원칙에 어긋나며 자칫 국민의 재판청구권을 침해할 우려도 있다. 취소판결의 제3자효가 가지는 이와 같은 양면성을 조화롭게 하기 위해서 마련된 제도가 행정소송법상 제3자의 소송참가 및 제3자의 재심청구 규정이다. 취소판결의 제3자효 범위에 관해서는 명문의 규정이 없어 문제되는 바, 1. 취소소송은 주관적 소송으로서 그 효력은 원칙적으로 당사자에게만 미치는 것이 원칙인데 제3자효를 취소소송의 당연한 속성으로 볼 수 있는 지와, 2. 형성력이 미치는 제3자의 범위가 명확하지 않다는 점이 지적된다. 예컨대, 그 제3자가 어떠한 형태로든 소송에 참가한 소송참가인으로서의 제3자만을 의미하는 것인가 아니면 그 밖의 이해관계자 전부를 의미하는 것인지 등이 명확하지 않다.

다. 기판력

(1) 의의

청구에 대한 법원의 판결이 확정되면 이후의 절차에서 당사자 및 법원은 동일사항에 대하여 확정판결의 내용과 모순되는 주장과 판단을 할 수 없는바, 이러한 확정판결의 내용적 효력을 기판력이라고 한다.

(2) 법적 근거

행정소송법상 기판력에 관한 명시적 규정은 없다. 다만, 행정소송법 제8조 제2항이 민사소송법을 준용하고 있으므로 기판력에 관한 규정인 민사소송법 제216조와 제218조가 준용된다.

(3) 내용

판결의 기판력이 발생하면, 당사자는 동일한 소송물을 대상으로 다시 소를 제기할 수 없다(반복금지효). 뿐만 아니라 당사자는 이후의 소송에서 동일한 사항에 대하여 판결의 내용과 모순되는 주장을 할 수 없고, 법원은 전소 판결에 반하는 판결을 할 수 없다(모순금지효).

→ 기각판결의 경우, 당해 처분이 적법하다는 내용의 기판력이 발생하므로, 원고는 다른 위법사유를 들어 다시 처분의 효력을 다툴 수 없다.

→ 행정청이 관련 법령에 근거하여 행한 공사중지명령의 상대방이 명령의 취소를 구한 소송에서 패소함으로써 그 명령이 적법한 것으로 이미 확정되었다면, 이후 이러한 공사중지명령의 상대방은 그 명령의 해제신청을 거부한 처분의 취소를 구하는 소송에서 그 명령의 적법성을 다툴 수 없다.
∵ 기판력

→ 세무서장을 피고로 하는 과세처분취소소송에서 패소하여 그 판결이 확정된 자가 국가를 피고로 하여 과세처분의 무효를 주장하여 과오납금반환청구소송을 제기한다면 취소소송의 기판력에 반하는 것이 된다.

→ 종전 확정판결의 행정소송 과정에서 한 주장 중 처분사유가 되지 아니하여 판결의 판단 대상에서 제외된 부분을 행정청이 그 후 새로이 행한 처분의 적법성과 관련하여 새로운 소송에서 다시 주장하는 것은 확정판결의 기판력에 저촉되지 않는다.
∵ 기판력은 판결의 주문(결론)에 포함된 것에 한하여 인정

→ 기판력은 사실심 변론의 종결시를 기준으로 발생하므로, 처분청은 당해 사건의 사실심 변론종결 이전에 주장할 수 있었던 사유를 내세워 확정판결과 저촉되는 처분을 할 수 없다.

(4) 범위

(가) 주관적 범위(인적 범위)

기판력은 당해 소송의 당사자 및 그와 동일시할 수 있는 승계인에게만 미치고, 제3자에게는 미치지 않는다. 한편 취소소송의 피고는 행정청이므로 기판력은 피고인 처분행정청이 속하는 국가나 공공단체에도 미친다.

(나) 객관적 범위(물적 범위)

기판력은 판결주문에 표시된 소송물에 관한 판단에 대해서만 발생하고, 판결이유에서 제시된 사실인정, 선결적 법률관계, 법규의 해석적용 등에는 미치지 않는다.

(다) 시간적 범위

기판력은 **사실심변론종결시**를 기준으로 하여 효력이 발생한다. 확정판결은 변론종결시까지 제출된 자료를 기초로 하여 이루어지는 것이기 때문이다.

→ 절차상의 하자를 이유로 과세처분을 취소하는 판결이 **확정**된 후 그 위법사유를 보완하여 이루어진 새로운 부과처분은 확정

<u>새로운 사유</u>

판결의 기판력에 저촉되지 **않는다.**

[기판력 VS 기속력]

	기판력	기속력
발 생 (확정판결을 전제)	인용·기각판결 모두 인정	인용판결에서만 인정
객관적 범위	**주문**에 표시된 것에만 미침	**주문 + 이유(위법사유)**에도 미침
주관적 범위	1. 법원을 구속 2. 소송당사자 및 이와 동일시할 수 있는 자를 구속	처분청 및 관계행정청을 구속
특 성	소송법상 효력	실체법상 효력

Ⅶ. 취소소송의 불복절차 (상소, 재심 및 헌법소원)

1. 상소

행정소송의 제1심 관할법원이 행정법원(또는 지방법원본원)이기 때문에 행정소송의 경우는 행정법원(제1심)의 **판결**에 대하여 불복하는 자는 고등법원 및 대법원에 항소·상고할 수 있다. 즉, 민사소송법상 항소·상고제도는 행정소송에도 적용된다. 또한 행정법원의 **결정·명령**에 불복하는 자는 고등법원에 항고할 수 있고, 고등법원의 결정·명령에 불복하는 자는 대법원에 재항고할 수 있다. 그리고 법률에 규정이 있는 경우에는 즉시항고도 할 수 있는데, 법원 결정의 고지가 있은 날로부터 1주일 이내에 하는 즉시항고에는 집행정지의 효력이 인정된다.

2. 제3자에 의한 재심청구

> **행정소송법**
>
> **제31조 (제3자에 의한 재심청구)**
> **제1항** 처분 등을 취소하는 판결에 의하여 권리 또는 이익의 침해를 받은 제3자는 자기에게 책임 없는 사유로 소송에 참가하지 못함으로써 판결의 결과에 영향을 미칠 공격 또는 방어방법을 제출하지 못한 때에는 이를 이유로 확정된 종국판결에 대하여 재심의 청구를 할 수 있다.
> **제2항** 제1항의 규정에 의한 청구는 확정판결이 있음을 안 날로부터 30일 이내, 판결이 확정된 날로부터 1년 이내에 제기하여야 한다.
> **제3항** 제2항의 규정에 의한 기간은 불변기간으로 한다.

취소판결의 효력은 소외의 제3자에게도 효력이 미치는 결과, 자기에게 책임 없는 사유로 소송에 참가하지 못함으로써 판결결과에 영향을 미칠 공격·방어방법을 제출하지 못한 제3자의 권익을 보호하기 위하여 행정소송법은 확정된 종국판결에 대한 제3자의 재심청구를 인정하고 있다. 그 기간은 불변기간으로 확정판결이 있음을 안 날로부터 30일 이내, 판결이 확정된 날로부터 1년 이내에 제기하여야 한다.

3. 원처분 및 판결에 대한 헌법소원

> **헌법재판소법**
>
> ### 제68조 (청구 사유)
> **제1항** 공권력의 행사 또는 불행사로 인하여 헌법상 보장된 기본권을 침해받은 자는 법원의 재판을 제외하고는 헌법재판소에 헌법소원심판을 청구할 수 있다. 다만, 다른 법률에 구제절차가 있는 경우에는 그 절차를 모두 거친 후에 청구할 수 있다.

가. 의의

행정소송법상의 처분은 항고소송의 대상이 되므로 원칙적으로 헌법소원의 대상이 되지 않는다. 헌법재판소법 제68조 제1항 단서는 '다른 법률에 구제절차가 있는 경우에는 그 절차를 모두 거친 후에 청구할 수 있다.'고 규정하고 있기 때문이다(헌법소원의 보충성의 원칙). 여기서 '다른 법률에 의한 구제절차'라 함은 공권력의 행사 또는 불행사를 직접 대상으로 하여 그 효력을 다툴 수 있는 권리구제절차를 의미하고, 사후적·보충적 구제수단을 뜻하는 것은 아니다. 문제는 처분에 대하여 항고소송을 거쳤으나 인용되지 않은 경우에 원처분(원행정처분)에 대하여 헌법소원을 제기할 수 있는가에 있다. 헌법재판소법 제68조 제1항은 법원의 재판을 헌법소원의 대상에서 제외하고 있어 이에 대하여 견해가 대립되고 있다.

나. 학설

(1) 긍정설

헌법재판소법 제68조 제1항 단서의 해석에 의하면, 기존의 구제절차인 항고소송절차를 거친 후에는 헌법소원심판이 가능하다고 보아야 한다는 점을 근거로 이를 긍정하는 견해이다.

(2) 부정설

헌법재판소법 제68조 제1항은 재판을 헌법소원의 대상에서 제외하고 있는데, 원처분에 대한 헌법소원을 인정한다면 실질적으로 재판에 대한 헌법소원을 인정하는 결과를 가져온다는 점을 근거로 이를 부정하는 견해이다.

다. 헌법재판소의 태도

헌법재판소는 예외적으로 법원의 재판에 대한 헌법소원이 인정되는 경우(법원의 재판이 위헌결정된 법령을 적용하여 그 재판까지 취소되는 경우)에 한하여 (법원의 재판 대상이었던) 원처분에 대한 헌법소원을 인정하고 있다.

제4절 무효등확인소송

I. 개설

1. 의의

무효등확인소송이라 함은 행정청의 처분·재결의 효력 유무 또는 존재 여부를 확인하는 소송을 말한다. 무효·부존재인 처분은 처음부터 효력이 없는 것이므로 (소송의 판결로) 그것을 확인할 뿐이지 효력을 소멸시키는 것이 아니다. 행정처분에 대해서 무효등확인소송이 허용되는 이유는 무효 등의 행위라도 외형상 행정처분이 존재하고 있어 행정청이 당해 처분을 유효한 것으로 판단하여 집행할 우려가 있는바, 재판에 의하여 처분의 효력이 없음을 선언할 필요가 있기 때문이다. 무효등확인소송에는 처분 등의 무효확인소송·유효확인소송·실효확인소송·존재확인소송·부존재확인소송 등이 있다.

1. 취소사유에 그치는 행정처분에 대해 무효등확인소송을 제기한 경우에는 원고가 처분의 취소를 구하지 아니한다고 밝히지 않는 이상 그 취소를 구하는 취지도 포함되어 있는 것으로 본다. (물론, **무효등확인소송이 취소소송의 제기요건도 충족한 경우**에만 법원이 당해 처분의 취소가능성 여부를 심리·판단할 수 있다). 또한 2. 무효확인을 구하는 취지의 소송을 취소소송의 형식으로도 제기할 수 있다. (이 경우에도 **취소소송의 제기요건을 갖추어야 한다.**)

2. 성질

무효등확인소송은 주관적 소송으로서 처분 등의 효력 유무 또는 존재 여부를 확정하고 그 효력을 배제하는 것을 목적으로 한다는 점에서 취소소송과 공통점이 있다. 따라서 행정소송법은 무효등확인소송을 항고소송의 일종으로 규정하고, 취소소송에 관한 대부분의 규정을 준용하고 있다. 다만, 취소소송의 관한 규정 중 1. 선결문제, 2. 원고적격(행정소송법 제35조에서 별도로 규정), 3. 예외적 행정심판전치주의, 4. 제소기간, 5. 재량처분의 취소, 6. 사정판결, 7. 간접강제는 무효등확인소송에 준용하고 있지 않다.

[무효등확인소송 – 「행정소송법」상 취소소송 규정 준용여부]

준용O	준용X
제9조 재판관할	제11조 **선결문제**
제10조 관련청구소송의 이송 및 병합	제12조 원고적격(제35조에서 별도로 규정)
제13조 피고적격	제18조 **행정심판과의 관계(예외적 행정심판전치주의)**
제14조 피고경정	제20조 **제소기간**
제15조 공동소송	제27조 재량처분의 취소
제16조 제3자의 소송참가	제28조 **사정판결**
제17조 행정청의 소송참가	제34조 **간접강제**
제19조 취소소송의 대상	
제21조 소의 변경(제37조 준용규정)	
제22조 처분변경으로 인한 소의 변경	
제23조 집행정지	
제24조 집행정지의 취소	
제25조 행정심판기록의 제출명령	
제26조 직권심리	
제29조 취소판결 등의 효력(제3자효)	
제30조 **취소판결 등의 기속력(기속력, 재처분의무)**	
제31조 제3자에 의한 재심청구	
제33조 소송비용에 관한 재판의 효력	

→ 거부처분에 대하여 **무효확인판결**이 확정된 경우, 행정청에 대해 판결의 취지에 따른 재처분의무가 인정될 뿐 그에 대하여 간접강제까지 허용되는 것은 아니다.

Ⅱ. 주요 소송요건

1. 원고적격

무효등확인소송은 처분 등의 효력 유무 또는 존재 여부의 확인을 구할 법률상 이익이 있는 자가 제기할 수 있다. '법률상 이익'이란 취소소송에서의 경우와 같다.

→ 도시 및 주거환경정비법에 의한 정비사업의 공익적·단체법적 성격과 이전고시에 따라 이미 형성된 법률관계를 유지하여 법적 안정성을 보호할 필요성이 현저한 점 등을 고려할 때, 이전고시의 효력이 발생한 이후에는 원칙적으로 조합원 등이 해당 정비사업을 위하여 이루어진 수용재결의 무효확인을 구할 법률상 이익이 없다.

무효등확인소송의 경우에도 취소소송의 경우와 같이 권리보호의 필요가 있어야 한다. 즉, 행정처분이 외형적으로 존재함으로 인한 불안과 위험을 제거할 필요가 있어야 한다. 무효등확인소송 중 부존재확인소송의 경우에는 행정처분이 존재하는 듯한 외관이 있음으로 인해 이해당사자에게 어떤 불안이 발생하여 이를 제거할 필요가 있어야 한다.

행정소송법 제35조의 '확인을 구할 법률상 이익'이 민사소송에서의 확인의 이익과 동일하여 무효등확인소송이 보충적으로만 인정되는 것인지가 문제된다. 대법원은 1. 행정소송은 민사소송과는 그 목적·취지 및 기능 등을 달리하며, 2. 무효등확인소송의 보충성을 규정하고 있는 외국의 일부 입법례와는 달리 우리나라 행정소송법에는 명문의 규정이 없어 이로 인한 명시적 제한이 존재하지 않고, 3. 행정에 대한 사법통제 및 권익구제의 확대와 같은 행정소송의 기능 등을 종합하여 보면, 행정처분의 근거 법률에 의하여 보호되는 직접적이고 구체적인 이익이 있는 경우에는 행정소송법 제35조에 규정된 '무효확인을 구할 법률상 이익'이 있다고 보아야 하고, 이와 별도로 무효등확인소송의 보충성이 요구되는 것은 아니므로 행정처분의 무효를 전제로 한 이행소송 등과 같은 직접적인 구제수단이 있는지 여부를 따질 필요가 없다고 하면서 종전의 판례를 변경하였다.

→ (항고소송 중) 무효확인소송에서 '무효확인을 구할 법률상 이익'이 있는지를 판단할 때, 행정처분의 무효를 전제로 한 이행소송 등과 같은 직접적인 구제수단이 있는지를 먼저 따질 필요는 없다.
   항고소송 중 무효확인소송 : 보충성X(직접적인 구제수단 먼저 검토X)
   BUT 당사자소송 중 무효확인소송 : 보충성O(직접적인 구제수단 먼저 검토O)

→ 무효인 과세처분에 근거하여 세금을 납부한 경우, 부당이득반환청구의 소로써 직접 위법상태의 제거를 구할 수 있는지 여부와 관계없이 「행정소송법」 제35조에 규정된 '무효확인을 구할 법률상 이익'을 가진다.
   곧바로 과세처분무효확인소송 제기O

2. 피고적격

무효등확인소송에도 취소소송의 피고적격에 관한 규정이 준용되기 때문에 당해 처분을 한 행정청이 피고가 된다.

Ⅲ. 본안심리

심리의 범위·방법 등 취소소송의 경우와 다르지 않다. 예컨대, 집행부정지를 원칙으로 하며, 행정심판기록제출명령제도·직권탐지주의 등이 준용되고, 위법성 판단의 기준시도 취소소송의 경우와 같다.

그러나 입증책임의 소재에 관하여는 취소소송의 경우와 다르다. 처분이 위법이면 취소할 수 있음에 그치는 것이 원칙이고 다만, 위법성이 중대·명백한 경우만 예외적으로 무효인 것이므로, 그 예외를 인정받으려는 원고가 주장·입증책임을 진다.

Ⅳ. 판결

1. 사정판결의 허용성 여부

처분의 효력이 처음부터 발생하지 않으므로 취소소송에 있어서의 사정판결에 관한 규정이 적용될 여지가 없다. 행정소송법도 무효등확인소송에 대하여는 취소소송의 사정판결 규정을 준용하고 있지 않은바, 판례도 무효등확인소송에 사정판결이 인정될 수 없다고 본다.

2. 판결의 효력

무효등확인소송의 판결의 효력은 취소판결의 규정이 준용된다. 따라서 무효등을 확인하는 확정판결은 제3자에 대하여도 효력이 있고, 당사자인 행정청과 그 밖의 관계 행정청을 기속한다. 무효등확인소송에서 기각판결이 확정되어도 무효등확인소송의 대상이 된 처분이 (무효는 아니지만) 위법한 것임을 주장하면서 국가배상소송을 제기할 수 있다.

간접강제에 관한 행정소송법 제34조는 무효등확인소송에는 준용되지 않는다. 따라서 거부처분에 대해 무효확인판결이 내려진 경우에는 처분청에 판결의 취지에 따른 재처분의무는 인정되지만, 재처분의무를 이행하지 않을 경우 (취소소송의 경우와는 달리) 간접강제는 허용되지 않는다.

제5절 부작위위법확인소송

Ⅰ. 의의 및 한계

부작위위법확인소송은 행정청의 부작위가 위법하다는 것을 확인하는 소송이다. 여기서 부작위라 함은 행정청이 당사자의 신청에 대하여 상당한 기간 내에 일정한 처분을 하여야 할 법률상 의무가 있음에도 불구하고 이를 하지 아니하는 것을 의미한다. 현행 행정소송법이 이행소송을 받아들이지 않고 소극적이고도 우회적인 부작위위법확인소송을 제도화한 이유는 권력분립적 고려·사법자제적 고려 및 사법부의 부담경감 등을 감안한 것이다.

Ⅱ. 성질

부작위위법확인소송은 공권력 행사로서의 행정청의 처분의 부작위를 그 대상으로 하는 것으로서 항고소송에 해당한다. 부작위위법확인소송은 법률관계를 변동하는 것이 아니라, 부작위에 의하여 외형화·현실화된 법상태가 위법임을 확인하는 것이므로 확인소송으로서의 성질을 갖는다.

[부작위위법확인소송 - 「행정소송법」상 취소소송 규정 준용여부]

준용O	준용X
제9조 재판관할	제11조 **선결문제**
제10조 관련청구소송의 이송 및 병합	제12조 원고적격(제36조에서 별도로 규정)
제13조 피고적격	제22조 **처분변경으로 인한 소의 변경**
제14조 피고경정	제23조 **집행정지**
제15조 공동소송	제24조 **집행정지의 취소**
제16조 제3자의 소송참가	제28조 **사정판결**

Ⅲ. 주요 소송요건

1. 대상적격

가. 부작위의 성립요건

행정청의 부작위가 성립하기 위해서는 먼저 당사자의 적법한 신청이 있어야 한다. '적법한 신청'이란 법령에 명시된 경우뿐만 아니라, 법령의 해석상 법령 규정이 특정인의 신청을 전제로 하는 것이라고 인정되는 경우도 포함한다. 그리고 부작위는 행정청이 일정한 처분을 할 법률상의 의무가 있음에도 처분을 하지 않는 경우에 성립하게 된다. '법률상 의무'는 명문의 규정에 의하여 인정되는 경우뿐만 아니라 법령의 해석상 인정되는 경우도 포함된다. 또한 행정청이 일정한 처분을 하여야 할 상당한 기간이 지나도 행정청이 아무런 처분을 하지 아니하여야 한다. '상당한 기간'이란 사회통념상 그 신청에 따르는 처분을 하는 데 소요될 것으로 인정되는 기간을 말한다. 한편 처분이 부존재 하여야 하는 데, '처분의 부존재'란 행정청의 처분으로 볼 만한 외관 자체가 존재하지 아니하는 상태를 말한다. 따라서 외관이 존재하는 무효인 처분과는 구별된다. 즉 처분이 부존재 한다는 것은 행정청이 인용처분도 거부처분도 하지 않은 경우를 말한다.

2. 원고적격

부작위위법확인소송은 처분의 신청을 한 자로서 부작위의 위법을 구할 법률상의 이익이 있는 자만이 제기할 수 있다. 법령상의 근거 없이 신청을 한 자가 부작위에 대하여 소송을 제기하는 경우에는 (행정청이 상당한 기간 내에 일정한 처분을 하여야 할 의무가 없으므로) 부작위가 성립할 수 없다. 따라서 법규상·조리상의 신청권을 가지는 자에 한해서 원고적격이 인정된다.

3. 피고적격

부작위위법확인소송에도 취소소송의 피고적격에 관한 규정이 준용되기 때문에, 당해 부작위를 한 행정청이 피고가 된다.

4. 제소기간

제소기간은 1. 행정심판(부작위에 대한 의무이행심판O / 부작위위법확인심판X)의 재결을 거쳐서 부작위위법확인소송을 제기하는 경우에만 적용된다. 제소기간은 행정심판재결서의 정본을 송달받은 날로부터 90일 이내에 제기하여야 하며, 이 기간은 불변기간이다.

2. 행정심판을 거치지 않고 부작위위법확인소송을 제기하는 경우에는 제소기간의 제한이 없다. 처분이 없어서 제소기간의 계산이 곤란하기 때문이다.

→ 행정청의 부작위에 대하여 행정심판을 거치지 않고 부작위위법확인소송을 제기하는 경우에는 제소기간의 제한을 받지 않는다.

부작위위법확인소송 : 행정심판X → 제소기간X / 행정심판O → 제소기간O

그러나 행정심판 등 전심절차를 거친 경우에는 (행정소송법 제20조가 정한) 제소기간 내에 부작위위법확인의 소를 제기하여야 한다.

→ 「행정심판법」상 부작위위법확인심판은 인정되지 않는다. 따라서 부작위위법확인소송에서 예외적으로 행정심판전치가 인정될 경우에는 의무이행심판을 거쳐야 한다.

5. 소의 이익(확인의 이익)

처분의 신청 후에 원고에게 생긴 사정의 변화로 인하여, 그 처분에 대한 부작위가 위법하다는 확인을 받아도 종국적으로 침해되거나 방해받은 원고의 권리·이익을 보호·구제 받는 것이 불가능하게 되었다면 해당 부작위위법확인소송은 확인의 이익이 없으므로 법원은 각하판결을 내려야 한다.

Ⅳ. 본안심리

법원의 심리는 부작위의 위법성 여부만을 심사하여야 하며 실체적인 내용까지 심리하여 처분의 방향까지 제시하는 것은 아니다. 실체적 심리까지 인정한다면 의무이행소송을 인정하는 결과가 되기 때문이다.

부작위위법확인소송에서 일정한 처분의 신청을 한 자만이 원고적격을 가지기 때문에 신청한 사실 및 상당한 기간이 경과하였다는 것에 대한 입증책임은 원고가 진다. 이에 비해, 상당한 기간이 경과하게 된 것을 정당화할 만한 특별한 사유(정당한 사유)가 존재하였다는 것에 대한 입증책임은 피고인 행정청이 진다.

Ⅴ. 판결

일반적으로 취소소송 등의 경우에는 처분의 위법성은 처분시를 기준으로 한다는 것이 다수설·판례의 입장이다. 그러나 부작위위법확인소송은 (처분이 존재하지 않으므로) 처분을 다투는 것이 아니라 (해당 시기에) 행정청에 법적의무가 있는지를 다투는 것이다. 따라서 처분시가 아닌 판결시(사실심변론종결시)를 기준으로 위법 여부를 판단한다.

→ 허가처분신청에 대한 부작위를 다투는 부작위위법확인소송을 제기하여 제1심에서 승소판결을 받았는데 제2심 단계에서 피고 행정청이 허가처분을 한 경우, 제2심 수소법원은 각하판결을 하여야 한다.

∵ 부작위상태 해소

부작위위법확인소송의 판결에도 제3자효, 기속력, 간접강제 등이 인정된다.

Ⅰ. 판결의 제3자효

부작위위법확인판결은 제3자에 대하여도 효력이 있다. 이에 따라 제3자의 소송참가와 재심청구를 인정하고 있다.

2. 기속력(재처분의무)

부작위위법확인소송의 인용판결은 당사자인 행정청과 그 밖의 관계 행정청을 기속한다. 즉, 부작위청은 '판결의 취지'에 따라 상대방의 신청에 대한 일정한 처분(인용처분 또는 거부처분)을 하여야 할 의무를 진다.

3. 간접강제

부작위위법확인판결에 의하여 부과된 처분의무를 당해 행정청이 이행하지 아니한 경우에는 법원은 당사자의 신청에 의하여 결정으로써 상당한 기간을 정하고 행정청이 그 기간 내에 이행하지 아니하는 때에는 그 지연기간에 따라 일정한 배상을 할 것을 명하거나 즉시 손해배상을 할 것을 명할 수 있다.

제6절 당사자소송

I. 개설

[항고소송 VS 당사자소송]

	취소소송	무효등 확인소송	부작위위법 확인소송	당사자소송
제소기간	O	X	△	X
예외적 행정심판전치주의	O	X	O	X
소의 변경	O	O	O	O
처분변경으로 인한 소의 변경	O	O	X	O
집행정지	O	O	X	X
사정판결	O	X	X	X
소송참가	O	O	O	O
제3자효	O	O	O	X
기판력	O	O	O	O
1. 기속력	O	O	O	O
2. 재처분의무	O	O	O	X
3. 간접강제	O	X	O	X
		X : 4개	X : 3개	X : 7개

I. 의의

당사자소송이란, 공법상 법률관계에 관한 소송으로서 그 법률관계의 일방 당사자를 피고로 하는 소송이다. 행정소송법 제3조 제2호는 당사자소송을 "행정청의 처분 등을 원인으로 하는 법률관계에 관한 소송, 그 밖에 공법상 법률관계에 관한 소송"이라고 정의하고 있다.

2. 항고소송·민사소송과의 구별

항고소송이 처분 등을 직접적인 불복대상으로 하는데 반해, 당사자소송은 처분 등을 원인으로 하여 생긴 법률관계 자체를 대상으로 한다.

당사자소송은 공법상의 권리·법률관계를 소송의 대상으로 하지만, 민사소송은 사법상의 권리·법률관계를 소송의 대상으로 한다.

[빈출 당사자소송 VS 민사소송]

당사자소송	1. 공중보건의사 채용계약해지에 관한 소송
	2. 구「토지보상법」상 주거이전비보상청구소송
	3. 계약직공무원의 임면에 관한 소송
	4. 광주광역시문화예술회관장의 단원위촉에 관한 소송
	5. 서울특별시립무용단원 해촉에 관한 무효확인소송
	6. 공무원·국공립학교학생·국가유공자의 신분·지위확인소송
	7. 「광주민주화운동관련자보상에 관한 법률」상 관련자 및 유족들이 갖게 되는 보상에 관한 소송
	8. (공유수면매립사업으로 인한) 관행어업권을 상실한 자의 보상금증감청구소송
	9. 토지보상법 제85조 제2항의 보상금증감청구소송
	10. 농지개량조합에 대한 직원지위확인소송
	11. **납세의무부존재확인소송**
	12. **부가가치세 환급세액 지급청구**
	13. (법령개정으로 인한 퇴직연금 일부금액지급정지시) 퇴직연금지급청구소송
	14. 퇴역연금을 받아오던 중 군인보수법 및 보수규정에 의해 금액이 변경된 경우
	15. **명예퇴직한 법관의 (미지급된) 명예퇴직수당지급청구소송**
	16. 「석탄사업법」상 재해위로금지급청구소송
	17. 「석탄사업법」상 석탄가격안정지원금청구소송
	18. 사실상 교사업무를 담당한 공립유치원 교사의 수령지체된 보수지급청구소송
	19. (사업시행자의 환매권자에 대한) 환매가격증감청구소송
	20. (사업시행계획안의 인가가 이루어지기 전) 사업시행계획안 총회결의의 효력을 다투는 소송
	21. (주택재건축정비사업조합의) **관리처분계획안 총회결의의 효력을 다투는 소송**
	21. (영관)생계보조기금권리자확인소송
	23. 지방소방공무원의 초과근무수당지급청구소송
	24. 중앙관서의 장의 보조금 반환청구
	25. (지방자치단체가 보조금 지급결정을 하면서 일정 기한 내에 보조금을 반환하도록 교부조건을 부가한 경우) 보조사업자에 대한 지방자치단체의 보조금반환청구
	26. 재개발조합원의 자격확인소송
	27. 총사업비를 관리청이 부당 산정한 경우 비관리청의 권리범위확인소송
	28. (KBS의 위탁을 받은) 한국전력공사의 방송수신료통합징수권한확인소송
	29. 하천구역 편입토지에 대한 손실보상청구소송
	30. (사업주가 당연가입자가 되는 고용보험 및 산재보험에서) 보험료 납부의무 부존재확인의 소
	31. (토지소유자 등이 도시·군계획시설 사업시행자의 토지의 일시 사용에 대하여 정당한 사유 없이 동의를 거부한 경우) 사업시행자가 토지소유자를 상대로 동의의 의사표시를 구하는 소송

민사소송	1. 국가배상청구소송
	2. 공법상 부당이득반환청구소송
	3. **조세과오납부액의 환급청구**
	4. (결과제거청구로서) 물건반환·방해제거·정정보도 청구
	5. **국유 일반재산(잡종재산)의 대부료 납부에 관한 소송**
	6. 재개발조합 조합장과 조합임원이 선임·해임을 다투는 소송 (재개발조합 조합장(조합임원)의 지위를 다투는 소송)
	7. 종합유선방송위원회 사무국 직원들의 임금퇴직금 지급청구
	8. 토지의 협의취득시 보상금청구소송
	9. **환매권의 존부에 관한 확인을 구하는 소송 및 환매금액의 증감을 구하는 소송**

→ 납세의무자에 대한 국가의 부가가치세 환급세액 지급의무에 대응하는 국가에 대한 납세의무자의 부가가치세 환급세액 지급청구는 민사소송이 아니라 당사자소송의 절차에 따라야 한다.

→ 법령상 이미 존재와 범위가 확정되어 있는 조세과오납부액은 납세자가 부당이득의 반환을 구하는 민사소송으로 환급을 청구할 수

조세과오납부액의 환급청구는 민사소송 ∵ (부당이득반환 등) 금전의 지급을 중시

부가가치세 환급세액 지급청구는 당사자소송 ∵ 부가가치세법령에서 규정된 것의 지급을 중시

있다.

→ 「도시 및 주거환경정비법」상 주택재건축정비사업조합을 상대로 관리처분계획안에 대한 조합 총회결의의 효력 등을 다투는 소송은 「행정소송법」상 당사자소송에 해당한다.

→ 사업주가 당연가입자가 되는 고용보험 및 산재보험에서 보험료 납부의무 부존재확인의 소는 공법상의 법률관계 자체를 다투는 소송으로서 공법상 당사자소송이다.

→ 법관 甲이 이미 수령한 명예퇴직수당액이 구 법관 및 법원공무원 명예퇴직수당 등 지급규칙에서 정한 정당한 명예퇴직수당액에 미치지 못한다고 주장하며 차액의 지급을 신청하였으나 법원행정처장이 이를 거부한 경우 甲은 미지급명예퇴직수당액지급을 구하는 당사자소송을 제기할 수 있다.

→ 지방소방공무원이 소속 지방자치단체를 상대로 초과근무수당의 지급을 구하는 소송은 당사자소송절차에 따라야 한다.

→ 공무원연금관리공단의 인정에 의하여 퇴직연금을 지급받아 오던 중 구 공무원연금법령의 개정 등으로 퇴직연금 중 일부 금액의 지급이 정지된 경우, 미지급퇴직연금에 대한 지급청구권은 공법상 권리로서 미지급퇴직연금의 지급을 구하는 소송은 공법상의 법률관계에 관한 소송인 공법상 당사자소송이다.

공무원연금관리공단이 퇴직연금 중 일부 금액에 대하여 지급거부의 의사표시를 하였더라도 나름대로의 사실상·법률상 의견을 밝힌 것(단순한 의견게재)에 불과 ∴ 행정처분X

→ 공무원연금법령상 급여를 받으려고 하는 자는 우선 관계 법령에 따라 공무원연금공단에 급여지급을 신청하여 공무원연금공단이 이를 거부하거나 일부 금액만 인정하는 급여지급결정을 하는 경우 그 결정을 대상으로 항고소송을 제기하는 등으로 구체적 권리를

공무원연금관리공단의 급여에 관한 결정에 대한 분쟁은 항고소송O

인정받아야 하고, 구체적인 권리가 발생하지 않은 상태에서 곧바로 공무원연금공단을 상대로 한 당사자소송으로 권리의 확인이나 급여의 지급을 소구하는 것은 허용되지 아니한다.

→ 구 군인연금법령상 급여를 받으려고 하는 사람은 우선 관계 법령에 따라 **국방부장관 등**에게 급여지급을 청구하여 **국방부장관** 등이 이를 **거부**하거나 **일부 금액만 인정하는 급여지급결정**을 하는 경우 그 **결정**을 대상으로 **항고소송**을 제기하는 등으로 구체적 권리를

국방부장관 등의 급여에 관한 결정에 대한 불복은 항고소송O

인정받아야 하고, 구체적인 권리가 발생하지 않은 상태에서 곧바로 국가를 상대로 한 당사자소송으로 급여의 지급을 소구하는 것은 허용되지 않는다.

3. 성질

당사자소송은 시심적 쟁송의 성질을 가지며, 소송절차면에서 민사소송과 그 본질을 같이 한다. 다만, 당사자소송은 공법상의 권리·법률관계에 관한 소송이어서 공법규정 및 공법원리가 적용되므로, 민사소송과는 다른 여러 가지 절차적 특례가 인정된다.

II. 당사자소송의 종류

1. 실질적 당사자소송

실질적 당사자소송이란 대등당사자간의 공법상의 권리관계에 관한 소송으로서, 그 일방 당사자를 피고로 하는 소송을 말한다. 「행정소송법」상 당사자소송은 실질적 당사자소송이다.

가. 처분 등을 원인으로 하는 법률관계에 관한 소송

처분 등의 무효·취소를 전제로 하는 공법상 부당이득반환청구소송(조세과오납반환청구소송 등), 공무원의 직무상 불법행위로 인한 국가배상청구소송 등이 있다. 이 소송들은 실무상 민사소송으로 다루어지고 있다.

나. 기타 공법상 법률관계에 관한 소송

(1) 공법상 금전지급청구소송

공법상 금전지급청구소송에는 공무원 급여·연금·수당 등에 대한 지급청구소송이 대표적 예이다. 금전지급신청이 거부된 경우 당사자소송, 항고소송 중 어느 것으로 다투어야 하는지 문제되는 경우가 있다(민사소송으로 다투어야 하는 경우도 있다.). 금전지급신청권의 존부 또는 범위가 (행정청의 심사에 의해서가 아니라) 법령에 의하여 바로 확정되는 경우에는 (행정청은 우월한 지위에서 지급 여부를 결정하는 것이 아니라 대등한 지위에서 금전지급의무만 부담하는 것이므로) 신청인은 당사자소송을 제기해야 한다. 반면 금전지급신청권의 존부 또는 범위가 행정청의 심사·결정에 의해 비로소 확정되는 경우에는 행정청이 우월한 지위에서 결정하는 것이므로 그 결정은 행정처분으로서 항고소송의 대상이 된다.

(2) 공법상 계약에 관한 소송

다수설·판례는 공법상 계약에 관한 법적 분쟁은 공법상 법률관계에 관한 소송인 당사자소송에 의한다고 본다.

(3) 기타

공법상 신분 또는 지위 등의 확인소송 및 결과제거청구소송이 있다.

2. 형식적 당사자소송

가. 의의

형식적 당사자소송이란, 형식적으로는 법률관계의 한쪽 당사자를 피고로 하는 당사자소송이지만 실질적으로는 행정청의 처분을 다투는 소송을 의미한다.

→ 형식적 당사자소송이란 실질적으로 행정청의 처분 등을 다투는 것이나 형식적으로는 처분 등의 효력을 다투지도 않고, 또한 처분청을

형식적 당사자소송 : <실질적으로는 항고소송 / 형식적으로는 당사자소송>인 소송

피고로 하지도 않고, 그 대신 처분 등으로 인해 형성된 법률관계를 다투기 위해 관련 법률관계의 일방 당사자를 피고로 하여 제기하는 소송을 말한다.

「공익사업을 위한 토지 등의 취득 및 보상에 관한 법률」제85조 제2항은 소송을 제기하는 자가 토지소유자 또는 관계인인 때에는 (행정청인 토지수용위원회가 아닌) 사업시행자를 피고로 하고, 사업시행자인 때에는 토지소유자 또는 관계인을 각각 피고로 하도록 규정함으로써 '형식적 당사자소송'을 명문으로 규정하고 있다.

나. 인정여부

「공익사업을 위한 토지 등의 취득 및 보상에 관한 법률」제85조 제2항의 보상금증감소송,「특허법」제191조의 보상금 또는 대가에 대한 불복소송 등과 같이 개별 법률에서 이러한 소송유형이 인정되고 있다. 그런데 개별 법률의 특별한 근거 규정이 없더라도 행정소송법 제3조 제2호를 근거로 하여 형식적 당사자소송을 인정할 수 있을 것인가에 관하여 견해의 대립이 있다. 개별 법률의 특별한 근거 규정이 없어도 형식적 당사자소송을 인정할 수 있다는 견해(긍정설)도 있지만, 행정소송법 제3조 제2호가 형식적 당사자소송의 일반적 근거가 될 수 없으므로 개별 법률의 특별한 근거 규정이 없는 한 형식적 당사자소송을 인정할 수 없다는 견해(부정설)가 다수설이다.

III. 당사자소송의 주요 요건

[당사자소송 -「행정소송법」상 취소소송 규정 준용여부]

준용O	준용X
제9조 재판관할	제11조 **선결문제**
제10조 관련청구소송의 이송 및 병합	제12조 **원고적격**
제14조 피고경정	제13조 **피고적격**
제15조 공동소송	제18조 **행정심판과의 관계(예외적 행정심판전치주의)**
제16조 제3자의 소송참가	제19조 취소소송의 대상
제17조 행정청의 소송참가	제20조 **제소기간**
제21조 소의 변경	제23조 **집행정지**
제22조 처분변경으로 인한 소의 변경	제24조 **집행정지의 취소**
제25조 행정심판기록의 제출명령	제27조 재량처분의 취소
제26조 직권심리	제28조 **사정판결**
제30조 **제1항 취소판결 등의 기속력**	제29조 취소판결 등의 효력(제3자효)
제32조 소송비용의 부담	제30조 **제2항·제3항 재처분의무**
제33조 소송비용에 관한 재판의 효력	제31조 제3자에 의한 재심청구
	제34조 **간접강제**

I. 원고적격과 소의 이익

원고적격에 관하여 특별한 규정이 없으므로 민사소송법의 규정이 준용된다(제8조 제2항). 따라서 민사소송의 경우와 같이 권리보호의 이익이 있는 자가 원고가 된다.

2. 피고적격

국가·공공단체 그 밖의 권리주체(공무수탁사인)가 피고가 된다. (항고소송은 행정청이 피고가 되지만, 당사자소송은 국가 등 인격체가 피고가 된다). 국가가 피고가 되는 때에는 법무부장관이 국가를 대표하고, 지방자치단체가 피고가 되는 때에는 당해 지방자치단체의 장이 지방자치단체를 대표한다.

3. 제소기간

당사자소송에 관하여 개별법령에 제소기간이 정하여져 있는 때(공익사업을 위한 토지 등의 취득 및 보상에 관한 법률 제85조 토지수용위원회의 재결서를 받은 날부터 90일 이내에, 이의신청을 거쳤을 때에는 이의신청에 대한 재결서를 받은 날부터 60일 이내 등)에는 그 기간은 불변기간으로 한다. 그러나 행정소송법에는 당사자소송의 제기기간에 관한 제한이 없다.

4. 예외적 심판전치주의

당사자소송은 이미 행하여진 처분 등을 다투는 복심적 쟁송이 아니라 시심적 쟁송이기 때문에 예외적 행정심판전치주의가 준용되지 않는다.

5. 관할법원

제1심 관할법원은 피고의 소재지를 관할하는 행정법원이 된다. 다만, 국가 또는 공공단체가 피고인 경우에는 당해소송과 구체적인 관계가 있는 '관계 행정청'의 소재지를 피고의 소재지로 한다.

6. 대상적격

당사자소송은 공법상의 법률관계를 그 대상으로 한다.

Ⅳ. 당사자소송의 본안심사

I. 집행정지

당사자소송은 행정소송법상 집행정지에 관한 규정이 준용되지 않고 민사집행법상 가처분이 준용된다.

→ 당사자소송을 본안으로 하는 가처분에 대하여는 「행정소송법」상 집행정지에 관한 규정이 준용되지 않고, 「민사집행법」상 가처분에 관한 규정이 준용되어야 한다.

2. 선결문제

당사자소송은 행정소송법상 선결문제에 관한 규정이 준용되지 않는다.

3. 재량처분의 취소

당사자소송은 행정소송법상 재량처분의 취소에 관한 규정이 준용되지 않는다.

V. 당사자소송의 판결

판결의 종류는 취소소송의 경우와 동일하다. 다만, 사정판결제도가 없다. 당사자소송의 확정판결은 기판력을 발생하므로, 확정판결의 내용에 저촉되는 법원의 판단 또는 당사자의 주장은 허용되지 않으며 동시에 동일 소송물에 관하여 반복된 제소가 허용되지 않는다. 취소판결의 제3자효는 성질상 당사자소송에 준용되지 않고, 취소판결의 기속력은 당사자소송에 준용되지만 재처분의무·간접강제 등은 당사자소송에 준용되지 않는다.

VI. 가집행선고

1. 의의

가집행선고란 미확정의 종국판결에 대하여 (마치 그것이 확정된 것과 같이) 집행력을 부여하는 형성적 재판의 선고를 말한다.

2. 헌법재판소의 입장

행정소송법 제43조는 "국가를 상대로 하는 당사자소송의 경우에는 가집행선고를 할 수 없다."고 규정하고 있다. 그러나 헌법재판소는 해당 조항이 국가가 당사자소송의 피고인 경우 가집행의 선고를 제한하여, 국가가 아닌 공공단체 그 밖의 권리주체가 피고인 경우에 비하여 합리적인 이유 없이 차별하고 있으므로 평등원칙에 반하여 위헌이라고 판시하였다(헌재 2022.2.24. 2020헌가1). 이전에도 헌법재판소는 구 소송촉진 등에 관한 특례법 제6조 제1항 단서의 "국가를 상대로 하는 재산권의 청구에 관하여는 가집행의 선고를 할 수 없다."는 규정이 평등의 원칙에 위반되어 위헌이라고 판시한 바 있다(헌재 1989.1.25. 88헌가7).

3. 대법원의 입장

헌법재판소의 결정(88헌가7)을 확인한 대법원은 서울특별시를 피고로 한 사건에서 "행정소송법 제8조 제2항에 의하면 행정소송도 민사소송법의 규정이 일반적으로 준용되므로, 법원으로서는 지방자치단체를 피고로 하는 공법상 당사자소송에서 재산권의 청구를 인용하는 판결을 하는 경우 가집행선고를 할 수 있다."고 판시하였다(대판 2000.11.28. 99두3416).

→ 공법상 당사자소송에서 재산권의 청구를 인용하는 판결을 하는 경우 가집행선고를 할 수 있다.

제7절 객관적 소송

I. 개설

객관적 소송이란 행정의 적법성 보장 또는 공공이익의 일반적 보호를 목적으로 하는 소송으로서 개인적·주관적 권리의 보호를 목적으로 하는 주관적 소송과는 구별된다. 객관적 소송은 특별히 법이 인정하는 경우에만 소의 제기가 가능하다.

II. 민중소송

1. 의의

민중소송이란 국가 또는 공공단체의 기관이 법률에 위반되는 행위를 한 때에 직접적인 자기의 법률상 이익과는 관계없이 그 시정을 구하기 위하여 제기하는 소송을 말한다.

2. 성질

민중소송은 행정감독적 견지에서 행정법규의 정당한 적용을 확보하거나 선거 등의 공정성을 확보하기 위한 소송으로서 주관적 소송이 아닌 객관적 소송이자 법률이 정한 경우에 법률에 정한 자만이 제기할 수 있는 특수소송이다.

3. 민중소송의 특수성

법률이 특별히 정한 자가 원고(선거인, 후보자, 정당 또는 투표인 등)가 되며, 법률에 의하여 피고(중앙선거관리위원회위원장 또는 선거구관리위원회위원장 등)가 정해진다.

재판관할에 있어서는 대통령선거·국회의원선거·광역자치단체장선거 및 비례대표시도의원선거는 대법원이 관할이 되며, 기초자치단체장선거·지역구시도의원선거 및 자치구·시·군의원선거는 고등법원이 관할이 된다.

4. 종류

가. 공직선거법상의 선거소송(선거무효소송·당선무효소송)

(1) 대통령·국회의원 선거

선거의 효력을 다투는 경우에는 선거인·정당·후보자는 선거일로부터 30일 이내에 당해 선거구의 선거관리위원회위원장을 피고로 하여 대법원에 소를 제기할 수 있다(공직선거법 제222조 제1항).

→ 국회의원선거의 효력에 관하여 이의가 있는 선거인 등이 당해 선거구선거관리위원회위원장을 피고로하여 대법원에 제기하는 선거소송은 「행정소송법」 제3조 제3호에서 규정한 민중소송에 해당한다.

당선의 효력을 다투는 경우에는 정당·후보자는 당선인결정일부터 30일 이내에 대통령선거의 경우에는 (각 상황에 따라) 당선인·중앙선거관리위원회위원장 또는 국회의장을 피고로, 국회의원선거의 경우에는 (각 상황에 따라) 당선인·당해 선거구선거관리위원회위원장을 피고로 하여 대법원에 소를 제기할 수 있다(공직선거법 제223조 제1항).

(2) 지방의회의원 및 지방자치단체장 선거

지방의회 및 지방자치단체장 선거에 있어 선거의 효력을 다투는 경우에는 선거인·정당·후보자는 당해 선관위원장을 피소청인으로 하여 시도선거관리위원회 또는 중앙선거관리위원회에 선거소청을 제기하여야 한다. 소청에 대한 결정에 불복이 있는 경우 소청인은 당해 선거구선거관리위원회위원장을 피고로 하여 그 소청결정서를 받은 날로부터 10일 이내에 시도지사 및 비례대표시도의원의 선거에 있어서는 대법원에, 지역구지방의회의원 및 자치구·시·군의 장 선거에 있어서는 그 선거구를 관할하는 고등법원에 소를 제기할 수 있다.

지방의회 및 지방자치단체의 장의 선거에 있어 당선의 효력을 다투는 경우에는 정당·후보자는 당선인 또는 선거관리위원회위원장을 피소청인으로 시도선거관리위원회 또는 중앙선거관리위원회에 선거소청을 제기하여야 한다. 소청결정에 불복이 있는 소청인 또는 당선인인 피소청인은 당선인 또는 선거관리위원회위원장을 피고로 하여 그 소청결정서를 받은 날로부터 10일 이내에 시도지사 및 비례대표시 도의원의 선거에 있어서는 대법원에, 지역구지방의회의원 및 자치구·시·군의 장 선거에 있어서는 그 선거구를 관할하는 고등법원에 소를 제기할 수 있다.

나. 국민투표법상 국민투표무효소송

국민투표의 효력에 관하여 이의가 있는 투표인은 투표인 10만 이상의 찬성을 얻어 중앙선거관리위원회위원장을 피고로 하여 투표일로부터 20일 이내에 대법원에 제소할 수 있다(국민투표법 제92조).

다. 지방자치법상 주민소송

공금의 지출에 관한 사항, 재산의 취득·관리·처분에 관한 사항, 해당 지방자치단체를 당사자로 하는 매매·임차·도급 계약이나 그 밖의 계약의 체결·이행에 관한 사항 또는 지방세·사용료·수수료·과태료 등 공금의 부과·징수를 게을리한 사항을 감사청구한 주민은 일정한 경우에 그 감사청구한 사항과 관련 있는 위법한 행위나 업무를 게을리 한 사실에 대하여 해당 지방자치단체의 장(해당사항의 사무처리에 관한 권한을 소속기관의 장에게 위임한 경우에는 그 소속기관의 장)을 상대방으로 하여 소송을 제기할 수 있다.

라. 주민투표법상 주민투표소송

주민투표의 효력에 관하여 이의가 있는 주민투표권자는 주민투표권자 총수의 100분의1 이상의 서명으로 주민투표결과가 공표된 날부터 14일 이내에 관할선거관리위원회 위원장을 피소청인으로 하여 시·군 및 자치구에 있어서는 특별시·광역시·도 선거관리위원회에, 특별시·광역시·도에 있어서는 중앙선거관리위원회에 소청할 수 있다. 소청에 대한 결정에 관하여 불복이 있는 소청인은 관할선거관리위원회위원장을 피고로 하여 그 결정서를 받은 날(결정서를 받지 못한 때에는 결정기간이 종료된 날을 말한다)부터 10일 이내에 특별시·광역시·도에 있어서는 대법원에, 시·군 및 자치구에 있어서는 관할 고등법원에 소를 제기할 수 있다.

Ⅲ. 기관소송

1. 의의

기관소송이란 국가 또는 공공단체의 기관상호간에 있어서의 권한의 존부 또는 그 행사에 관한 다툼이 있을 때에 이에 대하여 제기하는 소송을 말한다. 다만, 헌법재판소법 제2조의 규정에 의하여 헌법재판소의 관장사항으로 되는 소송은 제외한다(행정소송법 제3조 제4호).

행정소송법상 기관소송은 동일한 행정주체에 속한 기관상호간의 소송이므로, 상이한 행정주체간 또는 상이한 행정주체에 속하는 기관장의 소송은 기관소송에 해당하지 않는다. 또한, 국가기관 상호간의 분쟁과 공공단체의 기관상호간의 분쟁 중에서 국가기관 상호간의 분쟁은 권한쟁의심판이라 하여 헌법재판소의 관장사항으로 하고 있다(헌법 제111조, 헌법재판소법 제62조). 따라서 헌법재판소의 관장사항으로 되는 국가기관 상호간의 분쟁은 권한쟁의심판의 대상이므로, 행정소송법상 기관소송의 대상이 아니다.

2. 성질

기관소송은 행정법규의 정당한 적용을 확보하기 위한 객관적 소송이며, 행정기관 사이의 소송이다.

기관소송은 개별 법률에 특별한 규정이 있는 경우에 인정되고, 그 법률에 정한 자만이 제기할 수 있다. (행정소송법은 기관소송법정주의를 채택하고 있다.)

3. 기관소송의 특수성

지방자치단체의 장 또는 교육감이 원고가 되며, 지방의회, 주무부장관 또는 시·도지사 및 교육위원회가 피고가 된다. 재판관할에 있어서는 대법원이 제1심이자 최종심이 된다.

기관소송의 심리에 관하여는 각 개별법의 규정에 따르되, 규정이 없는 경우에는 처분 등의 취소를 구하는 것이면 그 성질에 반하지 아니하는 한 취소소송에 관한 규정을, 처분 등의 무효·부존재 여부나 부작위의 위법확인을 구하는 것이면 그 성질에 반하지 아니하는 한 각각 무효등확인소송 또는 부작위위법확인소송에 관한 규정을, 기타의 경우에는 그 성질에 반하지 아니하는 한 당사자소송에 관한 규정을 준용한다.

4. 기관소송의 예

(1) 지방의회의 의결 또는 재의결 무효확인소송

> **지방자치법**

제107조 (지방의회의 의결에 대한 재의요구와 제소)

제1항 지방자치단체의 장은 지방의회의 의결이 월권이거나 법령에 위반되거나 공익을 현저히 해친다고 인정되면 그 의결사항을 이송받은 날부터 20일 이내에 이유를 붙여 재의를 요구할 수 있다.

제2항 제1항의 요구에 대하여 재의한 결과 재적의원 과반수의 출석과 출석의원 3분의 2 이상의 찬성으로 전과 같은 의결을 하면 그 의결사항은 확정된다.

제3항 지방자치단체의 장은 제2항에 따라 재의결된 사항이 법령에 위반된다고 인정되면 대법원에 소를 제기할 수 있다. 이 경우에는 제172조 제3항을 준용한다.

→ 지방자치단체의 장의 재의요구에도 불구하고 지방의회가 조례안을 재의결한 경우 단체장이 지방의회를 상대로 제기하는 소송은 기관소송이다.

(2) 교육위원회의 재의결 무효소송

> **지방교육자치에 관한 법률**

제28조 (시·도의회 등의 의결에 대한 재의와 제소)

제1항 교육감은 교육·학예에 관한 시·도의회의 의결이 법령에 위반되거나 공익을 현저히 저해한다고 판단될 때에는 그 의결사항을 이송받은 날부터 20일 이내에 이유를 붙여 재의를 요구할 수 있다. 교육감이 교육부장관으로부터 재의요구를 하도록 요청받은 경우에는 시·도의회에 재의를 요구하여야 한다.

제2항 제1항의 규정에 따른 재의요구가 있을 때에는 재의요구를 받은 시·도의회는 재의에 붙이고 시·도의회 재적의원 과반수의 출석과 시·도의회 출석의원 3분의 2 이상의 찬성으로 전과 같은 의결을 하면 그 의결사항은 확정된다.

제3항 제2항의 규정에 따라 재의결된 사항이 법령에 위반된다고 판단될 때에는 교육감은 재의결된 날부터 20일 이내에 대법원에 제소할 수 있다.

제4항 교육부장관은 재의결된 사항이 법령에 위반된다고 판단됨에도 해당 교육감이 소를 제기하지 않은 때에는 해당 교육감에게 제소를 지시하거나 직접 제소할 수 있다.

(3) 주무부장관이나 상급지방자치단체장의 감독처분에 대한 이의소송 및 위임청의 직무이행명령에 대한 이의소송

> **지방자치법**

제169조 (위법·부당한 명령·처분의 시정)

제1항 지방자치단체의 사무에 관한 그 장의 명령이나 처분이 법령에 위반되거나 현저히 부당하여 공익을 해친다고 인정되면 시·도에 대하여는 주무부장관이, 시·군 및 자치구에 대하여는 시·도지사가 기간을 정하여 서면으로 시정할 것을 명하고, 그 기간에 이행하지 아니하면 이를 취소하거나 정지할 수 있다. 이 경우 자치사무에 관한 명령이나 처분에 대하여는 법령을 위반하는 것에 한한다.

제2항 지방자치단체의 장은 제1항에 따른 자치사무에 관한 명령이나 처분의 취소 또는 정지에 대하여 이의가 있으면 그 취소처분 또는 정지처분을 통보받은 날부터 15일 이내에 대법원에 소를 제기할 수 있다.

제170조 (지방자치단체의 장에 대한 직무이행명령)

제1항 지방자치단체의 장이 법령의 규정에 따라 그 의무에 속하는 국가위임사무나 시·도위임사무의 관리와 집행을 명백히 게을리하고 있다고 인정되면 시·도에 대하여는 주무부장관이, 시·군 및 자치구에 대하여는 시·도지사가 기간을 정하여 서면으로 이행할 사항을 명령할 수 있다.

제2항 주무부장관이나 시·도지사는 해당 지방자치단체의 장이 제1항의 기간에 이행명령을 이행하지 아니하면 그 지방자치단체의 비용부담으로 대집행하거나 행정상·재정상 필요한 조치를 할 수 있다. 이 경우 행정대집행에 관하여는 행정대집행법을 준용한다.

제3항 지방자치단체의 장은 제1항의 이행명령에 이의가 있으면 이행명령서를 접수한 날부터 15일 이내에 대법원에 소를 제기할 수 있다. 이 경우 지방자치단체의 장은 이행명령의 집행을 정지하게 하는 집행정지결정을 신청할 수 있다.

1. 공법관계는 행정소송 중 항고소송의 대상이 되며, 사인 간의 법적 분쟁에 관한 사법관계는 행정소송 중 당사자소송의 대상이 된다. O X

2. 취소소송에서 피고가 될 수 있는 행정청에는 대외적으로 의사를 표시할 수 있는 기관이 아니더라도 국가나 공공단체의 의사를 실질적으로 결정하는 기관이 포함된다. O X

3. 상급행정청의 지시에 의해 하급행정청이 자신의 명의로 처분을 하였다면, 당해 처분에 대한 취소소송에서는 지시를 내린 상급 행정청이 피고가 된다. O X

4. 갑이 무효확인소송의 제기 전에 이미 A처분의 위법을 이유로 국가배상청구소송을 제기하였다면, 무효확인소송의 수소법원은 갑의 무효확인소송을 국가배상청구소송이 계속된 법원으로 이송·병합할 수 있다. O X

5. 동일한 처분에 대하여 무효확인의 소를 제기하였다가 그 처분의 취소를 구하는 소를 추가적으로 병합한 경우, 주된 청구인 무효확인의 소가 적법한 제소기간 내에 제기되었다면 추가로 병합된 취소청구의 소도 적법하게 제기된 것으로 볼 수 있다.

6. 행정처분이 있음을 안 날부터 90일을 넘겨 행정심판을 청구하였다가 각하재결을 받은 후 그 재결서를 송달받은 날부터 90일 내에 원래의 처분에 대하여 취소소송을 제기한 경우, 수소법원은 각하판결을 하여야 한다.

7. '처분이 있음을 안 날'은 처분이 있었다는 사실을 현실적으로 안 날을 의미하므로, 처분서를 송달받기 전 정보공개 청구를 통하여 처분을 하는 내용의 일체의 서류를 교부 받았다면 그 서류를 교부받은 날부터 제소기간이 기산된다. O X

8. 무효확인소송의 제1심 판결시까지 원고적격을 구비하였는데 제2심 단계에서 원고적격을 흠결하게 된 경우, 제2심 수소법원은 각하판결을 하여야 한다. O X

9. 소방청장이 처분성이 인정되는 국민권익위원회의 조치 요구에 불복하여 조치요구의 취소를 구하는 경우 원고적격이 인정된다. O X

10. 구「주택법」상 입주자나 입주예정자는 주택의 사용검사처분의 무효확인 또는 취소를 구할 법률상 이익이 있다. O X

11. 「출입국관리법」상의 체류자격 및 사증발급의 기준과 절차에 관한 규정들은 대한민국의 출입국 질서와 국경관리라는 공익을 보호하려는 취지로 해석될 뿐이므로, 동법상 체류자격변경 불허가처분, 강제퇴거명령 등을 다투는 외국인에게는 해당 처분의 취소를 구할 법률상 이익이 인정되지 않는다. O X

12. 지방법무사회가 법무사의 사무원 채용승인 신청을 거부하여 사무원이 될 수 없게 된 자가 지방법무사회를 상대로 거부처분의 취소를 구하는 경우 원고적격이 인정된다. O X

13. 「행정소송법」 제12조 전단의 '법률상 이익'의 개념과 관련하여서는 권리구제설, 법률상 보호된 이익구제설, 보호가치 있는 이익구제설, 적법성보장설 등으로 나누어지며, 이 중에서 보호가치 있는 이익구제설이 통설·판례의 입장이다. ☐O ☐X

14. 경원관계에서 허가처분을 받지 못한 사람은 자신에 대한 거부처분이 취소되더라도, 그 판결의 직접적 효과로 경원자에 대한 허가처분이 취소되거나 효력이 소멸하는 것은 아니므로 자신에 대한 거부처분의 취소를 구할 소의 이익이 없다. ☐O ☐X

15. 국토교통부장관은 몰디브 직항 항공노선 1개의 면허를 국내 항공사에 발급하기로 결정하고, 이 사실을 공고하였다. 이에 따라 A항공사와 B항공사는 각각 노선면허취득을 위한 신청을 하였는데, 국토교통부장관은 심사를 거쳐 A항공사에게 노선면허를 발급(이하 '이 사건 노선면허발급처분'이라 한다)하였다. B항공사가 자신에 대한 노선면허발급거부처분에 대해 취소소송을 제기하여 인용판결을 받더라도 이 사건 노선면허발급처분이 취소되지 않는 이상 자신이 노선면허를 발급받을 수는 없으므로 B항공사에게는 자신에 대한 노선면허발급거부처분의 취소를 구할 소의 이익이 인정되지 않는다. ☐O ☐X

16. 공장등록이 취소된 후 그 공장시설물이 철거되었고 다시 복구를 통하여 공장을 운영할 수 없는 상태라 하더라도 대도시 안의 공장을 지방으로 이전할 경우 조세감면 및 우선입주 등의 혜택이 관계법률에 보장되어 있다면, 공장등록취소처분의 취소를 구할 법률상 이익이 인정된다. ☐O ☐X

17. 현역입영대상자가 현역병입영통지처분에 따라 현실적으로 입영을 한 후에는 처분의 집행이 종료되었고 입영으로 처분의 목적이 달성되어 실효되었으므로 입영통지처분을 다툴 법률상 이익이 인정되지 않는다. ☐O ☐X

18. 지방의회 의원에 대한 제명의결 취소소송 계속 중 의원의 임기가 만료된 경우에도 여전히 제명의결의 취소를 구할 법률상 이익이 인정된다. ☐O ☐X

19. 가중요건이 법령에 규정되어 있는 경우, 업무정지처분을 받은 후 새로운 제재처분을 받음이 없이 법률이 정한 기간이 경과하여 실제로 가중된 제재처분을 받을 우려가 없어졌다면 특별한 사정이 없는 한 업무정지처분의 취소를 구할 법률상 이익이 인정되지 않는다. ☐O ☐X

20. 「도시 및 주거환경정비법」상 주택재건축조합에 대해 조합설립인가처분이 행하여진 후에는, 조합설립결의의 하자를 이유로 조합설립의 무효를 주장하려면 조합설립인가처분의 취소 또는 무효확인을 구하는 소송으로 다투어야 하며, 따로 조합설립 결의의 하자를 다투는 확인의 소를 제기할 수 없다. ☐O ☐X

21. 어떠한 처분의 근거나 법적인 효과가 행정규칙에 규정되어 있다면, 그 처분이 행정규칙의 내부적 구속력에 의하여 상대방의 권리 의무에 직접 영향을 미치는 행위라도 항고소송의 대상이 되는 행정처분이라 볼 수 없다. ☐O ☐X

22. 거부처분의 처분성을 인정하기 위한 전제 요건이 되는 신청권은 신청인이 그 신청에 따른 단순한 응답을 받을 권리를 넘어서 신청의 인용이라는 만족적 결과를 얻을 권리를 의미한다. ☐O ☐X

23. 공정거래위원회가 부당한 공동행위를 한 사업자들 중 자진신고자에 대하여 구 독점규제 및 공정거래에 관한 법령에 따라 과징금 부과처분(선행처분)을 한 뒤, 다시 자진신고자에 대한 사건을 분리하여 자진신고를 이유로 과징금 감면처분(후행처분)을 한 경우라도 선행처분의 취소를 구하는 소는 적법하다. ☐O ☐X

24. 이유제시에 하자가 있어 당해 처분을 취소하는 판결이 확정된 경우에 처분청이 그 이유제시의 하자를 보완하여 종전의 처분과 동일한 내용의 처분을 하는 것은 종전의 처분과는 별개의 처분을 하는 것이다. ☐O☐X

25. 어떠한 처분에 대하여 그 근거 법률에서 행정소송 이외의 다른 절차에 의하여 불복할 것을 예정하고 있는 경우, 그 처분이 「행정소송법」상 처분의 개념에 해당한다고 하더라도 그 처분의 부작위는 부작위위법확인소송의 대상이 될 수 없다. ☐O☐X

26. 구「약관의 규제에 관한 법률」에 따른 공정거래위원회의 표준약관 사용권장행위는 항고소송의 대상이 되는 행정처분에 해당한다. ☐O☐X

27. 행정조사는 처분성이 인정되지 않으므로 세무조사결정이 위법하더라도 이에 대해서는 항고소송을 제기할 수 없다. ☐O☐X

28. 국민건강보험공단에 의한 '직장가입자 자격상실 및 자격변동 안내' 통보 및 '사업장 직권탈퇴에 따른 가입자 자격상실 안내' 통보는 가입자 자격이 변동되는 효력을 가져오므로 항고소송의 대상이 되는 처분에 해당한다. ☐O☐X

29. 지적공부 소관청이 토지대장상의 소유자명의변경 신청을 거부한 행위는 항고소송의 대상이 되는 처분에 해당한다. ☐O☐X

30. 지방경찰청장의 횡단보도 설치행위는 항고소송의 대상이 된다. ☐O☐X

31. 과학기술기본법령상 사업 협약의 해지 통보는 대등 당사자의 지위에서 형성된 공법상 계약을 계약당사자의 지위에서 종료시키는 의사표시에 해당한다. ☐O☐X

32. 교도소장이 특정 수형자를 '접견내용 녹음·녹화 및 접견 시 교도관 참여대상자'로 지정한 행위는 항고소송의 대상이 된다. ☐O☐X

33. 인터넷 포털사이트 등의 개인정보 유출사고로 주민등록번호가 불법 유출 되어 그 피해자가 주민등록번호 변경을 신청했으나 구청장이 거부 통지를 한 사안에서, 피해자의 의사와 무관하게 주민등록번호가 유출된 경우에는 조리상 주민등록번호의 변경요구신청권을 인정함이 타당하다. ☐O☐X

34. 장래 일정한 기간 내에 관계 법령이 규정하는 시설 등을 갖추어 일정한 행정처분을 구하는 신청을 할 수 있는 법률상 지위에 있는 자의 국토이용계획변경신청을 거부하는 것이 실질적으로 당해 행정처분 자체를 거부하는 결과가 되는 경우라도, 구「국토이용관리법」상 주민이 국토이용계획의 변경에 대하여 신청을 할 수 있다는 규정이 없으므로 그 신청인에게 국토이용계획변경을 신청할 권리가 인정된다고 볼 수 없다. ☐O☐X

35. 「행정소송법」상 제3자 소송참가의 경우 참가인이 상소를 하였더라도, 소송당사자 본인인 피참가인은 참가인의 의사에 반하여 상소취하나 상소포기를 할 수 있다. ☐O☐X

36. 외국인 갑(甲)이 법무부장관에게 귀화신청을 하였으나 법무부장관이 '품행 미단정'을 불허사유로 「국적법」상의 요건을 갖추지 못하였다며 신청을 받아들이지 않는 처분을 하였는데, 법무부장관이 갑을 '품행 미단정'이라고 판단한 이유에 대하여 제1심 변론절차에서 「자동차관리법」 위반죄로 기소유예를 받은 전력 등을 고려하였다고 주장한 후, 제2심 변론절차에서 불법 체류 전력 등의 제반사정을 추가로 주장할 수 있다. ☐O☐X

37. 거부처분의 효력정지는 그 거부처분으로 인하여 신청인에게 생길 손해를 방지하는 데 필요하므로 신청인에게는 그 효력정지를 구할 이익이 있다. ☐O ☐X

38. 「독점규제 및 공정거래에 관한 법률」을 위반한 수개의 행위에 대하여 공정거래위원회가 하나의 과징금부과처분을 하였으나 수개의 위반행위 중 일부의 위반행위에 대한 과징금부과만이 위법하고, 그 일부의 위반행위를 기초로 한 과징금액을 산정할 수 있는 자료가 있는 경우에도 법원은 과징금부과처분 전부를 취소하여야 한다. ☐O ☐X

39. 처분을 할 것인지 여부와 처분의 정도에 관하여 재량이 인정되는 과징금 납부명령에 대하여 그 명령이 재량권을 일탈하였을 경우, 법원은 재량권의 범위 내에서 어느 정도가 적정한 것인지에 관하여 판단할 수 있고 그 일부를 취소할 수 있다. ☐O ☐X

40. 사정판결은 항고소송 중 취소소송 및 무효등확인소송에서 인정되는 판결의 종류이다. ☐O ☐X

41. A행정청이 간접강제결정에서 정한 의무이행 기한 내에 재처분을 이행하지 않아 배상금이 이미 발생한 경우에는 그 이후에 재처분을 이행하더라도 甲은 배상금을 추심할 수 있다. ☐O ☐X

42. 여러 법규 위반을 이유로 한 영업허가취소처분이 처분의 이유로 된 법규 위반 중 일부가 인정되지 않고 나머지 법규 위반으로는 영업허가취소처분이 비례의 원칙에 위반된다고 취소된 경우에 판결에서 인정되지 않은 법규 위반사실을 포함하여 다시 영업정지처분을 내리는 것은 동일한 행위의 반복은 아니지만 판결의 취지에 반한다. ☐O ☐X

43. 영업허가취소처분이 나중에 행정쟁송절차에 의하여 취소되었더라도, 그 영업허가취소처분 이후의 영업행위는 무허가영업이다. ☐O ☐X

44. 세무서장을 피고로 하는 과세처분취소소송에서 패소하여 그 판결이 확정된 자가 국가를 피고로 하여 과세처분의 무효를 주장하여 과오납금반환청구소송을 제기하더라도 취소소송의 기판력에 반하는 것은 아니다. ☐O ☐X

45. 기판력은 사실심 변론의 종결시를 기준으로 발생하므로, 처분청은 당해 사건의 사실심 변론종결 이전에 주장할 수 있었던 사유를 내세워 확정판결과 저촉되는 처분을 할 수 없다. ☐O ☐X

46. 거부처분에 대하여 무효확인 판결이 확정된 경우, 행정청에 대해 판결의 취지에 따른 재처분의무가 인정될 뿐 그에 대하여 간접강제까지 허용되는 것은 아니다. ☐O ☐X

47. 어떠한 행정처분에 대한 법규상 또는 조리상의 신청권이 인정되지 않는 경우, 그 처분의 신청에 대한 행정청의 무응답이 위법하다고 하여 제기된 부작위위법확인소송은 적법하지 않다. ☐O ☐X

48. 부작위위법확인소송에서 예외적으로 행정심판전치가 인정될 경우 그 전치되는 행정심판은 의무이행심판이다. ☐O ☐X

49. 허가처분 신청에 대한 부작위를 다투는 부작위위법확인소송을 제기하여 제1심에서 승소판결을 받았는데 제2심 단계에서 피고 행정청이 허가처분을 한 경우, 제2심 수소법원은 각하판결을 하여야 한다. ☐O ☐X

50. 법령상 이미 존재와 범위가 확정되어 있는 조세과오납부액의 반환을 구하는 소송은 「행정소송법」상 당사자소송의 절차에 따라야 한다. ☐O ☐X

적중문제 정답

• 빨간색 표시가 [정답] 입니다.

1. [O][X] 공법관계는 행정소송 중 항고소송의 대상이 되며, 사인 간의 법적 분쟁에 관한 사법관계는 행정소송 중 당사자소송의 대상이 된다.

> [옳은 지문] **공법관계는 원칙적으로 행정소송(항고소송 또는 당사자소송)의 대상이 되며, 사법관계는 민사소송의 대상이 된다.**

2. [O][X] 취소소송에서 피고가 될 수 있는 행정청에는 대외적으로 의사를 표시할 수 있는 기관이 아니더라도 국가나 공공단체의 의사를 실질적으로 결정하는 기관이 포함된다.

> [옳은 지문] **대외적으로 의사를 표시할 수 있는 기관이 아닌 내부기관은 실질적인 의사가 그 기관에 의하여 결정되더라도 피고 적격을 갖지 못한다.**

3. [O][X] 상급행정청의 지시에 의해 하급행정청이 자신의 명의로 처분을 하였다면, 당해 처분에 대한 취소소송에서는 지시를 내린 상급행정청이 피고가 된다.

> [옳은 지문] **상급행정청의 지시(통보)에 의해 하급행정청이 자신의 명의로 처분을 하였다면, 당해 처분에 대한 취소소송에서는 하급행정청이 피고가 된다.**

4. [O][X] 갑이 무효확인소송의 제기 전에 이미 A처분의 위법을 이유로 국가배상청구소송을 제기하였다면, 무효확인소송의 수소법원은 갑의 무효확인소송을 국가배상청구소송이 계속된 법원으로 이송·병합할 수 있다.

> [옳은 지문] **무효확인소송을 국가배상청구소송이 계속된 법원으로 이송·병합✗**
> **국가배상청구소송을 무효확인소송이 계속된 법원으로 이송·병합○**

5. [O][X] 동일한 처분에 대하여 무효확인의 소를 제기하였다가 그 처분의 취소를 구하는 소를 추가적으로 병합한 경우, 주된 청구인 무효확인의 소가 적법한 제소기간 내에 제기되었다면 추가로 병합된 취소청구의 소도 적법하게 제기된 것으로 볼 수 있다.

6. [O][X] 행정처분이 있음을 안 날부터 90일을 넘겨 행정심판을 청구하였다가 각하재결을 받은 후 그 재결서를 송달받은 날부터 90일 내에 원래의 처분에 대하여 취소소송을 제기한 경우, 수소법원은 각하판결을 하여야 한다.

7. ☐O ☒X '처분이 있음을 안 날'은 처분이 있었다는 사실을 현실적으로 안 날을 의미하므로, 처분서를 송달받기 전 정보공개 청구를 통하여 처분을 하는 내용의 일체의 서류를 교부 받았다면 그 서류를 교부받은 날부터 제소기간이 기산된다.

> 옳은 지문 처분서를 송달받기 **전** 정보공개 청구를 통하여 처분을 하는 내용의 일체의 서류를 교부 받았더라도 그 서류를 교부
> 받은 날부터 제소기간이 기산되지는 않는다.

8. ☐O ☒X 무효확인소송의 제1심 판결시까지 원고적격을 구비하였는데 제2심 단계에서 원고적격을 흠결하게 된 경우, 제2심 수소법원은 각하판결을 하여야 한다.

9. ☐O ☒X 소방청장이 처분성이 인정되는 국민권익위원회의 조치 요구에 불복하여 조치요구의 취소를 구하는 경우 원고적격이 인정된다.

10. ☐O ☒X 구「주택법」상 입주자나 입주예정자는 주택의 사용검사처분의 무효확인 또는 취소를 구할 법률상 이익이 있다.

> 옳은 지문 구「주택법」상 입주자나 입주예정자는 주택의 사용검사처분의 무효확인 또는 취소를 구할 **법률상 이익이 없다.**

11. ☐O ☒X 「출입국관리법」상의 체류자격 및 사증발급의 기준과 절차에 관한 규정들은 대한민국의 출입국 질서와 국경관리라는 공익을 보호하려는 취지로 해석될 뿐이므로, 동법상 체류자격변경 불허가처분, 강제퇴거명령 등을 다투는 외국인에게는 해당 처분의 취소를 구할 법률상 이익이 인정되지 않는다.

> 옳은 지문 **사증발급 거부처분**을 다투는 외국인은 **해당 처분의 취소를 구할 법률상 이익이 없다.** 반면에, **귀화불허가처분,
> 체류자격변경 불허가처분, 강제퇴거명령** 등을 다투는 외국인은 **해당 처분의 취소를 구할 법률상 이익이 있다.**

12. ☐O ☒X 지방법무사회가 법무사의 사무원 채용승인 신청을 거부하여 사무원이 될 수 없게 된 자가 지방법무사회를 상대로 거부처분의 취소를 구하는 경우 원고적격이 인정된다.

13. ☐O ☒X 「행정소송법」 제2조 전단의 '법률상 이익'의 개념과 관련하여서는 권리구제설, 법률상 보호된 이익구제설, 보호가치 있는 이익구제설, 적법성보장설 등으로 나누어지며, 이 중에서 보호가치 있는 이익구제설이 통설·판례의 입장이다.

> 옳은 지문 「행정소송법」 제12조 전단의 '**법률상 이익**'의 개념과 관련하여서는 권리구제설, 법률상 보호된 이익구제설, 보호
> 가치 있는 이익구제설, 적법성보장설 등으로 나누어지며, **법률상 보호된 이익구제설이 통설·판례의 입장이다.**

14. ☐O ☒X 경원관계에서 허가처분을 받지 못한 사람은 자신에 대한 거부처분이 취소되더라도, 그 판결의 직접적 효과로 경원자에 대한 허가처분이 취소되거나 효력이 소멸하는 것은 아니므로 자신에 대한 거부처분의 취소를 구할 소의 이익이 없다.

> 옳은 지문 경원관계에서 신청한 처분을 받지 못한 사람은 신청에 대한 거부처분의 직접 상대방으로서 원칙적으로 자신에
> 대한 거부처분의 취소를 구할 원고적격이 있고, 거부처분 취소판결이 확정되는 경우 판결의 직접적인 효과로 경원자
> 에 대한 허가처분이 취소되거나 효력이 소멸되지는 **않더라도** 특별한 사정이 없는한 자신에 대한 거부처분의 취소
> 를 구할 소의 이익이 있다.

15. ⃞O ⃞X 국토교통부장관은 몰디브 직항 항공노선 1개의 면허를 국내 항공사에 발급하기로 결정하고, 이 사실을 공고하였다. 이에 따라 A항공사와 B항공사는 각각 노선면허취득을 위한 신청을 하였는데, 국토교통부장관은 심사를 거쳐 A항공사에게 노선면허를 발급(이하 '이 사건 노선면허발급처분'이라 한다)하였다. B항공사가 자신에 대한 노선면허발급거부처분에 대해 취소소송을 제기하여 인용판결을 받더라도 이 사건 노선면허발급처분이 취소되지 않는 이상 자신이 노선면허를 발급받을 수는 없으므로 B항공사에게는 자신에 대한 노선면허발급거부처분의 취소를 구할 소의 이익이 인정되지 않는다.

> **옳은 지문** 경원관계에서 신청한 처분을 받지 못한 사람은 신청에 대한 거부처분의 직접 상대방으로서 원칙적으로 자신에 대한 거부처분의 취소를 구할 원고적격이 있고, 거부처분 취소판결이 확정되는 경우 판결의 직접적인 효과로 경원자에 대한 허가처분이 취소되거나 효력이 소멸되지는 **않더라도** 특별한 사정이 없는한 자신에 대한 거부처분의 취소를 구할 소의 이익이 있다.

16. ⃞O ⃞X 공장등록이 취소된 후 그 공장시설물이 철거되었고 다시 복구를 통하여 공장을 운영할 수 없는 상태라 하더라도 대도시 안의 공장을 지방으로 이전할 경우 조세감면 및 우선입주 등의 혜택이 관계법률에 보장되어 있다면, 공장등록취소처분의 취소를 구할 법률상 이익이 인정된다.

17. ⃞O ⃞X 현역입영대상자가 현역병입영통지처분에 따라 현실적으로 입영을 한 후에는 처분의 집행이 종료되었고 입영으로 처분의 목적이 달성되어 실효되었으므로 입영통지처분을 다툴 법률상 이익이 인정되지 않는다.

> **옳은 지문** 현역입영대상자로서는 현실적으로 입영을 하였다고 하더라도, 입영 이후의 법률관계에 영향을 미치고 있는 현역병입영통지처분 등을 한 관할지방병무청장을 상대로 위법을 주장하여 그 취소를 구할 소송상의 이익이 있다.

18. ⃞O ⃞X 지방의회 의원에 대한 제명의결 취소소송 계속 중 의원의 임기가 만료된 경우에도 여전히 제명의결의 취소를 구할 법률상 이익이 인정된다.

19. ⃞O ⃞X 가중요건이 법령에 규정되어 있는 경우, 업무정지처분을 받은 후 새로운 제재처분을 받음이 없이 법률이 정한 기간이 경과하여 실제로 가중된 제재처분을 받을 우려가 없어졌다면 특별한 사정이 없는 한 업무정지처분의 취소를 구할 법률상 이익이 인정되지 않는다.

20. ⃞O ⃞X 「도시 및 주거환경정비법」상 주택재건축조합에 대해 조합설립인가처분이 행하여진 후에는, 조합설립결의의 하자를 이유로 조합설립의 무효를 주장하려면 조합설립인가처분의 취소 또는 무효확인을 구하는 소송으로 다투어야 하며, 따로 조합설립결의의 하자를 다투는 확인의 소를 제기할 수 없다.

21. ⃞O ⃞X 어떠한 처분의 근거나 법적인 효과가 행정규칙에 규정되어 있다면, 그 처분이 행정규칙의 내부적 구속력에 의하여 상대방의 권리 의무에 직접 영향을 미치는 행위라도 항고소송의 대상이 되는 행정처분이라 볼 수 없다.

> **옳은 지문** 행위의 효과가 행정규칙에 규정되어 있는 경우에도, 그 행위가 (행정규칙의 내부적 구속력에 의하여) 상대방의 권리·의무에 직접 영향을 미치는 것이라면 항고소송의 대상이 되는 행정처분에 해당한다.

22. [O][X] 거부처분의 처분성을 인정하기 위한 전제 요건이 되는 신청권은 신청인이 그 신청에 따른 단순한 응답을 받을 권리를 넘어서 신청의 인용이라는 만족적 결과를 얻을 권리를 의미한다.

> 옳은 지문 신청인의 신청권은 행정청의 응답을 구하는 신청권이며 신청된 대로의 처분을 구하는 권리는 아니다. 예컨대, 인·허가의 신청권만 있으면 족하고, 인·허가를 받을 수 있었는데도 이를 거부하였는지는 (법원의) 본안심리사항인 것이다.

23. [O][X] 공정거래위원회가 부당한 공동행위를 한 사업자들 중 자진신고자에 대하여 구 독점규제 및 공정거래에 관한 법령에 따라 과징금 부과처분(선행처분)을 한 뒤, 다시 자진신고자에 대한 사건을 분리하여 자진신고를 이유로 과징금 감면처분(후행처분)을 한 경우라도 선행처분의 취소를 구하는 소는 적법하다.

> 옳은 지문 과징금의 자진납세·자진신고 등을 이유로 감액경정처분(감면처분)이 있는 경우, (감면처분 이후에 금액이 확정되므로) 예외적으로 항고소송의 대상은 감액경정처분(감면처분)이 된다.

24. [O][X] 이유제시에 하자가 있어 당해 처분을 취소하는 판결이 확정된 경우에 처분청이 그 이유제시의 하자를 보완하여 종전의 처분과 동일한 내용의 처분을 하는 것은 종전의 처분과는 별개의 처분을 하는 것이다.

25. [O][X] 어떠한 처분에 대하여 그 근거 법률에서 행정소송 이외의 다른 절차에 의하여 불복할 것을 예정하고 있는 경우, 그 처분이 「행정소송법」상 처분의 개념에 해당한다고 하더라도 그 처분의 부작위는 부작위위법확인소송의 대상이 될 수 없다.

26. [O][X] 구 「약관의 규제에 관한 법률」에 따른 공정거래위원회의 표준약관 사용권장행위는 항고소송의 대상이 되는 행정처분에 해당한다.

27. [O][X] 행정조사는 처분성이 인정되지 않으므로 세무조사결정이 위법하더라도 이에 대해서는 항고소송을 제기할 수 없다.

> 옳은 지문 세무조사결정은 처분성O

28. [O][X] 국민건강보험공단에 의한 '직장가입자 자격상실 및 자격변동 안내' 통보 및 '사업장 직권탈퇴에 따른 가입자 자격상실 안내' 통보는 가입자 자격이 변동되는 효력을 가져오므로 항고소송의 대상이 되는 처분에 해당한다.

> 옳은 지문 국민건강보험공단의 '직장가입자 자격상실 및 자격변동 안내' 통보 및 '사업장 직권탈퇴에 따른 가입자 자격상실 안내' 통보는 처분성X

29. [O][X] 지적공부 소관청이 토지대장상의 소유자명의변경 신청을 거부한 행위는 항고소송의 대상이 되는 처분에 해당한다.

> 옳은 지문 소관청이 토지대장상의 소유자명의변경신청을 거부한 행위는 항고소송의 대상이 되는 행정처분이라고 할 수 없다.

30. ⊙ ⊠ 지방경찰청장의 횡단보도 설치행위는 항고소송의 대상이 된다.

31. ⊙ ⊠ 과학기술기본법령상 사업 협약의 해지 통보는 대등 당사자의 지위에서 형성된 공법상 계약을 계약당사자의 지위에서 종료시키는 의사표시에 해당한다.

> **옳은 지문** 재단법인 한국연구재단이 과학기술기본법령에 따라 연구개발비의 회수 및 관련자에 대한 국가연구개발사업 참여제한을 내용으로 하여 '2단계 두뇌한국(BK)21 사업협약'을 해지하는 통보를 하였다면, 그 통보는 행정처분에 해당한다.

32. ⊙ ⊠ 교도소장이 특정 수형자를 '접견내용 녹음·녹화 및 접견 시 교도관 참여대상자'로 지정한 행위는 항고소송의 대상이 된다.

33. ⊙ ⊠ 인터넷 포털사이트 등의 개인정보 유출사고로 주민등록번호가 불법 유출 되어 그 피해자가 주민등록번호 변경을 신청했으나 구청장이 거부 통지를 한 사안에서, 피해자의 의사와 무관하게 주민등록번호가 유출된 경우에는 조리상 주민등록번호의 변경요구신청권을 인정함이 타당하다.

34. ⊙ ⊠ 장래 일정한 기간 내에 관계 법령이 규정하는 시설 등을 갖추어 일정한 행정처분을 구하는 신청을 할 수 있는 법률상 지위에 있는 자의 국토이용계획변경신청을 거부하는 것이 실질적으로 당해 행정처분 자체를 거부하는 결과가 되는 경우라도, 구「국토이용관리법」상 주민이 국토이용계획의 변경에 대하여 신청을 할 수 있다는 규정이 없으므로 그 신청인에게 국토이용계획변경을 신청할 권리가 인정된다고 볼 수 없다.

> **옳은 지문** 장래 일정한 기간 내에 관계 법령이 규정하는 시설 등을 갖추어 일정한 행정처분을 구하는 신청을 할 수 있는 법률상 지위에 있는 자의 국토이용계획변경신청을 거부하는 것이 실질적으로 당해 행정처분 자체를 거부하는 결과가 되는 경우에는 예외적으로 그 신청인에게 국토이용계획변경을 신청할 권리가 인정된다.

35. ⊙ ⊠ 「행정소송법」상 제3자 소송참가의 경우 참가인이 상소를 하였더라도, 소송당사자 본인인 피참가인은 참가인의 의사에 반하여 상소취하나 상소포기를 할 수 있다.

> **옳은 지문** 제3자의 소송참가의 경우, 참가인이 상소를 하였더라도 소송당사자 본인(피참가인)은 참가인의 의사에 반하여 상소취하나 상소포기를 할 수는 없다.

36. ⊙ ⊠ 외국인 갑(甲)이 법무부장관에게 귀화신청을 하였으나 법무부장관이 '품행 미단정'을 불허사유로 「국적법」상의 요건을 갖추지 못하였다며 신청을 받아들이지 않는 처분을 하였는데, 법무부장관이 갑을 '품행 미단정'이 라고 판단한 이유에 대하여 제1심 변론절차에서 「자동차관리법」 위반죄로 기소유예를 받은 전력 등을 고려하였다고 주장한 후, 제2심 변론절차에서 불법 체류전력 등의 제반사정을 추가로 주장할 수 있다.

37. O X 거부처분의 효력정지는 그 거부처분으로 인하여 신청인에게 생길 손해를 방지하는 데 필요하므로 신청인에게는 그 효력정지를 구할 이익이 있다.

> 옳은 지문 다수설과 판례는 거부처분(국립대학교입학불허가처분, 교도소장의 접견허가거부처분, 업소허가갱신불허가처분 등)에 대해서는 집행정지를 할 수 없다는 입장이다. 집행정지는 '행정처분이 없었던 것과 같은 상태로 유지하는 것'을 의미하며, 그 이상으로 행정청에게 처분(입학허가, 접견허가, 허가갱신 등)등을 명하는 적극적인 상태를 만드는 것은 아니기 때문이다.

38. O X 「독점규제 및 공정거래에 관한 법률」을 위반한 수개의 행위에 대하여 공정거래위원회가 하나의 과징금부과처분을 하였으나 수개의 위반행위 중 일부의 위반행위에 대한 과징금부과만이 위법하고, 그 일부의 위반행위를 기초로 한 과징금액을 산정할 수 있는 자료가 있는 경우에도 법원은 과징금부과처분 전부를 취소하여야 한다.

> 옳은 지문 **공정거래위원회**의 여러 개의 위반행위에 대한 외형상 하나의 과징금납부명령은 **일부취소 인정**
>
> (여러 개의 위반행위 중 일부 위반행위에 대한 과징금 부과만이 위법하고 그 과징금액 산정이 가능하면 그 부분**만** 취소 가능)

39. O X 처분을 할 것인지 여부와 처분의 정도에 관하여 재량이 인정되는 과징금 납부명령에 대하여 그 명령이 재량권을 일탈하였을 경우, 법원은 재량권의 범위 내에서 어느 정도가 적정한 것인지에 관하여 판단할 수 있고 그 일부를 취소할 수 있다.

> 옳은 지문 재량이 인정되는 **과징금 납부명령**에 대하여 그 명령이 재량권을 일탈하였을 경우, **법원**은 (재량권의 일탈 여부만 판단할 수 있을 뿐) 재량권의 범위 내에서 어느 정도가 적정한 것인지에 관하여 판단할 수 없어 <u>그 일부(명령 일부)</u>를 **취소할 수는 없다.**
>
> 전부취소O / 일부취소X

40. O X 사정판결은 항고소송 중 취소소송 및 무효등확인소송에서 인정되는 판결의 종류이다.

> 옳은 지문 사정판결은 취소소송에만 인정되는 것이 원칙이고 무효등확인소송, 부작위위법확인소송, 당사자소송에는 인정되지 않는다는 것이 판례의 입장이다. (준용규정X)

41. O X A행정청이 간접강제결정에서 정한 의무이행 기한 내에 재처분을 이행하지 않아 배상금이 이미 발생한 경우에는 그 이후에 재처분을 이행하더라도 甲은 배상금을 추심할 수 있다.

> 옳은 지문 특별한 사정이 없는 한 <u>간접강제결정</u>에서 정한 <u>의무이행기한</u>이 경과한 후에라도 확정판결의 취지에 따른 <u>재처분의 이행</u>이 있으면 배상금을 추심함으로써 심리적 강제를 꾀할 목적이 상실되므로 처분상대방이 더 이상 <u>배상금을 추심하는 것은 허용되지 않는다.</u>

42. [O][X] 여러 법규 위반을 이유로 한 영업허가취소처분이 처분의 이유로 된 법규 위반 중 일부가 인정되지 않고 나머지 법규 위반으로는 영업허가취소처분이 비례의 원칙에 위반된다고 취소된 경우에 판결에서 인정되지 않은 법규 위반사실을 포함하여 다시 영업정지처분을 내리는 것은 동일한 행위의 반복은 아니지만 판결의 취지에 반한다.

43. [O][X] 영업허가취소처분이 나중에 행정쟁송절차에 의하여 취소되었더라도, 그 영업허가취소처분 이후의 영업행위는 무허가 영업이다.

> **옳은 지문** 취소판결의 효력은 원칙적으로 소급적이므로 취소판결에 의해 취소된 영업허가취소처분 이후의 영업행위는 무허가
> ∴ 영업허가가 (계속) 유지된 상태
> 영업에 해당하지 않는다.

44. [O][X] 세무서장을 피고로 하는 과세처분취소소송에서 패소하여 그 판결이 확정된 자가 국가를 피고로 하여 과세처분의 무효를 주장하여 과오납금반환청구소송을 제기하더라도 취소소송의 기판력에 반하는 것은 아니다.

> **옳은 지문** 세무서장을 피고로 하는 과세처분취소소송에서 패소하여 그 판결이 확정된 자가 국가를 피고로 하여 과세처분의
> 무효를 주장하여 과오납금반환청구소송을 제기한다면 취소소송의 기판력에 반하는 것이 된다.

45. [O][X] 기판력은 사실심 변론의 종결시를 기준으로 발생하므로, 처분청은 당해 사건의 사실심 변론종결 이전에 주장할 수 있었던 사유를 내세워 확정판결과 저촉되는 처분을 할 수 없다.

46. [O][X] 거부처분에 대하여 무효확인 판결이 확정된 경우, 행정청에 대해 판결의 취지에 따른 재처분의무가 인정될 뿐 그에 대하여 간접강제까지 허용되는 것은 아니다.

47. [O][X] 어떠한 행정처분에 대한 법규상 또는 조리상의 신청권이 인정되지 않는 경우, 그 처분의 신청에 대한 행정청의 무응답이 위법하다고 하여 제기된 부작위위법확인소송은 적법하지 않다.

48. [O][X] 부작위위법확인소송에서 예외적으로 행정심판전치가 인정될 경우 그 전치되는 행정심판은 의무이행심판이다.

49. [O][X] 허가처분 신청에 대한 부작위를 다투는 부작위위법확인소송을 제기하여 제1심에서 승소판결을 받았는데 제2심 단계에서 피고 행정청이 허가처분을 한 경우, 제2심 수소법원은 각하판결을 하여야 한다.

50. [O][X] 법령상 이미 존재와 범위가 확정되어 있는 조세과오납부액의 반환을 구하는 소송은 「행정소송법」상 당사자소송의 절차에 따라야 한다.

> **옳은 지문** 법령상 이미 존재와 범위가 확정되어 있는 조세과오납부액은 납세자가 부당이득의 반환을 구하는 민사소송으로
> 환급을 청구할 수 있다.
> 조세과오납부액의 환급청구는 민사소송 ∵ (부당이득반환 등) 금전의 지급을 중시
> 부가가치세 환급세액 지급청구는 당사자소송 ∵ 부가가치세법령에서 규정된 것의 지급을 중시